CURSO DE PROCESSO CIVIL

WALDIR ZAGAGLIA

CURSO DE PROCESSO CIVIL

Belo Horizonte

2019

© 2019 Editora Fórum Ltda.

É proibida a reprodução total ou parcial desta obra, por qualquer meio eletrônico, inclusive por processos xerográficos, sem autorização expressa do Editor.

Conselho Editorial

Adilson Abreu Dallari
Alécia Paolucci Nogueira Bicalho
Alexandre Coutinho Pagliarini
André Ramos Tavares
Carlos Ayres Britto
Carlos Mário da Silva Velloso
Cármen Lúcia Antunes Rocha
Cesar Augusto Guimarães Pereira
Clovis Beznos
Cristiana Fortini
Dinorá Adelaide Musetti Grotti
Diogo de Figueiredo Moreira Neto
Egon Bockmann Moreira
Emerson Gabardo
Fabrício Motta
Fernando Rossi
Flávio Henrique Unes Pereira

Floriano de Azevedo Marques Neto
Gustavo Justino de Oliveira
Inês Virgínia Prado Soares
Jorge Ulisses Jacoby Fernandes
Juarez Freitas
Luciano Ferraz
Lúcio Delfino
Marcia Carla Pereira Ribeiro
Márcio Cammarosano
Marcos Ehrhardt Jr.
Maria Sylvia Zanella Di Pietro
Ney José de Freitas
Oswaldo Othon de Pontes Saraiva Filho
Paulo Modesto
Romeu Felipe Bacellar Filho
Sérgio Guerra
Walber de Moura Agra

FÓRUM
CONHECIMENTO JURÍDICO

Luís Cláudio Rodrigues Ferreira
Presidente e Editor

Coordenação editorial: Leonardo Eustáquio Siqueira Araújo

Av. Afonso Pena, 2770 – 15º andar – Savassi – CEP 30130-012
Belo Horizonte – Minas Gerais – Tel.: (31) 2121.4900 / 2121.4949
www.editoraforum.com.br – editoraforum@editoraforum.com.br

Técnica. Empenho. Zelo. Estes foram alguns dos cuidados aplicados na edição desta obra. No entanto, podem ocorrer erros de impressão, digitação ou mesmo restar alguma dúvida conceitual. Caso se constate algo assim, solicitamos a gentileza de nos comunicar através do e-mail <editorial@editoraforum.com.br> para que possamos esclarecer, no que couber. A sua contribuição é muito importante para mantermos a excelência editorial. A Editora Fórum agradece a sua contribuição.

Dados Internacionais de Catalogação na Publicação (CIP) de acordo com a AACR2

Z18p	Zagaglia, Waldir
	Curso de Processo Civil / Waldir Zagaglia.– Belo Horizonte : Fórum, 2019.
	601p.; 17cm x 24cm
	ISBN: 978-85-450-0626-8
	1. Direito Processual Civil. 2. Teoria Geral do Processo. I. Título.
	CDD 341.46
	CDU 347.9

Elaborado por Daniela Lopes Duarte - CRB-6/3500

Informação bibliográfica deste livro, conforme a NBR 6023:2002 da Associação Brasileira de Normas Técnicas (ABNT):

ZAGAGLIA, Waldir. *Curso de Processo Civil*. Belo Horizonte: Fórum, 2019. 601p. ISBN 978-85-450-0626-8.

AGRADECIMENTOS

Agradeço, indistintamente, a todos que, direta ou indiretamente, apoiaram, incentivaram, colaboraram e contribuíram, tornando possível a realização desta obra.

SUMÁRIO

PREFÁCIO 25

Capítulo 1
DO INTERESSE AO PROCESSO 27
1.1   Processo e método 27
1.2   Interesse 27
1.3   Prevalência do interesse coletivo sobre o interesse individual 28
1.4   Sujeito do interesse 28
1.5   Conflito de interesses 28
1.6   Pretensão 29
1.7   Lide 29
1.8   Jurisdição 29
1.9   Processo como instrumento da jurisdição 30
1.10   Direito material e direito processual 30
1.11   Direito adjetivo e direito substantivo 31

Capítulo 2
DO DIREITO PROCESSUAL CIVIL 33
2.1   Denominação 33
2.2   Conceito 33
2.3   Objeto material do processo 34
2.4   Objeto formal do processo 34
2.5   Evolução histórica do processo civil 35
2.6   Relações com outros ramos do direito 37
2.7   A norma processual civil no tempo 38
2.8   A norma processual civil no espaço 38
2.9   Conteúdo e finalidade 38
2.10   Fontes do direito processual civil 38
2.11   Súmula vinculante como fonte do direito processual civil 39
2.12   Aplicação e interpretação da lei processual civil 40
2.13   Analogia no direito processual civil 40
2.14   Princípios gerais do direito no direito processual civil 41

Capítulo 3
DA FUNÇÃO JURISDICIONAL 43
3.1 Caracterização e distinção entre as outras funções do Estado 43
3.2 Caracterização da jurisdição segundo Chiovenda, segundo Carnelutti e segundo Calamandrei........... 43
3.3 Inércia da jurisdição 44
3.4 Definitividade da jurisdição 44
3.5 Princípios da jurisdição........... 45
3.6 Jurisdição, arbitragem e mediação 46
3.7 Jurisdição voluntária 48
3.8 Poderes da jurisdição........... 49
3.9 Crítica à existência de uma função jurisdicional típica e a um poder judiciário autônomo........... 49

Capítulo 4
DA AÇÃO 53
4.1 Principais doutrinas 53
4.2 Conceito 55
4.3 Condições genéricas do exercício do direito de ação 55
4.4 Legitimidade........... 55
4.5 Interesse de agir........... 55
4.6 Possibilidade jurídica do pedido 56
4.7 Condições específicas para o legítimo exercício do direito de ação........... 57
4.8 Carência da ação........... 57
4.9 Posição adotada pelo Código de Processo Civil brasileiro 57
4.10 Momento processual para verificação das condições da ação – Teoria da asserção. Teoria da exposição........... 58
4.11 Elementos identificadores da ação........... 59
4.12 Classificação das ações 60
4.13 Concurso e cumulação de ações 61
4.14 Conexão e continência........... 63

Capítulo 5
DO PROCESSO 65
5.1 Definição 65
5.2 Identificação do processo 65
5.3 Processo como contrato e processo como quase contrato 65
5.4 Processo como relação jurídica 66
5.5 Processo como situação jurídica 66
5.6 Relação jurídica processual........... 67
5.7 Características da relação jurídica processual........... 67
5.8 Requisitos e pressupostos processuais 68

5.9	Pressupostos processuais de existência e de validade do processo	68
5.10	Poderes, direitos, deveres e ônus processuais	69
5.11	Processo e procedimento	69
5.12	Espécies de processos e de procedimentos	70
5.13	Princípios fundamentais do processo	70
5.14	Questão: de fato, de direito, preliminar, prejudicial e principal	70

Capítulo 6
DA COMPETÊNCIA ... 73

6.1	Definição	73
6.2	Competência e jurisdição	73
6.3	Competência como concretização da jurisdição	73
6.4	Limites da jurisdição (competência) nacional	74
6.5	Espécies de competência internacional	74
6.6	Competência internacional concorrente	74
6.7	Competência internacional exclusiva	75
6.8	Exclusão da competência nacional	76
6.9	Critérios de determinação da competência	76
6.10	Competência em razão do valor e em razão da matéria	76
6.11	Competência em razão da pessoa	77
6.12	Competência funcional	77
6.13	Competência funcional dos tribunais	77
6.14	Competência funcional dos juízes de primeiro grau	78
6.15	Competência territorial	78
6.16	Competência territorial do ausente e do incapaz	79
6.17	Competência territorial especial	79
6.18	Competência absoluta e competência relativa	79
6.19	Prorrogação ou modificação da competência	80
6.20	Causas de modificação ou prorrogação da competência	80
6.21	Prevenção	81
6.22	Prorrogação da competência territorial por eleição das partes	81
6.23	Incidentes sobre a competência. Conflito de competência e conflito de jurisdição	81
6.24	Espécies dos conflitos de competência e de jurisdição	82
6.25	Natureza processual do conflito de competência e de jurisdição e atuação do Ministério Público	83

Capítulo 7
DO JUIZ ... 85

7.1	O juiz	85
7.2	Garantias	86
7.3	Poderes instrumentais do juiz	86
7.4	Deveres do juiz	88
7.5	Responsabilidade do juiz e do estado	88

Capítulo 8
DAS PARTES. AUTOR E RÉU 91
8.1 Sujeitos do processo 91
8.2 Autor e réu. Princípios 91
8.3 Capacidade. Capacidade de direito e capacidade de fato 91
8.4 Incapacidade 92
8.5 Incapacidade. Intervenção do curador especial e do Ministério Público 92
8.6 Legitimação 93
8.7 Espécies de legitimação 93
8.8 Legitimação extraordinária e substituição processual 93
8.9 Distinção entre legitimação e capacidade 94
8.10 Representação, assistência e autorização 95
8.11 Responsabilidade das partes e de seus procuradores 96
8.12 Litigância de má-fé 96
8.13 Solidariedade entre o advogado e à parte litigante de má-fé 96

Capítulo 9
DA PLURALIDADE DE PARTES. DO LITISCONSÓRCIO 97
9.1 Pluralidade de partes. Litisconsórcio 97
9.2 Litisconsórcio ativo e litisconsórcio passivo 98
9.3 Litisconsórcio facultativo 98
9.4 Limitação do litisconsórcio facultativo 99
9.5 Litisconsórcio necessário 99
9.6 Litisconsórcio necessário unitário 99

Capítulo 10
DAS PARTES ESPECIAIS E DAS PARTES SECUNDÁRIAS DO PROCESSO 101
10.1 Ministério Público 101
10.2 Origem do Ministério Público 101
10.3 Princípios do Ministério Público 102
10.4 Ministério Público e a Constituição 102
10.5 Ministério Público e o processo civil 102
10.6 Advogado 103
10.7 Advocacia e parcialidade institucional 103
10.8 Mandato 104
10.9 Honorários sucumbenciais 104
10.10 Procuraturas 106
10.11 Advocacia-Geral da União 106
10.12 Procuradoria da Fazenda Nacional 107
10.13 Defensoria Pública 107
10.14 Procuradorias-gerais dos estados 107
10.15 Procuradorias-gerais dos municípios 108

10.16	Serviços auxiliares da justiça	108
10.17	Servidores auxiliares permanentes	108
10.18	Servidores auxiliares eventuais	109
10.19	Conciliador e mediador judicial	109

Capítulo 11
DA ASSISTÊNCIA E DA INTERVENÇÃO DE TERCEIROS 111

11.1	Terceiros	111
11.2	Assistência. Interesse jurídico. Assistência simples e assistência qualificada	112
11.3	Assistência e substituição processual	112
11.4	Assistência e litisconsórcio. Diferença de legitimação	112
11.5	Assistência qualificada e assistência litisconsorcial	112
11.6	Assistência e procedimento	113
11.7	Momento processual da assistência	113
11.8	Assistência e revelia do assistido	114
11.9	Assistência e coisa julgada material	114
11.10	Chamamento ao processo	114
11.11	Chamamento ao processo e litisconsórcio	115
11.12	Denunciação da lide	115
11.13	Histórico da denunciação da lide	115
11.14	Cabimento da denunciação da lide	116
11.15	Obrigatoriedade da denunciação da lide	116
11.16	Natureza jurídica da denunciação da lide	117
11.17	Denunciação da lide e legitimação	117
11.18	Momento processual da denunciação da lide	118
11.19	Denunciação da lide e litisconsórcio	118
11.20	Denunciação da lide. Litisconsórcio. Garantia formal ou própria e garantia informal ou imprópria	119
11.21	Denunciação da lide e confissão	120
11.22	Denunciação da lide. Garantias e garantidor. Litisconsórcio e assistência simples	120
11.23	Denunciação da lide e as demais modalidades de intervenção de terceiro	121
11.24	Incidente de desconsideração da personalidade jurídica	121
11.25	*Amicus curiae*	123

Capítulo 12
DOS FATOS E ATOS PROCESSUAIS 125

12.1	Fato, ato e negócio jurídico	125
12.2	Fato, ato e negócio jurídico processual	126
12.3	Características dos atos processuais	128
12.4	Classificação dos atos processuais	128
12.5	Ato processual simples e ato processual complexo	129
12.6	Atos processuais do juiz	130

12.7	Atos processuais dos auxiliares da justiça	130
12.8	Forma dos atos processuais	131
12.9	Forma e formalismo	131
12.10	Princípios da forma	131
12.11	Lugar da prática dos atos processuais	133
12.12	Tempo para a prática dos atos processuais	134
12.13	Prazo	134
12.14	Classificação dos prazos processuais	134
12.15	Contagem dos prazos processuais	135
12.16	Preclusão	135

Capítulo 13
DOS VÍCIOS DOS ATOS PROCESSUAIS – DAS NULIDADES 137

13.1	Nulidades	137
13.2	Inexistência	137
13.3	Validade	138
13.4	Eficácia	138
13.5	Nulidade absoluta e nulidade relativa	138
13.6	Anulabilidade	139
13.7	Irregularidade	139
13.8	Nulidade e preclusão	140
13.9	Efeito sanatório	140

Capítulo 14
DO IMPULSO PROCESSUAL 141

14.1	Atos de comunicação processual	141
14.2	Citação	142
14.3	Efeitos processuais da citação	143
14.4	Efeitos materiais da citação	143
14.5	Modalidades da citação	143
14.6	Citação postal	143
14.7	Citação por mandado	144
14.8	Citação por hora certa	144
14.9	Citação por meio eletrônico	145
14.10	Citação por edital	145
14.11	Intimação	145
14.12	Intimação e revelia	146
14.13	Início dos prazos	146
14.14	Citação e intimação na pessoa do porteiro	146
14.15	Cartas processuais	147
14.16	Carta precatória	147
14.17	Carta de ordem	148

| 14.18 | Carta rogatória | 148 |
| 14.19 | Carta de vênia | 148 |

Capítulo 15
DA FORMAÇÃO, SUSPENSÃO E EXTINÇÃO DO PROCESSO 149

15.1	Formação do processo	149
15.2	Instauração da instância	150
15.3	Estabilização do processo	151
15.4	Suspensão do processo	152
15.5	Extinção do processo	155
15.6	Julgamento antecipado do mérito e julgamento conforme o estado do processo	155
15.7	Extinção do processo com julgamento antecipado parcial do mérito	156
15.8	Extinção do processo sem resolução do mérito	157
15.9	Renovação da instância	159
15.10	Extinção do processo com resolução de mérito	160
15.11	Extinção do processo com solução do mérito por prescrição e decadência	160
15.12	Da improcedência liminar do pedido	162

Capítulo 16
DA PETIÇÃO INICIAL. DO PEDIDO E DO VALOR DA CAUSA 163

16.1	Petição inicial	163
16.2	Pedido e demanda. Princípio da correlação da petição inicial	163
16.3	Requisitos da petição inicial	163
16.4	Fatos e fundamentos jurídicos do pedido. *Causa petendi*	164
16.5	Relatividade do princípio do *iura novit curia*	164
16.6	O pedido com suas especificações	165
16.7	Requisitos do pedido. Certeza e determinação	165
16.8	Interpretação do pedido	165
16.9	Aditamento do pedido	166
16.10	Pedido genérico	166
16.11	Concludência do pedido	166
16.12	Preceito cominatório	166
16.13	Cumulação de pedidos. Cumulação objetiva de ações	168
16.14	Cumulação sucessiva de pedidos	168
16.15	Cumulação subsidiária de pedidos	169
16.16	Requisitos para cumulação de pedidos	169
16.17	Valor da causa	171
16.18	Critérios para fixação do valor da causa	172
16.19	Impugnação ao valor da causa	172
16.20	Indicação das provas na petição inicial	173
16.21	Opção do autor pela realização ou não da audiência de conciliação ou mediação	173
16.22	Distribuição por dependência	174

Capítulo 17
DA AUDIÊNCIA DE CONCILIAÇÃO OU DE MEDIAÇÃO 175
17.1 Generalidades 175
17.2 Obrigatoriedade 176
17.3 Consequência do não comparecimento das partes 177
17.4 Crítica 177

Capítulo 18
DA TUTELA PROVISÓRIA. TUTELA DE URGÊNCIA E TUTELA DE EVIDÊNCIA 179
18.1 Princípios gerais 179
18.2 Características da tutela provisória 180
18.3 *Fumus boni iuris* e *periculum in mora* 181
18.4 Tutela de urgência de natureza cautelar 181
18.5 Arresto 182
18.6 Sequestro 183
18.7 Do arrolamento de bens. Depósito. Busca e apreensão 184
18.8 Registro de protesto contra alienação de bem 184
18.9 Da tutela provisória de urgência de natureza antecipada requerida em caráter antecedente 185
18.10 Da tutela provisória de urgência de natureza cautelar requerida em caráter antecedente 187
18.11 Da tutela de evidência 189
18.12 Tutela antecipada. Tutela cautelar. Liminar 191

Capítulo 19
DA DECISÃO DE ADMISSIBILIDADE 193
19.1 Generalidades 193
19.2 Natureza. Despacho inicial e mérito 193
19.3 Conteúdo positivo da decisão de admissibilidade 193
19.4 Conteúdo negativo da decisão de admissibilidade 194
19.5 Indeferimento da petição inicial 194
19.6 Improcedência liminar do pedido 195

Capítulo 20
DA RESPOSTA DO RÉU. DA CONTESTAÇÃO E DA RECONVENÇÃO 197
20.1 Defesa 197
20.2 Modalidades de respostas 197
20.3 Contestação 199
20.4 Requisitos da contestação 199
20.5 Ônus da impugnação especificada 199
20.6 Consequências do descumprimento do ônus da impugnação especificada 200

20.7	Excludentes do ônus da impugnação especificada	200
20.8	Isenção do ônus da impugnação especificada	201
20.9	Novas alegações posteriores à apresentação da contestação	202
20.10	Exceção. Histórico	203
20.11	Exceção substancial e exceção processual	204
20.12	Exceções peremptórias e exceções dilatórias	205
20.13	Exceções processuais	205
20.14	Exceção substancial e objeção	207
20.15	Reconvenção	207
20.16	Natureza jurídica da reconvenção	208
20.17	Requisitos da reconvenção	208
20.18	Conexão de causas para reconvenção	210
20.19	Competência do juízo	211
20.20	Uniformidade de procedimentos para reconvenção	212
20.21	Coexistência da ação originária. Ausência de contestação na ação originária	213
20.22	Reconvenção e ações dúplices	213

Capítulo 21
DA REVELIA 215

21.1	Conceito	215
21.2	Revelia e contumácia	215
21.3	Revelia e ônus da impugnação especificada	216
21.4	Natureza da revelia	216
21.5	Efeitos da revelia	218
21.6	Revelia e litisconsórcio	219
21.7	Revelia e reconvenção	220
21.8	Revelia e intervenção de terceiros	220
21.9	Efeitos da revelia com relação à comunicação dos atos processuais. Revel que comparece e revel que não comparece	221
21.10	Alteração do pedido ou da causa de pedir	222

Capítulo 22
DA DECISÃO DE SANEAMENTO. DESPACHO SANEADOR 225

22.1	Finalidade	225
22.2	Antecedentes	225
22.3	Função do saneamento do processo	226
22.4	Importância da decisão de saneamento	227
22.5	Conceito e objeto da decisão de saneamento	227
22.6	Momentos do saneamento do processo	228
22.7	Providências preliminares	228
22.8	Conteúdo da decisão de saneamento	228

22.9	Compulsoriedade do saneamento do processo e eventualidade da decisão de saneamento	229
22.10	Conteúdo necessariamente positivo da decisão de saneamento	229
22.11	Abreviação no procedimento	229
22.12	Natureza da decisão de saneamento	229
22.13	Eficácia preclusiva da decisão de saneamento	230

Capítulo 23
DA INSTRUÇÃO DO PROCESSO. DAS PROVAS 233

23.1	Instrução do processo	233
23.2	Natureza jurídica da prova	234
23.3	Conflito temporal de normas sobre a prova	235
23.4	Conceito de prova	235
23.5	Classificação das provas	236
23.6	Objeto, sujeito, forma e momento da prova	236
23.7	Os fatos da causa como objeto da prova	237
23.8	Desnecessidade da prova	237
23.9	Meios de prova	237
23.10	Confissão e inspeção judicial como meios de prova	238
23.11	Prova oral	239
23.12	Prova documental	241
23.13	Dos documentos eletrônicos	242
23.14	Incidente de falsidade documental	243
23.15	Exibição de documento ou coisa	244
23.16	Ata notarial	245
23.17	Prova pericial	246
23.18	Confissão e admissão	248
23.19	Confissão e reconhecimento do pedido	248
23.20	Irretratabilidade, anulação e revogação da confissão	249
23.21	Da produção antecipada de provas. Do arrolamento. Da justificativa	249
23.22	Ônus da prova	252
23.23	Inversão do ônus da prova	252
23.24	Ônus da prova e presunção	254
23.25	Prova e contraditório	254
23.26	Contraprova	255
23.27	Sistemas de avaliação da prova	255

Capítulo 24
DA AUDIÊNCIA DE INSTRUÇÃO E JULGAMENTO 257

24.1	Generalidades	257
24.2	Conceito	257
24.3	Princípios da audiência	258

24.4	Atos preparatórios da audiência	259
24.5	Dinâmica e funções decisórias da audiência	259
24.6	Antecipação, adiamento e prorrogação da audiência	260
24.7	Incidentes da audiência	260
24.8	Poder de polícia na audiência	260
24.9	Assentada	261
24.10	Publicação da sentença em audiência	261

Capítulo 25
DA SENTENÇA 263

25.1	Conceito	263
25.2	Formação da sentença	264
25.3	Natureza jurídica da sentença	265
25.4	Classificação da sentença quanto aos efeitos	265
25.5	Sentença declaratória	265
25.6	Sentença condenatória	266
25.7	Sentenças constitutivas	266
25.8	Classificação das sentenças quanto à carga de eficácia	266
25.9	Classificação das sentenças do ponto de vista da decisão	267
25.10	Requisitos da sentença. Clareza e precisão	267
25.11	Relatório. Fundamentação e dispositivo	267

Capítulo 26
DA COISA JULGADA 271

26.1	Generalidades	271
26.2	Conceito de coisa julgada	272
26.3	Coisa julgada formal e coisa jugada material	272
26.4	Histórico	273
26.5	Teorias sobre a coisa julgada	276
26.6	Coisa julgada no direito processual brasileiro	278
26.7	Coisa julgada material e questão prejudicial	278
26.8	O que não faz coisa julgada material	279
26.9	Coisa julgada material e as sentenças dispositivas	279
26.10	Coisa julgada material e a "cláusula" *rebus sic stantibus*	280
26.11	Limites objetivos e subjetivos da coisa julgada	280
26.12	Limites objetivos da coisa julgada material	280
26.13	Coisa julgada e repercussão da sentença na esfera de terceiros	281
26.14	Relativização da coisa julgada material e modulação dos efeitos da declaração de inconstitucionalidade	282

Capítulo 27
RECURSOS 285

27.1	Noções gerais	285

27.2	Conceito	286
27.3	Justificativa	286
27.4	Histórico	286
27.5	Juízo de admissibilidade dos recursos	287
27.6	Requisitos intrínsecos	288
27.7	Requisitos extrínsecos	290
27.8	Competência para o juízo de admissibilidade	291
27.9	Juízo de mérito	291
27.10	Efeitos dos recursos	291
27.11	Cessação antecipada do recurso. Deserção e desistência	292
27.12	Modalidades de recurso	292
27.13	Recurso adesivo	292

Capítulo 28
DA APELAÇÃO 295

28.1	Generalidades	295
28.2	Cabimento	296
28.3	Admissibilidade	296
28.4	Efeitos da apelação. Efeito suspensivo e efeito devolutivo	297
28.5	Extensão e profundidade do efeito devolutivo	298
28.6	Procedimento da apelação	300

Capítulo 29
DO AGRAVO DE INSTRUMENTO 303

29.1	Cabimento	303
29.2	O sistema do Código de Processo Civil	305
29.3	Tempestividade	306
29.4	Regularidade formal	307
29.5	Requisitos de admissibilidade	308
29.6	Procedimento	308
29.7	Efeitos	309

Capítulo 30
DO AGRAVO INTERNO 311

30.1	Generalidades	311
30.2	Cabimento	311
30.3	Procedimento e competência	312
30.4	Efeitos	313

Capítulo 31
DOS EMBARGOS DE DECLARAÇÃO 315

31.1	Generalidades	315

31.2	Natureza. Nova configuração dos embargos de declaração	316
31.3	Cabimento. Obscuridade. Omissão. Contradição. Erro material	317
31.4	Efeitos	318
31.5	Procedimento e julgamento	319
31.6	Embargos de declaração protelatórios	320
31.7	Embargos de declaração com função de prequestionamento	321

Capítulo 32
DO RECURSO ORDINÁRIO 323
32.1	Generalidades	323
32.2	Recurso ordinário no Supremo Tribunal Federal	323
32.3	Recurso ordinário no Superior Tribunal de Justiça	324

Capítulo 33
DO RECURSO ESPECIAL E DO RECURSO EXTRAORDINÁRIO 327
33.1	Recursos de terceira geração. Justificativa	327
33.2	Sistema brasileiro. Dicotomia. Competência	327
33.3	Cabimento	328
33.4	Cabimento do recurso especial	329
33.5	Cabimento do recurso extraordinário	330
33.6	Repercussão geral	332
33.7	Prequestionamento	333
33.8	Natureza da decisão de admissibilidade	334
33.9	Efeitos. Possibilidade de efeito suspensivo. Limitação do efeito devolutivo	337
33.10	Interposição conjunta	338
33.11	Recursos especial e extraordinário repetitivos	339
33.12	Do agravo em recurso especial e em recurso extraordinário	341
33.13	Embargos de divergência	341
33.14	Embargos infringentes no STJ e no STF	342

Capítulo 34
DA AÇÃO RESCISÓRIA 345
34.1	Generalidades	345
34.2	Breve notícia histórica	345
34.3	Ação rescisória e *querela nullitatis*	346
34.4	Legitimidade	347
34.5	Prazo	347
34.6	Competência	348
34.7	Procedimento	348
34.8	Cabimento	350
34.9	Julgamento. Admissibilidade, *iudicium rescindens e iudicium rescisorium*	354

34.10	Efeitos do julgamento da ação rescisória	356
34.11	Ação anulatória de negócios jurídicos processuais homologados judicialmente	357

Capítulo 35
DA ORDEM DOS PROCESSOS E DOS PROCEDIMENTOS DE COMPETÊNCIA ORIGINÁRIA DOS TRIBUNAIS 359

35.1	Generalidade	359
35.2	Uniformização de jurisprudência	359
35.3	Ordem dos processos no tribunal	363
35.4	Técnica de ampliação de colegiado	366
35.5	Incidente de assunção de competência	367
35.6	Incidente de arguição de inconstitucionalidade	370
35.7	Conflito de competência	371
35.8	Homologação de decisão estrangeira e da concessão do *exequatur* à carta rogatória	374
35.9	Incidente de resolução de demandas repetitivas	378
35.10	Reclamação	380

Capítulo 36
DO CUMPRIMENTO DA SENTENÇA 385

36.1	Generalidades	385
36.2	Competência	388
36.3	Liquidação de sentença – Espécies	390
36.4	Títulos executivos judiciais	393
36.5	Protesto dos títulos executivos judiciais	396
36.6	Cumprimento provisório da sentença de pagar quantia certa ou de dar coisa e da sentença que reconheça obrigação de fazer ou de não fazer	398
36.7	Cumprimento definitivo da sentença de pagar quantia certa	401
36.8	Cumprimento de sentença condenatória de prestar alimentos	404
36.9	Cumprimento de sentença condenatória de pagar quantia certa contra a Fazenda Pública	409
36.10	Cumprimento de sentença condenatória de obrigação de fazer e de não fazer	411
36.11	Cumprimento de sentença de entregar coisa	414

Capítulo 37
DA IMPUGNAÇÃO AO CUMPRIMENTO DA SENTENÇA 417

37.1	O direito à ampla defesa e a impugnação ao cumprimento da sentença	417
37.2	Impugnação ao cumprimento provisório de sentença condenatória em pagar quantia certa	419
37.3	Impugnação ao cumprimento definitivo de sentença de pagar quantia certa	419
37.4	Impugnação ao cumprimento de sentença condenatória em obrigação de prestar alimentos	425
37.5	Impugnação à sentença condenatória de pagar quantia certa contra a Fazenda Pública	426

37.6	Impugnação ao cumprimento de sentença de obrigação de fazer e de não fazer	427
37.7	Impugnação ao cumprimento de sentença de entregar coisa	427

Capítulo 38
DA EXECUÇÃO 429

38.1	Execução em geral	429
38.2	Partes	431
38.3	Competência	434
38.4	Título executivo extrajudicial – Espécies	435
38.5	Exigibilidade da obrigação	442
38.6	Responsabilidade patrimonial – Fraude à execução	443
38.7	Diversas espécies de execução. Execução de quantia certa. Execução para entrega de coisa certa. Execução de obrigação de fazer e de não fazer. Execução contra a Fazenda Pública. Execução de alimentos	446
38.7.1	Execução de quantia certa	450
38.7.2	Execução para entrega de coisa certa	454
38.7.3	Execução para entrega de coisa incerta	456
38.7.4	Execução das obrigações de fazer	456
38.7.5	Execução da obrigação de não fazer	458
38.7.6	Execução contra a Fazenda Pública	459
38.7.7	Execução de alimentos	460
38.8	Penhora	460
38.9	Documentação. Registro. Depósito e modificação da penhora	464
38.10	Penhora de dinheiro em depósito ou em aplicação financeira	468
38.11	Penhora de créditos	469
38.12	Penhora de quotas. Penhora de ações de sociedades personificadas	471
38.13	Penhoras subsidiárias. Penhora de empresa. Penhora de outros estabelecimentos e de semovente. Penhora de percentual de faturamento de empresa. Penhora de frutos ou rendimentos de coisa móvel ou imóvel	473
38.13.1	Penhora de empresa, de outros estabelecimentos e de semovente	473
38.13.2	Penhora de percentual de faturamento de empresa	475
38.13.3	Penhora de frutos ou rendimento de coisa móvel ou imóvel	476
38.14	Avaliação	476
38.15	Expropriação de bens. Adjudicação e alienação	479
38.15.1	Adjudicação	480
38.15.2	Alienação	482
38.16	Satisfação do crédito	486
38.17	Suspensão da execução	487
38.18	Extinção da execução	488
38.19	Embargos à execução	489
38.20	Exceção de pré-executividade	494

Capítulo 39
DOS PROCEDIMENTOS ESPECIAIS 497
39.1 Noções gerais 497
39.2 Ação de consignação em pagamento 498
39.3 Ação de exigir contas 503
39.4 Ação de manutenção de posse e ação de reintegração de posse. Interdito proibitório 507
39.4.1 Ação de manutenção de posse e da ação de reintegração de posse 509
39.4.2 Interdito proibitório 511
39.5 Ação de demarcação e de divisão de terras 511
39.5.1 Ação de divisão 514
39.6 Ação de dissolução parcial de sociedade 516
39.7 Inventário e partilha 522
39.7.1 Legitimidade para requerer o inventário 524
39.7.2 Do inventariante e das primeiras declarações 525
39.7.3 Citações e impugnações 529
39.7.4 Avaliação e cálculo do imposto 530
39.7.5 Colações 531
39.7.6 Pagamento das dívidas 532
39.7.7 Da partilha 534
39.7.8 Arrolamento 537
39.7.9 Arrolamento sumaríssimo 539
39.7.10 Sobrepartilha 540
39.7.11 Cumulação de inventários 540
39.8 Embargos de terceiro 541
39.9 Oposição 545
39.10 Habilitação 547
39.11 Ações de família 549
39.12 Ação monitória 552
39.13 Homologação do penhor legal 556
39.14 Regulação de avaria grossa 559
39.15 Restauração de autos 562

Capítulo 40
DOS PROCEDIMENTOS DE JURISDIÇÃO VOLUNTÁRIA 565
40.1 Noções e disposições gerais 565
40.2 Da notificação e da interpelação 568
40.3 Da alienação judicial 569
40.4 Do divórcio e da separação consensuais. Da extinção consensual de união estável e da alteração de bens do matrimônio 569
40.5 Dos testamentos e dos codicilos 571
40.6 Da herança jacente 573

40.7	Dos bens dos ausentes	576
40.8	Das coisas vagas	577
40.9	Da interdição	578
40.10	Da tutela e da curatela	582
40.11	Da organização e da fiscalização das fundações	584
40.12	Da ratificação dos protestos marítimos e dos processos testemunhais formados a bordo	585

Capítulo 41
DO PROCESSO ELETRÔNICO 587
41.1	Considerações gerais	587
41.2	Processo ou procedimento eletrônico	588
41.3	Da informatização do processo judicial	589
41.4	Dos atos de comunicação processual por via eletrônica	590
41.5	Do processo judicial eletrônico	591

REFERÊNCIAS 595

PREFÁCIO

Dez anos, ainda que intermitentes, de magistério superior em quatro instituições diferentes: Faculdade de Direito da Universidade do Estado do Rio de Janeiro – UERJ; Centro de Estudos, Pesquisa e Atualização do Direito – Cepad; Faculdade de Direito da Pontifícia Universidade Católica do Rio de Janeiro – PUC-Rio e Faculdade de Direito da Universidade Estácio de Sá – Unesa, aliados à participação em diversas bancas examinadoras de concursos públicos para Procurador do Estado do Rio de Janeiro e para Procurador da Câmara de Vereadores do Município do Rio de Janeiro, entre outras experiências acadêmicas menos relevantes, ao que se somam mais de 40 anos de militância na advocacia pública e privada, despertaram-me o desejo de expressar algo sobre tema que me é tão caro: o processo civil.

A par disto, a fortuna de começar o exercício profissional ao tempo do início da vigência do Código de Processo Civil de 1973, que entrou em vigor em 1º.1.1974, me fez testemunhar, *pari passu*, toda sua trajetória, desde a festejada chegada quando era considerado moderno e tecnicamente apurado, até tornar-se, gradativamente, ao longo de 40 anos aproximadamente, obsoleto e completamente desatualizado, perpassando a instauração de uma nova ordem constitucional com a Carta de 1988, não obstante as frustradas tentativas de atualização, principalmente a partir de 1994.

É que não adianta pôr remendo novo em pano velho. Isto ficou evidente nas várias tentativas infrutíferas de modernização do código revogado, a ponto de tornar-se consenso geral a necessidade de outro sistema processual civil substituí-lo. Some-se a isto que a Constituição de 1988 inaugurou em nosso país o direito processual constitucional. De outra parte, a implantação dos Juizados Especiais e a introdução do processo judicial eletrônico deram ao processo civil uma dimensão psicossocial nunca antes experimentada, pelo menos no Brasil. Por conseguinte, o momento não poderia ser mais adequado.

O *Curso de Processo Civil*, ora editado, propõe-se a uma exposição didática da análise e investigação do processo como método, no sentido mais cartesiano que esta ideia possa sugerir. Nisto não há qualquer novidade, seja porque desde sempre processo é método; seja porque, na literatura jurídica, outros se ocuparam do assunto, destacando-se a definitiva contribuição de Couture.

Por isso mesmo, não se trata de ensaio ou tese que vise demonstrar acadêmica e cientificamente o processo como método. Antes ou para além disto, trata-se de um manual que expõe, apresenta e disseca o processo civil sob a ótica do método. A abordagem é facilmente percebida na ênfase dada às fases processuais, na estrutura molecular dos fatos, atos e negócios jurídicos processuais, pré-processuais e pós-processuais assim entendidos aqueles realizados sob os efeitos da sentença, bem como na dimensão dinâmica emprestada ao procedimento, de modo que se entenda, definitivamente, que processo é método e procedimento é este mesmo método visto em movimento (mais uma vez Couture).

Finalmente, não há como negar que, qualquer que seja a repercussão, fica o sentimento do sonho realizado, a satisfação do dever cumprido, a gratidão aos colaboradores e a esperança de que o esforço não tenha sido em vão.

Rio de Janeiro,
O autor

CAPÍTULO 1

DO INTERESSE AO PROCESSO

1.1 Processo e método

A ideia de processo está indissoluvelmente ligada à ideia de método, dado ser impossível pensar em processo que não seja organizado metodicamente. Seria inconcebível um processo desorganizado e que não obedecesse a uma racionalização metódica preestabelecida para sua própria existência e atuação. A ideia de método ganhou contornos definitivos na evolução do pensamento humano com Descartes, na sua célebre obra *O discurso do método*. Indiscutivelmente, é o método a ferramenta de que o homem se vale para alcançar o que pretende. Do ponto de vista geral, pode-se dizer que o método é uma sequência de ações lógicas.

O pensamento científico atual, sobretudo o filosófico, é herdeiro confesso da filosofia cartesiana. Foi Descartes quem primeiro consagrou a exatidão das demonstrações geométricas e quem reconstruiu a filosofia pelo método dedutivo a cujo rigor devem, em grande parte, a sua certeza as ciências abstratas, como a própria filosofia, a sociologia e o direito.[1] O grande filósofo, nas suas regras do método, ensinava que se deve, diante de um problema, dividi-lo em tantas partes quantas forem possíveis compreender, e resolver cada uma delas como se fosse independente das demais. Nesse propósito se resume, praticamente, toda a sabedoria do discurso do método e, por assim dizer, a essência da ideia de processo.[2]

1.2 Interesse

Interesse é a razão de ser entre o homem e os bens da vida que deseja. Assim, é pelo interesse que tudo se inicia, que tudo se faz, e, na sua conclusão, que tudo termina,

---

[1] FRANCA, Leonel Padre. *Noções de história da filosofia*. 19. ed. São Paulo: Agir, 1977. p. 142.
[2] DESCARTES, René. *Discurso do método*. Tradução de Paulo Neves. Porto Alegre: L&PM, 2004. p. 55. O texto diz assim: "Dividir cada uma das dificuldades que eu examinasse em tantas parcelas possíveis e que fossem necessárias para melhor resolvê-las".

bem ou mal. Os interesses humanos são ilimitados, ao passo que a capacidade de bens da vida é limitada. Logo se vê que a exteriorização normal de todos os interesses jamais poderá ser satisfeita integralmente. Resulta, por conseguinte, que muitos interesses necessariamente ficarão insatisfeitos. A experiência humana demonstra que a insatisfação é um fator de instabilidade social. A sociedade então procura se organizar de modo que essa inevitável insatisfação humana se movimente apenas dentro do balizamento posto pelas regras de conduta, para que os eventuais conflitos que surjam, dada a convergência de dois interesses sobre apenas uma capacidade social de satisfação, se resolvam, tanto quanto possível, pacificamente.

1.3 Prevalência do interesse coletivo sobre o interesse individual

Modernamente a ideia de interesse como definidora da razão de ser entre o seu sujeito, no caso o homem, e o bem da vida perseguido vem, gradativamente, ganhando reconhecimento mais abrangente. Do individualismo egocêntrico centrado no ser humano, como agente e paciente de todos os direitos e de todos os interesses, evoluiu-se para um sentido mais coletivo do exercício das liberdades pessoais e da democracia, isto é, da utópica liberdade plena e natural para a não mais vigiada, porém, liberdade compartilhada ao lado de um interesse cada vez mais coletivo, sobrepondo-se àquele interesse privado, ator principal do ideário liberal. Assim, a contraposição entre público e privado tende a transformar-se numa polarização entre coletivo e individual, com clara e ampla vantagem para o primeiro. Diversas são hoje as ações que em nosso ordenamento jurídico visam à proteção desses interesses coletivos. A doutrina costuma classificar e dividir o interesse coletivo em interesses difusos, interesses individuais e interesses homogêneos.

1.4 Sujeito do interesse

Já está claro que se há interesse, esse interesse precisa ter um titular, vale dizer, um sujeito. Todo interesse só se torna palpável quando tem alguém que se interessa. Esse sujeito de interesse, sociologicamente falando, é ou seria o homem. Do ponto de vista estritamente jurídico, trabalha-se com a ideia de pessoa. O homem, ser humano biológico, em princípio, não interessa ao direito, mas sim sua pessoa. A pessoa do homem é consequência da sua personalidade. Todo homem é dotado de personalidade, que começa com o nascimento e termina com a morte. Entretanto, a lei também possibilita ao homem que, mediante manifestação da sua vontade, crie outras pessoas que são, por oposição às pessoas naturais ou físicas, chamadas de pessoas jurídicas.

1.5 Conflito de interesses

Partindo-se da premissa de que os interesses são ilimitados e a capacidade de satisfazê-los limitada, duas consequências se apresentam: a) o sujeito de interesse, diante de dois ou mais interesses, sacrificará um pelo outro. Isto é, um conflito subjetivo de interesses, cujo processo de sua existência se inicia e se extingue nos limites do pensamento daquele sujeito; b) dois ou mais sujeitos manifestam seu interesse sobre um mesmo bem da vida. Nesse caso, temos um conflito intersubjetivo de interesses, intersubjetivo porque duas ou mais pessoas se arrogam titulares daquele mesmo interesse e, como se viu, interesse é a razão de ser entre o ser humano e o bem da vida. É intuitivo que a razão estará com um ou com outro, e a razão de um necessariamente exclui a do outro.

1.6 Pretensão

Todavia, esse conflito de interesses só se configurará concretamente passando a integrar a litigiosidade latente da sociedade quando e se um desses arrogados sujeitos manifestar efetivamente sua vontade de que, naquele caso concreto, seu interesse prevaleça sobre o interesse do outro sujeito com relação àquele bem da vida objeto do interesse de ambos. Tem-se aí uma pretensão. Quando o sujeito oposto simplesmente aceita e acata a pretensão, o conflito intersubjetivo de interesses está resolvido. Mas se o sujeito oposto não aceita e resiste à pretensão, surge a lide. A pretensão é a exigência de subordinação do interesse alheio ao próprio. A resistência é o inconformismo com a pretensão, a reação, que a ele se antepõe.[3] Pode-se dizer que os elementos caracterizadores da lide são, de um lado, uma pretensão e, de outro, uma resistência.

1.7 Lide

Então, pode-se definir lide como o conflito de interesses, quer dizer, conflito intersubjetivo de interesses, qualificado por uma pretensão resistida. Todavia, este é apenas o conceito sociológico de lide, porque não se pode deixar de atentar para o disposto no art. 141 do Código de Processo Civil, segundo o qual: "O juiz decidirá o mérito nos limites propostos pelas partes". Isso significa que, por vezes, nem toda a lide é trazida ao crivo do judiciário. Destarte, o conceito jurídico de lide é esse: o conflito de interesses qualificado por uma pretensão resistida nos limites em que é trazida a juízo.

1.8 Jurisdição

A organização política da sociedade, como se sabe, redunda na figura do Estado como ordem jurídica soberana e como ente orgânico administrativo. O Estado, assim concebido, não permite, salvo casos específicos, especiais e excepcionais, que se faça justiça com as próprias mãos. Configurada a existência de uma lide, desafia todos a resolvê-la em nome da paz social. Várias são as possibilidades que se apresentam. Assim, temos: a) a autocomposição, em que os próprios envolvidos no conflito de interesses se autocompõem e, à sua moda, resolvem a lide. São espécies de autocomposição, a transação e a conciliação; b) a arbitragem, em que o conflito de interesses será resolvido por um árbitro pré-escolhido pelos próprios conflitantes; e c) a jurisdição.

Jurisdição significa dizer o direito. O Estado estabelece normas jurídicas e abstratas que visam regular a vida em sociedade. É o que se chama de direito positivo, no sentido em que posto pelo Estado. A formulação de regras gerais e abstratas disciplinando a

---

[3] BERMUDES, Sergio. *Iniciação aos estudos do direito processual civil*. Rio de Janeiro: Líber Júris, 1973. p. 13.

conduta do jurisdicionado diante da escassez da capacidade da satisfação de interesses, de modo que a sociedade tenha conhecimento prévio de quais interesses são protegidos pelo Estado, é o que se chama de direito objetivo. O Estado, mediante a função jurisdicional, avocou para si o monopólio da justiça, retirando a possibilidade de individualmente o jurisdicionado fazer sua própria justiça. Em contrapartida, conferiu a cada jurisdicionado o direito de invocar a jurisdição para que, em determinado conflito de interesses, o Estado diga que interesse deve prevalecer e que interesse deve ser subjugado. A jurisdição é o meio pelo qual o jurisdicionado pede a tutela jurisdicional ao Estado e ao mesmo tempo o Estado presta essa tutela jurisdicional. É uma via de mão dupla.

1.9 Processo como instrumento da jurisdição

O modo pelo qual esse fenômeno se realiza, a ferramenta de que se valem, tanto o jurisdicionado para pedir como o Estado para prestar a jurisdição, é o que se chama de processo. Portanto, processo é o instrumento da jurisdição. Essa instrumentalidade do processo se traduz por uma atuação perante a ordem jurídica, dita substancial, que se deve impor aos casos concretos. Daí também decorre que essa instrumentalidade tem uma natureza finalística nela mesma concebida, na medida em que o processo não é nem pode ser considerado um fim em si mesmo. Processo não é fonte de direito. Quanto mais instrumental certamente mais eficaz e quanto mais eficaz mais instrumental na viabilização da jurisdição.

1.10 Direito material e direito processual

A partir do momento em que na evolução científica do direito a doutrina fixou definitivamente que o direito processual era autônomo e independente do direito até então visto como uno, estabeleceu-se uma dicotomia entre direito material e direito processual. Nesse sentido, direito processual é o conjunto de normas, regras e princípios, que estabelecem o método pelo qual o Estado prestará a tutela jurisdicional, respondendo à provocação do interessado e garantindo a ampla defesa ao outro interessado. Por direito material deve-se entender o conjunto de normas, regras e princípios, que regulamentam a razão de ser, isto é, o interesse, entre as pessoas e os bens da vida.

Dessa independência e autonomia existentes entre o direito processual e o direito material decorre que a relação jurídica que nasce no processo entre as partes em litígio não se confunde com a relação jurídica de direito material que lhe é subjacente, muito embora, na maior parte das vezes, os sujeitos de uma e de outra sejam absolutamente idênticos. O que se quer demonstrar é que não obstante os titulares da relação jurídica de direito material controvertida, tanto em sede de direito subjetivo, quanto em sede de direito potestativo, de regra, sejam os mesmos que figuram como titulares da relação jurídica processual, essas relações jurídicas não se confundem. A instauração da relação jurídica processual por conta da invocação da tutela jurisdicional por um dos titulares da relação jurídica de direito material controvertida prescinde desta para ser regularmente iniciada e desenvolvida, mas aquela não se transforma nesta nem com esta se mistura pelo simples fato de sua controvérsia ser objeto de um processo.

Dessa situação também decorre que a distinção precípua entre o direito processual e o direito material é que a normatização das relações dos sujeitos do próprio processo e a maneira pela qual a atividade processual se desenrola são objeto do direito processual. Todavia, o direito processual não cuida do interesse que é, como dissemos, a razão de ser entre o sujeito e o bem da vida. Ou seja, não são as normas típicas de direito processual que vão resolver a lide, que vão dizer com quem está a razão. A regra jurídica que será aplicada ao caso concreto para resolver a lide e para dizer com quem está a razão será uma regra de direito substancial ou de direito material.

1.11 Direito adjetivo e direito substantivo

É comum encontrar na doutrina a denominação *direito adjetivo* para designar o direito processual em contraposição à utilizada expressão *direito substantivo* para o direito material. A metáfora proposta por Ihering é preciosa na demonstração da imbricação entre direito material e direito processual, que se dá pelo processo. O jurista alemão vale-se de Shakespeare, em *O mercador de Veneza*, para explicar convenientemente como e quando esta inter-relação se aperfeiçoa. Nas palavras do mestre: "É no momento em que o titular de um direito se transforma num representante da lei".[4] Melhor dizendo, segue o jurista: "É que a verdade sempre é verdade, mesmo que o sujeito do direito a encare e a defenda apenas a partir do ângulo estrito do seu interesse pessoal".[5] Ainda na comédia *O mercador de Veneza*, de Shakespeare, o personagem Shylock assim se expressa: "A libra de carne que ora exijo foi comprada a bom preço e por isso a quero. Que vossa lei se cubra de vergonha se ma recusardes! Pois então a lei de Veneza nenhuma força terá. Invoco a lei... no título que ora fundo minha pretensão".[6]

Ao exprimir-se através da expressão *Invoco a lei*, o autor retratou da maneira adequada a verdadeira ligação entre o direito substantivo e o direito adjetivo. A partir daí, o litígio não envolve mais apenas uma simples pretensão de alguém que se diz lesado em seu direito. Transforma-se numa questão que põe em jogo o próprio direito. Seu direito e o direito de Veneza passam a ser a mesma coisa e uma coisa só a exigir reparação da lesão. Ao ponto que, com o esbulho do primeiro, o segundo desaparece. Vemos nessa apoteose tão bem retratada pelo ilustre teatrólogo que a jurisdição estará ao mesmo tempo restaurando a norma jurídica violada, interesse puro do Estado, e reparando a lesão ocorrida ao direito subjetivo de alguém, interesse puro de um sujeito.

Na lição de Ihering também se encontra a gênese de um dos escopos da jurisdição que é fazer atuar o direito restaurando a norma jurídica violada, posto que, quando aquele que deduz uma pretensão em juízo invoca a tutela jurisdicional, também invoca a lei, tal qual Shylock na pena do poeta invoca a lei na fundamentação jurídica de seu pedido. O Estado, no exercício da jurisdição, através do processo como instrumento, comparecerá para dirimir a lide, restaurar a norma jurídica de direito material violada e, tanto quanto permita a falibilidade humana, dar a cada um o que é seu.

Nada obstante, a caracterização do direito processual como direito adjetivo, em contraposição ao direito material que seria o direito substantivo, sofre pesadas críticas na doutrina. É que para alguns o caráter instrumental não qualifica, portanto não adjetiva

---

[4] IHERING, Rudolf Von. *A luta pelo direito*. 2. ed. Rio de Janeiro: Lumen Juris, 1998. p. 66.
[5] IHERING, Rudolf Von. *A luta pelo direito*. 2. ed. Rio de Janeiro: Lumen Juris, 1998. p. 66.
[6] IHERING, Rudolf Von. *A luta pelo direito*. 2. ed. Rio de Janeiro: Lumen Juris, 1998. p. 67.

e sim adequa, permite, por conseguinte, viabiliza. Bentham critica essa terminologia demonstrando a impropriedade que é definir o arado como adjetivo da terra, o piano como adjetivo da música. Para ele, instrumento não constitui qualidade da matéria.[7]

---

[7] Jeremy Bentham, filósofo e jurista criador da escola do utilitarismo, produziu vasta obra jurídica, filosófica e política, destacando-se, neste tema, *Theory of legislation*, 1802.

CAPÍTULO 2

DO DIREITO PROCESSUAL CIVIL

2.1 Denominação

A denominação direito processual civil é mais moderna e correta cientificamente. Todavia, outrora, a disciplina era chamada de direito judiciário civil. Essa denominação, contudo, carecia de maior tecnicidade, na medida em que o vocábulo *judiciário* não exprime com exatidão o real significado do estudo do processo. *Judiciário* expressa apenas aquilo que no processo acontece no âmbito jurisdicional. Mas isto não é suficiente. Basta ver a teoria da ação e a da jurisdição que são pré-processuais, porém, didaticamente, estudadas na disciplina Direito Processual Civil. Além disto, nem todo judiciário é processual e o órgão jurisdicional, no caso, o juiz, é apenas sujeito imparcial do processo, que exige pelo menos mais dois litigantes.[8]

A vetusta denominação direito judiciário civil é originária da concepção romana do processo e da raiz etimológica da palavra em latim, em que processo era *iudicium*. Deve-se à profícua doutrina processual alemã, do século XIX, a difusão da expressão *direito processual civil*. Assim, embora em franco desuso, por vezes encontramos a expressão *direito judiciário civil* como sinônimo de *direito processual civil*.[9] [10]

2.2 Conceito

Ao complexo de normas reguladoras do exercício da jurisdição civil dá-se o nome de direito processual civil. Direito, porque conjunto de normas disciplinadoras de determinadas relações. Processual, porque essas normas regulam o processo através

---

[8] CINTRA, Antônio Carlos Araújo; GRINOVER, Ada Pellegrini; DINAMARCO, Cândido Rangel. *Teoria geral do processo*. 24. ed. São Paulo: Malheiros, 2008. p. 52-53.
[9] COSTA, Coqueijo. *Direito processual do trabalho*. 2. ed. Rio de Janeiro: Forense, 1984. p. 2 e ss. Cap. 1.
[10] A propósito, veja-se, por exemplo, que na Consolidação das Leis do Trabalho, o Título X, específico do processo, denomina-se: Do Processo Judiciário do Trabalho, embora, do art. 769, conste textualmente "direito processual do trabalho".

do qual atuam. Civil, para distinguir de penal.[11] Mais sucintamente resumiu Liebman: "é a parte do direito que regula a realização do processo civil".[12] Embora com a edição do atual Código Civil, de 2002, tenha sido revogada grande parte do antigo Código Comercial de 1850, não se pode afirmar que o direito comercial, enquanto um ramo autônomo do direito, tenha deixado de existir. Nesse sentido, o processo civil também é o utilizado como processo comercial. Ainda que hoje tal afirmação pareça inteiramente despropositada, deve-se lembrar que não foi sempre assim, dado que nos primórdios a jurisdição comercial era diferenciada da jurisdição civil pura, e no Brasil o processo comercial foi durante décadas, principalmente no século XIX, regido pelo Decreto nº 737. Pelo princípio da subsidiariedade geral é o processo civil que socorre os demais ramos da atividade jurisdicional e das leis processuais extravagantes, conforme previsto no art. 15 do atual Código de Processo Civil.[13] [14]

À guisa de conceito adotamos a proposição de Frederico Marques para quem direito processual civil é o conjunto de princípios e normas que regulam a aplicação pelo Estado do direito objetivo a uma pretensão não penal, disciplinando, ainda, a estruturação dos órgãos da função jurisdicional e respectivos auxiliares, bem como as atividades anômalas do poder judiciário destinadas ao exercício da jurisdição voluntária e, ainda, as providências parajurisdicionais (transação, juízo arbitral, reconhecimento de sentença estrangeira).[15]

2.3 Objeto material do processo

Objeto do processo é a pretensão deduzida em juízo. Como se sabe, pela pretensão, revestida na demanda, se instaura a jurisdição. Acolhendo ou não a pretensão, deferindo ou não o pedido, o juiz resolverá a lide. Por isso mesmo que já se definiu que pode existir processo sem lide, o que não é possível é a existência de processo sem pretensão. Carnelutti ensina: "O processo é continente de que a lide é conteúdo e a pretensão seu objeto".[16] Aliás, esse tema do processo sem lide tem sido motivo de divergência na doutrina do direito processual. A questão se apresenta sobremaneira nas chamadas ações constitutivas negativas, como anulação de casamento, nas quais, mesmo não havendo resistência à pretensão, a dissolução só será possível mediante sentença extraída de processo regularmente instaurado. Tem-se, pois, que pretensão é o objeto do processo.

2.4 Objeto formal do processo

Nada obstante, a pretensão será apenas o objeto material do processo, porque além desse objeto material existe também o chamado objeto formal do processo, que é a

---

[11] BERMUDES, Sergio. *Iniciação aos estudos do direito processual civil*. Rio de Janeiro: Líber Júris, 1973. p. 26.

[12] LIEBMAN, Enrico Tullio. *Manual de direito processual civil*. 2. ed. Tradução e notas de Cândido Rangel Dinamarco. Rio de Janeiro: Forense, 1985. v. I. p. 35.

[13] Art. 15 do CPC: "Na ausência de normas que regulem os processos eleitorais, trabalhistas ou administrativos, as disposições deste Código lhes serão aplicadas supletiva e subsidiariamente".

[14] No mesmo sentido, art. 769 da Consolidação das Leis do Trabalho.

[15] MARQUES, José Frederico. *Manual do direito processual civil* – Teoria geral do processo civil. 4. ed. São Paulo: Saraiva, 1976. v. 1. p. 13.

[16] CARNELUTTI, Francesco. *Sistema di diritto processuale civile*. Pádua: Cedam, 1958. v. 1. nº 348 e 358.

própria regularidade da atividade processual desenvolvida.[17] Então, pode-se dizer que o processo tem paralelamente dois objetos, a saber: um objeto material que é a pretensão e um objeto formal que é o próprio processo.

2.5 Evolução histórica do processo civil

Na evolução histórica do processo civil, curiosamente, muito pouco se tem estudado sobre o direito grego da antiguidade em vista da indisputável predominância do direito romano. Entretanto, na Grécia, a organização dos tribunais e os procedimentos judiciais alcançaram um grau de perfeição verdadeiramente notável. Os tribunais eram organizados hierarquicamente. Aristóteles comenta a existência de oito tipos de tribunais com divisão de competência.[18] Quanto aos procedimentos, na antiga Grécia, havia distinção entre as ações públicas e as privadas e no processo penal, entre sua instrução e a fase decisória. Em Atenas, o procedimento era oral e os debates representavam a fase mais solene. Através da retórica os advogados procuravam convencer os juízes. Foi exatamente pelo temor de que a arte da oratória escondesse a verdade que no Egito estabeleceu-se pela primeira vez na história o procedimento totalmente escrito, sendo a discussão oral simplesmente proibida.[19]

Já se disse, não sem razão, que os romanos eram um povo de juristas e que seu sistema legal tem sido, durante séculos, a base das organizações jurídicas das nações. Os autores costumam dividir o estudo do processo em Roma em três períodos: o das *legis actiones*, o *per formulas* e o da *cognitio extraordinaria*. O chamado período das *legis actiones* teria tido vez entre a fundação de Roma, que se estima em 754 a.C., até o ano de 149 a.C. É assim conhecido por ser o período das ações da lei, porque as ações judiciais eram aquelas relacionadas com a lei mais importante do antigo direito romano, a Lei das XII Tábuas que, presumivelmente, data de 450 a.C. Cinco eram as ações previstas na lei: *legis actio sacramentum*, caracterizada por uma espécie de aposta sacramental consistente em depósitos iguais de ambas as partes nas mãos do pontífice, em que a parte sucumbente perdia o depósito em favor do erário; *actio per judicis postulationem*, em que o autor manifestava sua pretensão que não se enquadrava nos efeitos da *actio sacramentum*; *actio per condictionem*, cabível na restrita hipótese de sujeição ao dever de transferir soma em dinheiro ou de entregar coisa certa; *manus injectio*, destinada à satisfação de dívidas consistente na configuração da responsabilidade corporal do devedor que poderia até ser considerado prisioneiro à casa do credor e nela mantido como escravo de fato por um prazo regular de 60 dias. O esgotamento de um segundo prazo sem a satisfação do credor acarretava a *capitis diminutio* ao devedor, que, a partir

---

[17] Segundo a lição de Moacyr Amaral dos Santos: "O processo, como instrumento da jurisdição, é também a disciplina das atividades jurisdicionais. Instrumento destinado à composição do litígio, destinado a possibilitar aos órgãos jurisdicionais o exercício de uma função, que é a de fazer justiça, o processo deve ser regular. A própria garantia das partes exige que o instrumento de que se servem os órgãos jurisdicionais seja o mais aproximadamente perfeito, sem vícios ou defeitos. Ao juiz cabe verificar a regularidade do processo" (SANTOS, Moacyr Amaral dos. *Primeiras linhas de direito processual civil* – Processo de conhecimento. 25. ed. São Paulo: Saraiva, 2007. p. 277-278).

[18] ARISTÓTELES. *A política*. Tradução de Roberto Leal Ferreira. 3. ed. São Paulo: Martins Fontes, 2006. p. 141 e ss.

[19] PODETTI, Ramiro J. *Teoría y técnica del proceso civil y trilogía estructural de la ciencia del proceso civil*. Buenos Aires: Ediar, 1963. p. 26-27.

de então, era ou podia ser vendido como escravo, mas com a *capitis diminutio* a dívida era extinta; a *pignoris capio*, execução por excelência dirigida ao patrimônio do devedor, porém voltada apenas para as obrigações ditas públicas, isto é, *ex legis*, como as relativas à prestação de serviço militar, e as dívidas ao tesouro.[20]

Nesse período, o procedimento era precipuamente formalista, mesmo que predominante a oralidade. As fórmulas verbais eram solenes, rigorosas e sacramentais, ao ponto de gestos e palavras terem que ser atendidos e qualquer desatenção anulava o processo com a proibição de repetição da jurisdição.

O período conhecido como formulário ou *per formulas* inicia-se em 149 a.C., com a edição da Lei *Aebutia*, e vai até o século III. Nesse sistema o procedimento, a exemplo do anterior, também se dividia em duas fases: *in iuri* e *in iudicium*. A fase inicial desenrolava-se perante o pretor. Pela *in ius vocatio*, o réu era convidado a comparecer perante o magistrado e, caso desatendesse, era conduzido sob vara, isto é, à força. Diante do pretor, o autor deduzia sua pretensão e o réu, sua defesa. O procedimento era totalmente oral, mas agora liberto do formalismo do período das *legis actiones*. Ouvidas as partes, o pretor desenvolvia a fórmula correspondente à ação. Esta era um pequeno documento com base num modelo anteriormente publicado pelo pretor e fixava a missão do juiz que no mesmo documento era indicado para decidir a causa. Admitida a ação, o pretor entregava ao autor a fórmula escrita com a aceitação pelas partes e fixação do objeto do litígio. Na fase *in iuri* resolvia-se quanto ao direito de ação. Na fase seguinte, *in iudicium*, produziam-se as provas dos fatos e proferia-se a sentença. A sentença era oral e o juiz, ao proferi-la, não podia afastar-se da fórmula.

O terceiro período, chamado da *cognitio extraordinaria*, tem início em 294 d.C. e vai até a codificação de Justiniano, em 534 d.C. Neste período, o processo era todo desenvolvido perante um mesmo magistrado e não havia mais a divisão do procedimento em duas fases. Passou-se a dar ênfase à forma escrita. A citação tornou-se ato público do processo. Inseriu-se a possibilidade de julgamento à revelia. A sentença passou a ser coercitiva, não mais por pré-acordo das partes, mas por imposição estatal. Previu-se a possibilidade de recurso contra a sentença e, finalmente, o Estado tomou a si a coerção do processo de execução.

O direito germânico apresentava um processo rudimentar e primitivo para os padrões romanos. Ainda assim, alguns de seus institutos e de suas práticas acabaram se incorporando e vieram a influenciar mais tarde o processo nas novas nações e mesmo o processo canônico. Exemplo disso eram as chamadas ordálias ou juízos de Deus, posteriormente de grande utilização na Inquisição, que consistiam em perversos experimentos de tortura, sob a premissa de que, se o réu estivesse falando a verdade, Deus o socorreria.

Na Península Ibérica a herança jurídica de Roma faz-se notar facilmente. Nada obstante, povos bárbaros também trouxeram sua contribuição. Não se pode negar, por exemplo, a grande influência do domínio árabe na região. Em Portugal, já em 1308, foi mandado traduzir por Dom Afonso X a Lei das Sete Partidas, que vem a ser, certamente, o primeiro exemplo de compilação da legislação portuguesa. Em 1446 surgem as Ordenações Afonsinas; a essas seguiram-se as Ordenações Manuelinas de 1521 e as

---

[20] MORAES, Marcus de. *Roma Antiga e seu direito*. Rio de Janeiro: Parceria Editorial, 2002. p. 321-327.

Ordenações Filipinas de 1603. O sistema das ordenações passou ao Brasil como colônia de Portugal. Por esse sistema, o processo era dividido em fases: a postulatória, que compreendia o libelo, a contrariedade, a réplica e a tréplica; a instrutória, destinada à produção das provas; a decisória e a executória.

Com a independência, o Brasil continuou a adotar o direito processual português, até que em 1841 esse sistema vem a sofrer profundas alterações. Com o Código Comercial de 1850 veio também o Regulamento nº 737 do mesmo ano, que passou a disciplinar os processos na jurisdição comercial. As causas cíveis continuaram reguladas pelas ordenações e lei complementares modificativas. Com a primeira Constituição republicana de 1891, estabeleceu-se no Brasil a autonomia legislativa dos estados para a matéria processual. Situação essa que perdurou até a Revolução de 1930, quando, a partir da Constituição de 1934, foi conferida à União Federal a competência exclusiva para legislar sobre processo civil. Assim, em 1939, foi editado o primeiro Código de Processo Civil brasileiro que vigorou até 31.12.1973, quando da entrada em vigor do Código de 1973 em 1º.1.1974. A partir da década de 1990 este diploma processual sofreu várias alterações, todas no sentido de aglutinar mais poderes no juiz e conferir maior celeridade e maior eficácia às decisões processuais. A partir de março de 2015 encontra-se em vigor o atual Código de Processo Civil brasileiro que, sem dúvidas, potencializa as alterações produzidas a partir da década de 1990.

2.6 Relações com outros ramos do direito

Como todo ramo do direito tido por autônomo, o direito processual relaciona-se e mantém interfaces com diversos outros ramos do direito. Contudo, por ser o processo instrumento da jurisdição e esta expressão do poder constituído do Estado, é óbvio que a relação do direito processual com o direito constitucional assume maior relevância, chegando alguns autores a vislumbrar a existência de um verdadeiro direito processual constitucional.[21] Na sua relação com o direito constitucional, o processo civil apresenta os seguintes temas: organização judiciária, controle judiciário da constitucionalidade das leis e atos normativos, institutos constitucionais processuais, como *habeas corpus*, mandado de segurança, mandado de injunção, *habeas datas*, ação civil pública etc., acesso à justiça, direito de ação, direito de defesa e garantia ao devido processo legal e à duração razoável do processo.

Com o direito administrativo a interface do direito processual civil diz respeito à organização dos serviços da justiça enquanto serviço público regulamentado. Com o direito penal, no que diz respeito ao chamado ilícito processual, muitas vezes tipificado como crime, de que são exemplos a fraude processual, a fraude à execução, entre outros. Maior interface, evidentemente, existe com o direito civil e o direito empresarial. Do mesmo modo, há também interface com outros ramos do direito, como direito tributário, do meio ambiente etc., em que de uma maneira ou de outra, afora a chamada jurisdição penal, repousará sempre no direito processual civil o exercício das respectivas pretensões.

---

[21] CINTRA, Antônio Carlos Araújo; GRINOVER, Ada Pellegrini; DINAMARCO, Cândido Rangel. *Teoria geral do processo*. 24. ed. São Paulo: Malheiros, 2008. p. 84 e ss.

2.7 A norma processual civil no tempo

Questão relevante de ser abordada é a da variação da aplicação da norma processual no tempo. O princípio geral é o mesmo que rege todo o direito, isto é, em tese a lei não retroage. No campo específico do processo civil, os diversos sistemas desenvolveram três fórmulas para resolver o problema da eficácia da norma processual civil no tempo. Pelo primeiro sistema, que é chamado de sistema da unidade processual, uma vez instaurado o processo, deverá ele ser regido pela legislação vigente à época de seu início, independentemente de superveniência de lei posterior. O segundo sistema é o que adota a mesma lei para cada fase processual. Assim, a fase postulatória, a probatória, a decisória, a recursal e a executória poderiam, cada uma delas, ser regida por normas processuais diferentes, mas os atos processuais praticados dentro de cada fase teriam que obedecer à mesma norma. O terceiro sistema prevê que a lei nova processual será sempre a lei a ser aplicada a partir do momento em que entrar em vigor, respeitada para os atos processuais já praticados a lei anterior. É este último o adotado pelo Código de Processo Civil brasileiro, como se vê do disposto no art. 14. É claro que situações peculiares reclamarão soluções igualmente peculiares. Destarte, se um prazo se inicia na vigência de uma norma, esta, certamente, será observada também para o seu termo final.

2.8 A norma processual civil no espaço

A aplicação da lei processual no espaço quase que se confunde com a própria característica da aderência ou da territorialidade da jurisdição, isto porque, também em tese, o juiz aplica ao processo a lei do local. É o que se chama em direito internacional privado de *lex fori*. Aqui, faz-se referência ao art. 12 da Lei de Introdução às Normas do Direito Brasileiro, que determina que a autoridade judiciária brasileira é a competente quando o réu for domiciliado no Brasil ou aqui tiver de ser cumprida a obrigação. No mesmo sentido e praticamente com a mesma dicção encontra-se o art. 13 do Código de Processo Civil. Além disso, também só e exclusivamente a jurisdição brasileira atua sobre os imóveis situados no Brasil, nos termos do §1º do pré-citado art. 12 da Lei de Introdução às Normas do Direito Brasileiro e do inc. I do art. 23 do Código de Processo Civil.

2.9 Conteúdo e finalidade

O conteúdo do processo, como já nos referimos anteriormente, é a lide, ou melhor que isto, a pretensão. Já a sua finalidade é, na ótica instrumental do exercício da jurisdição, compor os conflitos de interesse, propiciando, assim, a paz social. Mas não é só; na medida em que essa composição das lides far-se-á pela aplicação da norma em abstrato ao caso concreto, através do processo, pode-se também afirmar que o processo tem como finalidade a atuação do direito objetivo.

2.10 Fontes do direito processual civil

A fonte primária de todo o direito é a lei, isto é, a norma jurídica. No caso específico do direito processual civil, por óbvio, a fonte primária será a norma processual civil. Essas normas são encontradas na Constituição Federal e na legislação nacional infraconstitucional, na medida em que nos termos do art. 22, I da Constituição da República é da competência exclusiva da União Federal legislar sobre direito processual, tanto civil como penal ou trabalhista. Por excelência, dessas fontes primárias, o Código de Processo Civil é a mais rica.

Embora em nosso sistema a jurisprudência não seja fonte formal de direito, não se pode olvidar sua importância principalmente no campo do direito processual. Ademais, ainda que timidamente, já se encontra positivada a força da chamada súmula vinculante a vincular decisões de juízos inferiores, após o seu estabelecimento. Por súmula deve-se entender a jurisprudência uniforme e reiterada que se possa impor como norma obrigatória. É feliz a definição de Frederico Marques, quando ensina que: "a súmula contém o enunciado de uma regra jurídica construída com base nas decisões que se apresentam como jurisprudência predominante".[22]

É inegável, porém, a tendência expansionista da jurisprudência como fonte de direito processual no direito brasileiro. Assim é que a jurisprudência assume atualmente um papel garantidor da estabilidade e da segurança jurídica, o que pode ser percebido em vários institutos contemplados no Código de Processo Civil, como: a) o efeito vinculante na assunção de competência dos acórdãos que tratem de relevantes questões de direito com grande repercussão social, como também para demandas repetitivas; b) o efeito vinculante das decisões do Supremo Tribunal Federal em controle concentrado de constitucionalidade; c) dos enunciados de Súmula Vinculante; d) dos acórdãos proferidos em incidentes de assunção de competência ou de resolução de demandas repetitivas; e) dos acórdãos proferidos em julgamento de recursos extraordinário e especial repetitivos; f) dos enunciados das súmulas do Supremo Tribunal Federal em matéria constitucional e do Superior Tribunal de Justiça em matéria infraconstitucional; g) quanto aos juízes e órgãos fracionários dos tribunais de segunda instância a orientação do plenário ou do órgão especial do tribunal ao qual estiverem vinculados.

2.11 Súmula vinculante como fonte do direito processual civil

Por sua vez, precedente judicial traduz um sentimento que não nos é muito caro. Melhor se enquadra no sistema da *common law*, em que os precedentes judiciais assumem força vinculante às futuras causas análogas. Sem embargo desta constatação, o fato é que, mediante a Emenda Constitucional nº 45/2004, instituiu-se no Brasil a possibilidade de o Supremo Tribunal Federal criar as chamadas súmulas vinculantes.

Em sede doutrinária, a primeira questão que se apresenta é a de se fixar se a súmula vinculante, não tanto por sua natureza de súmula de jurisprudência, mas pelo seu efeito vinculante, seria fonte formal de direito. Em nosso entendimento, súmula de jurisprudência, vinculante ou não, não é fonte formal de direito no sistema jurídico brasileiro. Ainda neste tema cumpre dizer que por efeito vinculante deve-se entender a obrigatoriedade da observância da decisão prolatada pelo tribunal vinculante, no caso do direito brasileiro apenas pelo Supremo Tribunal Federal. Como bem definiu Márcia Cadore: "nesse aspecto é um plus ao efeito erga omines".[23]

---

[22] MARQUES, José Frederico. *Manual do direito processual civil* – Teoria geral do processo civil. 4. ed. São Paulo: Saraiva, 1976. v. 1. p. 32.

[23] CADORE, Márcia Regina Lusa. *Súmula vinculante e uniformização de jurisprudência*. São Paulo: Atlas, 2007. p. 93.

2.12 Aplicação e interpretação da lei processual civil

A aplicação do direito processual civil não difere da aplicação dos demais ramos do conhecimento jurídico. Para aplicar a norma jurídica, qualquer norma, é preciso primeiro interpretá-la. Entretanto, neste tópico, quer se cuidar da aplicação da norma processual civil no sentido de sua integração, isto é, de como aplicar a regra processual na lacuna da lei.

Esta preocupação assume grande proporção em sede processual, na medida em que o juiz, através do processo, precisa julgar. Nesse aspecto, já o art. 4º da Lei de Introdução às Normas do Direito Brasileiro estabelece que, na omissão da lei, o juiz decidirá de acordo com a analogia, os costumes e os princípios gerais do direito. No mesmo sentido, o art. 140 do Código de Processo Civil estabelece que o juiz não se exime de decidir sob alegação de lacuna ou obscuridade do ordenamento jurídico, só podendo decidir por equidade nos casos previstos em lei.

No desempenho de suas funções, ao órgão jurisdicional cumpre, como principal desafio, determinar o direito aplicável ao caso concreto que lhe é trazido a julgamento. Ensina Ferrara que para se desincumbir a contento desta tarefa deve o juiz levar a cabo três ações: a) apurar que o direito existe; b) determinar o sentido desta norma jurídica; e c) decidir se esta norma se aplica ao caso concreto. A aplicação das leis envolve, por consequência, uma tríplice investigação: sobre a existência da norma; sobre o seu significado e valor; e sobre a sua aplicabilidade.[24]

Como se vê, a interpretação da lei é indispensável para sua aplicação. A lei processual civil segue a mesma sorte da metodologia da interpretação dos demais ramos do direito. O que se sugere na interpretação da norma processual civil é que o intérprete valha-se sempre dessas quatro diretrizes: a) a interpretação deve buscar o elemento teleológico da norma, isto é, buscar a *ratio legis*, ou seja, a que finalidade aquela norma se destina; b) a interpretação deve ser sistêmica, isto é, no processo civil não se deve jamais interpretar e aplicar qualquer norma isoladamente ou dissociada do sistema processual como um todo; c) a interpretação deve sempre buscar o entendimento mais razoável para a norma; curiosamente, o método para se concluir pelo razoável é afastar qualquer conclusão que seja irrazoável, aquilo que Recaséns Siches[25] chamou de *logos del razonable*; e d) a interpretação da norma processual deve sempre levar em conta a natureza dialética do processo e a sua instrumentalidade.

2.13 Analogia no direito processual civil

A analogia, também chamada de autointegração da norma, significa ampliar a incidência de uma norma existente para aplicá-la no vazio da lei a um caso que seja semelhante. Por semelhante juridicamente, entenda-se aquilo que é igual no essencial e diferente no acidental. No Brasil tem-se um exemplo histórico típico que melhor traduz a aplicação analógica da norma jurídica. Não se previa na legislação pátria norma específica para regulamentar responsabilidade civil do transportador rodoviário pelos seus passageiros. Mas existia uma lei de 1912 que regulamentava esta responsabilidade

---

[24] FERRARA, Francesco. *Interpretação e aplicação das leis*. 3. ed. Coimbra: Armênio Amado Editor, 1978. p. 113.
[25] RECASÉNS SICHES, Luis. *Filosofia de la interpretación jurídica*. México: Fondo de Cultura Económica, 1956. p. 128.

civil para o transporte ferroviário. Na lacuna da lei quanto ao transporte rodoviário, estendeu-se, por analogia, a incidência daquela norma específica do transporte ferroviário para o transporte rodoviário, porque estas situações são iguais na essência, transporte de passageiros, porém diferentes no acidente, eis que um pela via férrea e outro pela via rodoviária.[26]

Assim, a constatação é ela mesma resultado da interpretação da lei. No mais das vezes, a analogia se justifica não porque haja uma completa omissão legal, mas porque a lei regula certo fato ou situação da vida real de modo incompleto.

2.14 Princípios gerais do direito no direito processual civil

O tema princípios gerais de direito é tormentoso não apenas em sede processual. Na verdade, não se tem uma definição nem do que sejam os princípios gerais do direito e muito menos de quais sejam. Muitas vezes, confundem-se princípios gerais do direito com clássicos brocardos jurídicos. Princípios são ideias centrais que informam o direito positivo. Sua localização, entretanto, está no próprio direito positivo e da norma escrita é que devem ser extraídos. Veja-se um exemplo em sede de processo civil: o art. 2º do Código de Processo Civil estabelece que o processo começa por iniciativa da parte e se desenvolve por impulso oficial, salvo as exceções previstas em lei. Esta norma estabelece a necessidade da parte para que se deflagre a atividade jurisdicional. Todavia, dela se extrai subjacentemente o princípio da inércia da jurisdição. Assim, temos que, ao mesmo tempo, o princípio sugeriu a norma e da norma se extrai o princípio.

É que, como ensina Del Vecchio, "o direito tem sua fonte na natureza humana".[27] Por isso que diz François Gény: "os princípios gerais de direito representam um ideal da razão e da justiça, conforme ao fundo permanente da natureza humana e os supomos a base da lei".[28] Para Cosati e Russo: "são as ideias positivas e progressivas na evolução da vida social que vão historicamente afirmando-se como preceitos positivos dos quais constituem a base e o fundamento do ordenamento jurídico".[29] Vicente Ráo esclarece: "quando nem a ciência do direito indica a solução da controvérsia deve-se recorrer à filosofia do direito, que, com o direito natural, reúne os princípios primeiros e fundamentais da ciência jurídica".[30] Como se vê, se não há norma nem outra qualquer solução, então busca-se o princípio que intuiu a norma.

---

[26] Ensina Manuel de Andrade: "uma vez concluída a interpretação, se restar lacuna a prover, o juiz será livre para inquirir da solução mais justa e benéfica. Todavia, no exercício desta liberdade, cumpre-lhe observar a analogia, até onde ela se verifique. Não lho prescreve nenhum imperativo jurídico, seja ele uma decorrência inevitável do complexo das disposições legais, ou seja outro o fundamento da sua validade; essa atitude, porém, é-lhe ditada por um princípio de justiça formal que exige paridade de tratamento para hipóteses semelhantes" (ANDRADE, Manuel A. Domingues de. *Ensaio sobre a teoria da interpretação das leis*. 3. ed. Coimbra: Armênio Amado Editor, 1978. p. 79).

[27] DEL VECCHIO, Giorgio. Le probleme des sources du droit positif. *Annuaire de l'Institut International de Phiolosophie du Droit et de Sociologie Juridique*, 1934. p. 21.

[28] GÉNY, François. *Metode apud* LAURENT, F. *Príncipes de droit civil francais*. 3. ed. Bruxelles/Paris: Bruylant, 1978. t. I. p. 329.

[29] CASATI, Ettore; RUSSO, Giácomo. *Manuale del diritto civile italiano*. 2. ed. Turim: UTET, 1950. p. 26.

[30] RÁO, Vicente. *O direito e a vida dos direitos*. São Paulo: Max Limonad, 1952. v. I. p. 307-308.

DA FUNÇÃO JURISDICIONAL

3.1 Caracterização e distinção entre as outras funções do Estado

Jurisdição é expressão do poder constituído. É expressão do poder do Estado. Portanto, tem que ver com soberania,[31] como poder ou expressão do poder, cabe ao Estado o poder-dever de dizer o direito. O termo deriva do latim *juris dictio* que significa dizer o direito. O Estado exerce a jurisdição, mediante aplicação das normas jurídicas, comandos emanados da autoridade e impostos, coativamente, à obediência de seus destinatários. Toda vez que se submete ao Estado a solução de uma lide, ele a resolverá mediante aplicação da norma jurídica ajustável à espécie. A essência da jurisdição aí está: a aplicação da regra de direito pelo Estado.[32]

Hodiernamente este dizer o direito tem que ser elastecido para dizer e tornar efetivo o direito, porquanto não se pode afirmar que na tutela executiva e em certa medida na cautelar a função jurisdicional se limite a dizer o direito. Na tutela executiva sequer há sentença dirimindo a lide e na cautelar, no mais das vezes, está-se diante de função jurisdicional meio, eis que a tutela cautelar visa assegurar a efetividade do resultado da tutela de conhecimento ou da tutela satisfativa.

3.2 Caracterização da jurisdição segundo Chiovenda, segundo Carnelutti e segundo Calamandrei

A partir do critério proposto por Giuseppe Chiovenda,[33] que é o mais aceito na doutrina, identificam-se na jurisdição um caráter substitutivo e o escopo da atuação

---

[31] "concebido o direito como a velha e antiga ciência da normatização da conduta humana, cabe ao Estado, tanto como ordem jurídica, soberana e superior quanto como ente orgânico e administrativo, dirimir os conflitos intersubjetivos de interesses, através do processo como instrumento, e no exercício da jurisdição como expressão do poder" (ZAGAGLIA, Waldir. Das alterações introduzidas pela Lei 9.756/98 aos artigos 896 e 897 da CLT. *Revista de Direito da Associação dos Procuradores do Novo Estado do Rio de Janeiro*, Rio de Janeiro, v. 3, 1999. p. 69).

[32] BERMUDES, Sergio. *Iniciação aos estudos do direito processual civil*. Rio de Janeiro: Líber Júris, 1973. p. 17.

[33] CHIOVENDA, Giuseppe. *Istituzioni di diritto processuale civile*. Nápoles: Jovene, 1933. p. 137-141.

do direito. O caráter substitutivo significa que pelo exercício da função jurisdicional o Estado substitui as partes em conflito ditando qual interesse deva prevalecer, ou seja, o Estado substitui as partes na solução do conflito de interesses qualificado por uma pretensão resistida, isto é, na lide. O escopo da atuação do direito é o objetivo, o propósito da jurisdição. O Estado também visa à atuação do direito. O Estado não está apenas preocupado com a solução da lide, mas também em restaurar a norma jurídica violada naquela lesão de direito, naquele conflito de interesses específico. Esta restauração da norma jurídica violada também é o escopo jurídico do processo. Em resumo: na proposição de Chiovenda a caracterização da jurisdição se faz pela identificação no exercício da função jurisdicional de seu caráter substitutivo e no escopo da atuação do direito.

Além das características propostas por Chiovenda, a jurisdição ainda se caracteriza por: existência de lide, inércia e definitividade. A existência de lide decorre de uma conclusão absolutamente lógica, pois que se a jurisdição é a expressão do poder estatal visando resolver uma lide, então uma de suas características, evidentemente, é a existência desta lide. Porém, veja-se que esta é a visão proposta por Carnelutti, para quem a jurisdição se exerce sempre em função de uma lide. Todavia, isto não é uma verdade absoluta ou incontestável, porque, como expressa Calamandrei,[34] existe a possibilidade de processo sem lide. Ora, se, como vimos, o processo é o instrumento da jurisdição, e se é possível processo sem lide, por óbvio, é também possível jurisdição sem lide. Este problema se apresenta sobretudo nas chamadas ações constitutivas negativas necessárias, como exemplo, ação de anulação de casamento.[35]

3.3 Inércia da jurisdição

A inércia da jurisdição costuma se traduzir pelo velho brocardo latino: *nemo iudex sine actore, ne procedat iudex ex officio*. A jurisdição em princípio é inerte, precisa ser provocada. A inércia é uma de suas características. Se a jurisdição visa solucionar a lide e se a lide é o conflito de interesses qualificado por uma pretensão resistida, logicamente, é necessário o exercício desta pretensão para que a jurisdição se movimente no sentido de resolver a lide. Há exceções. Em casos muito específicos a lei prevê a possibilidade de o juiz agir de ofício, por exemplo, decretando falência de empresa em regime de recuperação judicial, art. 73 da Lei nº 11.101/2005.

3.4 Definitividade da jurisdição

A característica da definitividade repousa em que, ao contrário das outras expressões do poder constituído, a legislativa e a executiva, a jurisdição é a única que possui a característica da imutabilidade. Uma vez esgotado o exercício da jurisdição naquele

---

[34] CALAMANDREI, Piero. *Instituciones del derecho procesal civil*. Buenos Aires: Ediciones Jurídicas Europa-America, 1943. v. III.

[35] Também costuma-se chamar as hipóteses de processo sem lide de processo objetivo em contraposição ao processo subjetivo que atuaria sobre um conflito intersubjetivo de interesses. Os processos de verificação de constitucionalidade perante o Supremo Tribunal Federal, pelo mesmo motivo, também são considerados processos objetivos.

caso concreto, os efeitos ali produzidos se tornam definitivos. Observe-se nesse sentido o art. 5º, XXXVI da Constituição Federal: "A lei não prejudicará o direito adquirido, o ato jurídico perfeito e a coisa julgada". Coisa julgada é a autoridade que torna imutável a decisão de mérito não mais sujeita a recursos, segundo o art. 502 do Código de Processo Civil. É fácil constatar que o mesmo não ocorre com a função legislativa ou com a função executiva, porque uma lei pode ser revogada por outra posterior e porque um ato administrativo também pode ser revogado, ou mesmo anulado, por outro ato administrativo posterior.

3.5 Princípios da jurisdição

Costuma-se ditar como princípios da jurisdição aquelas ideias básicas ou dogmas a partir dos quais toda teoria da existência e do exercício da jurisdição define seus contornos. Nesse sentido, são princípios da jurisdição: o princípio da investidura, o princípio da indelegabilidade, o princípio da inafastabilidade, o princípio do juiz natural, o princípio da aderência ao território e o princípio do inquisitivo.[36]

O princípio da investidura significa que a jurisdição só pode ser exercida por quem tenha sido regularmente investido na autoridade de juiz.

O princípio da indelegabilidade significa que a jurisdição não admite delegação, isto é, não pode ser delegada. Esse princípio decorre do princípio da investidura, pois se só o investido pode exercer a jurisdição em nome do Estado, é óbvio que este exercício, assim como a investidura, não pode ser delegado. Todavia, a indelegabilidade da jurisdição não significa que a lei preveja outras formas possíveis de autocomposição das lides, como veremos no momento oportuno.

O princípio da inafastabilidade, também denominado princípio do controle jurisdicional, de um lado, garante a todos o acesso ao judiciário e, de outro, estabelece, até por consequência, que a lei não excluirá da apreciação do poder judiciário qualquer lesão ou ameaça de lesão a direito.[37] É por esse princípio também que se justifica a regra de que o juiz não pode deixar de julgar alegando lacuna ou obscuridade da lei.[38] Em suma: não há como evitar ou afastar uma lide da jurisdição, quando deduzida a pretensão em juízo.

O princípio do juiz natural se entrelaça com o princípio da inafastabilidade, posto que assegura que ninguém pode ser privado do julgamento por um juiz independente e imparcial. De outro modo, não se pode escolher, *a priori*, que juiz julgará aquela lide.

O princípio da aderência ao território decorre do exercício da soberania. Como dissemos anteriormente, jurisdição é poder ou pelo menos expressão do poder constituído, portanto, é aderente ao território nacional. O princípio da aderência também significa que os limites territoriais da função judicante de um juiz estarão sempre adstritos a uma porção de território previamente estabelecida na lei.

Finalmente, o princípio do inquisitivo, que, para muitos autores, é princípio do processo e não princípio da jurisdição, se apresenta quando há iniciativa do magistrado.

---

[36] Embora prefiramos classificar a inércia e a definitividade como características, não é de todo equivocado classificá-las como princípios da jurisdição.
[37] Art. 3º do CPC e art. 5º, XXXV, da CRFB/88.
[38] Art. 140 do CPC.

Mas essa iniciativa do magistrado vai se verificar no curso de um processo já instaurado e não para instaurar a jurisdição, porque a jurisdição é inerte. É o que se dá, por exemplo, com o chamado poder cautelar genérico do juiz,[39] que o autoriza a tomar certas medidas de ofício visando assegurar a eficácia e a efetividade do exercício da função jurisdicional.

3.6 Jurisdição, arbitragem e mediação

A arbitragem é um dos institutos jurídicos mais antigos que existem. Provavelmente surgiu na Grécia clássica entre os séculos VI e IV a.C. Roma conheceu o *Arbitrium lite aestimandae*, pelo qual o árbitro fixava a reparação devida pelo culpado após o *iudex*, o juiz, ter pronunciado o julgamento da culpa. Chegou ao Brasil através das Ordenações Filipinas e hoje encontra-se regulamentada pela Lei nº 9.307/96 e prevista no §1º do art. 3º do CPC. Esta lei prioriza a autonomia das partes em sede de direitos disponíveis e fornece meios e instrumentos processuais adequados a permitir sua utilização sem os entraves constantes da legislação que até então regulava a matéria.[40]

Cada vez mais se torna necessário desmistificar a questão da arbitragem. Arbitragem e jurisdição não se confundem, não se tocam e não se excluem. A arbitragem foi definitivamente inserida em nosso ordenamento jurídico pela Lei nº 9.307/96 e ora consagrada pelo §1º do art. 3º do CPC e em nada contraria as características próprias da função jurisdicional. A propósito, o Supremo Tribunal Federal em 2001 considerou que a instituição da arbitragem como meio de composição de litígios não é inconstitucional e que em nada fere o disposto no art. 5º, XXXV, segundo o qual: "A lei não excluirá da apreciação do poder judiciário lesão ou ameaça de lesão a direito".[41]

Embora no Brasil a arbitragem não seja novidade, pois é prevista desde a Constituição de 1824, o instituto só passou a ter relevância após a edição da lei atual que dotou a sentença arbitral de execução específica. A partir de então o compromisso arbitral passou a vincular os convenentes e, se um deles levar o litígio a juízo, o processo deverá ser extinto sem julgamento do mérito para que a controvérsia seja levada à arbitragem.[42] No que aqui mais de perto interessa, a arbitragem é um meio pelo qual as partes põem fim ao litígio, confiando a decisão a um árbitro ou a um tribunal arbitral. Esta decisão em seu mérito não pode ser revista pelo poder judiciário. Entretanto, nem todos os litígios são passíveis de serem resolvidos por arbitragem; somente aqueles com expressa previsão ou não exclusão legal, notadamente as questões comerciais e empresariais e sobremaneira patrimoniais, são passíveis de serem dirimidos pela arbitragem, ao passo que as questões que envolvem incapazes, direitos indisponíveis, estado das pessoas, entre outras, reclamam sempre a atuação do poder judiciário.

Contudo, arbitragem e jurisdição não se confundem. Arbitragem não é jurisdição. Em primeiro lugar, para que a questão se resolva pelo meio alternativo da arbitragem, é

---

[39] Arts. 297, 300 e 301 do CPC.
[40] CARNEIRO, Paulo Cezar Pinheiro. *Aspectos processuais da nova Lei de Arbitragem*. Rio de Janeiro: Forense, 1996.
[41] Perfeita a definição de Alexandre Câmara: "A arbitragem é, pois, um mecanismo destinado a auxiliar na busca do mais amplo acesso à ordem jurídica justa. Através da arbitragem, deve-se obter um sistema capaz de permitir ao titular de um direito se dê tudo aquilo e precisamente aquilo que ele tem direito de conseguir" (CÂMARA, Alexandre Freitas. Das relações entre arbitragem e o Poder Judiciário. *Revista de Direito da Associação dos Procuradores do Novo Estado do Rio de Janeiro*, Rio de Janeiro, v. XVIII, 2006. p. 4).
[42] Art. 485, VII do CPC.

absolutamente necessário e imprescindível que as partes se manifestem nesse sentido, isto é, as partes precisam ter acertado previamente essa condição. A natureza jurídica dessa avença mais se amolda a de um pré-contrato. De toda forma, exigindo-se a pré-aceitação pela composição via arbitragem, já não estará presente a característica ou o princípio da inafastabilidade da jurisdição.

Em segundo lugar, como já sabemos, para que haja jurisdição, é necessário a existência de uma lide sobre a qual a jurisdição irá atuar. Ora, em havendo previamente uma manifestação de vontade, permitida em lei, de que naquele eventual futuro conflito de interesses incida o compromisso arbitral, não se pode falar em formação de uma lide propriamente dita, porquanto não se chegará, nesta hipótese, à qualificação de uma pretensão resistida. Destarte, pode-se concluir que a instituição da arbitragem não retira o monopólio jurisdicional do julgamento das lides e em nada assim interfere na jurisdição.

Por sua vez, a arbitragem também não se confunde com o instituto da mediação. Por mediação deve-se entender a possibilidade de solução de um conflito de interesses em que os interessados buscam voluntariamente e de comum acordo o auxílio de um terceiro, absolutamente imparcial e naturalmente detentor da confiança dos litigantes. Esse *tercius* não terá a missão de decidir, até porque as partes na mediação não o autorizam a isto. Seu mister será o de auxiliar as partes no consenso, de modo que elas possam vislumbrar as facilidades de uma composição amigável. Pode-se definir a mediação como "um processo informal, voluntário, onde um terceiro interventor, neutro, assiste aos disputantes na resolução de suas questões".[43]

Como se vê, a diferença fundamental entre arbitragem e mediação é que na arbitragem as partes elegem um árbitro que decidirá a pendência e ainda por acordo essas mesmas partes se comprometem a se submeter à decisão que for arbitrada. Já o mediador, diferentemente do árbitro, não recebe das partes delegação de poderes para julgar o conflito. Antes disso, atua como um verdadeiro conselheiro visando romper os obstáculos que possam estar desgastando e impedindo aquelas partes de chegarem a um acordo.

A mediação se explica pela identificação de um grande descompasso entre o progresso científico do direito processual e a administração da justiça. Inclinam-se seus defensores para o que chamam de abandono da cultura da sentença, dado que a cultura da pacificação alcança maiores resultados sociais do que a cultura da solução dos conflitos. Destarte, justifica-se a mediação na medida em que a grande função diante do conflito de interesses não seria mais a de resolvê-lo ou solucioná-lo, mas a de pacificá-lo. Fica, pois, claro que mediação é um instrumento de natureza autocompositiva marcado pela atuação, ativa ou passiva, de um terceiro neutro e imparcial, denominado mediador, que auxilia as partes na prevenção ou solução de litígios, conflitos ou controvérsias. Atualmente, a mediação ganha notório interesse, haja vista sua disciplina pela Lei nº 13.140/2015, bem como pelo disposto no art. 334 do CPC, que prevê a necessidade de audiência de mediação e conciliação, exceto quando as partes expressamente manifestarem seu desinteresse na composição consensual ou quando não se admitir autocomposição.

---

[43] SERPA, Maria Nazareth. *Teoria e prática de mediação de conflitos*. Rio de Janeiro: Lumen Juris, 1999. p. 90.

3.7 Jurisdição voluntária

A chamada jurisdição voluntária, na verdade, não é jurisdição e muito menos voluntária. Jurisdição voluntária é atividade administrativa do Estado. A matéria se encontra regulada nos arts. 719 e seguintes do Código de Processo Civil. O Estado por razões de ordem pública resolve tutelar interesses particulares. São atos particulares que o Estado entende importantíssimos para a sociedade. É a administração pública de interesses privados. Quando a lei exige em certos casos que essa função tutelar e administrativa seja feita pelo poder judiciário, está-se diante daquilo que se convencionou chamar de jurisdição voluntária.

No direito romano, já no segundo período do processo formulário que sucedeu ao período primitivo, denominado período das *legis actiones*, a ritualidade das *legis actiones* permaneceu, como atos solenes, não mais para o exercício da jurisdição, mas para a liturgia necessária à constituição de certos direitos privados. Por exemplo, para emancipação de um escravo, simulava-se, liturgicamente, uma reivindicação de sua liberdade, que não era contestada pelo seu senhor. A expressão *jurisdição voluntária*, segundo Lopes da Costa,[44] surgiu em texto de Marciano, no digesto I. 16 fr 2, em que se atribui aos pré-cônsules romanos esta função fora de Roma.

A dita jurisdição voluntária se contrapõe por diferenças básicas à verdadeira jurisdição que é a jurisdição contenciosa. Assim é que na jurisdição voluntária há requerimento e na jurisdição contenciosa há pedido. Na jurisdição voluntária, o requerente é mero interessado, enquanto na jurisdição contenciosa aquele que requer e aquele em face de quem se requer são partes. A jurisdição voluntária produz somente a coisa julgada formal, ao passo que é escopo da jurisdição contenciosa a formação de coisa julgada material. Na jurisdição voluntária não há processo, existindo apenas o procedimento, já na contenciosa há processo.

É preciso não confundir a desnecessidade de lide na jurisdição voluntária com a possibilidade e, mais que isso, a garantia do contraditório. Com efeito, por vezes ao instaurar-se procedimento de jurisdição voluntária é também necessário que se observe o princípio do contraditório previsto constitucionalmente. É que nem sempre deixará de existir uma controvérsia entre os interessados na jurisdição voluntária. É muito bem sacado o exemplo tirado por Cintra, Grinover e Dinamarco[45] quando vislumbram a controvérsia em procedimento de interdição no qual pode o interditando discordar frontalmente do requerente. Porém, como bem assinalam aqueles autores, nessa discordância reside uma controvérsia enquanto um dissenso de opiniões, mas não um conflito de interesses. Isto porque, na jurisdição voluntária, o juiz agirá sempre no interesse relevante socialmente como tal definido em lei. No exemplo dos citados autores, proceder-se-á ou não à interdição sempre no interesse do próprio interditando. Por isso que não existe lide, porque não existe conflito de interesses, embora haja divergência de opiniões.

---

[44] COSTA, Alfredo Lopes da. *A Administração Pública e a ordem jurídica privada (jurisdição voluntária)*. Belo Horizonte: B. Alvares, 1961. p. 19 e ss. nº 4-6.
[45] CINTRA, Antônio Carlos Araújo; GRINOVER, Ada Pellegrini; DINAMARCO, Cândido Rangel. *Teoria geral do processo*. 24. ed. São Paulo: Malheiros, 2008. p. 171.

3.8 Poderes da jurisdição

Uma rápida palavra quanto aos chamados poderes da jurisdição. Particularmente discordamos dessa nomenclatura, pois se definimos a jurisdição como poder, ou melhor, como expressão do poder constituído do Estado, não nos afigura conveniente e acertado dizer que um poder tem poderes. Na melhor das hipóteses, tratar-se-ia de uma redundância. Além disto, o que se costuma definir como os poderes da jurisdição não difere ontologicamente das características e dos princípios da jurisdição. De toda sorte, em homenagem àqueles que se posicionam a favor da existência dos "poderes da jurisdição", cabe-nos dizer que se trata do poder de coação e do poder de documentação. O poder de coação quase que se confunde com o princípio da inafastabilidade da jurisdição, eis que esta, por ser inafastável, a todos alcança e alcança inclusive para licitamente coagir. Já o poder de documentação é o poder de ordenar os atos do processo; entretanto, o poder de documentação não se confunde com o princípio de documentação do processo, que é coisa diversa.

3.9 Crítica à existência de uma função jurisdicional típica e a um poder judiciário autônomo

Não é tão pacífica quanto se possa imaginar a aceitação da ideia de que a tipicidade da função jurisdicional e por consequência a natural existência de um poder judiciário autônomo sejam uma verdade absoluta. Como se viu, jurisdição é expressão do poder constituído, porque o documento que constitui o Estado é a Constituição. A história nos mostra que a ideia de uma Constituição escrita, instrumento de institucionalização política, não foi inventada por algum doutrinador imaginoso; é uma criação apoiada em precedentes fáticos e doutrinários.[46] O mais conhecido é a Magna Carta de 1215, à qual se seguiram o *Petition of Rights* de 1628 e o *Bill of Rights* de 1689, também conhecido como a lista de direitos. Este documento, por assim dizer, instrumentaliza a chamada revolução constitucionalista da Inglaterra. É ele que sacramenta, pela primeira vez na história, o que hoje se convencionou chamar de separação dos poderes, na medida em que destacou a função executiva da legislativa e garantiu aos magistrados total independência, inclusive para julgar contra a coroa. Mas, ao contrário do que se pensa, não criou o poder judiciário.

Nessa mesma época, o iluminista inglês Locke, em seu conhecido *Segundo Tratado do Governo Civil*, de 1690, desenvolve a teoria de que o governo para ser justo e democrático precisa ser limitado e que só o poder pode controlar o poder. Assim, o poder do soberano ou do executivo precisava ser contido e policiado pelo legislativo e, de certa forma, caberia a uma terceira instância servir de "algodão entre os cristais" no natural confronto político que resultaria do choque de poderes entre legislativo e executivo.[47]

Os ideólogos do liberalismo, todos, absolutamente todos, beberam na fonte de Rousseau em seu célebre *O contrato social*. Para Rousseau: "O homem nasceu livre e

---

[46] FERREIRA FILHO, Manuel Gonçalves. *Curso de direito constitucional*. 9. ed. São Paulo: Saraiva, 1980. p. 12.
[47] BURNS, Edward McNall. *História da civilização ocidental*: do homem das cavernas às naves espaciais. Tradução de Donaldson M. Garshagen. 36. ed. São Paulo: Globo, 1995. p. 489-490.

em toda parte é posto a ferros".[48] Partindo desse dogma, Rousseau, diferentemente dos outros liberais, inclusive Locke, desenvolve uma concepção diversa da soberania e por consequência da expressão de seus poderes intrínsecos. Para o filósofo suíço, a soberania não era transferida do povo para o Estado, porque soberania enquanto poder era indivisível. Rousseau via o governo simplesmente como agente executivo do Estado, mas a autoridade do Estado decorria das leis fundamentais, isto é, da constituição promulgada pelo próprio povo. É acentuada em sua obra a ideia da necessidade do controle do poder executivo.

Montesquieu fortalece o pensamento de Rousseau quanto à limitação do poder governamental, mas adota o pensamento de Locke quanto à sistematização desse controle, na medida em que, assim como o inglês, só vislumbra a possibilidade de controle do poder pelo próprio poder. Curiosamente, atribui-se ao barão francês a formulação da teoria tripartite, que estaria exposta no seu célebre *O espírito das leis*. É, justamente, ao interpretar a Constituição da Inglaterra, que não previa expressamente a criação do judiciário como um poder autônomo, que Montesquieu prevê: "Deve existir um judiciário independente, munido de poderes para proteger os direitos individuais contra os atos arbitrários do legislativo e do executivo".[49]

Todavia, duas verdades são historicamente esquecidas na obra de Montesquieu. A primeira, a de que não visava facilitar nem enobrecer a democracia; ao revés, seu objetivo era apenas o de impedir a supremacia absoluta da maioria expressa, o que certamente ocorreria com todo o poder concentrado numa assembleia com representantes do povo. A segunda, a de que tenha Montesquieu vislumbrado a necessidade da existência de um poder judiciário em pé de igualdade com o legislativo e o executivo.[50]

Coube à Suprema Corte dos Estados Unidos da América, com base na visão europeia, construir os contornos de um poder judiciário forte, autônomo e independente como modernamente se costuma afirmar imprescindível numa democracia. No entanto, isto não se deu pela via da expressão jurisdicional propriamente dita. Como não poderia deixar de ser, não foi na sua dimensão jurisdicional que o poder judiciário se forjou rijo, mas na sua dimensão política.[51]

---

[48] ROUSSEAU, Jean-Jacques. *O contrato social*. Tradução de Paulo Neves. Porto Alegre: L&PM, 2007. p. 23.

[49] BURNS, Edward McNall. *História da civilização ocidental*: do homem das cavernas às naves espaciais. Tradução de Donaldson M. Garshagen. 36. ed. São Paulo: Globo, 1995. p. 491.

[50] Dos três poderes dos quais falamos, o de julgar é, de algum modo, nulo. Restam apenas dois e, como esses poderes têm necessidade de um poder regulador para moderá-los, a parte do corpo legislativo que é composta de nobres é bastante capaz de produzir esse efeito (MONTESQUIEU, Charles Louis De Socondat, Baron De La Brède. *O Espírito das leis*. Tradução de Fernando Henrique Cardoso e Leôncio Martins Rodrigues. Brasília: Ed. Universidade de Brasília, 1982. p. 190).

[51] Para entender a afirmação política da Suprema Corte dos EUA, veja-se a lição de Hamilton nos artigos federalistas: "Todo aquele que considerar atentamente os diferentes poderes perceberá que, num governo em que eles estão separados, o judiciário, pela natureza de suas funções, será sempre o menos perigoso para os direitos políticos da Constituição, por ser o menos capaz de transgredi-los ou violá-los. O executivo não só dispensa as honras como segura a espada da comunidade. O legislativo não só controla a bolsa como prescreve as regras pelas quais os deveres e direitos de todos os cidadãos são regulados. O judiciário, em contrapartida, não tem nenhuma influência nem sobre a espada, nem sobre a bolsa; nenhum controle nem sobre a força nem sobre a riqueza da sociedade, e não pode tomar nenhuma resolução ativa. Pode-se dizer que não tem, estritamente, força de vontade, mas tão somente julgamento, estando em última instância na dependência do auxílio do braço executivo até para eficácia de seus julgamentos" (MADISON, James; HAMILTON, Alexander; JAY, John. *Os artigos federalistas*. Tradução de Maria Luiza X. de A. Borges. Rio de Janeiro: Nova Fronteira, 1993. p. 479).

O constitucionalismo original norte-americano não previa um poder judiciário com os contornos atuais; muito pelo contrário, este poder nasceria fraco e fraco haveria de permanecer porquanto a dimensão da sua função na democracia assim o exigia. Nada obstante, não foi isso que ocorreu. A atuação da Suprema Corte norte-americana, pela clareza e pelo despojamento de suas decisões, acabou por conquistar verdadeiro espaço político no mesmo nível que o legislativo e o executivo. Para tanto foram determinantes: a) a postura de Marshall quanto à afirmação fundamental de que cabia à Corte declarar a inconstitucionalidade de lei federal; b) a agressividade dos membros da Corte quando ninguém menos que Jefferson, presidente dos Estados Unidos da América, quis afastar por *impeachment* um magistrado da Corte e não conseguiu; e c) os diversos julgados da Corte nas primeiras décadas de sua existência, em que não se furtou a julgar importantes questões de política pública, principalmente no que diz respeito à delimitação exata das competências na forma federativa e ao relacionamento jurídico entre o governo nacional e os governos estaduais.[52]

No fundo do tema se contrapõe uma divergência que continua inconciliável. De um lado, os que defendem a autonomia e a independência do poder judiciário não conseguem responder a um antigo questionamento: se todo poder emana do povo e em seu nome é exercido, como se legitima um poder que não nasça do sufrágio universal? De outro lado, os que se recusam a admitir um poder judiciário no mesmo nível do legislativo e do executivo não conseguem responder à seguinte questão: como, mesmo se resguardando a função jurisdicional para o legislativo ou para o executivo, em qualquer caso, é possível ser juiz e parte ao mesmo tempo?

Como se pode concluir, coube exatamente à Suprema Corte norte-americana demonstrar, ao longo dos tempos, que o fato de uma parcela de poder não ter o suporte nas urnas não descaracteriza a democracia.[53]

---

[52] BAUM, Lawrence. *A Suprema Corte americana*. Tradução de Élcio Cerqueira. Rio de Janeiro: Forense, 1987. p. 38-39.

[53] "A aversão dogmática pelo governo dos juízes prende-se à tese de que é inadmissível que um poder verdadeiro recaia sobre cidadãos não eleitos pelo povo, nem obrigados, no essencial de seu trabalho, a prestar contas ao povo. Passou despercebida a seus expoentes a circunstância de que o povo não é massa homogênea, mas somatório infinito de consciências, muitas das quais nem contribuíram para consagrar os detentores do poder político em certo momento histórico" (REZEK, J. Francisco. Prefácio. In: BAUM, Lawrence. *A Suprema Corte americana*. Tradução de Élcio Cerqueira. Rio de Janeiro: Forense, 1987. p. 5-6).

CAPÍTULO 4

DA AÇÃO

4.1 Principais doutrinas

Até meados do século XIX, entendia-se a ação como o direito em pé de guerra ou o direito armado para a luta. Direito material e direito processual eram, por assim dizer, as duas faces de uma mesma moeda e afirmava-se que a todo direito correspondia uma ação que o assegurava. É a chamada teoria civilista unitária da ação, também denominada teoria imanentista. Esta teoria nasce da percepção de que ação seria uma qualidade do direito. Era defendida por Savigny, para quem: "Todo direito toma por consequência de sua violação um determinado aspecto. Da violação resulta um direito conferido à parte lesionada que se chama direito de ação. A palavra ação expressa também o exercício mesmo desse direito".[54] Tem origem num texto de Celso, segundo o qual a ação seria o direito de pedir em juízo o que nos é devido.[55] No mesmo sentido, afirma Clovis Beviláqua: "A ação era o próprio direito em atitude defensiva".[56] Coube a Wach[57] a primazia em demonstrar, convenientemente, que não era bem assim, pois como se explicaria o exercício da ação nas hipóteses em que o autor ficasse vencido? Além disso, era inexplicável o exercício do direito de ação nas chamadas ações declaratórias negativas, em que o autor ia a juízo, justamente, pedir a declaração da inexistência de uma relação jurídica. Posteriormente, dois autores tornaram célebre e conhecida a polêmica acadêmica sobre o tema: Müther e Windscheid.[58] A consequência dessa polêmica foi ao

---

[54] SAVIGNY, M. F. C. *Sistema del derecho romano actual*. Tradução de Jacinto Messía y Manuel Poley. 2. ed. Madri: Centro Editorial de Góngora, 1839. t. 4. p. 9-13.
[55] CELSO. *Institutas de Justiniano*. De Act IV, 6: "Actio autem nihil aliud est, quam jus persequendi judicio quod sibi debetur". São Paulo: Edipro, 2001.
[56] BEVILÁQUA, Clovis. *Código Civil dos Estados Unidos do Brasil comentado por Clovis Beviláqua*. 1940. Rio de Janeiro: Rio, 1975. Edição histórica. p. 319.
[57] WACH, Adolf. *Conferencias sobre la ordenanza procesal civil alemana*. Tradução de Ernesto Krotoschin. Buenos Aires: EJEA, 1958.
[58] MÜTHER, Teodor; WINDSCHEID, Bernhard. La actio del derecho civil romano, desde el punto de vista del derecho actual. In: MÜTHER, Teodor; WINDSCHEID, Bernhard. *Polemica sobre la actio*. Tradução de Tomás A. Banzhaf. Buenos Aires: EJEA, 1974.

final o reconhecimento de que o direito de ação e o direito material pleiteado em juízo, definitivamente, não eram a mesma coisa.

Estabelecida, assim, a autonomia do direito de ação em relação ao direito material, permaneceu a controvérsia quanto a ser tal direito, não obstante autônomo, concreto ou abstrato. Se concreto, apesar de autônomo, intrinsecamente ligado por um nexo estreito de causalidade com o direito material. Se abstrato, totalmente daquele desvinculado. Capitaneando os que defendiam esta teoria dualista da ação como direito concreto de agir, como Büllow e Schmidt,[59] encontra-se novamente Wach,[60] para quem o direito de ação seria exercido concomitantemente contra o réu e contra o Estado, daí sua dualidade. Contra o Estado para que reconhecesse o dever do réu e para obrigar o réu a cumprir esse dever reconhecido; e contra o réu para que cumprisse esse dever.

O passo seguinte veio de Chiovenda,[61] ao demonstrar que a norma em abstrato, posta pelo direito positivo, é aplicada ao caso concreto, nele incidindo sempre que este se apresente. A apresentação do fato à norma ocorre na prestação do devedor, na hipótese de uma relação subjetiva de direito ou pelo exercício do direito subjetivo de ação quando essa adequação precise ser coercitiva. Em ambos os casos, o que importa é a vontade concreta da lei. O desenvolvimento desta ideia vem precisamente embasar a teoria da ação como direito concreto de agir. Para Chiovenda o direito de ação, visto desta forma, se enquadra na categoria dos direitos potestativos, porque o réu estaria sujeito ao poder do autor de contra ele litigar, sem que possa se opor a tanto. Para esta teoria, o direito de ação seria exercido apenas contra o réu. Todavia, Chiovenda não logrou explicar os casos em que o autor perde a ação, pois que, se o direito ou pelo menos o melhor direito está com o réu, com que direito valeu-se o autor para invocar a tutela jurisdicional, se no fundo não tinha direito algum?

Em seguida construiu-se a teoria da ação como direito abstrato de agir. Essa corrente iniciada por Plosz, na Hungria, e por Degenkolb, na Alemanha, arregimentou adeptos de grande expressão como Carneluti, Liebman, entre nós Amaral Santos, entre outros. Em suma, pela concepção do direito de ação como um direito abstrato de agir, entende-se a possibilidade da existência do direito de ação independentemente de ter ou não o autor razão. Em outras palavras: tanto terá direito à ação o autor da demanda bem fundada, quanto o autor da demanda infundada. Nesta visão, a ação é dirigida apenas contra o Estado e em face do réu.

A teoria da ação como direito abstrato de agir chega até nós após ser burilada pela pena de Liebman,[62] também chamada de teoria eclética da ação, para quem, embora reconhecendo a existência da ação mesmo quando o autor não tenha o direito que afirma, a ação só existirá se o autor preencher certas condições que possibilitem ao juiz conhecer e decidir a questão de mérito da causa. São as chamadas condições genéricas da ação ou para o legítimo exercício do direito de agir. São elas: legitimidade, interesse de agir e possibilidade jurídica do pedido.

---

[59] BÜLLOW, Oskar Von. *La teoria de las exceptiones procesales y los presupuestos procesales*. Tradução de Miguel Angel Rosas Lichtschein. Buenos Aires: EJEA, 1962.
[60] WACH, Adolf. *Conferencias sobre la ordenanza procesal civil alemana*. Tradução de Ernesto Krotoschin. Buenos Aires: EJEA, 1958.
[61] CHIOVENDA, Giuseppe. *Instituições de direito processual civil*. São Paulo: Saraiva, 1965. v. I. p. 24.
[62] LIEBMAN, Enrico Tullio. *Manuale di diritto processuale civile*. 2. ed. Milão: Giuffré, 1957.

4.2 Conceito

Assim, pode-se conceituar a ação como o direito público, subjetivo, autônomo, abstrato, incondicionado, constitucionalmente previsto, instrumentalmente conexo a uma pretensão, porque o processo é instrumental.

4.3 Condições genéricas do exercício do direito de ação

Diz-se incondicionado, porém, adota-se a teoria das condições da ação de Liebman, porquanto uma coisa é o direito em seu estado latente, outra diversa é o seu exercício concreto. Enquanto direito previsto, a ação é incondicionada, entretanto seu exercício pontual em cada caso fica condicionado ao preenchimento das chamadas condições da ação. Veja-se o que ocorre com o direito de votar: enquanto um direito atrelado ao exercício político da cidadania, ele é incondicionado. Entretanto, para exercê-lo o eleitor tem que se alistar na Justiça Eleitoral, só pode votar nos candidatos que tenham suas candidaturas homologadas e atender a outras condicionantes postas pela respectiva legislação.

4.4 Legitimidade

Legitimidade é a pertinência subjetiva para a demanda, seja para propô-la, seja para sofrê-la.[63] Significa, em última análise, que de regra os titulares da relação jurídica processual, isto é, autor e réu num processo devem ser os mesmos titulares da relação jurídica de direito material controvertida trazida ao crivo do judiciário, exceção que se faz às hipóteses do chamado substituto processual. Por isso que o art. 17 do Código de Processo Civil diz que para propor ou contestar uma ação é preciso ter interesse e legitimidade e o art. 18 do mesmo estatuto processual diz que, salvo os casos de substituição processual, ninguém pode em nome próprio pleitear direito alheio.

4.5 Interesse de agir

Por interesse de agir deve-se ter em mente o binômio utilidade e necessidade. A ideia é de que tudo que é desnecessário é proibido no processo. Portanto, para se valer do exercício do direito de ação é preciso que seu exercício seja útil e necessário. Necessário porque só através de seu exercício será possível obter o que ali se pleiteia e útil porque desse êxito resultará uma utilidade prática. Isto significa que, se é possível obter o que se pretende judicialmente por outros meios que não se valendo da jurisdição, não há necessidade e que, se o que se visa conseguir através do exercício do direito de ação não trará qualquer benefício prático em nossas vidas, não se tem utilidade. Faltando qualquer deles, não há interesse.

---

[63] BUZAID, Alfredo. *Ação declaratória no direito brasileiro*. 2. ed. São Paulo: Saraiva, 1986. p. 259. Na verdade, Buzaid define legitimidade como a pertinência subjetiva relativamente à lide que constitui o objeto do processo civil. No entanto, diante da importância destacada que conferimos à demanda, preferimos definir a legitimidade como a pertinência subjetiva para a própria demanda antes que da lide, porquanto esta nasce no direito material e em tese pode ter como titular sujeito pertinente diverso do legitimado processual como nos casos da substituição processual.

Há uma tendência na doutrina em substituir o requisito utilidade por adequação, sob o argumento de que na utilidade já estaria subsumida a própria necessidade, porém, além da necessidade, é preciso que o demandante proponha a ação correta para a obtenção da providência jurisdicional almejada, sob pena de não estar exercendo legitimamente o direito de agir, vez que este prescindiria igualmente da propositura correta da ação, a isso denomina-se adequação.

De nossa parte, entendemos equivocado tal ponto de vista, porquanto utilizar-se do meio correto é questão instrumental, tem que ver com o processo que é instrumento da jurisdição, não com o legítimo exercício do direito de agir, que é incondicionado e abstrato.

Essa visão equivocada deriva mesmo da posição de Bentham,[64] já vista anteriormente, para quem o que é instrumento não qualifica e sim adequa, permite e por conseguinte viabiliza. Porém, identificar nas condições da ação a necessidade da adequação correta de sua propositura peca pelo desvio de perspectiva de identificar instrumentalidade na ação. A instrumentalidade é processual e não do direito pré-processual que é a ação. Ademais, quando muito, a condicionante da adequação seria com relação à dedução da pretensão correta, o que nada tem que ver com as condições da ação, eis que a pretensão se refere ao mérito. Observe-se que justamente para não incorrer nesse equívoco, conceituamos o direito de ação como instrumentalmente conexo a uma pretensão.

4.6 Possibilidade jurídica do pedido

Já a possibilidade jurídica do pedido se apresenta na doutrina em duas versões. Uma que pode ser resumida na máxima de a lei não prever em tese o que o autor pede em concreto ou, segundo as palavras de Liebman, "como a admissibilidade em abstrato do pronunciamento do pedido, segundo as normas vigentes no ordenamento jurídico".[65] Outra abordagem é a que só admite a caracterização da possibilidade jurídica do pedido se o ordenamento jurídico contiver uma proibição expressa ao que se pleiteia. Entre nós, é a opinião abalizada de Moniz de Aragão, para quem só haverá impossibilidade jurídica do pedido quando houver proibição expressa na lei.[66] [67]

---

[64] Ver Capítulo 1 – Do Método ao Processo. Item 1.11 Direito adjetivo e direito substantivo.

[65] LIEBMAN, Enrico Tullio. *Probleme del processo civile*. Nápoles: Morano, [s.d.]. p. 46.

[66] "Se o caso for de ausência de um preceito que ampare, em abstrato, o pronunciamento pleiteado pelo autor, ainda não se estará, verdadeiramente, em face da impossibilidade jurídica. Não havendo veto há possibilidade jurídica; se houver proibição legal não há possibilidade jurídica" (ARAGÃO, Egas Dirceu Moniz de. *Comentários ao Código de Processo Civil*. 2. ed. Rio de Janeiro: Forense, 1976. p. 608).

[67] A possibilidade jurídica do pedido como condição genérica para o legítimo exercício do direito de agir sempre foi objeto de críticas, a ponto de o próprio autor da teoria das condições da ação, Liebman, tê-la excluído na última edição de sua obra. O Código de 1973 no art. 3º não a contemplava, porém, a ela fazia alusão expressa como causa de extinção do processo sem resolução do mérito prevista no art. 267, VI. O código atual omite por completo a possibilidade jurídica do pedido como condição da ação. De nossa parte e no plano doutrinário, continuamos a entendê-la como tal prevista originariamente, uma vez que se assim não for a hipótese será de indeferimento do pedido, o que fará coisa julgada material e havendo possibilidade jurídica futura do pedido por modificação na legislação, surgirá o paradoxo de não se poder reativar a jurisdição em tais casos.

4.7 Condições específicas para o legítimo exercício do direito de ação

Ao lado dessas condições genéricas para o legítimo exercício do direito de agir, podem em situações específicas concorrer condições especiais para aquela determinada ação. Assim, legitimidade, interesse de agir e possibilidade jurídica do pedido são tidos como condições genéricas porque têm de estar presentes em toda e qualquer ação. Nada obstante, por vezes, além dessas, a lei prevê que outras condições específicas devam ser atendidas em determinadas situações. Apenas como exemplo citam-se: a necessidade de notificação prévia para a ação de rescisão de compromisso de compra e venda de imóvel por falta de pagamento; a tempestividade dos 120 dias para a ação de mandado de segurança etc.[68]

4.8 Carência da ação

Condições da ação, genéricas ou específicas, o fato é que sua ausência acarreta o que se convencionou chamar na doutrina, na lei e na prática forense de carência de ação. Isto é, verificando-se que o autor não preenche uma das condições da ação, repita-se, genéricas ou específicas, será ele considerado carecedor de ação, quer dizer, não terá o autor direito de ação, que é o direito de obter um pronunciamento do Estado sobre o seu reclamado direito, ainda que para negá-lo. Nesse caso, o órgão jurisdicional sequer chegará a apreciar a pretensão do autor. É o que se infere do disposto no art. 485, VI do Código de Processo Civil que determina que o juiz não resolverá o mérito do processo quando verificar ausência de legitimidade ou de interesse processual. No mesmo sentido e prevendo as mesmas consequências, encontra-se o disposto nos arts. 330, II e III, e 354 do Código de Processo Civil.

4.9 Posição adotada pelo Código de Processo Civil brasileiro

O Código de Processo Civil brasileiro atual adotou inteiramente a doutrina de Liebman. Em seu art. 17 dispõe que para propor ou contestar a ação é necessário interesse e legitimidade. No art. 485, VI, prevê a extinção do processo sem resolução do mérito quando o juiz verificar ausência de legitimidade ou de interesse processual. Apesar disso, em outros momentos o Código textualmente reconhece o direito de ação apenas àqueles que têm o direito tutelado. São exemplos disto: o art. 560, que concede ação de manutenção ou reintegração de posse ao possuidor que se sinta molestado em sua posse; o art. 539, que admite ação de consignação em pagamento nos casos previstos em lei etc. Destarte, embora inegavelmente de grande aceitação nos meios jurídicos pátrios e confessadamente adotada na parte geral do Código de Processo Civil, há quem defenda que não se pode afirmar que o nosso direito processual adotou inteiramente e exclusivamente a teoria das condições da ação, como demonstram os exemplos citados.[69] Particularmente, pensamos que esses exemplos não têm o condão de minimizar a adoção pelo Código de Processo Civil da teoria de Liebman. Essas hipóteses, aliás, todas previstas nos procedimentos especiais de jurisdição contenciosa, na verdade, estão se referindo

---

[68] Art. 23 da Lei nº 1.2016/09.
[69] BARBI, Celso Agrícola. *Comentários ao Código de Processo Civil*. 13. ed. Rio de Janeiro: Forense, 2008. v. 1. p. 14-15.

à legitimidade para a propositura das ações ali nominadas. Assim, quando se admite a ação de exigir contas para quem possa exigi-las, está se dizendo que este será parte legítima para propor a ação. E da mesma forma no que se refere à ação de consignação em pagamento e às ações possessórias. Bom de ver que em todos esses casos as ações são dúplices.

4.10 Momento processual para verificação das condições da ação – Teoria da asserção. Teoria da exposição

Finalmente, mas não menos importante neste assunto, cabe identificar em que momento devem ser examinadas as condições da ação, isto é, se quando da propositura ou se no momento processual da prestação da tutela jurisdicional, na sentença. É claro que o exame das condições da ação perpassa todo *iter* processual. Contudo, a questão que se coloca não é propriamente o exame, e sim se as condições da ação precisam estar presentes quando do juízo de admissibilidade da demanda ou quando da prolação da sentença.

A legislação processual brasileira é de todo omissa neste ponto. Daí surgem dois entendimentos. O primeiro que fixa este momento quando do juízo de admissibilidade da ação. É a chamada teoria da asserção ou da adstrição, porque as condições da ação têm de ser auferidas *in statu assertiones*, isto é, de conformidade com as asserções da petição inicial. Por esta teoria se estabelece uma verdadeira presunção de veracidade, para este efeito, dos fatos narrados na petição inicial, e apenas com total discrepância deverá o juiz entender pela ausência das condições da ação. O que mais interessa é que por esta teoria, caso a inexistência de uma das condições da ação for verificada ou mesmo vier a ocorrer após o ajuizamento da demanda, deverá o juiz julgar o pedido improcedente.

Um segundo entendimento, que se convencionou chamar de teoria da exposição, afirma que as condições da ação podem ser verificadas em qualquer momento. Destarte, havendo verificação superveniente ou mesmo inocorrência de qualquer condição da ação, o processo deve ser extinto sem resolução do mérito. Quer nos parecer que este entendimento é o mais adequado, porque se o direito de ação é o direito de obter a tutela jurisdicional, é portanto o direito de obter uma sentença de mérito. Entretanto, embora incondicionado, este direito prescinde das condições da ação para ser legitimamente exercido. Ora, o momento da obtenção da tutela jurisdicional, sentença de mérito, é o momento da prolação da sentença. Portanto, se até este momento se verifica que o direito de obter sentença de mérito não está sendo regularmente exercido, não há porque concedê-la.

Demais disto ça *va sans dire*, aqui e ali, o Código de Processo Civil mostra, senão sua adoção, ao menos sua predileção pela teoria da exposição. Com efeito, o §3º do art. 485 do Código de Processo Civil diz que o juiz conhecerá de ofício, em qualquer tempo e grau de jurisdição, enquanto não proferida a sentença de mérito, da matéria constante nos incs. IV, V, VI e XIX do *caput* do artigo. Precisamente o inc. VI do *caput* do art. 485 diz que o juiz não resolverá o mérito do processo quando verificar ausência de legitimidade ou de interesse processual, exatamente condições da ação.[70]

---

[70] Apesar de tais evidências, a doutrina e a jurisprudência brasileiras, a nosso ver confundindo as duas percepções, insistem em afirmar que nosso sistema processual e por via de consequência o Código de Processo Civil adotou a

4.11 Elementos identificadores da ação

Os elementos identificadores da ação são as partes, o pedido e a causa de pedir. Alguns autores chamam os dois últimos de elementos objetivos, enquanto, por óbvio, o primeiro elemento – as partes – seria o elemento subjetivo.[71] Todavia, esses elementos identificadores da ação são expressão da pretensão. As partes são a expressão da titularidade da pretensão. A causa de pedir é a expressão da razão de ser da pretensão, a justificativa do interesse. O pedido é a expressão do conteúdo da pretensão. Portanto, é pela expressão da pretensão que se identifica a ação.

As partes da ação são, evidentemente, os titulares da relação litigiosa, salvo as hipóteses de legitimação extraordinária, em que tem lugar o fenômeno do substituto processual, excepcionadas no art. 18 do Código de Processo Civil. Abstraindo-se por ora da figura do juiz enquanto parte, a ação terá sempre e somente duas partes. Uma ativa e outra passiva. Uma que deduz a pretensão em juízo. Outra em face de quem a pretensão é deduzida. Uma parte autora, outra ré. Mesmo na hipótese em que seja possível a aglutinação de várias pessoas no polo ativo ou no polo passivo da ação, as partes serão apenas duas: uma autora, ainda que composta de várias pessoas, e outra ré, mesmo que plúrima.

O pedido é a pretensão, que como se viu é a exigência de sujeição do interesse alheio ao interesse próprio naquele determinado conflito de interesses, isto é, naquela lide. Costuma-se dividir o objeto da ação, isto é, o pedido, em objeto imediato e objeto mediato. Objeto imediato é a natureza da providência jurisdicional requerida, por exemplo, se o autor pede a condenação do réu no pagamento de uma quantia certa, ou na entrega de uma coisa, é a condenação o objeto imediato da ação. Da mesma forma, se a pretensão for declaratória ou constitutiva, o objeto imediato estará no conteúdo constitutivo ou declaratório da pretensão. Já o objeto mediato da ação não se confunde com o conteúdo físico e concreto da pretensão e sim expressa seu conteúdo jurídico e, por assim dizer, abstrato. Assim como o escopo da jurisdição e a finalidade do processo são, ao mesmo tempo, a solução da lide e a restauração da norma jurídica violada, o objeto imediato da ação é a providência jurisdicional específica própria para compor a lide e o objeto mediato será o efeito jurídico abstrato da restauração da norma jurídica violada.

Veja-se o seguinte exemplo: ação de indenização por acidente de trânsito em que o autor reclama compensação financeira pelo fato de ter o réu abalroado seu veículo ao avançar sinal. Neste exemplo, o interesse do autor é o de ser indenizado, ele não está preocupado com a negligência do réu em ter avançado o sinal, porque se o réu, apesar de negligente, não tivesse causado prejuízo ao autor, ele, autor, não se importaria com o fato. Para o autor, a situação é representada da seguinte forma: o réu me causou este prejuízo porque foi negligente ao avançar o sinal e eu quero ser indenizado do prejuízo. Para o Estado, a representação é inversa, nesses termos: o réu foi negligente e avançou o sinal, por causa disso causou prejuízo ao autor. É preciso restaurar a norma violada,

---

teoria da asserção. A confusão está em que se leva em consideração a situação existente no momento da demanda e não no momento da decisão, embora a decisão julgue a presença das condições da ação no momento da propositura desta. Para nós, mesmo concordando, em tese, que o exame seja o das condições existentes quando da demanda, é o momento procedimental da decisão que indicará a opção do código por uma ou outra teoria.

[71] MARQUES, José Frederico. *Manual do direito processual civil* – Teoria geral do processo civil. 4. ed. São Paulo: Saraiva, 1976. v. 1. p. 155.

pois sinais não devem ser avançados, e, em consequência disso, indenizar o autor do prejuízo que esta violação lhe causou. Na indenização encontra-se o pedido imediato, na condenação pelo reconhecimento de ter avançado o sinal, o pedido mediato.

A causa *petendi*, também chamada de elemento identificador causal da lide, ou, nos termos do Código de Processo Civil, os fatos e fundamentos jurídicos do pedido (art. 319, III), é composta de um elemento de substanciação e de um elemento de individuação. Substanciação é o fato constitutivo do pedido. Individuação é o fundamento jurídico do direito afirmado pelo autor. Como expressões sinônimas, mas ao nosso ver menos acertadas tecnicamente, utilizam-se as expressões *causa petendi remota* para identificar o suporte fático da demanda e *causa petendi próxima* para expressar os fundamentos jurídicos do pedido.

4.12 Classificação das ações

A fórmula mais correta para classificar as ações é a sua classificação processual. Por este tipo de classificação, as ações são classificadas de conformidade com a natureza da tutela jurisdicional requerida. Assim, teremos: ações de conhecimento, condenatórias, constitutivas e declaratórias, estas positivas e negativas, ações de execução e ações cautelares. Isto porque a doutrina clássica divide os tipos de tutela e consequentemente os tipos de processo em tutela ou processo de conhecimento, de execução e cautelar. Pontes de Miranda prevê, ao lado dessas modalidades, ainda as ações mandamentais e as ações executivas.[72] Se quisermos adotar a classificação das ações quanto ao procedimento, as ações serão ordinárias, sumárias, sumaríssimas, executivas, especiais, de acordo com o procedimento adotado para cada tipo de ação. Pode-se ainda classificar as ações em razão da pretensão deduzida em juízo. Neste caso, teremos ações reais e ações pessoais, ações reipersecutórias, ações mobiliárias e imobiliárias e assim por diante. Ainda quanto à pretensão, as ações reais podem ser petitórias ou possessórias, as primeiras porque fundadas no direito de propriedade, as segundas, na posse.

Fruto da já mencionada preponderância do interesse coletivo sobre o privado, do comum sobre o individual, sobressai a necessidade de, modernamente, abrir-se registro na classificação das ações para tratar diferentemente as chamadas ações coletivas. Pode-se afirmar que concorrendo com as tutelas clássicas existe uma tutela coletiva. De forte inspiração no sistema jurídico anglo-saxônico, notadamente o norte-americano, no qual são denominadas *class action*. Essas ações hoje ganharam o cenário processual brasileiro a partir da ação civil pública e do mandado de segurança coletivo, notadamente no campo do direito do consumidor e do direito ambiental. São ações cuja tutela visa à defesa de interesses de grupos. Na ótica do direito anglo-saxônico, por nós adotada, para caracterização deste tipo de ação, é necessário: a) que os indivíduos do grupo interessado sejam tão numerosos que tornem impraticável o litisconsórcio, é o que se chama de *joinder impractibilitiy*; b) que exista uma questão de fato ou de direito comum, é o *common question*; e c) que, com a satisfação de um, todo o grupo se satisfaça, é o *tipicality*.[73]

---

[72] MIRANDA, Francisco Cavalcanti Pontes de. *Comentários ao Código de Processo Civil*. 2. ed. Rio de Janeiro: Forense, 1979. t. I. p. 149-157.
[73] GIDI, Antonio. *A class action como instrumento de tutela coletiva dos direitos* – As ações coletivas em uma perspectiva comparada. São Paulo: Revista dos Tribunais, 2007. p. 48.

4.13 Concurso e cumulação de ações

Vezes há em que o interessado se depara com a possibilidade de deduzir mais de uma pretensão em juízo, para obter a restauração da violação de seu direito. Algumas vezes isso ocorre porque existe mais de uma norma em abstrato posta no ordenamento jurídico oferecendo solução para o conflito de interesses. Outras vezes isso acontece porque para satisfação total do interesse necessário se faz a dedução em juízo de mais de uma pretensão. Na primeira hipótese tem-se o fenômeno processual do concurso de ações. Na segunda hipótese dá-se o fenômeno da cumulação de ações. Pela própria justificativa de cada uma, logo se vê que no concurso de ações o autor terá que optar por uma das soluções postas no direito material e a escolha de uma implica, necessariamente, a renúncia das demais. Na hipótese de cumulação não há essa faculdade, deverá o autor, obrigatoriamente, cumular as pretensões, sob pena de, não o fazendo, sofrer os ônus processuais daí decorrentes, os quais podem ir desde a necessidade de ter que propor outra demanda, até perder definitivamente a oportunidade de propô-la.

Concurso de ações e cumulação de ações são, pois, coisas diversas, sendo que a cumulação de ações pode ser cumulação subjetiva de ações, que é o litisconsórcio, e cumulação objetiva de ações, que é comumente chamada de cumulação de pedidos, inclusive na linguagem adotada pelo Código de Processo Civil, art. 327. Aqui veremos apenas o concurso de ações e a cumulação objetiva de ações, quer dizer, de pedidos. A cumulação subjetiva, litisconsórcio, será vista no momento oportuno.

Pode ocorrer que determinado conflito de interesses admita mais de um tipo de solução. A lei poderá regulá-lo de mais de uma maneira. Contudo, somente uma das soluções postas pelo direito objetivo será suficiente e necessária para satisfazer ao reclamado interesse do autor. Quando a lei concede a faculdade de opção por uma das modalidades de incidência da norma ou das normas em abstrato sobre o caso concreto, confere automaticamente ao titular da pretensão a possibilidade de ajuizar a ação que melhor lhe convenha, isto é, de pedir a providência jurisdicional que entenda mais adequada ao seu caso. Entretanto, sobre uma mesma situação não pode atuar duas vezes a jurisdição. É lição que nos vem do velho brocardo latino: *Bis in idem re ne sit actio*. Se a primeira ação chegou à sua finalidade prática, as demais estarão extintas face à aplicação do princípio secular de que *Electa uma via nom datur regressus ad alteram*.

A esse fenômeno processual de disponibilizar-se ao titular do direito lesionado mais de uma possibilidade de providência jurisdicional dá-se o nome de concurso de ações.[74]

Os exemplos clássicos da situação aqui apresentada são aqueles verificados nos arts. 441 e parágrafo único, 442 e 500, §§1º, 2º e 3º do atual Código Civil. O art. 441 prevê que a coisa recebida em virtude de contrato comutativo pode ser rejeitada por vícios ou defeitos ocultos, que a tornem imprópria ao uso a que é destinada, ou lhe diminuam o valor. Acrescentou-se à questão o disposto no parágrafo único que manda aplicar essa disposição também nas doações onerosas.[75]

---

[74] "Ocorre o concurso de ações quando se verifica a coexistência de ações a escolha do autor para fazer valer um direito em juízo. Qualquer delas pode compor a lide e, assim, satisfazer praticamente o direito do autor. E, composta a lide, satisfeito o direito do autor, a este se recusa novo direito de agir, por lhe faltar interesse de agir, condição da ação" (SANTOS, Moacyr Amaral dos. *Primeiras linhas de direito processual civil*. Rev. e atual. por Maria Beatriz Amaral Santos Köhanen. São Paulo: Saraiva, 2009. v. 1. p. 197).

[75] "São comutativos os contratos em que as prestações de ambas as partes são de antemão conhecidas e guardam entre si uma relativa equivalência de valores. Não se exige a igualdade rigorosa destes, porque os bens que são

Já o art. 442, dando continuidade ao tema, possibilita ao prejudicado, em vez de rejeitar a coisa, redibindo o contrato, reclamar o abatimento do preço. Neste caso, a lesão ao direito decorre do fato de o adquirente de determinada coisa, em virtude de contrato comutativo, tê-la adquirido com vícios ocultos que impossibilitam sua utilização de conformidade com sua destinação. Diante dessa realidade, poderá o adquirente restaurar seu direito violado, desfazendo o contrato, hipótese em que as partes retornarão ao *statuo quo ante*, ou ficar com a coisa, mas deduzir pretensão no sentido de que o preço seja abatido. De outro modo: ou rejeita a coisa e rescinde o contrato, ou reclama o abatimento do preço. Há, então, na hipótese, um concurso de ações. Ação de rescisão de contrato ou ação para abatimento no preço. Poderá ele ir a juízo pedir uma ou outra providência jurisdicional, mas escolhida uma, renunciada a outra.

O art. 500 e seus parágrafos do Código Civil cuidam da hipótese de venda de imóvel por preço de medida ou com a área determinada. Se em qualquer dos casos não houver correspondência com as dimensões dadas pelo vendedor, o comprador terá direito de exigir o complemento da área. Caso não seja possível, poderá resolver o contrato ou obter o abatimento proporcional do preço. Aqui também há concurso de ações, porquanto a mesma lesão – ter pago por uma área maior do que a efetivamente recebida – pode ser composta de três maneiras: a) com a complementação da área; b) com o correspondente abatimento do preço; e c) com a rescisão do contrato. Finalmente, cabe observar que a prefalada máxima de, que escolhida uma via, são rejeitadas as demais, só tem lugar, evidentemente, quando houver uma decisão sobre o mérito da primeira ação. Caso contrário, isto é, se o resultado prático obtido na primeira ação não for capaz de examinar a pretensão do lesionado, poderá ser utilizada a outra via.

A cumulação objetiva de ações também pode ser chamada de cumulação objetiva de pretensões. Entretanto, o nosso Código identifica tal fenômeno como cumulação de pedidos. Tome-se o seguinte exemplo: um filho não reconhecido em vida por seu genitor, o qual deixara testamento contemplando terceiro, vem a juízo pretendendo: a) reconhecimento da filiação; b) anulação do testamento; c) parte da herança que lhe cabe. Veja-se outro caso: servidor público exonerado ilegalmente deduz em juízo pedido de reintegração no cargo e pedido de recebimento dos vencimentos atrasados. Em ambas as hipóteses, perfeitamente possíveis, tem-se cumulação de pedidos, isto é, uma cumulação de ações, porém, num mesmo processo. É o que se chama de cumulação objetiva de ações.

A cumulação objetiva difere da cumulação subjetiva, que é o litisconsórcio, porque nesta última, o que se cumula não é o objeto, mas os sujeitos. O objeto é um só. É claro que pode ocorrer, a um só tempo, uma cumulação subjetiva e uma cumulação objetiva. Observe-se que na cumulação de ações são várias ações que se cumulam no mesmo processo, quando cada uma delas, em tese, poderia constituir objeto de processo distinto. A cumulação de ações tem sede no princípio da economia processual.

Curiosamente o direito romano não conheceu o instituto da cumulação de ações. Para os romanos o processo tinha uma tendência analítica, como demonstra Ihering:

---

objeto dos contratos não têm valoração precisa. Podendo ser, portanto, estimadas desde a origem, os contratantes estipulam a avença e fixam prestações que aproximadamente se correspondem" (PEREIRA, Caio Mário da Silva. *Instituições de direito civil*. 12. ed. Rio de Janeiro: Forense, 2007. p. 68).

"Para tantos objetos igual número de ações".[76] No período do processo formulário, a cada pedido correspondia uma fórmula. No Brasil a Consolidação de Ribas, no art. 557, foi que primeiro regulou a matéria, embora cumulação objetiva fosse anteriormente tolerada por construção jurisprudencial. Posteriormente, a Lei nº 221, de 20.11.1894, facultou expressamente a cumulação de pedidos sempre que estes tivessem a mesma origem. O Código de Processo Civil de 1939 no seu art. 155 também permitia a cumulação de pedidos, desde que houvesse vínculo de conexão entre eles.

4.14 Conexão e continência

Por conexão de causas ou de ações, nos termos do art. 55 do Código de Processo Civil, deve-se entender a circunstância de duas causas terem identidade parcial em seus elementos identificadores, isto é, duas causas serão conexas se lhes for idêntico o objeto ou a causa de pedir, evidentemente que sendo idênticas as partes. Sem embargo disso, por conexão deve-se ter uma noção bem mais ampla, calcada na comunhão de interesses ou naquilo que Barbosa Moreira com grande precisão chamou de "interesse em jogo".[77] Nessa ótica mais abrangente identifica-se a conexão por: a) pluralidade de sujeitos com a comunidade de pessoa, coisa ou causa de pedir; b) unicidade de sujeito, por ser comum a coisa ou a causa de pedir; c) relação entre acessório e principal; d) hipóteses de intervenção de terceiros como a denunciação da lide; e) reconvenção.[78]

Já a continência entre duas ou mais ações ou causas ocorre quando forem idênticas as partes e a causa de pedir, mas o objeto de uma, por ser mais amplo, abrange o das outras. É a definição que deflui do art. 56 do Código de Processo Civil. Continência é a relação entre duas causas por uma conter em si como parte a outra.[79] Não se confunde com conexão porque na continência uma causa está contida na outra, enquanto na conexão não é esta a hipótese. Na continência quase que existe litispendência, porquanto partes e causa de pedir são absolutamente idênticas e, mais que isso, também há identidade de objeto. Difere da litispendência apenas porque esta identidade de objeto não é total e sim parcial, na medida em que o pedido de uma está contido na outra. Exemplo típico de continência é o de ações em que em uma se pede principal e na outra, principal e juros.

---

[76] IHERING, Rudolf Von. *O espírito do direito romano*. Tradução de Rafael Benaion. Rio de Janeiro: Alba, 1943. 1943.
[77] MOREIRA, José Carlos Barbosa. *A conexão de causas como pressuposto para a reconvenção*. Tese (Concurso para Professor Titular de Direito Processual Civil) – Faculdade de Direito, Universidade do Estado do Rio de Janeiro, Rio de Janeiro, 1979. p. 142-148.
[78] MIRANDA, Francisco Cavalcanti Pontes de. *Comentários ao Código de Processo Civil*. 2. ed. Rio de Janeiro: Forense, 1979. II. p. 293.
[79] MIRANDA, Francisco Cavalcanti Pontes de. *Comentários ao Código de Processo Civil*. 2. ed. Rio de Janeiro: Forense, 1979. II. p. 297.

CAPÍTULO 5

DO PROCESSO

5.1 Definição

Processo é instrumento enquanto atuação e é método enquanto concepção. Nessa linha de raciocínio, propomos a seguinte definição de processo: processo é o método racional mediante o qual se invoca a tutela jurisdicional e pelo qual o Estado responde a essa invocação, seja para prestá-la, seja para negá-la. Os autores costumam valer-se da raiz etimológica da palavra para dar ideia de movimentação ao processo, posto que o termo significa seguir a diante, do latim *procedere*. Claro está neste quadro que a confusão entre processo e procedimento era comum quando se via o processo apenas como uma marcha avante.

5.2 Identificação do processo

Identificar o processo significa, em última análise, responder à pergunta: o que é o processo? Datam do século XVIII os primeiros registros doutrinários de tentativa de definição da natureza jurídica do processo. Nesse período, o pensamento jurídico, como demonstra Couture,[80] caminhava guiado por duas premissas básicas: a) a primeira que exprimia uma tendência de retorno do pensamento científico da antiguidade. Daí resultou na lição de Pothier[81] a definição do processo como contrato, o que nada mais era do que a ideia romana do período das *legis actiones* e do período formulário; b) a segunda premissa obedecia à tendência da época de reduzir todos os fenômenos jurídicos à ideia de contrato. Tudo era contrato: a letra de câmbio, o casamento e assim por diante.

5.3 Processo como contrato e processo como quase contrato

Nesse passo, cabe lembrar também a fortíssima influência de Rousseau, em seu *Contrato social*, para quem: "Enquanto os cidadãos se sujeitam às condições por eles

---

[80] COUTURE, Eduardo Juan. *Introdução ao estudo do processo civil*. 3. ed. Rio de Janeiro: J. Konfino, 1951. p. 60-61.
[81] POTHIER, Robert Joseph. *Traité des obrigation*. Paris: Dalloz, 2011. Parte IV, Capítulo III, Seção III.

pactuadas ou que poderiam ter aceito por decisão livre e racional, não obedecem a ninguém mais do que a própria vontade".[82] Do contrato propriamente dito evoluiu-se ou involuiu-se para a ideia de quase contrato. Essa ideia igualmente se prendia ao pensamento romano, posto que o direito romano fazia distinção entre contrato e quase contrato. Para o direito romano, os contratos eram apenas aqueles previstos na lei, e não como hoje qualquer acordo de vontades. Os quase contratos eram acordos de vontade não solenes e não previstos na lei. Destarte, para o direito romano, só os contratos eram fonte de obrigação e, como as ações também eram aquelas previstas em lei, a execução dos quase contratos não tinha coercitividade garantida.

As teorias do processo como contrato e como quase contrato merecem apenas mero registro histórico, na medida em que, no estágio atual em que se encontra a teoria geral do Estado, não é mais possível vislumbrar qualquer possibilidade que dispense a sujeição das partes à jurisdição. Contra essa tendência de romanizar e contratualizar tudo e, sobretudo o processo, rebelou-se a doutrina alemã do século XVIII. Autores como Büllow e Kohler desenvolveram a doutrina do processo como relação processual, de que falaremos adiante. Um pouco diferente, mas seguindo essa mesma linha, Goldschmidt apresentava o processo, não como uma relação jurídica, mas como situação jurídica. Outros ainda viam o processo como uma instituição.

5.4 Processo como relação jurídica

A teoria do processo como relação jurídica tem origem na obra *Teoria dos pressupostos processuais e das exceções dilatórias* de Büllow, de 1868. Esta teoria parte da ideia do *judicium est actum trium personarum*, isto é, processo é a ação de três personagens: as duas partes e o juiz. Daí resulta que pela instauração do processo judicial se estabelece uma complexa relação jurídica em vários planos: um entre autor e réu, outro entre autor e juiz, outro entre réu e juiz e outro entre juiz e as partes, todos com ações e reações recíprocas.

5.5 Processo como situação jurídica

Partiu de Goldschmidt veemente crítica a essa teoria, ao refutar a tese de que os litigantes sofrem obrigações de natureza processual, bem como de certa confusão entre os chamados pressupostos processuais e a regularidade necessária da atividade processual para a produção de uma sentença válida.[83]

Além das severas críticas de Goldschmidt, a teoria do processo como relação jurídica também foi alvo das seguintes queixas: a) tal qual as teorias do contrato e do quase contrato, adota a versão romana, porém do período formulário, na medida em que também divide o processo em duas etapas: *in jure* e *in judicium*; b) além disto,

---

[82] ROUSSEAU, Jean-Jacques. *O contrato social*. Tradução de Paulo Neves. Porto Alegre: L&PM, 2007.
[83] Nas suas próprias palavras: "Este conceito é infrutuoso para nossa ciência. Aos litigantes como tais não os alcança, em geral, nenhuma obrigação de natureza processual. Os pressupostos processuais não o são, em realidade, do processo; são simplesmente pressupostos, requisitos prévios da sentença do principal, sobre os quais resolve-se o processo" (GOLDSCHMIDT, James. *Direito processual civil*. Tradução de Ricardo Rodrigues Gama. Curitiba: Juruá, 2003. p. 16).

se é inegável que o juiz tem obrigações processuais, não existem sanções para seu descumprimento; e c) as partes não teriam propriamente obrigações processuais, mas sim sujeição processual, o que é coisa juridicamente diversa.

Goldschmidt apresentou a teoria do processo como situação jurídica. Para esta teoria, as partes de um processo não se relacionam juridicamente entre si ou com o órgão jurisdicional. Antes disto, sujeitam-se ao processo. Assim, aquilo que antes era a certeza de um crédito no plano do direito material, quando cobrado judicialmente, transforma-se em uma incerteza, em uma possibilidade, em uma expectativa de obter sentença que seja favorável. O grande mérito desta teoria, inegavelmente de maior erudição na sua elaboração, foi trazer para o estudo do direito processual os conceitos de obrigações, deveres, ônus, faculdades e até mesmo de sujeição processual. Não obstante, a teoria também não vingou. Contra ela se pôs que: a) sobrepõe a exceção à regra; b) quando muito não haveria uma situação processual, mas várias situações jurídicas; e c) toda relação jurídica, em última análise, é o complexo de várias situações jurídicas. Ou seja: negar a uma situação jurídica o *status* de relação jurídica porque nela identificada a situação jurídica que lhe deu origem é reconhecer apenas a parte no todo e negar o todo para afirmar a parte.

5.6 Relação jurídica processual

Na verdade, todas essas teorias, antes de se excluírem, se complementam, pois ver o processo como instituição não implica necessariamente que concomitantemente não se possa identificá-lo como relação jurídica ou mesmo como situação jurídica. O que se encontra definitivamente superado é a visão contratualista do processo. Por isso que, conquanto ainda esteja em aberto a identificação da natureza jurídica do processo, não se pode olvidar que de todas as teorias a que vem alcançando maior aceitação é a que vê o processo como relação jurídica. San Tiago Dantas explica: "Toda vez que uma relação social é especialmente qualificada pela norma jurídica, chamamos tal relação de relação jurídica".[84] Assim, o processo seria uma relação jurídica porque se constituiria de uma relação social, isto é, entre pessoas e que, enquanto tal, interessa sobremaneira ao direito. Fica logo evidente que a teoria do processo como relação jurídica é quase que uma consequência lógica da teoria da ação como direito subjetivo, ao passo que a teoria do processo como situação jurídica é a resposta natural à teoria da ação como direito potestativo.

5.7 Características da relação jurídica processual

A relação jurídica processual é relação jurídica que se estabelece entre as partes e o juiz e possui características próprias ou, como chamam alguns autores, suas próprias peculiaridades. São elas: a) complexidade, na medida em que, como se disse, formada de várias situações jurídicas; b) progressividade, na medida em que o método do processo é

---

[84] DANTAS, San Tiago. *Programa de direito civil*. Aulas proferidas na Faculdade Nacional de Direito, 1942-1945 – Parte geral. Rio de Janeiro: Rio, 1977. p. 146.

o método racional para instrumentalizar a jurisdição, os momentos que nele se sucedem são progressivos; c) unicidade, porque o método visa a um objetivo que é a formulação da sentença que componha a lide e restaure a norma jurídica violada.[85]

5.8 Requisitos e pressupostos processuais

Como toda e qualquer relação jurídica, o processo é composto de duas partes (de um lado autor e réu e de outro o juiz), um objeto e o vínculo jurídico. Os sujeitos da relação jurídica processual são as partes, isto é, autor, réu, juiz. Autor e réu são partes parciais e o juiz parte imparcial. Autor é quem demanda em juízo e réu, em face de quem se demanda. Já o juiz representa o Estado, ou melhor, a função jurisdicional do Estado constituído. Por ser imparcial, é absolutamente vital que o juiz seja alheio ao interesse em jogo na relação processual. O juiz também não pode deixar de julgar sobre qualquer fundamento, porque, se regularmente invocada, a jurisdição tem que ser prestada. Veja-se o art. 140 do Código de Processo Civil, segundo o qual o juiz não se exime jamais de sentenciar. O juiz tem no processo os deveres de decidir as questões, sentenciar, dirigir o processo, observar o devido processo legal, garantir o contraditório e a ampla defesa, zelar pelo bom andamento processual e todo o tempo procurar conciliar as partes.

Por vezes torna-se confusa a distinção entre requisitos e pressupostos processuais, não sendo raro encontrar essas expressões como extensão uma da outra. Nesse sentido, a doutrina falava inicialmente em requisitos, depois evoluiu para pressuposto, porque não basta apenas a existência do processo, mas é necessário que essa existência seja regular.[86]

5.9 Pressupostos processuais de existência e de validade do processo

Não há motivo para supor que também em sede processual não estejam presentes os planos da existência, da validade e da eficácia. A validez da relação processual é uma questão que não pode deixar-se entregue às partes, pois não se trata de um ajuste privado entre os litigantes, mas de atividade realizada com ativa participação do Estado, seus requisitos são coativos e em grande parte absolutos.[87] Destarte, classificamos os pressupostos processuais em pressupostos processuais de existência e pressupostos processuais de validade. Os primeiros também podem ser chamados de requisitos processuais e os segundos são os pressupostos processuais propriamente ditos. Sem os primeiros, o processo não existe juridicamente e, sem os segundos, sua existência

---

[85] Frederico Marques apresenta as seguintes características para a relação jurídica processual "a) é uma relação de direito público, uma vez que regulada pelo direito processual civil, ramo do direito público; b) é relação autônoma, porquanto sua existência independe da existência da relação jurídico-material contida na lide; c) é uma relação unitária, pois embora múltiplos os atos que a compõem, todos se conjugam e se congregam em razão do escopo e causa final do processo; d) é trilateral ou triangular, visto que se entretece através de relações entre autor e juiz, juiz e réu e autor e réu, como actum trium personarum; e) é complexa, por não conter apenas um direito ou obrigação, mas um conjunto de vínculos jurídicos coordenados a um objetivo ou finalidade comum; f) é progressiva, uma vez que se trata de uma relação que se desenvolve paulatinamente à medida que o processo se movimenta para atingir seu escopo final" (MARQUES, José Frederico. *Manual do direito processual civil* – Teoria geral do processo civil. 4. ed. São Paulo: Saraiva, 1976. v. 1. p. 115).
[86] CINTRA, Antônio Carlos Araújo; GRINOVER, Ada Pellegrini; DINAMARCO, Cândido Rangel. *Teoria geral do processo*. 24. ed. São Paulo: Malheiros, 2008. p. 309.
[87] BÜLLOW, Oskar Von. *Teoria das exceções processuais e pressupostos processuais*. [s.l.]: [s.n.]: [s.d.]. p. 93.

jurídica não será válida. São requisitos ou pressupostos de existência processual: duas partes, um órgão jurisdicional e uma demanda, sem o que o processo não existe. Deve-se dedicar maior atenção para o vocábulo *demanda*, visto que este termo não encontra correlação exata na língua pátria. Por demanda não se deve entender nem a ação nem a pretensão nem o pedido, mas o ato de pedir. São pressupostos de validade no processo: a capacidade das partes e a competência do juiz, não havendo um correspondente à demanda, porquanto seu natural correspondente, que é a possibilidade jurídica do pedido, se põe no campo da ação e não do processo.

5.10 Poderes, direitos, deveres e ônus processuais

Os direitos processuais subjetivos são, fundamentalmente, o direito de ação e o direito de defesa ou à exceção. Também são direitos subjetivos das partes no processo o direito ao contraditório e à ampla defesa. Modernamente, já se insere também na relação jurídica processual o direito subjetivo a um julgamento rápido e a uma tutela jurisdicional efetiva, conforme art. 5º, LXXVIII da Constituição Federal e art. 4º do CPC. Por ônus processual deve-se entender um dever que a parte tem consigo mesmo. Afinal, todo processo implica ônus para as partes. Se não aforar, arisca-se o autor a jamais ver satisfeita sua pretensão. Se não exercer a defesa, o réu corre o risco de perder a causa.[88] Se a parte não atende ao ônus processual se sujeita às consequências de sua omissão. Já a obrigação processual é uma imposição legal. Não a atender é ferir a lei e não apenas descuidar do próprio interesse. Note-se que: o adimplemento do ônus é deixado à livre vontade da parte, enquanto pertence à obrigação a necessidade de ser cumprida.[89] Faculdades processuais são possibilidades de exercer ou não um direito, de praticar ou não um ato processual. A rigor, não se pode dizer que a parte teria o ônus ou a obrigação de recorrer. Exercer ou não essa possibilidade diante de uma situação adversa é o que se entende por faculdade processual.

5.11 Processo e procedimento

Processo e procedimento não se confundem. Processo é a essência. Procedimento é a aparência. Processo é método, é abstração, é instrumento da jurisdição. Finalisticamente, o processo se consubstancia no conjunto de atos, metodicamente interligados entre si, tendente a produzir seu ato final que é a sentença, que por sua vez visa à composição da lide e à restauração da norma jurídica violada. O procedimento é apenas e tão somente a face externa desta concepção metódica que é o processo. É a maneira pela qual o processo se apresenta e aparece fora da abstração racional que o concebe. Pode-se dizer que o processo é o lado de dentro do procedimento e o procedimento, o lado de fora do processo, ou que o procedimento é o processo em movimento.

---

[88] LACERDA, Galeno. *Despacho saneador*. 2. ed. Porto Alegre: Sérgio Antônio Fabris Editor, 1985. p. 5.
[89] FRIEDRICH, Lent. *Diritto processuale civile tedesco*. Napoli: Morano, 1962. p. 120.

5.12 Espécies de processos e de procedimentos

Sendo o processo instrumento da jurisdição e esta a expressão do poder do Estado constituído, consistente em prestar a tutela jurisdicional, logo se vê que haverá tantos tipos de processo quantos sejam os tipos de tutelas jurisdicionais. Por espécies de processo, deve-se entender as diversas modalidades diferenciadas de acordo com as respectivas tutelas. Assim, logicamente são espécies de processo: a) processo de conhecimento ou de cognição; b) processo de execução e c) processo cautelar. O processo de conhecimento instrumentaliza a tutela cognitiva, que visa a uma sentença que diga e reconheça ou negue o direito pleiteado. Por sua vez, esta sentença poderá ter natureza condenatória, constitutiva ou declaratória. O processo de execução instrumentaliza a tutela satisfativa, pois não basta apenas dizer e decidir sobre o direito, é preciso realizá-lo concretamente, isto é cumprir a sentença.[90] Já o processo cautelar irá instrumentalizar a tutela cautelar, que visa assegurar, não a eficácia que é a possibilidade de produzir efeitos jurídicos da tutela cognitiva ou da tutela satisfativa, mas a própria efetividade que é a possibilidade de alterar concretamente as coisas no mundo dos fatos.[91]

5.13 Princípios fundamentais do processo

A preocupação com o estudo sobre os princípios do processo surge no final do século XIX, na seguinte perspectiva: a) princípio lógico, pelo qual devem ser utilizados, logicamente, no processo os meios mais aptos para se perquirir a verdade; b) princípio jurídico, segundo o qual se outorgam a igualdade e a justiça; c) princípio político, do qual decorre a necessidade de se dar ao processo a maior garantia social possível, por conta do menor sacrifício individual necessário; e d) princípio econômico, segundo o qual não devem os processos ser onerados gravosamente nem sua lentidão tornar-se favorável aos mais abastados.

Nessa esteira e à guisa de normas fundamentais de processo civil, o Código de Processo Civil brasileiro expressa: a) como princípio lógico, o princípio da motivação racional das decisões (art. 11); b) como princípio jurídico, a isonomia (art. 7º), em que se inserem o contraditório (art. 7º) e a boa-fé processual (art. 5º); c) como princípio político, a inafastabilidade da jurisdição (art. 3º); d) como princípio econômico, a duração racional do processo (art. 4º).

5.14 Questão: de fato, de direito, preliminar, prejudicial e principal

Qualquer que seja a espécie de processo, nele serão decididas questões. Todo processo é povoado de questões. Por questão entenda-se: todo ponto controvertido, de fato ou de direito, existente no processo. Já aí se vê a distinção entre questão de fato

---

[90] O Código de Processo Civil atual não contempla mais o processo de execução de sentença, sendo o cumprimento da sentença tratado como mera fase do processo, permanecendo o processo de execução propriamente dito apenas para a execução por título executivo dito extrajudicial. Entretanto, não obstante a opção do legislador, inegavelmente a tutela que se invoca e que se instaura para o cumprimento da sentença tem natureza absolutamente satisfativa.

[91] O Código atual, diferentemente dos que lhe antecederam, não previu um livro específico para cuidar do processo cautelar. Todavia, a tutela cautelar está presente difusamente em diversas passagens do código.

e questão de direito. Questão de fato é divergência sobre o fato a ser dirimida pela prova. Questão de direito é controvérsia quanto à consequência jurídica do fato a ser dirimida pelo órgão jurisdicional. As questões podem ser preliminares, prejudiciais ou de mérito. Questão preliminar é aquela que versa sobre matéria preliminar, isto é, que ataca as condições da ação, os requisitos de existência, os pressupostos de validade do processo ou ainda a própria regularidade do processo, isto é, visa preservar o objeto formal do processo, como exemplo, competência do juízo, legitimidade das partes ou falta de interesse de agir. Questão prejudicial é uma premissa lógica e necessária, porém por si só não suficiente, para o deferimento da questão de mérito. É uma questão que, se resolvida em determinado sentido, possibilitará, naquele processo, o conhecimento, mas não necessariamente o acolhimento da questão de mérito. Entretanto, se decidida em sentido inverso, necessariamente acarretará a impossibilidade do conhecimento da questão de mérito. O exemplo clássico é o da relação de parentesco controvertida na ação em que se pedem alimentos com fundamento nesta relação. Se decidida afirmativamente possibilita o conhecimento do pedido de alimentos, mas não necessariamente seu deferimento, pois, apesar de constatada a relação de parentesco, os alimentos podem não ser devidos. Questão principal é o mesmo que questão de mérito. É a pretensão, o pedido, o objeto material do processo.

CAPÍTULO 6

DA COMPETÊNCIA

6.1 Definição

Pelo procedimento administrativo da investidura, o magistrado fica investido da função jurisdicional. Todavia, de uma parte existe uma massa de lides transitando na sociedade e desembocando naturalmente nos órgãos jurisdicionais. De outra parte, existe uma gama de órgãos jurisdicionais postos e aptos pelo Estado para julgar e consequentemente compor essa massa de lides. Claro está que é preciso um método, que por sua vez adotará critérios, para que racionalmente distribua-se essa massa de lides por esses órgãos jurisdicionais, de modo que, mediante a aplicação de critérios objetivos, possa-se identificar a que órgão ou pelo menos a que tipo de órgãos jurisdicionais caberá julgar que tipo de lides. A esse processo de identificação chama-se competência.

6.2 Competência e jurisdição

Costuma-se, equivocadamente, definir competência como a medida da jurisdição. Para esta corrente, competência seria parte do todo que seria a jurisdição, isto é, a jurisdição, como um todo, estaria deferida a todos os magistrados indistintamente. A identificação da possibilidade de utilizar a jurisdição para cada magistrado seria a competência. Esta ideia peca originalmente pela contradição de que entender competência como a medida da jurisdição significa considerar jurisdição e competência a mesma coisa, quando, a toda evidência, cuida-se de coisas diversas. Jurisdição é poder, é expressão da soberania do Estado. Competência é exercício desse poder. Jurisdição é constitucional, porque é expressão do poder constituído. Competência é infraconstitucional, tem sede em legislação ordinária, porque é pressuposto de validade do processo.

6.3 Competência como concretização da jurisdição

Destarte, quer nos parecer que jurisdição como ideia de poder é abstrata. É um valor que os jurisdicionados se atribuem e atribuem ao Estado que constituem e, como tal, é regularmente reconhecido pelas outras ordens jurídicas soberanas internacionais.

A competência visa ao exercício da jurisdição, na medida em que é pela competência, em cada caso, que se exerce a jurisdição naquele caso. Diante de evidência tão manifesta, preferimos definir a competência não como medida da jurisdição, mas como a concretização da jurisdição. Jurisdição é valor, portanto abstrata. Competência é atuação prática em determinado processo válido, portanto concreta.

6.4 Limites da jurisdição (competência) nacional

A primeira fórmula para classificar competência é dividi-la em competência internacional e competência interna. Visto apenas sob este prisma, mais parece hipótese de jurisdição do que de competência. Entretanto, aqui se pretende demonstrar, em primeiro lugar, que causas podem ser julgadas pelos órgãos jurisdicionais brasileiros, pois só após tal identificação passa a ter lógica a necessidade de fixar-lhes a respectiva competência.

É intuitivo que a jurisdição só deva ser exercida se puder promover todos os atos necessários à tutela satisfativa. Pois de nada adiantaria ao Estado pronunciamento jurisdicional cuja execução seja inócua, porque os atos de satisfação dependeriam da aquiescência de outro Estado. O legislador pátrio não ficou alheio a essa problemática e nosso Código de Processo Civil, nos arts. 21 e 22, disciplina a competência internacional da justiça cível brasileira. Os requisitos para a chamada competência internacional dos juízes brasileiros, sempre com vistas à preocupação da efetividade do processo, são os seguintes: a) réu domiciliado no Brasil; b) cumprimento de obrigação no Brasil; c) fato ou ato ocorrido no Brasil; d) imóveis situados no Brasil; e e) inventário ou partilha de bens situados no Brasil.

6.5 Espécies de competência internacional

A competência concorrente é aquela que reserva a competência para os juízes brasileiros, sem, contudo, excluir a mesma competência para juízes estrangeiros, entenda-se: sem que o Brasil, com isso, não reconheça, também, para aquela ação, julgamento feito por órgão jurisdicional de outro país. Alguns autores chamam esta competência de competência internacional cumulativa.[92] A competência exclusiva, como o próprio nome denuncia, reserva a competência para os órgãos jurisdicionais brasileiros, com a exclusão da competência de órgãos jurisdicionais estrangeiros. Isto é, sem que o Brasil reconheça julgamento daquela ação por outros órgãos jurisdicionais que não brasileiros.

6.6 Competência internacional concorrente

As hipóteses de competência concorrente são aquelas previstas no art. 21 do Código de Processo Civil, quais sejam: a) réu domiciliado no Brasil; b) cumprimento de obrigação no Brasil; e c) fato ou ato ocorrido no Brasil. Por se tratar de competência concorrente, como se disse, o Brasil reconhecerá sentença posta por tribunais estrangeiros, desde que homologada pelo Superior Tribunal de Justiça, a teor do art. 105, I, "i", da

---

[92] THEODORO JUNIOR, Humberto. *Curso de direito processual civil* – Teoria geral do direito processual civil e processo de conhecimento. 4. ed. Rio de Janeiro: Forense, 1988. v. I. p. 168.

Constituição Federal, arts. 15 e 17 da Lei de Introdução às Normas do Direito Brasileiro e arts. 960 a 965 do Código de Processo Civil. Neste caso, para que tal sentença seja aqui executável, é necessário que: a) tenha sido julgada por juiz competente no país de origem; b) tenha havido citação válida; c) tenha transitado em julgado; e d) seja executável no local de origem. Esta análise, como convém, é feita de conformidade com a lei do país do tribunal que a prolatou. Além desses requisitos, por óbvio, é necessário que a sentença estrangeira não ofenda a ordem pública brasileira. Curiosa é a situação das causas que versem sobre imóveis situados no estrangeiro. O nosso Código não adotou um posicionamento claro, expresso e efetivo sobre o tema. Entretanto, se é facilmente identificada no Código a preocupação com o princípio da efetividade, parece óbvio que todas as causas que estão fora do âmbito de efetividade da jurisdição brasileira estarão igualmente fora da competência internacional dos juízes brasileiros.

Questão interessante de ser abordada em sede de competência cível internacional concorrente é a que vem apresentada na regra contida no art. 24 do Código de Processo Civil, pela qual a ação intentada em tribunal estrangeiro não induz litispendência nem obsta que a autoridade brasileira conheça da mesma causa ou das que lhe são conexas, salvo disposições em contrário constantes em tratados internacionais e acordos bilaterais. A regra é clara e é aplicável a competência internacional concorrente, embora o dispositivo conste do art. 24 que, obviamente, vem depois do art. 23, artigo este que trata da competência exclusiva. Trata-se de uma questão meramente lógica, posto que, quando se tratar de competência exclusiva, nenhuma influência terá a atividade judicante de outro país.[93]

6.7 Competência internacional exclusiva

O art. 23 do Código de Processo Civil cuida da competência internacional cível brasileira exclusiva, a saber: a) imóveis situados no Brasil e b) inventário ou partilha de bens situados no Brasil, ainda que o autor da herança seja estrangeiro e tenha residido fora do Brasil. A competência exclusiva, como se viu, significa que sentenças sobre tais causas, eventualmente proferidas no estrangeiro, não terão qualquer validade no Brasil, entenda-se: aqui não poderão ser executadas.

Quanto às ações relativas a imóveis, a pergunta que se apresenta é se, na dicção do artigo, a jurisdição brasileira está adstrita apenas às ações reais sobre imóveis, isto é, ações fundadas em direito real sobre imóveis ou se a todas as ações relativas a bens imóveis, ainda que fundadas em direito pessoal, como exemplo, locação, desde que o imóvel, evidentemente, esteja situado no Brasil. Mais uma vez, a resposta encontra-se na aplicação do princípio da efetividade pelo qual a jurisdição brasileira judicará sobre todas as ações que versem sobre imóveis situados no Brasil, independentemente da matéria jurídica controvertida.

No que diz respeito a inventário e partilha de bens situados no Brasil, o que importa na prática é que o bem ou os bens a serem inventariados e partilhados estejam situados no Brasil. Na prática, pouco importa se se trata de bem imóvel, móvel, semovente, títulos cambiais, depósitos bancários, ações etc., mesmo que o autor da herança seja estrangeiro e domiciliado fora do Brasil, os bens que aqui se encontram

---

[93] BARBI, Celso Agrícola. *Comentários ao Código de Processo Civil*. 13. ed. Rio de Janeiro: Forense, 2008. v. 1. p. 307.

aqui hão de ser inventariados e partilhados. Nenhuma relevância existe no fato de o autor da herança jamais ter morado no Brasil. O questionamento que se segue é o de como proceder quanto aos bens existentes fora do Brasil. A lei brasileira não cuida disto e não deve mesmo fazê-lo. Trata-se de problema afeito a outra jurisdição e não à jurisdição brasileira.

6.8 Exclusão da competência nacional

Não compete à autoridade judiciária brasileira o processamento e o julgamento da ação quando houver cláusula de eleição de foro exclusivo estrangeiro em contrato internacional, desde que arguida pelo réu em contestação, conforme dispõe o art. 25, §1º do Código de Processo.

Aqui cabem duas observações: a) não se aplica a norma às hipóteses de competência exclusiva nacional, só às hipóteses de competência internacional concorrente; b) trata-se de uma espécie de jurisdição ou competência internacional relativa, eis que precisa ser arguida pelo réu, sob pena de prorrogação da competência nacional.

6.9 Critérios de determinação da competência

Como se percebe a fixação da competência decorre da aplicação de um método absolutamente lógico, o qual se vale de critérios absolutamente objetivos, são eles: a) critério material; b) critério funcional; e c) critério territorial. Pelo critério material determina-se a competência levando-se em consideração a natureza da causa trazida ao crivo do poder judiciário. Por este critério chega-se à fixação da competência em razão da matéria, competência em razão do valor e competência em razão da qualidade das pessoas. O critério funcional é aquele extraído da natureza especial e das exigências especiais pelas quais determinado órgão jurisdicional é chamado para oficiar em determinado processo. Por ele se fixa a competência funcional. O critério territorial determina a competência com base no fator território, isto é, a competência é determinada por um critério geográfico. Por este critério se fixa a competência territorial.

6.10 Competência em razão do valor e em razão da matéria

Com efeito, o art. 44 do Código de Processo Civil menciona que, obedecidos os limites estabelecidos pela Constituição Federal, a competência é determinada pelas normas do Código, pela legislação especial e pelas normas de organização judiciária. Como se sabe, a competência legislativa exclusiva para baixar normas de organização judiciária é de cada Estado-membro. É fruto do exercício desta competência legislativa a atribuição de competência jurisdicional para juízos temáticos em razão da matéria, tais como varas de família, varas cíveis, varas empresariais, varas de órfãos e sucessões etc. A competência em razão da matéria é competência absoluta e a competência em razão do valor é absoluta do mais para o menos e relativa do menos para o mais. Quer dizer: o juízo competente para julgar uma causa de valor maior é relativamente competente para julgar uma causa de valor menor, mas o juízo apenas competente para a causa de menor valor é absolutamente incompetente para conhecer e julgar causa de maior valor.

6.11 Competência em razão da pessoa

A competência em razão da qualidade de pessoa é também conhecida por competência *ratione personae*. No nosso sistema existe uma dicotomia de justiças comuns: a justiça comum federal e as justiças comuns estaduais. Isso decorre da própria forma federativa do Estado. O Código de Processo Civil é omisso quanto à competência em razão da pessoa, mas isto não é obstáculo para existência de uma justiça federal, eis que prevista constitucionalmente. Também no mesmo sentido inexiste qualquer impedimento para que os Estados-membros criem juízos privativos para as causas de interesse da Fazenda Pública. A competência em razão da pessoa será sempre competência absoluta. À Justiça Federal compete por regra de competência em razão da pessoa oficiar em todas as causas em que haja interesse da União ou de pessoa jurídica de direito público interno, diversa da União, vinculada à Administração Pública Federal (art. 45 do CPC).

6.12 Competência funcional

Na determinação da competência funcional, o que importa é a identificação, por razões tais e quais, de que aquele juízo é o melhor aparelhado para decidir aquela determinada causa. Vale dizer: é aquele juízo o que terá melhores condições para funcionar naquele processo, daí a expressão competência funcional. Nesse passo, cabe verificar que são duas as situações que se apresentam para o exercício da competência funcional. A primeira situação ocorre quando as diversas funções necessárias em um mesmo processo são atribuídas a órgãos jurisdicionais diferentes, como exemplo, a atuação de órgão fracionário do tribunal de justiça na fase recursal de um processo julgado em primeira instância por juiz de primeiro grau. Nesse caso, ocorre a chamada prevenção do órgão fracionário de segunda instância. Assim, aquele órgão fracionário que funcionar no primeiro recurso havido no processo será funcionalmente o competente para oficiar em todos os demais recursos, simplesmente porque se entende que, ao funcionar a primeira vez, o órgão fracionário torna-se o melhor aparelhado para funcionar nos outros recursos daquele mesmo processo. A segunda situação ocorre quando a causa é de competência do juízo de determinado foro, isto é, território, porque naquela base territorial é mais fácil e eficaz sua função, como exemplo, acontece na fixação do foro da sede do estabelecimento principal para a ação de recuperação judicial e de falência da empresa.

6.13 Competência funcional dos tribunais

A competência funcional dos tribunais tanto diz respeito à competência recursal quanto à originária. Assim, por exemplo, é a determinação da competência de cada câmara do Tribunal de Justiça e a de seu Pleno ou, conforme o tribunal, Órgão Especial. A fixação da competência funcional dos Tribunais Superiores, isto é, Supremo Tribunal Federal, Superior Tribunal de Justiça, Tribunal Superior Eleitoral, Superior Tribunal Militar e Tribunal Superior do Trabalho está prevista na Constituição da República.

6.14 Competência funcional dos juízes de primeiro grau

A competência funcional dos juízes de primeiro grau está regulada no próprio Código, porém, não de maneira muito clara, isto é, a competência funcional dos juízes de primeira instância não vem no Código com essa nomenclatura, é preciso em cada caso identificá-la convenientemente. Veja-se, por exemplo, a regra do §1º do art. 47 *in fine*, no qual se diz que pode o autor, entretanto, optar pelo foro do domicílio do réu ou de eleição, não recaindo o litígio sobre direito de propriedade, vizinhança, servidão, posse, divisão e demarcação de terras e nunciação de obra nova. Justamente a exceção prevista no artigo que impede o ajuizamento da demanda no foro de eleição é estabelecida em razão da maior facilidade e eficácia que só o juízo do próprio lugar do imóvel terá. São também exemplos de competência funcional dos juízes de primeiro grau: a competência do juiz da execução para os embargos; a competência do juiz da ação principal para as ações cautelares; a competência do juiz da execução para ação de embargos de terceiro e assim por diante. A competência funcional é competência absoluta.

6.15 Competência territorial

A competência de foro, fixada pelo critério territorial, é determinada pela ligação da causa com o lugar em que o órgão jurisdicional competente territorialmente exerce suas funções. Aqui o critério não é mais a natureza da causa, mas o fato de alguns dos elementos da causa coincidirem com o território para o qual o juiz é competente. A competência do território é, portanto, relativa: se o réu não arguir a incompetência, ela se prorroga, isto é, se modifica, e o juiz que não era o competente passa a sê-lo.

A fixação do foro da causa leva em consideração vários aspectos da relação jurídica controvertida trazida ao crivo do judiciário. A regra geral é a fixação do foro da causa pelo domicílio do réu. Isto significa que a competência do foro é em princípio a do domicílio do réu. Toda ação em princípio deve ser proposta no foro do domicílio do réu, tanto faz que a ação verse sobre direito pessoal ou sobre direito real de bens móveis, porque sobre bens imóveis o domicílio será o da localização do imóvel. Exatamente isto é o que dispõe o art. 40 do Código de Processo Civil. Nada obstante, este mesmo dispositivo em seus parágrafos apresenta as seguintes variantes: a) se o réu tiver mais de um domicílio, será demandado no foro de qualquer deles; b) sendo incerto ou desconhecido o domicílio do réu, será demandado onde for encontrado ou no foro do domicílio do autor; c) se o réu não tiver domicílio nem residência no Brasil, a ação será proposta no domicílio do autor; e d) havendo dois ou mais réus, com diferentes domicílios, serão demandados no foro de qualquer deles, à escolha do autor.

Se a ação for fundada em direito real sobre bem imóvel, poderá o autor optar pelo foro de eleição, previsto no art. 63 do Código de Processo Civil, salvo as hipóteses já vistas de competência funcional presentes na parte final do §1º do art. 47 do Código de Processo Civil.

Cabe também registrar que o art. 46 cuida da competência do domicílio do réu quando a ação versar sobre direitos reais de bens móveis. Já o art. 47 refere-se a bens imóveis. Os direitos reais mencionados tanto são direitos reais sobre a própria coisa como também direitos reais sobre coisa alheia, como usufruto, servidão etc. Vale ainda registro a situação peculiar descrita no art. 60 do Código de Processo Civil, que prevê a hipótese de um imóvel se situar em mais de uma comarca ou estado. Incidindo o art. 60, haverá modificação de competência.

Outra situação definida pelo art. 48 do Código de Processo Civil é a do foro do domicílio do autor da herança para o inventário e a partilha. Esta competência, contudo, apresenta as seguintes variações: a) se o autor não possuía domicílio certo, competente será o foro da situação dos bens; e b) se o autor não tinha domicílio certo e os bens estão situados em vários lugares, o inventário será processado no lugar do último domicílio, certo ou incerto.

6.16 Competência territorial do ausente e do incapaz

As ações contra o réu ausente devem ser propostas no foro do seu último domicílio, assim também a arrecadação, o inventário, a partilha e o cumprimento de testamento. Do mesmo modo, quando o réu for incapaz a ação contra ele deve ser proposta no domicílio do seu representante legal. No caso de menor relativamente incapaz, que é assistido e não representado, a ação também deve ser proposta no domicílio daquele que o assiste, isto porque a regra contida na norma deve ser entendida tanto para o representante do menor como para aquele que o assiste, tudo em conformidade com os arts. 49 e 50 do Código de Processo Civil, respectivamente.

6.17 Competência territorial especial

No art. 53, o Código de Processo Civil prevê os chamados foros especiais. São eles: a) o foro do domicílio do guardião do filho incapaz para as ações de separação, de divórcio e de anulação de casamento. Observe-se que esta competência é estabelecida em favor do incapaz e do seu guardião; b) o foro do domicílio ou da residência do alimentando para as ações de alimentos. Aqui poderá o alimentando preferir o foro do domicílio do alimentante, sem que este possa impugnar a escolha. A mesma regra deve ser observada para a ação de oferecimento de alimentos; c) da residência do idoso para a causa que verse sobre direitos previstos no respectivo estatuto; d) o foro da sede da pessoa jurídica nas ações em que for ré; e) o foro do local da agência ou sucursal nas ações referentes a obrigações por elas contraídas; f) o foro do lugar onde exerce atividade principal para as ações em que for ré a sociedade de fato; g) o foro do lugar onde a obrigação tem que ser satisfeita para a ação que se lhe exige o cumprimento (o cumprimento da obrigação é o pagamento); h) o foro do lugar do ato ou do fato para as ações de reparação de dano e para a ação em que for réu o administrador ou o gestor de negócios alheios. Observe-se, neste tópico, que se a ação de reparação de danos decorrer de acidente de veículos, será competente o foro do domicílio do autor ou o do local do fato.

6.18 Competência absoluta e competência relativa

Segundo a natureza do critério a ser observado para cada tipo ou espécie de competência, esta poderá caracterizar-se como competência absoluta ou como competência relativa. Quando tal critério se funda em características de ordem pública, tem-se a fixação da competência absoluta, porém, quando esse critério visa preponderantemente à comodidade das partes litigantes em juízo, tem-se a fixação da competência relativa.

Destarte, classificam-se como competência absoluta aquelas cuja determinação decorreu de critério referente à matéria (competência em razão da matéria), à qualidade da pessoa (competência em razão da pessoa), ao critério da funcionalidade do juízo (competência funcional) ou ao critério do valor (competência em razão do valor), sendo que nesse caso o juízo de maior alçada será incompetente relativamente para as causas de menor alçada, ao passo que o juízo de competência para causas de menor alçada será incompetente absolutamente para as causas de maior alçada. A competência de foro (competência territorial) e a competência de valor do mais para o menos são competências relativas.

A distinção entre competência absoluta e competência relativa é importante porque apenas a competência relativa pode se prorrogar, isto é, o juízo originariamente incompetente relativamente poderá tornar-se competente caso não haja, em tempo oportuno, arguição de sua incompetência relativa. Já o mesmo não ocorre com a incompetência absoluta, porquanto, esta não se convalida e consequentemente não se prorroga. Tanto a competência absoluta como a relativa serão alegadas como preliminar de contestação. Nada obstante, a incompetência absoluta pode ser alegada a qualquer tempo e grau de jurisdição e deve ser declarada de ofício (art. 64, §1º) ou mesmo na fase de execução. Finalmente, a distinção também se faz necessária no que diz respeito às consequências processuais de sua não arguição, eis que se incompetência relativa, uma vez prorrogada, a nulidade ficará sanada, se absoluta, o processo será nulo, porém arguida e admitida a incompetência absoluta, somente os atos decisórios serão nulos e ainda assim, salvo decisão judicial em contrário, conservar-se-ão seus efeitos até que outra seja proferida pelo juízo competente, nos termos do art. 64, §4º do CPC.

6.19 Prorrogação ou modificação da competência

Existem hipóteses em que a competência originalmente prevista pode ser modificada. Isto é, naquela causa específica a competência originalmente fixada para aquele juízo pode modificar-se para ser fixada em outro juízo. Todavia, isto só pode acontecer na chamada competência relativa. Modificação de competência é também chamada de prorrogação de competência. Só a competência relativa é modificável, porque só a competência relativa é prorrogável. Quando se diz que a competência absoluta é improrrogável, está se dizendo que a competência absoluta não se modifica.

6.20 Causas de modificação ou prorrogação da competência

As causas de modificação ou prorrogação da competência são: a) conexão e continência; e b) imóvel situado em mais de uma comarca (art. 60); c) ações que, embora não conexas, os julgamentos possam gerar risco de decisões conflitantes ou contraditórias; d) execução de título executivo extrajudicial e ação de conhecimento relativa ao mesmo negócio jurídico subjacente à emissão do título; e) execuções fundadas no mesmo título (art. 55 do CPC).[94]

---

[94] Esta possibilidade de conexão causa-nos espécie, porquanto entendemos impossível processualmente o mesmo título executivo extrajudicial aparelhar ou instruir duas execuções concomitantes, sob pena de ferido o princípio no *executio sine titulo*.

Pode também ocorrer modificação de competência em razão da pessoa quando, tramitando perante outro juízo, no processo intervier a União Federal, suas empesas públicas, autarquias, fundações ou Conselho de Fiscalização de Atividade Profissional, na qualidade de parte ou terceiro interveniente, exceto nas ações de recuperação judicial e falência, bem como nas ações sujeitas à justiça eleitoral e à justiça do trabalho. A modificação da competência ocorre nesses casos ante a intervenção posterior do ente federal em processo em curso na justiça estadual e os autos serão remetidos para justiça federal comum. Contudo, se, independentemente da intervenção do ente federal, houver algum pedido cuja competência seja do juízo de origem, os autos não serão remetidos à justiça federal comum. Nesta hipótese, determina o §2º do art. 45 que o juiz não admitirá a cumulação de pedidos e consequentemente não examinará o pedido de interesse da União ou do ente federativo.

Imagine-se, por exemplo, uma cumulação objetiva de ações, isto é, de pedidos, em que no curso do processo se verifique que um dos pedidos teria que ser dirigido à entidade federal ou que esta intervenha voluntária ou provocadamente, por exemplo, como assistente ou denunciada à lide, porém, apenas em relação a este pedido. Neste caso, o juízo originário não remeterá os autos à justiça federal comum e julgará o processo extinto com relação ao outro pedido. Todavia, se tratar apenas de um pedido e houver a intervenção do ente federativo na qualidade de terceiro, a hipótese se subsume ao disposto no *caput* do art. 45 do CPC.

Observe-se que o conhecimento do próprio incidente de admissão ou não do ente federal já será de competência da justiça federal comum. Portanto, não admitida a intervenção ou posteriormente excluído do processo o ente federal, os autos retornarão à justiça estadual comum, não se configurando o conflito negativo de competência por expressa vedação legal contida no §2º do art. 45 do Código de Processo Civil.

6.21 Prevenção

Prevenção vem de prevenir, o que veio primeiro; portanto, prevento e consequentemente competente será o juízo no qual primeiro tiver ocorrido o registro ou a distribuição da petição inicial, conforme art. 59 do CPC.

6.22 Prorrogação da competência territorial por eleição das partes

O art. 63 do Código de Processo Civil cuida do foro de eleição, pelo qual se possibilita a modificação, isto é, a prorrogação da competência por convenção entre as partes, com os consectários estabelecidos nos respectivos parágrafos. Assim, é possível nas hipóteses ali previstas a eleição do foro, ressalvada a exceção do §1º art. 47, parte final, que, como já se disse, cuida de hipótese de competência funcional.

6.23 Incidentes sobre a competência. Conflito de competência e conflito de jurisdição

Presente a circunstância de que competência e jurisdição são coisas diversas, é preciso não confundir conflito de competência com conflito de jurisdição. Se o conflito se der entre órgãos jurisdicionais de justiças diversas, na verdade, o conflito não será de competência, mas sim de jurisdição. Mas pode acontecer de dois ou mais juízes se pretenderem competentes para a mesma causa; ou que dois ou mais juízes se afirmem incompetentes para a mesma causa; ou que surja controvérsia acerca de reunião ou separação de processos. Em todos esses casos estará caracterizado um conflito de competência.[95]

Na doutrina e na jurisprudência discute-se a possibilidade da existência de processo que se inicie perante uma justiça ou uma jurisdição incompetente. Há quem considere que nessa hipótese o processo seria inexistente por violação da Constituição, visto que a Carta Maior sequer excepciona os atos decisórios. Outra corrente entende que só os processos instaurados perante uma jurisdição especial, quando competente for a jurisdição comum, seja estadual seja federal, serão inexistentes, mas não na hipótese inversa. Isto porque a competência ordinária ou a jurisdição comum é a residual. Neste caso seriam inválidos apenas os atos decisórios.

Mesmo considerando que desta maneira e de longa data já se posicionou o Supremo Tribunal Federal,[96] entendemos que não deve existir prevalência de jurisdições ou de justiças, porque todas são estabelecidas e reconhecidas pela Constituição Federal. Assim, não há que se falar que a jurisdição comum seria residual em relação à jurisdição especial, porquanto a especial não é desdobramento da comum, não surge dela, ao revés, ambas nascem da própria constituição do Estado, simultaneamente, sem qualquer ordem de prevalência.

Com base nisso, pensamos que, na hipótese de jurisdição equivocada, falta um dos elementos formadores do processo, qual seja, o juiz, eis que sem jurisdição não há juiz. Assim, o processo deve ser tido por juridicamente inexistente, não se aproveitando nenhum ato nele praticado, seja decisório ou não.[97]

6.24 Espécies dos conflitos de competência e de jurisdição

Os conflitos de competência e de jurisdição podem ser de três espécies, a saber: a) conflito negativo de competência e de jurisdição, que ocorre quando dois ou mais juízes se afirmam incompetentes, isto é, um juiz se declara expressamente incompetente, remete os autos para aquele que entende ser o competente e este também se declara expressamente incompetente; b) conflito positivo de competência, que ocorre quando dois ou mais juízes se declaram competentes; neste caso não há necessidade de manifestação expressa do juízo, basta a prática de atos; e c) reunião e separação de processos. Na reunião o conflito ocorre quando o juiz de uma causa se opõe à sua reunião a outra causa; neste caso, o conflito é positivo porque tanto o juiz que determina a reunião dos processos como o que se opõe estão se dizendo competentes. Quando a hipótese é

---

[95] BARBI, Celso Agrícola. *Comentários ao Código de Processo Civil*. 13. ed. Rio de Janeiro: Forense, 2008. v. 1. p. 377.
[96] RE nº 80.226/BA. Rel. Min. Moreira Alves, *RTJ*, v. 89, ago. 1979. p. 478.
[97] "A regra de validade dos atos processuais, salvo os decisórios, circunscreve-se ao âmbito da jurisdição, seja comum ou especial. O art. 113, §2º do CPC (atual §4º do art. 64 do CPC) pressupõe procedimento realizado dentro da jurisdição com defeito restrito à incompetência absoluta. O processo fora da jurisdição é inexistente, pois a falta de jurisdição, não de competência, obsta a Constituição da relação jurídica processual" (COSTA, Coqueijo. *Direito processual do trabalho*. 2. ed. Rio de Janeiro: Forense, 1984. p. 37). No Código de Processo Civil atual, veja-se sobre a matéria o art. 64, §4º.

de separação de causas, o conflito é negativo de competência, porque tanto o juiz que manda separar quanto o que recebe a causa separada se consideram incompetentes.

6.25 Natureza processual do conflito de competência e de jurisdição e atuação do Ministério Público

O conflito de competência e de jurisdição, seja positivo, seja negativo, é um incidente processual. É uma divergência de opiniões entre órgãos jurisdicionais, a ser decidida por outro órgão superior. O conflito de competência e de jurisdição pode ser suscitado evidentemente pelas partes, inclusive pelo assistente, pelo Ministério Público, mesmo que não participe do processo como parte ou como *custus legis*, porque a fixação exata da competência e da jurisdição é questão de ordem pública, ou pelo próprio juiz. O Ministério Público, necessariamente, será ouvido nos conflitos de competência e de jurisdição na condição de *custus legis*, mas terá qualidade de parte nos conflitos que suscitar.

A matéria encontra-se tratada e disciplinada no art. 66 do Código de Processo Civil. Observe-se que o parágrafo único determina ao juízo que não acolher a competência que lhe fora declinada a obrigação de suscitar o conflito de competência, exceto na hipótese em que de antemão atribuir a competência a um terceiro juízo, porquanto obviamente, nesse caso, deverá remeter-lhe os autos.

CAPÍTULO 7

DO JUIZ

7.1 O juiz

Visto o processo como *actum trium personarum*, o juiz é parte nesta relação jurídica. Contudo, é parte *sui generis* em comparação ao autor e ao réu. Estes litigam pela supremacia do seu interesse na causa. O juiz não litiga e sua preocupação é com a supremacia da restauração da norma jurídica violada. O juiz revela e aplica o direito *in concreto*. Entretanto, a tarefa do aplicador do direito não é apenas fazer com que prevaleça a regra abstrata posta pelo legislador no caso concreto. É muito mais que isso, pois, para aplicar a lei, terá que interpretá-la e essa interpretação se faz no seu sentido finalístico. Terá também que harmonizar a regra aplicável com os valores da justiça e da segurança. Isto não significa, todavia, que a função do juiz seja uma função meramente burocrática. Ao revés, se fôssemos reduzir sua missão à mera identificação da norma aplicável ao caso, ainda que se impondo sua harmonização com os valores da justiça e da segurança, reduziríamos a magistratura a uma atividade repetitiva, sem qualquer criatividade e nada investigativa. Mas não é assim. Na verdade, a interpretação da norma não tem que conduzir sempre necessariamente a uma única decisão como correta, mas pode se dar de diversas maneiras, embora para cada caso julgado somente uma dessas interpretações alcançará a força de ser direito positivo em ato de sentença.[98] Em outras palavras: cada caso é um caso.

O conformismo talvez seja o pior dos vícios dos juízes. É o que já se denominou em boa doutrina de lento esgotamento interno das consciências, que as torna aquiescentes e resignadas. É a crescente preguiça moral que cada vez mais troca a solução justa pela solução acomodadora. É o medo da própria independência.[99] O ofício do magistrado é, sem sombra de dúvidas, o mais importante e o de maior destaque quando se cuida de operacionalizar a jurisdição. Sua grandeza reside justamente no pequeno espaço que se lhe reserva para sua criatividade, premida, de um lado, pelos fatos, contra os quais

---

[98] KELSEN, Hans. *Teoria geral do direito e do Estado*. São Paulo: Martins Fontes, 1992. p. 133.
[99] CALAMANDREI, Piero. *Eles, os juízes vistos por um advogado*. Tradução de Eduardo Brandão. São Paulo: Martins Fontes, 2000.

não pode se opor, e, de outro lado, pelo império da lei, à qual deve obediência irrestrita. Nesse curto espaço milita a criatividade do magistrado com o dever de fazer justiça.

7.2 Garantias

De longa data se assegura aos magistrados garantias especiais para que possam exercer seu múnus público, tanto quanto possível, isentos de pressões de toda ordem. Essas garantias na verdade decorrem da preservação da imparcialidade do órgão jurisdicional. Cada juiz precisa ser independente para que seja isento. Só se lhe garantindo a independência, pode-se lhe exigir a isenção. As garantias de independência são a vitaliciedade, a inamovibilidade e a irredutibilidade de vencimentos. A vitaliciedade consiste exatamente em garantir-se ao magistrado o não perdimento do cargo, exceto por sentença judicial. A inamovibilidade é a proibição de remoção de um juiz de um local para outro, exceção aberta em caso de interesse público por decisão da maioria absoluta do respectivo tribunal de justiça assegurada a ampla defesa. A irredutibilidade de vencimentos é nominal e, evidentemente, não impede a incidência de tributos. As garantias objetivam que esse desempenho da função jurisdicional exercido pelo magistrado seja absolutamente satisfatório, por isso são constitucionais (art. 95 da Constituição Federal).

7.3 Poderes instrumentais do juiz

Para que o juiz possa se desincumbir, satisfatoriamente, do seu múnus, precisa estar munido dos poderes necessários para tanto. Aqui, não se trata mais de assegurar-lhe garantias para que exerça bem sua função, mas de se lhe conferir os instrumentos para que possa se desincumbir de seu mister. Os chamados poderes instrumentais do juiz podem ser de duas naturezas: poderes administrativos e poderes jurisdicionais. Os poderes administrativos se confundem com o poder de polícia e visam assegurar a ordem e o decoro e evitar perturbação no curso natural do processo. Deve-se notar que o juiz exerce os poderes administrativos do processo não como sujeito da relação processual, mas como autoridade judiciária. Esses poderes estão consagrados e disciplinados, basicamente, nos arts. 77, IV e VI, 78 e parágrafos, 139 e 360 do Código de Processo Civil. Já os poderes jurisdicionais são aqueles inerentes à própria atividade desenvolvida pelo juiz na qualidade de sujeito da relação processual. Podem ser de duas ordens: poderes-meio e poderes-fim.

Os poderes-meio são aqueles que abrangem os atos processuais ordinatórios, por isso são também chamados de poderes ordinatórios. Dizem respeito ao simples andamento do processo. Referem-se aos atos de impulso processual. São também chamados de poderes instrutórios. Os poderes-fim são aqueles que se referem à própria finalidade do processo. O processo é um método de concepção finalística, isto é, teleológica. Enquanto instrumento da jurisdição, existe para instrumentalizar o exercício da jurisdição no objetivo de solucionar a lide. Assim, os poderes-fim dizem respeito à decisão, isto é, aos atos processuais decisórios e, por via de consequência, aos atos processuais de execução, porque a tutela executiva visa realizar o sentenciado na tutela cognitiva. Os poderes têm como objetivo possibilitar ao juiz o desempenho de sua função, nesse sentido, são instrumentais.

O art. 139 do Código de Processo Civil elenca os poderes e deveres do juiz na direção do processo. São eles a) assegurar às partes igualdade de tratamento; b) velar pela duração razoável do processo; c) prevenir ou reprimir qualquer ato contrário à dignidade da justiça e indeferir postulações meramente protelatórias; d) determinar todas as medidas indutivas, coercitivas, mandamentais ou sub-rogatórias necessárias para assegurar o cumprimento de ordem judicial, inclusive nas ações que tenham por objeto prestação pecuniária; e) promover, a qualquer tempo, a autocomposição, preferencialmente com auxílio de conciliadores e mediadores judiciais; f) dilatar os prazos processuais e alterar a ordem de produção dos meios de prova, adequando-os às necessidades do conflito de modo a conferir maior efetividade à tutela do direito; g) exercer o poder de polícia, requisitando, quando necessário, força policial, além da segurança interna dos fóruns e tribunais; h) determinar, a qualquer tempo, o comparecimento pessoal das partes, para inquiri-las sobre os fatos da causa, hipótese em que não incidirá a pena de confesso; i) determinar o suprimento de pressupostos processuais e o saneamento de outros vícios processuais; j) quando se deparar com diversas demandas individuais repetitivas, oficiar o Ministério Público, a Defensoria Pública e, na medida do possível, outros legitimados a que se referem o art. 5º da Lei nº 7.347, de 24.7.1985, e o art. 82 da Lei nº 8.078, de 11.9.1990, para, se for o caso, promover a propositura da ação coletiva respectiva.

De certo modo, esses poderes-deveres e responsabilidades atribuídos ao juiz são próprios da atividade judicante e, ainda que difusamente, já eram contemplados no Código anterior. Contudo, chama a atenção como novidade a incumbência constante do inc. IV do art. 139, qual seja, a de o juiz determinar todas as medidas indutivas, coercitivas, mandamentais ou sub-rogatórias necessárias para assegurar o cumprimento de ordem judicial, inclusive nas ações que tenham por objeto prestação pecuniária.

A primeira observação diz respeito às ações que tenham por objeto prestação pecuniária, porquanto no contexto do dispositivo não são ações condenatórias em dinheiro, porém ações mandamentais ou de obrigação de fazer, cuja sujeição ou prestação a cumprir consista ou possa ser revertida em pecúnia.

A segunda e mais importante observação quanto a este poder atribuído ao juiz consiste na exata compreensão dos limites de tais poderes. A nosso ver, as medidas indutivas, coercitivas, mandamentais ou sub-rogatórias a que o dispositivo alude serão apenas aquelas previstas no próprio Código de Processo Civil ou, quando muito, previstas em legislação processual civil extravagante. Isto significa que o juiz não está em absoluto autorizado a impor ao obrigado medidas de qualquer ordem com o intuito de fazê-lo cumprir a ordem judicial.

Na verdade, esse dispositivo se enquadra no poder cautelar genérico do juízo. Todavia, nenhum poder, nem mesmo o poder cautelar genérico do juiz, é absoluto, sob pena de tornar o dispositivo inconstitucional. Assim, não pode o juiz, por exemplo, reter passaportes, retirar carteira de habilitação, retirar direitos subjetivos do devedor etc. O espaço para a determinação de tais medidas está delimitado, por um lado, pela previsão legal e, por outro lado, pelos direitos e garantias constitucionais.[100]

---

[100] STJ decidiu no RHC nº 97.876 (Relator Luís Felipe Salomão) que o art. 139 do Código não admite suspensão do passaporte para coação do devedor.

7.4 Deveres do juiz

Ao lado dos poderes, ao juiz também se impõe deveres. O maior é o de prestar a tutela jurisdicional, não lhe sendo possível deixar de proferir despachos, decisões interlocutórias ou sentenças, sob alegação de obscuridade ou lacunas da lei, conforme disciplina o art. 140 do Código de Processo Civil. Deve também o juiz respeitar a ordem cronológica de conclusão dos processos para proferir sentença ou acórdão, conforme art. 12 do Código de Processo Civil, assim também deve atentar, tanto quanto possível, para a prática dos atos jurisdicionais em prazo razoável, conforme art. 4º do CPC e art. 5º, LXXVIII da Constituição Federal, muito embora seja absolutamente assente na doutrina e na jurisprudência que os prazos para o juiz são apenas recomendativos e não peremptórios.

7.5 Responsabilidade do juiz e do estado

É preciso não confundir deveres do juiz com responsabilidades do juiz. Existe sempre a possibilidade de erro no julgamento, principalmente quanto à matéria de fato. Quanto à matéria de direito, é praticamente impossível a caracterização do erro porque a interpretação da norma legal, ainda que equivocada, não pode ser taxada de erro, uma vez que não existe um critério lógico e certo para aferir o sentido exato da norma. Por essa razão, não se pode responsabilizar os juízes pelos danos causados por uma decisão que aquele prejudicado, na sua ótica pessoal, considere errada.

Aqui, abre-se um parêntese para as chamadas decisões teratológicas que equipararia o órgão jurisdicional a qualquer outra autoridade coatora, e, portanto, em tese, passível de se atacar o ato pela a ação constitucional de mandado de segurança; mas, ainda assim, no caso do mandando de segurança o objetivo é a reparação à violação ao direito líquido e certo da parte prejudicada e não a punição do magistrado.

O art. 143 do Código de Processo Civil, quando cuida da responsabilidade do juiz por dolo ou fraude, está se referindo a erros de fato, vale dizer, erro, por dolo ou fraude, na apreciação do fato e não na apreciação do direito. Não obstante, na prática, é quase impossível a constatação deste tipo de erro. Deve-se também notar nesse tópico que o juiz responde regressivamente por perdas e danos quando agir com dolo ou fraude. Na verdade, a fraude seria dispensável, bastando o dolo para caracterizar a responsabilidade. O dolo é o dolo comum, isto é, o dolo direto, a intenção deliberada de prejudicar a parte, qualquer que seja o motivo. Entretanto, a parte prejudicada terá que acionar o Estado-membro ou a União, conforme a situação, eis que o juiz responde regressivamente, e não diretamente à parte.

No mesmo dispositivo, no inc. II, vem caracterizada a responsabilidade do magistrado por culpa, por falta ou dever legal de determinar as providências nele referidas ou de fazê-lo fora dos prazos previstos na lei, pelos danos causados à parte por recusar, omitir ou retardar sem justo motivo providência que deva ordenar de ofício ou a requerimento da parte. Porém, neste caso, a responsabilidade só se verifica depois que a parte requerer ao juiz que determine a providência e o requerimento não for apreciado no prazo de dez dias (parágrafo único do art. 143). Mais uma vez, cabe advertência de que tal caracterização é praticamente impossível, na medida em que o juiz poderá sempre alegar que não tomou aquela medida por entendê-la sem base legal, e aí a questão novamente se transmuda para a aplicação do direito e, como vimos, erro de direito não gera responsabilidade do juiz.

Ainda relevante nesse tema é a questão de que o Estado enquanto pessoa jurídica de direito público terá responsabilidade objetiva, ressalvado o correspondente direito de regresso, pelo dano causado por dolo por um juiz, na medida em que a condição de magistrado, para este efeito, não lhe retira a qualidade de agente público. A eventual ação de indenização com fulcro no art. 143 do Código Civil será uma ação própria. Será uma ação comum de indenização por ato ilícito.

CAPÍTULO 8

DAS PARTES. AUTOR E RÉU

8.1 Sujeitos do processo

Sujeitos do processo, de um modo geral, são as pessoas que vêm ao processo para praticar atos processuais. As partes do processo podem ser: partes essenciais, partes secundárias ou partes especiais. Partes essenciais são o juiz, o autor e o réu. Partes secundárias são o escrivão, o escrevente, o oficial de justiça, o perito, o intérprete, e as testemunhas. Partes especiais são o advogado e o Ministério Público.

8.2 Autor e réu. Princípios

Autor e réu são sujeitos parciais do processo. Daí sua denominação como partes. São as partes principais. Autor é quem deduz a pretensão em juízo. Réu é em face de quem a pretensão é deduzida. Nas suas relações processuais, autor e réu obedecem aos seguintes princípios: a) princípio da dualidade, pelo qual se pressupõe que para a existência do processo é preciso haver duas partes em posições contrárias, no sentido de antagônicas; b) princípio da igualdade, ou da isonomia, pelo qual se estabelece a necessidade de se deferir o mesmo tratamento às duas partes antagônicas – é o que se chama de paridade de tratamento, isto é, as mesmas chances, as mesmas oportunidades etc.; e c) princípio do contraditório, pelo qual se permite às partes a ciência dos atos e termos processuais com a possibilidade de impugná-los.

8.3 Capacidade. Capacidade de direito e capacidade de fato

Para que uma pessoa possa ser parte no processo, é preciso que esteja apta para tanto, ou seja, é necessário que tenha capacidade para ser parte. Capacidade é a aptidão para a prática de atos jurídicos. A natureza jurídica da capacidade é a de pressuposto processual de validade. A capacidade está para as partes assim como a competência está para o juiz. Distingue-se também capacidade de direito e capacidade de fato. Capacidade de direito se confunde com a própria personalidade. Basta ser pessoa. É a capacidade de adquirir direitos e contrair obrigações. A capacidade de fato é a possibilidade de exercer por si mesmo ou através de representantes de sua livre escolha os atos da vida civil. A capacidade de direito corresponde à capacidade de ser parte. Assim, todos que têm capacidade de direito têm capacidade de ser parte. Além destes, certas entidades desprovidas de personalidade jurídica também podem ser parte.

A capacidade de fato assegura de antemão o direito de estar em juízo. Podem estar em juízo as pessoas físicas capazes de fato e as pessoas físicas incapazes de fato, estas no caso da interdição quando se discute sua própria capacidade, bem como as pessoas jurídicas, representadas na forma de seus atos societários, nos termos do art. 75, VIII e IX do Código de Processo Civil, e, ainda, as entidades às quais a lei processual dá condições de estarem em juízo, mesmo não detendo personalidade jurídica, como o condomínio, o espólio, a massa falida e a herança jacente ou vacante (incs. V, VI, VII, XI do art. 74 do CPC).

8.4 Incapacidade

O reverso da capacidade é a incapacidade. A incapacidade pode ser absoluta ou relativa, todavia, a incapacidade pode e deve ser suprida para o aproveitamento regular do processo. A incapacidade absoluta, aquela que contamina os absolutamente incapazes como tal previstos na legislação civil, é suprida pela figura da representação. Já a incapacidade relativa é suprida pela figura da assistência. Neste caso, o assistido também tem que ser citado para o processo.

Verificando o juiz que uma parte é incapaz, ou que existe irregularidade na representação, terá ele que suspender o processo a fim de que o vício seja sanado. O juiz fixará prazo nos termos do art. 76 do Código de Processo Civil para que a incapacidade seja suprida ou a irregularidade reparada. Tal não ocorrendo, se a providência cabia ao autor, o juiz anulará o processo e o extinguirá, numa interpretação extensiva de acordo com o art. 485, IV c/c 354 do Código de Processo Civil. Neste caso, o juiz condenará o autor a pagar as custas. Se a providência competir ao réu, este será considerado revel. Se a terceiro, será considerado revel quando se tratar de intervenção de terceiro provocada ou conforme o caso não será incluído no processo, e não, como diz o artigo, excluído do processo, porque só pode ser excluído quem já se tornou parte. Descumprida a determinação em fase recursal, o recurso não será conhecido se a providência couber ao recorrente. Se a providência couber ao recorrido, serão desentranhadas as contrarrazões.

8.5 Incapacidade. Intervenção do curador especial e do Ministério Público

Havendo incapacidade, ainda que suprida, haverá necessidade de curador especial em apenas dois casos: a) quando o incapaz não tiver representante legal ou b) quando houver colisão de interesses entre o representante do incapaz e o próprio incapaz. Em qualquer caso, havendo incapacidade há necessidade de intervenção do Ministério Público pelo que se depreende da leitura do art. 178, II, do Código de Processo Civil. O papel do curador especial é o de fazer as vezes do representante legal do incapaz, atuando em nome do representado ou do assistido. Já o Ministério Público não tem o papel de defender os interesses do incapaz. Seu papel na hipótese é o de fiscal da lei.

8.6 Legitimação

Legitimação das partes é a titularidade do direito de ação. Não há necessariamente coincidência entre os titulares do processo e os titulares da relação jurídica de direito material controvertida. Para descobrir se as partes são legítimas, duas são as observações: a) a própria lei enumera – neste caso, não há qualquer problema; e b) a lei é omissa. Quando a lei não indica o legitimado, este só poderá ser o afirmado titular do direito material. O termo afirmado aqui aparece no sentido de suposto. Em todos os casos em que a lei é silente, o direito de ação só poderá ser exercido pelo titular do direito material. Mas esse titular é aquele como tal afirmado.

8.7 Espécies de legitimação

A legitimação admite ou pressupõe ou, por outra, pode ser de várias espécies. Legitimação num primeiro plano se subdivide em legitimação ordinária e legitimação extraordinária. A legitimação será ordinária quando uma só pessoa enfeixar em si as duas titularidades, isto é, tanto a titularidade do direito material como a titularidade da relação jurídica processual. A legitimação será extraordinária quando uma pessoa for titular da relação jurídica de direito processual e outra da relação jurídica de direito material. Nesta hipótese, alguém estará em juízo em nome próprio defendendo direito alheio. É o chamado legitimado extraordinário ou substituto processual, que só ocorre nos casos expressamente previstos em lei, como disciplina o art. 18 do Código de Processo Civil.

Quando a lei não indica o legitimado, a legitimação é sempre ordinária; quando a lei indica, a legitimação pode ser ordinária ou extraordinária. A legitimação extraordinária se subdivide em autônoma ou subordinada. A autônoma, por sua vez, pode ser exclusiva ou concorrente; esta última, por seu turno, pode ser concorrente primária ou subsidiária. A legitimação extraordinária autônoma é aquela que permite que o legitimado venha a juízo independentemente de qualquer iniciativa do legitimado ordinário, como exemplo, a ação proposta pelo acionista de sociedade anônima contra os diretores da própria companhia. A legitimação extraordinária subordinada só permite que o legitimado extraordinário venha a juízo pleitear em nome próprio direito alheio se este direito já estiver sendo discutido em juízo. O legitimado extraordinário subordinado não pode propor ação. É o caso do assistente. Como exemplo citamos a hipótese em que o sublocatário ingressa em juízo contra o locador.

8.8 Legitimação extraordinária e substituição processual

Sem embargo de eventual inconstitucionalidade,[101] observe-se que há casos em que o legitimado ordinário não pode propor ação, mas este poder está em nome exclusivo

---

[101] A questão aqui é que o art. 5º, XXXV, da CRFB/88, estabelece que "A lei não excluirá da apreciação do poder judiciário lesão ou ameaça a direito". Assim, vedar o acesso à justiça do titular do direito lesionado porque o legitimado ordinário exclusivo não o fez seria uma violação constitucional. Contudo, parece-nos que a hipótese não chega às raias da inconstitucionalidade, porquanto a previsão constitucional é latente e o direito pátrio adota a teoria das condições da ação. Destarte, faltaria ao lesionado a legitimidade para o exercício regular do direito de ação previsto constitucionalmente. De outra parte, se houver ilicitude ou prejuízo na inércia do legitimado extraordinário exclusivo originário, nada impede que o lesionado, não legitimado, busque o suprimento judicial da legitimidade ou mesmo a reparação decorrente da omissão do legitimado, porque para reparar esta lesão o lesionado será o legitimado ordinário.

do legitimado extraordinário. Isto é, o titular da relação jurídica de direito material controvertida não pode propor a ação, só quem pode é o legitimado extraordinário. Nesta hipótese, está-se diante da legitimação extraordinária autônoma e exclusiva. Ao lado da legitimação extraordinária autônoma exclusiva existe a legitimação extraordinária autônoma concorrente, na qual o legitimado extraordinário pode propor a ação, mas o legitimado ordinário também pode. A circunstância de o extraordinário ser o titular do exercício do direito de ação não impede que o ordinário também possa propô-la. É o caso do exemplo anterior em que embora o acionista, na qualidade de legitimado extraordinário autônomo, possa propor a ação contra os diretores da sociedade anônima, a sociedade, que é o legitimado ordinário, também pode. Será esta a hipótese de legitimação extraordinária autônoma concorrente primária. Ao lado desta, existe a legitimação extraordinária autônoma concorrente subsidiária, na qual a legitimação extraordinária só se dará em ocorrendo o implemento de uma condição. Utilizando o exemplo antes citado, é o caso da ação do acionista em face dos diretores da companhia em que o legitimado extraordinário só poderá intentar a ação se após 30 dias do fato o legitimado ordinário, no caso a sociedade, não o fizer.

Observe-se ainda que em princípio a substituição processual ocorreria em qualquer caso de legitimação extraordinária. Entretanto, num sentido estritamente técnico, a substituição processual só ocorre na legitimação extraordinária autônoma exclusiva. Cabe também observar que a natureza jurídica da legitimação é a de ser uma condição para o legítimo exercício do direito de agir. A falta de legitimação, tanto para a parte autora como para a parte ré, traz como resultado a carência de ação, que é a ausência de uma das condições da ação com a consequente extinção do processo sem julgamento do mérito. Apesar disso, o CPC atual inovou ao dispor no parágrafo único do art. 18 que havendo substituição processual, o substituto poderá intervir como assistente litisconsorcial.

8.9 Distinção entre legitimação e capacidade

Muito comum a confusão que se faz entre legitimação e capacidade, chegando-se mesmo ao absurdo de dizer que a legitimação seria a capacidade *ad processum*, ao passo que a capacidade seria a legitimação *ad causam*. Nada mais equivocado, porquanto capacidade e legitimação são figuras processuais e jurídicas absolutamente diversas e distintas e que de nenhuma forma se misturam ou se comunicam. Basta ver que a legitimação é específica para aquela determinada causa. A parte terá examinada sua legitimação naquela causa e indistintamente em tantas causas quantas for parte. Já a capacidade é genérica, pois quando se tem capacidade para ser parte num processo, se tem capacidade para qualquer processo. A legitimação é transitiva, isto é, se transfere. Já a capacidade é intransitiva, porquanto personalíssima não se transfere. A ilegitimidade, que é o contrário da legitimidade, é insanável. Já a incapacidade, que é o reverso da capacidade, é sanável pela representação ou pela assistência. Finalmente, a natureza jurídica da legitimação é condição da ação e a natureza jurídica da capacidade é pressuposto de validade processual. Em suma: legitimação se opera no plano da ação, é pré-processual, já a capacidade se opera no plano processual propriamente dito.

8.10 Representação, assistência e autorização

Representação, assistência e autorização são figuras processuais que visam ao aperfeiçoamento da capacidade da parte. Nesse mister, todavia, algumas observações são absolutamente necessárias para evitar-se confusão terminológica ou defeito na definição dos institutos processuais. Assim é que o termo *representação* ora aparece na processualística como o ato de representar o absolutamente incapaz, ora como o ato de se exercer a representação legal, ativa ou passiva, de determinada parte no processo. Do mesmo modo, o vocábulo *assistência* ora aparece como modalidade de aperfeiçoamento da capacidade da parte, ora aparece como modalidade de intervenção de terceiros. Em sede de aperfeiçoamento da capacidade, a representação tem lugar quando o absolutamente incapaz for parte e a assistência, quando essa incapacidade for relativa. A diferença prática consiste em que na incapacidade absoluta os atos são praticados apenas pelo representante legal do incapaz, isto é, o representante emite a vontade dele, representante, para valer como a vontade do absolutamente incapaz. Já no caso da assistência existe uma concomitância de emissão de vontades, visto que quem emite a vontade é o relativamente incapaz, porém assistido pelo seu assistente. Na citação, por exemplo, se se tratar de absolutamente incapaz, basta citar seu representante legal. Já na incapacidade relativa, assistido e assistente precisam ser citados. No que se refere à regularidade da procuração, na incapacidade absoluta esta pode ser por instrumento privado, na medida em que é apenas a vontade do representante que está sendo emitida para valer como a vontade do representado. Entretanto, na incapacidade relativa, a procuração precisa ser por instrumento público, porque é o relativamente incapaz que está emitindo sua vontade, ainda que assistido por seu assistente.

Diferentemente da representação e da assistência existe a autorização, também chamada de consentimento. De certo modo, é por igual medida de aperfeiçoamento da capacidade para estar em juízo, mas aí não se está suprindo a incapacidade que opera subjetivamente. No caso da autorização ou do consentimento, a parte, sozinha, detém esta capacidade, porém, para exercê-la naquele exclusivo caso previsto em lei, a parte depende da autorização ou do consentimento de outrem, desde que este outrem, evidentemente, também não seja parte na demanda.

É o que se dá com todas as letras na hipótese disciplinada no art. 73 do Código de Processo Civil, em que se vê que o cônjuge somente necessitará do consentimento do outro para propor ações que versem sobre direitos imobiliários. Consentir ou autorizar não implica aqui assumir a posição de parte, isto é, de litisconsorte ativo, não obstante o resultado prático seja o mesmo, porquanto, com o consentimento ou a autorização, a sentença será eficaz igualmente com relação ao cônjuge que concordou, mesmo não sendo parte.[102] [103]

---

[102] Nesse sentido, é o entendimento de Sérgio Bermudes, para quem a hipótese será a da "representação do cônjuge ausente do processo, mas anuente, pelo seu consorte, ficando representado sujeito aos efeitos da sentença" (nota de Sérgio Bermudes em MIRANDA, Francisco Cavalcanti Pontes de. *Comentários ao Código de Processo Civil*. Rio de Janeiro: Forense, 1955. v. I. p. 268; 378; 390; 436).

[103] Mas o autorizante não se torna parte e não responde pelas eventuais sanções processuais impostas ao autorizado nem pela sucumbência. Porém, a autorização não pode ser negada por mera emulação. Se não houver justificativa plausível, o interessado poderá requerer seu suprimento judicial.

8.11 Responsabilidade das partes e de seus procuradores

Não ficou incólume ao legislador processual o comportamento das partes e de seus procuradores no processo. Assim é que o Código reserva todo um capítulo para cuidar do tema dos deveres das partes e de seus procuradores. Com extremo rigor, o Código impõe como dever à parte: a) expor os fatos conforme a verdade; b) não formular pretensão ou formular defesa ciente de que são destituídas de fundamento; c) não produzir provas e não praticar atos inúteis ou desnecessários à declaração ou à defesa do direito; d) cumprir com exatidão as decisões jurisdicionais e não criar embaraços a sua efetivação; e) declinar no primeiro momento em que falar nos autos o endereço residencial ou profissional onde receberá intimações, mantendo a informação atualizada; e f) não praticar inovação ilegal no estado de fato de bem ou de direito litigioso. Devem ainda as partes e seus advogados comparecer aos atos processuais de maneira elegante, sem empregar expressões injuriosas.

8.12 Litigância de má-fé

Agindo a parte, autor, réu ou interveniente, independentemente de ganhar ou perder ação, com má-fé, responderá pelas perdas e danos que nesta qualidade causar a outra parte. Porém, no art. 80 o Código de Processo Civil define considerar-se como litigante de má-fé aquele que: a) deduzir pretensão ou defesa contra expresso texto de lei ou fato incontroverso; b) alterar a verdade dos fatos; c) se utilizar do processo com objetivo ilegal; d) opuser resistência injustificada ao andamento processual; e) litigar de forma temerária; f) gerar incidentes manifestamente infundados; e g) interpuser recurso manifestamente protelatório. A condenação em litigância de má-fé pode ocorrer a requerimento da parte ou de ofício. O litigante de má-fé será condenado a pagar multa superior a 1% e inferior a 10% sobre o valor corrigido da causa e a indenizar a parte contrária dos prejuízos que esta sofreu, acrescidas todas as despesas que esta efetuou, além de arcar com os honorários advocatícios. Em sendo o valor da causa irrisório ou inestimável, a multa poderá ser fixada em até 10 salários mínimos. O §3º do art. 80 do Código de Processo Civil prevê, ainda, a possibilidade da fixação da indenização pelo juízo ou por arbitramento quando de outra forma não for possível.

8.13 Solidariedade entre o advogado e à parte litigante de má-fé

Cabe ainda uma observação quanto à litigância de má-fé, posto que, não obstante o Código de Processo Civil determinar que a responsabilidade cabe ao litigante de má-fé, portanto à parte, o parágrafo único do art. 32 da Lei nº 8.906/94, Estatuto da Advocacia, prevê, somente em caso de lide temerária, a solidariedade do advogado com seu cliente, desde que coligado com este para lesar a parte contrária. Entretanto, a apuração deste conluio que dará azo à solidariedade do advogado só será possível em ação própria. Isto significa que a condenação da parte em litigância de má-fé dá-se no mesmo processo, já se a hipótese for também da condenação solidária do advogado, torna-se necessário que outro processo com este objetivo específico seja instaurado.

DA PLURALIDADE DE PARTES.
DO LITISCONSÓRCIO

9.1 Pluralidade de partes. Litisconsórcio

Embora o processo prescinda sempre de duas partes antagônicas, nada impede que nos dois polos da relação jurídica processual existam várias pessoas, pessoas físicas, pessoas jurídicas ou pessoas formais capazes de ser parte no processo. Quando tanto no polo ativo quanto no polo passivo, embora ostentando uma mesma posição de antagonismo no processo, há mais de uma pessoa, dá-se o fenômeno processual do litisconsórcio. A origem etimológica do termo dá a ideia central do fenômeno, pois que litisconsórcio vem de *litis* + *cum* + *sors*, ou seja, com a mesma sorte na lide. A rigor, esta mesma sorte na lide só ocorre no litisconsórcio necessário unitário, mas não nas demais modalidades quando vários provimentos jurisdicionais são possíveis.[104]

Todo litisconsórcio vai implicar uma aglutinação, uma pluralidade de sujeitos, no polo ativo ou no polo passivo ou nos dois polos do processo. O instituto se justifica, de acordo com as suas diversas modalidades, ora pelo princípio da economia processual, ora pelo princípio da harmonia dos julgados.[105] Esses dois fundamentos, entretanto, dependendo da espécie do litisconsórcio, não se distribuem com a mesma intensidade. No plano da economia processual justifica-se o litisconsórcio do tipo facultativo; já no plano da harmonia dos julgados justifica-se o litisconsórcio unitário. As modalidades ou espécies de litisconsórcio são: a) ativo; b) passivo; c) unitário; d) necessário; e e) facultativo.

No estudo do litisconsórcio é preciso não confundir processo com unidade formal do procedimento. Se a hipótese litisconsorcial for a de um só provimento para todos os litisconsortes teremos um só processo, porém, se a hipótese possibilitar mais de um provimento jurisprudencial diverso para cada um litisconsorte, teremos vários processos, ainda assim, numa unidade formal procedimental apenas.

---

[104] REDENT, Enrico. *Il giudizio civile com pluralità di parti*. Milão; Giuffré, 1960. p. 15.
[105] CHIOVENDA, Giuseppe. *Principii di diritto processuale civile*. Nápoles: Jovene, 1928. p. 175.

Em tema de litisconsórcio no direito processual brasileiro, pode-se tentar resumir suas possibilidades nas seguintes ideias: a) o art. 113 do Código de Processo Civil estabelece as hipóteses em que pode haver litisconsórcio, o que significa que, fora daquelas situações jurídicas previstas no citado artigo, não se concebe o fenômeno processual do litisconsórcio. Assim, o que o art. 113 do Código de Processo Civil está dizendo é que naqueles casos duas ou mais pessoas podem litigar aglutinando-se num mesmo polo da relação jurídica processual. Já o art. 114 do mesmo estatuto, ao estabelecer o litisconsórcio necessário, está na verdade dizendo que, nas condições ali previstas, as partes só podem litigar em litisconsórcio, isto é, não podem litigar sozinhas. No mesmo sentido, quando além desta obrigatoriedade a sentença tiver que ser a mesma para todos, caso do litisconsórcio unitário, evidentemente que também todos terão que integrar a relação jurídica processual.

Aliás, o litisconsórcio facultativo se define por exclusão: ele se revela na coexistência de pessoas num dos lados da relação processual, ou em ambos, não exigida pela lei. Sabe-se que o litisconsórcio é admitido nos casos de todos os incisos do art. 113 do Código de Processo Civil, e não há dificuldade para se compreender que, não ocorrendo qualquer das razões de sua necessariedade, facultativo ele será.[106]

9.2 Litisconsórcio ativo e litisconsórcio passivo

Qualquer que seja a espécie do litisconsórcio quanto à sua repercussão na atividade processual, ele se localizará no polo ativo ou no polo passivo da relação jurídica processual. Essa classificação não leva em conta nem a questão da economia processual e muito menos a questão da harmonia entre os julgados, mas tão somente a topografia do litisconsórcio na bipolaridade processual. Assim, evidentemente, qualquer que seja sua natureza, será ativo o litisconsórcio de autores e será passivo o litisconsórcio de réus, independentemente de sua necessariedade, unitariedade ou facultatividade.

9.3 Litisconsórcio facultativo

Segundo os arts. 113 e seguintes do Código de Processo Civil, duas ou mais pessoas podem litigar no mesmo processo em conjunto, ativa ou passivamente, quando: a) houver comunhão de direitos ou obrigações relativamente à lide; b) entre as causas houver conexão pelo objeto ou pela causa de pedir; e c) ocorrer afinidade de questões por ponto comum de fato ou de direito. A rigor, estes dispositivos estariam, e de fato estão, tratando apenas do litisconsórcio facultativo. A esta conclusão se chega tanto pelo disposto no *caput* do art. 113, em que a ideia da facultatividade é absoluta em vista da locução *podem litigar*, como também pelo disposto em seu parágrafo único, em que se permite ao juiz limitar o litisconsórcio facultativo quanto ao número de litigantes.

Na verdade, o art. 113 do Código de Processo Civil disse mais e menos do que precisava dizer. É fato e é correto que as hipóteses previstas nele são exatamente aquelas que em nosso direito permitem o litisconsórcio facultativo. Todavia, em qualquer delas,

---

[106] DINAMARCO, Cândido Rangel. *Litisconsórcio*. São Paulo: Revista dos Tribunais, 1986. Observação: o autor se reporta ao art. 46 do Código de Processo Civil de 1973, art. 113 do CPC atual.

poderá também surgir o litisconsórcio necessário ou o litisconsórcio unitário, desde que presentes no caso as peculiaridades do art. 114. No mesmo sentido é a regra do art. 117, pois que os litisconsortes serão considerados em suas relações com a parte adversa como litigantes distintos, exceto no litisconsórcio unitário, de modo que os atos e as omissões de um não prejudiquem, mas poderão beneficiar, os demais.

Em outras palavras, esta é a inteligência do art. 117 do Código de Processo Civil: exceto no litisconsórcio unitário, cada litisconsorte nas suas relações com a parte adversa será considerado um litigante distinto e os atos e as omissões de um não prejudicam nem beneficiam os outros. Já o mesmo não ocorre no litisconsórcio unitário.

9.4 Limitação do litisconsórcio facultativo

O Código de Processo Civil, ainda, estabelece, no caso do litisconsórcio facultativo, o dever de o juiz limitá-lo quanto ao seu tamanho, isto é, pelo número de litisconsortes, sempre que verificar que estará comprometida a rápida solução do litígio ou se estará impondo um grau de dificuldade não razoável para a produção da defesa. É o que se convencionou chamar de litisconsórcio multitudinário. O importante aqui é que esta regra de limitação evidentemente não pode ser aplicada ao litisconsórcio necessário, nem ao litisconsórcio necessário e unitário. Além disto, deve ficar claro que o parâmetro para esta limitação não é a maior ou menor disponibilidade do órgão jurisdicional, mas sim a dificuldade da defesa a ponto de não permitir a observância ao princípio da paridade das partes.

9.5 Litisconsórcio necessário

O litisconsórcio necessário nada mais é do que aquele mesmo litisconsórcio facultativo que surge numa das previsões do art. 113, porém acrescido pela imposição legal ou pela natureza da relação jurídica da imprescindibilidade, portanto da obrigatoriedade, da participação de todos os litisconsortes naquela relação jurídica processual. É, portanto, um litisconsórcio facultativo, que deixa de ser facultativo, porque a lei ou a natureza da relação jurídica determina que todos os envolvidos componham a relação jurídica processual, mas a sentença, não obstante eficaz para todos, não gerará os mesmos efeitos para todos os litisconsortes.

O Código de Processo Civil define no art. 115 as consequências da inobservância na instauração tanto do litisconsórcio unitário quanto do litisconsórcio necessário. Inobservada sua instauração, a sentença será nula se a decisão deveria ser uniforme em relação a todos que deveriam ter integrado o processo e ineficaz nos outros casos somente para os que não tenham sido citados. A melhor leitura que se pode fazer do dispositivo legal em questão parece-nos a de que a sentença será nula na hipótese da não instauração do litisconsórcio necessário e unitário e ineficaz em relação aos não citados na hipótese do litisconsórcio apenas necessário, ou como preferem alguns, necessário não unitário.

9.6 Litisconsórcio necessário unitário

No art. 116 do CPC está embutida a previsão do litisconsórcio necessário e unitário.

O litisconsórcio necessário e unitário, por sua vez, é aquele mesmo litisconsórcio que poderia ter nascido simples ou facultativo, com gênese numa das previsões estabelecidas nos incisos do art. 113, mas que pela natureza da relação jurídica ou por imposição legal adquiriu não só a característica da necessariedade, tornando-se um litisconsórcio necessário, mas também a característica da unitariedade, isto é, os efeitos da sentença são os mesmos para todos os litisconsortes.

CAPÍTULO 10

DAS PARTES ESPECIAIS E DAS PARTES SECUNDÁRIAS DO PROCESSO

10.1 Ministério Público

A melhor definição do papel do Ministério Público é, certamente, a de Calamandrei. Para este autor, o Ministério Público é, ao mesmo tempo, tão parcial como o advogado e tão imparcial como o juiz, a chamada parte imparcial.[107] Para Roberto Lyra, "os gregos e os romanos não conheceram, propriamente, a instituição do Ministério Público".[108] Os egípcios conheceram a figura do *magiaí* do faraó, os espartanos, os éforos e os romanos, os *advocati fisci* e os *defensores civitatis*. Mas nenhum deles pode ser considerado antecedente, ainda que remoto, do Ministério Público tal como o concebemos hodiernamente.

10.2 Origem do Ministério Público

A origem próxima do Ministério Público atual está nas figuras do *advocat et procureur du roi* do século XIV. Os primeiros denunciavam quem violasse a lei e eram também os responsáveis pela execução das sentenças penais. Os segundos eram escolhidos entre os advogados comuns e tinham atribuições exclusivamente civis para administrar a defesa dos interesses da coroa francesa. A união dessas duas figuras numa única instituição ocorreu em 1302, por uma ordenança de Felipe IV, o Belo. Deve-se observar que, anteriormente, Luiz IX havia institucionalizado os tribunais e organizado os serviços judiciários. Entretanto, é somente após a Revolução Francesa, com a chamada codificação de Napoleão, que o Ministério Público passa a ter os contornos da instituição que hoje conhecemos.[109]

---

[107] CALAMANDREI, Piero. *Eles, os juízes vistos por um advogado*. Tradução de Eduardo Brandão. São Paulo: Martins Fontes, 2000. p. 58.
[108] LYRA, Roberto. *Theoria e prática da Promotoria Pública*. Rio de Janeiro: Jacintho Editora, 1937. p. 9.
[109] Mazzilli ensina: "a origem das expressões Parquet e Ministério Público é decorrente do exercício funcional pelos primeiros procuradores do rei que em correspondências trocadas entre si denominavam sua função como o ofício ou Ministério Público visando a distingui-lo do ofício privado dos advogados" (MAZZILLI, Hugo Nigro. *Regime jurídico do Ministério Público*. 5. ed. São Paulo: Saraiva, 2001. p. 42).

A expressão *Parquet* utilizada atualmente como sinônimo da instituição tem origem no estrado existente nas salas de audiência, em que procuradores do rei podiam sentar-se lado a lado com o magistrado.[110]

10.3 Princípios do Ministério Público

Como as demais instituições congêneres, o Ministério Público também se rege por princípios. Os mais importantes são os princípios da unidade e da independência funcional. O primeiro significa que o Ministério Público enquanto instituição é indivisível, isto é, todos os seus membros fazem parte de uma só entidade e podem ser substituídos uns pelos outros sem que isso promova uma alteração na relação jurídica processual. Simplificando: qualquer que seja o membro ou o órgão de atuação do Ministério Público, a parte, formal ou informal, será sempre a instituição Ministério Público. O segundo princípio que traduz a independência na atuação do Ministério Público significa que: a) seus membros agem segundo suas convicções jurídicas; e b) compete ao próprio Ministério Público a proposição de leis para criação e extinção de seus cargos e serviços auxiliares.

10.4 Ministério Público e a Constituição

No Brasil, nos dias atuais, o Ministério Público tem previsão e assento constitucional no art. 127 da Constituição Federal. Entre nós, é função essencial à justiça, por excelência, a quem incumbe a defesa da ordem jurídica, do regime democrático e dos interesses sociais e individuais indisponíveis. A previsão constitucional dá à instituição a qualidade de permanente, o que significa inalterável e efetivo; em outras palavras, o que não se pode subtrair, substituir ou extinguir. Enfim, o que não pode perecer ou deixar de existir.

10.5 Ministério Público e o processo civil

Aqui nos interessa mais de perto a atuação do Ministério Público no processo civil. Esta atuação dá-se de duas maneiras, ora como parte formal, parte processual propriamente dita, e ora como *custus legis*, em que o Ministério Público se apresenta no processo como parte informal ou como aquilo que se convencionou chamar de fiscal da lei. Na verdade, esta expressão não é das mais felizes, pois que não se pode admitir um poder acima da lei. Melhor será, neste caso, valer-se da expressão fiscal da aplicação da lei, que também não deixa de ser criticável, visto que cabe ao judiciário a aplicação da lei, e o Ministério Público, por mais importante que possa ser no regime democrático, certamente não terá entre suas atribuições a de fiscalizar o judiciário.

O Código de Processo Civil reservou um título para regulamentar a atuação do Ministério Público. O art. 177 cuida do Ministério Público como parte e o art. 178 como *custus legis*. Nos termos do art. 178 do Código de Processo Civil, o Ministério Público

---

[110] TORNAGHI, Hélio. *Comentários ao Código de Processo Civil.* São Paulo: Revista dos Tribunais, 1976. v. I. p. 277-278.

intervém no processo como *custus legis*, nas ações que envolvam: a) interesse público ou social; b) interesse de incapaz; c) litígios coletivos pela posse de terra rural ou urbana. Entretanto, a participação da Fazenda Pública não configura, por si só, hipótese de intervenção do Ministério Público. Quanto às causas em que haja interesses de incapazes, o Código não as enumera. Obviamente, serão todas as causas em que algum interesse, patrimonial ou não, de incapaz puder sofrer os efeitos da sentença. Ainda neste tópico, cabe lembrar que o art. 967, III, do Código de Processo Civil legitima o Ministério Público para a propositura de ação rescisória quando: a) não foi ouvido em processo cuja intervenção era obrigatória; e b) houve colusão das partes, a fim de fraudar a lei. Os demais dispositivos do título são autoexplicativos. Quanto à nulidade do processo quando o Ministério Público não for intimado para acompanhar o feito em que deva intervir, dispõe o art. 279 do Código de Processo Civil, em seu §1º, que os atos praticados a partir do momento em que o Ministério deveria ter sido intimado serão inválidos. Já o §2º do mesmo dispositivo determina que esta nulidade só poderá ser decretada após o Ministério Público se manifestar sobre a existência ou inexistência de prejuízo. Com isso, desfez-se a vetusta discussão sobre a nulidade do processo mesmo quando não houvesse prejuízo para o interesse da parte que justificou a intervenção do Ministério Público.

10.6 Advogado

Tão ou mais importante que o Ministério Público no processo, evidentemente, é a figura do advogado. Não obstante sua incontestável necessidade para a perfeita atuação do processo como instrumento da jurisdição, somente com a atual Constituição de 1988 a advocacia e consequentemente os advogados obtiveram sede constitucional. Deste modo é que o art. 133 da Constituição Federal estabelece que: "o advogado é indispensável à administração da justiça, sendo inviolável por seus atos e manifestações no exercício da profissão, nos limites da lei". Com efeito, é a própria Constituição Federal que eleva a advocacia à categoria de função essencial à justiça.

Particularmente, preferimos dizer que a definição das funções da advocacia, bem como as outras funções elencadas no Capítulo IV – Das Funções Essenciais à Justiça, Título IV, da Constituição Federal, não é a mais adequada. Para tanto, basta que se verifique que na verdade o que a Constituição institui é a função jurisdicional. Desta forma, todas as funções constantes do referido capítulo mais se adequam à classificação de funções essenciais à jurisdição e não à justiça. Até porque justiça é um conceito ético, moral e filosófico, por isso mesmo relativo. O que a Constituição faz é, como não poderia deixar de ser, regular e regulamentar o exercício da jurisdição enquanto uma das expressões do poder constituído do Estado, e é neste contexto que se inclui a classificação das chamadas funções essenciais à justiça.

10.7 Advocacia e parcialidade institucional

Diferentemente do Ministério Público, de quem se espera a imparcialidade total, mesmo quando atuar como parte formal no processo, ao advogado se permite a parcialidade institucional, visto que o advogado postula no processo em representação e em defesa dos interesses da parte que o constitui. Quanto à caracterização da atividade do advogado no processo, reveste-se tal mister de um inegável sentido público, até pela sua imprescindibilidade, tal como posta na Constituição Federal, sem, contudo, deixar de ser um ministério eminentemente privado.

10.8 Mandato

Para que o advogado represente a parte no processo civil, deverá estar munido dos poderes para tanto, o que se dá mediante a outorga do mandato judicial, cuja procuração é o instrumento. A cláusula *ad juditia* confere ao advogado poderes para a prática dos atos processuais em geral, em qualquer juízo com exceção dos poderes para receber citação, confessar, reconhecer a procedência do pedido, transigir, desistir, renunciar ao direito sobre o que se funda a ação, dar quitação, firmar compromisso e assinar declaração de hipossuficiência econômica. Outorgada a procuração, deverá o advogado cumprir seu ministério dentro dos princípios éticos e morais exigidos de todos que prestam serviço, especialmente aqueles previstos na legislação específica, no caso a Lei nº 8.906, de 4.7.1994, também conhecida como o Estatuto da Advocacia. De acordo com o art. 112 do Código de Processo Civil, quando o advogado constituído renunciar à procuração que lhe outorgou a parte, ainda assim, ficará responsável pelo patrocínio da causa pelos dez dias subsequentes à necessária intimação que desta renúncia terá que fazer ao seu cliente, exceto se for substituído por outro advogado antes do prazo.

A exigência da representação processual por advogado encontra-se no art. 103 do Código de Processo Civil e decorre da própria garantia constitucional de que a todos deve-se disponibilizar a função jurisdicional do Estado, assegurando-se-lhes o contraditório e a ampla defesa. Se a parte, ao mesmo tempo, reunir a competente habilitação profissional, a figura do representante e do representado confundem-se na mesma pessoa.

10.9 Honorários sucumbenciais

O Código de Processo Civil prevê que a atuação do advogado no processo dê ensejo à condenação de honorários advocatícios que nesta hipótese são denominados honorários sucumbenciais, na medida em que serão devidos pela parte sucumbente, isto é, pela parte que não lograr êxito em sua empreitada processual, seja autor, seja réu. É o que se vê do tratamento dado pelo estatuto processual no art. 85. Muito se discutiu no passado se os honorários sucumbenciais pertenceriam à parte ou ao advogado, isto porque o Código de Processo Civil de 1973 mencionava que a parte indenizaria a outra nas custas processuais e nos honorários advocatícios. O Estatuto da Advocacia, tanto na lei revogada como na atual, preserva para o advogado a legitimidade para em nome próprio promover a execução da parte da sentença que condene em honorários. O art. 85 do atual Código de Processo Civil encerrou de vez a divergência até então existente na medida em que dispôs claramente que a sentença condenará o vencido a pagar honorários ao advogado do vencedor e não mais indenizar a parte vencida por tal despesa. Com isto, na atual disciplina processual, é fora de dúvida que os honorários são devidos ao advogado da parte vencedora.

Com relação a honorários advocatícios, deve-se deixar bem claro que o processo civil cuida apenas daqueles estabelecidos na sentença e não dos honorários advocatícios contratualmente avençados entre o advogado e seu constituinte mediante contrato próprio de prestação de serviços advocatícios e respectivos honorários. Com relação especificamente aos honorários sucumbenciais decididos na sentença, como se disse acima, hoje se encontra pacificada a divergência e não mais se discute que a verba honorária, de regra, pertence ao advogado, exceto se pela via contratual decidiu-se de outra maneira.

Diferentemente de outros sistemas, como exemplo, o norte-americano, em que inexiste a sucumbência processual, o Código brasileiro adotou a lição de Chiovenda para quem a condenação nos honorários e nas despesas processuais decorre do fato objetivo da derrota e se justifica porque a atuação da lei não pode representar uma diminuição patrimonial em favor de quem se presta.[111]

O critério da sucumbência, entretanto, revela-se insuficiente para justa repartição dos custos do processo, especialmente na jurisdição voluntária e naqueles processos em que não há julgamento de mérito. Daí a referência ao princípio da causalidade, segundo o qual quem deu causa à demanda deve responder pelas despesas decorrentes. Tal princípio está contido na ideia de sucumbência, porém, nela não se esgota. Na verdade, a sucumbência é um indício que aponta para a parte que deu causa ao processo.

O Código de Processo Civil de 1939 adotou a sucumbência, mas somente em relação às despesas do processo, excluindo do tratamento legal a condenação nos honorários advocatícios, cuja imposição ficou limitada somente às hipóteses de atuação temerária da parte (art. 63), ou quando a parte ré tivesse provocado o ajuizamento da ação por dolo ou culpa, contratual ou extracontratual (art. 64).

A Lei nº 4.215 de 1963 que dispôs sobre a Ordem dos Advogados do Brasil, nos arts. 96, 97 e 99 reconheceu aos advogados o direito aos honorários. Posteriormente, a Lei nº 4.632/65 alterou o art. 64 do Código de Processo Civil de 1939, incluindo os honorários advocatícios nas verbas da sucumbência.

O Código de Processo Civil de 1973 manteve a ideia da sucumbência quando impôs à parte vencida o dever de indenizar a parte contrária na verba honorária. Isso fez com o que a doutrina e a jurisprudência se dividissem quanto ao entendimento da titularidade do advogado quanto à verba honorária sucumbencial, entendendo uns que o Código de Processo Civil de 1973 revogara o disposto na Lei nº 4.215/63 (art. 20 do CPC de 1973).

Mais tarde, a Lei nº 8.906/94 voltou a atribuir a titularidade da verba honorária ao advogado, conforme arts. 23 e 24, §3º, cominando, inclusive, à pena de nulidade a qualquer disposição, cláusula, regulamento, ou qualquer convenção individual ou coletiva que retire do advogado o direito ao recebimento.

O Código atual estabelece que os honorários serão fixados entre o mínimo de 10% e o máximo de 20% sobre o valor da condenação ou, se não se tratar de ação condenatória em pecúnia, do proveito econômico obtido pela parte vencedora ou, ainda, não sendo possível mensurá-lo, sobre o valor atualizado da causa. Entretanto, para fixação do percentual entre o mínimo e o máximo, expressos na norma, deverá o juiz levar em consideração: a) o grau de zelo do profissional; b) o lugar da prestação do serviço; c) a natureza e importância da causa; d) o trabalho realizado pelo advogado e o tempo

---

[111] CHIOVENDA, Giuseppe. *Instituições de processo civil*. 1. ed. São Paulo: Saraiva, 1942. v. III. p. 285.

exigido pelo seu serviço. O Código de Processo Civil atual também estabelece uma série de regras minudentes em relação à fixação de honorários advocatícios provenientes da sucumbência prevista no §3º ao §19 do art. 85.

10.10 Procuraturas

Por *procuraturas* deve-se entender as carreiras jurídicas públicas com sede constitucional.[112] [113] Os princípios que informam as *procuraturas* são: essencialidade, institucionalidade, igualdade, unidade, organicidade unipessoal, independência funcional, inviolabilidade, autonomia administrativa e autonomia financeira.

A essencialidade decorre do próprio preceito constitucional que as caracteriza como funções essenciais à justiça, o que significa não poder deixar de existir do modo como previsto na Constituição. A institucionalidade também decorre da previsão constitucional. A igualdade é consequência da inexistência de hierarquia de interesses patrocinados em juízo por cada uma das *procuraturas*. A unidade é fruto da imposição constitucional de que exista uma e apenas uma instituição responsável por cada função essencial à justiça. A organicidade unipessoal decorre da circunstância de que cada agente das *procuraturas* enfeixa em si mesmo um órgão individual. A independência funcional se prende à circunstância de essas *procuraturas* não se sujeitarem a qualquer outro poder no que diga respeito ao exercício de suas funções. A inviolabilidade é uma consequência natural da independência funcional. Finalmente, a autonomia administrativa consiste na dotação às *procuraturas* dos meios administrativos próprios e necessários à sua gestão.

10.11 Advocacia-Geral da União

A Advocacia-Geral da União é uma criação da atual Constituição de 1988. Até então, tanto a função de Ministério Público Federal, com ofício perante a justiça federal comum em primeira e segunda instâncias e perante o Supremo Tribunal Federal, quanto à representação judicial da União Federal eram atribuições do Ministério Público Federal, também denominado Procuradoria-Geral da República. Nesse passo, houve-se bem o constituinte quando cindiu essas tarefas preservando o Ministério Público para Procuradoria-Geral da República e criando a Advocacia-Geral da União para a representação judicial da União Federal.

São de competência da Advocacia-Geral da União, portanto, a defesa em juízo e também a advocacia consultiva da União Federal. Na verdade, a solução adotada pelo legislador constituinte de 1988 foi a de repetir em nível federal a experiência há

---

[112] Nesse sentido é a lição de Diogo de Figueiredo Moreira Neto: "As carreiras jurídicas públicas, que exercitam as funções essenciais da justiça, preferi denominar de Procuraturas Constitucionais, para distingui-las das 'Procuradorias' em geral que não têm radical constitucional (dos municípios, territórios, autarquias, fundações etc.)" (MOREIRA NETO, Diogo de Figueiredo. A Defensoria Pública na construção do estado de justiça. *Revista da Procuradoria Geral do Estado do Rio de Janeiro*, Rio de Janeiro, n. 46, 1993. p. 52).

[113] Quanto às Procuradorias Gerais dos Municípios, já não se admite na doutrina e na jurisprudência que não estejam também abrangidas pelo art. 132 da CRFB/88. É que se a forma do Estado brasileiro é federativa em três níveis, incluindo os municípios (art. 1º da CRFB/88), e se se incluem entre as funções essenciais à jurisdição os procuradores dos estados porque os estados-membros compõem a federação, é óbvio que pelo mesmo motivo incluem-se também os procuradores dos municípios.

muito existente e consolidada na maioria dos estados-membros, onde as procuradorias-gerais dos estados fazem as vezes da representação judicial e da consultoria e o Ministério Público estadual atua apenas na defesa dos interesses coletivos e individuais indisponíveis, além das suas atribuições institucionais na esfera do direito penal.

10.12 Procuradoria da Fazenda Nacional

Situação peculiar é a desfrutada pela chamada Procuradoria da Fazenda Pública Nacional. Não obstante as atribuições da Advocacia-Geral da União e mesmo antes da Constituição de 1988, as questões tipicamente tributárias de nível federal ficavam a cargo da Procuradoria da Fazenda Nacional. Esta procuradoria é na realidade um órgão afeito ao Ministério da Fazenda e, a despeito da sua evidente autonomia funcional, não chega a se constituir numa *procuratura*. Na prática, sua permanência na organização dos serviços jurídicos da União Federal significa que aquilo que antes da Constituição de 1988 era atribuição deste órgão continuou sendo após a promulgação da Carta Maior. Resumindo: Advocacia-Geral da União representa judicialmente e dá consultoria jurídica à União Federal em todos os casos, exceto aqueles cuja atribuição é da Procuradoria da Fazenda Nacional, que ocorrem nas hipóteses das questões fiscais e tributárias.

10.13 Defensoria Pública

Outra novidade trazida pela novel Constituição foi a elevação ao grau constitucional da Defensoria Pública, prevendo-se defensorias públicas estaduais e uma Defensoria Pública Federal. A missão da Defensoria Pública é das mais nobres, mas nem por isso das mais tranquilas na repartição das competências constitucionais quando se cuida das funções essenciais à jurisdição. Num Estado democrático de direito não é possível garantir-se igualdade de todos perante a lei, se todos não desfrutarem das mesmas possibilidades de acesso ao poder judiciário, porquanto a este cabe garantir e aplicar a lei.

A Defensoria Pública, além de elevar-se como a mais bela das funções essenciais à justiça, por ser a que mais plenamente realiza o ideal histórico da advocacia aliado ao sentido contemporâneo da cidadania, é também, se assim se pode dizer, mais essencial que qualquer das demais carreiras coirmãs das constituições.[114] O art. 134 da Constituição Federal de 1988 estabelece que a Defensoria Pública é instituição essencial à função jurisdicional do Estado, incumbindo-lhe a orientação jurídica e a defesa em todos os graus dos necessitados, na forma do art. 5º, LXXIV.

10.14 Procuradorias-gerais dos estados

As procuradorias-gerais dos estados também têm assento constitucional. Assim como a Advocacia-Geral da União, são atribuições das procuradorias-gerais dos estados

---

[114] MOREIRA NETO, Diogo de Figueiredo. A Defensoria Pública na construção do estado de justiça. *Revista da Procuradoria Geral do Estado do Rio de Janeiro*, Rio de Janeiro, n. 46, 1993. p. 60.

a assessoria jurídica e consultoria jurídica e a representação judicial dos estados-membros e do Distrito Federal. Em algumas unidades federativas, aos procuradores do estado também se atribui o dever-poder de oficiar no controle interno da legalidade da atividade administrativa. Na maioria das unidades federativas, os procuradores do estado enfeixam numa só carreira a atribuição da representação judicial do estado-membro, diferentemente da situação da Advocacia-Geral da União em nível federal por conta da atribuição semelhante que é cometida à Procuradoria da Fazenda Nacional.

10.15 Procuradorias-gerais dos municípios

Como se sabe, a federação brasileira é *sui generis* por ser talvez a única federação no mundo composta de três níveis federativos, visto que, no Brasil, os municípios também integram a federação nos termos do art. 1º da Constituição Federal. O município é também pessoa jurídica de direito público interno, esfera política federativa e instância de poder administrativo e, como tal, pode e deve instituir sua procuradoria geral. Destarte, competirão aos procuradores municipais com relação aos municípios as mesmas atribuições cometidas aos procuradores do estado com relação aos estados-membros.

10.16 Serviços auxiliares da justiça

A seguir vêm os chamados serviços auxiliares da justiça, que são aqueles serviços de apoio indispensáveis à prestação da tutela jurisdicional, sem os quais os órgãos jurisdicionais não terão condições de exercer seu ofício. Esses serviços auxiliares da justiça são executados por pessoas, portanto por servidores públicos que, nesta condição e nesta função, podem ser chamados de órgãos auxiliares da justiça. São tarefas de cooperação no processo com o órgão jurisdicional. Dividem-se em servidores auxiliares permanentes da justiça e servidores auxiliares eventuais da justiça.[115]

10.17 Servidores auxiliares permanentes

Na primeira clave têm-se aqueles servidores típicos, aqueles que integram o quadro de funcionalismo público. Entre esses se destacam o escrivão ou chefe de secretaria, o escrevente ou o técnico judicial e o oficial de justiça. O escrivão é o chefe funcional e administrativo dos escreventes. Em algumas justiças pode também ser chamado de chefe de secretaria, na justiça do trabalho, diretor de secretaria, na justiça federal comum, ou chefe da serventia, na justiça estadual. Ao escrivão e em certa medida por extensão aos escreventes, mas sempre sob a responsabilidade do primeiro, cabem a documentação, a movimentação e a certificação dos atos processuais. Cabe-lhes também, por conta do art. 203, §4º do Código de Processo Civil, a realização dos atos processuais meramente ordinatórios, tais como a juntada e a vista obrigatória. Ao oficial de justiça cabem as diligências processuais praticadas fora do juízo, como de ordinário são os atos de comunicação processual e os atos de constrição judicial. O oficial de justiça também

---

[115] CINTRA, Antônio Carlos Araújo; GRINOVER, Ada Pellegrini; DINAMARCO, Cândido Rangel. *Teoria geral do processo*. 24. ed. São Paulo: Malheiros, 2008. p. 222; 225.

pode ser oficial de justiça e avaliador. Mas as funções são diversas, porque oficial de justiça é função permanente, presente em todo e qualquer processo, e avaliação é função eventual que pode ou não acontecer neste ou naquele processo. Temos ainda o contador, encarregado dos cálculos em geral; o partidor, encarregado de propor as partilhas judiciais nos inventários; e o depositário judicial, encarregado da guarda e conservação de bens determinadas pelo juízo.

10.18 Servidores auxiliares eventuais

Os serviços auxiliares eventuais da justiça, também conhecidos como serviços de encargos judiciais, diferem dos permanentes porquanto aqueles são desempenhados por servidores públicos detentores de cargo público e esses por pessoas que não ocupam qualquer cargo na estrutura administrativa do poder judiciário. Exercem funções públicas não atreladas a cargos públicos e sua atuação processual ocorre apenas quando o processo assim reclama e não de ordinário em toda e qualquer atividade jurisdicional. Nesta situação vai se dar maior destaque para o perito e para o intérprete. Perito é o *expert*, é o louvado, aquele que o juiz indica para produção da prova pericial, também denominada prova técnica, como exames, vistorias, avaliações e apuração de haveres. O intérprete é aquele que irá traduzir prova documental da língua estrangeira para o vernáculo. Neste particular, também se considera intérprete aquele que traduz para o juízo o depoimento de parte ou de testemunha surda-muda.

10.19 Conciliador e mediador judicial

O Código de Processo Civil atual trouxe para dentro do processo civil as figuras do conciliador e do mediador. Estes auxiliares da justiça, evidentemente, atuarão na conciliação e na mediação quando estas tiverem vez na composição e na solução das lides. Sobre a conciliação e a mediação, já nos referimos anteriormente no tópico denominado "Jurisdição, arbitragem e mediação" do Capítulo 3 – "Da função jurisdicional". De toda sorte, cabe aqui reforçar que os arts. 155 a 175 do Código de Processo Civil em evidente atecnia legislativa em nosso entendimento procura disciplinar minudentemente a atuação desses auxiliares da justiça no processo civil. Entretanto, neste capítulo, o Código apenas faz referência aos princípios informadores de tais institutos e traça regras de organização administrativa de tais funções, o que nada tem que ver com o processo civil.

CAPÍTULO 11

DA ASSISTÊNCIA E DA INTERVENÇÃO DE TERCEIROS

11.1 Terceiros

Justifica-se a existência do processo com o fim primordial de resolver o conflito de interesses, solucionar a lide e aplicar o direito objetivo ao caso concreto, determinando que interesse deva prevalecer e que interesse deva ser subjugado naquela determinada lide. Atingido seu objetivo, o processo se extingue e, em nome da segurança jurídica, sobre aquela mesma situação não deve mais a jurisdição se pronunciar. No plano subjetivo, os efeitos da decisão só devem atingir as partes do processo e não alcançarão pessoas a ele estranhas. Em outras palavras: a sentença diz respeito às partes e tão somente a elas. Daí o velho brocardo segundo o qual: *res inter alios iudicata alles nec prodest nec nocet*.[116]

Vezes há, entretanto, que os efeitos da sentença, dada a complexidade do caso trazido a juízo, interessam direta ou indiretamente a terceiros, como exemplo, na hipótese de sentença prolatada em ação reivindicatória que terá consequências sobre o alienante da coisa reivindicada, pois, de acordo com a regra do art. 447 do Código Civil, o adquirente evicto tem direito de regresso contra o alienante.

Com o propósito de minimizar os dissabores que possam advir para os terceiros, estranhos ao processo, dos efeitos da sentença, o direito processual admite em determinadas situações a intervenção no processo de pessoas estranhas à relação jurídica processual original, para que se valham daquele processo na defesa de seus interesses. Este fenômeno denomina-se intervenção de terceiros. Estes terceiros são terceiros estranhos à relação processual originária e em andamento que passam a intervir no processo por provocação ou voluntariamente.

Inter – venire significa entrar no meio. Terceiros são, pois, pessoas estranhas à relação jurídica processual já constituída, mas que, sujeitos de uma relação jurídica de direito material que àquela se liga intimamente, intervêm no processo, por provocação ou voluntariamente, com o fito de defender e de resguardar seus interesses próprios.

---

[116] A coisa julgada entre os outros não ajuda nem prejudica.

11.2 Assistência. Interesse jurídico. Assistência simples e assistência qualificada

A assistência pode ser simples ou qualificada. Para ser assistente, o terceiro precisa ter interesse jurídico no resultado da ação, conforme disposto no art. 119 do Código de Processo Civil. Na assistência simples o assistente não é atingido imediatamente pela sentença. Há necessidade de outro processo e consequentemente de outra sentença para que o assistente venha a ser atingido pelos efeitos da primeira sentença. É o exemplo da ação de anulação de escritura em que o notário público não sofrerá as consequências da sentença, mas tem interesse no desfecho da causa porque contra ele poderá ser movida ação de responsabilidade. Na assistência qualificada o assistente é atingido diretamente pela sentença, independentemente de outro processo. É o exemplo da posição do sublocatário na ação de despejo proposta pelo locador ante o locatário.

11.3 Assistência e substituição processual

A assistência tem em comum com a substituição processual a circunstância de que tanto o assistente quanto o substituto processual são detentores de uma legitimação extraordinária. A assistência nasce sempre numa legitimação extraordinária subordinada, ao passo que a substituição processual nasce sempre numa legitimação extraordinária autônoma exclusiva.

11.4 Assistência e litisconsórcio. Diferença de legitimação

Ainda em sede de legitimação, cabe observar a diferença entre assistência e litisconsórcio. A assistência nasce sempre numa legitimação heterogênea e o litisconsórcio, numa legitimação homogênea. Em regra, há litisconsórcio quando os figurantes do processo têm legitimação homogênea, quer seja ordinária, quer seja extraordinária, como exemplo, os vários condôminos que propõem ação de reivindicação da coisa comum. Aí, o caso será de legitimação ordinária homogênea. A única exceção em que há litisconsórcio, mas a legitimação não é homogênea, ocorre quando o legitimado ordinário vem ao processo depois do processo instaurado pelo legitimado extraordinário. Neste caso, tem-se uma legitimação heterogênea, mas não existe a figura do assistente e sim a do litisconsórcio, como exemplo, na ação de responsabilidade civil ajuizada por vários acionistas contra os diretores de sociedade anônima em que a própria sociedade, que é a legitimada ordinária, também ingresse no polo ativo. Nesta hipótese, teremos uma legitimação heterogênea, porque os sócios são legitimados extraordinários e a sociedade é legitimada ordinária, mas a hipótese será de litisconsórcio e não de assistência. Litisconsórcio e assistência também diferem porque litisconsorte é parte principal, ao passo que o assistente é parte acessória.

11.5 Assistência qualificada e assistência litisconsorcial

A questão da legitimação em tema de assistência assume grande relevância, porquanto se costuma definir a assistência qualificada como assistência litisconsorcial.

Essa nomenclatura é das mais infelizes, na medida em que se é assistente, não pode ser litisconsorte e vice-versa. Viu-se que a legitimação na assistência é sempre heterogênea, pois que, assistente e assistido, um deles terá que ser necessariamente o legitimado ordinário e o outro, o legitimado extraordinário. Já no litisconsórcio a legitimação é sempre homogênea, pois que todos os litisconsortes são ou legitimados ordinários ou legitimados extraordinários, mas todos têm que ter o mesmo tipo de legitimação.

Destarte, a única interpretação coerente com o sistema, para o art. 124 do CPC, é a de considerar o assistente qualificado como litisconsorte porque ele sofrerá os efeitos da sentença desde logo, tal qual fosse um litisconsorte necessário unitário. A diferença está em que no caso do assistente qualificado, embora sofra os efeitos da sentença na mesma intensidade do litisconsorte necessário, a pretensão não é contra ele dirigida. A distinção se faz pela pretensão, pois que se a pretensão deduzida pelo assistido ou contra ele pudesse ser deduzida pelo ou contra o assistente, desde que algum novo aspecto se inserisse na causa de pedir ou na ampliação do pedido, este assistente seria um assistente dito litisconsorcial.

Em outras palavras: assistente litisconsorcial é aquele terceiro que poderia ser parte principal, em outra ação conexa àquela que intervém como assistente, pela ampliação da causa de pedir ou do pedido. Por isso mesmo que, ao equipará-lo ao litisconsorte, o Código está dotando este assistente de maior poder no processo. Fundamentalmente, este poder maior se volta contra o próprio assistido, eis que o assistente litisconsorcial poderá afrontar a vontade do assistido, recorrendo, produzindo prova, arguindo incompetência, suspeição ou impedimento do juízo. O poder do assistente litisconsorcial também limita o poder de disposição do assistido, tais como transação, renúncia e desistência, que passam a depender também da vontade do assistente litisconsorcial.[117]

11.6 Assistência e procedimento

A assistência é aplicável no procedimento comum e nos especiais.[118] Não cabe assistência no processo de execução ou na fase processual do cumprimento de sentença, porque em ambos não há sentença de mérito e é certo que o art. 119 do Código de Processo Civil exige que o terceiro que quer ser assistente prove seu interesse jurídico na sentença favorável ao assistido. Assim, se não há sentença, não cabe assistência.

11.7 Momento processual da assistência

Questão a ser enfrentada é definir até que momento processual pode um terceiro ingressar no feito como assistente. O parágrafo único do art. 119 responde que em qualquer momento cabe o ingresso do assistente. A petição de requerimento de assistência é juntada nos mesmos autos e não em autos à parte. O próprio assistido pode impugnar o pedido de terceiro que quer ser assistente. Havendo impugnação de qualquer das partes, o juiz decidirá o incidente sem suspensão do processo.

---

[117] ARRUDA, Alvim. *Código de Processo Civil comentado*. São Paulo: Revista dos Tribunais, 1972. v. III. p. 72.

[118] Mas não cabe no procedimento sumaríssimo previsto para os processos nos juizados especiais, conforme a Lei nº 9.099/90.

Os arts. 121 e 122 do Código de Processo Civil cuidam apenas da assistência simples e não se aplicam à hipótese prevista no art. 124. A hipótese prevista no art. 124, como já se disse, trata de dispensar ao assistente qualificado o tratamento semelhante ao do litisconsorte necessário unitário.

11.8 Assistência e revelia do assistido

Cabe notar que o assistente não pode praticar atos contrários aos interesses do assistido. Na hipótese de revelia do assistido, o assistente será considerado seu substituto processual, conforme disposto no parágrafo único do art. 121 do Código de Processo Civil. Na hipótese de o assistido revel ingressar no processo, ele não poderá impugnar os atos já praticados pelo assistente e este deixará de ser substituto processual e passará a ser apenas assistente.

11.9 Assistência e coisa julgada material

Quanto à coisa julgada, esta só se faz em relação ao pedido. Como o assistente não pode pedir, não há formação de coisa julgada em relação ao assistente. Aqui cabe uma advertência: é que a letra fria do art. 123 do Código de Processo Civil parece dar solução diversa da aqui preconizada. Na verdade, quando o artigo fala que transitada em julgado a sentença, na causa em que interveio o assistente, este não poderá, em processo posterior, discutir a justiça da decisão, não está se referindo à imutabilidade da sentença, mas à eficácia da sentença, que é coisa diversa. A expressão *justiça da decisão* prevista no art. 123 do Código de Processo Civil diz respeito às razões de decidir. Este artigo tem que ser interpretado em consonância com o art. 504 do Código de Processo Civil. A justiça da decisão prevista no art. 123 são os motivos, a verdade dos fatos e a apreciação da questão judicial mencionados no art. 504. Já as alegações ditas no inc. II do art. 123 são alegações de fato e não de direito.

11.10 Chamamento ao processo

A modalidade de intervenção de terceiros que se segue é o chamamento ao processo, previsto nos arts. 130 e seguintes do Código de Processo Civil. Trata-se de modalidade de intervenção de terceiros facultativa, na medida em que o *caput* do art. 130 diz ser admissível o chamamento ao processo. Podem chamar ao processo o réu, que é fiador, e o devedor solidário, da seguinte maneira: a) o réu que é fiador pode chamar ao processo o devedor principal; b) o fiador que é réu pode chamar ao processo os outros fiadores quando a ação tiver sido proposta apenas quanto a ele; c) qualquer devedor solidário pode chamar ao processo os outros devedores solidários quando o credor estiver cobrando de um ou de alguns devedores solidários, total ou parcialmente, a dívida solidariamente contraída.

Não obstante o chamamento ao processo se justificar pelo princípio da economia processual, é a modalidade de intervenção de terceiros mais vulnerável a críticas, visto que: a) desvirtua e descaracteriza a natureza da dívida e da obrigação solidária tal como concebida no direito civil; b) infringe o princípio de que ninguém é obrigado a demandar contra quem não quer dirigir a demanda; c) cria uma dificuldade desnecessária e por vezes desagradável ao credor, na medida em que, por razões até mesmo de cunho pessoal, ou mesmo comercial, pode não lhe interessar litigar contra determinado devedor solidário; e d) pela via do direito processual, enfraquece o direito de crédito.

Cabe esclarecer que não se dá o chamamento ao processo quando o objeto da ação versar sobre obrigações cambiais, uma vez que, por característica própria do direito cambiário, existe autonomia entre as obrigações cambiais. Do mesmo modo, também não cabe chamamento ao processo na execução por título executivo extrajudicial ou no cumprimento da sentença. Por óbvio, o momento para aperfeiçoar o chamamento ao processo é o da resposta do réu.

O chamamento ao processo vai acarretar a citação do chamado e esse chamado ingressará no processo na qualidade de litisconsorte. O prazo para a citação do chamado é de 30 dias, se o ato tiver que se realizar na mesma comarca, ou de 2 meses, se em comarca diversa. Também será de 30 dias se o chamado se encontrar em local incerto e não sabido.

11.11 Chamamento ao processo e litisconsórcio

O chamamento ao processo conduz a um litisconsórcio passivo superveniente *sui generis*. É facultativo em relação ao réu, porque a formação depende exclusivamente de sua vontade, e é obrigatório em relação ao autor e aos chamados, pois não podem recusá-lo, desde que atendidos os pressupostos que autorizam a utilização do instrumento.[119]

O chamado ao processo não poderá arguir a incompetência relativa, pois que, de acordo com o art. 65 do Código de Processo Civil, esta eventual incompetência relativa já foi prorrogada porque o réu que fez o chamamento não a arguiu. Mas poderá arguir a incompetência absoluta que é improrrogável. O prazo para contestação do chamado será o normal e se for o caso caberá aplicação do art. 229 do Código de Processo Civil. Por sua vez, a sentença a ser prolatada em processo em que houve chamamento não apresenta qualquer particularidade, tão somente o órgão jurisdicional terá que delimitar em face de quem e em que medida ela valerá como título executivo.

11.12 Denunciação da lide

A matéria encontra-se prevista e regrada nos arts. 125 a 129 do Código de Processo Civil. A denunciação da lide é modalidade de intervenção de terceiros provocada e pode ser feita por qualquer das partes, autor e réu, ao contrário do chamamento ao processo que só acontece por iniciativa do réu.

11.13 Histórico da denunciação da lide

No direito grego antigo, o vendedor, *ex vi legi*, era obrigado a garantir o comprador contra a evicção. Na hipótese de a coisa ser reivindicada por terceiro, o comprador tinha a possibilidade de chamar à causa o vendedor, que era obrigado a assumir a defesa. Comparecendo e confirmando a venda, o comprador era excluído da causa que

---

[119] FLAKS, Milton. *Denunciação da lide*. 1. ed. Rio de Janeiro: Forense, 1984. p. 72.

prosseguia exclusivamente entre o autor e o vendedor. Se o vendedor sucumbisse, o comprador evicto faria jus à devolução do preço e às perdas e danos.[120]

O direito romano previa duas formas de venda: a *mancipatio* e a *tradicio*. Na *mancipatio*, forma solene de venda, quando o comprador perdia a coisa adquirida pela reivindicação vitoriosa, podia se valer da *actio auctoritatis*, visando receber o dobro do preço e uma pena imposta pela evicção.[121] [122]

Entretanto, vem do direito germânico a ideia de que a noção de propriedade traz implícita a noção da sua defesa.[123] A ação própria para reivindicar a coisa chamava-se *intertiatio* entre os francos, *anefangue* entre os saxões e *team* entre os anglos, porém todas regulamentadas mais ou menos de maneira uniforme. Para intentar qualquer delas era necessário que o proprietário afirmasse a perda involuntária da coisa, jurasse que esta lhe pertencia, bem como que fosse reconhecível sua identidade.[124]

11.14 Cabimento da denunciação da lide

Em tese, a denunciação da lide é admissível em todo e qualquer processo, exceto no processo de execução ou na fase de cumprimento da sentença.

11.15 Obrigatoriedade da denunciação da lide

O denunciante, que deveria denunciar, mas não o faz, não perde o direito material que tenha contra o denunciado, perde apenas o direito de exercer a ação de regresso naquela mesma atividade processual. A regra do art. 125, *caput* não é de todo absoluta, pois que a denunciação da lide só era obrigatória a ponto de fazer perecer o direito material na hipótese do item I do referido artigo, porque na hipótese ali versada trata-se de direito de evicção, e era uma condição para o exercício do direito de evicção a denunciação da lide no processo em que terceiro reivindique a propriedade adquirida, conforme determinava o art. 456 do Código Civil.[125] Também na hipótese prevista no item II do art. 125 do Código de Processo Civil, ainda que não haja denunciação da lide, poderá ser proposta posteriormente a respectiva ação de indenização.

A inserção do §1º do art. 125 do Código de Processo Civil não foi de boa técnica, eis que dispõe que o direito regressivo será exercido por ação autônoma quando a denunciação da lide for indeferida, deixar de ser promovida ou não for permitida. Isso porque, mesmo quando admitida, a denunciação da lide é sempre ação regressiva,

---

[120] MARTINI, Remo. Evizione, diritto greco. In: *Novíssimo Digesto Italiano*. Turim: Unione Tipográfico Editrice Torinese, 1962. v. VI. p. 1.048.
[121] BUONAMICI, F. L'Actio Auctoritatis dell' Antiquo Diritto Romano. *Archivio Giuridico*, Piza, v. 39, 1982. p. 90.
[122] RUIZ, Vicenzo Arangio. *Instituzione di diritto romano*. 2. ed. Pádua: Cedam, 1947. v. I. p. 306.
[123] ASTOLFI, Ricardo. *Reivindicácio Novíssimo Digesto Italiano*. Turim: Unione Tipográfico Editrice Torinese. v. XV. p. 366.
[124] DEL VECCHIO, Alberto. Sulla Revindicazione dei Beni Mobili Neoll' Ântico Diritto Germânico. *Archivio Giuridico*, Piza, 1978. p. 39.
[125] A revogação expressa do art. 456 do CC pelo art. 1.072, II do CPC atual rompeu com a tradição em nosso direito de exigir a denunciação da lide para exercer o direito que da evicção resulta ao adquirente, de modo que não há mais a obrigação dessa denunciação da lide sob pena de perecimento do direito à evicção. Tão somente o adquirente perderá a oportunidade de ter a ação regressiva julgada concomitantemente.

tão somente que processada e julgada concomitantemente com a ação entre denunciante e seu adversário.

Observe-se porém, que, preclusa a faculdade da denunciação da lide e proposta ação autônoma antes da sentença, certamente será conexa à ação entre o denunciante e seu adversário. O §2º do art. 125 do Código de Processo Civil limita a uma única denunciação sucessiva no caso de denunciação da lide em razão da evicção, remetendo as eventuais outras denunciações sucessivas para as chamadas vias ordinárias, isto é, ações autônomas.

O que se extrai da dicção do art. 125, seus incisos e parágrafos do Código de Processo Civil, é o seguinte: a) a denunciação da lide cabe ao alienante imediato quando o sucessor pretender exercer os direitos que da evicção lhe resultam. Não o fazendo, não poderá mais exercê-los nesta ação; b) ainda na hipótese do inc. I o denunciado poderá denunciar da lide apenas o seu imediato antecessor na cadeia dominial ou quem seja responsável pela indenização da evicção; c) ainda na hipótese do inc. I, havendo essa segunda denunciação, o segundo denunciado não poderá denunciar a lide ao antecessor imediato na cadeia dominial, tendo, neste caso, que se valer de ação própria autônoma; d) nos termos do inc. II cabe a denunciação da lide àquele que estiver obrigado, por lei ou pelo contrato, a indenizar, em ação regressiva, o prejuízo de quem for vencido no processo; e e) na hipótese do inc. II, o direito regressivo será exercido por ação autônoma quando não houver denunciação da lide, seja porque foi indeferida, seja porque a parte não a promoveu, seja porque não era hipótese prevista na norma.

11.16 Natureza jurídica da denunciação da lide

A natureza jurídica da denunciação da lide é a noção de garantia, herdada do direito germânico. Calamandrei ensina que o conteúdo essencial da relação de garantia está na obrigação do garantidor em defender o garantido de terceiros. A denunciação feita pelo garantido, já parte no processo, nasce desta obrigação, o que no passado se chamava de ação de defesa. Apenas num segundo momento, na hipótese desta defesa não ter sido prestada ou, se prestada, não ter obtido êxito, é que surgiria a possibilidade da condenação pelos danos consequentes.[126] Coube a Chiovenda explicitar que a *chiamata in garanzia* estabelece que ao mesmo tempo garantido e denunciante chamem o garantidor a defender a coisa garantida e também se habilite para reaver, em ação de regresso paralela, do garantidor a respectiva indenização na hipótese de insucesso desta ação de defesa.[127]

11.17 Denunciação da lide e legitimação

Ambas as partes têm legitimação para denunciar à lide, embora na prática seja o réu que comumente o faça. O momento processual para que haja a denunciação da lide será junto com a inicial se o denunciante for o autor e junto com a contestação se o denunciante for o réu. Discute-se a natureza do ato do juiz que indefere o requerimento de denunciação, porque se a denunciação visa instaurar uma nova relação jurídica processual, o indeferimento da denunciação terá a mesma natureza do indeferimento

---

[126] CALAMANDREI, Piero. *La chiamata in garanzia*. Milão: Società Editrice Libraria, 1913. p. 3.
[127] CHIOVENDA, Giuseppe. *Principie di diritto processuale civile*. 2. ed. Nápoles: Jovene, 1936. v. II. p. 229.

da petição inicial, portanto sentença. Todavia, embora a denunciação vise à formação de nova relação jurídica processual que passará a haver entre denunciante e denunciado, esta relação processual não se inicia por uma petição inicial propriamente dita, isto é, não se pode equiparar o requerimento de denunciação da lide à petição inicial. Assim, o ato terá natureza de decisão interlocutória.

11.18 Momento processual da denunciação da lide

Não se confunde o momento para o denunciante requerer a denunciação perante o juízo com o prazo para citação do denunciado. O prazo para citação do denunciado é sempre de 30 dias se este residir na mesma comarca (art. 126 c/c art. 131 do Código de Processo Civil) e de 2 meses se residir em comarca diversa ou estiver em local incerto e não sabido (parágrafo único do art. 131 c/c art. 126).

11.19 Denunciação da lide e litisconsórcio

Neste tópico é preciso diferenciar a denunciação feita pelo autor da denunciação feita pelo réu. Com efeito, o art. 127 estabelece que quando a denunciação é feita pelo autor o denunciado poderá assumir a posição de litisconsorte do denunciante, e, nesta qualidade, acrescentar novos argumentos à petição inicial, procedendo-se em seguida à citação do réu. A primeira observação é de que, pelo teor do dispositivo, inicialmente aperfeiçoa-se a denunciação da lide e depois promove-se a citação do réu. Pode parecer um contrassenso, eis que haverá denunciação de uma lide não posta em juízo, uma vez que o réu ainda não foi citado. Todavia, lide aí está no conceito sociológico, e não jurídico processual. A segunda observação é a de que o novo Código de Processo Civil perdeu a oportunidade de corrigir um crasso erro existente no antigo, pois que não há litisconsórcio entre denunciante e denunciado, até porque é da essência da denunciação da lide a verdade processual que o denunciado não litiga contra o adversário do denunciante. Ao revés, a hipótese é clara de assistência qualificada, já que o denunciado tem todo o interesse que o denunciante ganhe a causa. Porém, como já se viu, assistência e litisconsórcio não se confundem e uma situação processual necessariamente exclui a outra por razões de legitimação.

Na hipótese da denunciação ser feita pelo réu, três são as consequências previstas pelo art. 128 do Código de Processo Civil: a) se o denunciado contestar o pedido formulado pelo autor da ação principal, o processo prosseguirá, formando-se na ação principal, um litisconsórcio entre denunciante e denunciado; b) se o denunciado for revel o denunciante poderá deixar de prosseguir com sua defesa eventualmente oferecida na ação principal e abster-se de recorrer, restringindo, doravante, isto é, após a decretação da revelia do denunciado, sua atuação à ação regressiva concomitantemente instaurada pela denunciação; c) se o denunciado confessar os fatos alegados pelo autor na ação principal, denunciante poderá prosseguir na sua defesa ou, aderindo a tal reconhecimento, requerer apenas a procedência da ação regressiva.

A primeira situação descrita padece do vício anteriormente apontado, pois que não existe, em nenhuma hipótese litisconsórcio entre denunciante e denunciado, uma vez que um litiga contra o outro. As demais previsões contidas nos incs. II e III do art. 128 do Código de Processo Civil são absolutamente desnecessárias, porquanto pretendem disciplinar consequências diferenciadas para as diversas modalidades de comportamento do denunciado. Causa espécie, entretanto, o tratamento dado ao denunciado revel, já que, nesse caso, o denunciante pode deixar de prosseguir com sua defesa contra o autor da ação original, abster-se de recorrer e restringir sua atuação à ação regressiva. Em primeiro lugar, transmudaram-se os efeitos da revelia na ação regressiva para principal. Em segundo lugar, o que é mais grave, não se atentou que a revelia não necessariamente induz à procedência do pedido, pois nada impede que numa questão de direito o revel ganhe a ação. Demais disto, ainda que o Código fosse silente esta poderia ser a atitude do denunciante diante da revelia do denunciado.

Na hipótese de o denunciado confessar os fatos alegados pelo autor na ação principal, o inc. III do art. 128 do Código de Processo Civil prevê que o denunciante, além de prosseguir com sua defesa, poderá optar por aderir à confissão e pedir apenas a procedência da ação de regresso. Mais uma vez, trata-se de um dispositivo desnecessário, na medida em que ainda que tal previsão legal não existisse, nada impediria e nada nunca impediu que o denunciante confessasse os fatos alegados pelo autor e se limitasse no processo a pugnar pela procedência da ação de regresso.

11.20 Denunciação da lide. Litisconsórcio. Garantia formal ou própria e garantia informal ou imprópria

Nesse ponto, cabe uma seríssima observação. Quando a lei no art. 128, III do Código de Processo Civil prevê a confissão do denunciado quanto aos fatos alegados pelo autor na ação principal, isto é, o adversário do denunciante, está, na verdade, prevendo a aceitação do denunciado como garantidor do direito defendido pelo denunciante. Nesse contexto deve-se atentar para a diferenciação entre garantia própria ou formal e garantia imprópria ou informal. A conexão de causas na denunciação da lide, nas hipóteses de garantia imprópria, seria apenas extrínseca ou econômica. Já na garantia própria seria o próprio fundamento da denunciação. Disto pode-se concluir que haverá litisconsórcio entre denunciante e denunciado quando o denunciado aceitar ser o garantidor, mas isto só poderá ocorrer com a chamada garantia formal. Quando se tratar da chamada garantia informal, a relação processual em nível de legitimação entre denunciante e denunciado será a de assistência e não a de litisconsórcio.[128]

Veja-se o seguinte: na verdade o instituto e a disciplina da denunciação da lide no Código de Processo Civil estão preocupados, de um lado, com a situação das figuras do garantidor e do garantido no direito material e, de outro, com a possibilidade, por razões de economia processual, de que tanto a questão controvertida entre garantido e seu oponente como a questão entre garantidor e garantido se resolvam numa única e mesma atividade processual.

Todavia, existem basicamente dois tipos de relações jurídicas de garantia que se amoldam à possibilidade de terem suas controvérsias dirimidas numa mesma atividade processual. Uma que se convencionou chamar de garantia direta ou garantia formal.

---

[128] GONÇALVES, Aroldo Plínio. *Da denunciação da lide*. Rio de Janeiro: Forense, 1983. p. 281-284. Embora admitindo a possibilidade de litisconsórcio na denunciação da lide, o autor a restringe à hipótese de aceitação de garantia formal. Todavia, o CPC não desceu a tal pormenor na disciplina da matéria, motivo pelo qual é impossível admitir na disciplina atual o litisconsórcio na denunciação da lide.

Direta, porque diretamente previstos na lei a situação garantida e o garantidor. Formal, porque constante e decorrente *ad substantiam* do negócio jurídico que lhe dá origem. É a hipótese do art. 125, I do Código de Processo Civil. Nesta hipótese, caso o denunciado não conteste, não a pretensão do adversário do denunciante, mas a própria imputação que o denunciante lhe faz de garantidor, teremos litisconsórcio entre denunciante e denunciado.

A outra espécie de garantia que surge no direito material e que se subsume à denunciação da lide para solução das controvérsias que lhe sejam oriundas é chamada de garantia indireta ou informal. Na realidade, enquanto na outra hipótese a figura é a da garantia, nesta a figura é a da responsabilidade. De outra maneira: na garantia direta a obrigação do garantidor decorre da formalidade e, na garantia indireta, da responsabilidade. Esta última é a hipótese do art. 125, II do Código de Processo Civil, na qual a vinculação entre denunciante e denunciado será de assistência simples.

11.21 Denunciação da lide e confissão

Equivocado, ainda, o Código de Processo Civil no art. 128, III quando prevê a hipótese de o denunciado confessar os fatos alegados pelo autor. Não pode haver confissão alguma, simplesmente porque nos termos do art. 389 do mesmo diploma legal somente as partes podem confessar, e o denunciado não é parte da ação principal, exceto na condição de litisconsorte do art. 125, I do Código de Processo Civil, dada a sua situação de garantidor formal ou direto da obrigação.

11.22 Denunciação da lide. Garantias e garantidor. Litisconsórcio e assistência simples

Pode-se afirmar sem receio que a denunciação da lide está intimamente ligada à figura do garantidor. É, por assim dizer, o reflexo processual da garantia legal ou contratual que provém do direito das obrigações. Não foi por outro motivo que Calamandrei viu na *chiamata in garanzia* verdadeira obrigação de defesa que o denunciado teria em relação ao denunciante e só subsidiariamente haveria direito ao ressarcimento. Partiu de Chiovenda a ideia de que o núcleo do instituto processual da denunciação da lide, na verdade, residia na pretensão ao ressarcimento e não na ação de defesa. E é esta a teoria adotada pelo nosso atual sistema processual.

Todavia, a justificativa para a obrigatoriedade ou facultatividade da denunciação deve-se à identificação do tipo de garantia. Desta identificação ainda decorre se o denunciado se apresentará no processo como litisconsorte do denunciante ou como seu mero assistente simples. Explica-se: para os efeitos da denunciação da lide, há dois tipos de garantias: a) formal, direta ou própria; e b) de responsabilidade ou imprópria. Verdadeiramente, obrigatoriedade – e daí o consequente litisconsórcio – só existirá na hipótese de garantia formal, própria e direta. Na hipótese de garantia imprópria e indireta, haverá assistência simples. Assim, o art. 125, I do Código de Processo Civil prevê a hipótese de garantia própria e formal. Portanto, faz nascer litisconsórcio unitário entre denunciante e denunciado em relação ao adversário do denunciante. Já no inc. II do mesmo art. 125 do Código de Processo Civil, a hipótese é de denunciação da lide por responsabilidade. Portanto, faz nascer uma relação de assistência simples entre denunciante e denunciado.

11.23 Denunciação da lide e as demais modalidades de intervenção de terceiro

Repare-se que as chamadas modalidades de intervenção de terceiro provocadas, como o chamamento ao processo e a denunciação da lide, embora apresentadas como modalidades distintas no Código de Processo Civil, são, na verdade, o mesmo instituto processual, pois que no fundo são todos instrumentos de denunciação da lide.[129]

11.24 Incidente de desconsideração da personalidade jurídica

O Código atual trouxe como novidade no título da intervenção de terceiros o incidente de desconsideração da personalidade jurídica. A desconsideração da personalidade jurídica, também conhecida como doutrina da penetração, tem origem nas jurisprudências inglesa e norte-americana conhecida como a doutrina da *Disregard of legal entity*. Não se trata de considerar ou declarar nula a personalidade jurídica de determinada sociedade, porém de torná-la ineficaz para determinados atos.

Na falta de disciplina legal no Brasil, esta teoria ora era aplicada para a própria invalidação da personalidade jurídica da sociedade, de modo que o credor pudesse atingir em casos de fraude o patrimônio pessoal dos sócios, ora era aplicada como uma espécie de apêndice à fraude à execução, de modo que determinados negócios jurídicos tidos por fraudulentos fossem considerados ineficazes com relação aos credores da sociedade.

Fato é que o Código Civil de 2002, ao disciplinar a personalidade jurídica, prevê objetivamente a possibilidade de sua desconsideração, sempre que em casos de abuso da personalidade jurídica, caracterizado pelo desvio de finalidade ou pela confusão patrimonial, a requerimento da parte ou do Ministério Público, quando lhe couber intervir no processo, o juiz decidir que os efeitos de certas e determinadas relações de obrigações sejam estendidos aos bens particulares dos administradores ou sócios da pessoa jurídica.[130]

Como se vê, a matéria foi tratada sem que se cuidasse, até porque não era próprio cuidar disto no Código Civil, do procedimento para a aplicação do instituto. O disposto no art. 133 e seguintes do Código de Processo Civil procura justamente preencher esta lacuna. O procedimento é razoavelmente simples. Prevê que o incidente de desconsideração da personalidade jurídica será instaurado a pedido da parte ou do Ministério Público, quando lhe couber intervir no processo. O §1º do art. 133 menciona que o pedido observará os pressupostos previstos em lei. Péssima a redação. Em verdade, não há pedido algum, porque incidente processual não se confunde com processo incidental. O que existe é um mero requerimento. Além disto, o requerimento, e não o pedido, terá que demonstrar que os pressupostos exigidos em lei estão presentes e não

---

[129] FLAKS, Milton. *Denunciação da lide*. 1. ed. Rio de Janeiro: Forense, 1984. p. 58.
[130] Art. 50 do Código Civil.

que os observará, pois que do modo como escrito parece que se tratam de pressupostos formais do ato de requerer e não é disto que se cuida, porém dos pressupostos da própria desconsideração. A esse propósito, observe-se que a regra contida no §4º do art. 134 é absolutamente redundante.

Os pressupostos previstos no Código Civil são os seguintes: abuso da personalidade jurídica, caracterizado pelo desvio de finalidade, ou pela confusão patrimonial, em outras palavras: pela fraude. Isto significa que sem fraude caracterizada pelo abuso da personalidade jurídica inexiste possibilidade da sua desconsideração. O que se visa a punir na despersonalização é a fraude e tão somente a fraude. A utilização da personalidade jurídica com desvio de finalidade ou com a confusão patrimonial é o meio da fraude, cujo instrumento é o abuso da personalidade jurídica.

Outra novidade é que o Código aqui abriu a possibilidade desta intervenção de terceiros em qualquer fase do processo de conhecimento, no cumprimento de sentença e até na execução fundada em título executivo extrajudicial. O §2º do art. 134 prevê, inclusive, a possibilidade de o incidente ser requerido juntamente com a petição inicial. Observe-se o ato falho do legislador quando, no §2º do art. 134, dispensa a instauração do incidente se a desconsideração for requerida, e não pedida, na petição inicial.

O incidente suspende o processo, exceto obviamente na hipótese de a desconsideração ser requerida já na inicial.

Finalmente, o Código fixa de vez o instituto da desconsideração da personalidade jurídica como um instituto de apoio ao combate ou à restauração da fraude à execução, quando, no art. 137, estabelece que acolhido o requerimento, a alienação ou oneração de bem havido em fraude de execução será ineficaz em relação ao requerente. Ora, isto está a significar que se trata mesmo de instrumento processual conexo ou relativo ao instituto da fraude à execução. Mas isto também significa que, caso não haja alienação ou oneração de bens a ser tornada ineficaz, inexistirá a possibilidade da desconsideração da personalidade jurídica, o que vem corroborar o entendimento de que no sistema jurídico brasileiro, salvo os casos expressamente previstos em lei, e normalmente em matéria tributária, os bens dos sócios não se confundem e não respondem pelas dívidas da sociedade.

Uma questão que se coloca é: por que não há possibilidade da desconsideração da personalidade jurídica *ex officio*? Afinal, fraude à execução é ato atentatório à dignidade da justiça e, mais que isso, crime processual. De toda sorte, o Código foi absolutamente claro, preciso e objetivo quando reservou à parte ou ao Ministério Público a possibilidade de requerê-la. Esse esclarecimento é fundamental, porquanto afasta de vez certa tendência jurisprudencial de nossos tribunais em aplicar a desconsideração da personalidade jurídica como uma espécie de garantia legal de dívidas contraídas por sociedades.

Trata-se, por óbvio, de modalidade de intervenção de terceiro provocada, eis que o terceiro provocado, no caso o sócio, não integrava originalmente a relação jurídica processual, e sim a sociedade da qual faz parte.[131]

---

[131] VERRUCOLI, Piero. *Il superamento della personalità giuriodica dele società di capitali*. Milão: Giuffrè, 1964. "Em 1897 a justiça inglesa ocupou-se do caso Salomon Vs. Salomon & co., que envolvia o comerciante Aaron Salomon, que constituíra uma sociedade com outros seis componentes de sua família e cedera seu fundo de comércio à sociedade recebendo vinte mil ações por isso, enquanto os outros membros receberam apenas uma ação para a integração do valor da incorporação do fundo de comércio na nova sociedade. A sociedade se tornou insolvente sendo seu ativo insuficiente. Foi sustentado que a atividade da sociedade era a atividade de Aaron que se valera

11.25 *Amicus curiae*

Trata-se de inovação trazida pelo atual Código de Processo Civil, entretanto, parcamente disciplinada, eis que tratada apenas no art. 138 e seus três parágrafos. Sem definir exatamente o que seja ou o que se deva entender por *amicus curiae*, o Código estabelece que o juiz ou o relator, considerando a relevância da matéria, a especificidade do tema objeto da demanda ou a repercussão social da controvérsia, poderá por decisão irrecorrível, de ofício ou a requerimento das partes ou de quem pretenda manifestar-se, solicitar ou admitir a participação de pessoa natural ou jurídica, órgão ou entidade especializada, com representatividade adequada, no prazo de 15 dias de sua intimação.

A primeira observação é a redundância dos pressupostos relevância da matéria e especificidade do tema, porquanto do jeito como redigido o dispositivo dá a impressão que se a matéria for relevante, mas o tema não for específico, não caberá a intervenção do *amicus curiae*. Outra observação é que poderão as partes requerer tal intervenção ou esta poderá ser determinada de ofício, o que, por si só, não traria qualquer surpresa. A real novidade consiste na possibilidade de aquele que quer intervir no processo como *amicus curiae* requerer sua intervenção, independentemente da vontade das partes litigantes.

A figura do *amicus curiae* visa a melhor instruir o processo com relação a temas sociais relevantes. Visa também fazer com que a sociedade civil legitimamente representada possa intervir em processos cuja matéria seja de grande repercussão social. Em princípio, nas instâncias ordinárias, a intervenção do *amicus curiae* só poderá ser permitida naquelas hipóteses em que, pela relevância da matéria, especificidade do tema ou repercussão social, o interesse em jogo no processo transcenda e suplante o conflito de interesses intersubjetivo no qual se origina a lide posta em juízo. Fora deste parâmetro, não há possibilidade de se admitir essa novel modalidade de intervenção de terceiros na instância ordinária.

O código não diz quem pode ou poderá ser em cada caso o *amicus curiae*. Nada obstante, vê-se no *caput* do art. 138 que será pessoa natural ou jurídica, órgão ou entidade especializada com representatividade adequada. Aqui, têm-se duas questões mal postas no texto: a) a infeliz tipificação utilizada na norma, eis que pessoa natural ou jurídica está correto, porém quanto a órgão ou entidade há verdadeira deformação terminológica. Isto porque se se tratar de entidade, certamente está-se falando de pessoa jurídica. Por outro lado, órgão é centro de competência administrativa, mas não detém personalidade jurídica própria, diversa da entidade ou do ente público ao qual pertence. Da forma como redigido o artigo dá a entender que o Código de Processo Civil estaria inovando nesse particular, conferindo legitimidade a órgão não dotado de personalidade jurídica. Obviamente, esta não é a melhor leitura do dispositivo. Claro está que o que se pretendeu foi enfatizar que o órgão técnico se manifeste, porém a representação judicial será da entidade, pessoa jurídica, ao qual pertencer; b) a exigência da representatividade

---

de tal ardil para limitar sua responsabilidade, por isso deveria ser responsabilizado por todos os débitos da Companhia. O veredito foi de que a sociedade era uma entidade fiduciária da atividade comercial de Aaron, e que este era, na verdade, seu proprietário do fundo de comércio. Mais tarde a Casa dos Lordes reformou esse julgado, porém a construção da tese adotada pelas instâncias inferiores adquiriu aceitação acadêmica e jurisprudencial internacional e se tornou o embrião da formulação da Disregard of legal entity".

adequada não está se referindo à representação legal ou processual, antes disso a locução *representatividade adequada* significa pertinência ou expertise temática, de modo que a intervenção como *amicus curiae* exige do interveniente conhecimento reconhecidamente público e notório sobre o interesse em jogo no processo ou o reconhecimento pela coletividade de que se trata de um organismo dedicado à defesa ou ao estudo do objeto do processo.

O §1º do art. 138 deixa claro que a intervenção não altera a competência nem permite a interposição de recursos. Aqui, cuida-se de recursos do próprio interveniente em relação às decisões proferidas no processo, com exceção da oposição de embargos de declaração, cuja natureza não é mesmo a de recurso e da eventual decisão que julgar o incidente de resolução de demandas repetitivas, conforme o disposto no §3º do mesmo dispositivo.

O §2º do art. 138 estabelece que caberá ao juiz ou ao relator, na decisão que solicitar ou admitir a intervenção, definir os poderes do *amicus curiae*. A limitação desses poderes jamais poderá ser quanto ao conteúdo que o *amicus curiae* irá produzir na sua intervenção, porque se assim não for inexiste razão para a própria intervenção. Em segundo lugar, nada além disso, há de se autorizar ao *amicus curiae*, porquanto se a mais que isto estiver autorizado, haverá de demonstrar interesse jurídico direto e suficiente para classificá-lo como assistente.

O *amicus curiae* é um interveniente objetivo no processo. Seu interesse não é necessariamente que o autor ou que o réu sejam vencedores na causa ou que se possa transferir ou garantir tal ou qual responsabilidade para qualquer das partes. Seu interesse é na tese em discussão em juízo. Sua pertinência temática estará vinculada à tese e não à circunstância processual de eventualmente a tese que defenda ser favorável ao autor ou ao réu. Consequência lógica e prática desta constatação é que poderemos ter mais de um *amicus curiae* no processo. Nada impede que haja mais de uma entidade interessada e capacitada na defesa de determinada tese discutida no processo, como também, nada impede que existam tais interessados tanto em defender a tese que favorece uma parte quanto outra, e nesse caso poderemos ter mais de um *amicus curiae*.

CAPÍTULO 12

DOS FATOS E ATOS PROCESSUAIS

12.1 Fato, ato e negócio jurídico

Fato é o que acontece. É a coisa acontecida ou a ação feita. Aquilo que é real. É o acontecimento ou a coisa cuja veracidade é reconhecida. Na técnica jurídica chama-se de fato jurídico o acontecimento, dependente ou não da vontade humana, que interessa ao direito, que traz alguma relevância para o mundo jurídico e que de alguma maneira sobre ele o direito atue e incida. Já o ato traz em si a ideia da ação humana. Nesse contexto, ato é todo acontecimento no sentido de ação. Assim, ato é também todo acontecimento capaz de trazer implicações ao mundo jurídico, mas para este acontecimento caracterizar-se como ato e não como fato dependerá da vontade humana. Em outras palavras: ato é o acontecimento que exprime uma exteriorização da vontade humana. Se esta exteriorização da vontade humana tem implicações no mundo jurídico, este ato é um ato jurídico.

Nessa linha de raciocínio, pode-se chamar de fato qualquer acontecimento real, tido como verdadeiro e que modifique alguma coisa. Por fato natural deve-se entender aquele fato que não interessa ao direito, que não tem qualquer relevância para o mundo jurídico e que nada tem que ver com o ordenamento jurídico, como exemplo, a morte de um animal, uma tempestade, a queda de uma telha etc. Por fato jurídico compreenda-se todo acontecimento que tenha alguma importância ou que interesse ao direito. É aquele acontecimento, tido como verdadeiro, sobre o qual incide e atua o direito. É aquele fato natural ao qual se segue uma consequência jurídica,[132] como exemplo, o fato de uma pessoa nascer ou morrer.

Já por ato jurídico deve-se entender o fato jurídico só que dependente da vontade humana para sua realização. É o fato capaz de ocasionar uma consequência jurídica qualquer, com a única diferença de que ele só ocorre por força da vontade humana, isto é, se a manifestação e a exteriorização da vontade humana não se der, ele não acontece. Este ponto é de suma importância, porque o que caracteriza o ato jurídico é a circunstância de que sem a expressão externa da manifestação da vontade humana não se forma o ato jurídico.

---

[132] OERTMANN, Paul. *Introduccione al derecho civil*. Barcelona: Labor, 1933. p. 17.

Para Santo Tomás, do ponto de vista filosófico, ato é todo movimento do ser vivo, quer se exteriorize, quer se mantenha no íntimo do agente.[133] Mas, do ponto de vista jurídico, é absolutamente imprescindível a exteriorização da vontade humana, sem o que não existe ato jurídico. Do ponto de vista religioso, por exemplo, o pecado se caracteriza pelo simples pensamento. Não é preciso qualquer atitude externa, basta o movimento intelectual íntimo. No entanto, para o direito, só interessa a exteriorização desta vontade. Só o pensamento sem a ação nada muda. Insiste-se na questão da vontade e da exteriorização desta vontade, porque é justamente na inadequação, na falta de identidade entre a verdadeira vontade interior e a vontade efetivamente manifestada que vão transitar alguns dos institutos da invalidade dos atos e dos negócios jurídicos.

Aqui abre-se um parêntesis: é que parte da doutrina, a qual nos filiamos, prevê também a figura do negócio jurídico. Assim, há uma distinção entre ato e negócio jurídico. Numa primeira abordagem, ato jurídico gera efeitos decorrentes da própria ação, isto é, independentemente da direção da vontade do agente, isso porque a lei atribui efeitos ao ato qualquer que tenha sido a intenção que o inspirou. Já nos negócios jurídicos os efeitos gerados não decorrem pura e simplesmente do ato em si, mas da intenção com que o ato ou o negócio jurídico foi praticado. Por este viés, o ato ilícito seria uma espécie de ato jurídico, mas não o negócio jurídico, eis que este exige para o seu aperfeiçoamento que seu objeto seja lícito.

Todavia, o fato, o ato e o negócio jurídico não se situam lado a lado, como termos homogêneos de uma divisão lógica. Existe entre eles uma escala em ordem decrescente de compreensão, de forma que o fato jurídico é o gênero, do qual o ato jurídico é uma das espécies, e esta, por sua vez, encerra o negócio jurídico como uma das suas subespécies.[134] Assim, entre o fato, o ato e o negócio jurídico existe uma gradação lógica em ordem decrescente de compreensão, o que significa que: todo negócio jurídico é um ato jurídico e também um fato jurídico; todo ato jurídico é um fato jurídico, mas nem todo ato jurídico é um negócio jurídico. Nessa tendência existe quem admite a figura do negócio jurídico pré-processual, como exemplo, a hipoteca, instituto típico de direito civil, mas que vai gerar efeitos definitivos no processo, eis que o que no fundo se contrata na hipoteca é uma posição privilegiada no processo.[135] Entretanto, no processo existe uma preponderância de importância para os atos jurídicos, os chamados atos jurídicos processuais, em detrimento dos chamados negócios jurídicos processuais.

12.2 Fato, ato e negócio jurídico processual

Carnelutti apresenta a ideia do ato como uma espécie de fato quando se verifica que a sucessão das situações não depende tanto de um comportamento quanto de um juízo humano. Este juízo se resolve na ação e disso resulta o ato. Assim, para o mestre italiano, tanto o conceito de ato como o de fato pertencem à lógica da realidade, e como o ato é uma espécie de fato, o ato jurídico é uma espécie de fato jurídico. Por sua vez, o ato processual é uma espécie do ato jurídico marcado pelo caráter processual da

---

[133] SANTO TOMÁS DE AQUINO. *Suma teológica*. São Paulo: Loyola, 2016.
[134] GUIMARÃES, Luiz Machado. *Estudos de direito processual civil* – O ato processual. São Paulo: Editora Jurídica e Universitária Ltda., 1969. p. 77.
[135] BARBI, Celso Agrícola. *Comentários ao Código de Processo Civil*. 13. ed. Rio de Janeiro: Forense, 2008. v. 1. p. 90.

mutação jurídica em que se resolve a juridicidade do fato, ou seja, o efeito jurídico do fato material. O ponto de toque da lição de Carnelutti está em que o ato é processual não porque se pratica no processo, mas por valer no processo.[136]

Nesta fonte bebeu Liebman quando afirma que os atos processuais se distanciam dos atos jurídicos por pertencerem ao processo e porque produzem efeitos jurídicos imediatos sobre a relação processual. Por definição são atos voluntários, mas neles a função da vontade é apenas genérica, isto é, se bastam apenas com a simples vontade e a consciência de se cumprir o ato, ainda que esta vontade se dirija à consecução de um efeito que essa vontade não poderia determinar livremente, porque o seu efeito é fixado e preestabelecido pela lei.[137]

No que aqui interessa, pode-se dizer que na relação processual existem fatos, atos e negócios jurídicos. Isto é, existem acontecimentos aos quais se seguem consequências processuais. Ora esses acontecimentos decorrem da vontade humana, ora esses acontecimentos independem da vontade humana, porém, sua classificação como atos jurídicos processuais é, na verdade, uma qualificação dos próprios atos jurídicos em sentido lato. Destarte, pode-se conceituar ato processual como toda conduta dos sujeitos do processo que tenha por efeito a criação, modificação ou extinção de situações jurídicas processuais e que influa e altere a própria relação jurídica processual, que, em última análise, é o próprio processo.

Pode-se resumir essas ideias no seguinte silogismo: a) ato é o que foi feito, é ação praticada, nesse sentido a ação é o exercício de uma potência e o ato é o resultado desta ação; b) o processo é uma relação jurídica processual, portanto, uma sequência ordenada de fatos, atos e negócios processuais; c) ato jurídico processual é o resultado de toda ação humana relevante para o processo; e d) negócio jurídico processual é toda manifestação de vontade da qual resultem relevantes consequências para o processo.

Entre o ato da demanda que é o mais importante da parte autora e a sentença que é o principal ato do juiz decorre um período de tempo durante o qual as partes têm faculdades, obrigações e ônus e o juiz tem o dever de praticar diversos atos, chamados de atos processuais tendentes à obtenção de um pronunciamento jurisdicional. Portanto, os atos jurídicos processuais são praticados pelas partes do processo, tanto pelas partes litigantes quanto pela parte imparcial, no caso o órgão jurisdicional.

Aqui cabe uma advertência: como já se viu anteriormente, o reconhecimento da autonomia científica do direito processual e consequentemente do processo deve-se, precipuamente, a profundas razões de ordem técnica. Assim, se o direito processual é ramo distinto na ciência do direito, é porque possui peculiaridades técnicas tão especiais que foi possível sistematizá-las num ramo autônomo do conhecimento jurídico. Diante disto, deve-se sempre ter em mente que a transposição, *tout court*, de conceitos do direito material para o direito processual nem sempre é possível ou mesmo desejável. No mais das vezes é preciso que se proceda a uma adequação.

Além disso, a transposição dos conceitos do direito material para o campo do direito processual é impossível, salvo que se faça prévia e rigorosa adaptação – o que significa construir a teoria do ato processual – pois os atos do processo ficam sujeitos a

---

[136] CARNELUTTI, Francesco. *Instituciones del nuevo proceso civil italiano*. 4. ed. Barcelona: Ediciones Jurídicas Olenik, 1942. p. 283. nº 282.
[137] LIEBMAN, Enrico Tullio. *Manuale di diritto processuale civile*. Milão: Giuffré, 1955. v. I. p. 183. nº 95.

três particularidades marcantes: primeira, a de visarem provocar um pronunciamento jurisdicional, que defina a controvérsia, ou seja, que resolva o litígio entre as partes; segunda, a de não terem força e efeitos em si, pois através da sentença, até mesmo quando homologatória de atos capazes de extinguir a relação processual, como a renúncia à pretensão e a desistência da ação, é que se alcança o resultado final; terceira, a de sofrerem mais do que qualquer outro o efeito da inércia da parte.[138]

12.3 Características dos atos processuais

É preciso considerar que o processo não tem um fim em si mesmo, o processo não existe por si só. Processo tem que ser encarado sob o prisma da instrumentalidade, visto que o processo é o instrumento da jurisdição. Por isso mesmo que os atos processuais vão apresentar características especiais, peculiaridades próprias que só a eles pertencem e só a eles informam, a saber: a) conjunto, os atos processuais não se apresentam isoladamente, estão sempre ligados uns aos outros e formam uma série contínua; b) objetivo comum, os atos processuais se realizam com o mesmo objetivo que é a produção de uma sentença que solucione a lide; e c) interdependência, que nada mais é do que uma consequência natural das características anteriores, pois que só havendo interdependência entre os atos é que todos juntos podem formar a unidade processual.[139]

Tema escabroso no dizer de Cappelletti,[140] o assunto não passou desapercebido à agudeza crítica das reflexões de Pontes de Miranda. Na visão do mestre, os atos processuais apresentam as seguintes características: a) dirigem-se ao juiz e de regra praticam-se em juízo; b) não permitem determinações inexas, condições e termos, nem são anuláveis ou impugnáveis por vício de vontade; c) são interpretados pelo juiz; d) não têm efeito nem consequência fora do processo; e e) não podem ser a um só tempo de direito material e de direito processual.[141]

12.4 Classificação dos atos processuais

Quanto à sua classificação, os atos processuais dividem-se em atos processuais das partes litigantes e atos processuais do juiz. Por sua vez, os atos das partes subdividem-se em atos postulatórios, atos dispositivos, atos instrutórios e atos reais ou materiais. Os atos do juiz subdividem-se em atos de provimento e atos reais, também chamados atos materiais.

Atos postulatórios das partes são aqueles pelos quais as partes postulam, isto é, pleiteiam, requerem provimentos jurisdicionais. O mais importante de todos é a petição inicial, mas assim também podem ser considerados os atos que traduzem quaisquer requerimentos, como: a produção de prova, a devolução de prazo, a decretação da revelia e assim por diante. Os atos postulatórios subdividem-se em atos postulatórios

---

[138] ARAGÃO, Egas Dirceu Moniz de. *Comentários ao Código de Processo Civil*. 10. ed. Rio de Janeiro: Forense, 2005. v. II. p. 6.
[139] SANTOS, Moacyr Amaral dos. *Primeiras linhas de direito processual civil*. 24. ed. São Paulo: Saraiva, 2008. v. I. p. 286.
[140] CAPPELLETTI, Mauro. *La Testimonianza dela Parte nel Sistema dell' oralità*, §4º, I/59. Milão: Giuffrè, 1974.
[141] MIRANDA, Francisco Cavalcanti Pontes de. *Comentários ao Código de Processo Civil*. 2. ed. Rio de Janeiro: Forense, 1979. t. III. p. 4.

de pedidos e atos postulatórios de requerimentos. Os pedidos são aqueles que dizem respeito à lide, a *res in iudicio deducta*, ao objeto material do processo; os requerimentos são os atos postulatórios que se referem à marcha do processo, ao objeto formal do processo, como exemplo, o requerimento para a produção de provas.

Atos processuais dispositivos das partes são aqueles pelos quais as partes dispõem de determinada situação jurídica ou mesmo da tutela jurisdicional. Esses atos podem ser: a) unilaterais, quando a manifestação de vontade se restringe a uma só das partes, bastando apenas isto para atingir seu objetivo, como exemplo, a desistência do recurso prevista no art. 998, *caput* do Código de Processo Civil; b) concordantes, quando uma parte manifesta sua vontade e a outra adere, ainda que tacitamente ou mesmo por omissão, é o que se dá nas hipóteses da prorrogação da competência relativa pelo fato de o réu não excepcionar no prazo da contestação, como determina o art. 65 c/c art. 337, II, todos do Código de Processo Civil; e c) contratuais, que são declarações expressas de ambas as partes, como exemplo, a eleição do foro, art. 63 do Código de Processo Civil, a transação, art. 840 do Código Civil c/c 487, III, "b" do Código de Processo Civil. Esta subespécie de ato jurídico processual é exatamente o que parte da doutrina chama de negócio jurídico processual.

Os atos instrutórios são aqueles destinados à instrução do processo. São atos que visam formar o livre esclarecimento e convencimento do órgão jurisdicional. Os atos jurídicos processuais instrutórios podem ser: probatórios, quando dizem respeito ao oferecimento e produção de provas, e de alegações, quando apresentam a exposição de argumentos, demonstração dos fatos etc.

Os chamados atos reais, também denominados *re non verbis*, manifestam-se pela coisa e não pelas palavras. São condutas, por isso que atos, porém condutas com conteúdo de um fazer, por isso que materiais. É o que ocorre, por exemplo, com o pagamento das custas, o comparecimento às audiências, a submissão à perícia médica e assim por diante.

12.5 Ato processual simples e ato processual complexo

Ao lado desses atos, que a doutrina costuma batizar de atos processuais simples, existem também os chamados atos processuais complexos. Dizem-se complexos os atos resultantes de várias vontades paralelas. A elaboração da teoria do ato complexo deve-se, entre outros, a Gierke,[142] Coviello,[143] Biondi[144] e Betti.[145] Essa teoria parte da conceituação do ato bilateral para chegar ao ato complexo. No ato bilateral, há dois sujeitos contrapostos, ao passo que no ato complexo são vários os sujeitos que agem da mesma parte, existem várias declarações de vontade que se cruzam. No ato jurídico complexo tem-se: a) o concurso de várias vontades; b) o exercício por todos os emitentes de vontade de um mesmo poder ou de uma mesma faculdade jurídica; c) uma atividade homogênea; e d) a persecução de um fim comum.

Carnelutti apresenta uma qualificação para os atos complexos quando diz que: "l' atto complesso è una unificazione o universitas di atti, la cui pluralitá, in varia misura si

---

[142] GIERKE, Otto Von. *Die Genosseneshaftatheori und Deutsche Rechtsprechpung*. Berlim: Weidmann, 1887.
[143] COVIELLO, Nicola. *Manuale de diritto civile*. 3. ed. Milão: Societa Editrice Libraria, 1924.p. 320. §102.
[144] BIONDI, Biondo. *L'atto complesso*. [s.l.]: [s.n.], 1934.
[145] BETTI, Emilio. *Teoria generale del negozio giuridico*. Torino: Unione Tipografico-editrice Torinese, 1950. p. 300.

combina con l' unitá".[146] Atos complexos, entretanto, não se confundem com atos jurídicos de formação sucessiva: aqueles são o resultado de várias manifestações de vontades ou de ações convergentes, enquanto estes carecem para sua perfeição de uma sequência de manifestações de vontade. Assim, um ato pode ser complexo e não ser sucessivo; pode ser sucessivo e ser simples e pode ser complexo e sucessivo.

No campo estritamente processual costuma-se designar como atos jurídicos processuais simples, por exemplo, a petição inicial, a contestação, a réplica, o requerimento de produção de provas, os memoriais, os recursos etc. São atos processuais complexos a audiência, as sessões nos tribunais, a produção da prova pericial etc.

12.6 Atos processuais do juiz

Os atos do juiz, também chamados de atos jurisdicionais, apresentam-se como: a) atos de provimentos e b) atos reais ou materiais. Provimentos são os atos do juiz que resolvem as questões postas no processo, sejam questões preliminares, sejam questões prejudiciais, sejam questões de mérito. Esses atos de provimento podem ser interlocutórios ou finais. Interlocutórios quando pronunciados no transcorrer do processo sem, contudo, encerrá-lo. Finais quando põem fim ao processo ou ao procedimento com ou sem resolução do mérito. Os atos reais ou materiais apresentam as mesmas características dos atos reais ou materiais das partes, com a única diferença de serem agora praticados pelo juiz. Podem ser instrutórios, como exemplo, a inspeção judicial, e de documentação, como exemplo, assinar a ata de audiência.

Liebman adotou a seguinte classificação entendida pela doutrina como sendo de maior profundidade técnica. Os atos do juiz nessa ótica são: a) despachos de expediente, também chamados despachos ordinatórios, que visam dar movimento ao processo, são os chamados atos de impulso processual, por exemplo, mandar intimar os peritos ou as testemunhas para a audiência; b) decisões interlocutórias, são os atos que decidem questões de natureza processual, sem o encerramento do processo ou do procedimento, as que decidem questões preliminares, como exemplo, o equivocadamente chamado despacho saneador, as que deferem ou indeferem a produção de determinada prova; c) decisões ou sentenças terminativas, são os atos que, decidindo questões que visam atacar a ação e o processo, encerram o processo sem a resolução do mérito; e d) sentenças definitivas, são as que extinguem o processo, pronunciando-se sobre o mérito, isto é, acolhendo ou não a pretensão, julgando procedente, procedente em parte ou improcedente o pedido, mas se pronunciando sobre o mérito. Quando os atos decisórios são proferidos pelos graus superiores de jurisdição ou pelos tribunais nas ações e nos processos de sua competência originária têm o nome de acórdãos, se baixados por órgão colegiado.

12.7 Atos processuais dos auxiliares da justiça

Ainda neste tópico, cabe uma rápida palavra quanto aos atos praticados pelos chamados auxiliares da justiça. Já vimos anteriormente que esses auxiliares da

---

[146] CARNELUTTI, Francesco. *Teoria generale del diritto*. 3. ed. Roma: Soc. Ed. Del Foro Italiano, 1951. p. 350. nº 185.

justiça podem ser o escrivão, o oficial de justiça, o perito etc. Tais auxiliares também praticam atos processuais, pois é através desses atos que sua atuação se materializa e se documenta no processo. Tais atos podem ser: a) de movimentação, como exemplo, a abertura de conclusão ao juiz, vistas às partes, expedição de ofícios e de mandados etc.; b) de documentação, como exemplo, lavratura de termos em geral; e c) de execução, normalmente afeitos à atividade do oficial de justiça, que de regra é o responsável pela prática dos atos processuais externos, como citação, intimação, prisão, penhora, arresto, busca e apreensão.

12.8 Forma dos atos processuais

Visto que o processo enquanto relação jurídica dinâmica se compõe de atos, fatos e, eventualmente, de negócios jurídicos processuais, cabe dizer que esses elementos só se exteriorizam mediante uma forma. Forma é a feição exterior do ato processual. Forma é a figura e a aparência indicativa da maneira pela qual a vontade se externa ou o ato jurídico se materializa, se concretiza e se executa. Também tida no sentido jurídico como o requisito extrínseco do ato jurídico. Se a forma é a maneira pela qual a vontade se exterioriza e o ato se materializa, claro está que todo ato assume uma forma pela qual se apresenta e se firma no processo. O processo é estritamente formal, porque é através da forma e pela forma que o processo existe. Há até um objeto formal para o processo que é o próprio processo. É, sobretudo, pela forma que se garantem os direitos às partes e a lealdade no desempenho da atividade processual.

12.9 Forma e formalismo

A ideia central neste tema é a de que é pela forma que se controla a legalidade. Entretanto, o cuidado com a forma no direito processual não sugere um apego exagerado ao formalismo em detrimento do direito. É repugnante a obediência exagerada à forma, que nunca poderá prejudicar a finalidade jurídica a que se destina o ato, o que significa que a forma não deve se contrapor ao conteúdo. Há que se entender que tal qual o processo a forma não é um fim em si mesmo, mas um meio. Porém, existem níveis mínimos de garantias jurídicas que só podem ser assegurados pelo respeito à forma. Portanto, justifica-se um formalismo mínimo capaz de assegurar a garantia ao devido processo legal.

12.10 Princípios da forma

Dentro do balizamento que deve reger a forma no processo civil, marcado de um lado pelo desapego ao formalismo e de outro pela necessidade de através da forma garantir-se o devido processo legal, são estabelecidos princípios que regulam a forma dos atos processuais. São eles: a) princípio da liberdade das formas; b) princípio da instrumentalidade das formas; c) princípio da documentação e d) princípio da publicidade.

O princípio da liberdade das formas significa que os atos processuais podem ser realizados pela forma mais idônea para atingir o seu fim. É o que dispõe o art. 188 do Código de Processo Civil, segundo o qual os atos e os termos processuais não dependem de forma determinada, senão quando a lei expressamente a exigir, reputando-se válidos os que, realizados de outro modo, lhe preencham a finalidade essencial. Por este princípio se define que a lei não estabelece determinada forma. A forma é livre, mas tem que ser idônea. Por outro lado, a liberdade da forma não vai ao limite de se admitir rasuras, espaços em branco etc. Isto é o que dispõe o art. 211 do Código de Processo Civil, quando diz que não se admitem, nos atos e termos, espaços em branco, bem como entrelinhas, emendas ou rasuras, salvo se aqueles forem utilizados e essas expressamente ressalvadas.

O princípio da instrumentalidade das formas decorre naturalmente do dogma de que a forma é instrumental. Ser instrumental no caso significa que não tem valor em si mesmo, é apenas um meio para atingir o fim a que se destina o ato. A observância da forma se restringe, pois, à possibilidade de a finalidade do ato ser atingida ainda que por outra forma. O que conta é a finalidade do ato processual e não a forma de promovê-lo. Observe-se o teor do art. 188, *in fine*, do Código de Processo Civil, quando reputa válidos os atos que, realizados de outro modo, preencham a finalidade. No mesmo sentido é o teor do art. 277 do Código de Processo Civil, que menciona que quando a lei prescrever determinada forma, sem cominação de nulidade, o juiz considerará válido o ato se, realizado de outro modo, lhe alcançar a finalidade. Veja-se, por exemplo, a citação feita com inobservância da forma. Não obstante, se o réu comparece em juízo no prazo e apresenta resposta, o desrespeito à forma não anula nem invalida a citação defeituosa, porque o ato atingiu sua finalidade.

O princípio da documentação parte de que o meio comum, mas não o único, de produção dos atos processuais é o escrito. Assim, se o ato é oral deve-se documentá-lo por escrito. É o que ocorre com os depoimentos das partes e das testemunhas. Digno de nota é o disposto no art. 210 do Código de Processo Civil que, além de garantir a licitude do uso da taquigrafia e da estenotipia, já assegura a possibilidade da adoção de qualquer outro método idôneo para documentação dos atos processuais. Releva notar que, em atendimento à idoneidade exigida no dispositivo, o método empregado deverá ser capaz de: a) assegurar a conservação do ato praticado em obediência ao princípio da documentação do processo; b) possibilitar o acesso e o conhecimento pleno do ato às partes, a fim de que não se macule a garantia ao contraditório e à ampla defesa (art. 5, LV, da Constituição Federal); e c) ser indene, tanto quanto se possa prever, a adulterações.[147] Parece que a idoneidade exigida pode ser medida através de três critérios: conservação, acesso, autenticidade. Urge que o meio empregado possa oferecer segurança de conservação, em ordem a manter o ato documentado no processo. É preciso também que ele seja acessível, no sentido de que o ato fique ao alcance das partes e de terceiros, que tiverem necessidade de examiná-lo (a gravação, a taquigrafia, a estenotipia, o texto posto em mídia eletrônica podem, a qualquer tempo, ser transcritos, o filme pode ser projetado). Por derradeiro, só não se deve admitir como acontece, hoje, com inserção de outro som na gravação original.[148]

O princípio da publicidade traduz que os atos processuais são públicos, conforme disposto no art. 189 do Código de Processo Civil. As audiências são públicas, pelo que dispõe o art. 368 do Código de Processo Civil. As exceções são as contidas no próprio

---

[147] ZAGAGLIA, Waldir. Alterações no Código de Processo Civil – Processo de conhecimento. *Revista de Direito da Procuradoria Geral*, v. 48, 1995. p. 143.
[148] BERMUDES, Sérgio. *A reforma do Código de Processo Civil (observações às Leis nºs 8.950, 8.951 e 8.953, de 13.12.94)*. Rio de Janeiro: Freitas Bastos, 1995. p. 24.

art. 189, eis que não são públicos os atos processuais praticados nos processos que correm em segredo de justiça, quais sejam: a) em que o exigir o interesse público ou social; b) que dizem respeito a casamento, separação de corpos, divórcio, separação, união estável, filiação, alimentos e guarda de crianças e adolescentes; c) em que constem dados protegidos pelo direito constitucional à intimidade; d) que versem sobre arbitragem, sobre cumprimento de carta arbitral, desde que a confidencialidade estipulada na arbitragem seja comprovada perante o juízo. Consequência disto é que o direito de consultar o processo e de requerer certidões de seus atos é restrito às partes e aos procuradores. Entretanto, o terceiro que demonstrar interesse jurídico bastante pode requerer ao juiz certidão apenas da parte dispositiva da sentença bem como do inventário e da partilha resultante do divórcio ou da separação.

12.11 Lugar da prática dos atos processuais

Além da forma, o estudo dos atos processuais exige também uma digressão sobre o lugar em que devem ser praticados. Forma e lugar não se confundem. Forma, como se viu, é o revestimento externo do ato processual. Lugar é o espaço físico no qual o ato se pratica. Vem de longe o respeito a um lugar solene e predeterminado para a realização dos atos processuais. Na Roma antiga este espaço era denominado *comitium*. Era um espaço situado dentro do *forum*. O *forum* romano não era apenas o lugar destinado aos atos processuais, mas também o local de realização das atividades comerciais, das reuniões cívicas, políticas etc. No *comitium* havia tribunas para os oradores, chamadas de *rostras*, e um local onde ficavam os juízes denominado *sella curulles*.[149]

O art. 217 do Código de Processo Civil cuida da matéria e estabelece que os atos processuais se realizam de ordinário na sede do juízo. Podem, todavia, efetuar-se em outro lugar, em razão da deferência de interesse da justiça ou de obstáculo arguido pelo interessado e acolhido pelo juiz. Deste enunciado, pode-se deduzir que: a) os atos processuais, de regra, são realizados na sede do juízo, isto é, no local onde funciona o juízo; b) a própria lei estabelece exceções, posto que há casos em que atos processuais podem realizar-se fora da sede do juízo. Esses casos são: a) deferência, o que remete ao art. 454 do Código de Processo Civil que determina que certas pessoas sejam ouvidas em suas residências ou onde exerçam suas funções; b) interesse da justiça, hipótese em que os atos processuais podem ser praticados fora da sede do juízo, como exemplo, na hipótese da inspeção judicial, arts. 481/484 do Código de Processo Civil; e c) casos de obstáculo, como exemplo, a tomada de depoimento de pessoa enferma ou incapacitada de locomover-se, nos termos do art. 449, parágrafo único do Código de Processo Civil.

A prática de atos processuais tem como limite espacial a comarca e o mundo, como bem ensina Couture.[150] Mediante as chamadas cartas precatórias ou rogatórias, os atos processuais podem ser realizados em outra comarca que não aquela em que sediado o juízo, como também no exterior. Acresce que existem atos processuais que por sua própria natureza serão realizados fora da sede do juízo, como a citação, que terá que ser feita onde o réu for encontrado.

---

[149] TORNAGHI, Hélio. *Comentários ao Código de Processo Civil*. 2. ed. São Paulo: Revista dos Tribunais, 1978. v. II. p. 53-54.
[150] COUTURE, Eduardo Juan. *La comarca y el mundo*. Buenos Aires: Alfar, 1953.

12.12 Tempo para a prática dos atos processuais

Ao lado da forma e do local, é também importante o exame do tempo para a realização dos atos processuais. O art. 212 do Código de Processo Civil regulamenta que os atos processuais se realizem nos dias úteis, das 6h às 20h. A regra não é absoluta. Dias úteis são aqueles dias em que há expediente forense. Os romanos distinguiam os dias fastos dos dias nefastos, isto é, os dias em que os juízes tinham ou não a faculdade de exercer a jurisdição. Dois são os princípios informativos do tempo para a realização dos atos processuais: a) princípio da paridade de tratamento, segundo o qual as partes devem ser tratadas igualmente no processo e a cada uma delas deve ser concedido o mesmo prazo para a prática de atos idênticos. A exceção fica por conta do prazo privilegiado concedido ao Ministério Público e à Fazenda Pública por força do art. 183 do Código de Processo Civil; e b) princípio da brevidade, que indica que o processo deve ser o mais breve possível, porque assim determina o interesse público e a garantia constitucional prevista no art. 5º, LXXVIII da CRFB/88.

12.13 Prazo

Tão ou mais importante do que a forma é o prazo para a prática do ato processual. Prazo é o lapso dentro do qual os atos processuais devem ser praticados. Mas aqui não se cuida mais de saber os dias ou os períodos em que podem ou não ser praticados e sim da fixação de um espaço de tempo dentro do qual os atos terão que ser praticados sob pena de se perder a possibilidade de praticá-los. Esta matéria é regida por três princípios básicos: a) o princípio da paridade ou da igualdade, já explicitado anteriormente; b) o princípio da utilidade, segundo o qual os prazos devem ser suficientes para que as partes possam exercer seus direitos, c) o princípio da continuidade, segundo o qual, uma vez iniciado o curso do prazo, este não se interrompe nem se suspende. Há exceções. No caso de interrupção, o prazo recomeça por inteiro. No caso de suspensão, o prazo flui pelo restante; d) o princípio da inalterabilidade, que significa que os prazos são imodificáveis pelo juiz, isto é, não se prorrogam nem se reduzem, salvo motivo legítimo; e e) o princípio da peremptoriedade, que significa que os prazos se extinguem naturalmente no dia de seu vencimento sem necessidade de qualquer ato da parte.

12.14 Classificação dos prazos processuais

Os prazos processuais classificam-se em: a) legais, judiciais e convencionais; b) próprios ou impróprios; e c) dilatórios ou peremptórios. Prazo legal é aquele estabelecido na lei, por exemplo, art. 335 do Código de Processo Civil. Prazo judicial é o estabelecido pelo juiz, por exemplo, art. 76 do Código de Processo Civil. Prazo convencional é o convencionado pelas partes, por exemplo, art. 191 do Código de Processo Civil, que estabelece um calendário para a prática dos atos naquele processo. Prazos próprios são os destinados à prática dos atos processuais das partes. Sua inobservância acarreta graves consequências processuais. Prazos impróprios são os destinados aos atos praticados pelo juiz e pelos auxiliares da justiça. Sua inobservância pode acarretar consequências meramente disciplinares. Prazos dilatórios são os que indicam uma delonga concedida à parte ou a terceiro para a prática de um ato. É o prazo de espera, como o previsto no §2º do art. 218 do Código de Processo Civil. Prazo peremptório é aquele no qual o ato precisa ser praticado, pois findo o prazo se opera a preclusão. Dá-se o fechamento da via judicial e o ato não pode mais ser praticado.

12.15 Contagem dos prazos processuais

A contagem dos prazos processuais está disciplinada nos arts. 219 e 224 do Código de Processo Civil. Destarte, salvo disposição em contrário, na contagem dos prazos computam-se apenas os dias úteis, excluindo-se o dia do começo e incluindo-se o do vencimento. Como é normal, vencendo-se o prazo em dia não útil ou em dia que o expediente forense, por qualquer motivo, for encerrado antes da hora usual, considera-se prorrogado o prazo até o primeiro dia útil subsequente. Além disto, o início da contagem dos prazos só se dá a partir do primeiro dia útil após a intimação. A razão desta regra repousa em que o primeiro dia, isto é, o dia da própria intimação, não aproveita à parte por inteiro. Assim, o prazo em dias seria sempre incompleto se seu início se desse no primeiro dia.

12.16 Preclusão

Até agora vimos a forma, o lugar e o tempo mediante os quais devem e precisam ser realizados os atos processuais. Cabe em seguida perquirir a consequência do seu desatendimento. Chama-se de preclusão a perda, a extinção ou a consumação de uma faculdade das partes ou de um direito processual ou de um poder do juiz que, por não ter sido exercido em tempo e momento oportuno ou por se haver esgotado, fica extinto. A preclusão pode ser temporal, lógica ou consumativa.

O termo deriva do latim *praeclusio* de *praecludere*, que significa fechar, tolher, encerrar. Ocorrida a preclusão sem que o ato tenha sido praticado torna-se inadmissível sua prática. A preclusão temporal é efeito da inércia da parte. A preclusão lógica decorre da prática de um ato incompatível com aquele que se queria ou que deveria ter sido praticado e a preclusão consumativa decorre da prática de um outro ato processual, com ou sem êxito, mas que, consumado, impede sua nova realização. É exemplo de preclusão temporal a inércia da parte em não contestar a ação no prazo previsto. Transcorrido este, o réu se tornará revel e não poderá mais contestá-la. É exemplo de preclusão lógica o inquilino que na ação de despejo por falta de pagamento purga a mora, pois que este ato é incompatível, logicamente, com a prática do ato de contestar a ação. É exemplo de preclusão consumativa a decisão interlocutória ou a própria sentença, eis que, salvo exceções pontuais e restritamente ressalvadas em lei, o juiz não poderá mais decidir as questões já decididas.

O art. 223, *parte final* do Código de Processo Civil excepciona os efeitos da preclusão temporal quando a parte provar que deixou de realizar o ato por justa causa. O §1º do mesmo artigo, numa interpretação autêntica, diz o que se deve entender por justa causa neste caso. É o evento imprevisto e alheio à vontade da parte. A consequência processual da comprovação e do reconhecimento da justa causa para a não prática do ato é o que, tecnicamente, se denomina de devolução do prazo. Ocorrendo isto, o prazo que antes era legal, quando devolvido, deixa de ser legal e passa a ser prazo judicial.

CAPÍTULO 13

DOS VÍCIOS DOS ATOS PROCESSUAIS – DAS NULIDADES

13.1 Nulidades

No dizer de Carnelutti, o ordenamento jurídico apresenta dois figurinos: o dos atos que não devem ser praticados, cujo elenco inscreve-se no Código Penal, e o dos atos que devem ser praticados, inscritos no restante da legislação. A prática de uns, de conformidade com o figurino traçado, vai gerar o ilícito penal; a prática de outros, fora do figurino, vai gerar a invalidade do ato.[151]

Moniz de Aragão qualifica o tema das nulidades como um dos mais árduos do processo civil, por qualquer ângulo que se o encare. Para o ilustre processualista, o tema das nulidades é complexo para o legislador e para o magistrado e penoso para as partes.[152] Assim também entende Tornaghi, que alude ser este um dos mais pobres e infelizes assuntos da processualística atual.[153]

13.2 Inexistência

Como vimos anteriormente, o ato processual é uma espécie qualificada de ato jurídico, tecnicamente denominado ato jurídico processual. Assim, tal qual os atos jurídicos em geral, os atos jurídicos processuais têm seus elementos formadores: partes, forma e objeto. No estudo dos atos jurídicos em geral, assim como dos atos jurídicos processuais, apresentam-se cortes na sua estrutura formadora. A esses cortes na melhor técnica preferimos chamar de planos. Destarte, temos o plano da existência, o plano da validade e o plano da eficácia.

---

[151] CARNELUTTI, Francesco. *Sistema del diritto processuale civile*. Pádua: Cedam, 1938. v. II. p. 486-487.
[152] ARAGÃO, Egas Dirceu Moniz de. *Comentários ao Código de Processo Civil*. 10. ed. Rio de Janeiro: Forense, 2005. v. II. p. 287.
[153] TORNAGHI, Hélio. *Comentários ao Código de Processo Civil*. 2. ed. São Paulo: Revista dos Tribunais, 1978. v. II. p. 221 (o autor está se referindo ao CPC de 1973, nada obstante, a lúcida observação permanece válida na atual sistemática processual civil).

Para que o ato exista juridicamente, é necessário que haja parte ou partes, que haja manifestação de vontade e que essa manifestação de vontade se exteriorize, bem como é necessário que esse ato tenha um objeto, isto é, uma finalidade a ser atingida. Se isso existe, o ato existe juridicamente e, portanto, uma vez preenchidos os requisitos necessários para sua existência jurídica, este plano estará completo.

13.3 Validade

Constatada a existência do ato, passa-se ao plano de sua validade, pois que ao ato não basta existir juridicamente, é imprescindível que esta sua existência jurídica seja válida. O exame da validade do ato dar-se-á em seguida ao exame da existência, uma vez que o corte que aí se faz não é mais nos elementos formadores do ato, mas no seu desdobramento. Assim, para que a existência do ato seja válida, torna-se necessário que as partes sejam capazes ou tenham sua incapacidade suprida, que a forma seja a prescrita ou a não defesa em lei, que não haja vícios na manifestação da vontade e, finalmente, que seu objeto seja lícito.

13.4 Eficácia

Eficácia é a capacidade do ato para gerar efeitos jurídicos. Esse exame tem como objetivo apurar se aquele ato é capaz de gerar os efeitos jurídicos a que se destina e com cuja finalidade foi praticado. Vezes há que, não obstante o total acertamento dos planos da existência e da validade, ainda assim, o ato não está apto a gerar efeitos jurídicos, como os atos praticados sob termo, encargo ou condição, no caso condição suspensiva, como exemplo, o testamento que, embora evidentemente praticado pelo testador enquanto vivo, só gerará efeitos após a sua morte. Mas não é disso que se cuida neste capítulo. Justamente aqui se vai analisar a inoperância ou a ineficácia do ato jurídico processual em razão de um vício que o acoime. Dependendo da localização em que se identifique o vício nos cortes da existência ou da validade, estabelecer-se-ão as possibilidades de eficácia do ato assim inquinado.

Destarte, se o ato carece de um elemento essencial, isto é, de uma célula necessária à sua existência, este ato será inexistente juridicamente, ainda que existente aparentemente. Uma vez inexistente, sequer há de se cogitar de sua validade e consequentemente de sua eficácia. É, por exemplo, inexistente a sentença proferida por quem não é juiz.

13.5 Nulidade absoluta e nulidade relativa

A nulidade absoluta é aquela que não admite que o ato gere qualquer efeito. O ato absolutamente nulo nunca gerou, não gera e jamais gerará efeitos jurídicos. Nesse particular, não existe diferença entre a nulidade absoluta e a inexistência do ato, porquanto uma e outra acarretam sua mais absoluta ineficácia e a impossibilidade de que o ato possa vir a gerar algum efeito. Todavia, inexistência e nulidade absoluta não são a mesma coisa, eis que o ato inexistente jamais convalesce, e o absolutamente nulo, em sede de processo civil, poderá vir a convalescer, mediante o efeito sanatório e preclusivo da coisa julgada.

A nulidade absoluta também acarreta a inoperância da eficácia do ato. Ele nasce nulo e nulo permanecerá. Tal é a gravidade do vício que macula o ato absolutamente nulo que acarreta sua total impossibilidade de atingir o fim colimado. À nulidade absoluta se contrapõe a nulidade relativa. A nulidade absoluta e a nulidade relativa têm em comum a circunstância de ambas se situarem no plano da validade. Porém, as consequências de uma e de outra são diferentes. Na nulidade absoluta, como se viu, afora a eficácia preclusiva da coisa julgada, o ato é incapaz em qualquer tempo de gerar efeitos jurídicos, isto porque o vício que o contamina, de ordem pública, é de tal gravidade que não existe a menor possibilidade de saná-lo. Todavia, na nulidade relativa o ato nasce nulo e nulo permanece, mas pode vir a gerar os efeitos jurídicos a que se destina, porque seu vício admite convalescença. Assim, o ato eivado de nulidade relativa não gera efeitos até o momento em que sanado seu vício passe a gerar.

13.6 Anulabilidade

A seguir, vem a anulabilidade, que, embora parecida com a nulidade relativa, com ela não se confunde. No exame da anulabilidade o que se constata é que, ao contrário da nulidade relativa, o ato nasce gerando efeitos, porém, se e quando vier a ter reconhecido e declarado seu defeito congênito, deixará de gerar esses mesmos efeitos. A distinção entre a nulidade relativa e a anulabilidade, quanto ao momento da geração dos efeitos, está em que na nulidade relativa o ato não gera efeitos até que se sane o vício e a partir daí passa a gerá-los. Já na anulabilidade, é exatamente o contrário. Isto é, apesar do vício que o inquina, o ato gera efeitos até que se declare sua anulabilidade, quando a partir de então deixará de gerar efeitos. No que diz respeito à causa, a diferença é que a nulidade relativa é fruto de desatendimento a normas cogentes, questões de ordem pública, porém de menor gravidade do que as de nulidade absoluta, ao passo que na anulabilidade a infração diz respeito a normas dispositivas, por isso que a primeira pode ser conhecida de ofício pelo juiz e a segunda só por provocação das partes.

13.7 Irregularidade

Algumas vezes os atos processuais apresentam na sua formação aquilo que se convencionou chamar na doutrina de meras irregularidades. São situações em que a formação do ato não se dá exatamente da maneira pela qual prevista, mas nem por isso o vício que o inquina assume importância suficiente para que se chegue ao ponto de questionar sua existência, sua validade ou sua eficácia. Esta curiosa ocorrência costuma-se chamar de mera irregularidade. Essas irregularidades seriam de dois tipos: a) aquelas corrigíveis e b) aquelas que não comportam correção. As primeiras são passíveis de correção em qualquer tempo pelo juiz ou a requerimento das partes. As segundas sequer precisam ser corrigidas. É exemplo da primeira o erro de cálculo da sentença. Como exemplo da segunda pode-se citar a inobservância de um prazo recomendativo para que o juiz pratique um ato.[154]

---

[154] MARQUES, José Frederico. *Instituições de processo civil*. Rio de Janeiro: Forense, 1958. v. II. p. 414-415.

13.8 Nulidade e preclusão

Neste capítulo torna-se necessário aduzir algumas considerações acerca da atuação do tempo nas nulidades. De pronto, cabe trazer a lume a regra contida no art. 278 do Código de Processo Civil, segundo a qual a nulidade dos atos deve ser alegada na primeira oportunidade em que couber à parte falar nos autos, sob pena de preclusão. Tal regra, evidentemente, decorre do princípio da economia processual, contudo, é preciso esclarecer que a preclusão, apesar da letra fria do artigo, não operará nas hipóteses de nulidade absoluta ou mesmo de inexistência do ato. Em verdade, a regra contida no *caput* do dispositivo só tem vez quando se trata de nulidades as quais compete às partes argui-las. Tanto é que o parágrafo único do citado dispositivo ressalva que a regra não se aplica àquelas nulidades que o juiz deva decretar de ofício.

Assim temos que, se o ato é absolutamente nulo, incide o *caput* do art. 282 quando dita que o juiz, ao pronunciar a nulidade, declarará que atos são atingidos. Se o ato é relativamente nulo, aplica-se também o art. 282, *caput*, porém, na sua primeira parte, isto é, o juiz declara a nulidade, delimita seu alcance, mas determina a retificação do ato, ou seja, determina a diligência necessária para sanar o vício. Já se o ato é anulável há de se aplicar o *caput* do art. 278, porquanto, nesta hipótese, o juiz estará impedido de anular o ato *ex officio*, só podendo fazê-lo se a parte interessada assim o requerer.

Cabe também dizer que os vícios dos atos jurídicos processuais se propagam e também comprometem a eficácia dos atos subsequentes que tenham origem no ato viciado. É fácil entender. O processo compõe-se de uma sequência de atos jurídicos processuais ordenados. Assim, é tranquilo perceber que haverá uma relação de consequências entre uns e outros atos processuais, sem o que não se teria a ordenação necessária à caracterização do processo como relação jurídica processual. Assim, é óbvio que se o ato originário está viciado, aqueles que dele decorrem, ainda que produzidos sem qualquer mácula, viciados também o são. Veja-se, por exemplo: se a citação do réu é nula e se o réu não contesta a ação, a decretação de sua revelia, embora correta, também é nula, pois que revel é o réu que não contesta, porém, desde que, evidentemente, tenha sido regularmente citado.

13.9 Efeito sanatório

Como se viu, a própria necessidade da economia processual indica que a lei faça o possível para salvar, no sentido de aproveitar, os atos processuais. O lema é o de que no processo se aproveita tudo que possa ser aproveitável. Nesse mister, o único limite que se precisa respeitar é o de não se criar prejuízos para as partes nem para as garantias processuais a elas asseguradas e, evidentemente, à ordem pública. Aos expedientes postos pela lei com a preocupação de resguardar ao máximo os atos processuais, dá-se o nome de atividades sanatórias ou atividades impeditivas. Isto ocorre: a) quando a lei evita que surjam vícios, art. 278, parte final do Código de Processo Civil; b) quando a lei obsta que os vícios sejam alegados por quem lhes deu causa, art. 276 do Código de Processo Civil; e c) quando a lei sana os vícios, art. 277 do Código de Processo Civil.

CAPÍTULO 14

DO IMPULSO PROCESSUAL

14.1 Atos de comunicação processual

Os atos processuais praticados por uma parte precisam ser imediatamente conhecidos pela outra, assim como os atos praticados pelo juiz. Tudo que o juiz decide, determina ou ordena, para que valha, há de ser comunicado às partes. Por isso mesmo que se diz que no processo existe um verdadeiro intercâmbio processual entre as partes nele envolvidas, sem o que não se cumpre ao princípio do contraditório e da ampla defesa. Estudar a comunicação dos atos processuais ou dos atos processuais de comunicação é estudar o intercâmbio processual.

Pode-se definir comunicação como a maneira pela qual se faz saber a alguém daquilo que se passa em determinado setor, localidade ou momento. No caso específico da matéria processual, pode-se entender a comunicação como a transmissão das mensagens dos atos praticados no processo, a fim de que as partes interessadas e eventualmente terceiros conheçam tais atos e acompanhem o seu desenvolvimento.[155]

Comunicar é, pois, tornar comum, dar conhecimento a todos de cada ato praticado no processo. Isto pode ser feito basicamente de duas maneiras: a) diretamente, que se chama de comunicação direta, quando o ato é praticado na presença das partes, o que significa que a própria realização do ato já implica seu conhecimento, não havendo necessidade da prática de outro ato processual com a finalidade de comunicar a prática daquele, por exemplo, os atos praticados em audiência; e b) indiretamente, nas hipóteses em que é necessário um outro ato específico, chamado de ato de comunicação, o qual tem por finalidade informar à outra parte ou a terceiros a realização daquele ato.

Basicamente, os atos de comunicação processual são: a citação e as intimações. Por razões pedagógicas cabe aqui também o estudo das cartas processuais: carta de ordem, carta de vênia, carta precatória e carta rogatória, tema tratado no Código de Processo Civil nos arts. 236 a 275.

---

[155] SOUSA, Messias de. *Digesto do processo*. Rio de Janeiro: Forense, 1980. v. II.

14.2 Citação

A audiência inicial do réu é absolutamente imprescindível para tornar legítima a atividade jurisdicional. E não poderia ser mesmo de outra maneira, já que a citação se inclui entre as garantias asseguradas processualmente.

Citação é o chamamento do réu ou, por outra, a convocação do réu para vir a juízo responder à pretensão que ante si foi deduzida pelo autor. Mas citação não é só isto. A ideia de citação abrange também a conotação de conhecimento e de incitação. No ato processual da citação há ao mesmo tempo a ciência que se dá ao réu da ação proposta pelo autor e o seu incitamento para que vá a juízo e produza sua defesa. Deste componente do incitamento contido no ato da citação é que vai decorrer a caracterização de que a defesa para o réu não é apenas um direito, mas um ônus.

Citação é, pois, o ato processual pelo qual se chama o réu a juízo para se defender de determinada ação, da qual se lhe dá conhecimento.[156] É ato imprescindível para o início válido do processo, tanto que a lei processual estabelece no art. 239 do Código de Processo Civil que para a validade do processo é indispensável a citação do réu. Tão importante é este ato de comunicação processual que o próprio Código de Processo Civil procura defini-lo no art. 238, quando diz que citação é o ato pelo qual se chama a juízo o réu, o executado ou o interessado, para integrar a relação processual.

Citação é ato do juiz, pois que é o juiz que a ordena. É ato escrito, eis que ato que documenta o chamamento e a comunicação do conhecimento da ação ao citado. É ato processual constitutivo, pois é com a citação que se completa a relação jurídica processual, até então iniciada com a propositura da ação, mas ainda não regularmente e definitivamente formada por ausência da citação. Daí decorre, por óbvio, que sem a citação o processo é absolutamente nulo, já que não se forma a relação jurídica processual. Tão importante é o ato da citação que esta nulidade pode ser alegada em qualquer tempo e até mesmo após o trânsito em julgado em alguns casos, como se vê do art. 966, V do CPC, em que se enquadra a inexistência ou nulidade da citação, eis que sentença proferida em processo com vício desta magnitude é sentença proferida com manifesta violação à norma jurídica. Também por ocasião da impugnação ao cumprimento da sentença, pode-se arguir o vício da citação, nos termos do art. 535, I do Código de Processo Civil. Todavia, se a citação se faz sem observância das formalidades próprias, não é inexistente, mas nula. De toda sorte, as consequências são as mesmas. Nada obstante, cuida a lei do efeito sanatório para os defeitos da citação, quando prevê no §1º do art. 239 do Código de Processo Civil que o comparecimento espontâneo do réu ilide a nulidade da sua citação.

Como ato inicial de comunicação processual, a citação assume grandiosa relevância no processo. Contudo, sua importância e sua relevância não ficam adstritas aos limites da relação jurídica processual. A citação gera efeitos processuais e gera efeitos não processuais ou não tão processuais, também chamados de efeitos materiais ou colaterais da citação. Entretanto, tenha-se sempre em mente que efetuada a citação seus efeitos retroagem à data da propositura da ação.

---

[156] SANTOS, Moacyr Amaral dos. *Primeiras linhas de direito processual civil.* 24. ed. São Paulo: Saraiva, 2008. v. I. p. 172.

14.3 Efeitos processuais da citação

São efeitos processuais da citação: a) completar a relação jurídica processual; b) prevenir o juízo, o que significa que feita a citação está prevenía a competência do juízo que a ordenou; c) produzir a litispendência, isto é, aquela ação não poderá ser proposta perante o mesmo ou outro juízo; é a aplicação do princípio de que *bis in eadem res non sit actio*. Caso isso ocorra, surge para o réu, no segundo processo, a possibilidade de alegar, em preliminar de contestação, a defesa processual da arguição da litispendência, conforme art. 337, VI do Código de Processo Civil; e d) tornar inadmissível a modificação pelo autor do pedido e da causa de pedir sem o consentimento do réu, nos termos do art. 329, II, a contrário senso.

14.4 Efeitos materiais da citação

São efeitos materiais da citação: a) tornar litigiosa a coisa, porquanto, pela citação, o objeto da pretensão passa a ser informado pela condição de coisa litigiosa, daí decorrem consequências que afetarão eventuais atos de disposição sobre a coisa; b) constituir em mora o devedor, e aqui é evidente que o Código está se referindo ao devedor que ainda não esteja em mora, pois, se o devedor já se encontrar em mora por qualquer outra razão, a citação, evidentemente, não operará este efeito; e c) interromper a prescrição, se esta ainda não estiver interrompida.[157] Estes chamados efeitos materiais da citação são produzidos mesmo quando o juiz que a ordenou seja incompetente. Tal exceção se explica na medida em que tanto a constituição da mora como a interrupção da prescrição são, na verdade, efeitos jurídicos típicos de direito material, por isso que permanecem, mesmo quando a citação tenha sido ordenada por juiz incompetente.

14.5 Modalidades da citação

Citação é o conteúdo do ato que, como todo ato jurídico processual, se expressa e se fixa no processo por determinada forma. Essas formas de citação o Código chama de modalidades de citação. Estas modalidades estão previstas no art. 246 do Código de Processo Civil e são: a) citação pelo correio; b) citação pelo oficial de justiça, que pode ser citação pessoal ou *in facie*, ou citação por hora certa; c) citação pelo escrivão ou chefe de secretaria se o citando comparecer em cartório; d) citação por edital; e e) citação por meio eletrônico.

14.6 Citação postal

A citação postal, nos termos do art. 247 do Código de Processo Civil, é admissível para qualquer comarca do país, exceto naquelas hipóteses ressalvadas no próprio dispositivo, quais sejam: a) nas ações de estado (*vide* §3º do art. 695 do CPC); b) quando o citando for pessoa incapaz; c) quando o citando for pessoa de direito público; d) quando

---

[157] MOREIRA, José Carlos Barbosa. *O novo processo civil brasileiro*. 26. ed. Rio de Janeiro: Forense, 2008. p. 33-34.

o citando residir em local não atendido pela entrega domiciliar de correspondência; e e) quando o autor a requerer de outra forma. As cautelas exigidas são aquelas dispostas no art. 248 e seus parágrafos do Código de Processo Civil.

14.7 Citação por mandado

A citação por oficial de justiça, nos termos do art. 249, cabe em todos os casos ressalvados no art. 247 ou quando frustrada a citação pela via postal. É a citação feita por mandado, porque mandado é ordem do juiz. O juiz manda que o oficial de justiça cite o réu. O instrumento dessa ordem é o mandado de citação. Assim, citação por mandado é a que se faz por intermédio do oficial de justiça em cumprimento do mandado, isto é, da ordem do juiz. Neste tipo de citação, o réu deverá, em situações normais, ser citado em sua residência, mas poderá sê-lo onde for encontrado.

14.8 Citação por hora certa

O art. 252 do Código de Processo Civil disciplina a chamada citação com hora certa que, no dizer de Pontes de Miranda, "Não se trata, propriamente de modalidade de citação, é apenas exceção à pessoalidade da citação".[158] Citação com hora certa é a prevista no Código quando exista fundada suspeita de que o réu se oculta para impedir a citação. Assim, o oficial de justiça, quando, por duas vezes, houver procurado o réu em seu domicílio ou residência, sem o encontrar, deverá, havendo suspeita de ocultação, intimar qualquer pessoa da família, ou em sua falta qualquer vizinho, e, no dia imediato, voltará a fim de efetuar a citação, na hora que designar.

Portanto, para que ocorra citação com hora certa é necessário que: a) o oficial de justiça tenha por duas vezes procurado o réu em seu domicílio ou residência sem encontrá-lo; e b) haja fundadas suspeitas de ocultação. Isto ocorrendo, o oficial de justiça intima um intermediário que terá a incumbência de comunicar ao réu que o oficial de justiça voltará no dia seguinte em hora certa, que significa com hora marcada, para efetuar a citação. Se no dia seguinte, na hora marcada, o oficial de justiça encontrar o citando, fará a citação pessoalmente. Não o encontrando, dará por feita a citação. Depois, lavrará certidão circunstanciada.

A citação por hora certa é citação presumida ou citação ficta, pois presume-se que o intermediário, pessoa da família ou vizinho, dê ao citando conhecimento do ocorrido e lhe entregue a contrafé. Contrafé, nos termos do art. 251, I do Código de Processo Civil, é a cópia autêntica do mandado. Esta modalidade de citação, evidentemente, traz perigos. Prevendo tais percalços, a lei determina que, após citação, o escrivão envie carta, telegrama etc. ao réu para confirmá-la, de conformidade com o art. 254 do Código de Processo Civil. Além disso, o réu revel, citado com hora certa, terá curador especial nos termos do art. 72, II do Código de Processo Civil.

---

[158] MIRANDA, Francisco Cavalcanti Pontes de. *Comentários ao Código de Processo Civil*. 2. ed. Rio de Janeiro: Forense, 1979. t. III. p. 379.

14.9 Citação por meio eletrônico

A citação por meio eletrônico, prevista no inc. V do art. 246 do Código, é regulada em lei própria, no caso os arts. 6º e 9º da Lei nº 11.419/06, que dispõe sobre a informatização do processo judicial, observadas sempre as cautelas previstas nos arts. 193 a 199 do Código de Processo Civil.

14.10 Citação por edital

Citação por edital é modalidade de citação que cabe quando: a) for o citando desconhecido ou incerto; b) for ignorado, incerto ou inacessível o lugar onde se encontra o citando; c) o país onde se encontra o citando recusar o cumprimento de carta rogatória, art. 256, §1º do CPC, e nos casos expressos em lei, como exemplo, os réus ausentes na ação de usucapião, art. 246, §3º, do Código de Processo Civil, os interessados no inventário, não domiciliados nem encontrados na circunscrição judiciária onde corra o inventário, art. 626, §1º do CPC.

Para o deferimento da citação por edital, exige-se: a) a afirmação do autor ou a certidão do oficial de justiça quanto àquelas situações anteriormente mencionadas; b) a publicação do edital no *site* do respectivo tribunal e na plataforma digital do Conselho Nacional de Justiça, devendo ser certificada nos autos; c) a fixação pelo juiz do prazo para conhecimento do edital, que poderá variar entre 20 e 60 dias, correndo sempre da data da publicação única ou, havendo mais de uma, da primeira publicação; d) a advertência de que será nomeado curador especial em caso de revelia (conforme art. 257 do Código de Processo Civil). Prevê o Código também a possibilidade de o juiz determinar que a publicação do edital seja feita também em jornal de ampla circulação, ou por outros meios considerando as peculiaridades da comarca, da seção ou da subseção judiciárias.

14.11 Intimação

A citação é ato de chamamento do réu ao processo, portanto ato constitutivo da relação jurídica processual, já a intimação se dá no curso do processo já instaurado, quando a relação processual já está constituída. Intimação é o ato processual de comunicação pelo qual se dá ciência a alguém dos atos e termos do processo, para que faça ou deixe de fazer alguma coisa. Assim, o objeto da intimação são os atos e os termos do processo.

A primeira observação que se apresenta é a de que as intimações, de regra, efetuam-se de ofício, salvo disposição em contrário. Esta conduta contida no art. 271 do Código de Processo Civil significa que, instaurada a instância e pendente o processo, as intimações não precisam, de ordinário, ser requeridas pelas partes, pois, tratando-se de uma necessidade a comunicação dos atos e dos termos do processo, sua intimação é imperiosa mesmo sem requerimento das partes, daí porque de ofício.

O *modus faciendi* das intimações varia. Pelo que dispõe o art. 272 do Código de Processo Civil, quando não realizadas por meio eletrônico, consideram-se feitas as intimações pela só publicação dos atos no órgão oficial. Isto não vale para o Ministério Público, que, em qualquer caso, tanto atuando como parte como atuando como *custus legis*, será intimado pessoalmente. Exige a regra processual contida no §2º do art. 272, que, sob pena de nulidade, da publicação intimatória constem os nomes das partes e de seus advogados, de forma suficientemente capaz para sua identificação.

Quando inviável a intimação por meio eletrônico e caso não haja órgão de publicação dos atos oficiais na comarca, compete ao escrivão intimar os advogados das partes, pessoalmente, caso tenham o domicílio na sede do juízo; por carta registrada, com aviso de recebimento, quando domiciliado fora do juízo.

Da mesma maneira que a citação por mandado socorre a citação por correio quando esta for frustrada, a intimação por meio de oficial de justiça é a cabível quando frustrada sua realização por outro modo. As intimações consideram-se realizadas no primeiro dia útil seguinte, se tiverem ocorrido em dia em que não tenha havido expediente forense.

14.12 Intimação e revelia

Observe-se que, nos termos do art. 346 do Código de Processo Civil, contra o revel correrão os prazos independentemente de intimação. Poderá ele, entretanto, intervir no processo em qualquer fase, recebendo-o no estado em que se encontra. Isto significa que o revel não será intimado dos atos processuais. Ainda neste tema, cumpre observar que o art. 106 do Código de Processo Civil manda o advogado indicar na inicial ou na contestação o endereço onde receberá as intimações.

14.13 Início dos prazos

Uma rápida palavra quanto ao início da contagem dos prazos nos casos de citação e de intimação. Dispõe o art. 231 do Código de Processo Civil que: a) quando a citação ou a intimação for pelo correio, inicia-se o prazo da data da juntada aos autos do aviso de recebimento; b) quando a citação ou intimação for por oficial de justiça, inicia-se o prazo da data da juntada aos autos do mandado cumprido; c) quando se der por ato do escrivão ou chefe de secretaria conta-se da data da ocorrência da citação ou da intimação; d) quando a citação ou intimação se der por edital, inicia-se o prazo no dia útil seguinte ao fim da dilação assinada pelo juiz; e) quando a citação for eletrônica será no dia útil seguinte à consulta ao teor da citação ou da intimação; f) quando o ato se realizar em cumprimento de carta precatória, rogatória ou de ordem, inicia-se o prazo da data da comunicação ao juízo deprecante da juntada da comprovação da citação nos autos da respectiva carta, isto não ocorrendo o início do prazo se dará da juntada da carta devidamente cumprida aos autos de origem; e g) quando a intimação se der pelo Diário de Justiça, impresso ou eletrônico, conta-se da data da publicação; h) quando a intimação se der por meio da retirada dos autos em carga do cartório ou da secretaria, conta-se do dia da carga.

14.14 Citação e intimação na pessoa do porteiro

Atualmente, está se popularizando na *práxis forense* uma modalidade de citação não prevista no Código de Processo Civil. De um lado, a complexidade do mundo moderno aliada ao grau de insegurança nos grandes centros urbanos, de outro lado, a esperteza de réus que procuram ganhar tempo no processo dificultando, ao máximo, o recebimento de citações, acabam por tornar prática a chamada citação ou intimação na pessoa do porteiro. As moradias e os escritórios dos grandes centros urbanos estão localizados, na maioria das vezes, em condomínios verticais, onde as correspondências e os mensageiros em geral são filtrados pelos porteiros. É muito comum o porteiro só dar acesso ao prédio após uma confirmação do condômino a ser visitado, que muitas vezes manda informar que está ausente com o intuito de frustrar o ato. Nesses casos, também muitas vezes, o oficial de justiça, ao invés de proceder de conformidade com a citação com hora certa, dá o citando por citado. E também muitas vezes isto vem sendo aceito sem maiores questionamentos.

14.15 Cartas processuais

Como se disse antes, por uma questão didática, cabe neste capítulo estudar as cartas processuais. *Charta* era em latim uma folha, em geral de papiro, vitela ou pergaminho.[159] O art. 236, §1º do Código de Processo Civil estabelece que os atos processuais serão cumpridos por ordem judicial ou requisitados por carta, conforme hajam de realizar-se dentro ou fora dos limites territoriais da comarca. Assim, quando os atos precisam ser realizados em outra base territorial cabe ao juiz providenciar junto ao outro juízo para que lá se realize o ato. O instrumento deste intercâmbio é o que se chama de carta processual. Três são suas modalidades: carta precatória, carta de ordem e carta rogatória.

14.16 Carta precatória

"Precar é pedir, de *precor, precari*, de *prex, precis*, donde prece. Deu-nos precação, precatório, precativo, deprecar, deprecação, deprecatório".[160] "Carta precatória é a enviada de um juiz a outro de igual categoria jurisdicional".[161] O juízo que expede a carta precatória solicita a feitura do ato processual a outro juízo para quem a carta é expedida. Denomina-se juízo deprecante aquele que solicita e juízo deprecado aquele a quem a providência é solicitada.

Expedida a carta precatória e apresentada ao juízo deprecado, cabe a este ordenar os atos e as diligências para o cumprimento do que lhe foi solicitado. Cumprida a carta, ela é devolvida ao juízo de origem, uma vez pagas as custas pela parte que requereu a diligência. A carta precatória tem caráter itinerante, isto é, a parte que a requereu pode apresentá-la a juízo diverso daquele deprecado, a fim de que se pratique o ato, e pode fazê-lo mesmo depois de o juízo deprecado ter ordenado o cumprimento do ato. Todo e qualquer ato processual pode ser objeto de uma carta precatória, mas os mais comuns são a citação e os atos instrutórios em geral.

---

[159] TORNAGHI, Hélio. *Comentários ao Código de Processo Civil*. 2. ed. São Paulo: Revista dos Tribunais, 1978. v. II. p. 106.
[160] MIRANDA, Francisco Cavalcanti Pontes de. *Comentários ao Código de Processo Civil*. 2. ed. Rio de Janeiro: Forense, 1979. t. III. p. 227.
[161] MARQUES, José Frederico. *Manual do direito processual civil* – Teoria geral do processo civil. 4. ed. São Paulo: Saraiva, 1976. v. 1. p. 344.

14.17 Carta de ordem

A carta de ordem tem lugar quando o ato processual é requisitado por um órgão jurisdicional superior a um órgão jurisdicional inferior. Neste caso, não se expede carta precatória, mas sim carta de ordem. Se o ato tiver de ser realizado na mesma base territorial judiciária em que se localiza o juízo de grau superior, não se faz necessária a carta de ordem. Na carta de ordem, o juiz inferior não pode se recusar ao seu cumprimento.

É fora de dúvida que tanto o Supremo Tribunal Federal quanto o Superior Tribunal de Justiça podem expedir cartas de ordem a qualquer juiz ou tribunal do país. Dúvida há se o tribunal de justiça de um estado pode expedir carta de ordem a juiz de primeiro grau de jurisdição subordinado hierarquicamente a outro tribunal de outro estado. É evidente que não, pois se não há subordinação hierárquica, não pode haver ordem. Nesse caso, deve-se expedir carta precatória de tribunal para tribunal e o tribunal deprecado expede carta de ordem ao juiz de primeiro grau a ele hierarquicamente subordinado para que cumpra o ato deprecado.

14.18 Carta rogatória

Quando o ato processual precisa ser efetuado em outro país, o instrumento próprio é a carta rogatória. A carta rogatória enviada pelo Brasil denomina-se carta rogatória ativa. Já a carta rogatória em que é solicitada a prática de ato processual no Brasil é chamada de carta rogatória passiva. Por envolver duas nacionalidades, as cartas rogatórias, quando solicitadas ao Brasil, só são cumpridas após o *exequatur* concedido pelo Presidente do Superior Tribunal de Justiça, nos termos do art. 105, I, "i", da Constituição Federal.

Importante frisar em termos de carta rogatória que esta na verdade não é um instrumento de comunicação processual, porque, embora ato judicial, prescinde necessariamente da atuação do Ministério das Relações Exteriores que se dirige à autoridade estrangeira e esta, conforme a legislação do estado estrangeiro, recebe a rogatória e a distribui à autoridade judiciária competente no país a fim de que o ato seja realizado.

14.19 Carta de vênia

A expressão *carta de vênia* é utilizada quando o juízo solicitante e o juízo solicitado são do mesmo grau hierárquico e estão sediados na mesma circunscrição judiciária. Difere, assim, da carta precatória porque nesta, necessariamente, os juízos deprecante e deprecado precisam estar situados em comarcas diferentes ou pertencerem a justiças diferentes.

CAPÍTULO 15

DA FORMAÇÃO, SUSPENSÃO E EXTINÇÃO DO PROCESSO

15.1 Formação do processo

O princípio da inércia da jurisdição tem como corolário lógico o princípio da iniciativa das partes. Tal ideia está consagrada no art. 2º do Código de Processo Civil quando declina que o processo começa por iniciativa da parte, mas se desenvolve por impulso oficial, salvo as exceções previstas em lei. É que o juiz age por provocação da parte ou do interessado. O conteúdo do dispositivo significa que: embora consagre a lei o princípio da iniciativa das partes, ordena também ao magistrado que, uma vez instaurado o processo, venha a praticar atos, nas contingências de as partes nada postularem, com o escopo de desenvolvê-lo, alcançando, assim, com celeridade, o fim colimado: a sentença.[162]

O citado art. 2º do Código de Processo Civil, contudo, não deve ser interpretado e consequentemente aplicado e entendido dissociado do contexto em que se insere. A máxima nele contida, na verdade, positiva tanto o princípio da inércia da jurisdição quanto o princípio do impulso processual.

Entretanto, a constatação de que o processo só surge mediante iniciativa da parte, porém uma vez nascido se desenvolve por impulso do órgão jurisdicional, não deve levar ao erro de que possa existir processo antes de que seja formada a relação jurídica processual. Isso porque já se encontra suficientemente assente na doutrina que o processo é mesmo uma relação jurídica, que, por ser de cunho processual, é uma relação jurídica processual. Portanto, não pode haver processo não havendo a respectiva relação jurídica.[163]

Essa confusão se dá porque existe uma necessidade lógica e prática de se fixar exatamente o início do processo, isto é, em que exato momento nasce o processo. Há quem diga que o processo existe mesmo antes da citação, até porque, quando o juiz

---

[162] DEL GIGLIO, Alfredo José F. *Direito processual civil*. Rio de Janeiro: Forense, 1989. v. II. p. 52.

[163] Em nossa visão, todavia, admitir que o processo é uma relação jurídica não afasta de todo a possibilidade de entendê-lo também como situação jurídica.

indefere de plano a petição inicial, ele extingue o processo e no caso nem citação havia. Ora, só pode ser extinto o que existe, portanto, se o processo é extinto é porque ele existia mesmo antes da citação. Por sua vez, o art. 312 do Código de Processo Civil considera proposta a ação no momento em que é distribuída onde houver mais de uma vara. Porém, quanto ao réu, a propositura da ação só produz os efeitos previstos nos arts. 59 e 240 do Código de Processo Civil depois que este for validamente citado.

Parece-nos que toda celeuma reside na utilização equivocada dos conceitos de ação e de processo. Em nosso entendimento, processo e relação jurídica processual são a mesma coisa e uma coisa só. Daí decorre que se a relação jurídica processual só se ultima com a citação, é também somente com a citação válida que passa a existir validamente e eficazmente o processo. Isto muito pouco tem que ver com o exercício do direito de ação. Tanto que a chave para a solução do problema está no próprio conteúdo do art. 312 do Código de Processo Civil. A lei considera – e veja-se bem, ela apenas considera, ela não diz que está proposta – proposta a ação com a distribuição da inicial. Porém, ressalva que quanto ao réu os efeitos do art. 240 só se estabelecem depois da citação válida. Ora, se processo é relação jurídica entre autor, réu e juiz e se só teremos efeitos quanto ao réu após sua citação e se esses efeitos são efeitos processuais, é porque o processo só existirá, enquanto relação jurídica processual, após efetivada a citação.

15.2 Instauração da instância

Para exata compreensão do tema, é preciso recuperar o conceito de instância esquecido tanto no Código de Processo Civil de 1973 como no atual. Instância vem de instar que significa aproximar-se, daí instante. Também significa presença fluente. Instância judicial pode ser entendida como a unidade no tempo, isto é, atos e termos processuais, que se sucedem encaixando-se uns nos outros em fluxo unitário até a sentença definitiva, se antes não ocorrer a extinção do processo.[164] Obviamente, antes do despacho de admissibilidade da ação, que se concretiza, quando positivo, pelo "cite-se", não existe nada. Exarado o cite-se, instaura-se a instância judicial, embora não haja ainda processo, enquanto relação jurídica processual. Nesta linha de raciocínio, se o despacho inicial for negativo, isto é, pela inadmissibilidade da ação, a rigor, não se extingue o processo que, aliás, não se formou, mas extingue-se ou absolve-se tão somente a instância.

Ainda sobre o art. 2º do Código de Processo Civil, parte da doutrina vislumbra no dispositivo uma simbiose equilibrada entre os princípios do inquisitivo e do dispositivo, eis que o dispositivo estaria contido na primeira parte da norma e o inquisitivo na parte final. Critica-se sua redação quanto a não observância de que o Ministério Público também poderá ter iniciativa para o processo.[165] Assim não pensamos, porque o Ministério Público, quando, no processo civil, toma a iniciativa de propor a ação, age como parte.

---

[164] ARAGÃO, Egas Dirceu Moniz de. *Comentários ao Código de Processo Civil*. 10. ed. Rio de Janeiro: Forense, 2005. p. 372.
[165] CARNELUTTI, Francesco. *Sistema del diritto processuale civile*. Pádua: Cedam, 1938.

15.3 Estabilização do processo

Feita a citação e completada a relação jurídica processual, dá-se o fenômeno da estabilização do processo. Disto trata o art. 329, II do Código de Processo Civil. Infere-se da sua dicção que, após a citação, o autor não pode mais modificar nem o pedido nem a causa de pedir, sem o consentimento do réu, mantendo-se as mesmas partes, salvo as substituições permitidas por lei.

Como se vê, a estabilização do processo se opera em dois aspectos: aspecto subjetivo e aspecto objetivo. O aspecto subjetivo está contido na regra de que pela estabilização do processo ficam proibidas quaisquer alterações subjetivas, à exceção dos expressos casos previstos em lei. O aspecto objetivo se compõe de quatro regras: a) permissão de alteração objetiva antes de aperfeiçoada a citação do réu; b) permissão de alteração objetiva, após a citação, desde que haja concordância do réu, limitada esta possibilidade até a decisão de saneamento, art. 329, II do Código de Processo Civil; c) proibição de alteração objetiva após a citação do réu se este com ela não concordar explicitamente; e d) proibição de alteração objetiva após a citação do réu, mesmo que este com ela concorde, após a decisão de saneamento do processo.

Cabe esclarecer que a vedação de alteração subjetiva do processo vale apenas para as partes litigantes, isto é, autor e réu. Como sabemos o órgão jurisdicional também é parte na relação jurídica processual, mas a alteração subjetiva do órgão julgador nenhuma consequência trará para o desenvolvimento do processo.

Quanto à alteração subjetiva das partes litigantes cumpre salientar que quando esta situação processual é possível ocorre, na verdade, uma transformação subjetiva da lide. É isto que se vê, por exemplo, no art. 108 do Código de Processo Civil. Entretanto, é absolutamente imprescindível que não se confunda a transformação subjetiva da lide, como tal prevista no art. 108, com a legitimação extraordinária ou com o substituto processual.

O art. 108 do Código de Processo Civil permite a substituição das partes naquelas hipóteses em que a lei assim faculte ou assim determine. No plano do direito material, temos os seguintes exemplos: a) sucessão *causa mortis*, art. 110 do Código de Processo Civil, em que o espólio ou, inexistindo este, todos os herdeiros e sucessores substituem a parte falecida; e b) sucessão *inter vivos*, que pode ser a título universal ou singular. A título universal quando o sucessor sucede o sucedido na totalidade; neste caso ocorre a substituição na relação jurídica processual. Quando a sucessão se dá a título singular não há qualquer alteração na relação jurídica processual. Só poderá haver substituição de parte se a parte contrária expressamente concordar. Há uma exceção que é a que ocorre quando existe alienação de coisa litigiosa. Neste caso se o alienante da coisa ou direito litigiosos morrer, o adquirente continua com o processo e haverá uma alteração subjetiva permitida pela lei (art. 109).

Cabe observar que, em qualquer caso em que se dê substituição de parte em razão da morte da parte substituída, terá que haver a habilitação prévia prevista nos arts. 687 e seguintes do Código de Processo Civil e isto se aplica também à hipótese excepcional de substituição por morte da parte alienante da coisa litigiosa.

Como exemplo de transformação subjetiva da lide permitida pelo art. 108 do Código de Processo Civil, de natureza processual, pode-se citar a prevista no art. 339 e seus parágrafos do Código de Processo Civil quando o indicado como parte legítima pelo réu é aceito pelo autor e o autor promove-lhe a citação.

15.4 Suspensão do processo

Fixados os limites da formação do processo e o regramento das possibilidades da sua alteração subjetiva e objetiva, segue-se a análise das possibilidades da suspensão do processo. Por suspensão do processo deve-se entender situações excepcionais que justifiquem a paralisação de sua marcha ininterrupta. A suspensão do processo é, portanto, a alteração da marcha processual normal. Diz-se que se trata de uma anormalidade processual, porque o processo, uma vez iniciado, deve ter seu curso normal sem interrupções ou suspensões. Todavia, apresentam-se, por vezes, situações não queridas pelas partes litigantes nem pelo órgão jurisdicional, mas que impõem a suspensão do *iter* processual. Estas situações são chamadas de crise do processo, justamente porque somente fora das situações normais pode-se justificar a suspensão do processo.[166]

O assunto é tratado no Código de Processo Civil nos arts. 313 e seguintes e o diploma processual nomeia algumas hipóteses em que a marcha normal do processo será alterada e este consequentemente será suspenso. Oito são as hipóteses previstas na lei: a) pela morte ou perda da capacidade processual de qualquer das partes, de seu representante legal ou de seu procurador; b) pela convenção das partes; c) pela arguição de impedimento ou de suspeição; d) pela admissão de incidente de resolução de demandas repetitivas; e) quando a sentença de mérito for dependente de solução a ser dada em outra causa ou da declaração de existência ou de inexistência de relação jurídica que constitua o objeto principal de outro processo pendente, ou tiver de ser proferida somente após a verificação de determinado fato ou a produção de certa prova, requisitada a outro juízo; f) por motivo de força maior; g) quando se discutir em juízo questão decorrente de acidentes e fatos da navegação de competência do Tribunal Marítimo; h) nos demais casos previstos do próprio Código.

A morte ou perda da capacidade processual da parte também tem previsão no art. 485, IX do Código de Processo Civil, eis que havendo tal ocorrência, é preciso verificar se não se trata de ação intransmissível por disposição legal. São os casos em que o objeto da ação versa sobre direitos personalíssimos e intransmissíveis. O que aqui se alerta é que neste particular o art. 313, I do Código de Processo Civil não poderá ser aplicado no caso da morte da parte se se tratar de ação que verse sobre direitos personalíssimos. Neste caso, a solução é dada pelo art. 485, IX do Código de Processo Civil, que manda que se extinga o processo sem julgamento do mérito. Ainda assim, se se tratar de ação de alimentos, manda o art. 27 da Lei do Divórcio que continue o processo com relação aos alimentos já devidos e não pagos.

A morte do representante legal da parte também prevista no prefalado dispositivo se refere ao tutor, ao curador, ao pai, à mãe etc., conforme o caso, mas não se trata aqui do advogado. O dispositivo não está se reportando ao representante legal no processo, mas ao representante legal que supre a incapacidade civil da parte no processo. A morte deste representante legal suspende o processo por, no máximo, 6 meses, nos termos do art. 313, §2º, I do Código de Processo Civil, desde que esta situação seja devidamente comprovada perante o juízo.

---

[166] MIRANDA, Francisco Cavalcanti Pontes de. *Comentários ao Código de Processo Civil*. 2. ed. Rio de Janeiro: Forense, 1979. t. III. p. 570 (a expressão *crise no processo para justificar sua suspensão* é originariamente atribuída a Carnelutti).

A morte do procurador, também prevista no citado dispositivo legal, não é a do procurador factótum, mas a do advogado que representa a parte naquele processo. Neste caso, compete à parte nomear outro advogado no prazo de 15 dias, com base no art. 313, §3º. Se a parte não nomeia outro advogado, o juiz julgará extinto o processo sem julgamento do mérito, com base no art. 485, IV, se se tratar do autor. Se se tratar do réu, o processo continuará sendo-lhe decretado à revelia, se isto ainda for possível diante da fase processual.

A morte da parte, do representante legal e do advogado antes da audiência suspende o processo. Assim também se o evento se der durante a audiência. Evidentemente, o Código, quando se utiliza da expressão *ainda que iniciada a audiência de instrução e julgamento*, não está se referindo à hipótese de falecimento da parte no curso da própria audiência; se isto ocorrer obviamente que a própria audiência, que nada mais é que um ato processual, terá que ser suspensa. O que o Código está referindo é que, se a audiência estiver fracionada, também se suspenderá o processo pela morte da parte ou de seu procurador.

Havendo a substituição da parte litigante em razão da sua morte, como já se viu, há que se proceder à habilitação dos sucessores. Este prazo é aquele previsto no §3º do art. 313, qual seja, o de 15 dias. Todavia, o prazo é para que a parte inicie os procedimentos necessários para a habilitação do sucessor e não para que esta habilitação se ultime. Caso não se inicie a habilitação, e o processo fique parado por um ano, o juiz poderá extingui-lo sem resolução de mérito nos termos do art. 485, II, do Código de Processo Civil. Veja-se bem: o sucessor não é obrigado a aguardar neste caso o impulso oficial, poderá ele mesmo tomar a iniciativa de requerer a habilitação.

A possibilidade de suspensão do processo que se segue é aquela que se dá por acordo entre as partes litigantes. A natureza jurídica e processual do ato que homologa o pedido de suspensão do processo por acordo das partes é homologatória e não constitutiva, muito embora entenda diferentemente Pontes de Miranda.[167] Além disto, o ato judiciário de homologação da suspensão é retro-operante, o que significa que o processo estará suspenso desde a protocolização em juízo da petição, de ambas as partes, pedindo a suspensão do processo e não da data da decisão que homologa esta suspensão, daí porque inclusive sua natureza declaratória e não constitutiva. Finalmente, ainda neste item, cabe dizer que suspensão por acordo das partes jamais poderá exceder seis meses e jamais poderá ocorrer se houver prazo em curso.

A suspensão do processo pela arguição de impedimento ou suspeição do juiz, apresentada no Código atual como novidade neste tópico, nada mais é do que consequência lógica da alteração havida na maneira de arguição de suspeição e de impedimento do juiz. No Código anterior, como tais defesas preliminares, necessariamente, suspendem o processo, eram arguidas pela via da exceção processual. O diploma atual prevê sua arguição em preliminar de contestação, independentemente de exceção autuada em apartado; daí porque a necessidade de adequação do tema nas hipóteses de suspenção de processo previstas neste tópico.

Hipótese seguinte de suspensão de processo é a arguição do incidente de demandas repetitivas prevista no art. 976 do Código de Processo Civil. Trata-se de novel instituto, já

---

[167] MIRANDA, Francisco Cavalcanti Pontes de. *Comentários ao Código de Processo Civil*. 2. ed. Rio de Janeiro: Forense, 1979. t. III. p. 649.

existente em sede de jurisdição extraordinária, recurso especial e recurso extraordinário, trazida agora também à primeira instância. No que aqui importa, evidentemente que arguido tal incidente, torna-se necessária a suspensão do processo até que se verifique se é esta a hipótese ou não, e, em sendo, que se lhe dê o encaminhamento previsto nos dispositivos que regulam o incidente.

A hipótese que se segue é a que se verifica quando a sentença de mérito depender do julgamento de outra causa ou da declaração da existência ou inexistência de relação jurídica que constitua o objeto principal de outro processo pendente. Cuida aqui o Código da hipótese de a lide apresentar uma questão prejudicial que, embora prejudicial no processo em que se prevê a suspensão, é a questão principal de outro processo. Neste caso, suspende-se o processo no qual a questão é prejudicial com o fito de se aguardar sua decisão no processo em que ela é a questão principal. De toda sorte, esta suspensão não poderá ultrapassar o prazo de um ano, após o que cessa a suspensão do processo e o juiz decidirá a questão prejudicial que neste processo não poderá fazer coisa julgada. De certo modo as hipóteses da alínea "b" do inc. V do art. 313 do CPC seguem a mesma sorte da alínea "a", eis que as hipóteses nela tratadas, de um jeito ou de outro, vão se caracterizar como questões prejudiciais, sendo que a parte final do dispositivo se refere ao que se denomina prova emprestada.

O inc. VI do art. 313 trata de motivo de força maior, sem, contudo, mencionar o caso fortuito. De toda sorte, um ou outro acarretará a suspensão do processo com base no dispositivo. Força maior aí é o fato que, apesar de previsto, é absolutamente invencível, como exemplo, a queda de um raio. Por caso fortuito pode-se entender um fato imprevisto, daí o sentido de fortuito, e invencível, mas que se previsto não ocorreria, como exemplo, um motorista que sem culpa atropela um pedestre.

O inc. VII do art. 313 do Código de Processo Civil impõe a suspensão do processo quando se discutir em juízo questão decorrente de acidentes e fatos da navegação de competência do Tribunal Marítimo. Esta é mais uma novidade trazida pelo atual Código, mas que, na verdade, estaria contida nas hipóteses do inc. V, porquanto na essência trata-se de aguardar decisão de outro órgão julgador.

Finalmente, temos o inc. VIII do art. 313 do Código de Processo Civil, que impõe a suspensão do processo nos demais casos que o Código regula. Deve-se de pronto chamar bastante atenção para a circunstância de que neste dispositivo o Código está se referindo apenas aos casos que ele, Código de Processo Civil, regula e não casos da lei em geral.

Assim, arrolamos a seguir os casos de suspensão do processo regulados no Código fora do art. 313: art. 76, hipótese em que o juiz suspende o processo em prazo razoável para que as partes possam regularizar a capacidade processual ou a sua representação. Assim também no art. 133, §3º da arguição do incidente de desconsideração da personalidade; art. 377 – carta precatória, rogatória e pedido de auxílio direto se requeridos antes da decisão de saneamento e a prova além de solicitada for imprescindível; art. 921, II, III, IV e V, no processo de execução; art. 922, que também prevê a suspensão da execução por convenção das partes.

Todavia, não suspendem o processo as seguintes hipóteses: parágrafo único do art. 120, impugnação do pedido de assistência; art. 148, §2º, impedimento ou suspeição do Ministério Público, dos serventuários da justiça ou dos demais sujeitos imparciais do processo.

15.5 Extinção do processo

Como se viu, antes mesmo de formada a relação jurídica processual na qual se consubstancia o próprio processo, instaura-se a instância. Visto que por instância se entende a unidade de tempo na qual os termos e atos processuais se sucedem e se amoldam no próprio *iter* do processo, claro está que, assim como o processo se forma e progride, também se extingue. A extinção do processo pode se dar basicamente de duas formas, com ou sem pronunciamento sobre o mérito, o que vale dizer, sobre a questão de mérito trazida em juízo. De regra, o processo deve extinguir-se no limiar final da sua fase ou etapa decisória, contudo, o próprio Código de Processo Civil prevê situações anômalas que impõem o aborto do procedimento e consequentemente a extinção do processo.

Para melhor elucidação do que aqui se diz, cabe lembrar que, na tutela de cognição por excelência, o processo tem quatro fases fundamentais, a saber: a) fase postulatória; b) fase instrutória; c) fase de saneamento; e d) fase decisória. Apêndices à parte, a fase postulatória constitui-se da petição inicial, contestação e eventualmente réplica e tréplica. A fase instrutória já se inicia com a documentação que acompanha os chamados atos postulatórios iniciais, mas se caracteriza precisamente pela audiência e, quando for o caso, pelos atos necessários à produção da prova pericial. A fase de saneamento inicia-se com as chamadas providências preliminares e termina com a decisão de saneamento. A fase decisória consubstancia-se com o ato definitivo da sentença, por vezes precedido de memorial por escrito. Nesse ponto, deve ficar absolutamente esclarecido que estas fases processuais não se inserem no *iter* do processo separadas por rígidas fronteiras. Ao revés, o que vai caracterizar os atos processuais como de uma ou de outra fase é a predominância na fase da carga postulatória, da carga instrutória, da carga de saneamento ou da carga decisória.

Pois bem, o normal é que o processo se extinga por uma sentença prolatada ao final da fase decisória, a qual terá acontecido de conformidade com a observação do cumprimento integral das fases anteriores. Vezes há, entretanto, que se impõe que, ainda e sempre por uma sentença, o processo se extinga sem o cumprimento exato e contínuo das prefaladas fases processuais. Assim é que o art. 355, I e II prevê o chamado julgamento antecipado da lide. Antecipado porque não ocorrerá tal qual de regra aconteceria. Vale notar que, nas hipóteses ali ventiladas, não se trata de mera faculdade do juiz, mas de um imperativo processual que se não obedecido acarreta a inversão dos atos do processo.

15.6 Julgamento antecipado do mérito e julgamento conforme o estado do processo

O julgamento antecipado do mérito, que obviamente extingue o processo, é imperioso nas seguintes hipóteses: a) quando não houver necessidade de produção de outras provas em audiência, o que antes se denominava de julgamento conforme o estado do processo; e b) quando o réu for revel e ocorrer o efeito previsto no art. 344 e não houver requerimento de produção de prova, na forma do art. 349. No primeiro caso, impõe-se o julgamento antecipado do pedido porque não existirá mais motivo para que o procedimento continue, visto que não há necessidade de o processo adentrar à fase instrutória, seja porque a matéria discutida é apenas de direito, seja porque, sendo de fato e de direito, os fatos já se encontram suficientemente provados. Já quanto à ocorrência da revelia, cabe aduzir que nem sempre a sua só ocorrência ensejará o julgamento antecipado do pedido. Em primeiro lugar, porque é preciso para tanto que ocorra a revelia com o efeito previsto no art. 344, qual seja o de reputarem-se como verdadeiros os fatos afirmados pelo autor. Todavia, este efeito não se produzirá, de conformidade com o art. 345, nas hipóteses em que: a) houver pluralidade de réus em litisconsórcio necessário e unitário e pelo menos um deles contestar a ação; b) o litígio versar sobre direitos indisponíveis; e c) a petição inicial não estiver acompanhada de instrumento público *ad substantiam* do ato. Portanto, a interpretação escorreita do inc. II do art. 355 não é quando ocorrer a revelia, mas sim, quando, em ocorrendo a revelia, esta gerar os efeitos previstos no art. 344. Isto porque, se se presumir como verdadeiros os fatos alegados pelo autor, sobre eles não haverá controvérsia e, inexistindo controvérsia, será também hipótese de dispensa da fase instrutória propriamente dita. Sanando omissão do Código anterior, a parte final do dispositivo alude ao teor do art. 349, porquanto, mesmo revel e recebendo o processo no estado em que se encontra, poderá o réu requerer produção de provas se a marcha do procedimento com isto ainda for compatível. Também nesse caso mesmo havendo a revelia não se julgará antecipadamente o pedido.

15.7 Extinção do processo com julgamento antecipado parcial do mérito

Cuida-se de novidade trazida pelo novo diploma processual brasileiro, mediante a qual o juiz decidirá parcialmente o mérito quando um ou mais dos pedidos formulados ou parcelas deles: a) mostrar-se incontroverso; b) estiver em condições de imediato julgamento, nos termos do art. 355 do Código de Processo Civil. Esta decisão poderá reconhecer obrigação líquida ou ilíquida e a parte poderá liquidar ou executar desde logo a obrigação assim reconhecida, independentemente de caução e ainda que haja recurso interposto. No caso, tratar-se-á de execução provisória porquanto assim determina o §3º do art. 356 do CPC, a contrário senso. Trata-se de decisão interlocutória e não de sentença, haja vista que, na forma do §5º do art. 356 do CPC, tal decisão será impugnável pela via do agravo de instrumento. Assim como as liquidações e as execuções parciais, a liquidação e o cumprimento da decisão que julgar parcialmente o mérito serão processados em autos suplementares, a requerimento da parte ou a critério do juiz.

Ao nosso sentir, é óbvio que esta novidade não vai dar certo, exceto nas causas de família. Além de tumultuar o andamento procedimental porque abrirá a possibilidade e a necessidade de as partes e o juiz falarem nos autos paralelamente à continuidade do processo naquilo em que não houve julgamento parcial do pedido, o novel instituto traz uma contradição congênita que contraria toda a lógica e a dogmática da ciência processual, pois que se julga parcialmente o pedido, é decisão de mérito, e decisão de mérito carece de sentença. Se o processo existe para que se julgue o mérito e se esta é a sua finalidade, de duas uma: a) ou bem só se decide o mérito com o ato final do processo, isto é, com a sua extinção, ainda que sob condição; b) ou bem tudo que se decide no curso do procedimento e que não extingue o processo não é sentença. Diante de tais verdades milenares, torna-se impossível admitir como lógico o novo instituto.

Acresce que a decisão parcial poderá, e certamente em muitos casos fará, um pré-julgamento do restante do pedido e então a hipótese será a do julgamento antecipado e total do pedido e não parcial. De outra parte, criou-se a possibilidade de um paradoxo irrespondível, porquanto o agravo de instrumento poderá ser recebido com efeito suspensivo, ou pior, esta decisão poderá ser reformada no tribunal e esta reforma comprometer a decisão da parte do pedido que não fora objeto de decisão parcial.

Isto sem falar que na maior parte das vezes quando é possível partir-se o pedido, está-se diante de uma questão prejudicial em relação à questão principal que é a questão de mérito propriamente dita. Outra confusão que surgirá será quanto aos pedidos cumulados, que são na verdade pedidos diferentes e um deles puder ser objeto de julgamento antecipado e o outro, provavelmente ou sucessivamente cumulado, depender de prova a ser colhida em audiência. Nesse caso, o Código não é claro se o instituto do julgamento parcial do mérito é aplicável ou não.

Diante de tais considerações e do prenúncio de tantas confusões, em nosso entendimento, melhor seria que o Código não apresentasse tal novidade.

15.8 Extinção do processo sem resolução do mérito

A primeira hipótese de extinção do processo sem resolução do mérito prevista no art. 485 do Código de Processo Civil é a que ocorre quando o juiz indeferir a petição inicial. A rigor, não se extingue nada pelo indeferimento da petição inicial. Isto porque, como se viu anteriormente, o juízo negativo de admissibilidade da ação que se concretiza com o indeferimento da petição inicial não tem o condão de extinguir o processo, eis que ainda não existe a citação e sem esta não está formada a relação jurídica processual e, consequentemente, não há ainda processo. Na verdade, o que ocorre com o indeferimento da petição inicial é a *absolutio ab instantia*, ou seja, a absolvição da instância.

Os casos de indeferimento da petição inicial estão disciplinados no art. 330 do Código de Processo Civil. Essas hipóteses, que são quatro, desdobram-se em mais quatro nos termos do §1º do citado dispositivo. São elas: a) quando a petição inicial for inepta. E quando é inepta a inicial? O código responde no §1º do art. 330, isto é, quando faltar à inicial pedido ou causa de pedir, quando da narração dos fatos não decorrer logicamente a conclusão, quando o pedido for indeterminado, ressalvadas as hipóteses legais em que se permite o pedido genérico, da narração dos fatos não decorrer logicamente a conclusão e quando a inicial contiver pedidos incompatíveis entre si; b) quando a parte for manifestamente ilegítima; c) quando o autor carecer de interesse processual; d) não atendidas as prescrições dos arts. 106 (o advogado, em causa própria, não declarar seu número de inscrição na OAB ou o nome da sociedade de advogados da qual participa para recebimento de intimações) e 321 (petição inicial que não atende aos requisitos após o prazo fixado pelo juiz para suprir a irregularidade).

Manda o bom senso – e isto costuma ser observado na prática – que detectada pelo juiz qualquer dessas hipóteses não se proceda de pronto à decretação da inépcia da inicial com a consequente absolvição da instância, evidentemente à exceção do inc. IV do art. 330. Presente a circunstância da atividade sanatória do processo, impõe-se ao órgão jurisdicional que antes de tomar tal atitude intime o autor ou conforme o caso o seu advogado para que adeque a peça inicial aos escorreitos ditames postos pelo Código.

A seguir temos as hipóteses de extinção do processo em decorrência de sua paralisação, que estão contempladas no art. 485, do Código de Processo Civil. O inc. II determina a extinção do processo sem resolução do mérito quando ficar parado por mais de um ano por negligência das partes. Trata-se aqui de uma convergência de contumácias, tanto do autor como do réu. O que o Código exige é a paralisação por mais de um ano, vale dizer um ano e um dia, quando nem autor nem réu e eventualmente nem qualquer terceiro interessado tenha praticado qualquer ato no processo. Já o inc. III determina a extinção do processo sem resolução do mérito quando o autor abandonar a causa, não promovendo os atos e diligências que deveria por mais de 30 dias. Ao longo dos anos de existência do Código de Processo Civil de 1973, a jurisprudência e a práxis forense vieram aplainando a agressividade desses dispositivos, o que também se espera ocorra com o novo Código, de modo que, na prática, eles não costumam ter muita aplicação, pois que, quase sempre, intima-se a parte para que promova o ato sob pena de extinção ou o juízo determina o simples arquivamento dos autos judiciais sem a respectiva baixa no distribuidor, de resto em atendimento ao disposto no §1º do art. 485.

A hipótese prevista no inc. IV do art. 485 do Código de Processo Civil diz respeito à ausência de pressuposto de constituição e desenvolvimento válido e regular do processo. Como já vimos anteriormente, para que o processo exista torna-se necessário que haja duas partes, o juiz e uma demanda. Para que sua existência seja válida e regular, é imprescindível que as partes sejam capazes ou tenham sua incapacidade suprida, que o juiz seja competente ou, se relativamente incompetente, que a competência seja prorrogada e por último que a demanda seja lícita. Na verdade, o inciso em comento refere-se à situação de os pressupostos processuais de validade e de existência não estarem presentes, de tal anomalia ter sido detectada pelo juízo e, após a determinação das diligências necessárias à regularização do processo, o vício permanecer, não restando alternativa ao órgão jurisdicional senão a aplicação do prefalado inc. IV, do art. 485 do Código de Processo Civil.

O inc. V cuida das hipóteses de litispendência, coisa julgada e perempção. Quanto à litispendência já abordamos o assunto quando tratamos da ação. Quanto à coisa julgada será objeto de capítulo próprio adiante. Contudo, este dispositivo é o único no Código que versa sobre perempção. Com efeito, esta é a única hipótese de perempção no direito pátrio. O vocábulo *perempção* vem do latim *peremptio*, que significa extinção. A definição do que vem a ser perempção para o direito processual brasileiro está disposta no §3º do art. 486, qual seja, se o autor der causa por três vezes à extinção do processo por abandono, não poderá intentar nova ação contra o réu com o mesmo objeto, ficando-lhe ressalvada, entretanto, a possibilidade de alegar em defesa o seu direito.

Pode-se, pois, sugerir que perempção tecnicamente significa a perda do exercício do direito de ação, ou melhor, da possibilidade de dedução de pretensão, quando esta, deduzida por três vezes, tenha o processo extinto sem julgamento do mérito porque o autor não praticou o ato ou não cumpriu a diligência que lhe cabia no prazo de 30 dias. Obviamente que é o exercício da pretensão que se perde e não o direito eventualmente daí resultante, tanto que o próprio dispositivo legal ressalva a exceção como defesa.

O inc. VI cuida das condições da ação já vistas no momento oportuno. Do mesmo modo, é o inc. VII que fala da convenção de arbitragem, tema igualmente já visitado aqui. Já o inc. IX fala da intransmissibilidade da ação por disposição legal. É o caso típico das chamadas ações personalíssimas.

A desistência da ação tratada no inc. VIII evidentemente é aquela possível, isto é, a desistência da ação antes da citação do réu ou após a contestação, desde que com a aquiescência do réu. Em qualquer hipótese, a desistência da ação dependerá sempre da homologação do juízo. A desistência da ação difere da renúncia da pretensão prevista no art. 487, III, "c" do Código de Processo Civil. Pela desistência o autor apenas desiste daquela ação e isto vai acarretar a extinção do processo sem julgamento de mérito; já pela renúncia à pretensão chega-se à extinção do processo com resolução do mérito.

Os demais casos previstos no Código mencionados no inc. X são os seguintes: art. 104, quando mesmo sem procuração é intentada a ação para evitar decadência ou prescrição e não venha a ser exibido o instrumento de mandato no prazo de 15 dias (§1º do art. 104); art. 76, I, quando verificada a incapacidade processual ou a irregularidade da representação das partes, o vício não é sanado no prazo assinalado pelo juiz; nas hipóteses de litisconsórcio necessário, de conformidade com o art. 115, parágrafo único, naqueles casos em que o autor não promova a citação dos litisconsortes necessários no prazo assinalado pelo juiz; no caso de morte do advogado do autor, ainda que já iniciada a audiência de instrução e julgamento e outro não for constituído no prazo de 15 dias (art. 313, §3º).

15.9 Renovação da instância

Credor de toda atenção é o disposto no *caput* do art. 486 do Código de Processo Civil, segundo o qual, salvo a hipótese de perempção, litispendência ou coisa julgada (§1º do art. 486), a extinção do processo em quaisquer outras hipóteses não obsta que o autor intente de novo a ação. É o que se denomina repropositura da ação, não é outra ação, é a mesma ação.

Particularmente, defendemos que existe mesmo uma vedação da repetição da ação. Diz a lenda processual que a extinção do processo sem resolução do mérito não inibe o autor de propor de novo a ação, exceto nos casos previstos no inc. V do art. 485 do Código de Processo Civil. Ledo engano que resulta da leitura açodada do art. 486 do Código de Processo Civil que, em nosso entendimento, significa muito mais do que sua interpretação literal parece demonstrar. Com efeito, a extinção do processo sem resolução do mérito não faz coisa julgada material, até porque o mérito não foi apreciado. Contudo, isto não autoriza que, temerariamente, lides se repitam *ad eternum*.

Aliás, nesses casos só não existe coisa julgada material por técnica legislativa, eis que a situação impeditiva no primeiro processo pode alterar-se no segundo. Assim, por exemplo, o autor, parte ilegítima, que cobra uma dívida, pode tornar-se parte legítima adquirindo o respectivo crédito. Do mesmo modo, o que era impossível juridicamente pode, num momento posterior, ter previsão legal, e por aí vai. Ora, se estas questões fizessem coisa julgada material não se poderia jamais repetir a pretensão. Todavia, alterada supervenientemente a condição impeditiva, permite a lei que se deduza de novo a pretensão, mas há necessidade de uma alteração superveniente que modifique aquela situação vedatória que foi julgada no processo anterior. Caso contrário, todo aquele que tivesse o processo extinto sem julgamento do mérito estaria sem qualquer condicionante autorizado a repeti-lo no dia seguinte, tantas vezes quantas quisesse. Além disto, é preciso considerar que aquela situação que determinou a extinção do processo sem resolução do mérito foi considerada e julgada no processo extinto, portanto sobre a questão em si houve sim pronunciamento jurisdicional, apenas não se fez coisa julgada material porque não se tratava da questão de mérito.

15.10 Extinção do processo com resolução de mérito

A outra possibilidade de extinção do processo é com a resolução de mérito. A resolução de mérito do processo se divide em resolução por julgamento do mérito e resolução por solução do mérito. A resolução por julgamento do mérito é aquela prevista no inc. I do art. 487 do Código de Processo Civil e que ocorre quando o juiz acolhe ou rejeita o pedido do autor. Nas outras hipóteses, quais sejam: inc. II, quando o juiz decidir sobre a ocorrência da decadência ou prescrição; ou quando, inc. III, o juiz ou homologar: a) o reconhecimento da procedência do pedido na ação ou na reconvenção; b) a transação; c) a renúncia à pretensão formulada na ação ou na reconvenção, dá-se a extinção do processo com a solução do mérito.

A hipótese prevista no inc. I é evidentemente a mais comum e a que com mais frequência ocorre. É o que se chama de sentença de mérito que conclui pela procedência, pela procedência em parte, ou pela improcedência do pedido. O inc. III, "a", cuida do reconhecimento da procedência do pedido formulado na ação ou na reconvenção, o que não se confunde com a confissão. Confessam-se fatos e se reconhece o pedido. Por outro lado, a confissão visa facilitar ao juiz o julgamento da lide, isto é, ao acolhimento ou a rejeição do pedido, e o reconhecimento faz com que o juiz não precise julgar a lide.[168]

Já a alínea "b" do inc. II do art. 487 cuida da transação, que, conforme já vimos, de resto, não se confunde com a conciliação. A transação prevista no art. 840 do Código Civil é modalidade de extinção das obrigações e só é cabível quanto a direitos patrimoniais de caráter privado. A alínea "c" prevê a extinção do processo com resolução do mérito quando o autor renunciar à pretensão deduzida na ação ou na reconvenção. A observação que aqui se apresenta é que esta renúncia se dirige apenas para o efeito da extinção daquele processo e não à extinção do direito material.

15.11 Extinção do processo com solução do mérito por prescrição e decadência

Propositadamente deixamos por último a hipótese prevista no inc. II do art. 487 do Código de Processo Civil visto tratar-se da extinção do processo com resolução de mérito por prescrição ou por decadência. Tanto a prescrição quanto a decadência, como veremos adiante, são defesas indiretas de mérito. Faz-se uma grande confusão em tema de prescrição e decadência porque são aparentemente institutos de direito material, mas que só têm aplicação prática no âmbito do processo. Parece-nos, de outra feita, impossível a análise completa do tema apenas à luz do direito material. Em verdade, a maneira mais eficaz de se entender prescrição e decadência é pelo ângulo processual, quanto menos não seja, porque será exata e justamente ali e somente ali que prescrição e decadência poderão ter força suficiente para impedir a possível realização de alguma pretensão.

Distinguir prescrição e decadência, como se sabe, é tarefa árdua. O que aqui nos compete dizer é que o que prescreve não é nem o direito nem a ação, mas a pretensão que surge da ocorrência da lesão numa relação subjetiva de direito. Destarte, a prescrição nascerá sempre numa relação subjetiva de direito, de ordem patrimonial e originando

---

[168] CARNELUTTI, Francesco. Note sull' accertamento negoziale. *Riv. Di. Dir. Pro.*, XVII/XVI, 1940.

uma pretensão condenatória. Já a decadência tem sede na potestatividade de determinado direito, ou, por outra, não – como na prescrição – na faculdade de agir de titular de relação substantiva de direito, mas no poder de exigir a realização de um direito de que seja seu titular detentor. É que no nível dos direitos potestativos, se, por um lado, aquele contra quem se opõe esta potestatividade nada pode fazer, por outro lado, esta potestatividade só se realiza mediante o concurso da atividade jurisdicional. Nesses casos, quando a lei prevê prazo para o exercício da potestatividade, este prazo será de natureza decadencial e acarretará, senão a perda do próprio direito, a perda da potestatividade desse direito. Daí porque se diz que, nascendo a decadência em sede potestativa, a pretensão que se origina será constitutiva ou declaratória.[169]

Adotando a ótica traçada por Ângelo Amorim Filho, quanto à natureza da ação como critério para distinção entre prescrição e decadência,[170] pode-se concluir que: a) se a pretensão é condenatória, o prazo é prescricional; b) se a pretensão é constitutiva ou desconstitutiva, o prazo é decadencial; e c) se a pretensão for declaratória, em regra trata-se de ação perpétua, todavia se a lei estipular prazo, este será de decadência. Assim temos que não existe pretensão condenatória imprescritível, nem sujeita à decadência, assim como pretensões constitutivas e desconstitutivas não podem estar sujeitas à prescrição nem ações declaratórias sujeitas à prescrição ou à decadência, porém neste último caso se prazo houver ele será decadencial.

Observe-se, na atual disciplina do Código de Processo Civil, que não há mais o impedimento de o juízo conhecer da prescrição *ex officio*. Todavia, o que ele não pode é decidir de ofício ou a requerimento sobre a ocorrência da decadência ou da prescrição sem que antes seja dada às partes oportunidade de manifestarem-se. Na verdade, aqui, criou-se outra confusão, porquanto a prescrição, em tese, é renunciável e por isto exigia-se sua arguição pelo réu. Agora o juiz pode conhecê-la a requerimento da parte, no caso o réu ou de ofício. Porém, se de ofício, terá que ouvir aquele que poderia a ela renunciar. Em outras palavras, a renúncia à prescrição que no processo era tácita, passou a ser expressa, o que, aliás, faz todo o sentido, na medida em que este é o tratamento dado no direito material.

Demais disto, o comando previsto no parágrafo único do art. 487 está de conformidade com o disposto nos arts. 9º e 10 do Código, os quais determinam que não se proferirá decisão contra uma das partes sem que ela seja previamente ouvida, bem ainda que não se pode decidir com base em fundamento a respeito do qual não se tenha dado às partes oportunidade de se manifestar, ainda que se trate de matéria sobre a qual deva o juiz decidir de ofício. O que fica sem resposta com o tratamento dado à matéria é a ressalva da hipótese prevista para o §1º do art. 332, que cuida do novel instituto da improcedência liminar do pedido, neste caso quando se verificar, desde logo, a ocorrência de decadência ou de prescrição, uma vez que o *caput* do art. 332 prevê o julgamento liminarmente improcedente do pedido, sem a citação do

---

[169] "Para se saber se um prazo imposto à ação é de decadência ou de prescrição basta indagar se a ação constitui, em si, o exercício do direito, que lhe serve de fundamento, ou tem por fim proteger direito, cujo exercício é distinto do exercício da ação. No primeiro caso, o prazo é extintivo do direito e o seu decurso produz a decadência; no segundo caso, o prazo é extintivo da ação e o seu decurso produz a prescrição" (PASSOS, José Joaquim Calmon de. *Comentários ao Código de Processo Civil*. 9. ed. Rio de Janeiro: Forense, 2005. p. 257).

[170] AMORIM FILHO, Ângelo. Critério científico para distinguir a prescrição da decadência e para identificar as ações imprescritíveis. *Revista de Direito Processual Civil*, n. 3. p. 95.

réu, o que evidencia contradição inconciliável com o disposto no arts. 9º e 10 do Código, e torna sem justificativa plausível a exigência do parágrafo único do art. 487, pois que qual a lógica em exigir a manifestação das partes para acolher ou para reconhecer de ofício prescrição e decadência no momento da sentença e não a exigir quando se tratar de indeferimento liminar do pedido(?).

15.12 Da improcedência liminar do pedido

O atual Código de Processo Civil retirou a prescrição e decadência do elenco das hipóteses que possibilitavam o indeferimento da petição inicial, e as incluiu dentro das possibilidades da improcedência liminar do pedido.

A improcedência liminar do pedido prevista no art. 332 do Código de Processo Civil é inovação que visa a obstar a formação da relação jurídica processual, mediante resolução de mérito e antes de a citação do réu nas hipóteses do pedido contrariar: a) súmula do Supremo Tribunal Federal ou do Superior Tribunal de Justiça; b) acórdão proferido pelo Supremo Tribunal Federal ou pelo Superior Tribunal de Justiça em julgamentos de recursos repetitivos; c) entendimento firmado em incidente de resolução de demandas repetitivas ou de assunção de competência; d) enunciado de súmula de Tribunal de Justiça sobre direito local; e) ocorrência de decadência ou de prescrição.

Com exceção da prescrição e da decadência, todas as outras hipóteses são novas quanto à improcedência liminar do pedido, sendo que o incidente de resolução de demandas repetitivas ou de assunção de competência e o acórdão proferido pelos tribunais superiores em julgamento de recursos repetitivos cuidam de hipóteses recentíssimas no direito pátrio, porém até então aplicáveis somente em segunda e terceiras instâncias.

Teme-se que esses institutos bastante recentes e que contrariam a tradição brasileira vez que privilegiam os precedentes, o que é típico do direito anglo-saxão e não do sistema de direito romano por nós herdado, sequer comprovou-se razoavelmente eficaz no nível dos tribunais superiores e no nível dos tribunais de justiça estaduais, por conseguinte, trazer tais modalidades, ainda incipientes para prática diuturna da primeira instância parece-nos, no mínimo, um açodamento injustificado.

Mais do que isto, a própria caracterização da pretensão deduzida em juízo como inserida numa das hipóteses de improcedência liminar do pedido previstas no art. 332 do Código, à exceção dos casos de prescrição e decadência, por si só já se trata de tarefa absolutamente cuidadosa, isto é, já no primeiro momento identificar o juiz que se trata de qualquer desses casos. O risco assumido na prestação jurisdicional parece-nos desmedido e desnecessário.

O próprio legislador, confessando certo receio, previu, no §3º do art. 332, que na interposição de apelação contra esta sentença o juiz poderá retratar-se no prazo de 5 dias, imagina-se prazo meramente recomendativo, pois nada acontecerá se a retração se der no décimo quinto dia. Havendo retratação, o processo seguirá normalmente com a citação do réu. Não se retratando o juízo, o réu será citado e intimado, embora o Código se refira apenas à citação para apresentar contrarrazões à apelação, no prazo de 15 dias. Não sendo interposta a apelação será o réu intimado do trânsito em julgado da sentença. Essa intimação faz-se absolutamente necessária na medida em que o réu poderá valer-se de tal decisão na defesa em eventuais ações futuras sobre o mesmo tema.

CAPÍTULO 16

DA PETIÇÃO INICIAL. DO PEDIDO E DO VALOR DA CAUSA

16.1 Petição inicial

A importância da petição inicial enquanto peça processual por si só se explica. Com efeito, a petição inicial é o ato postulatório principal. É, também, como já vimos, pela petição inicial que se provoca a instauração da instância e se movimenta a máquina judiciária. Por isso mesmo, a petição inicial precisa ser elaborada com total rigor, de maneira correta e, para tanto, devem ser observados os requisitos estabelecidos no Código de Processo Civil, mais precisamente no art. 319, que disciplina a sua escorreita elaboração.

16.2 Pedido e demanda. Princípio da correlação da petição inicial

Petição inicial não se confunde com pedido nem com demanda.[171] Pedido é o que se pede. Demanda é o ato de pedir. Petição inicial é com o que se pede. Assim, dentro da melhor técnica pode-se dizer que a petição inicial é o instrumento da demanda. E é justamente da peculiaridade de ser o instrumento da demanda que decorre o princípio da correlação, em obediência ao qual a sentença é dada nos limites do pedido. Por isso é que se diz que a petição inicial é o rascunho da sentença. Se quisermos dizer a mesma coisa de outra forma, podemos falar que a petição inicial, por ser um instrumento da demanda, tem que ter correlação lógica com a sentença, porque é pela sentença que se responde à demanda.

16.3 Requisitos da petição inicial

O primeiro requisito do art. 319 do Código de Processo Civil previsto em seu inc. I é o endereçamento da petição inicial. Endereçamento aqui significa direcionamento,

---

[171] Como se vê, em nota de Dinamarco à tradução do *Manuale di diritto processuale civile* de Liebman, demanda é o ato de quem age em juízo, postulando, enquanto que ação é o poder de fazê-lo, exigindo a prestação jurisdicional (LIEBMAN, Enrico Tullio. *Manual de direito processual civil*. 2. ed. Tradução e notas de Cândido Rangel Dinamarco. Rio de Janeiro: Forense, 1985).

isto é, a quem a petição inicial é dirigida: a qual juiz ou tribunal, órgão fracionário etc. Evidentemente que se indica o órgão jurisdicional e não o nome de quem nele atua.

O requisito que se segue, previsto no inc. II, é a identificação das partes. Esta identificação deve ser a mais completa e pormenorizada possível. O objetivo primordial é evitar-se a homonímia, mas há outro objetivo que é o efeito vinculativo da coisa julgada nos seus limites subjetivos. O nome das partes, de todas as partes, justamente pelo efeito vinculativo da coisa julgada, precisa constar tanto da petição inicial quanto da sentença. Ainda em sede de identificação das partes exige-se na sua qualificação o estado civil, o domicílio, a residência e o endereço eletrônico. O estado civil para que se possa verificar se há necessidade do consentimento do cônjuge para a propositura da ação. O domicílio para solucionar questões relativas à competência. A residência naquelas hipóteses do art. 53, II do Código de Processo Civil, isto é, mulher credora de alimentos. O endereço eletrônico, novidade trazida pelo Código de Processo Civil atual, vislumbra a possibilidade de comunicação dos atos processuais eletronicamente e ainda por conta do processo judicial eletrônico.

Entretanto, deve-se atentar que é possível mover a ação sem a qualificação do réu quando for impossível obtê-la. Nesse sentido, veja-se o art. 259, I do Código de Processo Civil que determina nas ações de usucapião a citação por edital de eventuais interessados que possam existir. Nesse tópico cabe ainda esclarecer que menor impúbere, isto é, com menos de 16 anos, é parte, embora a citação se faça na pessoa de seu representante legal. Já o menor púbere, entre 16 e 18 anos, é parte, mas a citação se faz na sua pessoa e na pessoa de quem o assiste.

16.4 Fatos e fundamentos jurídicos do pedido. *Causa petendi*

Fatos e fundamentos jurídicos do pedido outra coisa não são do que a *causa petendi*. O tema já foi suficientemente visitado anteriormente quando vimos no capítulo próprio os elementos formadores da ação, entre os quais, a *causa petendi*. De toda sorte, aqui cabe dizer que o fato a que se refere o Código, no inc. III do art. 319, é o fato jurídico que o autor precisa invocar para justificar o pedido formulado. Assim, por exemplo, o ato ilícito praticado pelo réu, o inadimplemento contratual etc. O fundamento jurídico é o nexo entre o fato jurídico exposto e o efeito jurídico que o autor pretende dele extrair. Em outras palavras: é o objeto do pedido. Todavia, não é obrigatória nem se exige a menção do texto legal em que é arrimada a pretensão. A menção errada não torna ilegítima a pretensão. É o princípio do *iura novit curia*. O importante é a caracterização exata do fato e a consequência jurídica a que o autor pretende atingir.

16.5 Relatividade do princípio do *iura novit curia*

Contudo, a regra do *iura novit curia* não é absoluta. Existem pretensões que pela própria natureza peculiar carecem, para admissibilidade, que o autor decline expressamente o texto legal que as respalda. É o que ocorre, por exemplo, com o mandado de segurança. Uma vez que se trata de medida extrema contra abuso de direito, abuso de poder ou de autoridade, é evidente que se presta à restauração de direitos que tenham sido violados por atos de autoridade arbitrários ou ilegais. Portanto, atos contra a lei.

Daí a necessidade de em ações deste tipo incluir na *causa petendi* a menção do texto legal violado. Por outras razões, mas chegando ao mesmo resultado, tem-se a ação rescisória. Esta, enquanto meio autônomo de impugnação de sentença transitada em julgado, só é cabível naquelas hipóteses expressamente previstas na lei. Portanto, quando da distribuição da petição inicial de ação rescisória, há que se indicar expressamente o dispositivo legal da sua admissibilidade.

16.6 O pedido com suas especificações

Segue-se o pedido com suas especificações, requisito estabelecido no inc. IV do prefalado art. 319 do Código de Processo Civil. Na boa técnica redacional, após a exposição dos fatos e dos fundamentos jurídicos, o autor conclui com o pedido, o qual inclui duas medidas, a saber: a) o chamado pedido imediato que é a providência jurisdicional pretendida e b) o pedido mediato que é o bem da vida pretendido.

16.7 Requisitos do pedido. Certeza e determinação

O pedido exige, para ser convenientemente formulado, que sejam atendidos os seus requisitos. Dispõe o art. 324 complementado pelo art. 322 do Código de Processo Civil que o pedido seja certo e determinado. Pedido certo é o pedido expresso em contrapartida a pedido implícito que não se admite. O certo e o expresso aí significam que na petição inicial o autor tem que ser suficientemente claro ao dizer o que realmente quer. Determinação do pedido é a delimitação da pretensão, ou, por outra, é a extensão do pedido, é a medida do pedido. Em outras palavras: certeza é quanto ao conteúdo, delimitação é quanto ao tamanho ou extensão.

16.8 Interpretação do pedido

Não obstante a exigência da certeza e da determinação, cabe lembrar o disposto no §2º do art. 322, o qual traça o figurino da interpretação do pedido, que deve levar em consideração o conjunto da postulação e observará o princípio da boa-fé. Entretanto, parece-nos que a interpretação do pedido considerar o conjunto da postulação e observar o princípio da boa-fé não retira a exigência de que, ainda assim, o pedido deva ser interpretado restritivamente. Isso porque, exatamente da imposição legal da certeza e da determinação do pedido logicamente decorre outra imposição que lhe é absolutamente correlata, pois, se o pedido tem que ser certo e determinado, é lógico que o pedido sempre se interpreta restritivamente. A exceção desta interpretação restrita, e que, portanto, vai também justificar a exceção do pedido implícito, é a inclusão dos juros legais quando no pedido se cobra o principal. Mas apenas os juros legais. Se o autor pretender juros convencionais, ainda que estipulados expressamente em contrato, terá que fazer menção expressa e, no caso, haverá cumulação de pedidos. Do mesmo modo, por expressa previsão legal, a correção monetária do pedido, as verbas sucumbenciais e os honorários advocatícios estão implícitos no pedido, tudo de conformidade com o previsto no §1º do art. 322. Já o art. 323 do Código de Processo Civil também excepciona a extensão do pedido quando permite a inclusão nele das prestações periódicas vencidas após a propositura da ação, as quais serão incluídas na condenação, enquanto durar a obrigação, se o devedor, no curso do processo, deixar de pagá-las ou de consigná-las.

16.9 Aditamento do pedido

Apesar do rigor com que se regulamenta o pedido no processo civil, permite-se antes da citação o aditamento do pedido, pelo que se vê expressamente da regra contida no art. 329, I do Código de Processo Civil. Mas o aditamento do pedido tem que derivar da mesma *causa petendi*, pois se derivar de outra *causa petendi*, só por ação própria ou emenda à inicial, antes da contestação, poderá o autor deduzir o pleito.

16.10 Pedido genérico

Excepcionalmente também o Código admite no §1º do art. 324, nas hipóteses dos incs. I, II, e III que o autor não fique adstrito ao requisito da certeza e da determinação do pedido, podendo nessas hipóteses formular pedido genérico. Observe-se, porém, que o objeto imediato do pedido nunca pode ser genérico, há de ser sempre determinado. Assim é que a providência jurisdicional requerida, isto é, uma condenação, uma declaração, uma execução, uma medida cautelar, precisa estar determinada no pedido. Mas o objeto mediato que é o bem da vida desejado pode, excepcionalmente, nas hipóteses dos incs. I, II e III do §1º art. 324, ser genérico.

Essas hipóteses são: a) nas ações universais, se o autor não puder individuar desde já os bens demandados, isto é, aquelas que contemplam no seu desiderato uma universalidade por vezes inidentificável no momento da propositura da ação ou cuja identificação pouco importa porquanto o conteúdo do pedido é a própria universalidade do bem da vida perseguido. É o exemplo típico e clássico da ação de petição de herança, eis que o autor não sabe e não tem como determinar exatamente qual era o patrimônio do autor da herança e a parte que lhe cabe; b) quando não for possível determinar, desde logo, as consequências do ato e do fato, é o exemplo típico da ação condenatória por indenização por ato ilícito, naqueles casos em que não se pode saber no momento da propositura da ação a extensão dos danos causados pelo ato ilícito e sua respectiva repercussão financeira; e c) quando a determinação do objeto ou a apuração do valor exato da condenação depender de ato que deva ou devia ser praticado pelo réu. É o exemplo típico da ação de exigir contas, nos termos do art. 550 do Código de Processo Civil.

16.11 Concludência do pedido

Além de ser certo e determinado, o pedido tem que ser concludente, isto é, tem que estar de acordo com os fatos e fundamentos jurídicos dispostos. Diz-se que o pedido é concludente porque o pedido conclui a petição inicial.

16.12 Preceito cominatório

Preceito cominatório ou *pedido cominatório* ou, ainda, *pedido com preceito cominatório* são expressões processualmente sinônimas. Cominação significa apenação ou imposição.

Assim, pedido cominatório é o pedido de uma sanção pelo descumprimento da sentença que venha a ser favorável. É o pedido de uma pena para o caso do não cumprimento por parte do réu sucumbente condenado a uma obrigação de fazer ou não fazer. Isto é, após a condenação por sentença a tais obrigações, caso o réu não satisfaça a sentença, o próprio juízo faz incidir uma sanção pecuniária, periódica, até que cumpra o determinado na sentença. Justifica-se tal preceito, na medida em que as obrigações de fazer e de não fazer exigem um comportamento do devedor e, para o exato cumprimento da sentença, não se tem como obrigá-lo a se comportar desta ou daquela maneira. Assim, diante da falta de coercitividade, pelo menos em princípio ficaria frustrada a tutela satisfativa. Daí porque o preceito cominatório.

Anteriormente, no Código de 1973, a matéria encontrava-se disposta no art. 287, no qual se via que se o autor pedisse que fosse imposto ao réu abster-se da prática de algum ato, tolerar alguma atividade, prestar ato ou entregar coisa certa, poderia requerer cominação de pena pecuniária para o caso de descumprimento da sentença ou da decisão antecipatória da tutela. A parte final do dispositivo referia-se ao instituto da tutela antecipada, hoje subsumida pela tutela de urgência do atual Código de Processo Civil, que será vista oportunamente. Este dispositivo guardava relação lógica e inseparável com o disposto no art. 461 do Código de Processo Civil anterior. Eram dispositivos irmãos gêmeos e caminhavam juntos no sistema processual brasileiro.

Contudo, o art. 287 do antigo Código de Processo Civil cuidava da situação da pretensão em obrigação de fazer ou de não fazer ou de dar coisa certa na fase postulatória do processo de cognição, ao passo que o art. 461 estava, correlatamente, tratando do mesmo tema, mas por ocasião da sentença. Era um exemplo concreto da positivação do princípio da correlação que, necessariamente, há de existir entre a petição inicial e a sentença. Nesse caso, tinha-se o art. 287 cuidando do preceito cominatório nas pretensões comportamentais na inicial e, por correlação lógica, tinha-se o art. 461 estabelecendo, especificamente nessas hipóteses, como deveria se formar a sentença.

O Código atual não previu nominalmente o tipo específico de pedido de preceito cominatório, todavia também, por óbvio, não o proibiu. Destarte, a nosso sentir, a possibilidade de dedução de pretensão que requeira desde logo a imposição de multa pelo não cumprimento de sentença que condene o réu à obrigação de fazer ou de não fazer não está proibida na nova sistemática processual civil brasileira. Na verdade, o legislador do Código de 2015 restringiu tal disciplina ao disposto nos arts. 536 e 537, que cuidam exatamente do cumprimento de sentença que reconheça a exigibilidade de obrigação de fazer ou de não fazer. Mais precisamente, o art. 537 prevê a possibilidade da incidência de multa, independentemente de requerimento da parte, a qual poderá ser aplicada, na fase de conhecimento, em tutela provisória ou na sentença, ou na fase de execução, desde que seja suficiente e compatível com a obrigação e que se determine prazo razoável para cumprimento do preceito. Como se vê, independente de requerimento significa com ou sem requerimento, isto é, nada impede na nova sistemática processual que o requerimento de preceito cominatório integre o pedido. A alteração, certamente para melhor, pelo que se depreende do art. 537 do Código de Processo Civil, é que agora este requerimento, quando for o caso, não precisa ser formulado necessariamente junto com o pedido, mas em qualquer momento do iter procedimental desde que oportuno seja o seu cabimento.

16.13 Cumulação de pedidos. Cumulação objetiva de ações

Com exceção do requerimento de preceito cominatório que se acopla e se junta ao pedido que traduz a pretensão deduzida em juízo, com o objetivo de torná-lo eficaz e efetivo, a regra, no mais geral, é a de que cada pedido ou cada pretensão traduz e significa uma ação ou, por outra, o exercício do direito de ação. Entretanto, às vezes por necessidade, às vezes por facilidade, permite-se na lei processual que numa mesma atividade jurisdicional se cumule mais de um pedido.

É o que se chama de cumulação objetiva de ações, em contraposição à cumulação subjetiva de ações que, como já vimos, é o litisconsórcio. Imagine-se que uma pessoa, filho não reconhecido do *de cujus* que deixou testamento contemplando terceiro, venha a juízo pretendendo: a) o reconhecimento da filiação; b) a anulação do testamento; e c) a parte da herança que lhe cabe. Imagine-se, ainda, que um funcionário ilegalmente exonerado do cargo público deduza em juízo os pedidos de reintegração no cargo e de recebimento dos vencimentos atrasados. Nas duas hipóteses teremos uma cumulação de pedidos, isto é, cumulação de ações num mesmo processo, numa mesma relação jurídica processual. Isto se chama cumulação objetiva de ações.

Mas esta cumulação objetiva de ações, ou cumulação de pedidos, pode se apresentar de várias maneiras, o que significa dizer que há várias espécies de cumulação de ações. Como bem assevera Amaral Santos, a doutrina procura distinguir duas espécies de cumulação de pedidos: a) a cumulação simples; e b) a cumulação condicional, dividindo esta segunda em várias subespécies. Particularmente somos pela diretriz do citado mestre, que prevê as seguintes modalidades de cumulação de pedidos: a) simples; b) sucessiva; e c) subsidiária ou eventual.[172]

A cumulação simples é aquela que ocorre quando se tem a cumulação de vários pedidos absolutamente autônomos e independentes entre si. Veja-se o seguinte exemplo: o autor realizou dois mútuos com o réu; vencidos todos resolve cobrá-los num só processo, cumulando os dois pedidos. Importante notar neste caso que, por serem absolutamente autônomos e independentes, o acolhimento ou a rejeição de um dos pedidos em nada interfere no conhecimento, acolhimento ou rejeição do outro. No exemplo citado pode o autor obter a condenação do réu no primeiro mútuo, mas o réu poderá objetar que fez o pagamento do segundo mútuo.

16.14 Cumulação sucessiva de pedidos

A cumulação sucessiva ocorre quando há relação de dependência entre o primeiro e o segundo pedidos e, se for o caso, entre o segundo e o terceiro e assim sucessivamente. Isto é, o acolhimento do pedido sucessivo dependerá, necessária e logicamente, do acolhimento do primeiro pedido. Para nós, haverá mesmo uma relação de prejudicialidade entre o pedido anterior e o que lhe é sucessivo. Vejam-se os seguintes exemplos: a) ação de investigação de paternidade cumulada com petição de herança; b) ação de rescisão de contrato de compromisso de compra e venda cumulada com reintegração de posse.

---

[172] SANTOS, Moacyr Amaral dos. *Primeiras linhas de direito processual civil*. 24. ed. São Paulo: Saraiva, 2008. v. II. p. 158-169.

16.15 Cumulação subsidiária de pedidos

Cumulação subsidiária, também denominada cumulação eventual, é aquela em que os pedidos se substituem um ao outro na ordem em que foram apresentados. Isto é, examina-se e decide-se quanto ao primeiro pedido, não sendo atendido, examina-se e decide-se quanto ao segundo pedido. É o que dispõe o art. 326 do Código de Processo Civil quando diz que: "é lícito formular mais de um pedido em ordem subsidiária a fim de que o juiz conheça do posterior, quando não acolher o anterior". Cita-se como exemplo a ação para que o esbulhador restitua a coisa esbulhada, ou, faltando esta, embolse o seu equivalente ao prejudicado.

Como se vê, a ideia norteadora da cumulação subsidiária ou eventual de pedidos é, como a própria nomenclatura sugere, a subsidiariedade ou a eventualidade. O autor formula o pedido subsidiário na incerteza do resultado da prova ou no desconhecimento do que poderá ocorrer quando da futura execução da sentença. Diferentemente do que acontece na cumulação sucessiva de pedidos, aqui, se a sentença não acolher o pedido anterior, terá que apreciar e se manifestar sobre o outro pedido.

16.16 Requisitos para cumulação de pedidos

Assim como devem ser observados os requisitos para a correta formulação dos pedidos, a lei processual também estabelece requisitos outros para a própria cumulação dos pedidos. Desta forma, na cumulação de pedidos, tem-se que observar para cada pedido aqueles mesmos requisitos que seriam observáveis se não houvesse cumulação. Além destes, é preciso também obedecer aos requisitos específicos para a própria cumulação dos pedidos.

São requisitos para a cumulação objetiva de pedidos, num único processo, desde que contra o mesmo réu, ainda que entre eles não haja conexão, conforme o disposto no §1º do art. 327 do Código de Processo Civil: a) que os pedidos sejam compatíveis entre si; b) que o juízo seja competente para conhecer de todos os pedidos cumulados; e c) que o procedimento adotado seja o adequado para todos os pedidos, sendo que neste caso, conforme dispõe o §2º do citado artigo, quando para cada tipo de pedido corresponder tipo diverso de procedimento, será possível a cumulação se o autor adotar o procedimento comum.

O Código atual inovou ao inserir no §3º do art. 327 que o requisito da compatibilidade entre os pedidos previsto no §1º do mesmo dispositivo não é exigível nas hipóteses de cumulação subsidiária ou eventual prevista no art. 326. Trata-se de uma regra inócua, pois o caráter eventual do pedido subsidiário, por si só, afasta a obrigatoriedade da compatibilidade entre os pedidos, porquanto essa subsidiariedade, que é eventual, impõe, necessariamente, que o pedido subsidiariamente formulado só será apreciado e possivelmente acolhido na eventualidade do que lhe antecede não o ser, ou seja, o acolhimento de um necessariamente excluirá o acolhimento do outro, daí porque desnecessária a compatibilidade. Já na cumulação prevista no art. 327 há um paralelismo entre os pedidos, eis que todos podem ser deferidos, uns podem ser deferidos e outros não ou todos podem ser indeferidos. Daí porque salta aos olhos a necessidade da compatibilidade. Isto porque na cumulação subsidiária não existe a possibilidade de a eficácia do deferimento de um pedido impedir a do outro, aliás, o pedido subsidiário só será apreciado se o primeiro não puder ser atendido. Já na cumulação objetiva simples, este perigo é evidente porquanto os dois poderão ser atendidos.

A cumulação de pedidos independentemente de conexão foi uma inovação trazida pelo Código de 1973, eis que o Código anterior de 1939 só permitia a cumulação de pedidos conexos. A partir do Código de 1973, o que se repete agora é que não se exige mais a conexão, mas apenas que haja compatibilidade entre os pedidos. Entretanto, se olharmos com mais atenção, veremos que, na verdade, só não haverá conexão na chamada cumulação simples, porquanto na cumulação sucessiva e na cumulação subsidiária ou eventual há verdadeira dependência entre os pedidos. No primeiro caso o pedido sucessivamente cumulado só será acolhido se acolhido for o primeiro. Na cumulação subsidiária também existe a dependência e consequentemente a conexão porque os pedidos se substituem, isto é, o pedido subsidiariamente cumulado só será apreciado e decidido caso não se acolha o primeiro pedido. Assim é porque nesses casos, cumulação sucessiva e cumulação subsidiária, há somente uma causa de pedir para os diversos pedidos, portanto, as ações cumuladas serão necessariamente conexas pela identidade da *causa petendi*.

Disto resulta que só na cumulação simples não existirá conexão entre as causas e, como a compatibilidade só se exige quando a cumulação não for de pedidos conexos, só se exigirá compatibilidade na cumulação simples. Mas qual a extensão que se deve dar à exigência da compatibilidade para a cumulação de pedidos? A doutrina não é uníssona, havendo quem defenda que pedidos entre si compatíveis são aqueles que não se repelem, não se excluem mutuamente ou não se apresentam contrários entre si de modo que a escolha de um venha a impedir ou tornar ineficaz o outro.[173]

Para outra corrente doutrinária, a ideia de compatível prevista no dispositivo processual está no sentido de poder existir, do que é conciliável com a compatibilidade jurídica. Assim, quando se tratar de cumulação alternativa ou subsidiária, os pedidos podem ser opostos. Para esta corrente, o que se exige é a compatibilidade jurídica entre os pedidos. Portanto, mesmo que logicamente incompatíveis, os pedidos podem ser cumulados, eis que o segundo só será analisado se desacolhido o primeiro.[174]

O segundo requisito necessário à cumulação objetiva de ações, ou cumulação de pedidos, sob qualquer das modalidades, é o de que o juízo seja o competente para conhecer de todos. Se a eventual incompetência do juízo for absoluta para conhecer de qualquer das ações, deverá o juiz rejeitar, *in limine*, o pedido para o qual vislumbre sua incompetência absoluta. Todavia, se a incompetência for apenas relativa, quanto a qualquer dos pedidos, caberá ao réu argui-la no momento oportuno, sem o que sanado estará o vício e prorrogada estará a competência.

O terceiro requisito para a cumulação de pedidos diz respeito à identidade de procedimentos para todos eles. Entretanto, se os procedimentos forem diversos, poderá

---

[173] Wellington Moreira Pimentel cita o exemplo tirado das notas ao Código de Processo Civil português do Desembargador Jacinto Rodrigues Bastos: "Se o autor pede anulação de certo testamento e pretende cumular com este o pedido da entrega de um legado com o que tenha sido nele contemplado, a cumulação é inadmissível, porque nunca estas duas pretensões poderiam ser reconhecidas ao mesmo tempo, já que ou procede a anulação do testamento e improcede a entrega do legado, ou improcede a anulação do testamento e procede a entrega do legado, mas uma procedência exclui a outra" (PIMENTEL, Wellington Moreira. *Comentários ao Código de Processo Civil*. 2. ed. São Paulo: Revista dos Tribunais, 1979. p. 208).

[174] PASSOS, José Joaquim Calmon de. *Comentários ao Código de Processo Civil*. 9. ed. Rio de Janeiro: Forense, 2005. p. 234-235.

o autor se valer do procedimento comum. Veja-se o seguinte exemplo: cumulação de ação de rescisão de compromisso de compra e venda com reintegração de posse quando a infração contratual, e consequentemente o esbulho, ocorreu a menos de um ano e um dia. Por força do art. 558 do Código de Processo Civil, tendo o esbulho ocorrido a menos de um ano e um dia, o procedimento deve ser o especial das ações possessórias, previsto em suas disposições gerais nos arts. 554 a 568 do Código de Processo Civil e nos arts. 560 a 566 para reintegração e manutenção de posse. Como, porém, este pedido possessório está cumulado com o pedido que lhe antecede de rescisão de contrato, o procedimento a ser adotado será o comum.

É interessantíssima a observação de que a possibilidade de cumulação de pedidos optando o autor pelo procedimento comum só será possível desde que algum pedido só possa ser apreciado mediante procedimento especial.[175]

16.17 Valor da causa

O inc. V do art. 319 do Código de Processo Civil cuida do interessante tema do valor da causa. Com efeito, a toda causa a lei exige que seja atribuído um valor, seja esta causa de jurisdição contenciosa ou de jurisdição voluntária. A fixação do valor da causa tem duas finalidades, a saber: a) uma processual que visa determinar por vezes o rito a ser seguido, Lei nº 9.099/95, Juizados Especiais; e b) outra de caráter tributário, haja vista que será fator determinante para a base de cálculo da taxa judiciária e custas processuais.

O valor da causa interessa processualmente também em algumas situações, como exemplo, para fixação dos honorários sucumbenciais, visto que excepcionalmente estes podem ser fixados pelo valor da causa, já que de regra em ações condenatórias são fixados pelo valor da condenação, art. 85 e parágrafos do Código de Processo Civil. Também é útil para aplicação de multas processuais, como se vê do §2º do art. 1.026 do Código de Processo Civil, na hipótese da interposição de embargos declaratórios meramente protelatórios. Outras vezes o valor da causa vai servir como condição específica para o legítimo exercício do direito de agir, como exemplo, o depósito em juízo necessário para a propositura da ação rescisória, nos termos do art. 968, II, do Código de Processo Civil.

A questão que se apresenta em tema de valor da causa é a de se definir exatamente o que significa dar à causa um valor. Para nós, o que a lei quer é que se atribua à causa um valor que identifique a expressão econômica da lide, isto é, sua dimensão e sua medida em valores econômicos.[176]

Outra questão diz respeito ao momento da fixação do valor da causa, devendo este ser sempre aquele em que proposta a ação. Para os efeitos tributários ou processuais do valor da causa em nada importam as alterações econômicas na situação da lide após a propositura da ação.

---

[175] Esta é a lição de Barbosa Moreira, para quem a cumulação de pedidos com a opção pelo procedimento comum será viável "desde que a natureza de algum pedido não reclame, por necessidade intrínseca, rito especial, por exemplo: o pedido de inventário e partilha é manifestamente incompatível com o procedimento ordinário (comum) e, portanto, insuscetível de cumulação com qualquer outro" (MOREIRA, José Carlos Barbosa. *O novo processo civil brasileiro*. 26. ed. Rio de Janeiro: Forense, 2008. p. 15).

[176] Advirta-se, na esteira da lição de Barbosa Moreira: "é ineficaz a declaração do autor, na inicial, de que indica o valor apenas para fins fiscais; se o valor indicado coincide com o que deve prevalecer para fins fiscais, a cláusula restritiva há de reputar-se não escrita; se não coincide, falta à petição inicial o requisito do art. 282, V [atual 319, V]" (MOREIRA, José Carlos Barbosa. *O novo processo civil brasileiro*. 26. ed. Rio de Janeiro: Forense, 2008. p. 21).

16.18 Critérios para fixação do valor da causa

A lei processual prevê dois critérios para determinação do valor da causa: a) o critério objetivo, que está previsto nas hipóteses tratadas no art. 292, §§1º e 2º, do Código de Processo Civil; e b) o critério subjetivo, pelo qual o valor é estimado pelo autor. O que importa consignar é que num ou noutro critério o valor da causa haverá sempre de expressar o conteúdo econômico da demanda. A diferença está em que no art. 292, §§1º e 2º, do Código de Processo Civil, a lei já diz o que se deve entender pelo conteúdo econômico da demanda nos casos ali tipificados. Entretanto, quando a causa versar sobre hipótese não prevista expressamente na legislação processual, o valor da causa será aquele estimado pelo autor. Mas, repita-se, esta estimação terá que atender à expressão econômica da demanda.

As hipóteses para o critério objetivo de fixação do valor da causa, todas previstas no art. 292, §§1º e 2º do Código de Processo Civil, são: a) na ação de cobrança de dívida, a soma monetariamente corrigida do principal, dos juros de mora vencidos e de outras penalidades, se houver, até a propositura da ação; b) na ação que tiver por objeto a existência, a validade, o cumprimento, a modificação, a resolução, a resilição ou a rescisão de ato jurídico, o valor do ato ou de sua parte controvertida; c) na ação de alimentos, a soma de 12 prestações mensais pedidas pelo autor; d) na ação de divisão, de demarcação e de reivindicação, o valor de avaliação da área ou do bem objeto do pedido e) na ação indenizatória, inclusive fundada em dano moral, o valor pretendido; f) na ação em que há cumulação de pedidos, a quantia correspondente à soma dos valores de todos eles; g) na ação em que os pedidos são alternativos, o de maior valor; h) na ação em que houver pedido subsidiário, o valor do pedido principal. Quando na ação se pedirem prestações vencidas e vincendas, levar-se-á em consideração o valor de umas e de outras. O valor das prestações vincendas será igual a uma prestação anual, se a obrigação for por tempo determinado, ou por tempo superior a um ano; se por tempo inferior, será igual a soma das prestações. Evidentemente que quanto às prestações vencidas será o valor delas.

16.19 Impugnação ao valor da causa

Atribuído valor à causa na petição inicial, pode o réu, por ocasião da contestação, impugná-lo. É o que se denomina, na prática, impugnação ao valor da causa. Esta impugnação que o Código atual chama de incorreção do valor da causa está prevista no inc. III do art. 337 e será apresentada na mesma peça de contestação em capítulo próprio, obviamente, antes de o réu discutir o mérito. A possibilidade de alegação de incorreção do valor da causa por ocasião da apresentação da contestação é preclusiva, o que significa que, não havendo tal impugnação presume-se como aceito pelo réu o valor atribuído à causa na petição inicial.

Não é de todo descabido neste tema entender-se que se o critério para fixação do valor da causa for objetivo, isto é, aqueles estabelecidos na norma processual, o juiz pode e deve de ofício retificar o valor atribuído à causa. Nessa linha de raciocínio, quando se trate de impugnação pelo critério objetivo, portanto conhecível *ex officio*, poderá o juiz alterá-la ainda que o réu não argua a correção do valor atribuído à causa.

16.20 Indicação das provas na petição inicial

O inc. VI do art. 319 do Código de Processo Civil cuida do polêmico tema das provas com que o autor pretende demonstrar a verdade dos fatos alegados. Por provas aí deve-se entender os meios de prova pelos quais o autor pretende demonstrar a veracidade dos fatos alegados, isto é, os meios probatórios, como: prova testemunhal, prova documental, prova pericial e depoimento pessoal do réu.

Quanto à prova testemunhal, não se exige que já na petição inicial o autor apresente o rol das testemunhas. A prova documental de que trata o art. 320, quando diz que a petição inicial será instruída com os documentos indispensáveis à propositura da ação, deve ser entendida apenas como aqueles documentos que se não trazidos na inicial não se terá como examinar a própria admissibilidade da ação e não o seu mérito, como, por exemplo na ação de demarcação e de divisão de terras, os títulos de propriedade; na execução, o título executivo extrajudicial; no divórcio, a certidão de casamento; no inventário, a certidão de óbito e demais situações congêneres. Na verdade o art. 320 funciona como uma regra especial em relação ao art. 434. O art. 434 cuida de documentos que não são necessários ao exame da admissibilidade da própria ação, mas sim à comprovação dos fatos alegados pelo autor.

Questão discutível é saber se o autor pode produzir provas não protestadas na inicial e, por simetria, se o réu pode fazer o mesmo quanto às provas não protestadas na contestação. No rigor da técnica essa possibilidade só seria permitida para os fatos que surgissem após a propositura da ação. Na prática existe uma liberalidade total com relação a esse aspecto. Antes da decisão de saneamento, mas ainda dentro da fase de saneamento, os juízes costumam mandar as partes especificarem as provas que desejam produzir, inclusive justificando a respectiva produção.

16.21 Opção do autor pela realização ou não da audiência de conciliação ou mediação

Trata-se de novidade trazida pelo Código de Processo Civil atual na diretriz de privilegiar, cada vez mais, a cultura da pacificação da lide em detrimento da cultura do julgamento da lide. Como vimos anteriormente, conciliação e mediação são modalidades de autocomposição e, ainda que já no curso do processo e sob supervisão jurisdicional, não perdem a característica da autocomposição, mesmo que dependente de homologação judicial.

Contudo, a opção prevista no inc. VII do art. 319 precisa ser interpretada e entendida em consonância com o disposto no §4º, I, do art. 334. Com efeito, no inc. VII do art. 319 o Código exige que o autor na formulação da petição inicial decline sua opção pela realização ou não de audiência de conciliação ou de mediação. Isto não significa, entretanto, que basta tal opção autoral para que a audiência de conciliação ou de mediação se realize ou não se realize. A exigência é, na verdade, apenas para que ele informe ao juízo sua intenção, porque querendo ou não a audiência se realizará, salvo na hipótese prevista, neste particular, no inc. I do §4º do art. 334, isto é, se o réu também se manifestar contra a realização desta audiência, tudo como veremos no momento próprio.

16.22 Distribuição por dependência

Cabe ainda uma observação com relação à chamada distribuição por dependência. Tal ocorre quando um órgão jurisdicional já se encontrar prevento. Neste caso, a petição inicial da ação a ser distribuída por dependência deverá estampar também este requerimento. Além disto, não só o art. 319 estabelece requisitos para a formulação e distribuição da petição inicial, incide também o disposto no art. 106, I, que manda que da inicial conste o endereço em que o advogado receberá as intimações, quando postular em causa própria.

CAPÍTULO 17

DA AUDIÊNCIA DE CONCILIAÇÃO OU DE MEDIAÇÃO

17.1 Generalidades

A reforma produzida no Código de Processo Civil de 1973 em 1994 interferiu decisivamente na fase de saneamento do processo, como se vê da então nova redação dada ao art. 331 do Código de 1973. Naquela oportunidade, inseriu-se no procedimento a obrigatoriedade da chamada audiência preliminar de conciliação, e esta audiência foi colocada exatamente na fase de saneamento após as providências preliminares e antes da própria decisão de saneamento.

A redação do art. 331 do Código de 1973 e seus parágrafos, quando a causa versasse sobre direitos disponíveis, previa uma audiência de conciliação a realizar-se necessariamente. Obtida a conciliação, era reduzida a termo e homologada por sentença. Não obtida a conciliação por qualquer motivo, inclusive o não comparecimento das partes ou de qualquer delas, o juiz fixava os pontos controvertidos, decidia as questões processuais ainda pendentes e determinava as provas a serem produzidas, designando audiência de instrução e julgamento se necessária.

A crítica que se fazia era que, embora nada impedisse que o juiz tentasse a qualquer tempo a conciliação das partes, inclusive convocando-as à sua presença, nos termos do então inc. IV do art. 125, só ocorria a audiência de conciliação caso não se tratasse das hipóteses de abreviação do processo. Ou seja, a audiência de conciliação prevista no Código de 1973 só ocorria naqueles casos em que coubesse decisão de saneamento, como se nas hipóteses em que não coubesse decisão de saneamento não se devesse também pugnar pela conciliação. Criticava-se o sistema, pois só nos processos em que tivesse vez decisão de saneamento haveria lugar para a audiência de conciliação.

O Código atual, em boa hora, pretendeu resolver essa irresponsível omissão do Código anterior, de modo que no art. 334 prevê a realização obrigatória de uma audiência de conciliação ou de mediação. A atividade jurisdicional de caráter meramente conciliatório é uma tendência moderna do processo, consequência natural da formulação de uma ideologia pacificadora da sociedade em contraponto ao pragmatismo positivista e judicante do Estado. A ideia central consiste em que sendo o direito um instrumento da paz social, a função jurisdicional será mais eficaz quanto maior for a sua possibilidade de apaziguar os conflitos e menor for a necessidade de resolvê-los pela aplicação do juízo de valor entre o interesse que deva prevalecer e o interesse que deva ser subjugado.

Obviamente, obtida a autocomposição esta será reduzida a termo e homologada por sentença. Digno também de nota a possibilidade dessa audiência realizar-se por teleconferência ou outro meio eletrônico qualquer, nos termos do §7º do art. 334.

17.2 Obrigatoriedade

É obrigatória a realização da audiência de conciliação ou de mediação prevista no art. 334. Obrigatória também é a presença das partes devidamente acompanhadas por seus advogados ou defensores públicos, ou, pelo menos, por representante munido de procuração específica com poderes próprios para negociar e transigir.

Admitida a ação após o exame sumário das condições de seu legítimo exercício, dos pressupostos de existência e de validade do processo e dos requisitos necessários à demanda, o juiz, obrigatoriamente, designará uma audiência de conciliação ou de mediação, com antecedência mínima de 30 dias, devendo ser citado o réu com pelo menos 20 dias de antecedência e intimado o autor, na pessoa de seu advogado, pensamos, no mesmo prazo. Nas localidades em que houver conciliador ou mediador, estes atuarão necessariamente na audiência, conforme a espécie. Como toda audiência, esta também pode ser partida ou realizada em várias seções, não podendo, porém, sua duração exceder 2 meses da data da realização da primeira seção.

Todavia, esta audiência não se realizará em duas situações: a) se ambas as partes manifestarem, expressamente, desinteresse na composição consensual; b) quando não se admitir a autocomposição. No primeiro caso, com relação ao autor, este deverá indicar na petição inicial seu desinteresse na autocomposição, como se vê do inc. V do art. 334 c/c inc. VII do art. 319. Já o réu deverá fazê-lo por petição apresentada com 10 dias de antecedência contados da data designada para a audiência. Havendo litisconsortes, evidentemente o eventual desinteresse terá que ser manifestado por todos, qualquer que seja a natureza do litisconsórcio. A outra hipótese, como se disse, é quando não se admitir a autocomposição.

Observe-se que o §10 do art. 334 dispõe que a parte poderá constituir representante, por meio de procuração específica, com poderes para negociar e transigir. A curiosidade aí reside em que transação não se confunde com conciliação e muito menos com mediação. Em nosso entendimento, pode-se transigir mediante procurador com poderes específicos, porém conciliar ou submeter-se ao procedimento da mediação não é possível por interposta pessoa. Quer nos parecer que a inserção deste parágrafo com esta redação no capítulo que trata da audiência de conciliação ou de mediação tem como destinatários as empresas, que poderão valer-se de prepostos para, nesta audiência, transigirem com o fito de extinguir o litígio judicial. Outra observação pertinente é que, quando o Código menciona procuração específica, não está se referindo à procuração como instrumento do mandato, a melhor leitura, no caso, é "munido de procuração com poderes específicos para transigir".

17.3 Consequência do não comparecimento das partes

Dispõe o §8º do art. 334 que o não comparecimento não justificado do autor ou do réu à audiência de conciliação é considerado ato atentatório à dignidade da justiça e será sancionado com multa de até 2% da vantagem econômica pretendida ou do valor da causa, revertida em favor da União ou do Estado. Trata-se de verdadeiro e desmedido absurdo de constitucionalidade discutível. Não há qualquer critério jurídico e democrático em penalizar-se monetariamente a contumácia da parte, quando se trate de não comparecer a um ato processual que visa à autocomposição e não o exercício da função jurisdicional.

Entretanto, não se trata de audiência de instrução e julgamento e, nesse momento processual, como se verá adiante, sequer iniciou-se o prazo para a contestação. Portanto não existe perda ou preclusão para a prática de qualquer ato processual pelo não comparecimento à audiência de conciliação ou de mediação.

17.4 Crítica

Embora louvável a inciativa que veio para suprir vetusta omissão no nosso sistema processual, cabe dizer que a experiência demonstra que o início do processo não é o melhor momento para obter-se acordo entre as partes. Na fase postulatória do processo, que no momento da audiência de conciliação ou mediação sequer se ultimou, haja vista que ainda não há resposta do réu, os ânimos se encontram acirrados, o tempo, senhor da razão, não fluiu o suficiente para que as partes possam dimensionar os percalços de uma pendência judicial, no mais das vezes duradoura, ao término da qual autor e réu poderão sair insatisfeitos. Demais disto, o próprio assessoramento técnico-profissional do réu está comprometido porquanto seu advogado só terá tido acesso à peça da inicial e aos eventuais documentos com ela trazidos. Nem mesmo o juiz da causa terá afinidade e conhecimento suficiente da lide para se posicionar com relação à orientação das partes quanto a uma autocomposição. A experiência nos indica que o melhor momento para a composição é ao término da fase instrutória e antes da fase decisória do processo, quando os ânimos já se arrefeceram, os argumentos já estão postos e todos os envolvidos já têm uma ideia formada sobre a questão trazida ao crivo do Judiciário.

Outra crítica diz respeito à confusão terminológica utilizada pelo Código neste capítulo. Já se disse quando se tratou a jurisdição, que conciliação, mediação e transação, embora espécies de autocomposição, são modalidades diversas que não se confundem e não se misturam. O Código acena com uma audiência de conciliação ou de mediação, no entanto fala em negociar e em transigir e, pior, inadmite a realização da audiência quando não se admitir a autocomposição. Ora, na modalidade de conciliação a autocomposição é sempre permitida, embora não o seja na modalidade de transação, em que apenas os interesses de cunho patrimonial e disponíveis podem ser objeto desta espécie de autocomposição. Todavia, e como já se falou antes, na conciliação se permite a autocomposição até para direitos indisponíveis, eis que não é possível transacionar numa investigação de paternidade, porém nada impede que conciliatoriamente haja o reconhecimento do pedido.

Do modo como estabelecida e regulamentada no Código, a nova audiência de conciliação ou de mediação por um lado trouxe a correção da omissão quanto à sua aplicação em todos os processos. Infelizmente, de outro lado, mais uma vez, perdeu-se a grande possibilidade de inserir-se no direito positivo instituto de tal magnitude de forma escorreita e tecnicamente irretorquível.

CAPÍTULO 18

DA TUTELA PROVISÓRIA.
TUTELA DE URGÊNCIA E TUTELA DE EVIDÊNCIA

18.1 Princípios gerais

No processo de conhecimento se pede a declaração do direito, acrescida de eventual condenação, constituição ou desconstituição e no cumprimento da sentença se pretende a satisfação forçada do direito reconhecido. Entretanto, vezes há que a prestação jurisdicional se caracteriza pela outorga da segurança que garante o resultado útil, no sentido de concreto e realizável, das demais tutelas processuais,[177] visando sempre à efetividade do processo. Nessas hipóteses não se julga a pretensão que vise à reparação de lesão, o que se julga é a pretensão de se obter uma tutela provisória, rápida, num juízo menos formal. Outras vezes, o que se antecipa são os próprios efeitos da tutela pretendida e, em algumas poucas hipóteses, dada sua evidência fática e jurídica, antecipa-se *ab initio* o próprio julgamento de mérito.

Se fosse possível resolver o processo instantaneamente e se imaginasse um processo ideal que se ultimasse em poucas horas ou minutos, não haveria a menor necessidade da tutela provisória. Entretanto, tal não é possível, o que faz com que em certas e determinadas situações, obviamente previstas na lei, o juiz avalie o perigo da demora da prestação da tutela jurisdicional e numa cognição sumária proceda ao exame da possibilidade de baixar determinada medida que garanta a efetividade da providência futura, caso a ação principal seja procedente, ou mesmo adiante seus efeitos ou, ainda, julgue definitivamente a ação no caso de grande ou evidente probabilidade de êxito.

A notícia mais antiga que se tem a esse respeito na história do direito remonta a um decreto do Papa Clemente V, que por este motivo, era chamada de "ação clementina". Esta "ação clementina" reduziu o processo sob dois aspectos. Sob o ângulo da cognição, limitou a extensão material sob a qual a cognição do juiz poderia recair e sob o ângulo do procedimento reduziu o número de atos a serem praticados, o que resultou na redução da duração do processo.

---

[177] LACERDA, Galeno. *Comentários ao CPC*. 10. ed. Rio de Janeiro: Forense, 2007. p. 3.

Na tutela provisória atualmente prevista no Código de Processo Civil tem-se exatamente isto. Há uma cognição reduzida, eis que o juiz examina apenas a aparência do direito, não o próprio direito (à exceção de algumas hipóteses de tutela de evidência, que veremos a seguir), e há uma duração menor porque o juiz examina o perigo que decorre da demora, não examina, portanto, a lide sob o ângulo do mérito propriamente dito. Sem sombra de dúvidas, há um juízo de mera plausibilidade, o que for plausível o juiz aceita, o que não for plausível o juiz recusa.

O Código prevê a tutela provisória sob as modalidades de tutela de urgência e de tutela de evidência. As quais, por sua vez, podem ser: cautelares ou antecipadas. Estas, por sua vez, isto é, as tutelas provisórias urgente ou evidente, tanto de caráter cautelar como de caráter antecipado, podem ser incidentes ou antecedentes. Na verdade, urgência ou evidência são fundamentos para o cabimento da tutela provisória. Por sua vez, o fundamento da urgência pode justificar uma providência cautelar ou uma providência antecipada e pode ter caráter antecedente ou incidental.

18.2 Características da tutela provisória

As características da tutela provisória são: a) temporariedade; b) provisoriedade; c) não satisfação e d) instrumentalidade.

A temporariedade decorre de que toda medida provisória, fruto da sumária cognição, traz ínsita uma carga da cláusula *rebus sic stantibus*, na medida em que a situação fática poderá se alterar e, com ela, a medida alvitrada poderá deixar de ser imprescindível ou relevante para a efetividade da prestação jurisdicional definitiva. Do mesmo modo, o aprofundamento da investigação do *thema decidendum* poderá fazer transparecer que aquele bom direito era, apenas e tão somente, aparente, não se justificando a manutenção da medida.

A provisoriedade, que não se confunde com a temporariedade, tem que ver com a inevitável substituição da medida provisória, haja vista que, com o trânsito em julgado da sentença definitiva na ação, a medida provisória ou será revogada ou será confirmada e, como tal, constará na própria sentença, visando à garantia da execução, mas aí o que se cumpre é a própria sentença e não mais a medida provisória anterior.

Sendo a tutela provisória mecanismo do sistema processual que tem por escopo garantir e assegurar a efetividade da prestação da tutela jurisdicional futura, por óbvio, este auxílio, suporte ou apêndice da jurisdição não pode ser satisfativo. Isto por duas razões absolutamente lógicas: a primeira porque a medida provisória, como já se disse, terá sempre natureza diversa daquela pretendida pela parte para a reparação da lesão ao seu direito; a segunda porque se a medida provisória fosse capaz de satisfazer a pretensão do autor, ela deixaria de ser provisória e se confundiria com a própria medida jurisdicional principal.

A instrumentalidade é consequência lógica da concepção instrumental do processo enquanto atuação, eis que a jurisdição se requer e se presta mediante a conexa instrumentalidade do processo. Mais do que isto: não é que pelo processo se invoque e se preste a jurisdição, é que apenas e somente pelo processo isto é possível. Destarte, toda atividade jurisdicional que se preste a colaborar para dar efetividade à jurisdição será também instrumental e, como tal, será também processo.

18.3 *Fumus boni iuris* e *periculum in mora*

Em todas as espécies de tutelas provisória ter-se-á sempre que perquirir os elementos necessários para sua providência, quais sejam: o *fumus boni iuris* e o *periculum in mora*. Por *fumus boni iuris* deve-se entender a aparência ou o sinal do bom direito, isto é, a plausibilidade dos fatos e dos fundamentos jurídicos trazidos com o requerimento da tutela provisória. Por *periculum in mora* deve-se entender a necessidade da eminente prestação da tutela provisória como assecuratória dos efeitos da efetividade do processo, sob pena de tornar inócua a providência jurisdicional.

Obviamente, esses dois parâmetros podem e devem ser flexibilizados, desde que estejam de alguma forma presentes na fundamentação do requerimento e das decisões. Isto significa que quanto mais evidente for o direito do requerente, menos atenção se pode dispensar ao requisito do perigo na demora. Do mesmo modo, quanto mais crucial for a necessidade da pronta prestação da tutela porquanto inócua a providência jurisdicional futura, menor a importância que se deva dar ao sinal do bom direito. Mas, como é intuitivo, essa flexibilização não vai ao ponto de aniquilar a necessidade da presença de um e de outro requisito.

18.4 Tutela de urgência de natureza cautelar

O primeiro tipo de tutela provisória no Código é o da tutela de urgência de natureza cautelar. Como o próprio nome indica, tal providência jurisdicional visa suprir a necessidade de uma pronta, no sentido de urgente, resposta da jurisdição à pretensão do jurisdicionado. Dispõe o art. 300 que a tutela de urgência de natureza cautelar será concedida quando houver elementos que evidenciem a probabilidade do direito e o perigo de dano ou o risco ao resultado útil do processo. Probabilidade do direito ou perigo de dano ou o risco ao resultado útil do processo de outra coisa não se trata do que examinar o *fumus boni iuris* e o *periculum in mora* respectivamente.

Como salvaguarda de eventuais efeitos danosos que possam advir para o processo, a execução da medida concedida a título da tutela de urgência de natureza cautelar prevê o Código, no §1º do art. 300, aquilo que antes se denominava contracautela, isto é, a possibilidade de o juiz condicionar o deferimento da medida urgente a que o requerente preste caução real ou fidejussória. Do mesmo modo, a medida urgente de caráter cautelar não será concedida caso seus efeitos sejam irreversíveis, nos termos do §3º do art. 300.

Sob este título o Código de Processo Civil prevê diversas modalidades de caução elencadas tanto no próprio Código, como no direito material. Curioso nesta modalidade de tutela de urgência de natureza cautelar é que existem situações em que a lei impõe a prestação de caução como que pressupondo ou estabelecendo uma presunção *juris tantum* do *periculum in mora*, sem que o juízo tenha qualquer possibilidade de analisar este requisito.

O que caracteriza a caução, quando surgida no curso do processo, é que terá sempre um caráter de ressarcimento da parte adversa em razão do deferimento de algum requerimento igualmente preventivo da outra parte. Daí decorre que a justificativa da caução é a possibilidade da ocorrência de um dano consequente de uma medida jurisdicional pretendida pela parte adversa. Já o mesmo não se pode dizer quando se trate de caução que decorra da exigência de direito ou de dever regulamentado pelo direito material, como exemplo, o exercício da tutela quando o patrimônio do menor for elevado. Porém, em ambas as espécies haverá sempre o caráter preventivo de cunho ressarcitório da caução.

A caução pode ser real ou fidejussória. A caução real, evidentemente, é aquela em que a garantia oferecida é real e a fidejussória quando a garantia oferecida for pessoal, exemplo típico da fiança.

Embora o Código não preveja expressamente, obviamente a caução pode ser prestada pelo próprio interessado ou por terceiro, até porque exemplo típico de caução que é a fiança, necessariamente, pela própria característica de direito material, há de ser prestado por terceiro, eis que ninguém pode ser fiador de si próprio.

Se no curso do processo se verificar que a caução se tornou insuficiente, poderá o interessado exigir-lhe o reforço. Do mesmo modo, pensamos que se a caução se tornar demasiadamente exagerada poderá o caucionante exigir-lhe a diminuição. Na primeira hipótese, caso o juiz determine o reforço da caução e a parte não o fizer, cessarão os efeitos da caução prestada, presumindo-se que o autor tenha desistido da tutela de urgência requerida.

A previsão da contracautela disposta no §1º do art. 300 precisa ser entendida, interpretada e consequentemente aplicada de conformidade com o disposto no art. 302 do Código de Processo Civil, eis que, pelo ali explicitado, vê-se que, independentemente da reparação por dano processual, a parte responde pelo prejuízo que a efetivação da tutela de urgência causar à parte adversa se: a) a sentença lhe for desfavorável; b) obtida liminarmente a tutela em caráter antecedente, não fornecer os meios necessários para a citação do requerido no prazo de 5 dias; c) ocorrer a cessação da eficácia da medida em qualquer hipótese legal; d) o juiz acolher a alegação de decadência ou prescrição da pretensão do autor. Duas são as observações: a) a primeira está prevista no parágrafo único do art. 302 e consiste em que a indenização será liquidada, e consequentemente executada nos mesmos autos em que a medida urgente de caráter cautelar tiver sido concedida. Isto não sendo possível desafiará procedimento incidental específico; b) a segunda é que este dispositivo só terá cabimento nas hipóteses em que a parte requerente não tiver sido instada pelo juízo a prestar a contracautela exigida no §1º do art. 300.

Sob a nomenclatura de tutela de urgência, mas de evidente natureza cautelar, o art. 301 do Código alude às hipóteses clássicas das medidas cautelares antecedentes ou incidentes de preservação da efetividade da atividade jurisdicional, como: a) arresto; b) sequestro; c) arrolamento de bens, quando houver apreensão e depósito; d) registro de protesto contra alienação de bem; e) outras medidas idôneas para assegurar o direito reclamado.

18.5 Arresto

Historicamente o arresto é a medida cautelar mais conhecida, além de, provavelmente, ser a primeira atividade jurisdicional reconhecida como tipicamente cautelar. O arresto visa a assegurar a efetividade de pretensões tipicamente monetárias, de modo que se garanta ao credor a possibilidade efetiva de satisfação do seu crédito travestido de pretensão condenatória pecuniária em ação de cobrança ou em execução judicial. Em outras palavras: se pretende garantir a efetividade de uma condenação pecuniária, a medida cautelar cabível é aquela de arrestar tantos bens do devedor quantos sejam necessários à garantia da futura execução. Na verdade, o arresto pode ser entendido como uma garantia à futura penhora, de modo que pelo arresto se antecipa processualmente o bem que será objeto da futura penhora.[178]

Até a edição do Código atual, o cabimento do arresto levava em conta a situação domiciliar do devedor. Assim, se o devedor não tinha domicílio certo, o arresto cabia quando ele pretendesse ausentar-se ou alienar os bens que possuía de modo a enfraquecer seu patrimônio ou ainda quando deixasse de pagar obrigação no prazo estipulado. Quando o devedor tinha domicílio conhecido, o arresto teria lugar se o devedor se ausentasse ou tentasse se ausentar deste domicílio de forma furtiva ou, se insolvente, alienasse ou tentasse alienar bens; contraísse ou tentasse contrair dívidas extraordinárias; pusesse ou tentasse pôr seus bens em nome de terceiros ou cometesse qualquer outro ato fraudulento visando à frustração da cobrança ou da execução por parte de seus credores. Tinha lugar, ainda, o arresto, quando o devedor proprietário de bens imóveis tentasse aliená-los, hipotecá-los ou dá-los em anticrese, de modo que, ao fazê-lo não lhe restassem outros bens desembaraçados que o mantivessem solvente.

Na atual disciplina não se apresenta uma casuística pormenorizada para o cabimento do arresto, no entanto, é intuitivo que, além de todas essas modalidades de arresto até então previstas, o arresto caberá sempre para garantir uma futura execução, toda vez que se puder demonstrar o perigo da frustração da efetividade da atividade jurisdicional de natureza satisfativa.

A provisoriedade do arresto excetua-se da regra geral das medidas urgentes de caráter cautelar na medida em que julgada procedente a ação principal o arresto se convolará em penhora. Na verdade, o arresto é uma espécie de penhora antecipada ou de uma pré-penhora.

Outra observação sobre a medida urgente de caráter cautelar de arresto é que se lhe deve aplicar subsidiariamente o procedimento referente à penhora.

18.6 Sequestro

Diferentemente do arresto, a medida urgente de caráter cautelar do sequestro visa a assegurar uma futura reinvindicação. Tem origem em velha prática medieval do direito romano que consistia no depósito, pelas partes litigantes, do bem em litígio em mãos de terceiro que se denominava *sequestre*, o qual se obrigava a entregar o bem depositado a quem vencesse a pendenga judicial.

O sequestro é uma espécie de primo-irmão do arresto, contudo apresenta uma diferença fundamental, pois que o arresto visa à satisfação de um crédito pecuniário, pelo que qualquer bem pode ser arrestado para constituir esta garantia, ao passo que, como o sequestro visa à reinvindicação da propriedade ou da posse de determinado bem, por óbvio, apenas aquele bem objeto da disputa poderá ser o bem sequestrado.

Pelo sequestro, retira-se o bem objeto da tutela urgente de caráter cautelar do comércio jurídico, devendo-se aguardar solução final do litígio para que, uma vez fixada judicialmente sua propriedade ou posse, o proprietário ou possuidor como tal reconhecido judicialmente dê ao bem o destino que melhor aprouver.

---

[178] SILVA, Ovídio Araújo Batista da. *Do processo cautelar*. Rio de Janeiro: Forense, 2001. p. 217.

Também no caso do sequestro, a atual disciplina processual não previu as hipóteses de seu cabimento. Contudo, parece-nos evidente que o sequestro continuará cabendo, entre outras, nas seguintes situações: a) dos bens móveis, semoventes ou imóveis, quando lhes for disputada a propriedade ou a posse, havendo fundado receio de rixas ou danificações; b) dos frutos e rendimentos do imóvel reivindicado se o réu, depois de condenado por sentença ainda sujeita a recurso, os dissipar; c) dos bens do casal nas ações de separação, divórcio litigioso e de anulação de casamento, se o cônjuge os estiver dilapidando; d) nos demais casos previstos em lei.

18.7 Do arrolamento de bens. Depósito. Busca e apreensão

O Código prevê dois tipos de arrolamento. Um que veremos oportunamente como produção antecipada de prova, conforme §1º do art. 381 cabível naquelas hipóteses em que sua realização visa apenas à documentação dos bens ou dos direitos arrolados, sem a prática de atos de apreensão. Outro, que tem natureza de medida urgente de caráter cautelar, precisamente, e a contrário senso daquele, quando além da descrição do bem ou do direito visar também sua apreensão ou depósito.

Arrolamento é rol, é listagem, que se faz de bens sempre que haja, nos termos da lei, fundado receio de extravio ou de dissipação. Diferentemente de outras medidas cautelares que também recaem sobre bens, no arrolamento não se pretende assegurar a reparação de nenhuma lesão com a garantia dos bens arrolados.

O arrolamento previsto no art. 301 do Código de Processo Civil não implica qualquer medida restritiva na propriedade dos bens arrolados, é uma descrição de bens, porém visando à busca e apreensão e o depósito de todos ou de alguns, caso contrário seria produção antecipada de prova. Aqui, o arrolamento visará à busca e apreensão e o seu depósito como medida assecuratória da efetividade do processo.

18.8 Registro de protesto contra alienação de bem

Protesto é gênero do qual a notificação e a interpelação são espécies. O protesto como medida urgente de caráter cautelar judicial inegavelmente guarda semelhança com o protesto cambial, mas, por óbvio, com ele não se confunde.

Nesse particular, o Código de Processo Civil prevê o cabimento do protesto contra a alienação de bem, mas, na verdade, não se pode ignorar o direito de a parte protestar, seja pela via da notificação ou pela via da interpelação.

Pela notificação dá-se ciência a alguém de alguma coisa, de modo que o assim notificado não possa alegar no futuro ignorância ou desconhecimento sobre aquele fato ou situação. Pela interpelação, insta-se alguém a fazer ou a deixar de fazer alguma coisa, sob pena de determinada consequência jurídica.

Na prática forense, comumente, para uma ou outra hipótese utiliza-se apenas o termo *notificação*, embora muitas das vezes se trate de interpelação.

Normalmente o protesto é utilizado para: a) interromper ou suspender a prescrição; b) fazer o devedor da prestação incidir em mora; c) como condição específica para o exercício legítimo de algumas ações, mormente no campo do direito imobiliário.

Justamente porque o protesto é tipicamente providência unilateral não existe defesa ou resposta. Nada obstante, quando isto for aconselhável a solução processual é produzir outro protesto intitulado de contraprotesto.

O Código de Processo Civil destacou, das diversas modalidades de protesto, o registro de protesto contra alienação de bem, constante do art. 301. O protesto contra alienações de bens tem a finalidade de levar ao conhecimento de alguém a intenção do promovente em se opor à alienação de determinado bem. Todavia, não altera qualquer relação jurídica nem interfere na livre disposição do bem. Por vezes o protesto vem cumulado com a pretensão obstativa de atos de disposição, normalmente arrimada no poder cautelar genérico, mas aí tratar-se-á de outra medida e não do simples protesto contra a alienação de bem. O que se deve ter em mente é que o protesto contra alienação de bem tem natureza jurídica de protesto, portanto de medida provisória urgente de caráter cautelar e, como tal, apenas documenta e salvaguarda os direitos do protestante em relação à alienação de determinado bem, os quais provavelmente serão objeto de pretensão futura a ser deduzida em juízo, mas não cria direitos.

Findo o protesto, os autos serão entregues ao requerente.

Outra curiosidade diz respeito a que neste caso específico o juízo do protesto não fica vinculado funcionalmente como o juízo competente para a ação principal.

18.9 Da tutela provisória de urgência de natureza antecipada requerida em caráter antecedente

O Código de Processo Civil, no art. 303, prevê que, em sendo a urgência contemporânea à propositura da ação, a petição inicial poderá limitar-se ao requerimento da tutela antecipada e à indicação do pedido de tutela final, com exposição da lide, do direito que se busca realizar e do perigo de dano ou de risco ao resultado útil ao processo.

Por vezes a propositura da ação ocorre em momento em que existe uma necessidade premente de que o bem da vida que se busca, ou pelo menos os efeitos da tutela pretendida sejam total ou parcialmente antecipados para o momento da propositura da ação sob pena de dano ou risco na efetividade do processo, o que significa que se assim não se proceder, a sentença futura será absolutamente inócua, em vista da alteração irreversível do estado de fato no momento da propositura da ação.

Citam-se como exemplo os recorrentes casos de antecipação dos efeitos da tutela pretendida nas hipóteses de iminente risco de vida do autor em que planos de saúde neguem tratamento comprovadamente previsto no contrato.

Nesses casos, o Código permite que se deduza inicialmente apenas a pretensão inerente à antecipação urgente dos efeitos da tutela, de modo que imediatamente se impeça a alteração irreversível do estado fático existente.

Se a petição inicial tratou apenas da antecipação da tutela valendo-se do permissivo contido no *caput* do art. 303, uma vez esta concedida, o autor terá que aditá-la com a complementação de sua argumentação, a juntada de novos documentos e a ratificação do pedido de tutela final, evidentemente que com relação à pretensão principal, no prazo de 15 dias, ou em outro maior se assim fixar o juízo.

Prevê-se, ainda, que o réu seja citado para audiência de conciliação ou mediação na forma do art. 334. Não havendo autocomposição, iniciar-se-á o prazo para contestação, contado na forma do art. 335.

Caso a antecipação da tutela seja concedida nos moldes do art. 303 e o autor não realize o aditamento exigido, o processo será extinto sem resolução do mérito, nos termos do §2º do art. 303 c/c art. 485, X. Observe-se, porém, que o processo a ser extinto aqui não é aquele iniciado e, até então, prosseguindo com a dedução exclusiva da pretensão de obtenção da tutela provisória urgente antecipada de caráter antecedente, e, sim, o processo referente à tutela final.

O artigo prevê a situação de o autor requerer apenas a tutela antecipada, razão pela qual na petição inicial ele apenas indicará o pedido da tutela final, com a exposição da lide e o direito que busca realizar e do perigo do dano ou do risco ao resultado útil do processo. O §1º determina que, se concedida a tutela, o autor terá que emendar a inicial para aduzir os fatos e fundamentos jurídicos do pedido principal. O §2º diz que se não realizado o aditamento o processo será extinto. Todavia, o §2º do art. 304 prevê a possibilidade da estabilidade da tutela, concedida nos termos do art. 303, caso o réu não interponha recurso. Obviamente, o processo cuja extinção se prevê no §2º do art. 303 só pode ser o processo principal, porque se o Código estivesse se referindo ao processo em que requerida a tutela provisória de urgência antecipada em caráter antecedente, não seria possível a estabilização desta tutela, conforme previsto no art. 304, uma vez que o processo em que requerida estaria extinto.

Na hipótese de o juízo entender que não existem os elementos necessários para concessão da tutela antecipada, determinará que o autor emende a inicial no prazo de 5 dias, mais uma vez sob pena de ser extinto o processo sem resolução de mérito, nos termos do §6º do art. 303. Aqui, observe-se, trata-se do processo iniciado pela dedução da pretensão de obter a tutela provisória de natureza antecipada de caráter antecedente.

A emenda prevista no §6º do art. 303, obviamente, diz respeito à hipótese de o órgão jurisdicional entender pela falta de alguma prova documental que se existente e avaliada em determinado sentido certamente o levará a conceder a medida. No exemplo citado, imagine-se que o autor não tenha juntado o contrato com a respectiva operadora do plano de saúde, mas todos os outros fatos estejam devidamente comprovados. Hipótese típica em que o juiz, ao invés de indeferir o pleito, assinará ao autor o prazo de 5 dias para que junte os documentos faltantes.

Curioso na nova disciplina dada ao que se deve entender por tutela provisória antecipada de caráter antecedente é o disposto no art. 304, do qual se extrai que a decisão que concede a tutela antecipada, nas hipóteses previstas no art. 303, torna-se estável caso dela não se recorra.

Nesta hipótese, isto é, ocorrendo a preclusão da faculdade de recorrer da decisão interlocutória que defere total ou parcialmente a tutela provisória antecipada de caráter antecedente, o processo será extinto. Observe-se bem, o processo a ser extinto certamente não poderá ser aquele em que concedida a tutela antecipada, porque isto não faria qualquer sentido. O processo que será extinto é o referente à tutela final e justo pelo efeito da preclusão tornar-se-á estável a situação ocorrida fruto da antecipação da tutela.

Por isso mesmo, dispõe o §3º do art. 304 que na hipótese de tornar-se estável a decisão que conceder a tutela antecipada, seus efeitos se preservarão enquanto não seja revista, reformada ou invalidada por decisão de mérito. Entretanto, a única decisão de mérito possível capaz de rever, reformar ou invalidar a tutela antecipada quando for extinto o processo referente à tutela final é a propositura de outra ação com esse objeto. Desta possibilidade, expressamente prevista no §2º do art. 304, e não obstante o disposto no §6º do art. 304 que expressamente diz que a decisão que concede a tutela não fará coisa julgada, conclui-se que a decisão que deferir a tutela provisória antecipada de caráter antecedente faz apenas coisa julgada formal e não coisa julgada material, eis que, a toda evidência, a ação prevista no §2º do art. 304 não se trata de ação rescisória. Nada obstante, o direito de propor esta ação extingue-se após 2 anos contados da ciência da decisão que extinguiu o processo. Trata-se de evidente prazo decadencial.

18.10 Da tutela provisória de urgência de natureza cautelar requerida em caráter antecedente

Esta modalidade de tutela provisória prevista no atual Código de Processo Civil é a que mais se assemelha às antigas medidas cautelares antecedentes, porém não preparatórias. Na disciplina anterior, do Código de 1973, era possível identificar-se entre as medidas cautelares aquelas de caráter antecedente meramente preparatórias, como exemplo, o protesto ou a produção antecipada de prova, daquelas antecedentes de natureza assecuratória da efetividade do processo principal, tais como o arresto, o sequestro e quaisquer outras em que se requeresse a inibição ou a prática de determinado ato pela parte contrária. Daí porque, como era de se esperar, o procedimento previsto no atual código para a tutela provisória de urgência de natureza cautelar requerida em caráter antecedente guarda bastante similitude com o procedimento antes adotado no Código de 1973 para as ações cautelares em geral.

De conformidade com o art. 305 do Código de Processo Civil, três são os requisitos que a petição inicial da ação cautelar em caráter antecedente deverá trazer: a) a indicação da lide e seu fundamento; b) a exposição sumária do direito que se objetiva assegurar; c) o perigo de dano ou o risco ao resultado útil do processo. A indicação da lide e de seu fundamento evidentemente se refere à lide e aos fundamentos de fato e de direito da pretensão do autor em relação à ação principal a ser posteriormente proposta e não em relação à ação cautelar antecedente, porquanto esta, como toda e qualquer petição inicial, terá mesmo que atender ao disposto no art. 319 do Código de Processo Civil. A exposição sumária do direito que se objetiva assegurar visa possibilitar que o juízo possa fazer uma cognição sumária como é próprio do processo cautelar. Assim, o requerente terá que expor de forma objetiva o direito que visa assegurar no sentido do direito que quer ver declarado na ação principal, ou por outra, o direito do qual decorrerá o efeito prático que quer assegurar pela via da medida cautelar requerida em caráter antecedente. Destarte, se a medida é um arresto, o requerente terá que demonstrar o crédito cuja satisfação quer obter com a ação principal. Do mesmo modo, é o perigo de dano ou o risco ao resultado útil do processo. Para que se justifique a tutela cautelar é necessário que haja uma possibilidade bastante viável ou, pelo menos, potencialmente séria de dano ou de inefetividade do processo principal e é disto que trata o último requisito. Resumindo: à exceção da lide e de seu fundamento, tanto a exposição sumária do direito que se objetiva assegurar quanto o perigo de dano ou risco ao resultado útil do processo outra coisa não são do que o exame do *fumus boni iuris* e do *periculum in mora*.

O Código abriu a possibilidade, ao juízo, que verificando que não se trata de medida cautelar antecedente, porém de caso de tutela antecipada de caráter antecedente, de proceder na forma do art. 303, que cuida deste outro tipo de tutela provisória.

O contraditório está assegurado pela circunstância prevista no art. 306 de o réu poder contestar o pedido e indicar as provas que pretende produzir no prazo de 5 dias. Contestado o pedido no prazo legal, observar-se-á o procedimento comum.

Efetivada a medida cautelar requerida, o pedido principal terá que ser formulado pelo autor no prazo de 30 dias, do mesmo modo como se previa anteriormente no Código de 1973. Entretanto, a novidade consiste em que, agora, este pedido principal, vale dizer, instauração da instância e do processo principal, dar-se-á nos mesmos autos em que deduzido o pedido de tutela cautelar e, esta sim, uma novidade bem-vinda, sobre ele não incidirá adiantamento de novas custas processuais.

O pedido principal poderá ser formulado conjuntamente com o pedido de tutela cautelar, conforme dispõe o §1º do art. 308. Neste aspecto, pensamos que o Código andou mal na redação, porquanto a melhor técnica seria dizer que o pedido de tutela cautelar pode ser formulado conjuntamente com o pedido principal e não o contrário. Sabiamente, dentro da lógica adotada no §2º do art. 308, prevê-se que a causa de pedir poderá ser aditada no momento da formulação do pedido principal. A partir daí, o procedimento é praticamente o adotado para o procedimento comum, na medida em que as partes serão intimadas para a audiência de conciliação ou de mediação, na forma do art. 334, intimação esta na pessoa de seus advogados ou pessoalmente, porém não haverá nova citação do réu. Não havendo composição, iniciar-se-á o prazo para contestação, na forma do art. 335.

A eficácia da tutela cautelar requerida em caráter antecedente cessará se: a) o autor não deduzir o pedido principal no prazo legal; b) não for efetivada dentro de 30 dias; c) o juiz julgar improcedente o pedido principal formulado pelo autor ou julgar o processo sem resolução de mérito. As três possibilidades previstas no art. 309 do Código de Processo Civil para a cessação da tutela cautelar concedida em caráter antecedente, de certa forma, já estavam implícitas nos artigos anteriormente examinados. Observe-se que, se o autor não deduzir o pedido principal no prazo legal, isto é, até 30 dias da efetivação da tutela cautelar, o que significa, na prática, até o cumprimento da respectiva ordem contida no mandado decorrente do deferimento da medida cautelar, por óbvio, a eficácia desta cessará. O que aqui se quer impedir é que o autor se satisfaça pura e simplesmente com a efetivação da medida cautelar e que deixe esta situação se protrair no tempo sem deduzir em juízo o pedido principal. Assim, também, se uma vez deferida a providência cautelar requerida o autor não a efetivar concretamente no prazo de 30 dias, a providência cautelar perderá sua eficácia, aqui é um caso típico de contumácia do autor, que sofrerá a punição processual da perda da possibilidade de ter a seu favor os efeitos da tutela cautelar antecedente se não a efetivar no prazo de 30 dias. A improcedência do pedido principal ou a extinção do processo principal sem resolução do mérito, por óbvio fazem cessar a eficácia da tutelar cautelar concedida em caráter antecedente. Aqui é a aplicação lógica e irrefutável do princípio de que o acessório segue a sorte do principal. Até porque se a medida cautelar visava a assegurar a efetividade da sentença favorável com relação ao pedido ou ao processo principal, não sendo favorável a sentença, não há razão de permanecerem os efeitos da medida cautelar. Do mesmo modo, sendo extinto o processo do pedido principal sem resolução de mérito, não há que se falar mais em manutenção dos efeitos da medida cautelar porquanto não haverá sentença de mérito a que se tenha que assegurar efetividade.

O parágrafo único do art. 309 veda a renovação do pedido, no caso de cessação de eficácia da tutela cautelar, salvo se o autor o fizer sob novo fundamento. Nada mais coerente, porquanto se, por qualquer dos motivos vistos cessou a eficácia da tutela concedida, não poderá o autor renovar o pedido da medida cautelar requerida em caráter antecedente, pois que: a) se não deduziu o pedido principal no prazo legal; b) se não efetivou a medida cautelar dentro de 30 dias, é porque, no caso, o perigo de dano ou de demora não era tão crucial ao ponto de justificar a concessão da medida cautelar. De outra parte, se o pedido principal for julgado improcedente ou se o processo do pedido principal se extinguiu sem resolução do mérito, aí o motivo é que não havia o sinal ou princípio do bom direito que justificasse a concessão da medida cautelar. Em suma, trata-se, mais uma vez, da velha e boa aplicação do exame do *fumus boni iuris* e do *periculum in mora*.

Finalmente, e como não poderia deixar de ser, o indeferimento do pedido de tutela cautelar não obsta que a parte formule o pedido principal, nem influi no julgamento deste, exceto, naturalmente, como já é tradição em nosso direito processual, se o motivo do indeferimento da pretensão cautelar for o reconhecimento da decadência ou da prescrição (art. 310 do CPC). Neste caso, não haverá possibilidade de formulação repetida do pedido principal, porquanto, nos termos do art. 487, II, terá havido resolução de mérito e, consequentemente, formação de coisa julgada material.

18.11 Da tutela de evidência

A tutela de evidência é modalidade de tutela provisória estreante no processo civil brasileiro. Até aqui toda a sistemática da tutela provisória, em todas as suas modalidades, de uma forma ou de outra, procurou dar resposta legislativa no processo para hipóteses de necessidade da quase instantânea prestação da tutela jurisdicional, basicamente preocupada com a inefetividade na demora dessa prestação. Porém, para justificá-la, a disciplina jurídica, como não poderia deixar de ser, exige que haja a apresentação de um direito bastante plausível e, em algumas situações, que o requerente garanta a composição da indenização ao requerido no caso de, no futuro, se reconhecer que o direito a ser assegurado não era tão certo como *prima facie* se apresentava.

Todavia, na tutela de evidência, o Código não vai se preocupar com a necessidade da pronta, no sentido de imediata, resposta jurisdicional, mas com a desnecessidade evidente de se aguardar o transcurso do tempo, em princípio necessário, para que, com ou sem percalços, o jurisdicionado obtenha a tutela jurisdicional requerida.

De certa forma, o nosso direito já prevê estas possibilidades, porém quando se trata de pretensão mandamental deduzida contra a Administração Pública em casos evidentes, vale dizer com prova pré-constituída, de abuso de poder, desvio de poder ou abuso de autoridade. Isto fica muito claro, nas chamadas ações constitucionais à disposição do particular, ou mesmo do Ministério Público ou de legitimados extraordinários especiais, como: mandado de segurança; mandado de segurança coletivo; ação popular; ação civil pública; mandado de injunção etc.

Assim é que o art. 311, do Código de Processo Civil, prevê a possibilidade da concessão de tutela de evidência, independentemente da demonstração do perigo de dano ou de risco ao resultado útil do processo, isto é, independentemente do *periculum in mora* e do *fumus boni iuris*, nas seguintes hipóteses: a) quando ficar caracterizado o abuso do direito de defesa ou o manifesto propósito protelatório da parte; b) quando as alegações de fato puderem ser comprovadas apenas documentalmente e houver tese firmada em julgamentos de casos repetitivos ou em súmula vinculante; c) quando se tratar de pedido reipersecutório fundado em prova documental adequada do contrato de depósito, caso em que será decretada a ordem de entrega do objeto custodiado sob cominação de multa; e d) quando a petição inicial for instruída com prova documental suficiente dos fatos constitutivos do direito do autor, a que o réu não oponha prova capaz de gerar dúvida razoável.

A primeira hipótese, que é a da caracterização do abuso do direito de defesa ou do manifesto intuito protelatório, já estava prevista anteriormente nas hipóteses de tutela antecipada do Código de 1973. Pelo abuso do direito de defesa ou manifesto intuito protelatório, que só pode ser do réu, a tutela de evidência assume nítidos contornos de sanção processual. O preceito tem confessada inspiração no direito processual francês, no art. 808 do *Noveau Code de Procedúre Civili*. Todavia, é preciso conciliar dois extremos: por um lado, deve-se coibir o abuso do direito de defesa e, por outro, deve-se, até por preceito constitucional, garantir a ampla defesa. A norma não oferece um critério objetivo pelo qual possa o intérprete saber, a partir de qual momento, não se estará mais garantindo a ampla defesa e sim permitindo o abuso de defesa. Parece-nos que o limite deve ser encontrado nas hipóteses do art. 80 do Código de Processo Civil, que tipifica os casos de litigância de má-fé. O limite entre a ampla defesa e o abuso de defesa está na litigância de má-fé, pois que, se a constituição garante a defesa mais ampla possível, apenas a má-fé no exercício da amplitude assegurada constitucionalmente para defesa pode caracterizar abuso sancionável.

A hipótese de as alegações de fato serem comprovadas apenas documentalmente e houver tese firmada em caso de julgamentos repetitivos ou em súmula vinculante traz à tona duas facetas do moderníssimo processo civil. A primeira é a desnecessidade ou mitigação da fase instrutória propriamente dita quando o suporte fático da demanda se sustenta apenas na prova documental, que poderá, inclusive, estar pré-constituída, como veremos a seguir. Além disto, se a pretensão deduzida no que diz respeito ao fundamento de direito se arrimar em tese firmada em julgamentos de casos repetitivos ou em súmula vinculante. Em outras palavras: será possível a incidência da tutela de evidência prevista no Código de Processo Civil quando os fundamentos de fato puderem e forem comprovados apenas por documentos e o fundamento jurídico já estiver consolidado por casos repetitivos ou for objeto de Súmula Vinculante.

Outra hipótese de cabimento da tutela de evidência é o pedido reipersecutório, isto é, de o dono ou possuidor reaver a coisa que esteja na detenção de outrem. Aquilo que se exige é a prova documental do contrato de depósito que enseja a detenção da coisa pelo depositário, caso em que será decretada a ordem de entrega do objeto custodiado, sob depósito, sob pena de cominação de multa. Trata-se aqui de caso típico de pedido com preceito cominatório, pelo que remetemos para o capítulo.

A última hipótese prevista no art. 311 é a que trata da possibilidade de a petição inicial estar instruída com prova documental suficiente dos fatos constitutivos do direito do autor, a que o réu não oponha prova capaz de gerar dúvida razoável. Esta não nos parece ter sido uma inovação feliz do atual Código de Processo Civil e isto porque a resistência à pretensão, em razão da própria dialética processual, já será capaz de gerar dúvida razoável.

Em outras palavras, até a sentença toda dúvida processual é, por natureza filosófica, dialética e da essência do método que inspira o processo, por si só, razoável. A sentença de outra coisa não cuida que dirimir esta dúvida razoável.

A única explicação que encontramos para a existência do inc. IV do art. 311 do CPC, e mesmo assim com *granus salis*, é a de interpretá-lo e, consequentemente aplicá-lo, em consonância com o art. 320 que estabelece que a petição inicial será instruída com os documentos indispensáveis à propositura da ação.

Como se disse no momento oportuno, o art. 320 do Código de Processo Civil está, na verdade, cuidando de documentos que fazem prova *ad substantiam* do ato ou negócio jurídico. Destarte, a única maneira coerente de justificar o inc. IV do art. 311 é imaginar que a prova documental nele referida signifique, tal qual no art. 320, documento que comprove *ad substantiam* a existência do ato ou negócio jurídico alvitrado.

Até porque, se assim não se entender, só se poderá concluir que o réu não opôs prova capaz de gerar dúvida razoável, após a avaliação da prova que ele produzir. A única possibilidade de, *a priori*, imaginar que não há prova capaz de gerar dúvida razoável é a de documento *ad substantiam* do ato ou do negócio jurídico.

18.12 Tutela antecipada. Tutela cautelar. Liminar

No rigor da técnica, em nenhuma hipótese tutela antecipada se confunde com tutela cautelar. Na tutela antecipatória, o que se defere é total ou parcialmente a própria prestação jurisdicional definitiva pretendida pelo autor, apenas com caráter provisório e sob certas garantias. Ao passo que, na tutela cautelar, o que se visa é assegurar a eficácia e a efetividade da tutela definitiva a ser deduzida, deduzida concomitantemente ou já deduzida no pedido principal. Neste sentido é que sempre se disse que o processo cautelar é um instrumento do instrumento, mas a medida alvitrada no pedido cautelar será sempre de outra ordem. Em outras palavras, a tutela cautelar visa assegurar o processo e a tutela antecipatória visa assegurar o próprio direito.

Nada obstante, assevere-se, ainda, que a concessão de qualquer medida prevista como tutela antecipada não inibe, *a priori*, o ajuizamento antecedente ou incidente de requerimento de tutela cautelar, até porque pode ser necessário o ajuizamento de uma medida cautelar que assegure a efetividade dos efeitos da tutela antecipada.

Já o conceito de liminar nada tem que ver com antecipação ou com cautelar. Liminar é a concessão, para todos os efeitos, *in limine*, isto é, no limiar do processo, logo após a dedução da pretensão em juízo, por vezes, *inalditera altera pars* da própria pretensão deduzida. Resumindo: a) na tutela antecipada, antecipam-se os efeitos da decisão futura; b) na tutela cautelar, concede-se uma medida acautelatória, necessariamente diferente do bem da vida perseguido no pedido principal, de modo a assegurar a efetividade da futura decisão principal eventualmente favorável; c) pela liminar defere-se *initio litis* a própria pretensão deduzida em juízo, isto é, diferentemente da tutela antecipada, não são os efeitos que são antecipados, porém, a própria decisão e, diferentemente da tutela cautelar, não é uma medida capaz de assegurar a efetividade do processo, porém, como se disse, a própria decisão liminarmente concedida.

CAPÍTULO 19

DA DECISÃO DE ADMISSIBILIDADE

19.1 Generalidades

Ao lado da sentença e da decisão de saneamento, a decisão de admissibilidade ou de inadmissibilidade da ação, pode-se dizer, é considerada um dos atos mais importantes do juiz. Embora de conteúdo nitidamente decisório e interlocutório, vamos encontrar na prática e mesmo na doutrina a expressão *despacho de admissibilidade* ou *despacho inicial*. A rigor, esta decisão se cingiria aos exames mais superficiais dos pressupostos processuais de existência e de validade e das condições da ação.

Todavia, existem situações previstas no Código de Processo Civil que determinam o conhecimento, o exame e a decisão de questões de mérito. Estas questões são aquelas cujo conhecimento inicial é autorizado pelo Código, sendo que podem levar à extinção do processo com solução do mérito. É o que o Código atual optou por denominar de improcedência liminar do pedido, conforme previsão contida no art. 332.

19.2 Natureza. Despacho inicial e mérito

Trata-se de decisão interlocutória e não de despacho de mero expediente. Diz-se que terá conteúdo positivo quando, após este inicial e superficial exame, o juiz determinar a citação do réu. Aí a decisão encerrar-se-á com a determinação do "cite-se". Em caso contrário, isto é, por qualquer dos motivos que autorizam a rejeição da petição inicial ou que autorizam desde logo o indeferimento liminar do pedido, enfim, em qualquer caso em que não se determine o "cite-se", diz-se que se trata de decisão de admissibilidade de conteúdo negativo.

19.3 Conteúdo positivo da decisão de admissibilidade

Quando o conteúdo desta decisão de admissibilidade for positivo e determinado o "cite-se", iniciam-se os efeitos atribuídos à propositura da ação.

19.4 Conteúdo negativo da decisão de admissibilidade

No caso de decisão de conteúdo negativo ocorrerá necessariamente o indeferimento da petição inicial ou o indeferimento liminar do pedido. No primeiro caso, teremos uma falha processual ou procedimental. É o próprio ato processual postulatório inicial que não está sendo praticado de maneira correta. No segundo caso, não se trata mais de aspecto processual ou de forma incorreta da prática do ato processual, este poderá até estar em conformidade com todas as exigências, porém, é o próprio exercício da ação que está irregular.

19.5 Indeferimento da petição inicial

O indeferimento da inicial por problemas processuais ou procedimentais, *grosso modo*, ocorre por: a) inépcia da inicial; b) inobservância de alguns dos requisitos na formulação da inicial; e c) rito equivocado. Já quando o indeferimento da inicial decorre da inadmissibilidade da ação têm-se a ausência de qualquer das condições para o exercício da ação.

Indeferida a petição inicial, o procedimento estará extinto, pelo que, neste caso, o ato do juiz de admissibilidade inicial da ação se revestirá da forma de sentença. O art. 331 do Código de Processo Civil determina que, indeferida a petição inicial, o autor poderá apelar, sendo facultado ao juiz, no prazo de 5 dias, reformar a decisão. O §1º do mesmo dispositivo explica que, não sendo reformada a decisão, o juiz mandará citar o réu para responder ao recurso. O §2º explicita que, se o tribunal reformar a decisão, o prazo para a contestação começará a correr da intimação do retorno dos autos. Caso não seja interposta a apelação, o réu será intimado (e não citado) do trânsito em julgado da sentença.

Duas são as situações trazidas com a redação do art. 331 do CPC: a) a possibilidade de o juiz reformar sua sentença, ou por outra o juízo de retratação na apelação; e b) a citação, ou melhor, a intimação do réu para responder ao recurso.

A retratação na apelação, não sem crítica,[179] surgiu em nosso direito processual pela Lei nº 8.069/90 – Estatuto da Criança e do Adolescente – em seu art. 198, inc. VIII.

Nesse assunto cabe uma rápida digressão: o Código de 1939 dispensava a citação do réu para acompanhar o recurso interposto contra o indeferimento da petição inicial. Era um procedimento que se desenrolava sem a sua presença e à sua revelia.[180] O Código de Processo Civil de 1973 corrigiu este equívoco, determinando na sua versão original que houvesse a citação, na verdade, intimação, do réu para acompanhar o recurso de apelação do autor interposto contra a sentença de indeferimento da inicial.

Todavia, nas alterações produzidas a partir de 1994, no então vigente Código de Processo Civil de 1973, voltou-se ao regramento do Código de 1939, dispensando-se a citação (intimação do réu) para acompanhar o recurso.

Agora, o Código atual retorna ao regramento da versão original do Código de 1973 determinando a citação (intimação) do réu para responder ao recurso. Esta é

---

[179] A possibilidade de o juiz reformar a sentença – no caso específico de indeferimento da inicial – constitui inovação em nosso sistema processual que conflita com a sistemática do CPC e com os precedentes legislativos.
[180] PASSOS, José Joaquim Calmon de. *Comentários ao Código de Processo Civil*. 9. ed. Rio de Janeiro: Forense, 2005.

mesmo a solução mais adequada porquanto eram irrespondíveis as críticas da doutrina em relação à injustificável omissão do legislador processual em determinar que o réu tivesse conhecimento do indeferimento da petição inicial.

19.6 Improcedência liminar do pedido

Embora o Código anterior já previsse o indeferimento da petição inicial quando, desde logo, o juiz verificasse a ocorrência de decadência, o que redundava numa sentença de mérito, o Código atual inovou ao prever no art. 332 e seus parágrafos o indeferimento liminar do pedido.

A rigor, o indeferimento liminar do pedido não estaria inserido no contexto abrangido pela decisão de admissibilidade da ação, na medida em que se há julgamento do pedido, portanto, de mérito, é porque a ação foi admitida.

Sem embargo desta evidente constatação, o instituto deve mesmo inserir-se no contexto da decisão de admissibilidade, porquanto, na visão temporal do processo, será precisamente no momento de proferir a decisão de admissibilidade, e só neste momento, que o juiz poderá, liminarmente, julgar improcedente o pedido.

De certa forma, do ponto de vista meramente procedimental e prático, não deixa de ser uma espécie de decisão de admissibilidade positiva da ação que se excepciona pela abreviação liminar do processo. Na verdade, trata-se de ato jurisdicional decisório formalmente uno, porém, materialmente composto de dois julgamentos: a) uma decisão positiva de admissibilidade da ação; b) um segundo ato jurisdicional que se constitui de uma sentença de mérito que julga improcedente o pedido.

As hipóteses para o indeferimento liminar do pedido são aquelas contempladas no art. 332 do CPC, a saber: naquelas causas que dispensem a fase instrutória quando o pedido contrariar: a) súmula do Supremo Tribunal Federal ou do Superior Tribunal de Justiça; b) acórdão proferido pelo Supremo Tribunal Federal ou pelo Superior Tribunal de Justiça em julgamento de recursos repetitivos; c) entendimento firmado em incidente de resolução de demandas repetitivas ou de assunção de competência; d) súmula de tribunal de justiça sobre direito local.

Nos termos dos §§1º, 2º e 3º do art. 332 do CPC, desta decisão caberá apelação, na qual o juiz poderá se retratar no prazo de 5 dias. Havendo retratação, o réu será citado e o processo seguirá normalmente. Não ocorrendo a retratação, o réu será citado (intimado) para apresentar contrarrazões à apelação.

CAPÍTULO 20

DA RESPOSTA DO RÉU. DA CONTESTAÇÃO E DA RECONVENÇÃO

20.1 Defesa

Um dos aspectos menos falados e por isso mesmo dos mais controvertidos no processo civil é o que diz respeito à figura do réu.[181] A doutrina mais centrada procura ver no chamado princípio da contradição, daí contraditório, a natureza da função exercida pelo réu no processo civil. Partindo deste princípio, coube a Betti apresentar a fundamentação desta natureza que, por sua vez, decorreria de um sentido lógico e de um sentido prático. O sentido lógico tem que ver com a própria estrutura bilateral da relação jurídica processual. Assim, se o processo é bilateral, à dicção do autor deverá corresponder a contradicção do réu. O sentido prático, evidentemente, decorre do reconhecimento de que as partes adversárias na relação jurídica processual querem ambas a atuação da lei, porém que essa atuação se faça em conformidade com o seu interesse.[182] Contudo, considerando-se o princípio processual da disposição, não se pode obrigar o réu a contestar, nem é isto que o princípio da contradição determina, o que o sistema processual precisa é dar condições ao réu para que, querendo, conteste ou responda à ação, ainda que se lhe abra tal possibilidade, não como uma mera faculdade, mas como um verdadeiro ônus.[183]

20.2 Modalidades de respostas

Na melhor técnica processual, defesa é toda produção de atos ou toda ocorrência de fatos jurídicos processuais, dedução de argumentos e outras atitudes que tais apresentadas pela parte em contraposição ao pedido. Compõe-se assim a defesa de toda sorte de alegações que tenham por objetivo destruir a pretensão deduzida em juízo.

---

[181] ROCCO, Hugo. *L'autorità della cosa giudicata e suoi limiti soggettive*. Roma: Athaeneum, 1977. v. I. p. 284.
[182] BETTI, Emilio. *Diritto processuale civile*. Roma: Societa Editrice Del Foro Italiano, 1936. p. 87.
[183] LIEBMAN, Enrico Tullio. *Manuale di diritto processuale civile*. Milão: Giuffré, 1955. v. I. nº 72.

O direito processual, entretanto, contempla um conceito mais amplo do que defesa, que é o conceito de resposta, embora como tal não mais se apresente no Código com essa denominação. Na verdade, o réu não é citado para se defender, mas sim para responder aos termos da ação. Uma vez citado para responder à ação, três são as possibilidades que se apresentam para o réu: a) manter-se omisso, não se defender, ocorrendo neste caso o fenômeno processual da revelia; b) responder, o que ele pode fazer: reconhecendo o pedido ou defendendo-se, isto é, contestando ou; c) contra-atacando, isto é, reconvindo. Ao conjunto dessas atitudes possíveis dá-se o nome de resposta.

As formas de defesa são de duas ordens: a) defesas preliminares; e b) defesas de mérito. Pela defesa preliminar o réu visa impedir o julgamento da causa. O réu ataca a ação e o processo. Na essência, as defesas preliminares visam demonstrar irregularidades nos pressupostos processuais, tanto de existência como de validade, e nas condições da ação, sejam genéricas, sejam específicas. Já a defesa de mérito visa convencer o juízo da improcedência do pedido. Aqui o réu não pretende obstar o julgamento do mérito, como nas defesas preliminares, ao contrário, quer que o mérito seja julgado, mas quer um julgamento de mérito que lhe seja favorável.

Esta defesa de mérito, por sua vez, pode ser: a) defesa de mérito direta; e b) defesa de mérito indireta. Na defesa de mérito direta o réu nega o fato ou, concordando com o fato, nega as consequências jurídicas do fato ou, ainda, as consequências jurídicas que naquele caso concreto o autor quer extrair daqueles fatos. Na defesa de mérito indireta, o réu não nega o fato nem as consequências jurídicas que o autor empresta ao fato, mas alega um outro fato extintivo, obstativo ou modificativo do direito do autor ou, ainda, apresenta um contradireito.

Fato extintivo do direito do autor é uma circunstância fática superveniente que tem o poder de aniquilar aquela consequência jurídica atribuída ao fato pelo autor, em princípio correta, por isso que não negada pelo réu enquanto consequência jurídica. Veja-se o seguinte exemplo: autor alega o fato que entregara dinheiro ao réu e dá a este fato a consequência jurídica de empréstimo. O réu não nega o fato, realmente recebera o dinheiro, não nega a consequência jurídica do fato, foi realmente um empréstimo, mas apresenta um fato extintivo do direito do autor, qual seja, o pagamento. Por quê? Porque pagamento é modalidade normal de extinção das obrigações, portanto, fato extintivo do direito do autor de cobrar a prestação contida naquela obrigação.

Fato obstativo é um fato que não extingue o direito do autor, mas, como o próprio nome indica, obsta a sua realização se for oportuna e convenientemente alegado. Isto é, trata-se de um fato paralisador da pretensão deduzida pelo autor, como no exemplo citado: o réu não nega o fato, pois que recebeu o dinheiro; não nega a consequência jurídica do fato, eis que foi a título de empréstimo; não apresenta fato extintivo, já que não nega que não pagou, mas apresenta um fato obstativo, qual seja, a prescrição da pretensão de cobrança da dívida.

Por contradireito entenda-se um outro direito. Um direito do réu oponível, por isso que contra, ao autor. Direito este com força suficiente para impedir a realização da satisfação pretendida pelo autor com o deferimento do seu pedido, como exemplo: a exceção do contrato não cumprido ou o direito de retenção. Nessas hipóteses, o contradireito do réu não elimina, no sentido de que nem extingue nem obsta, como nas hipóteses do fato extintivo e do fato obstativo, mas impede a realização do direito do autor até que o autor realize este contradireito do réu. A esta categoria de contradireitos arguíveis pelo réu dá-se o nome de exceções materiais ou exceções substanciais.

20.3 Contestação

A contestação é a modalidade de resposta pela qual o réu impugna o pedido do autor, mediante formulação de defesa de mérito, defesa de mérito direta ou defesa de mérito indireta. É também a peça processual na qual, preliminarmente à apresentação da defesa de mérito, o réu argui aquelas defesas preliminares, tudo de conformidade com o art. 337 do Código de Processo Civil. Pode-se afirmar que a contestação está para defesa assim como a inicial está para a ação. É por excelência a peça processual de bloqueio ou de resistência, pois é pela contestação que o réu manifesta sua contrariedade à pretensão do autor, fixa definitivamente os limites da lide, daí a figura da *littis contestatio*, e impede o pedido do autor.

20.4 Requisitos da contestação

Não obstante a omissão do Código quanto à apresentação de requisitos da contestação, por óbvio o disposto nos incs. I e II do art. 319 também é exigível na peça. Além disto, na contestação o réu tem que especificar as provas que pretende produzir, nos termos da parte final do art. 336. No caso de prova documental, nos termos do art. 434, já deve acompanhar a própria contestação. Acompanha ainda a contestação, a procuração outorgada ao advogado do réu, caso já não esteja nos autos, dela devendo constar o endereço onde o advogado receberá as intimações nos termos do art. 106, I.

Na contestação deve o réu apresentar as razões de fato e de direito com que visa impugnar o pedido do autor. Razões de fato são a narrativa dos fatos de que se vale o réu para não se submeter ao pleito autoral. Razões de direito, evidentemente, são as consequências jurídicas que o réu quer extrair tanto dos fatos narrados pelo autor quanto dos fatos narrados pelo réu na contestação. Em resumo: razões de fato e de direito, em última análise, são as razões pelas quais o réu resiste à pretensão.

20.5 Ônus da impugnação especificada

O Código impõe ao réu, quando do exercício da contestação, o ônus da impugnação especificada. Isto significa que, ao contestar, compete ao réu impugnar especificamente todos os fatos postos pelo autor na petição inicial, sob pena de ser tido como verdadeiro o fato não impugnado. Na essência, o que o art. 341 do Código de Processo Civil proíbe é a dita contestação por negação geral, assim como a limitação de que não são verdadeiros os fatos aduzidos pelo autor. No rigor da técnica incumbe ao réu dizer com precisão como realmente os fatos ocorreram ou como outros fatos relevantes, mas não narrados pelo autor na inicial, ocorreram.

Mas o ônus da impugnação especificada também se impõe ao autor em relação aos fatos impeditivos, modificativos ou extintivos do pedido, alegados pelo réu, sobre os quais o juiz obrigatoriamente haverá de ouvir o autor em réplica, nos termos do art. 350 do Código de Processo Civil. Num ou noutro caso, do autor ou réu, cabe uma observação com relação à existência de litisconsórcio ativo ou passivo. Se o litisconsórcio é unitário e houver impugnação especificada feita por um só litisconsorte, os demais dela se aproveitam. Porém, na hipótese de litisconsórcio simples, cada litisconsorte suportará, isoladamente, o ônus da impugnação especificada.

20.6 Consequências do descumprimento do ônus da impugnação especificada

Não havendo a impugnação especificada a determinado fato ou a conjunto de fatos, o fato não impugnado especificamente não se torna controvertido, assim, não vem a ser objeto de prova e, portanto, torna-se presumivelmente verdadeiro. Tem-se aí uma aparente *contradictio in terminis*, pois a presunção que surge é relativa, e presunção relativa é aquela que admite prova em contrário. Mas a prova em contrário está preclusa para o réu pela circunstância de não ter impugnado especificamente o fato. Consequentemente, esta presunção, não obstante sua relatividade, vale, na prática, como presunção absoluta. De outra parte, tem-se como consequência lógica da falta de impugnação especificada o julgamento antecipado, total ou parcial, do mérito, sempre que por força desta presunção relativa com efeito de absoluta já não houver necessidade de produzir prova em audiência, nos termos dos arts. 355 e 356 do CPC.

20.7 Excludentes do ônus da impugnação especificada

Nem sempre a ausência de impugnação especificada trará o efeito processual da presunção de veracidade dos fatos não impugnados. São três as hipóteses: a) se não for admissível a respeito daquele fato a confissão; b) se a petição inicial não estiver acompanhada de instrumento público que a lei considere da substância do ato; c) se o fato ou os fatos não impugnados estiverem em contradição com a defesa considerada em seu conjunto. Tudo isto é o que consta dos incs. I, II e III do art. 341 do Código de Processo Civil.

O primeiro caso é a vedação legal da confissão do fato. A resposta está no art. 351 (atual art. 392) do Código de Processo Civil que determina ser defesa a confissão quando se tratar de fato relativo a direito indisponível.[184] Direito indisponível é o direito irrenunciável, isto é, aqueles direitos sobre os quais a vontade de seu titular só produz efeitos sob determinados e rígidos controles postos na própria lei, como exemplo, a confissão na ação de anulação de casamento.

A segunda excludente deste ônus é a circunstância processual de não estar a petição inicial acompanhada de documento considerado pela lei *ad substantian* do ato. Tais documentos são aqueles que, na sua falta, o direito não existe: pactos antenupciais, doações, contratos constitutivos ou translativos de direitos reais sobre imóveis etc. Malgrado a dicção legal, "se a petição inicial não estiver acompanhada de documento", vale tanto para o instrumento público, como para o instrumento particular, desde que o direito material preveja como substância de determinado negócio jurídico tal documento, como exemplo, nos casos dos contratos literais, seguro, fiança etc.

A terceira possibilidade é a que mais ocorre no dia a dia, qual seja, aquela de o fato ou os fatos não impugnados estarem em contradição com a defesa considerada em seu conjunto. Grande parte das vezes acontece que não há necessidade de impugnar especificamente fato por fato porque houve a impugnação de fatos que, sem a sua

---

[184] MIRANDA, Francisco Cavalcanti Pontes de. *Comentários ao Código de Processo Civil*. 2. ed. Rio de Janeiro: Forense, 1979. t. IV. p. 186.

ocorrência, o fato ou os fatos não impugnados seriam absolutamente incompatíveis ou simplesmente impossíveis de acontecer.

20.8 Isenção do ônus da impugnação especificada

Além dos motivos excludentes da necessidade de impugnação especificada, existem as hipóteses de isenção desta impugnação. A diferença está em que no primeiro caso o que se retira é a carga sancionadora do ônus da impugnação e no segundo o que se apaga é o próprio ônus da impugnação. É que, ainda que narrado no processo pelo advogado, os fatos são trazidos pela parte, daí a imperiosa necessidade, para dar tratamento jurídico a esses fatos, de que exista a comunicação entre a parte e seu advogado. Evidentemente quando isto não é possível, não seria crível que a lei exigisse tal ônus. É o que ocorre com relação ao advogado dativo, ao curador especial e, às vezes, ao Ministério Público.

Advogado dativo é o profissional designado pelo juízo para o patrocínio da causa por força de múnus legal. É o que ocorre na chamada justiça gratuita, em que se nomeia advogado para o réu que não tenha condições de custear os honorários de profissional habilitado. É o caso do defensor público a quem a lei comete a tarefa e dá a atribuição de patrocinar em juízo os interesses dos juridicamente necessitados. Mesmo neste caso, para liberar a parte do ônus da impugnação especificada, deverá o juízo analisar se a hipótese é realmente daquelas em que não se tem como exigir a comunicação entre o advogado e a parte representada.

Curador especial é o profissional do direito designado pela lei ou pelo juízo, conforme o caso, em hipóteses expressamente previstas no Código ou mesmo na legislação material. É, por exemplo, o caso previsto no art. 72 do Código de Processo Civil, em que se prevê curador especial para o incapaz que não tenha representante legal ou quando os interesses deste colidirem com os daquele. Também são exemplos os casos do réu preso revel e ainda do réu revel citado por edital ou por hora certa. Obviamente, quanto ao incapaz, enquanto durar a incapacidade. Já nas outras hipóteses, enquanto não for constituído advogado.

Nesta última hipótese, do réu revel citado por edital ou por hora certa, verifica-se outra contradição. Revel é o réu que não contesta. Portanto, réu revel citado por edital ou por hora certa é o réu citado desta maneira e que não apresentou contestação. Ora, ele só é revel porque não contestou. Se não contestou, qual a importância ou a relevância em não se exigir o ônus especificado, já que contestação não há mesmo?

Nesse tema duas são as possibilidades para que se entenda que o Código de Processo Civil não está desmentindo a si mesmo. Primeira, a rigor curador especial não se concede apenas nas hipóteses do art. 72 do Código de Processo Civil, mas também sempre que a lei considere indeclinável determinado direito não suscetível de ser confiado apenas aos interessados; é o que ocorre com o curador ao vínculo nas ações de anulação de casamento. Assim, não se aplicaria o ônus da impugnação especificada ao curador especial quando funcionasse naquelas hipóteses em que seu concurso é necessário fora do caso do réu revel citado por edital ou por hora certa. A segunda diria respeito a que o réu revel citado por edital ou por hora certa faz jus ao curador especial, não para lhe produzir a defesa, mas porque, visto serem os efeitos da revelia absolutamente drásticos, o curador especial irá, tão somente, verificar a regularidade da citação por edital ou por hora certa, a fim de que não se imponham os efeitos da revelia ao réu irregularmente citado desta forma.

Nada obstante, restou difundida na prática e posteriormente admitida pela jurisprudência a possibilidade de o réu revel citado por edital ou por hora certa obter o benefício da exclusão, não só do ônus da impugnação especificada, mas dos próprios efeitos da revelia quanto à presunção de veracidade dos fatos alegados pelo autor, desde que o curador especial apresente contestação, ainda que por negação geral. Embora se trate de solução absolutamente atécnica, é um exemplo dos mais vigorosos de minimização dos drásticos efeitos da revelia.

20.9 Novas alegações posteriores à apresentação da contestação

Quanto às alegações relativas a direitos supervenientes, deve-se considerar que a aplicação rigorosa do princípio de que deve a lei atuar como se isso ocorresse no momento da demanda conduziria a duas consequências práticas: a) o juiz não poderia levar em conta os fatos constitutivos do direito do autor se posteriores à demanda; b) também não poderia conhecer de fatos extintivos posteriores à demanda.

No dizer de Chiovenda, quando a sentença rejeita a ação ou a pretensão, tal se dá por um desses motivos: a) porque o juiz considerou como inexistente um fato constitutivo do direito ou da ação, ou porque, embora não negando o fato afirmado pelo autor, negou sua idoneidade a produzir efeitos jurídicos, por falta de uma norma abstrata de lei na qual o incluir; b) ou porque o juiz, embora admitindo a existência de um fato constitutivo, considerou, ao mesmo tempo, existente também um fato impeditivo; c) ou porque o juiz considerou como existente um fato extintivo.[185]

Inspirado nesta doutrina, o Código de Processo Civil estabeleceu que, após a contestação, são permitidas novas alegações do réu conforme disposto no art. 342 do CPC. Por novas alegações deve-se compreender: a) as relativas a direito ou a fato superveniente; b) aquelas que, de qualquer sorte, competiria ao juiz conhecer de ofício; e c) aquelas que, por expressa autorização legal, puderem ser formuladas em qualquer tempo e grau de jurisdição.

Surge daí a ideia de que o juiz deve decidir baseado no que apurar ao encerramento do processo. Sensível ao problema e em conformidade com a melhor doutrina, o Código permitiu a dedução de novas alegações quando relativas a direitos ou a fatos supervenientes.

Ainda quanto à previsão constante do inc. I do art. 342, vale perquirir se será possível a alegação nova de fato anterior à contestação, mas cujo conhecimento o réu só obteve após o oferecimento da peça de bloqueio. O que importa aqui é que por superveniente não se deve entender nem o fato nem o direito dele decorrente, mas a ciência do fato. Nesse sentido, acena o Código de Processo Civil, mais precisamente no art. 1.014, com a possibilidade da dedução de questões de fato já na fase de apelação, se a parte comprovar que não deduziu tal fato no juízo recorrido por motivo de força maior. Assim, se o fato velho, porém de conhecimento novo, pode ser arguido até na segunda instância se houver motivo de força maior, com mais forte razão, pode ser arguido na

---

[185] CHIOVENDA, Giuseppe. *Instituições de direito processual civil*. São Paulo: Saraiva, 1965. v. I. p. 331.

primeira instância, de modo a propiciar ao julgador de primeiro grau maiores elementos para decidir acertadamente.

A segunda possibilidade de dedução de novas alegações é a que diz respeito àquelas que competiriam ao juiz conhecer de ofício. O juízo conhece de ofício: a) das matérias objeto de defesas preliminares, conforme art. 337 c/c §5º; b) das objeções, pagamento, decadência, fatos modificativos, extintivos e impeditivos do direito do autor; c) da nulidade absoluta. Sabe-se também que sempre que competir ao juiz conhecer de ofício, o réu pode alegar tal matéria a qualquer tempo.

A terceira possibilidade de nova alegação após a contestação é a alegação de matéria que, por expressa autorização legal, pode ser formulada em qualquer tempo ou grau de jurisdição. Por vezes, a lei autoriza expressamente a arguição de certas matérias em qualquer tempo e grau de jurisdição, como exemplo, a arguição da prescrição e a arguição da incompetência absoluta. Se a lei permite a arguição em qualquer tempo, por óbvio não se dá o fenômeno da preclusão, daí ser, de certo modo, inócua a regra do inc. III do art. 342 do Código de Processo Civil, já que, se, por expressa determinação legal, as alegações podem ser formuladas a qualquer tempo, é claro que será lícito ao réu deduzir novas alegações depois da contestação quanto a estas matérias.

Contudo, é preciso aqui não se incorrer em equívoco por demais comum. Matéria deduzível a qualquer tempo pelas partes não é a mesma coisa que matéria que o juízo possa a qualquer tempo conhecer de ofício.

Cabe ainda esclarecer que o art. 342 sob comento não diz respeito apenas ao réu, mas também ao autor, pois que também a este não se permite em princípio a dedução de novas alegações depois de feita a citação, art. 329, II, do Código de Processo Civil. É, contudo, permitido ao autor, tanto quanto ao réu, deduzir novas alegações nos casos permitidos nos três incisos do art. 342 do Código de Processo Civil.

Como consequências do oferecimento da contestação, pode-se aduzir as seguintes: a) preclusão das matérias não alegadas, salvo o disposto no art. 342 do Código de Processo Civil; b) presunção de veracidade quanto aos fatos não impugnados especificamente, salvo o disposto nos incs. I, II e III e parágrafo único do art. 341 do Código de Processo Civil.

20.10 Exceção. Histórico

Na fase mais significativa do processo romano, no chamado período formulário ou do processo *per formulas*, autor e réu compareciam ao pretor a quem expunham seus argumentos, após o que o pretor redigia um documento chamado fórmula, que era endereçado ao *iudex privatus*, um outro juiz particular escolhido pelas partes. Na fórmula o pretor resumia as razões da pretensão e as razões da resistência à pretensão e já determinava *in these* a decisão que o *iudex privatus* tomaria *in hipothese*, verificando tão somente a ocorrência do suporte fático, isto é, a prova, tanto da demanda quanto da defesa.

Às vezes, ao redigir a fórmula o pretor incluía nela uma exceção, isto é, recomendava a decisão já formulada, mas previa que o *iudex privatus* não a adotasse, caso ou exceto verificasse a ocorrência de determinada alegação feita pelo réu diante do pretor que, se verdadeira, seria suficiente não para destruir o direito do autor, mas para não condenar o réu, até que se verificasse aquela situação que lhe era favorável.

O surgimento da *exceptio*, inclusive com esta conotação de exceção, prende-se ao formalismo exagerado do processo romano, mesmo no período formulário, e ao poder dado ao pretor para integrar as omissões da lei. É que determinados negócios jurídicos, segundo o *ius civile*, dada a sua formalidade, não poderiam ser objeto de arguição de nulidade como defesa. Pela lei civil, por exemplo, não se podia impugnar um negócio jurídico por dolo ou ameaça, mas o pretor poderia prover esta tutela ao réu com a chamada *exceptio doli* ou com *exceptio metus*. Desses primórdios vem a distinção básica entre circunstâncias favoráveis ao réu que surgem da própria lei e circunstâncias favoráveis ao réu que precisam ser arguidas, eis que surgem dos fatos. As primeiras chamavam-se *ipsu iure*, isto é, ao *iudex privatus* era permitido conhecê-las sem necessidade de que tivessem menção expressa na fórmula. As segundas chamavam-se *ope exceptionis*, porque ao *iudex privatus* era negado apreciá-las se da fórmula não constavam.

A esta ressalva formulária dava-se o nome de *exceptio*, que tem o mesmo significado de exceto, no sentido de "a não ser que", "a menos que". Como se vê, o réu tinha o ônus de alegar seu contradireito, porque, se não o fizesse, o pretor não o incluiria na fórmula de julgamento e o *iudex privatus* não poderia decidir a respeito. A regra era a condenação do réu se os fatos do autor ficassem provados, contudo, não obstante esta prova, excepcionalmente, nos casos em que o pretor houvesse inserido na fórmula a *exceptio*, o que só acontecia quando o réu comunicava ao pretor que ele tinha um contradireito ao pedido do autor, desde que seus fatos também fossem provados, não se realizava o direito do autor.

A esta situação de comunicar um contradireito ao pedido do autor dava-se o nome de *litiscontestatio*, que se origina de *litis cum testis*, isto é, lide com testemunhas. Deve-se a Savigny a classificação das exceções substanciais como contradireito do réu, no sentido de um direito contrário ao do demandante[186] ou, de outra forma, um direito existente por si mesmo e oposto à ação.

A esse sentido técnico da *exceptio* do processo romano no período formulário corresponde o que atualmente se chama de exceção material, cujas características ainda hoje são as mesmas daquele tempo – defesa indireta de mérito, contradireito do réu ao autor, que não tem força para destruir o direito do autor, mas sim para impedir sua realização. Com o passar dos séculos o conceito romano de exceção foi se ampliando e se deformando, ao ponto de já na Idade Média chamar-se de exceção todos os tipos de defesa indireta de mérito. Mais adiante o conceito de exceção passou a abranger todas as modalidades de defesa. Ao final, já se tornara sinônimo de defesa, e ainda hoje o direito francês adota o vocábulo *exception* como sinônimo de defesa.

20.11 Exceção substancial e exceção processual

Na já citada e célebre obra de Oskar Von Büllow, *Die Lehre Von Den Prozessinreden Ant E Dai Prozessvoraussetzungem*,[187] passou-se a se distinguir entre as exceções materiais ou substancias, que são as verdadeiras exceções, e as chamadas exceções processuais, que são as falsas exceções. O Código deixa evidente a coexistência das chamadas exceções

---

[186] SAVIGNY, M. F. C. *Sistema del derecho romano actual*. Tradução de Jacinto Messía y Manuel Poley. 2. ed. Madri: Centro Editorial de Góngora, 1839. t. 4. p. 106.
[187] BÜLLOW, Oskar Von. *Die Lehre Von Den Prozessinreden Ant E Dai Prozessvoraussetzungem*. [s.l.]: [s.n.]: 1868.

substanciais ou materiais, como exemplo, no art. 141, no qual se vê que o juiz decidirá a lide nos limites em que for proposta, sendo-lhe defeso conhecer de questões não suscitadas a cujo respeito a lei exige iniciativa da parte. Em outras palavras, sendo-lhe vedado conhecer das exceções substanciais, se não quando devida e oportunamente arguidas pelo réu.

Como vimos, a exceção material remonta ao período formulário do direito romano e passou praticamente íntegra para o direito justinianeu, quando, via exceção substancial, impugnava-se a ação, como se verifica da máxima *datur exceptio ad impugnandam actionem*.[188] Na Idade Média, fruto do trabalho dos glosadores, surgem as exceções dilatórias como meio de arguição dos vícios processuais. Herdamos do velho direito português a ideia de que estas exceções dilatórias deveriam ser opostas ao mesmo tempo e sempre antes da contestação.[189] Coube a Büllow na obra citada assinalar a divisão do processo em duas fases, uma para apreciação da sua regularidade, em que se examinava as exceções processuais, e outra para o julgamento do mérito.[190]

20.12 Exceções peremptórias e exceções dilatórias

Com base nessas raízes históricas, faz-se, ainda hoje, distinção entre as chamadas exceções peremptórias e as exceções dilatórias. Peremptória é a exceção que visa ao trancamento do processo, tais como litispendência, coisa julgada. Dilatória é a exceção que visa simplesmente à dilação processual, tais como incompetência relativa, suspeição e impedimento. No atual Código de Processo Civil brasileiro não existem mais exceções processuais, eis que todas as situações processuais que outrora se enquadravam no figurino de exceções processuais peremptórias não são mais arguíveis pela via da exceção, mas sim em preliminar de contestação, nos termos do art. 337 do Código de Processo Civil. Quanto à suspeição ou ao impedimento, nos termos do art. 146, tais exceções processuais serão arguidas por petição, porém sem a forma prevista no antigo Código, isto é, com autuação apartada. Parece-nos por óbvio que, se por ocasião do oferecimento da contestação o réu puder arguir tais irregularidades, deverá fazê-lo em preliminar de mérito, muito embora tal previsão não conste especificamente mencionada no art. 337 do Código de Processo Civil.

20.13 Exceções processuais

Não obstante a plena possibilidade de o réu excepcionar no tocante às três modalidades de exceção, não se pode olvidar que o autor terá sempre a possibilidade de arguir exceção com relação à suspeição e ao impedimento. Nesse assunto, entendemos particularmente que poderá o autor também excepcionar a incompetência relativa sempre que o exercício da ação se fizer em defesa de um direito que esteja em jogo numa relação jurídica processual já instaurada em juízo relativamente incompetente e a possibilidade de defender seu interesse só possa se realizar mediante propositura de ação ou dedução

---

[188] CHIOVENDA, Giuseppe. *Saggi di diritto processuale civile*. 2. ed. Roma: Foro It, 1930. v. I. p. 150.
[189] Ordenações Filipinas III, Título XX, §9º.
[190] BÜLLOW, BÜLLOW, Oskar Von. *Die Lehre Von Den Prozessinreden Ant E Dai Prozessvoraussetzungem*. [s.l.]: [s.n.]: 1868. p. 7.

de pretensão conexa. É o que acontece nos seguintes casos: embargos de devedor em que a execução esteja sendo processada por juízo relativa ou até absolutamente incompetente; embargos de terceiros nas mesmas hipóteses; oposição e assim por diante.[191]

Além da incompetência relativa, as exceções processuais podem também ter por objeto a suspeição ou o impedimento do juiz. A distinção entre suspeição e impedimento reside no caráter subjetivo da primeira e objetivo do segundo. Na suspeição, como o próprio nome diz, suspeita-se que o juiz poderá ser parcial, mas, como se trata de suspeita, admite-se também que ele não seja parcial. Por isso se diz que a suspeição é uma incompatibilidade relativa, que preclui se não arguida tempestivamente. Já no impedimento, dada sua natureza objetiva, não se suspeita, mas tem-se o juiz por impedido. Por isso se diz que o impedimento apresenta uma incompatibilidade absoluta e como tal poderá ser arguido a qualquer tempo.

São casos de suspeição: a) o juiz ser amigo íntimo ou inimigo capital de qualquer das partes. Para caracterizar-se a amizade em nível de suspeição considera-se a convivência frequente a familiaridade no tratamento, a prestação recíproca de obséquios e outras atitudes. Já a inimizade capital é aquela que se reveste do que se chama de malquerença grave, que traduz um desejo de vingança ou de causar infelicidade ao inimigo. Não basta a mera antipatia, a aversão ou o mau entendimento; b) o juiz, seu cônjuge ou parentes de ambos, em linha reta ou na linha colateral até o terceiro grau, serem credores ou devedores de qualquer das partes; c) o juiz ter recebido dádivas de qualquer das partes, tê-las aconselhado acerca do objeto da causa ou subministra meios para atender às despesas judiciais. Além dessas hipóteses, existe a possibilidade de o juiz declarar-se suspeito por razões de ordem íntima. Neste caso, o juiz está liberado de apresentar os motivos pelos quais se admite suspeito.

São casos de impedimento: a) o juiz ter intervindo no processo como mandatário da parte, perito, órgão do Ministério Público ou ter prestado depoimento como testemunha; b) no caso do processo estar em instância superior, o juiz ter oficiado em instância inferior, tendo proferido sentença ou decisão; c) o juiz ser cônjuge, parente ou afim do advogado da parte; aí o grau de parentesco será todo na linha direta e na linha colateral até o terceiro grau, inclusive; d) juiz ou seu cônjuge, parente ou afim até o terceiro grau inclusive ser parte no processo; e) o juiz for sócio ou membro de direção ou administração de pessoa jurídica parte no processo; f) juiz for herdeiro presuntivo, donatário ou empregador de qualquer das partes; g) juiz tiver relação de emprego ou decorrente de contrato de prestação de serviços com instituição de ensino parte do processo; h) no caso de figurar como parte cliente do escritório de advocacia de seu cônjuge, parente ou afim até o terceiro grau inclusive; e i) juiz promover ação contra a parte ou o seu advogado.

Tanto a arguição de suspeição quanto a de impedimento, qualquer que seja o motivo, tem que ser oferecida fundamentada, com a prova das alegações formuladas através de documentos, embora, *a priori*, não se obste a possibilidade de produção de prova testemunhal ou pericial.

---

[191] Em certa medida, esta possibilidade, nos casos de execução, hoje se encontra significativamente mitigada pela jurisprudência mediante a aceitação da exceção de pré-executividade em tais casos.

20.14 Exceção substancial e objeção

Distingue-se a exceção substancial da objeção, porquanto, embora sejam ambas defesas indiretas de mérito, a exceção diz respeito ao grupo de fatos e de direitos que, não obstante a insuficiência de poder para destruir as consequências jurídicas que o autor pretende extrair do suporte fático da demanda, possuem aptidão para paralisar a pretensão, até que se cumpra o contradireito alegado pelo réu, mas, salvo raríssimas hipóteses, tal como a prescrição, só podem ser considerados pelo juiz se arguidos pelo réu. Já a objeção, ao contrário, se insere no âmbito dos fatos modificativos, extintivos ou impeditivos do pedido e pode ser levada em consideração, pelo juiz, ainda que não deduzida pelo réu, desde que haja comprovação inequívoca da sua ocorrência nos autos. Por essa mesma razão, também costuma-se distinguir objeção de exceção aduzindo que na figura da objeção teremos o confronto de fato contra fato, enquanto na figura das exceções substanciais teremos confronto de direito *versus* direito.

20.15 Reconvenção

Modalidade de reposta do réu também é a reconvenção. É a ação proposta pelo réu, que neste caso passa a chamar-se de reconvinte, em face do autor, que na reconvenção passa a chamar-se de reconvindo, no mesmo processo em que o autor demanda contra o réu. A justificativa da reconvenção, por lógico, está sediada nos princípios da economia processual e da conveniência de evitar decisões inúteis ou contraditórias. Por aí já se vê que a reconvenção tem absolutamente tudo que ver com a conexão de causas ou conexão de ações.

No chamado período clássico do processo romano já se previam as *mutuas peticiones* e as *actiones contrariae*, as quais seriam os antecedentes mais remotos da reconvenção atual.[192] Curiosamente, coube ao direito canônico o aprimoramento do instituto, inclusive a sua nomenclatura. A reconvenção tem origem no cânon 1690, 1º, do Código Canônico, em que está dito: *Actio quan reus coram eodem iudici instituit contra actorem ad submovendam vel minuendam eius petitionem, dicitor reconventio*.[193] No início o instituto experimentou grande liberalidade, sendo apenas proibida a reconvenção da reconvenção, notabilizando-se o brocardo *reconventio reconventiones non datur*. Posteriormente foram surgindo restrições que em parte subsistem atualmente e, assim, passou-se a proibir a reconvenção em ações de depósito, em ações de tutela satisfativa, entre outras.

Vem das origens remotas da reconvenção a distinção, hoje despropositada, entre reconvenção própria e reconvenção imprópria. É que a concepção inicial era a de que pela via da reconvenção poderia o réu modificar ou excluir o pedido do autor, mas na realidade a reconvenção vai muito além disto, visto que deverá caber quando seja conexa com a ação principal ou com o fundamento da defesa. O que se entendia, pois, por reconvenção própria era apenas a reconvenção para fins de compensação, conceito este que foi se alargando para permitir a reconvenção nos moldes atuais.

---

[192] SCIALOJA, Vittorio. *Procedimento civil romano*. Buenos Aires: Ediciones Jurídicas Europa-América, 1954.
[193] SANTOS, Moacyr Amaral dos. *Primeiras linhas de direito processual civil*. 24. ed. São Paulo: Saraiva, 2008. v. II. p. 233.

20.16 Natureza jurídica da reconvenção

O Código de 1973 apresentava a reconvenção no capítulo da resposta do réu. O código atual dispõe sobre a reconvenção no art. 343 no capítulo seguinte ao da contestação, sendo certo que no atual diploma processual não existe um capítulo específico para a resposta do réu. Sem embargo da correta topografia adotada pelo Código de Processo Civil anterior em alocar a reconvenção como modalidade de resposta do réu, e sem qualquer ênfase à opção do Código atual em dispensar capítulo específico para tratar da resposta do réu, faz-se forçoso reconhecer que a reconvenção é verdadeira ação distinta e separada da ação original. Neste sentido a dicção atual do art. 343 parece-nos mais técnica do que a anteriormente utilizada, na medida em que permite ao réu propor reconvenção para manifestar, melhor teria sido, deduzir, pretensão própria, conexa com a ação principal ou com o fundamento da defesa. Desta situação decorre a submissão do exercício da reconvenção às condições genéricas e específicas do legítimo exercício de qualquer ação, como, no caso das genéricas, legitimidade, interesse processual e possibilidade jurídica do pedido. Também sofre a reconvenção o exame das chamadas exceções peremptórias, como inexistência de coisa julgada, de litispendência e de perempção. Além disso, impõem-se outros requisitos específicos à reconvenção.

Cabe frisar o caráter de verdadeira ação da reconvenção, porque é preciso ficar bem claro que tudo que se diz a respeito da ação é aplicável também à reconvenção. Dessa maneira, a petição inicial da reconvenção tem que satisfazer aos requisitos dos arts. 319 e 320 do Código de Processo Civil. Do mesmo modo as regras quanto à distribuição do ônus da prova, previstas no art. 373, I e II do Código de Processo Civil, também são válidas na reconvenção. A tudo isto se acrescente que tal qual na ação cabe na reconvenção o requerimento de qualquer das medidas previstas na tutela de urgência (tutela antecipada, requerida em caráter antecedente, tutela cautelar, requerida em caráter antecedente e tutela de evidência, arts. 300 a 311), evidentemente desde que presentes os requisitos para tanto exigidos na lei.

Por oportuno, observe-se que, quando o art. 343 do Código de Processo Civil menciona que "Na contestação é lícito ao réu propor reconvenção", não está dizendo que a reconvenção será deduzida no corpo da contestação nem que será um capítulo diferenciado da peça de bloqueio, porém que a oportunidade para propor a reconvenção é por ocasião da apresentação da contestação. Parece-nos, outrossim, que a dicção do art. 343 do Código de Processo Civil pretendeu dirimir dúvida constante no Código anterior, em que não ficava claro se a reconvenção teria que ser proposta no mesmo momento em que apresentada a contestação ou se durante o prazo em que possível a apresentação da contestação, isto é, que a apresentação da contestação, por si só, não acarretaria uma preclusão consumativa, ou mesmo temporal, com relação à faculdade de reconvir. Agora, está absolutamente claro e expresso na norma processual que a reconvenção tem que ser apresentada "Na contestação", isto é, juntamente com a apresentação da contestação, ainda que em peça separada.

20.17 Requisitos da reconvenção

Como já se sugeriu antes, a reconvenção exige condições gerais para o seu exercício, como qualquer outra ação, e condições e requisitos específicos de admissibilidade da reconvenção. As condições gerais para o legítimo exercício do direito de reconvir, evidentemente tal qual a ação, são: a) a legitimidade; b) o interesse processual; e c) a possibilidade jurídica do pedido. Já as condições ou requisitos específicos para a admissibilidade da reconvenção são: a) conexão de causas; b) competência do juízo; c) uniformidade de procedimento; e d) pendência da ação reconvinda em primeiro grau de jurisdição.

Quanto às condições genéricas, não há muito que acrescentar, sendo o caso de se remeter neste assunto para o momento em que nos ocupamos do tema quando tratamos *da ação*. Quanto à legitimidade, todavia, cabe aduzir que não apenas o réu pode reconvir ou é legitimado a reconvir. Havendo litisconsórcio passivo necessário, todos os litisconsortes estarão legitimados para intentar a reconvenção. Do mesmo modo, se houver litisconsórcio necessário no polo ativo da ação originária, a reconvenção terá que ser intentada contra todos os litisconsortes. Entretanto, o terceiro só poderá reconvir em litisconsórcio com o réu, conforme se depreende no disposto no §4º do art. 343. Do mesmo modo, a reconvenção pode ser proposta contra o autor e o terceiro que esteja litigando no polo ativo, conforme o §3º do art. 343. A redação do dispositivo não diz tudo, porque se, para o efeito da reconvenção houver um litisconsórcio necessário entre o autor e o terceiro, esta terá que ser obrigatoriamente proposta contra ambos.

O §5º do art. 343 do Código de Processo Civil atual corrigiu crítica contundente que se fazia à regra contida no §1º do art. 315 do Código de Processo Civil anterior, pois ali estava dito que não podia o réu em seu próprio nome reconvir ao autor, quando este demandasse em nome de outrem. Pela dicção do §5º do art. 343 do Código de Processo Civil atual se o autor for substituto processual o reconvinte deverá afirmar ser titular de direito em face do substituído, e a reconvenção deverá ser proposta em face do autor também na qualidade de substituto processual. O que o dispositivo está dizendo é que só o réu pode reconvir contra o autor. Em outras palavras, o §5º do art. 343 do Código de Processo Civil está esclarecendo que na reconvenção as partes têm de figurar na mesma qualidade jurídica, vale dizer, com a mesma legitimação com que figuram na ação originária. Não podem figurar na ação originária numa qualidade e na ação reconvencional com outra qualidade.

Na verdade, o §5º do art. 343 do Código de Processo Civil pretendeu disciplinar a questão da legitimação extraordinária, na figura do substituto processual, no exercício da reconvenção. A regra esclarece o seguinte: a parte processual é o substituto processual, ainda que esteja no processo defendendo em nome próprio direito alheio, eis que, para tanto, autorizado pela lei. Nesta condição não pode ele, substituto processual, reconvir em nome próprio para postular direito seu, e não do substituído, contra o autor reconvindo, embora possa reconvir como substituto processual, em nome próprio, para postular contra o autor reconvindo direito do substituído. Em suma: quem está na ação como substituto processual tem que figurar na reconvenção como substituto processual.

O interesse processual, como se sabe, é a necessidade e a utilidade da parte de se valer do processo e da atividade jurisdicional para conseguir o bem da vida desejado ou perseguido. Assim, se não houver um efeito prático na reconvenção, não haverá interesse processual em ajuizá-la. Destarte, não é possível reconvenção, por exemplo, para pleitear simplesmente a declaração da inexistência do direito postulado na ação originária, nem se pode reconvir pretendendo apenas condenação do autor em honorários advocatícios, pois que nessas hipóteses a contestação já é suficiente para o almejado. Da mesma forma, não cabe reconvenção nas chamadas ações dúplices, como veremos adiante.

Quanto à possibilidade jurídica do pedido, não há maiores problemas, remetendo-se neste tópico para tudo que anteriormente dissemos quando da análise desta condição genérica para o legítimo exercício do direito de ação no momento oportuno.

A seguir cumpre passar a análise dos requisitos específicos de admissibilidade da reconvenção. O primeiro é a conexão. É requisito essencial para o exercício da reconvenção a conexão desta com a ação principal ou com o fundamento da defesa exposto na contestação. Com efeito, o art. 343, *caput*, do Código de Processo Civil dispõe que é lícito ao réu reconvir ao autor no mesmo processo, toda vez que a pretensão deduzida na reconvenção seja conexa com a ação principal ou com o fundamento da defesa. Veja-se o seguinte exemplo de conexão da reconvenção com a ação principal: ação em que um dos contratantes pleiteia o cumprimento do contrato, o outro contratante, réu na ação, reconvém para pedir a resolução do contrato por culpa do reconvindo e mais perdas e danos. Agora vejamos um exemplo de conexão com fundamento da defesa: ação de cobrança em que o réu reconvém, alegando ter contra o autor crédito maior do que o autor tem contra ele, assim, argui na contestação o fato obstativo da compensação e na reconvenção pleiteia em face do autor o valor remanescente devido.

20.18 Conexão de causas para reconvenção

Revela notar que o conceito de conexão do art. 343 é mais amplo que o do art. 55 do Código de Processo Civil. O art. 55 está preocupado apenas com a conexão entre duas ou mais ações, já o art. 343 cuida não só desta conexão, isto é, conexão entre duas ações, mas também de conexão entre uma ação, que é a reconvenção, e o fundamento da defesa produzida em outra ação, que é a ação original. Quanto à conexão de ações já nos referimos suficientemente quando tratamos deste item no capítulo próprio, "Da ação". Todavia, quando se trata de conexão de causas como pressuposto da reconvenção, o assunto merece investigação mais profunda.

Em sede de reconvenção, cabe dizer que conexão é um traço de ligação, um nexo jurídico, que justifica a peculiaridade da reconvenção de seguir no mesmo juízo e no mesmo processo da ação. O conceito de conexão do art. 343 do Código de Processo Civil é forçosamente impresso sobre o conceito de conexão posto no art. 55, mas isso não significa que os conceitos de conexão postos num e noutro dispositivo sejam idênticos. O código no art. 55 adotou o conceito de conexão do direito italiano, pelo qual se identifica a ação pelos seus elementos, partes, objeto ou pedido e fundamento ou causa de pedir. Havendo coincidência total desses elementos teremos identidade de ações, havendo coincidência parcial teremos a figura da conexão de ações. Contudo, o conceito de conexão varia em diversos momentos em que aparece no Código de Processo Civil.

De longa data, ainda que quase empiricamente, a doutrina e a jurisprudência alargaram o conceito e a ideia de conexão de causas precisamente com o fito de evitar decisões jurisdicionais conflitantes. Assim é que nunca se discutiu, por exemplo, o caráter conexo das ações de despejo por falta de pagamento e consignação em pagamento dos alugueres em atraso. Pela letra fria da definição contida no art. 55 do Código de Processo Civil, não seria possível alegar-se a conexão entre essas causas e consequentemente o cabimento da reconvenção visando a uma mesma instrução e a um julgamento comum a ambas. Isso porque o art. 55 do Código de Processo Civil diz reputarem-se conexas duas ou mais ações quando lhes for comum o pedido ou a causa de pedir. Limitando-se objetivamente à dicção legal, jamais se teria conexão na hipótese trazida como exemplo. Entretanto, como se disse, nunca se questionou na doutrina e na jurisprudência a necessidade de reunião dos processos nesses casos, não obstante não caber, em princípio, reconvenção nesta hipótese por conta da incompatibilidade de ritos, como veremos mais adiante.

Entre nós coube ao Professor Barbosa Moreira na tese para o Concurso da Titularidade da Cadeira de Processo Civil da Faculdade de Direito da Universidade do Estado do Rio de Janeiro, com o tema "A conexão de causas como pressuposto para reconvenção", demonstrar definitivamente que o direito processual brasileiro, para o efeito de conexão visando à reunião de processos e como requisito específico de admissibilidade da reconvenção, trabalha com a ideia do interesse em jogo. Nesse sentido, o que importa examinar para verificação da conexão exigida para a reconvenção é a valoração comparativa dos interesses que se confrontam em cada caso. Isso significa que a definição do art. 55 por si só não esgota a complexa temática do fenômeno processual da conexão de causas, donde se conclui que a definição de conexão ali constante não é vinculativa.

Veja-se bem, o art. 55 encontra-se topograficamente na Seção II que trata da modificação da competência, dentro do Capítulo I, do Livro III do Código de Processo Civil, que regula a competência interna. Mas não é esse o único momento em que o Código cuida da conexão. No art. 113, inc. II, o Código permite a duas ou mais pessoas litigarem no mesmo processo, em conjunto, ativa ou passivamente, quando entre as causas houver conexão pelo pedido ou pela causa de pedir. Ora, ao explicitar o tipo de conexão, que na hipótese do art. 113, II do Código de Processo Civil é pelo pedido e pela causa de pedir, verifica-se que se pode ter conexão por outra razão que não pelo pedido ou pela causa de pedir. Já o art. 326 do Código de Processo Civil alude à conexão entre pedidos, para excluí-la do rol dos requisitos de admissibilidade da respectiva cumulação. Do mesmo modo, o art. 343 do Código de Processo Civil exige que a reconvenção seja conexa com a ação principal em cada situação apresentada.[194]

No exame de cada situação apresentada, deve-se verificar: a) a identidade, total ou parcial, do pedido ou da causa de pedir na ação originária e na reconvenção; b) a comunhão ou a inter-relação das questões relevantes da ação e da reconvenção a recomendar o aproveitamento da mesma atividade instrutória, indispensável para a formação do livre convencimento do juízo em ambas as causas; e c) a necessidade lógica entre os julgamentos da ação e da reconvenção a recomendar que se evitem julgamentos contraditórios.

20.19 Competência do juízo

Sempre se entendeu que a competência do juízo é um requisito específico para admissibilidade da reconvenção. Com efeito, o Código de Processo Civil de 1973 estabelecia no art. 109 que o juízo da causa principal era também o competente para a reconvenção. Esta regra não encontra correspondência direta no Código de Processo

---

[194] MOREIRA, José Carlos Barbosa. *A conexão de causas como pressuposto para a reconvenção*. Tese (Concurso para Professor Titular de Direito Processual Civil) – Faculdade de Direito, Universidade do Estado do Rio de Janeiro, Rio de Janeiro, 1979. p. 128-131 (o autor se refere aos antigos arts. 103, 46 III, 292 e 315 do CPC de 1973).

Civil atual, embora seja defensável a tese de que estaria implícita no art. 343, *caput*, eis que ali está dito que, "Na contestação", é lícito ao réu propor reconvenção. Obviamente, o juízo em que se apresenta a contestação é o juízo da ação e, por conseguinte, o juízo competente para a reconvenção.

Da inexistência no Código de Processo Civil atual de um comando similar ao contido no art. 109 do Código de Processo Civil anterior, surgem duas interpretações possíveis com relação à competência para reconvenção, a saber: a) a competência não é um requisito específico da admissibilidade da reconvenção porque o art. 343, *caput*, está dizendo que o juízo da ação originária, que é a causa principal, seria sempre em qualquer causa o juízo competente para conhecer e julgar a reconvenção; b) o art. 343, *caput*, apenas exemplifica um caso de prorrogação da competência e, neste sentido, havendo reconvenção o juiz da causa principal tem a sua competência prorrogada por força de lei para a reconvenção. Mas neste, como em todos os casos de prorrogação da competência, é preciso que a competência prorrogada seja prorrogável. Isto é, é preciso que a eventual incompetência seja relativa, visto que não pode haver prorrogação quando se tratar de incompetência absoluta. Verifique-se, nesse passo, o contido no art. 54 do Código de Processo Civil quando preconiza que somente nos casos de incompetência relativa poderá haver modificação da competência. Por esta intepretação: a) havendo reconvenção, se o juízo da ação originária for relativamente incompetente para a reconvenção, terá sua competência prorrogada para a reconvenção; e b) se a incompetência para a reconvenção for absoluta, a reconvenção não poderá ser proposta por lhe faltar o requisito específico de admissibilidade da competência do juízo.

A nosso sentir, deve prevalecer o segundo entendimento, porquanto, a despeito da ausência de regra similar à do art. 109 do Código de Processo Civil de 1973, o próprio teor do art. 54 do CPC atual c/c a parte final do art. 43 deixa claro que só pode haver modificação da competência relativa, o que a contrário senso significa que a competência absoluta não se modifica, nem pela conexão nem pela continência. Ocorre que, nos termos do art. 343, o que justifica e possibilita a proposição da reconvenção "Na contestação" é a conexão com a ação principal ou com o fundamento da defesa. Ora, se o próprio Código diz, no art. 54, que pela conexão só a incompetência relativa se modifica, isso significa que a absoluta nem pela conexão se prorroga.

20.20 Uniformidade de procedimentos para reconvenção

O terceiro requisito específico de admissibilidade da reconvenção é a uniformidade procedimental, o que significa que a pretensão da ação e a pretensão da reconvenção não poderão estar instrumentalizadas por procedimentos diversos. Observe-se bem: da ótica do órgão julgador, a reconvenção necessariamente importará numa cumulação de pedidos; a única diferença com relação à cumulação de pedidos na mesma ação é que na reconvenção os pedidos cumulados são deduzidos pelas partes adversas. Todavia, toda e qualquer cumulação de pedidos precisa estar em conformidade com o §2º do art. 327 do Código de Processo Civil, isto é, ser adequado para os pedidos cumulados no mesmo tipo de procedimento, com as ressalvas nele constantes.

Assim, para que seja admissível a reconvenção, é necessário que o mesmo tipo de procedimento seja adequado para ambas as ações, a originária e a reconvencional. Contudo, a regra comporta mitigação. Assim, veja-se: a) se a ação originária é de rito comum, será possível a reconvenção quando esta também for adequada ao rito comum ou, quando tiver outro rito, o reconvinte proponha o seu procedimento pelo rito comum e este seja compatível com o pedido reconvencional; b) se a ação originária tiver rito especial, será admitida a reconvenção quando este mesmo rito especial for adequado à reconvenção ou quando, nas fases subsequentes à fase postulatória, os ritos diversos se tornem iguais, como exemplo, na ação de consignação em pagamento, art. 548, III *in fine* do Código de Processo Civil.

20.21 Coexistência da ação originária. Ausência de contestação na ação originária

O último requisito é a coexistência da ação originária no primeiro grau de jurisdição. Isto significa que quando da propositura da reconvenção a instância tem que estar instaurada e pendente no primeiro grau de jurisdição. Porém, esta exigência é apenas para o momento da propositura da reconvenção. Se a extinção do processo da ação originária ocorrer após o oferecimento da reconvenção, esta seguirá como ação própria, em nada influindo na reconvenção a extinção do processo da ação originária, nos termos do §2º do art. 343 do Código de Processo Civil.

O §6º do art. 343 encerrou a polêmica sobre a possibilidade da reconvenção sem que tivesse sido oferecida contestação, na medida em que o referido dispositivo legal dispõe expressamente que o réu pode propor reconvenção independentemente de oferecer contestação. Assim, não se exige a existência da contestação para a manifestação da pretensão via reconvenção.

Surgem, então, duas questões a serem analisadas. A primeira é se, nesta hipótese, a reconvenção estaria limitada à conexão apenas com a ação principal, porquanto não se poderia falar em conexão com o fundamento da defesa eis que inexistente a contestação. A segunda é a de que, neste caso, a reconvenção pode ser proposta desde que conexa com a ação principal ou com o fundamento da defesa que poderia ter sido apresentada na contestação. Por exemplo, se de alguma forma a reconvenção deduz pretensão condenatória de pagamento a maior que extinguira a obrigação cuja condenação do pagamento é o pedido da ação originária, poderia o réu reconvir porque pretende o ressarcimento do que pagou indevidamente. Ora, se pede o que pagou a maior indevidamente é porque alega que pagou o que era devido, pedido da ação original não contestada, e instruirá a reconvenção com a respectiva quitação.

20.22 Reconvenção e ações dúplices

Jamais caberá reconvenção por absoluta falta de interesse de agir quando a ação originária tiver a característica do que se chama de ação dúplice. Duplicidade e bilateralidade na teoria da ação não significam a mesma coisa. É lição de Carnelutti que a ação não compete apenas a uma parte, no caso o autor, mas também não compete, de regra, às duas partes, no caso autor e réu, antes a ação compete a cada uma das partes. Esta bilateralidade da ação finda por representar uma contradição recíproca entre autor e réu.[195]

---

[195] CARNELUTTI, Francesco. *Sistema di diritto processuale civile*. Pádua: Cedam, 1958. v. 1. nº 148.

Daí também partiu Calamandrei quando dissecou que se é certo que o juiz ouve as duas partes que lhe propõem uma solução para o conflito, há de escolher entre as duas propostas. Nesse sentido, diz o mestre, a ação enquanto atividade tendente a obter uma sentença não seria um direito exercido apenas pelo autor, porque o réu, ao requerer a rejeição da demanda, na verdade, pede que se profira uma sentença declaratória negativa da existência do direito do autor, o que é para ele réu favorável.[196]

Por isso mesmo que alguns doutrinadores chegaram a ver no direito de contradição ou de defesa a mesma natureza do direito de ação, enquanto um direito de exigir a prestação da atividade jurisdicional para apreciação de determinada relação jurídica,[197] ainda que esta relação jurídica de qualquer forma já estivesse *sub judice* fruto da demanda proposta.

De toda sorte, a questão que sempre esteve presente é que, assim como no direito de ação, o direito de defesa também passa pelo exame de se identificar se se trata de um direito concreto ou de um direito abstrato à defesa. Obviamente, aqueles que defendem a ação como um direito abstrato de agir entenderão o direito de defesa da mesma forma, já os que entendem a ação como um direito concreto de agir, assim também entenderão o direito de defesa. Tanto esta tendência é evidente que justamente Chiovenda, pai da teoria da ação como direito potestativo, diz que "a defesa é um contradireito perante a ação e por isso mesmo um direito de impugnação, quer dizer, um direito potestativo destinado a anular a ação".[198]

Feitas tais digressões, logo se pode perceber que, a rigor, a natureza dúplice da ação melhor convém quando se adota a teoria da ação como direito concreto. Contudo, a constatação de que em determinadas situações impõe-se reconhecer o caráter dúplice das ações, seja pelo princípio da economia processual, seja pela natureza específica da relação jurídica de direito material controvertida, mesmo adotando-se a teoria abstrata do direito de ação, traz como consequência absolutamente lógica que em ações de natureza dúplice não tenha vez a reconvenção, quanto menos não seja, por absoluta falta de interesse de agir, das quais são exemplo marcante: a ação renovatória de locação de imóvel em que se explore fundo comercial.

---

[196] CALAMANDREI, Piero. *Instiuzione de diritto processuale civile*. Pádua: Vari, 1944. v. I. p. 105.
[197] REIS, José Alberto dos. *Processo ordinário*. 2. ed. Coimbra: Coimbra Ed., 1928. p. 152.
[198] CHIOVENDA, Giuseppe. *Instituições de direito processual civil*. São Paulo: Saraiva, 1965. v. I. p. 469.

CAPÍTULO 21

DA REVELIA

21.1 Conceito

O Código de Processo Civil brasileiro, seguindo a boa razão de que não deve a lei se ocupar de definições, não definiu nem conceituou revelia, preferindo partir diretamente para a disciplina de seus efeitos. Assim é que o art. 344 estabelece que, se o réu não contestar a ação, reputar-se-ão verdadeiros os fatos afirmados pelo autor. De início, cabe gizar que este dispositivo apresenta apenas um dos efeitos da revelia quanto aos fatos narrados pelo autor. Mais adiante e como veremos a seguir, o Código apresenta outros efeitos igualmente decorrentes da revelia.

O termo *revel* vem de *rebellis*, que significa rebelde, e originalmente designa aquele que se rebela ou aquele que não obedece.[199] Portanto, revel é o rebelde que se revolta contra o chamamento do juízo para comparecer e responder aos termos da ação que lhe foi proposta. Assim, revelia seria uma rebelião ao poder do juiz.

Dá-se a revelia quando o réu chamado a juízo deixa que se extinga o prazo assinado para a contestação, sem a apresentar. Nos casos em que o autor fica em posição de réu, se não impugna a reconvenção, revel também é ele, porque é réu e não respondeu ao ataque do reconvinte.[200]

21.2 Revelia e contumácia

A opção do legislador processual em não definir revelia restou por ocasionar em boa doutrina e na prática confusão entre revelia e contumácia, havendo mesmo autores que empregam essas palavras como sinônimas, como exemplo, Humberto Theodoro Junior, para quem: "ocorre a revelia ou contumácia quando, regularmente citado, o réu deixa de oferecer resposta à ação, no prazo legal".[201] Mas revelia não se confunde

---

[199] SILVA, De Plácido e. *Vocabulário jurídico*. 27. ed. atual. por Nagib Slaib Filho e Gláucia Carvalho. Rio de Janeiro: Forense, 2008. p. 1.235.
[200] MIRANDA, Francisco Cavalcanti Pontes de. *Comentários ao Código de Processo Civil*. 2. ed. Rio de Janeiro: Forense, 1979. t. II. p. 253.
[201] THEODORO JUNIOR, Humberto. *Curso de direito processual civil* – Teoria geral do direito processual civil e processo de conhecimento. 4. ed. Rio de Janeiro: Forense, 1988. v. I. p. 423.

com contumácia. Contumácia consiste no não comparecimento da parte em juízo. A contumácia pode ser do autor, ou do réu ou de ambos.[202]

A contumácia sempre produz efeitos nefastos. Veja-se os seguintes casos de contumácia do autor: a) art. 76, I, nulidade do processo se não sanar o defeito na regularidade da sua representação; b) art. 485, III, §§1º e 2º, extinção do processo sem resolução de mérito quando não lhe der o devido andamento; e c) art. 362, §2º, dispensa da produção da prova requerida se não comparecer à audiência.

Do mesmo modo opera a contumácia do réu, de cujos efeitos processuais nefastos podemos dar os seguintes exemplos: a) art. 65, prorrogação da incompetência relativa se não arguida; b) art. 362, §2º, perda da prova pelo não comparecimento à audiência. Ainda que raros, existem também os casos de contumácia de ambas as partes, como: a) art. 362, §2º, perda da prova pelo não comparecimento de ambos à audiência; b) art. 485, II, §§1º e 2º, extinção do processo sem resolução do mérito com custas proporcionais pela inércia de ambos.

21.3 Revelia e ônus da impugnação especificada

Revelia também não se confunde com o ônus da impugnação especificada. Já vimos quando estudamos a resposta do réu, mais precisamente o subtema da contestação, que o art. 341 do Código de Processo Civil impõe ao réu, ao contestar, o ônus da impugnação especificada, o qual consiste em impugnar, no sentido de rebater, ponto por ponto, fato por fato alegado pelo autor na inicial. Ali também vimos as exceções à imposição da impugnação especificada. Em sede de revelia, porém, interessa não propriamente o estudo desta impugnação especificada, mas no que ela se assemelha e no que se diferencia da revelia.

Assim é que, tal qual a revelia, o ônus da impugnação especificada traz para o réu drásticas consequências do ponto de vista processual. Se com a decretação da revelia, que se dá pela ausência de contestação, reputam-se verdadeiros os fatos alegados pelo autor, pelo ônus da impugnação especificada reputam-se como verdadeiros, não todos os fatos alegados pelo autor, mas apenas aqueles determinados fatos não especificamente impugnados pelo réu.

Dessa confrontação chegou-se mesmo a admitir, em evidente equívoco, que o art. 341 do Código de Processo Civil estabelecia uma espécie de revelia parcial. Não é de todo impossível que se encontre em alguma doutrina a defesa desta subespécie de revelia. Contudo, certamente não é esta a melhor solução, visto que se revelia é ausência de contestação e se os efeitos do ônus da impugnação especificada só se verificam mediante o exame do que na contestação não foi impugnado, é porque houve contestação. E havendo contestação não pode haver revelia.

21.4 Natureza da revelia

A natureza da revelia diz respeito à identificação da matriz jurídica na qual nasce este fenômeno processual. Embora adotemos a ideia *mater* de considerar a revelia um

---

[202] SANTOS, Moacyr Amaral dos. *Primeiras linhas de direito processual civil*. 24. ed. São Paulo: Saraiva, 2008. v. II. p. 244.

ato de rebeldia ao incitamento do juízo, e mesmo dando o devido desconto do caráter público do processo, não se pode afirmar que o fenômeno processual da revelia nasce apenas da rebelião ao poder do juiz. Também não adotamos a ideia de que a revelia significaria uma renúncia ao direito de defesa e isto por duas razões básicas: a) o direito de defesa é irrenunciável, por ser irrenunciável é indisponível e enquanto indisponível insuscetível de revelia; b) ainda que se admitisse renúncia ao direito de defesa, mesmo em tese, esta jamais poderia ser presumida.

Todavia, uma coisa é renunciar ao direito de defesa, outra diversa é não exercer ou não praticar o direito de agir. Quando cuidamos da resposta do réu, dissemos que ao direito de agir do autor corresponde um direito análogo e semelhante do réu. A revelia, pois, melhor se explica quanto à sua natureza quando se admite que seria o fenômeno processual decorrente do não exercício da faculdade de agir do réu.

Esta ordem de ideias boa parte da doutrina batizou de "teoria da inatividade". Por esta teoria, a lei levaria em conta apenas o elemento objetivo do não comparecimento ao juízo e não o elemento subjetivo da vontade. É que a pretensão deduzida em juízo tem sempre um suporte fático. Ao deduzir a pretensão, nos fundamentos de fato, o autor narra e pede ao juiz que verifique a certeza que empresta aos fatos narrados. Nessa ordem de ideias, a prova milita justamente entre aquilo que é afirmado e aquilo que é verificado. Ora, preferindo ficar inativo, o réu abre mão desta confrontação entre o afirmado e o averiguado, e nisto consiste a formulação da "teoria da inatividade".[203]

Não faltam críticos aos percalços que tanto a contumácia quanto a revelia trazem para a boa administração da justiça e consequentemente para o processo enquanto seu instrumento. Já se disse, não sem razão, que a melhor maneira de facilitar o conhecimento da lide para o juízo é a atuação das partes. Nesse sentido é a crítica de Carnelutti,[204] nesse passo, complementada por Rosemberg, para quem "a essência do processo civil moderno se encontra numa comunidade de trabalho de partes".[205]

Identificar a natureza da revelia e a reboque da contumácia, como se vê, não é tarefa das mais fáceis. De nossa parte, preferimos consignar que, na prática, os sistemas processuais, em tema de revelia, mais exprimem soluções adotadas em razão de política legislativa do que propriamente se inspiram ou se expressam em teorias doutrinárias. De toda sorte, não se pode olvidar que a verdade processual não se encontra nem com o autor nem com o réu, mas entre o autor e o réu. Ocorre que entre o autor e o réu está justamente o juiz. Daí decorre que o processo é dialético pela sua própria natureza e desta dialética surge a consequência de que a verdade processual só se constrói e só se estabelece mediante a controvérsia necessária à dialética que informa o processo.

Ora, ao preferir furtar-se a comparecer e a atuar na relação jurídica processual, o réu impede a dialética do processo e, como consequência, frustra a verdade processual. É por isso que se justificam as nefastas consequências que se atribuem ao réu pelo seu não comparecimento para contestar a ação, isto é, pela sua revelia.

---

[203] CHIOVENDA, Giuseppe. *Instituições de direito processual civil*. São Paulo: Saraiva, 1965. v. III. p. 206.
[204] CARNELUTTI, Francesco. *La contumacia nel processo civile*. Studi di diritto processuali. Pádua: Cedam, 1939. v. 3. p. 158.
[205] ROSEMBERG, Leo. *Tratado de derecho procesal civil*. Buenos Aires: Ediciones Jurídicas Europa-América, 1955. v. III. p. 646.

21.5 Efeitos da revelia

Verificada a revelia, efeitos de duas ordens serão observados. Assim é que temos: a) efeitos da revelia quanto aos fatos; b) efeitos da revelia quanto à comunicação dos atos processuais.

Os efeitos da revelia quanto aos fatos estão previstos no art. 344 do Código de Processo Civil. Pelo que ali está dito, uma vez revel, reputam-se verdadeiros os fatos alegados pelo autor para o suporte fático de sua demanda. Assemelha-se tal solução a uma confissão ficta. Como se sabe, a confissão pode ser espontânea ou provocada, decorrente do depoimento pessoal da parte e se constituir em prova. Quando se diz que o efeito de presunção de veracidade dos fatos alegados pelo autor, que decorre da revelia, é uma espécie de confissão ficta, está-se dizendo que, naquela situação, o réu revel será, quanto aos fatos, considerado como se tivesse comparecido a juízo e confessado os fatos narrados pelo autor.

Contudo, nem sempre este efeito se confirma. O art. 345 do Código de Processo Civil excepciona alguns casos em que não se verificarão os efeitos da revelia previstos no art. 344, quais sejam: a) em havendo pluralidade de réus, algum deles contestar a ação; b) se o litígio versar sobre direitos indisponíveis; c) se a petição inicial não estiver acompanhada de instrumento que a lei considere indispensável à prova do ato; d) as alegações de fato formuladas pelo autor forem inverossímeis ou estiverem em contradição com prova constante dos autos. Verifique-se que as hipóteses "b" e "c" tratadas no art. 345 do Código de Processo Civil são idênticas àquelas previstas nos incs. I e II do art. 341 do Código de Processo Civil.

Tracemos, então, um necessário paralelo. No art. 341 do Código de Processo Civil que cuida das exceções ao ônus da impugnação especificada, está dito nos incs. I e II que não se impõe este ônus sobre os fatos dos quais não seja possível a confissão e, assim também, nos casos em que a petição inicial não esteja acompanhada do instrumento que a lei considerar da substância do ato. Ora, não se admite confissão exatamente quando se trate de direito indisponível, pelo que dispõe o art. 392 do Código de Processo Civil. Portanto, a inadmissibilidade da confissão de que fala o art. 341 e o direito indisponível de que fala o art. 345, II, ambos do Código de Processo Civil, são a mesma coisa. Da mesma forma, a questão do acompanhamento na petição inicial pelo instrumento que a lei considere indispensável à prova do ato ou que a lei considere da substância do ato, prevista num e noutro artigo, significa exata e precisamente a mesma coisa.

Outra hipótese de inaplicabilidade da sanção processual prevista no art. 344 do Código de Processo Civil é em relação aos fatos alegados na inicial que sejam inverossímeis ou estiverem em contradição com prova constante dos autos. Verossimilhança tem que ver com probabilidade. Probabilidade é a situação decorrente da preponderância dos motivos convergentes sobre os divergentes é, pois, mais que a incerteza e menos que a certeza.[206] O risco que existe na interpretação deste dispositivo é confundir verdade com verossimilhança.[207]

---

[206] DINAMARCO, Cândido Rangel. *A reforma do Código de Processo Civil*. São Paulo: Malheiros, 1995. p. 68.

[207] Ninguém explica melhor que Calamandrei a distinção jurídica entre verdade e verossimilhança: "anche si siamo convinti che la natura humana non è capace di raggiungere Le verità assolute, è dovere di onestà adoprarsi com tutte le forze per cercare di approssimarsi quanto più si pu allá meta irreggiungibile: cosi nel processo, anche se si è convinti che la sentenza finale non pu essere altro che um giudizio di verossimiglianza tale da

Parece-nos, entretanto, que a interpretação da norma não traduz tanta polêmica. O dispositivo fala em verossimilhança dos fatos alegados. A norma não exige que as alegações sejam verdadeiras para que ocorra o efeito da revelia nela previsto, porque pela dialética a verdade assim como a mentira processuais só surgem do contraditório, portanto a norma exige que os fatos sejam verossímeis, o que é coisa diversa.

A regra da consideração como verdade dos fatos alegados pelo autor é regra cujo destinatário é o órgão jurisdicional e não o autor. Por isso dissemos acima que o juiz considerará o réu como se confesso fosse. Mas daí não decorre necessariamente uma confissão ficta. Em primeiro lugar, porque a ideia de ficção e a ideia de confissão não combinam e, em segundo lugar, porque confissão e revelia não são a mesma coisa. Confissão é prova, pouco importa se provocada ou se espontânea. Na revelia o que existe é a dispensa da prova.

A pedra de toque para que em cada caso concreto se verifique a incidência ou não da regra contida no art. 344 do Código de Processo Civil é analisar se naquela hipótese concreta o autor, com a ausência de contestação, ficará ou não isento de produzir a prova do que alega. Para a melhor compreensão do tema revelia no processo civil, propomos que se inverta a equação. Assim, ao invés de entendermos que o autor está dispensado da prova pela confissão do réu, devemos entender que a ausência da contestação dispensa o autor do ônus da prova.

21.6 Revelia e litisconsórcio

Ainda quanto aos efeitos da revelia no que diz respeito à veracidade dos fatos narrados pelo autor, cabe esclarecer que grande parte da doutrina e da jurisprudência entende que seu afastamento, quando se tratar de litisconsórcio passivo, ocorrerá apenas se se tratar de litisconsórcio unitário, uma vez que a sentença terá que ser a mesma para todos os litisconsortes. Também comungamos desta opinião, pois entendemos que a regra contida no art. 345, I do Código de Processo Civil está se referindo somente às hipóteses de litisconsórcio unitário.

Todavia, incluímos, excepcionalmente, nessas hipóteses, um único caso em que, não obstante não se tratar de litisconsórcio unitário, a contestação apresentada por um dos réus litisconsortes aproveitará aos demais revéis com relação ao fato por aquele impugnado. É que uma coisa não pode ser e não ser ao mesmo tempo. Um fato não pode, numa mesma relação processual, ser considerado verdadeiro para uma parte e não verdadeiro para outra parte. Portanto, nessas hipóteses, não ocorrerá o efeito da reputação da veracidade dos fatos alegados pelo autor.

---

non escludere mai in maniera assoluta l'errore giudiziario, ci non toglie che tutta la struttra del procedimento debba essere preordinata a rendere il puì possible approfondita e controllata la ricara della verità, in modo che lo scrato tra questa e La verossiroglianza si riduca al mínimo" (tradução: "Mesmo que estejamos convencidos que a natureza humana não é capaz de alcançar a verdade absoluta, é dever de honestidade envidar todos os esforços para aproximarmos o mais possível deste objetivo inalcançável. Assim também no processo, estamos convencidos que a sentença final não é mais que um juízo de verossimilhança, o qual não é capaz de excluir de maneira absoluta o erro judiciário, não obstante toda estrutura do procedimento esteja preordenada a alcançar, com maior profundidade e todo controle possível, a certeza da verdade, de modo que o descrédito entre esta e a verossimilhança se reduza ao mínimo") (CALAMANDREI, Piero. *Rivista de Diritto Processuale*, Pádua, ano V, n. 1, 1950).

21.7 Revelia e reconvenção

Não há qualquer novidade na questão da revelia em reconvenção. Nesta, aquele que era autor na ação originária assumirá a posição de réu na reconvenção. Como tal, não obstante sua condição anterior de autor, assumirá todos os ônus processuais que se impõem ao réu, no que aqui nos interessa, o ônus de contestar, sob pena de revelia. A única peculiaridade que se apresenta no caso diz respeito à situação de que tanto ação quanto reconvenção aproveitarão a mesma fase instrutória, e, como haverá necessariamente uma conexão das causas ou da reconvenção com o fundamento da defesa, é muito difícil que se dê uma situação prática em que, de qualquer forma, a prova produzida na ação não interfira na reconvenção e vice-versa. Até porque a instrução será a mesma e, muito provavelmente, os fatos controvertidos sobre os quais opera a prova serão os mesmos na ação e na reconvenção.

21.8 Revelia e intervenção de terceiros

No que diz respeito à assistência, sabe-se que o fato de o réu ser revel não impede que terceiro juridicamente interessado lhe seja assistente. Neste caso será o assistente considerado substituto processual do réu revel – parágrafo único do art. 121 do Código de Processo Civil. Mas esta substituição processual é meramente para aquele caso concreto.

A curiosidade aqui é que, após requerer sua entrada no feito, o assistente terá examinado seu pleito posteriormente à ciência das partes, as quais, por sua vez, podem impugnar o requerimento. Certamente, isto ocorrerá vencido o prazo para responder ou juntamente com este. Assim, provavelmente, o assistente já será incluído no processo com a definição de se o réu que assiste é revel ou não. Disto tudo decorre que, embora considerado no processo seu substituto processual, o assistente não tem maiores condições de minimizar os drásticos efeitos da revelia.

Na denunciação da lide, a situação quanto à revelia é mais simples. Veja-se bem: com a denunciação se estabelece uma outra relação jurídica processual entre denunciante e denunciado, sendo que o denunciado não litiga contra o adversário do denunciante. Portanto, estabelecido que são duas relações jurídicas processuais distintas, haverá ou não revelia se em qualquer delas houver ausência de contestação. Entretanto, a mesma ressalva que se fez com relação ao fato comum prevalece também na denunciação da lide.

No incidente de desconsideração da personalidade jurídica, não há que se falar em revelia. Isso porque o art. 134 do CPC prevê que o incidente caiba em todas as fases do processo de conhecimento, no cumprimento da sentença e na execução fundada em título executivo extrajudicial. Destarte, afora a hipótese de a desconsideração da personalidade jurídica ser requerida já com a petição inicial, em todas as demais a fase postulatória do processo já se terá encerrado, o que significa que no momento da instauração do incidente, ou o réu já será revel ou não. De outra parte, se requerida com a inicial, o sócio ou os sócios atingidos pelo incidente, na prática, tornar-se-ão litisconsortes da sociedade ré.

Resta analisar os efeitos da revelia quanto à veracidade dos fatos na controvérsia que se estabelece no próprio incidente. Se a hipótese for aquela do §2º do art. 134, como se disse antes, não há incidente e sim litisconsórcio e aplicar-se-ão as mesmas regras deste instituto. Caso se trate das hipóteses em que há verdadeiramente a instauração do incidente, não se pode falar em revelia, porquanto se trata de incidente processual e não de processo incidental. Obviamente preserva-se o contraditório, mas não há citação e consequentemente incitação para responder à ação, porquanto ação não há. Quando muito, poder-se-á identificar a figura da admissão, que é matéria afeita à instrução do processo e no momento oportuno será vista.

Finalmente, cabe observar neste assunto que pelas próprias circunstâncias que cercam as polêmicas sobre a desconsideração da personalidade jurídica, sobretudo pelo balizamento traçado pelo art. 50 do CC/02, dificilmente o incidente será decidido pela avaliação de matéria fática controversa, no mais das vezes, tratar-se-á de questão somente de direito ou de questão em que os fatos sejam incontroversos e a controvérsia se cingirá às consequências jurídicas dos fatos.

A outra modalidade de intervenção de terceiros a ser analisada é a da intervenção do *amicus curiae*. Nesta modalidade de intervenção de terceiro, não há qualquer relação que se possa estabelecer com os efeitos da revelia. Como já vimos anteriormente, o *amicus curiae* funciona como uma espécie de curador ou defensor de uma das teses postas em juízo e certamente neste contexto não há qualquer espaço para controvérsias fáticas.

21.9 Efeitos da revelia com relação à comunicação dos atos processuais. Revel que comparece e revel que não comparece

Além do efeito da revelia quanto aos fatos alegados pelo autor na inicial, existe também o efeito quanto à comunicação dos atos processuais. O art. 346 do Código de Processo Civil estabelece que contra o revel, que não tenha patrono nos autos, correrão os prazos independentemente de intimação, a partir da publicação de cada ato decisório no órgão oficial. O parágrafo único do citado dispositivo permite ao revel sua chegada ao processo em qualquer fase, porém recebendo-o no estado em que se encontrar.

A primeira observação é a de que existe o revel que comparece e o revel que não comparece. Ao revel que comparece não se aplica o dispositivo. Se o revel comparece posteriormente, enquanto revel e ausente se lhe aplica o dispositivo, depois do comparecimento não. Alerte-se que a publicação de que fala o artigo não é a publicação no sentido de tornar público o ato decisório, isto é, a partir do momento em que a decisão deixa de ser exclusivamente do conhecimento do juiz e passa a ser pública, porque do conhecimento de outras pessoas, mas se trata da publicação na imprensa, isto é, no órgão oficial em que se publique as decisões judiciais na comarca.

O atual Código de Processo Civil cria uma pequena polêmica com relação à sentença neste caso, uma vez que o art. 346 fala em ato decisório e pela regra do art. 203 sentença e decisão interlocutória são tipos diversos de atos decisórios do juiz. Apesar disto, no regime adotado pelo Código de Processo Civil brasileiro, a mesma regra se aplica tanto para as decisões interlocutórias como para as sentenças em se tratando de réu revel, o que significa que, em qualquer caso, o prazo para recurso correrá a partir da publicação no órgão oficial.

Como se viu, o revel pode ser revel que comparece ou revel ausente. Além disto, esta ausência do revel pode cessar a qualquer momento e este ingressará no processo no estado em que ele se encontra. Assim, o comparecimento dito a destempo do réu revel traz a necessidade de análise principalmente no que diz respeito à prova, eis que, se não houve impugnação dos fatos e se estes são tidos por verdadeiros, o que poderia justificar a produção de prova pelo réu revel?

Sobre isto pendem as seguintes considerações: pode ser o caso do art. 345 em que o réu revel não tenha contestado a ação, mas algum fato alegado pelo autor poderá se incluir nas exclusões do art. 345 do Código de Processo Civil. Daí decorre que o autor não se liberou de produzir a prova e, consequentemente, sobre o fato poderá o réu revel também tentar produzir a prova. No mais, em nosso entendimento, não há mesmo que se falar em produção de prova a requerimento do réu revel. Contudo, é preciso deixar bem claro que a prova, ainda que requerida pela parte, não é da parte, de qualquer parte, a prova é do juízo. Por isso que pode o juiz, de ofício, determinar a produção de qualquer prova que entenda necessária. Porém, uma coisa é a vedação que se impõe ao revel de ter a faculdade processual da produção da prova, coisa diversa é, uma vez que a prova será produzida, impedir a parte, qualquer parte, revel ou não, que atue no procedimento da colheita e da valoração da prova.

Isto quer dizer que não pode o réu revel requerer, por exemplo, a produção de prova pericial. Contudo, se esta prova vem a ser produzida, a requerimento da parte adversa ou por determinação do juízo, poderá o réu revel participar de todo o procedimento da prova pericial sem qualquer diferença das outras partes. Assim, poderá nomear assistente técnico, apresentar quesitação e manifestar-se sobre o laudo do *expert* do juízo; do mesmo modo quanto à produção da prova oral, seja depoimento pessoal do autor seja prova testemunhal.

Nada obstante, na fase de saneamento, no momento das providências preliminares, o Código prevê que o juiz permita ao réu revel a produção de provas. Trata-se de regra excepcionalíssima e que não tem lugar em todo e qualquer processo, porém, apenas quando se tratar de contraprova às provas indicadas pelo autor e, pensamos nós, embora a lei não o determine, do mesmo tipo de prova que o autor tenha requerido. Isto é, se o autor requereu e o juiz entendeu necessária a prova testemunhal, o réu também poderá indicar testemunhas. Mas o réu não poderá requerer prova pericial, porquanto se requerida pelo autor, ou determinada de ofício pelo juízo, o réu dela participará. Encontramos justificativa para essa mitigação dos efeitos da revelia, no espectro maior de que a prova é do juízo e não das partes. Aqui temos o seguinte paradoxo: a doutrina mais aceita atualmente com relação à distribuição do ônus da prova é a da aptidão para sua produção. Portanto, pode ocorrer que, mesmo sendo revel, o réu esteja mais apto a produzir a prova necessária que o próprio autor, cuja revelia aproveita.

21.10 Alteração do pedido ou da causa de pedir

Finalmente sobre revelia, cabe aduzir que, ainda que o réu seja revel, o autor só poderá aditar o pedido promovendo-lhe nova citação e, nesta hipótese, a nova citação não será apenas do aditamento do pedido, mas renovada para toda a causa. Isto significa que o réu que era revel poderá deixar de sê-lo, porque ao se manifestar sobre o aditamento do pedido poderá contestar a ação como um todo.

Nesse aspecto é preciso observar as regras contidas no art. 329, I e II do Código de Processo Civil. Pelo primeiro, até a citação, o autor poderá aditar ou alterar o pedido independentemente da anuência do réu. Pelo segundo, após a citação até o saneamento do processo só poderá fazê-lo com o consentimento do réu. Assim temos que: a) antes da citação, não há ainda que se falar em revelia e poderá o autor aditar o pedido, mas a citação valerá para todo o pedido; b) feita a citação, só poderá haver alteração do pedido mediante concordância do réu; e c) só há revelia porque o réu regularmente citado não contestou; assim, o atual Código de Processo Civil deixou lacuna quanto à possibilidade de alteração do pedido ou da causa de pedir até o saneamento do processo na hipótese de o réu ser revel. A ausência de regulamentação desta hipótese causa espécie porque se o réu é revel e não comparece até o saneamento está retirada a possibilidade de o autor buscar o consentimento para alterar o pedido ou a causa de pedir, eis que o ausente não pode consentir. No Código anterior, a questão estava resolvida pelo disposto no art. 321, que permitia que até o saneamento o autor pudesse alterar ou aditar o pedido, mesmo sem a concordância do réu revel, porém teria que promover-lhe nova citação.

Em nosso entendimento, apesar da omissão legislativa, a regra anterior deve ser mantida e considerada válida pela jurisprudência, porquanto se assim não for o efeito sancionador da revelia acabará por via indireta prejudicando a possibilidade de o autor modificar o pedido, com anuência do réu, até o saneamento do processo.

Destarte, em nosso entendimento, esta continua sendo a melhor interpretação: a) até a citação, é livre o aditamento e a alteração do pedido; b) após a citação, só poderá haver aditamento ou alteração do pedido com a concordância do réu e até o saneamento do processo; e c) após a citação, sendo o réu revel, poderá o autor aditar ou alterar o pedido, até o saneamento do processo, sem o consentimento do réu, mas terá que citá-lo de novo. Novamente citado, abre-se para o réu a possibilidade de responder toda a ação e de contestar tanto o pedido aditado quanto o pedido original. Isto porque, com a nova citação, desfaz-se a revelia anterior, o que não impede que ocorra nova revelia por ausência de contestação.

CAPÍTULO 22

DA DECISÃO DE SANEAMENTO. DESPACHO SANEADOR

22.1 Finalidade

A estrutura do procedimento apresenta as já conhecidas fases processuais. No que diz respeito ao processo de conhecimento, tanto quanto possível, nas fases de instrução e de decisão, o juiz deve ter toda atenção voltada para estes objetivos, de modo que se considera que esta atividade será mais eficiente quanto menos atenção o órgão jurisdicional destinar para resolver questões outras relativas à regularidade e à validade do próprio processo. Além disto, não mais se discute, nos dias atuais, que as questões referentes ao chamado objeto formal do processo devam estar totalmente resolvidas antes que se passe à instrução e à decisão do mérito, eis que nada justifica que se colha a prova oral ou que se produza prova pericial para, no momento da sentença, extinguir-se o processo sem resolução do mérito. Assim, só devem adentrar nessas fases processuais aqueles processos que realmente venham a ter seu mérito julgado e, ainda assim, no que se refere à fase instrutória, aqueles em que para conhecimento e julgamento do mérito faz-se necessária a colheita de provas.

22.2 Antecedentes

O antes chamado despacho saneador é seguramente, se não a maior, a contribuição mais originária do direito português e brasileiro ao desenvolvimento geral do direito processual civil. Proporciona uma nova solução prática a um problema antigo e fundamental do processo, qual seja o de separar tanto quanto possível a decisão das questões prévias e preliminares do conhecimento do mérito da causa.[208]

A ideia de separar os momentos processuais da decisão das questões formais da questão de mérito é tão antiga quanto o próprio processo, havendo mesmo em boa doutrina quem chegue a afirmar que o despacho saneador não passa de uma repristinação

---

[208] LIEBMAN, Enrico Tullio. *Estudos sobre o processo civil brasileiro*. Com notas de Ada Pellegrini Grinover. São Paulo: José Bushuatsky Editor, 1976. p. 98.

atualizada do antigo processo romano que desdobrava o processo em duas fases, *in jure* e *in judicio*.[209] Mas, na verdade, não se pode traçar uma analogia entre a divisão romana do processo em duas fases e a atual disciplina do despacho saneador. Como bem ensina Liebman, "aquela separação (in jure e in judicio) era devida a razões de caráter histórico e político tão peculiar ao mundo jurídico romano, que qualquer analogia com nossas instituições de hoje conduziria a incompreensões e equívocos perigosos".[210]

Já na Idade Média, fruto da obra dos glosadores, construiu-se a figura das exceções dilatórias, pelas quais se arguia os defeitos do processo. Nas ordenações essas exceções tinham que ser opostas conjuntamente e antes da contestação, e a discussão do mérito só se iniciava quando elas estivessem decididas.[211] As ordenações migraram para a América portuguesa e com elas a doutrina dos glosadores. Em tema de exceções dilatórias e influenciando a disciplina do saneamento do processo, não se pode esquecer da contribuição de Bülow[212] na sua célebre obra *Das exceções dilatórias e dos pressupostos processuais*.

Todavia, com a denominação de despacho saneador, somente por decreto de 29.5.1907 foi introduzido no processo civil de Portugal, ainda assim, apenas no processo sumário e para conhecimento das eventuais nulidades. Naquela oportunidade, a doutrina portuguesa batizou o instituto de "Despacho Regular do Processo". Com a reforma de 1926, foi estendido para todo o processo civil e passou a se chamar despacho saneador, destinado a "limpar o processo das questões que podem obstar o conhecimento do mérito da causa".[213] O Código de Processo Civil brasileiro de 1939 incorporou a figura do despacho saneador, contudo, afastando-se do modelo português. Seu âmbito de incidência foi ampliado posteriormente apenas para inclusão do interesse e da legitimidade das partes.[214]

22.3 Função do saneamento do processo

Como função do despacho saneador têm-se a economia do processo. Sua própria topografia no procedimento, entre a fase postulatória e a fase instrutória, contribui para isso. Na essência, o chamado despacho saneador é um exame necessário para formatar a regularidade processual, pois por ele delimitam-se os pontos controvertidos, saneiam-se os vícios sanáveis e evita-se a protelação do processo com a prática de atos inúteis.[215]

---

[209] REIS, José Alberto dos. *Breve estudo sobre a reforma do processo civil e comercial*. 2. ed. Coimbra: Coimbra Ed., 1933. p. 150.

[210] LIEBMAN, Enrico Tullio. *Estudos sobre o processo civil brasileiro*. Com notas de Ada Pellegrini Grinover. São Paulo: José Bushuatsky Editor, 1976. p. 100.

[211] Ordenações Filipinas, Livro 3, Título 20, §9º.

[212] BÜLLOW, Oskar Von. *La teoria de las exceptiones procesales y los presupuestos procesales*. Tradução de Miguel Angel Rosas Lichtschein. Buenos Aires: EJEA, 1962. p. 8.

[213] REIS, José Alberto dos. *Breve estudo sobre a reforma do processo civil e comercial*. 2. ed. Coimbra: Coimbra Ed., 1933. p: 150.

[214] Decreto nº 4.565, de 11.8.1942.

[215] Na definição de Galeno Lacerda, trata-se de "exame oficial, prévio e compulsório, do instrumento de prestação da atividade judiciária, tal como se configura após a litiscontestação e antes da audiência para instrução do mérito, desnecessário será ressaltar-lhe a importância excepcional, como manifestação do princípio de economia. Graças a ele, deixam de realizar-se atos e despesas inúteis pela decisão da questão prejudicial. Impede-se que processo inviável transponha os umbrais da audiência. Ordena-se o suprimento oportuno de vícios sanáveis, para que não contamine os atos posteriores, libertos, assim, de repetições ou ratificações onerosas. Poupa-se

22.4 Importância da decisão de saneamento

É preciso que não se confunda a fase de saneamento do processo com a decisão de saneamento propriamente dita. A fase de saneamento começa com as providências preliminares previstas nos arts. 347 a 353 do Código de Processo Civil e termina com a decisão de saneamento, em que o juiz declarará saneado o processo e decidirá as provas a serem produzidas, designando a audiência de instrução e julgamento. Contudo, nem todo processo seguirá adiante, adentrando nas fases subsequentes. Pode ser que a hipótese seja daquelas em que a decisão das questões preliminares imponha a extinção do processo sem julgamento de mérito ou que o mérito da causa já esteja suficientemente instruído, ou ainda hipótese de revelia, casos estes em que tem lugar o julgamento antecipado da lide.

Destarte, a rigor só haverá despacho saneador propriamente dito naquelas situações em que for viável e imprescindível o prosseguimento do processo para instrução e decisão do mérito e, mesmo assim, se não for o caso do julgamento conforme o estado do processo, art. 354, ou do julgamento total ou parcial antecipado do mérito, arts. 355 e 356, todos do Código de Processo Civil.[216]

22.5 Conceito e objeto da decisão de saneamento

Pode-se dizer à guisa de conceito que a decisão de saneamento é aquela que se constitui num exame oficial e obrigatório visando a um juízo da admissibilidade da ação e da validade do processo, bem como à fixação dos pontos controvertidos e ao deferimento das provas a serem produzidas na fase instrutória. Todavia, como bem adverte Galeno Lacerda, não se deve atribuir ao despacho saneador a panaceia preclusiva de todos os males do processo.[217] Antes disso, sua importância reside na oportunidade e na compulsoriedade. Oportunidade da decisão porquanto esta se dá no momento mais propício, isto é, após a fase postulatória, em que as questões relativas à regularidade processual já foram postas pelas partes, e antes da fase instrutória, eis que nesta só se visa à produção de provas que digam respeito ao mérito da causa. Compulsoriedade porquanto se cuida de atividade judicial de fiscalização do objeto formal do processo.

Partindo dessas premissas, é, ainda, Galeno Lacerda que conceitua a decisão de saneamento como: "a decisão proferida logo após a fase postulatória, na qual o juiz, examinando a legitimidade da relação processual, nega ou admite a continuação do processo ou da ação, dispondo, se necessário, sobre a correção de vícios sanáveis".[218] Por aí se vê que a decisão de saneamento tem por objeto matéria que exige pronunciamento

---

tempo, evita-se desperdício" (LACERDA, Galeno. *Despacho saneador*. 2. ed. Porto Alegre: Sérgio Antônio Fabris Editor, 1985. p. 6).

[216] "despacho saneador, no rigor da palavra, é só aquele que, declarando saneado o processo, providencia seu regular prosseguimento. Se o juiz, além de sanear o processo, julgar na mesma decisão sobre a procedência do pedido, haverá uma sentença definitiva; e se, ao contrário, houver decisão no sentido de não poder o processo ser saneado por motivo de uma nulidade insanável ou na falta dos requisitos estabelecidos pela lei, teremos uma decisão terminativa do processo sem resolução do mérito" (LIEBMAN, Enrico Tullio. *Estudos sobre o processo civil brasileiro*. Com notas de Ada Pellegrini Grinover. São Paulo: José Bushuatsky Editor, 1976. p. 105).

[217] LACERDA, Galeno. *Despacho saneador*. 2. ed. Porto Alegre: Sérgio Antônio Fabris Editor, 1985. p. 6.

[218] LACERDA, Galeno. *Despacho saneador*. 2. ed. Porto Alegre: Sérgio Antônio Fabris Editor, 1985. p. 7.

de ofício, mas pode versar também sobre questões provocadas pelas partes. São matérias pronunciáveis de ofício as condições da ação e os pressupostos processuais.

22.6 Momentos do saneamento do processo

Entretanto, não obstante a oportunidade da decisão de saneamento, como se viu acima, não é só neste momento que o juiz investiga e decide sobre a regularidade e a validade do processo. Basicamente existem dois momentos em que se apresenta ao juiz o exercício desta atividade, a saber: a) por ocasião da decisão de admissibilidade da ação; b) por ocasião da decisão de saneamento.

22.7 Providências preliminares

Iniciando a fase de saneamento do processo, sob a denominação de providências preliminares, o Código enumera medidas a serem tomadas pelo juiz após a resposta do réu ou, se este for revel, após o prazo respectivo. Estas providências estão enumeradas nos arts. 347 a 353 do Código de Processo Civil, e são as seguintes: a) se o réu não contestar a ação, o juiz, verificando a inocorrência do efeito da revelia previsto no art. 344, ordenará que o autor especifique as provas que pretenda produzir, se ainda não as tiver indicado; b) permitirá ao autor que apresente réplica, caso o réu tenha arguido fato impeditivo, modificativo ou extintivo do alegado direito do autor ou ainda se pronuncie, também em réplica, sobre preliminares suscitadas pelo réu; e c) permitirá ao réu revel a produção de provas, contrapostas às alegações do autor, desde que se faça representar nos autos a tempo de praticar os atos processuais indispensáveis a essa produção.

Feito isto, deverá o juízo corrigir as eventuais irregularidades existentes, bem como sanear aquelas nulidades passíveis de saneamento. Cumpridas as providências preliminares, quando for o caso, ou não havendo necessidade delas, os autos serão conclusos ao juiz para um desses provimentos: a) extinguir o processo sem julgamento do mérito nas hipóteses do art. 485; b) julgar antecipadamente total ou parcialmente o mérito, conhecendo diretamente do pedido e proferindo a sentença, quando a questão de mérito for unicamente de direito ou, sendo de direito e de fato, não houver necessidade de produzir prova em audiência ou quando ocorrer o efeito da revelia previsto no art. 344 e não houver requerimento de prova nos termos do art. 349; e c) não ocorrendo as hipóteses "a" e "b" acima, baixar a decisão de saneamento.

22.8 Conteúdo da decisão de saneamento

Vê-se, então, que a decisão de saneamento só terá vez quando não se tratar de extinção do processo sem resolução do mérito ou do julgamento antecipado total ou parcial do mérito. Chega-se, assim, ao conteúdo da decisão de saneamento, que conterá o juízo positivo de admissibilidade a ação e o juízo positivo de qualidade do processo.[219]

---

[219] Para Barbosa Moreira: "na decisão de saneamento, contém-se: a) o juízo positivo de admissibilidade relativamente a ação, no sentido que o órgão judicial, quer examinando preliminares arguidas pelo réu, quer conhecendo *ex officio* da matéria, admite a ocorrência das condições que tornam legítimo o respectivo exercício; b) um juízo

Quanto ao objeto da decisão de saneamento, além evidentemente das matérias já constantes do seu conteúdo, há de se acrescentar o deferimento ou indeferimento da produção das provas requeridas tanto pelo autor como pelo réu e a fixação dos pontos controvertidos sobre os quais atuará a prova.

22.9 Compulsoriedade do saneamento do processo e eventualidade da decisão de saneamento

O que deve ficar claro é que no sistema brasileiro o saneamento do processo é absolutamente compulsório e obrigatório para o órgão jurisdicional. Contudo, a decisão de saneamento propriamente dita só ocorre naquelas hipóteses em que o processo necessariamente tenha que continuar sua marcha mediante a produção de provas com necessidade de audiência. Caso contrário, como se viu antes, dar-se-á a chamada abreviação do processo. Neste caso, a sentença extinguirá o processo com ou sem solução do mérito, conforme a hipótese que se apresente.

22.10 Conteúdo necessariamente positivo da decisão de saneamento

A conclusão bastante curiosa é que a decisão de saneamento, outrora denominada despacho saneador, necessária e obrigatoriamente, terá que ser positiva. Este talvez seja o único caso no processo civil em que um ato compulsoriamente imposto ao órgão julgador só se ultima em sendo positivo, visto que, caso não se decida pela continuação do processo, ter-se-á que decidir pela sua extinção. Como, nos termos do art. 203 do Código de Processo Civil, o processo se extingue por sentença, evidentemente a decisão de saneamento não pode ter lugar.

22.11 Abreviação no procedimento

Já vimos no momento oportuno, no capítulo sobre a suspensão e extinção do processo, as possibilidades de extinção do processo neste momento, isto é, ao depois da fase postulatória. Aqui reavivamos que estas hipóteses são as de julgamento conforme o estado do processo e de julgamento antecipado do mérito. A primeira, nas hipóteses de acolhimento de questão preliminar levantada pelo réu. A segunda, quando se verificar que o processo se encontra maduro para julgamento ou quando ocorrer o efeito da revelia previsto no art. 344 do Código de Processo Civil e não for hipótese de se permitir ao réu revel a produção de prova.

22.12 Natureza da decisão de saneamento

Na classificação dos atos do juiz, a decisão de saneamento se inclui na categoria das decisões interlocutórias. Decisão interlocutória é aquela pela qual, sem pôr termo

---

positivo de validade do processo, quer por haver-se ele constituído e desenvolvido sem vícios, quer por terem sidos oportunamente sanados, quer por que os ainda existentes sejam irrelevantes" (MOREIRA, José Carlos Barbosa. *O novo processo civil brasileiro*. 26. ed. Rio de Janeiro: Forense, 2008. p. 52).

ao processo, o juiz decide uma questão, que não de mérito, à exceção do previsto no art. 356 em que, não obstante se tratar de decisão de mérito, ainda que parcial, tem natureza interlocutória, eis que recorrível por agravo de instrumento. Da conjugação da natureza classificatória do tipo do ato de saneamento, qual seja, decisão interlocutória, com as matérias sobre as quais versa, condições da ação e pressupostos processuais, e, ainda, deferimento das provas a serem produzidas, surge a controvertida questão da eficácia preclusiva da decisão de saneamento.

22.13 Eficácia preclusiva da decisão de saneamento

A questão que se põe é a seguinte: em havendo decisão de saneamento ou o que ali se decidiu, o que ali se deixou de decidir não poderá ser mais mudado ou decidido? Para responder a tal indagação, precisamos considerar, de um lado, que a decisão de saneamento não é mais recorrível, e, de outro lado, que a parte final do §1º do art. 357 do CPC prevê a estabilidade da decisão de saneamento.

A confusão decorre de uma aparente contradição entre o art. 507 e o art. 484, §3º do CPC. O primeiro estabelece que a parte não poderá mais discutir as questões já decididas no curso do processo, a cujo respeito se operou a preclusão. O segundo determina que o juiz conhecerá de ofício, em qualquer tempo e grau de jurisdição, enquanto não for proferida a sentença de mérito da matéria constante dos incisos IV, V, VI e IX do mesmo artigo. Essas matérias, concidentemente, dizem respeito aos pressupostos processuais, à perempção, à litispendência, à coisa julgada, às condições da ação e à morte da parte.

Sem embargo da lição de Alexandre Câmara, para quem a preclusão no caso se opera apenas para o juiz e não para as partes,[220] tem-se que o Código prevê a estabilidade da decisão de saneamento, mas reserva ao juiz a possibilidade de decidir ou redecidir, a qualquer tempo, as matérias que elenca. Parece-nos que a melhor solução está na separação dos efeitos da decisão de saneamento dos efeitos da estabilização. Em outras palavras, atendendo-se ao art. 507 do CPC, estabelece-se que a parte não poderá mais discutir a decisão em primeiro grau de jurisdição. Nada impede, porém, nos termos do art. 485, §3º do CPC, que tais matérias não decididas sejam decididas a qualquer tempo ou grau de jurisdição. Mas a estabilização é apenas no primeiro grau e só com relação ao que foi decidido no saneamento do processo.

É preciso fazer uma rápida digressão quanto à matéria que não é decidida por omissão na decisão de saneamento e venha a ser depois e aquela matéria já decidida e no futuro reformada. Com efeito, o art. 485, §3º do CPC permite que os tribunais decidam sobre as matérias dos incisos IV, V, VI e IX do *caput*, porém, antes que proferida sentença de mérito. Quanto aos processos de competência originária dos tribunais, não há qualquer dúvida. Já no que diz respeito à atividade recursal dos tribunais, o dispositivo parece dizer que o exame dessas matérias não fica adstrito apenas ao primeiro grau de jurisdição, constem ou não da decisão de saneamento, sejam ou não repristinadas por ocasião da apelação. Em nosso entendimento, as regras dos arts. 507 e 485, §3º do CPC valem para uma e para outra situação.

---

[220] CÂMARA, Alexandre Freitas. *O novo processo civil brasileiro*. 2. ed. São Paulo: Atlas, 2016. p. 217.

Podemos então resumir da seguinte maneira: a) dá-se a estabilização das questões decididas exceto as de determinar a produção de prova indeferida; b) dá-se a estabilização das questões não decididas, desde que suscitadas, suscitáveis ou apreciáveis de ofício, cuja solução cabia na decisão de saneamento, com exceção das que possam ser resolvidas posteriormente, como a incompetência absoluta, a incompetência relativa ou a nulidade não arguida por legítimo impedimento da parte;[221] c) a estabilização da decisão de saneamento não significa que tais questões tenham sido implicitamente decididas e sim que doravante não será mais possível apreciá-las em primeiro grau de jurisdição.

O código atual, visando minimizar a irrecorribilidade da decisão de saneamento, com as ressalvas acima, permite no §1º do art. 357 que as partes, no prazo de 5 dias do saneamento do processo, possam requerer "ajustes e esclarecimentos", após o que a decisão de saneamento torna-se estável. A dicção do dispositivo, aliada à circunstância de que a decisão de saneamento não está elencada no rol das decisões impugnáveis pela via do agravo de instrumento (art. 1.015 e parágrafos do CPC), pode levar à conclusão de que uma vez posta e eventualmente ajustada e esclarecida, a decisão de saneamento torna-se inalterável.

Em nosso entendimento, mesmo reconhecendo a opção do legislador pela moderna concepção do saneamento do processo como ato conjunto do juiz e das partes, a estabilidade da decisão de saneamento não significa necessariamente sua inalterabilidade, e aqui não estamos nos referindo apenas à possibilidade de reforma por ocasião da apelação em razão da não preclusão das decisões interlocutórias irrecorríveis. O ponto aqui é mesmo o da eficácia preclusiva da decisão de saneamento. A estabilidade prevista no §1º do art. 357 do CPC retirou apenas a possibilidade de interposição de agravo de instrumento contra a decisão de saneamento, mas de forma alguma modificou os limites da sua eficácia preclusiva, como vimos acima.

---

[221] MOREIRA, José Carlos Barbosa. *O novo processo civil brasileiro.* 26. ed. Rio de Janeiro: Forense, 2008. p. 53 (o autor apresentava esta solução na vigência do Código de 1973, que, diferentemente do atual, não previa estabilização, mas previa preclusão da faculdade de recorrer da decisão de saneamento).

CAPÍTULO 23

DA INSTRUÇÃO DO PROCESSO.
DAS PROVAS

23.1 Instrução do processo

A instrução do processo é o conjunto de informações necessárias para que o órgão julgador possa se pronunciar sobre o mérito ou mesmo decidir questões interlocutórias. Vista deste ângulo, a instrução da causa perpassa todo o processo, eis que todos os atos nele praticados visam a um desfecho que é a sentença que restaure a norma jurídica violada, resolva o conflito de interesses e dê a cada um o que é seu. Deste prisma, a instrução começa com a fase postulatória e percorre todas as fases processuais.

Na técnica processual, porém, delimita-se o tema cientificamente e até por questões didáticas, de modo que a instrução da causa passa a ser entendida apenas como os elementos necessários ao convencimento do juiz sobre os fatos alegados pelas partes. Neste sentido mais estrito, instrução da causa significa somente os atos processuais referentes à colheita, à produção e à avaliação da prova.[222]

A importância da prova no processo chega mesmo a ser intuitiva, pois há que se demonstrar a verdade do que se alega, mormente quando o que se alega faz-se pretendendo obter um provimento jurisdicional que, dada a peculiaridade característica da jurisdição, tornar-se-á definitivo e imutável. Mas ainda que assim não seja, justifica-se também a importância reservada à prova no processo em face do não menos importante caráter substitutivo da jurisdição. Sabe-se que o processo é instrumento da jurisdição. Também se sabe que na função jurisdicional o órgão julgador substitui as partes na composição do litígio. As partes não estão interessadas na atuação do direito ou na restauração da norma violada, antes disso, pretendem ver acolhida sua pretensão. Cada uma por si quer que seu interesse prevaleça sobre o da outra. É, pois, lógico que exista a necessidade primordial de se saber até onde vai a verdade dos fatos narrados pelas partes interessadas. Daí porque, também, os fatos controvertidos só podem ser considerados se forem provados.

---

[222] "É uma fase do processo de conhecimento, em que se colhe e se produz a prova dos fatos deduzidos pelas partes como fundamento do pedido ou da defesa" (SANTOS, Moacyr Amaral dos. *Primeiras linhas de direito processual civil*. 22. ed. São Paulo: Saraiva, 2008. p. 285).

O relevo que se dá à prova vem de tempos imemoriais. Na história do processo sempre foi assim e é pela prova, acima de tudo, que o juiz deve pautar suas decisões. As Ordenações Filipinas já preconizavam que a prova é o farol que deve guiar o juiz nas suas decisões.[223] Além disso, os fatos controvertidos se encontram no passado e sua existência precisa ser demonstrada, o que só é possível através das provas desses fatos no processo. As provas, assim, constituem um instrumento por meio do qual se forma a convicção do juiz a respeito da ocorrência ou inocorrência dos fatos controvertidos no processo.[224]

23.2 Natureza jurídica da prova

O primeiro esclarecimento que se faz necessário e que diz respeito à natureza jurídica da prova é com relação às leis que a regulam, isto é, se se trata de direito material ou de direito processual. O tema é controvertido e apaixonante, e existem pelo menos cinco correntes doutrinárias que tentam explicá-lo: a) a que considera as provas de matéria de lei material; b) a que as considera de lei processual; c) a que as considera mistas; d) a que as dividem, umas de direito material, outras de direito processual; e) a que lhes dá caráter especial.

Não se pode negar que do assunto também se ocupa do direito material. Inegável avanço trouxe o Código de Processo Civil de 1973 quando avocou toda regulamentação geral da prova, revogando inclusive os dispositivos genéricos eventualmente postos na legislação material. Boa doutrina pátria passou a entender que, a partir de então, não haveria mais discussão no direito brasileiro, tendo o ordenamento jurídico se definido pela prova como instituto de direito processual.[225]

Todavia, o Código Civil de 2002 invadiu radicalmente essa área, com disposições de caráter nitidamente processual, o que constitui um retrocesso científico.[226] [227]

A sistemática brasileira é a que coloca as normas sobre as provas tanto no direito material como no direito processual. Pertencem ao direito material: a determinação da prova e a indicação do seu valor jurídico; cabem ao direito processual o modo de sua constituição e sua produção em juízo.[228]

---

[223] Ordenações Filipinas, Livro III, Título 63.
[224] CINTRA, Antônio Carlos Araújo; GRINOVER, Ada Pellegrini; DINAMARCO, Cândido Rangel. *Teoria geral do processo*. 24. ed. São Paulo: Malheiros, 2008. p. 373.
[225] AGUIAR, João Carlos Pestana de. *Comentários ao Código de Processo Civil*. São Paulo: Revista dos Tribunais, 1974. v. IV. p. 1.
[226] CINTRA, Antônio Carlos Araújo; GRINOVER, Ada Pellegrini; DINAMARCO, Cândido Rangel. *Teoria geral do processo*. 24. ed. São Paulo: Malheiros, 2008. p. 373.
[227] "No confronto entre o código atual e o precedente, o setor relativo à prova está decerto entre aqueles em que mais forte preocupação se nota de reformular a disciplina, antes de tudo pela concentração na lei processual de todo o direito probatório antes repartido com leis substantivas, notadamente com o código civil. É de se estranhar que o projeto do novo código civil, já aprovado pela Câmara de Deputados, queira dar marcha a ré incluindo uma série de disposições, aliás fragmentárias e, aqui e ali, positivamente infelizes, a respeito da matéria" (o autor refere-se ao CPC de 1973) (MOREIRA, José Carlos Barbosa. Os temas fundamentais do direito brasileiro nos anos 80: direito processual civil. In: MOREIRA, José Carlos Barbosa. *Temas de direito processual*. 4. série. São Paulo: Saraiva, 1989).
[228] SANTOS, Moacyr Amaral dos. *Comentário ao Código de Processo Civil*. Rio de Janeiro: Forense, 1977. v. IV.

De nossa parte, entendemos que a matéria probatória, toda ela, deva ser regulada pelas leis processuais. Prova é tema processual. A rigor, desde que a competência legislativa sobre direito processual passou a ser exclusiva da União, não existe mais razão para que as regras atinentes à prova residam em diplomas materiais.

23.3 Conflito temporal de normas sobre a prova

Outra questão pertinente é que diz respeito ao conflito temporal de leis, isto é, se, em sede probatória, deve prevalecer a lei vigente ao tempo da ocorrência do fato que se pretende provar ou se deve prevalecer a lei atual, a lei vigente ao tempo em que se dá a produção da prova. Aqui, há que se subdividir o tema, pois que as condições mediante as quais se admite a prova no processo e a valoração da prova, evidentemente, dependerão sempre da lei que viger ao tempo em que ocorreu o fato objeto da prova. Já quanto à forma, no sentido da maneira pela qual se traz a prova ao processo, dependerá da lei em vigor ao tempo da produção da prova.

23.4 Conceito de prova

O vocábulo *prova* vem do latim *proba*, de *probare*, cujo significado é demonstrar, reconhecer, formar juízo. É a demonstração que se faz, pelos meios legais, da existência ou não da veracidade de um fato ou mesmo de um ato ou de um negócio jurídico. A prova consiste, pois, na demonstração da existência ou da veracidade daquilo que se alega como fundamento do direito que se defende ou que se contesta."[229] Mas não só da verdade das alegações. Na sumária cognição da tutela provisória, a que nos referimos no capítulo próprio, exige-se a prova inequívoca da verossimilhança e não da verdade. No sentido técnico processual, entende-se por prova também o meio ou os meios permitidos e utilizados pela parte ou pelo próprio juízo para a realização desta demonstração. Neste sentido, existem as denominações prova testemunhal, prova documental, prova pericial, prova emprestada etc. Vale citar Bonnier, para quem prova "é o conjunto de diversos meios pelos quais a inteligência chega à descoberta da verdade".[230] Nessa mesma linha é o conceito análogo de Mittermaier: "prova é a soma dos meios da certeza".[231]

João Monteiro viu bem essa bipartição conceitual ao expressar que "prova não é somente o conjunto dos meios e processos tendentes à afirmação da existência positiva ou negativa de um fato, senão também a própria certeza daquela afirmação".[232] Assim também entende Gabriel Rezende Filho, para quem "subjetivamente prova é a convicção ou certeza da existência ou inexistência de um fato. Objetivamente, prova é tudo quanto nos possa convencer da certeza do fato".[233] Para Leo Rosemberg: "La palavra prueba

---

[229] SILVA, De Plácido e. *Vocabulário jurídico*. 27. ed. atual. por Nagib Slaib Filho e Gláucia Carvalho. Rio de Janeiro: Forense, 2008. p. 1.127.

[230] BONNIER, Edouard. *Traité théorique et pratique des preuves en droit civil et en droit criminel*. Paris: H. Plon, 1873. v. 2.

[231] MITTERMAIER, C. J. A. *Tratado da prova em matéria criminal*. Rio de Janeiro: Eduardo & Henrique Laemmert, 1879.

[232] MONTEIRO, João. *Teoria do processo civil e comercial*. 4. ed. Rio de Janeiro: Editora Jornal do Brasil, 1925. §122.

[233] REZENDE FILHO, Gabriel José Rodrigues de. *Curso de direito processual civil*. 4. ed. São Paulo: Saraiva, 1954.

no significa unicamente la actividade probatória-gestión probatória; sino también el medio de prueba".[234]

Como se vê, não é tão simples assim o alcance do conceito ou da definição do que venha a ser processualmente prova. Mesmo entre os processualistas existe divergência quanto à conceituação da prova. Para uns, deve-se entender por prova simplesmente o meio da prova. Para outros, deve-se entender por prova o seu resultado. Com isto, é preciso admitir: o conceito de prova apresenta dois aspectos. Um que a define como algo que possa contribuir para a certeza da existência de um fato. Outro que a identifica como o resultado da ação desse elemento para formar a convicção do juiz.

Essa confusão, na verdade, não é tão significativa. É óbvio que quando se utiliza um meio de prova o que se pretende é o seu resultado positivo, ou seja, provar aquele determinado fato. Todavia, se o meio atinge a finalidade, não há mais que se falar no meio, mas só no fim alcançado. Portanto, pouco importa na técnica jurídica processual que se veja a prova como meio ou como resultado. Isto porque meio de prova será sempre entendido como prova, ainda que não atinja o resultado esperado. Por sua vez, o fato, se controvertido, só será relevante para o processo quando provado. Paradoxalmente, uma vez provado, importará apenas como fato. Consoante a melhor doutrina, pode-se dizer que prova tanto indica o meio probatório como o resultado da atividade probatória.[235]

23.5 Classificação das provas

Delimitado o que se deva entender processualmente por prova, cumpre apresentar sua classificação. Historicamente, a chamada taxionomia da prova sempre foi objeto de vários critérios. São conhecidas na doutrina mais antiga as classificações de Aristóteles, de Blackstone e de Benthan, entre outras. Modernamente, todavia, adota-se critério mais prático, pelo qual se classifica a prova: a) quanto ao objeto; b) quanto ao sujeito; c) quanto à forma; e d) quanto ao momento.

23.6 Objeto, sujeito, forma e momento da prova

Objeto da prova, como se viu, é o fato a ser provado. Assim, quanto ao objeto, a prova se classifica em direta ou indireta. Direta, se se refere ao próprio fato em prova, como exemplo, a testemunha que narra a dinâmica do acidente de trânsito. Indireta, se não se refere ao próprio fato da prova, mas a outro fato mediante o qual, por raciocínio lógico ou por ilação, chega-se àquele fato que se quer provar, como exemplo, a testemunha que descreve a posição dos veículos após o acidente. São ainda provas indiretas as presunções e os indícios.

Sujeito da prova é a pessoa ou a coisa de quem ou de onde emana a prova. Quanto ao sujeito, a prova se classifica em pessoal ou real. Pessoal é a afirmação pessoal e consciente, como exemplo, a testemunha que narra o fato que presenciou. Real é o atestado inconsciente feito por uma coisa, como as divisas dos limites entre duas propriedades ou o ferimento da vítima.

---

[234] ROSEMBERG, Leo. *Tratado de derecho procesal civil*. Buenos Aires: Ediciones Jurídicas Europa-América, 1955. t. II. p. 200.
[235] MILHOMENS, Jonatas. *A prova no processo*. Rio de Janeiro: Forense, 1986. p. 26.

Forma é a modalidade pela qual a prova é apresentada em juízo. Quanto à forma, a prova pode ser oral, testemunhal ou depoimento pessoal, ou documental.

Quanto ao momento: casuais ou simples e pré-constituídas. As primeiras são as produzidas no curso do processo; as segundas são as preparadas anteriormente ao ajuizamento da ação.

23.7 Os fatos da causa como objeto da prova

Se o destinatário da prova é o juízo, o objeto da prova é o fato. Toda prova visa demonstrar a veracidade de um fato. São os fatos da causa. Por fatos da causa devem ser entendidos os fatos articulados pelas partes como fundamento da ação ou da defesa. Em outras palavras: o objeto da prova é o próprio fato por provar-se. Mas nem de todos os fatos se admite a prova e nem de todos os fatos se exige a prova. Contudo, é preciso não confundir essas duas exclusões, porque em matéria de prova não admitir não significa o mesmo que não exigir. Não se admite prova dos fatos impertinentes, isto é, estranhos à causa, e dos fatos irrelevantes, assim considerados aqueles que, embora digam respeito à causa, não terão qualquer influência no julgamento. Não se exige prova dos fatos notórios, assim considerados aqueles fatos por todos conhecidos e reconhecidos, dos fatos incontroversos, isto é, confessados ou admitidos por ambas as partes, e dos fatos cobertos por presunção legal de existência ou de veracidade, nos termos do art. 374 do Código de Processo Civil.

23.8 Desnecessidade da prova

O sistema processual com justa razão preocupa-se sobremaneira com o desperdício no processo. É por esse motivo que em vários segmentos do processo civil estamos sempre nos deparando com regras excludentes e proibitivas do que a lei considera desnecessário. Assim também é em todo o regramento que o Código dispensa à prova. Nessa linha de economia processual, torna-se imperioso que não se ocupe o processo dos fatos estranhos à causa, por isso impertinentes, assim como daqueles que embora pertinentes sejam irrelevantes para o deslinde da controvérsia. Mas aqui se cuida mesmo de uma vedação legal na admissão da produção de prova desses fatos. Já no plano da inexigibilidade, cuida-se de fatos que são pertinentes, porque pertencem à causa, e são relevantes, porque influirão na decisão, não obstante, não se exige que sejam provados quando forem notórios, isto é, reconhecidamente conhecidos daquela comunidade onde se processa o feito, quando forem confessados ou admitidos por qualquer das partes ou quando existir presunção legal de sua veracidade. Em suma: não se exige a prova dos fatos incontroversos. Quanto aos fatos que gozam de presunção legal de veracidade, o assunto será objeto de análise específica.

23.9 Meios de prova

A prova se faz pelos chamados meios probatórios ou meios de provas. São eles os modos adequados para fixar a veracidade ou a existência do fato que se quer provar em juízo. Às vezes, o modo adequado é a reconstrução histórica do fato, o que se dá pela prova testemunhal ou pelo depoimento pessoal das partes. Outras vezes, o modo mais eficiente é a representação do fato, do ato ou do negócio jurídico, o que se faz pela prova documental. Outras vezes, ainda, o modo de prova será a sua reprodução objetiva, o que se dá pelo exame da coisa.

Muito se discutiu na doutrina se as indicações legais dos meios ou modos de prova deveriam ser taxativas ou meramente exemplificativas. A favor da taxação dos meios ou modos de prova na lei conta a prefixação dos modos pelos quais poderá a prova ser trazida ao processo, ocasionando também que basta a não inclusão de qualquer meio tido por ilegal, espúrio ou antiético, para que dele não se possa valer a parte interessada na prova. No outro prato da balança pesa a circunstância de que delimitando a norma os modos pelos quais se pode produzir a prova, corre-se o sério risco de impedir determinada prova, absolutamente necessária, porque o único modo de sua produção não estava previsto na lei.

Nesse passo, muitíssimo bem andou o legislador brasileiro quando estabeleceu no art. 369 do Código de Processo Civil que todos os meios legais, bem como os moralmente legítimos, ainda que não especificados no Código, são hábeis para provar a verdade dos fatos em que se funda a ação ou a defesa e influir eficazmente na convicção do juiz. Na maioria das vezes um fato pode ser provado por vários meios ou modos, outras vezes não. O que se deve depreender da norma processual brasileira é que no sistema pátrio os meios de prova não sofrem qualquer limitação. A única exigência quanto à possibilidade de se servir de um meio de prova é que ele seja idôneo. Porém, se for idôneo qualquer meio de prova serve.

Idôneo aqui significa conveniente, hábil, capaz, competente, mas também significa correto ou que possua condições para desempenhar o fim a que se propõe. Portanto, deve-se ter em mente que quando se exige que o meio de prova seja idôneo está-se fazendo uma exigência que se divide em duas competências. Meio idôneo de prova significa, ao mesmo tempo, um meio de prova que tenha condições de atingir o resultado a que se propõe e que, além desta aptidão, seja moralmente lícito. Assim, se deseja provar, por exemplo, por testemunhas, a existência de um negócio jurídico que a lei exige a literalidade, a prova testemunhal não será idônea, embora as testemunhas possam ter caráter ilibado. Do mesmo modo, não basta que o meio seja apto para provar o fato, se for ilegal ou moralmente ilegítimo, ainda que prove o fato, não poderá ser admitido como prova.

Considerando-se a prova como instituto de processo civil, deve-se entender como meio de prova aquele disciplinado no próprio Código e, mesmo assim, levando-se em consideração as características de cada modalidade de prova no que diz respeito à sua produção e não o procedimento ou a própria nomenclatura adotada pelo Código. Destarte, embora o Código preveja os seguintes meios de prova: a) depoimento pessoal, art. 385 a 388; b) confissão, art. 389 a 395; c) testemunhas, art. 442 a 463; d) documental, art. 405 a 441; e) pericial, art. 464 a 480; e f) inspeção judicial, art. 481 a 484, preferimos reconhecer como meios de prova apenas os seguintes: a) oral, no qual se incluem a prova testemunhal e os depoimentos pessoais; b) documental; e c) prova técnica, em que se inclui a perícia.

23.10 Confissão e inspeção judicial como meios de prova

Confissão e inspeção judicial, para nós, não seriam precisamente meios de prova. Quanto à confissão, o que nos parece ser o meio da prova é o modo pelo qual a confissão venha a ocorrer, isto é, se no depoimento pessoal da parte, será prova oral, se apresentada por documento, será prova documental. Ademais, se há confissão, o fato não é controverso, portanto, segundo o art. 374, II do Código de Processo Civil, não será passível de prova. A inspeção judicial não é propriamente uma prova. Como veremos adiante, trata-se do exame da coisa pelo próprio juiz. Assim, só não é perícia porque não se cuida do relato de um exame técnico previamente feito, mas do próprio exame. Embora não chegue a tanto, estaria mais para a classificação de prova técnica, ainda que não pericial, do que de qualquer outro meio de prova. Particularmente, incluímos tanto a confissão como a inspeção judicial no contexto geral da instrução do processo, mas não no contexto específico da prova.

23.11 Prova oral

A prova oral admite dois meios de produção, quais sejam a prova testemunhal e o depoimento pessoal das partes. Por testemunha deve-se conceber a pessoa física que afirma a existência ou inexistência dos fatos alegados. Necessariamente, há de ser alguém estranho ao feito e que vem a juízo depor sobre fatos controvertidos. O Código de Processo Civil estabelece os cuidados que se deve ter com a prova testemunhal. Assim é que não se admite prova testemunhal quanto aos fatos já provados por documentos ou que tenham sido confessados pela parte ou quanto aos fatos dos quais a lei exige prova documental ou que só por prova pericial possam ser provados.

Em princípio qualquer pessoa pode ser testemunha, com exceção daquelas que o Código elenca no art. 447. As exceções previstas são quanto aos incapazes, aos impedidos e aos suspeitos. O §1º do art. 447 esclarece que os incapazes para servir como testemunha são: a) o interdito por enfermidade ou por deficiência mental; b) o débil mental que ao tempo dos fatos não podia discerni-los ou que ao tempo do depoimento está impossibilitado de transmitir suas percepções; c) o menor de 16 anos; e d) o cego e o surdo, quando a ciência do fato depender dos sentidos que lhes faltam. O §2º do art. 447 elenca os impedidos de depor como testemunha: a) o cônjuge ou companheiro, o ascendente e o descendente em qualquer grau ou o colateral até o terceiro grau de qualquer das partes, seja o parentesco de sangue ou por afinidade, a não ser que assim exija o interesse público ou que se trate de causa relativa ao estado de pessoa que não se possa obter a prova de outro jeito; b) a parte na causa; e c) o que intervém em nome de uma parte como o tutor, o representante legal da pessoa jurídica, o juiz, o advogado e outros que assistam ou tenham assistido às partes. De acordo com o §3º do art. 447 são suspeitos para depor como testemunha: a) o inimigo da parte ou seu amigo íntimo, e b) o que tiver interesse no litígio.

Quanto aos incapazes e aos impedidos de testemunhar, não há maiores questionamentos, tendo adotado a lei critérios bastante objetivos. Já quanto aos suspeitos, existe alguma subjetividade, porquanto classificar alguém como inimigo ou amigo íntimo não é tarefa fácil, até porque a lei não oferece qualquer balizamento objetivo para que se possa aferir tal condição social na hipótese de contradita da testemunha por esse motivo. A primeira indagação que se faz é quanto à inimizade, eis que, pelo menos quanto à amizade a lei estabelece que não se trata de qualquer amizade, mas de uma amizade que revele relativo grau de intimidade. O código anterior equilibrava a intimidade da amizade com a circunstância de ser a testemunha inimiga capital da parte. Ora, caracterizar a amizade é bem mais fácil do que caracterizar a inimizade. Costuma-se, na prática, aferir essa amizade íntima pelo fato de a testemunha e a parte frequentarem-se mutuamente, serem compadres, enfim, toda e qualquer circunstância que extrapole as relações sociais de boa e normal convivência. Já com relação à inimizade a avaliação é mais complicada, porque para ser amigo, ou ser considerado como tal, basta que da convivência social não decorra nenhuma ação que prejudique o outro, já inimizade exige uma ação efetiva que a caracterize. Ninguém é inimigo de ninguém pela circunstância de ser indiferente. É necessário que se comprove na contradita alguma ação da testemunha com deliberado intuito de prejudicar a parte. Quanto à suspeição daquele que tenha interesse no litígio, trata-se, evidentemente, de uma proibição absolutamente lógica.

Além da vedação de caráter subjetivo que cuida de quem não pode ser testemunha, existe também a vedação de caráter objetivo, que veda os fatos que não podem ser provados por este meio de prova. Afora a vedação quanto ao fato provado por documento ou por confissão da parte que por si só se justifica, cabe ressaltar a proibição da prova testemunhal naquelas hipóteses em que a lei impõe uma forma especial. São casos em que se exige a literalidade e também aqueles em que a forma pública é da substância do ato. Do mesmo modo, não é possível provar-se por testemunhas aquilo que só o exame pericial pode constatar, nos termos do art. 443, II, do Código de Processo Civil.

Em algumas situações, a lei meio que veda meio que admite a prova testemunhal. A lei admite a prova testemunhal, desde que haja início de prova escrita. Além disto, existe a excepcionalíssima hipótese prevista nos arts. 444 e 445 do Código de Processo Civil, quando o credor não tem condições de obter a prova escrita da obrigação, em casos como parentesco, depósito necessário, hospedagem em hotel ou em razão das práticas comerciais em local em que contraída a obrigação.

Sensível à essa rigidez, o legislador mitigou a vedação, admitindo que, naquelas hipóteses em que a lei exige a literalidade da obrigação, seja admissível a prova testemunhal desde que haja um indício da prova por escrito, e desde que, e isso é de suma importância, esse indício de prova por escrito, portanto documento, seja emanado da parte contra a qual se pretende produzir a prova. Ainda nesse sentido, o legislador processual mitigou a vedação admitindo a prova testemunhal naquelas hipóteses em que o credor não tenha condições, moral ou material, de obter a prova escrita da obrigação, nos casos antes citados. Cabe observar, entretanto, que essas exceções, previstas nos arts. 444 e 445 do CPC, como exceções que são, precisam ser provadas previamente, para que sobre tais fatos, aí sim, se admita a prova testemunhal. E, ainda, por se tratar de exceção à regra geral, só se admitirá presunção de dificuldade na obtenção da prova naqueles exemplos tipificados na norma, quais sejam: parentesco, depósito necessário, hospedagem em hotel ou em razão do costume em controvérsias comerciais.

Esclarecidas as exceções, observe-se que as vedações de caráter objetivo, entretanto, precisam ser interpretadas com a devida cautela. O que não se pode é provar o próprio negócio jurídico contratado apenas por prova testemunhal. Por consequência lógica, também não se pode provar por prova exclusivamente testemunhal o que é contra ou além do conteúdo do instrumento do contrato. Em outras palavras: nessas hipóteses, vale o escrito. Mas na interpretação do escrito, vale mais a intenção do que a literalidade. Também mediante prova testemunhal, pode-se perquirir a causa subjacente do negócio jurídico e, certamente, provar-se eventual causa de sua anulabilidade. Isto é, por testemunhas não se pode provar a existência do contrato, mas pode provar-se seu vício (art. 446, I e II, do Código de Processo Civil).

A jurisprudência pátria sempre foi muito severa com a prova testemunhal. Afora as causas de família, nas quais pela ordem natural das coisas a prova testemunhal costuma ser bastante utilizada, nos outros casos costuma-se privilegiar os demais meios de prova em detrimento da prova testemunhal. Mais recentemente, com as inovações trazidas pelo Código de Defesa do Consumidor e com os processos de rito especial que correm perante os juizados especiais cíveis, a prova testemunhal readquiriu sua credibilidade, o que é notório na maior valorização que o atual Código de Processo Civil lhe empresta. Neste tópico, entendemos que se se deve opor restrições à prova testemunhal, nada melhor que estas restrições constem da lei. Desse modo, pensamos, a salvaguarda contra eventual fragilidade da prova testemunhal já se encontra devidamente consubstanciada na própria legislação processual.

23.12 Prova documental

A prova civil por excelência é a prova documental. Documento vem do latim *documentum* de *docere*, que significa mostrar, indicar, instruir, isto é, algo que tem a virtude de através dele se conhecer outra coisa.[236] Documento, portanto, é o que demonstra, o que ensina. Assim, qualquer instrumento que possa demonstrar a existência ou atestar a veracidade de algum fato controvertido no processo poderá ser objeto de prova documental.

O Código vai se preocupar com a força probante do documento de acordo com a sua autoria. Documento precisa ser criado. Documento é um ato de criação humana. Por isso que o art. 410 do Código de Processo Civil indica que se deve entender como autor do documento particular: a) aquele que o fez e o assinou; b) aquele por conta de quem ele foi feito, estando assinado; c) aquele que, mandando compô-lo, não o firmou porque, conforme a experiência comum, não se costuma assinar, como livros empresariais e assentos domésticos.

A outra grande preocupação do Código com relação ao documento, como não poderia deixar de ser, é quanto à autenticidade. Disto se ocupam os arts. 409 e 411 do Código de Processo Civil. Ocupa-se, ainda, o Código quanto ao detalhamento de documentos públicos e documentos privados. Esta preocupação se justifica, porquanto vezes há que a lei exige a forma pública como prova substancial do ato. Disto cuidam os arts. 405 a 408 do Código de Processo Civil. No art. 425 o Código cuida dos instrumentos que fazem a mesma prova que os originais.

Assim também o documento particular de cuja autenticidade não se duvida faz prova que o seu autor fez a declaração que lhe é atribuída. Contudo, para este efeito, o documento tem que ser considerado como um todo, sendo defeso à parte a quem interessa a declaração utilizar-se dele para aceitar os fatos que lhe são favoráveis e recusar os que são contrários ao seu interesse, evidentemente que, exceto se fizer a prova negativa de que estes não ocorreram.

São também provas documentais, ainda que dotadas de presunção relativa o telegrama, o radiograma e outros que tais, desde que seja provada a data de sua expedição

---

[236] SANTOS, Moacyr Amaral dos. *Comentário ao Código de Processo Civil*. Rio de Janeiro: Forense, 1977. v. IV. p. 398.

e de seu recebimento pelo destinatário. Do mesmo modo cartas e demais registros domésticos fazem prova contra quem os escreveu quando: a) enunciam o recebimento de um crédito; b) contêm anotação que visa a suprir a falta de título em favor de quem é apontado como credor, isto é, admitem uma obrigação; c) expressam conhecimentos de fatos para os quais não se exija determinada prova.

Qualquer escrito ou qualquer declaração registrável por qualquer meio físico por parte do credor, ainda que não assinado, faz prova em benefício do devedor, esteja em poder de um, de outro ou de terceiro. Especificamente quanto às lides empresariais e sem prejuízo das demais regras referentes à prova documental, temos as seguintes especificidades e determinações: a) os livros empresariais fazem prova relativa contra seu autor, uma vez que se permite ao empresário demonstrar que os lançamentos presentes nos livros não correspondam à verdade dos fatos; b) a escrituração contábil é indivisível, não se podendo admitir parte dela para um efeito e não se admitir outra parte para o mesmo efeito. Contudo, se parte dos fatos que resultam dos lançamentos são favoráveis ao interesse do seu autor e outros são contrários, ambos serão considerados em conjunto, como unidade; c) o juiz pode ordenar, a requerimento da parte, a exibição integral dos livros empresariais e dos documentos do arquivo, nas hipóteses de liquidação de sociedade; sucessão por morte de sócio e nas hipóteses previstas em lei.

Neste quesito da prova documental em lides empresariais, observe-se a diferença sutil entre o disposto no art. 418 e no art. 419 do CPC. O art. 418 se refere aos livros empresariais tão somente para conferir-lhes prova a favor de seu autor no litígio entre empresários, desde que tais livros preencham os requisitos exigidos por lei. Já o art. 419 está falando da escrituração contábil para dizer que esta é indivisível. Porém, se os lançamentos da escrituração forem em parte favoráveis ao interesse do seu autor e em partes desfavoráveis, o juiz deverá considerá-los em seu conjunto, como uma unidade.

Já o art. 420, no inc. II, isto é, na sucessão por morte de sócio, obviamente está se referindo às sociedades de pessoas, sobretudo a sociedade por cotas de responsabilidade limitada e não às sociedades de capital.

23.13 Dos documentos eletrônicos

Em boa hora o Código abriu espaço para dispor especificamente sobre os documentos eletrônicos. Entretanto, as regras contidas nos arts. 439, 440 e 441 não dizem respeito ao processo eletrônico, mas à possibilidade de utilização do documento eletrônico no processo dito convencional ou, como se diz na práxis, processo físico.

Nesse sentido, o art. 439 estabelece que a utilização dos documentos eletrônicos no processo convencional dependerá de sua conversão à forma impressa e da verificação de sua autenticidade na forma da lei. Este dispositivo tem o propósito de dirimir antiga dúvida com relação à utilização de registro de fatos contidos em meios eletrônicos, eis que, agora, no processo dito convencional, haverá a necessidade da impressão do que eventualmente contenha o meio eletrônico ou digital, o que significa que o meio digital em si mesmo não é a prova, antes, porém, a impressão de seu conteúdo devidamente autenticado.[237]

---

[237] A este propósito ver item 16, Da Ata Notarial.

Não obstante o balizamento da regra contida no art. 439, o legislador processual certamente atento ao princípio geral da prova contido no art. 369, de que a parte tem o direito de empregar todos os meios legais, bem como os moralmente legítimos, para provar a verdade dos fatos em que se funda o pedido ou a defesa e influir eficazmente na convicção do juiz, possibilita, no art. 440, a utilização do documento eletrônico não convertido à forma impressa, todavia, relativizando o seu valor provante, deixando sua apreciação ao prudente arbítrio do juiz sem prejuízo de garantir às partes o acesso ao seu teor.

Finalmente, neste tópico, o art. 441 excepciona a regra do art. 439 quando admite documentos eletrônicos produzidos e conservados com observância da legislação específica. Isto é, aqueles documentos produzidos eletronicamente em razão de determinação de legislação específica valerão no processo convencional, independentemente de sua conversão à forma impressa, desde que observada a legislação específica que disciplina sua produção e conservação. Aqui cabe uma advertência: se se tratar de processo físico ou dito convencional, em qualquer caso, a boa técnica impele que se converta o documento à forma impressa, mantendo-se o meio eletrônico de registro apto a, em qualquer tempo, produzir autenticidade da forma impressa. Nas demais hipóteses, o documento será carreado aos autos sempre de forma digitalizada, isto é, impressa, haja vista que esta será sempre a melhor maneira de conhecê-lo e interpretá-lo.

23.14 Incidente de falsidade documental

A parte contra quem é apresentada a prova documental pode, nos termos do art. 430 do Código de Processo Civil, arguir sua falsidade. Dá-se aí o chamado incidente de falsidade documental. Trata-se de incidente processual e não de processo incidental. O incidente pode ser suscitado a qualquer tempo e em qualquer grau de jurisdição, mas, por excelência, deverá ser suscitado na contestação ou na réplica. Fora desses momentos, no prazo de quinze dias contados a partir da intimação da juntada do documento aos autos. Com relação à arguição da falsidade documental na contestação e na réplica é óbvio que o Código está se referindo aos documentos até então juntados, trazidos na inicial ou com a contestação. E quando apresenta alternativa de arguir a falsidade no prazo de 15 dias da intimação da juntada do documento nos autos, evidentemente está se referindo a documentos juntados posteriormente.

A dúvida que se apresenta é a de saber se a não arguição da falsidade do documento por ocasião da contestação ou da réplica torna-se matéria preclusa. Do mesmo modo, resta a dúvida de se a não arguição desta falsidade no prazo ali previsto também torna tal faculdade preclusa para os documentos juntados após a fase postulatória. Nesse ponto, o Código anterior era bem mais flexível, na medida em que permitia o incidente de falsidade documental em qualquer tempo e grau de jurisdição, o que deixava claro que até a formação da coisa julgada isto era possível. Da maneira como regulamentada a arguição de falsidade no Código de Processo Civil atual, corre-se o sério risco de, ainda no curso do processo, um documento falso valer como se fora verdadeiro pelo drástico efeito da preclusão tão exígua.

A contrario sensu do inc. II do art. 19 do Código de Processo Civil, a decisão da arguição de falsidade valerá apenas para aquele processo, não fazendo coisa julgada material, mas tornará preclusa a questão fática controvertida da autenticidade ou da falsidade do julgamento. Como sempre acontece nas previsões de arguição a qualquer tempo e em qualquer grau de jurisdição, desde que se refira a documento juntado aos autos após a fase postulatória, se arguida a falsidade na fase recursal, todo o procedimento deverá processar-se ante o próprio tribunal. Há de se observar que a circunstância da instauração alargada do incidente não significa que esta arguição não preclua, porquanto a possibilidade da arguição da falsidade na fase recursal só será possível quanto aos documentos trazidos aos autos por ocasião da apelação ou das contrarrazões de apelação ou mesmo já chegados aos autos em segunda instância.

23.15 Exibição de documento ou coisa

Outro incidente digno de nota com relação à prova documental é o chamado incidente de exibição de documento ou coisa que esteja em mãos de terceiro. Desta espécie cuidam os arts. 401 a 404 do Código de Processo Civil. Algumas vezes a parte encontra-se na situação desconfortável de ter que se valer de determinado documento ou do exame técnico sobre determinada coisa, os quais não se encontram nem em seu poder nem em poder da parte adversa, mas em poder de terceiro.

Prevê o Código neste caso que a parte interessada instaure o incidente processual de exibição de documento ou coisa em poder de terceiro. Instaurado o procedimento, o terceiro será intimado – o Código equivocadamente fala em citação – para responder ao incidente no prazo de 15 dias. Duas são as possibilidades que se abrem ao terceiro: uma, a de não estar na posse do documento ou da coisa requisitada; outra, a de negar a obrigação de exibi-los. Num ou noutro caso, far-se-á a competente instrução do incidente seguindo-se a respectiva decisão. Porém, se o terceiro não apresentar qualquer justificativa, se quedar inerte ou, ainda, se recusar a exibição, determina o art. 403 que o juiz ordene o depósito no prazo de 5 dias, sob pena de busca e apreensão e outras medidas sancionadoras previstas no parágrafo único.

O art. 404 apresenta as exceções de que tanto a parte quanto o terceiro podem se valer para livrarem-se da exibição do documento ou da coisa, elas são: a) negócios da própria vida da família; b) violação do dever de honra; c) cuja publicidade cause desonra à parte, ao terceiro ou aos parentes consanguíneos ou afins até o terceiro grau, ou lhes representar perigo de ação penal; d) digam respeito a fatos que, por estado ou profissão, devam guardar segredo; e) outros motivos que justifiquem a escusa segundo o prudente arbítrio do juiz; f) houver disposição legal que justifique a recusa da exibição. Quanto a esta última excludente, cabe dizer ser absolutamente desnecessária e redundante, na medida em que o art. 369 do Código de Processo Civil já restringe a faculdade das partes ao emprego dos meios legais, bem como moralmente legítimos para provar os fatos que alegam. Ora, se existe vedação legal, por óbvio a exibição do documento ou coisa já esbarraria no óbice previsto no art. 369 do Código de Processo Civil.

Mas não só do terceiro estranho à causa pode-se requerer a exibição de documento ou da coisa. Nas mesmas hipóteses, poderá o juiz ordenar que a parte exiba documento ou coisa que se ache em seu poder. O requerimento, que o Código equivocadamente fala em pedido, deverá necessariamente conter: a) a individuação, tão completa quanto possível, do documento ou da coisa; b) a finalidade da prova com a indicação dos fatos que se relacionam com o documento ou com a coisa; c) os motivos pelos quais o requerente afirma que o documento ou a coisa estão com a parte contrária. Diferentemente do terceiro, o prazo para a parte contrária responder é de 5 dias subsequentes à intimação. Aqui se o intimado afirmar que não possui o documento ou a coisa, o juiz permitirá que o requerente prove que o requerido está faltando com a verdade. Em todo o caso, o art. 399 determina que não se admita recusa: a) se houver a obrigação legal de exibir o documento ou a coisa; b) se o requerido mencionou o documento ou a coisa com intuito de constituir prova; c) se o documento, por seu conteúdo, for comum às partes. Se o requerido não exibir o documento ou a coisa ou, recusando a obrigação de exibi-los, se a recusa for tida por ilegítima, o juiz admitirá como verdadeiros os fatos que por meio do documento ou da coisa a parte pretendia provar, nos termos do art. 400 do Código de Processo Civil.

23.16 Ata notarial

O Código de Processo Civil inovou ao prever a figura da ata notarial como espécie de prova. Pelo que está dito no art. 384, a existência e o modo de existir de algum fato podem ser atestados ou documentados, a requerimento do interessado, mediante ata lavrada por tabelião. Em seguida, o parágrafo único do citado dispositivo diz que os dados representados por imagem ou som gravados em arquivos eletrônicos poderão constar da ata notarial. Parece-nos que o legislador processual quis estabelecer certa solenidade compatível com a produção da prova em juízo aos meios modernos, sobretudo eletrônicos, de registro de fatos, os meios digitais e aqueles que possam ser representados por imagem ou som gravados em arquivos eletrônicos. A ideia é revestir de solenidade e dar fé pública ao registro de atos produzidos desta forma nos tempos atuais. Trata-se de uma espécie de *backup* formal e solene do armazenamento eletrônico, sonoro ou fotográfico do registro de fatos.

Desta forma, por exemplo, alguém que tenha um fato registrado sonoramente ou por imagem, ou mesmo por texto, em um *pen drive*, ao invés de juntá-lo no processo como prova, o que no processo eletrônico seria praticamente impossível, pois o que poderia ser feito seria a inserção do contido do meio físico armazenador, carente, porém da necessária autenticidade, poderá levar este *pen drive* a um tabelião, o qual, por escritura pública, certificará e dará fé em papel do contido no meio físico armazenador e este documento fisicamente, nos autos judiciais comuns ou digitalizados na hipótese de processo eletrônico, em qualquer caso de forma solene e autenticado pelo tabelião, será juntado ao processo como prova.

O que comporta anotar, pelo menos em nosso entendimento, é que na essência trata-se de prova documental, no sentido lato que se empresta ao vocábulo, como tal, destinatária dos privilégios, das vedações e das impugnações a que sujeita toda e qualquer prova documental.

É preciso não confundir a ata notarial, inovação trazida pelo Código de Processo Civil atual, com a clássica e muito utilizada escritura declaratória, em que alguém vai a cartório e perante escrevente juramentado presta declaração favorável a outrem. A escritura declaratória é ato unilateral que soleniza e dá fé pública à manifestação da vontade do declarante, equivale à confissão extrajudicial, já a ata notarial é a certificação solene da existência ou do modo de existir de um fato já registrado por outro meio de armazenamento de dados. Além disto, a escritura declaratória exige a fé pública de escrevente juramentado, ao passo que a ata notarial exige solenemente a lavratura por tabelião.

23.17 Prova pericial

Quando cuidamos das partes do processo, falamos das chamadas partes ou sujeitos secundários do processo, entre eles o perito. O perito é uma parte auxiliar, eis que intervém no processo com o objetivo de esclarecer ao juízo, mediante sua expertise, detalhes técnicos. O perito vai produzir a chamada prova técnica. Esta prova técnica se consubstanciará sempre num laudo pericial, o qual responderá aos quesitos apresentados pelas partes e pelo juízo e acrescentará outros elementos que o perito entenda necessários para a elucidação do caso.

Como as partes principais do processo são três, juiz, autor e réu, e como o perito funciona como uma parte auxiliar do juiz, nada mais justo que a lei também faculte que autor e réu tenham suas "partes auxiliares" no que diz respeito à prova pericial. É o que se chama de assistentes técnicos.

Não existem classificações ou restrições explícitas para a prova pericial, embora o art. 464 do Código de Processo Civil diga que a prova pericial consiste em exame, vistoria ou avaliação. Ontologicamente não existe diferença entre exame e vistoria, eis que, quando muito, poder-se-ia considerar vistoria uma espécie de exame. Na prática, contudo, costuma-se utilizar o termo *vistoria* para imóveis. Avaliação também não deixa de ser o exame ou a vistoria, que pode ser direta ou indireta, mas que visa fixar o valor de determinada coisa ou preço de determinado fruto, produto ou serviço.

O que cabe observar aqui com algum cuidado é que o juiz não fica adstrito à conclusão da prova pericial. De toda sorte, há que a considerar e comentar por ocasião da fundamentação da sentença. Também cabe alertar que é muito comum na prova pericial o perito adentrar em conceituações ou definições absolutamente do reino jurídico, extrapolando o mister da perícia que é o exame técnico. É que na perícia existe um aspecto objetivo e um aspecto subjetivo. O aspecto objetivo consiste na própria descrição e no relato daquilo que o perito examina, vistoria ou avalia. O aspecto subjetivo são as impressões pessoais que o perito imprime no seu laudo sobre o que examinou, vistoriou ou avaliou. Nesse aspecto subjetivo da perícia é que se chama a atenção para que não se imiscua o perito em conceitos que não digam respeito à perícia. Veja-se o seguinte exemplo: uma perícia visando à constatação de construção de acessões e de benfeitorias. Neste caso, deve o perito, identificando as construções, descrevê-las e avaliá-las, mas não as classificar como benfeitorias úteis, necessárias ou voluptuárias, porque esta conceituação é jurídica e não de engenharia. Atento a isto, o Código de Processo Civil no §2º do art. 473 veda ao perito qualquer exagero no aspecto subjetivo do laudo que ultrapasse o necessário ao exame, avaliação ou vistoria do objeto da perícia.

O Código de Processo Civil atual inovou ao permitir que o juiz, de ofício ou atendendo a requerimento de qualquer das partes determine, em substituição à perícia, a produção de prova técnica simplificada, quando o ponto controvertido a ser explicitado pelo exame, pela vistoria ou pela avaliação, seja de pequena complexidade. Esta prova técnica simplificada consiste tão somente na inquirição pelo juiz de especialista sobre o assunto, nas causas em que o ponto controvertido demande especial conhecimento técnico ou científico. Este especialista, obviamente, deverá ter formação acadêmica específica na área sobre a qual prestará seu depoimento, e permite o Código no §4º do art. 464 que na sua explanação se utilize de recurso tecnológico de transmissão de som e imagem para melhor elucidação.

Num ou noutro caso, isto é, perícia propriamente dita ou perícia simplificada, o juiz nomeará o perito. No primeiro caso, fixará, já no ato da nomeação, o prazo para entrega do laudo e, no segundo caso, evidentemente, a data da audiência em que o especialista será ouvido, se esta não estiver previamente designada.

Nos 15 dias subsequentes contados da intimação do despacho da nomeação do perito, na perícia propriamente dita, poderão as partes: a) arguir o impedimento ou a suspeição do perito; b) indicar assistente técnico; c) apresentar quesitação. De sua parte, nos 5 dias subsequentes à intimação da sua nomeação, o perito terá que apresentar: a) proposta de honorários; b) currículo com comprovação de especialização; c) contatos profissionais e endereço eletrônico para onde serão dirigidas as intimações pessoais. As partes poderão impugnar ou não a proposta de honorários no prazo de 5 dias, após o que o juiz arbitrará o valor para o fim do adiantamento da remuneração do assistente técnico e do perito.

Permite-se, ainda, ao juiz, certamente a requerimento da parte, autorizar o parcelamento do pagamento dos honorários periciais, sendo que até 50% dos honorários devem ser pagos no início dos trabalhos. Este comando, contido no §4º do art. 465, claramente foi inspirado no pleito de cessar a prática de parcelamento em muitas vezes dos honorários periciais, hipóteses em que, de regra, os peritos reservavam-se a faculdade de só iniciar os trabalhos após o depósito da última parcela. De toda sorte, parece-nos inócua a regra, pois não haverá impedimento ou qualquer nulidade se, em determinado caso concreto, desde que com anuência do perito, o parcelamento se fizer diferentemente do previsto no dispositivo processual. Pode ainda o juiz reduzir os honorários periciais se entender que a perícia foi inconclusiva. Se a perícia houver de realizar-se em outra comarca, é facultada a nomeação do perito e dos assistentes técnicos no local da realização da perícia.

O instrumento da prova técnica, como se disse anteriormente, é o laudo pericial, o qual, nos termos do art. 473, terá que conter: a) a exposição do objeto da perícia; b) a análise técnica ou científica realizada pelo perito; c) a indicação do método utilizado; d) a resposta conclusiva de todos os quesitos apresentados pelo juiz, pelas partes e, quando for o caso, pelo Ministério Público. Faculta-se ao perito e aos assistentes técnicos todos os meios necessários, desde que legais e morais, para a realização de sua tarefa. Podem, portanto, ouvir testemunhas, obter informações, solicitar documentos em poder da parte, de terceiros ou em repartições públicas, requerer ao juízo ofícios requisitórios de documentos em poder de terceiros, bem como instruir o laudo com ilustrações gráficas, como: planilhas, mapas, plantas, desenhos, fotografias e outros.

Apresentado o laudo, o que terá que acontecer em até 20 dias antes da audiência de instrução e julgamento, prazo este sempre observado na prática uma vez que, de regra, o juízo só designa a data da audiência após a entrega do laudo pericial, as partes são intimadas para, no prazo de 15 dias, se pronunciarem sobre o laudo, podendo requerer esclarecimentos ao perito, podendo concordar com o laudo ou impugná-lo, dele discordando.

Excepcionalmente, nos termos do art. 480, poderá o juiz determinar uma nova perícia, se entender que a primeira perícia não o esclareceu suficientemente a ponto de lhe possibilitar o livre convencimento sobre o ponto controvertido. A segunda perícia terá o mesmo objeto da primeira e se regerá pelas mesmas disposições estabelecidas para aquela. Entretanto, atente-se que a segunda perícia não substitui a primeira. Antes disso, junto com aquela formam uma só prova técnica, cabendo ao juiz, ao apreciá-las, valorar uma e outra.

23.18 Confissão e admissão

Antes dissemos que a confissão não era propriamente um meio de prova, até porque é o próprio Código que dispensa produção de prova de fato confessado. A ideia central da confissão está no reconhecimento pela parte da ocorrência verdadeira de um fato que seja, ao mesmo tempo, contrário ao seu interesse e favorável ao interesse do adversário. Contudo, a confissão não se confunde com a admissão, embora, como se viu, o próprio Código no art. 389 diga haver confissão quando a parte admite a verdade de um fato.

Na verdade, a confissão pressupõe um ato positivo do confitente; aquilo que Carnelutti[238] chamou de testemunho por declaração, uma vez que só haverá confissão se a parte declara como verdadeiro fato contrário ao seu interesse alegado pela outra parte. Na admissão a parte simplesmente não impugna o fato alegado pela parte contrária. Assim, na confissão existe uma ação efetiva de declaração enquanto na admissão existe uma omissão na impugnação do fato alegado.

Dissemos anteriormente que para nós confissão e inspeção judicial não eram propriamente meio de prova. Confissão é o ato pelo qual uma das partes afirma o que a outra alega. Objeto da confissão é o fato favorável ao adversário. Portanto, a confissão é ato que só prejudica aquele que confessa. O nosso sistema processual admite que a confissão se dê no próprio processo, chamada confissão judicial, ou extrajudicialmente. Nos termos do art. 389 do Código de Processo Civil, existirá confissão quando a parte admitir fato contrário ao seu interesse. Trata-se, porém, de uma declaração unilateral da parte, pois que para admitir o fato basta a omissão em impugná-lo.

23.19 Confissão e reconhecimento do pedido

Mas confissão não se confunde com o reconhecimento do pedido, porque o que se confessa é a veracidade do fato. Não há confissão de direito, o que pode haver é uma desistência do réu em se contrapor à pretensão do autor, do mesmo modo que ocorre quando o autor desiste da ação. O fundamental na distinção entre o reconhecimento do pedido e a confissão é que o reconhecimento diz respeito à pretensão deduzida em juízo, já a confissão tem por objeto as questões de fato suscetíveis de prova, surgidas na lide.[239]

A confissão pode ser espontânea ou provocada, a primeira evidentemente decorre de atitude do confitente, a segunda se dá apenas no curso do processo e por meio de

---

[238] BATISTA, Francisco de Paula. *Compêndio de teoria e prática de processo civil*. 8. ed. São Paulo: M Teixeira, 1909. §160.
[239] MARQUES, José Frederico. *Instituições de direito processual civil*. Rio de Janeiro: Forense, 1959. v. III. nº 796.

depoimento pessoal da parte. A confissão espontânea poderá ser feita pela própria parte ou por procurador com poderes especiais, ao contrário da provocada que só pode ser feita pela parte.

Uma característica processual importante da confissão é que faz prova apenas contra o confitente, porém não prejudica os litisconsortes (art. 391 do Código de Processo Civil). Nem mesmo a confissão de um cônjuge vai prejudicar o outro naquelas ações em que, pela sua natureza, ambos os cônjuges precisam integrar a relação jurídica processual, conforme dispõe o Código no parágrafo único do art. 391.

23.20 Irretratabilidade, anulação e revogação da confissão

A confissão é irretratável, o que significa que uma vez feita não é possível seu desfazimento pela simples manifestação da vontade discricionária do confitente. Em outras palavras: feita a confissão, não há lugar para arrependimento. Entretanto, irretratabilidade não é o mesmo que anulação ou revogação. Neste sentido, dispõe o art. 393 do Código de Processo Civil sobre as possibilidades excepcionais em que se pode revogar a confissão. Pelo que ali está dito, a confissão só pode ser revogada quando produto de erro de fato ou coação. Curiosamente, o Código estabelece no parágrafo único do art. 393 que a anulação da confissão dependerá de ação própria. Ao nosso ver, esta possibilidade diz respeito à dedução em juízo da pretensão anulatória da confissão quando ainda pendente o processo em que produzida. Evidentemente a ação de anulação será conexa à ação em que produzida a confissão se, após o trânsito em julgado, a anulação da confissão depender de ação rescisória. Também pensamos que a ação anulatória só terá cabimento na confissão extrajudicial, pois na confissão judicial a invalidação pode se dar no próprio processo.

Se houver motivo para anulação da confissão e a ação já tiver transitado em julgado, o remédio será a ação rescisória que, no caso, não irá revogar confissão alguma, nem é a isto que se propõe. A ação rescisória visará, como não poderia deixar de ser, rescindir a sentença prolatada com base em confissão revogável por erro de fato ou coação e não, pura e simplesmente, à revogação somente da confissão, o que aliás não faria o menor sentido depois do trânsito em julgado da sentença.

23.21 Da produção antecipada de provas. Do arrolamento. Da justificativa

A produção antecipada de provas é medida cautelar típica preparatória, na qual o que se visa preservar é a instrução do futuro processo a ser instaurado com o ajuizamento da ação principal, sempre que for justificável o receio de que, no futuro tempo oportuno, a prova não se possa mais realizar ou seja muito difícil a sua realização. Além desta clássica possibilidade, a produção antecipada da prova também é possível quando a prova a ser produzida tem a potencialidade de viabilizar a autocomposição ou qualquer meio adequado de solução do conflito. Também, como não poderia deixar de ser, o Código prevê a possibilidade da produção antecipada de prova quando o prévio conhecimento dos fatos possa justificar ou evitar o ajuizamento da ação.

No primeiro caso, temos o exemplo típico da vistoria para perpetuar a situação em que se encontra determinado local, bem como a inquirição de testemunhas ou depoimento pessoal de parte que se receie não mais exista ao tempo da audiência de instrução e julgamento. No segundo caso, temos aquele exemplo em que a avaliação prévia de determinado bem ou produto possa trazer o consenso entre as partes, como o que ocorre no chamado laudo prévio do valor locativo de imóveis de destinação comercial, o qual pode evitar o ajuizamento da ação renovatória quando a divergência é apenas sobre o quantum locatício. No terceiro caso, tem-se como exemplo a vistoria para identificar a causa de um vazamento entre imóveis lindeiros ou unidades autônomas de um mesmo condomínio vertical, hipótese em que, dirimida esta dúvida, o proprietário do imóvel responsável pelo vazamento já tenha pré-admitido efetuar os necessários reparos.

Embora não previsto na letra do Código nesse sentido, é absolutamente cabível que a produção antecipada de provas consista em interrogatório da parte, inquirição de testemunhas, inquirição pericial, bem como, ainda, na inspeção judicial, esta última sempre que houver justificado receio de que o local ou a coisa a ser inspecionada judicialmente possa se alterar ou perecer ao tempo da instrução da ação principal.

O interrogatório da parte, obviamente, estará antecipando depoimento pessoal. A inquirição de testemunhas, a prova testemunhal e o exame pericial, a prova técnica.

Contudo, como se trata de tutela cautelar, há de estar presente o *periculum in mora* e, nesse caso, o *fumus boni iuris* assume um papel meramente secundário. Por isso mesmo que se pode justificar o interrogatório da parte ou a inquirição da testemunha antes da propositura da ação, ou na dependência desta, mas antes da audiência de instrução, naqueles casos em que o inquirido tiver de ausentar-se ou, se por motivo de idade ou de moléstia grave, houver justo receio de que ao tempo da colheita da prova já não exista ou esteja impossibilitado de depor.

O arrolamento de bens quando tem por finalidade apenas a realização de documentação e não a prática de atos de apreensão, também é considerado produção antecipada de prova e obedece ao disposto nos arts. 381 a 383 do Código de Processo Civil. Arrolamento é rol, é listagem, que se faz de bens sempre que haja fundado receio de extravio ou de dissipação. Diferentemente de outras medidas cautelares que também recaem sobre bens, no arrolamento não se pretende assegurar a reparação de nenhuma lesão com a garantia dos bens arrolados. O arrolamento previsto no §1º do art. 381 do Código de Processo Civil não implica qualquer medida restritiva na utilização dos bens arrolados, é uma mera descrição. Nem o depósito destes está autorizado pela regra.

O código anterior elencava hipóteses de cabimento do arrolamento, as quais não eram tidas como taxativas, nem pela doutrina nem pela jurisprudência. O importante no arrolamento como produção antecipada de prova é que se demonstre uma situação de perigo que possa gerar algum tipo de lesão ao patrimônio do requerente. Esta situação pode dizer respeito: a) à conservação dos bens arrolados; b) à existência desses bens; c) à sua destinação.

Podem ser arrolados bens móveis, imóveis, semoventes, ações, cotas sociais, títulos etc.

Observe-se que a legitimidade para o requerimento da medida de produção antecipada de prova no caso de arrolamento de bens pressupõe, necessariamente, uma vinculação jurídica que induza a um direito de propriedade ou de posse desses bens, porém, não com relação a crédito que se possa opor ao proprietário dos bens, porquanto o credor não tem direito sobre a universalidade de bens do devedor. De regra, a produção antecipada de prova de arrolamento de bens é utilizada em situações jurídicas controvertidas de direito de família, de direito sucessório e de direito societário.

Curioso exemplo de arrolamento poderá existir em contrato de depósito nas hipóteses em que o depositário, por força de sigilo da natureza do depósito, não tiver como identificar o depositante, ou na hipótese de desconhecer o seu paradeiro.[240]

Da mesma forma ocorre com a justificação da existência de fato ou relação jurídica para simples documentos sem caráter contencioso. Este tipo de produção antecipada de prova visa a obter a constituição de determinada situação jurídica necessária e exigida para legitimar ou habilitar o requerente à providência jurisdicional pretendida na ação principal.

Em nosso entendimento, o Código não foi feliz em dispor sobre a justificação sob o título "Da Produção Antecipada da Prova", isto porque, na verdade, na justificação, não se trata de produzir antecipadamente a prova, mas de constituir uma relação jurídica indispensável à propositura da futura ação. Não se trata de produção antecipada de prova, porque nesta o objetivo é colher a prova desde já em vista do fundado receio da impossibilidade de sua produção na oportunidade que seria própria, isto é, ao tempo da instrução da ação principal. Na justificação não há perigo na demora, o que existe é a inexistência da comprovação documentada de determinada situação jurídica de direito material exigida não para o deferimento da pretensão objeto da futura ação principal, mas, antes disto, para a própria propositura da ação.

É muito comum a justificação judicial para a comprovação da constituição de situação jurídica que venha a dar direito ao recebimento de benefícios previdenciários.

Entretanto, a justificação judicial não tem cunho declaratório, visa apenas obter a certificação jurisdicional de situação jurídica que em condições normais deveria ser atestada ou comprovada mediante documento oficial.

Tanto assim é que, na justificação judicial, o legislador processual teve a preocupação de explicitar que o juiz não se pronunciará sobre o mérito da prova. É o que se depreende da locução contida no §5º do art. 381: "sem caráter contencioso", mas apenas colhe a prova e observa as formalidades e garantias legais de sua produção, o que, na verdade, significa que aquela condição pode vir a ser negada na ação principal, porém, aquele que requereu a justificação não se verá impedido de postular em razão de ilegitimidade ou de ausência de documento necessário à propositura da ação.

Embora nada impeça que a justificação se valha de todo o tipo de prova, normalmente se faz por prova documental e prova testemunhal.

Quanto à competência para a produção antecipada de prova, três são as regras: a) a competência será do juízo do foro onde esta deva ser produzida ou do foro do domicílio do réu. No primeiro caso, a hipótese é de competência funcional, e, no segundo, de competência territorial; b) qualquer que seja a competência fixada para produção antecipada da prova, não previne a competência do juízo para a ação que venha a ser proposta; c) a justiça estadual comum terá competência para produção antecipada de

---

[240] Caso concreto nesse sentido ocorreu na cidade do Rio de Janeiro, em que conhecida instituição bancária que fornecia o serviço sigiloso de depósito de bens e valores em cofres de segurança viu-se, em razão da demolição do prédio, na necessidade de arrolar os bens de depositantes desconhecidos ou não encontrados. A medida foi necessária a fim de que se documentasse com fé pública e pela via jurisdicional o conteúdo existente em cada cofre, de modo que, no futuro, o depositante não pudesse reivindicar do depositário coisa diversa da arrolada.

prova requerida em face da União, entidade autárquica ou de empresa pública federal se, na localidade, não houver vara federal.

Tratando-se de medida cautelar preparatória, o juiz não se pronunciará sobre a ocorrência ou inocorrência do fato que se pretende provar, nem sobre suas respectivas consequências jurídicas.

No mesmo procedimento da produção antecipada da prova, os interessados poderão requerer a produção de mais de uma prova, desde que relacionada ao mesmo fato, facultando-se ao juízo indeferir esta cumulação se a produção conjunta acarretar excessiva demora. É ainda da natureza cautelar preparatória a inexistência de defesa ou recurso, exceto, por óbvio, da decisão que indeferir totalmente a produção antecipada da prova, pleiteada pelo requerente originário. Produzida a prova, tratando-se de processo físico, os autos permanecerão em cartório durante um mês para extração de cópias e certidão dos interessados. Findo o prazo, os autos serão entregues ao promovente da medida. Tratando-se de processo eletrônico, o Código é silente com relação à sua permanência ou não nos arquivos virtuais do tribunal.

23.22 Ônus da prova

A distribuição do ônus da prova é tema relevantíssimo do processo civil. Distribuir os ônus da prova significa estabelecer metas que definam a quem cabe provar o que no processo. A ideia original é a de que o ônus da prova cabe a quem alega e, embora não pareça à primeira vista, é exatamente esta a regulamentação adotada pelo Código de Processo Civil.

Faz-se certa confusão quanto ao teor do disposto no art. 373 do Código de Processo Civil. Costuma-se afirmar que ao autor cabe provar os fatos constitutivos de seu direito e ao réu cabe provar os fatos extintivos, modificativos ou impeditivos do direito do autor. Ao nosso ver, não é bem assim. Na verdade, o Código não disse tudo o que queria ou o que precisava dizer.

O objeto da prova é o fato. Mas o fato para ser objeto de prova precisa ser alegado. Assim, na essência, o que o art. 373 do Código de Processo Civil quer dizer é que compete ao autor alegar os fatos constitutivos de seu direito e ao réu os fatos extintivos, impeditivos ou modificativos do direito do autor. Visto dessa maneira, pode-se afirmar tranquilamente que o ônus da prova cabe mesmo a quem alega.

23.23 Inversão do ônus da prova

Tema correlato à distribuição do ônus da prova é a possibilidade da inversão desse ônus. Anteriormente à edição do Código de Processo Civil atual, o direito positivo brasileiro adotou esta possibilidade, vinculada ao prudente arbítrio do juiz, nas hipóteses previstas no Código de Defesa do Consumidor. Se verificarmos as ocasiões em que a lei permite esta exceção, certamente concluiremos que a inversão do ônus da prova visa possibilitar sua produção naqueles casos concretos em que, se adotada a regra geral de distribuição desse ônus, seria impossível para a parte inicialmente onerada produzi-la.

A previsão legal anterior ao Código consta no inc. VI do art. 6º da Lei nº 8.078/90. Curiosamente, ali, a possibilidade da inversão do ônus da prova está sob o manto dos direitos básicos do consumidor, quando a alegação for verossímil ou quando o consumidor for hipossuficiente. Já daí decorrem duas consequências absolutamente lógicas: a) inversão do ônus da prova só com expressa previsão legal; b) por se tratar de regra de exceção, sua aplicação será sempre restrita.

Nesse tema observe-se que a lei estabelece como direito básico do consumidor a facilitação da defesa de seus direitos, inclusive com a inversão do ônus da prova, a seu favor, no processo civil, quando, a critério do juiz, for verossímil a alegação ou quando for ele hipossuficiente, segundo as regras ordinárias de experiência. Note-se, contudo, que não pode ser regra aquilo que, em cada caso, depende do critério do juiz.

A inversão do ônus da prova em causas consumeristas não visa, ao contrário do que se possa pensar, garantir ao consumidor hipossuficiente o acesso ao judiciário, mas sim que não tenha frustrada esta garantia pela impossibilidade material de poder fazer face às despesas necessárias à produção da prova, o que ocorrerá nos casos em que dada a complexidade da prova esta se torne onerosa, na maior parte das vezes por se tratar de prova técnica.

Em sede de inversão do ônus da prova, deve-se também consignar que não existe qualquer possibilidade de inversão quando se trate de provar fato. Isto é jurídica e processualmente impossível. Quando a prova necessária é da existência de determinado fato, a inversão do ônus significa a prova da inexistência do fato, o que é impossível. A inversão do ônus da prova não diz respeito à existência ou não do fato. Inversão do ônus da prova só é possível, quando incontroverso um fato, se inverte a prova das suas consequências jurídicas.

Melhor explicando: só há inversão do ônus da prova quando a responsabilidade civil for objetiva ou a culpa for presumida. Contudo, o que é objetivo é a responsabilidade pelas consequências danosas do fato e não o fato em si. Portanto, a prova que se inverte não é a do fato, mas do dano que o fato possa ter causado. Assim, se o próprio fato alegado se torna controvertido no processo porque sua ocorrência foi negada pelo réu, este fato precisa ser provado e a prova só pode ser de quem o alega não de quem o nega. Uma vez que aquele que alega o fato prove sua existência, aí sim, as consequências danosas do fato presumem-se existentes, cabendo àquele contra quem milita a presunção ilidi-la.

De tudo isto se pode concluir que a distribuição do ônus da prova em nosso sistema jurídico não atende à necessidade de colocar a prova a serviço da melhor justiça. A mais moderna doutrina visualiza duas vertentes em que se possa fundamentar uma divisão da produção do ônus da prova processualmente mais justa: uma que distribui este ônus pela possibilidade da parte, isto é, cabe o ônus da prova àquela parte para quem for mais fácil produzi-la, é a chamada teoria da aptidão da prova; outra que, numa visão mais material da prova, procura dividir seu ônus de modo que aquela parte que alegar fato contrário à aplicação dos princípios gerais do ramo do direito sobre o que versa a ação é que deverá produzir a prova.[241]

O regramento previsto no Código de Processo Civil atual com relação ao tema inversão do ônus da prova não discrepa de toda a base teórica acima explicitada. Com efeito, o §1º do art. 373 dispõe que, nos casos previstos em lei ou diante de peculiaridades da causa, relacionadas à impossibilidade ou à excessiva dificuldade de se desincumbir do ônus ou à maior facilidade de obtenção da prova do fato contrário, poderá o juiz atribuir

---

[241] MACHADO JUNIOR, César Pereira da Silva. *O ônus da prova no processo do trabalho*. 2. ed. São Paulo: LTR, 1995. p. 5.

o ônus da prova de modo diverso, desde que o faça por decisão fundamentada, caso em que deverá dar à parte a oportunidade de se desincumbir do ônus que lhe foi atribuído. Em qualquer caso, esta decisão não poderá gerar encargo impossível ou excessivamente difícil para a parte a que se inverteu o ônus da prova.

Novidade trazida pelo atual código é a distribuição do ônus da prova diversa da clássica divisão, por convenção das partes, excetuadas as hipóteses de a prova recair sobre direito indisponível ou de tornar excessivamente difícil ou mesmo impossível a uma parte o exercício deste mister.

Como se vê a disciplina do tema no Estatuto Processual atual segue a linha mestra da doutrina, da legislação e da jurisprudência até então vigente. Todavia, agora, alargou-se a possibilidade da inversão do ônus da prova, eis que não mais apenas nas hipóteses de lides consumeristas, de responsabilidade civil objetiva ou onde haja culpa presumida, pode o juiz atribuir o ônus da prova de modo diverso. Entretanto, fica clara a opção do Código pela teoria da maior facilidade da obtenção da prova do fato contrário e isto apenas nos casos previstos em lei, como o exemplo dado do Código de Defesa do Consumidor ou diante de peculiaridades da causa relacionadas à excessiva dificuldade de cumprir o encargo. Ora, mesmo na previsão do Código de Defesa do Consumidor a possiblidade de inversão do ônus da prova depende sempre da peculiaridade da causa relacionada com a impossibilidade ou excessiva dificuldade de produzir a prova. Até aí não há qualquer novidade. O alargamento do tema deu-se apenas na cláusula que permite ao juiz a inversão quando for maior a facilidade da obtenção da prova do fato contrário, o que até então não se previa.

23.24 Ônus da prova e presunção

Alerte-se que inversão do ônus da prova não se confunde com presunção. A presunção estará sempre posta na lei e, sendo o caso de presunção, é evidente que a prova terá que ser daquela parte contra quem a presunção milita. Porém, esta situação já vem constituída na própria relação jurídica controvertida e não se trata de controvérsia sobre veracidade fática decorrente do contraditório processual. Acresce-se ainda que a questão da distribuição do ônus da prova se rege pela máxima de que o ônus cabe a quem alega, portanto caberá à parte prejudicada pela presunção a tarefa de ilidi-la.

O art. 374 inc. IV do Código de Processo Civil isenta a parte de provar o fato alegado em cujo favor milita presunção legal de existência ou de veracidade. O efeito processual da presunção legal é exatamente a inversão do ônus da prova. Certo, porém, é que a presunção depende de três elementos: um fato conhecido, um fato desconhecido e uma relação de casualidade entre um e outro. Isto é, pela presunção de um fato conhecido conclui-se o desconhecido. Todavia, o que não se prova é o fato desconhecido e o nexo de casualidade, mas o fato dito conhecido precisa ser provado.

23.25 Prova e contraditório

Em sede de instrução processual, cabe advertir que a certeza que se persegue pela prova não é a certeza filosófica, histórica ou científica, é a certeza processual. Porém, esta certeza processual só surgirá da prova produzida e avaliada dentro dos cânones processuais. Daí a importância do contraditório.

O contraditório decorre da própria dialética natural do processo. Pelo contraditório se assegura às partes o conhecimento de todos os atos praticados no processo, bem como a possibilidade da produção das provas que entendam necessárias para comprovar suas alegações. Surge daí que se deve em nome do contraditório e da ampla defesa permitir às partes que demonstrem a inveracidade dos fatos alegados pela parte contrária.

23.26 Contraprova

É justamente no campo das presunções que tem lugar a chamada contraprova. Existem situações processuais em que a prova produzida pode não ser suficiente para comprovar a integralidade do fato alegado ou pode comprovar o fato, mas possibilitar apenas a comprovação da probabilidade dos efeitos jurídicos do fato provado. Nesses casos, estabelece-se uma presunção diante da probabilidade advinda da prova produzida. Também nesses casos por absoluta simetria processual permite-se que a parte adversa possa provar que, não obstante a prova inicialmente produzida, não é o caso da ocorrência dos efeitos jurídicos presumidos. A isto se convencionou chamar de contraprova.

23.27 Sistemas de avaliação da prova

Mas para que o juiz chegue à certeza processual perseguida pela prova, a prova produzida precisa ser avaliada. Esta avaliação, por seu turno, não é livre, o que é livre é o convencimento do juiz, mas a avaliação da prova precisa ser justificada. Processo é basicamente método. Assim, para que se avalie a prova, existe o método preestabelecido na própria legislação processual. Historicamente, apresentam-se três métodos para avaliação da prova: a) positivo ou legal; b) da livre convicção; c) da persuasão racional. No primeiro, a própria lei estabelece uma valoração tarifada, uma tabela de avaliação para cada tipo de prova produzida. No segundo, a apreciação é livre e fica ao alvedrio do juiz. No terceiro, que é o atualmente vigente na legislação brasileira, como se disse acima, livre é o convencimento, mas não há livre arbítrio. É na fundamentação da sentença que o juiz valora a prova, mas pelo sistema ou método da persuasão racional o juiz tem que motivar por que se convenceu desta ou daquela maneira.

CAPÍTULO 24

DA AUDIÊNCIA DE INSTRUÇÃO E JULGAMENTO

24.1 Generalidades

Curiosamente a audiência não nasceu como um ato processual propriamente dito, mas como um ato de coordenação da atividade forense, isto é, um evento em que o juiz e as partes, acompanhadas de seus advogados, se avistavam pessoalmente. No antigo direito português, a audiência não era para aquele processo nem para aquelas partes determinadas, mas sim um período em que o magistrado concedia a audiência, pois ficava à disposição das partes para ouvi-las e no mais das vezes para resolver questões administrativas.

Deve-se à importância do princípio da oralidade do processo a inclusão da audiência como um ato processual. Para alguns chegou a ser vista como ato processual indispensável ao processo, porque suprimir a audiência significaria o mesmo que suprimir a oralidade.[242] Todavia, a audiência não é indispensável ao processo. Existem quatro razões para sua ocorrência: a) a prova; b) a controvérsia; c) a conciliação; e d) o julgamento. A prova nem sempre é produzida na audiência. Os debates podem ou não ocorrer em audiência. Da mesma forma, a conciliação pode ocorrer extrajudicialmente e ser levada aos autos para homologação e a sentença também não carece exclusivamente da audiência para ser prolatada. Assim temos que, na atualidade processual, não se pode entender a audiência como ato processual indispensável ao processo.

24.2 Conceito

Para nós, a audiência é um ato jurídico processual, não essencial, na maioria das vezes público, sempre solene. É ato processual complexo, eis que dele participam várias pessoas, e presidido pelo juiz. A audiência é um ato processual complexo, o que significa que nela são praticados diversos outros atos. Além disso, é um ato público,

---

[242] LIEBMAN, Enrico Tullio. *Estudos sobre o processo civil brasileiro*. São Paulo: Saraiva, 1947. p. 120. nº 4.

salvo raríssimas exceções, e só não o será quando o processo correr em segredo de justiça. Trata-se de ato solene porquanto obediente às formalidades postas na lei, porém, como veremos adiante, sua inobservância só acarretará nulidade se algum dos princípios ou garantias fundamentais do processo for ferido.

24.3 Princípios da audiência

São princípios da audiência: a) publicidade; b) oralidade; c) concentração; d) documentação; e) unidade; f) imediação; e g) identidade física do juiz.

O princípio da publicidade significa que o ato processual da audiência há de ser público, com exceção das hipóteses em que o processo corra em segredo de justiça. Tal decorre da própria essência pública do processo. Há também quem veja na publicidade da audiência uma espécie de controle da opinião pública quanto ao eventual arbítrio do magistrado.[243]

A exceção da publicidade da audiência está prevista no parágrafo único do art. 11 e art. 189, I e II, do Código de Processo Civil, a saber: nos casos em que assim exigir o interesse público ou social e nas ações que versem sobre casamento, separação de corpos, divórcio, separação, união estável, filiação, alimentos, e guarda de crianças e adolescentes. No primeiro caso, cabe ao juiz decidir se há ou não interesse público ou social em jogo que recomende o segredo de justiça. Costuma-se na doutrina apresentar como tais as causas que versem sobre questões de segurança pública ou segurança nacional, políticas, diplomáticas etc.[244] O segundo tema tratado no dispositivo parece não apresentar maiores questionamentos. Para nós, o art. 189 do Código de Processo Civil densifica a norma do inc. LX do art. 5º da Constituição Federal, segundo o qual a lei só poderá restringir a publicidade dos atos processuais quando a defesa da intimidade ou o interesse social o exigir.

Observe-se que se a audiência é realizada secretamente e não era hipótese de segredo de justiça, haverá sua nulidade. Na hipótese contrária, em que se dê publicidade a uma audiência cujo processo reclamava segredo de justiça, será mera irregularidade a que a lei não comina qualquer nulidade, exceto se desta situação ocorrer efetivo prejuízo a alguma das partes.

O princípio da oralidade está presente na audiência não só porque é em razão da oralidade do processo que se justifica a audiência, como também porque determinados atos nela praticados são orais, como os depoimentos pessoais das partes, das testemunhas e do perito.

O princípio da concentração significa que, tanto quanto possível, os atos processuais devem ser praticados no mesmo momento. É um consectário do princípio da economia processual e, ao mesmo tempo, uma condição de eficácia do princípio da imediação.[245] Também pertencem ao princípio da concentração as características da unidade e da continuidade da audiência, o que significa que a audiência enquanto ato

---

[243] CHIOVENDA, Giuseppe. *Instituições de direito processual civil*. São Paulo: Saraiva, 1945. v. III. nº 309, item 4.
[244] TORNAGHI, Hélio. *Comentários ao Código de Processo Civil*. São Paulo: Revista dos Tribunais, 1975. v. II. p. 10.
[245] PIMENTEL, Wellington Moreira. *Comentários ao Código de Processo Civil*. Rio de Janeiro: Forense, 1975. v. III. p. 426.

processual é sempre una, isto é, não se fraciona ainda que os trabalhos se suspendam e recomecem em outra oportunidade.

O princípio da documentação atua na audiência porquanto a privilegiada oralidade precisa ser documentada, isto é, reduzida a termo.

O princípio da imediação ou da imediatidade decorre da absoluta necessidade de o juiz estar presente na audiência. A imediação se justifica por si mesma, pois que se é exigido do magistrado o livre convencimento pelo sistema da persuasão racional, nada mais lógico que se lhe imponha que colha a prova, isto é, mantenha uma relação direta com as testemunhas, com as partes e quando for o caso com os peritos. Em outras palavras: colhe de tudo uma impressão imediata e pessoal.[246]

O princípio da identidade física do juiz significa que o juiz que colheu a prova em audiência deve ser o juiz prolator da sentença. É corolário lógico do princípio da imediação e com ele se confunde. Esta sempre foi a regra na processualística brasileira, observadas as exceções pragmáticas que incidiam nas hipóteses em que a observância do princípio da identidade física e a sua imediação traria mais prejuízos do que benefícios ao processo. Nada obstante, o atual Código de Processo Civil deixou de prever expressamente esta situação, permitindo assim que a prova possa ser colhida em audiência por um juiz e a sentença possa ser prolatada por outro.

24.4 Atos preparatórios da audiência

É comum encontrar-se na doutrina a expressão *atos preparatórios da audiência*. Na verdade, trata-se de atos-meios que viabilizam a realização da audiência de forma escorreita. Assim, verifique-se, por exemplo, que, caso haja expedição de carta precatória com prazo assinado pelo juiz e com efeito suspensivo, não se poderá realizar a audiência (art. 377 do Código de Processo Civil). Do mesmo modo, é necessária a intimação das partes pessoalmente para prestar depoimento pessoal e na pessoa dos advogados constituídos para comparecer à audiência.

24.5 Dinâmica e funções decisórias da audiência

Na audiência se encerram, ainda que sem exclusividade, todas as questões decisórias, o que significa desde aquelas típicas da dinâmica da própria realização da audiência, como exemplo, indeferimento de perguntas feitas às partes ou às testemunhas, até o ato decisório mais importante do processo que é a sentença e que pode perfeitamente ser praticado em audiência.

Por se tratar de ato complexo, no qual são praticados outros atos e por várias pessoas, a audiência apresenta uma estrutura de eventos ou uma dinâmica dos atos que lhe são próprias e peculiares. Inicia-se com o pregão, em seguida declara-se aberta a audiência para apresentar-se a tentativa de conciliação; caso esta não ocorra passa-se à instrução, em que são colhidas as provas. Com relação às provas orais, primeiro, quando for o caso, colhem-se os esclarecimentos do perito, depois os depoimentos pessoais – o do autor e em seguida o do réu, após, ouvem-se as testemunhas na mesma ordem, em

---

[246] MORATO, Francisco. A oralidade. *Revista Forense*, v. 74, 1938. p. 141.

seguida são apresentadas pelos advogados oralmente as razões finais e, por último, fala o Ministério Público nas causas em que funcione.

Esta liturgia é meramente ordinatória do procedimento, podendo a sequência dos eventos praticados na audiência ser alterada a critério do magistrado, de ofício ou a requerimento das partes ou de apenas uma delas, desde que exista justo motivo para esta alteração.[247]

24.6 Antecipação, adiamento e prorrogação da audiência

A audiência poderá ser antecipada, adiada ou suspensa, desde que existam motivos suficientes que justifiquem tais incidentes. O código permite a antecipação da audiência, mas exige que haja intimação pessoal dos advogados. A antecipação da audiência, por óbvio, não pode trazer prejuízo a qualquer das partes, conforme disposto nos arts. 362 e 363 do Código de Processo Civil. O adiamento da audiência, de acordo com o art. 362 do Código de Processo Civil, caberá em três casos: a) por convenção das partes; b) em virtude do não comparecimento de uma das partes por motivo justificado, de qualquer pessoa que dela deva necessariamente participar; c) por atraso injustificado de seu início em tempo superior a 30 (trinta) minutos do horário marcado.

24.7 Incidentes da audiência

Costuma-se chamar de incidentes da audiência a ocorrência de situações não desejadas para o bom andamento do curso do processo. O primeiro deles, como não poderia deixar de ser, é a própria não realização da audiência, o que pode ocorrer pela ausência do juiz ou por qualquer outro motivo que altere o andamento normal dos serviços forenses e desta forma impeça a sua realização. O fato é que, não sendo a audiência realizada por motivo estranho ao próprio processo, a solução só poderá ser a designação de nova data para sua realização.

Considera-se também um incidente à audiência seu adiamento por convenção das partes, do que já tratamos anteriormente. Já a antecipação da audiência se insere no dever do órgão jurisdicional de zelar pela duração razoável do processo, conforme art. 139, II, do Código de Processo Civil.

Se a parte comparece desassistida de seus advogados entendemos que há motivo suficiente para que a audiência seja adiada, pelo menos uma vez, independentemente de existir mais de um advogado constituído nos autos. Do mesmo modo se não comparece testemunha, perito ou a parte em audiência em que deva prestar depoimento pessoal, a audiência não poderá ser realizada, designando-se então nova data e, se o mesmo ocorrer, poderá ser perdida a prova conforme a hipótese que se apresente.

24.8 Poder de polícia na audiência

A audiência é um ato processual que só se realiza necessariamente com a presença do juiz. Ora, se cabe ao juiz dirigir o processo; se o processo é povoado por atos

---

[247] CARNEIRO, Athos Gusmão. *Audiência de instrução e julgamento*. Rio de Janeiro: Forense, 1962. p. 63.

processuais; e se a audiência é um desses atos processuais, é óbvio que cabe ao juiz dirigir a audiência. Decorre assim que, se cabe ao juiz dirigir a audiência, a ele a lei atribui o poder de polícia para tanto necessário. É o que dispõe o art. 360 do Código de Processo Civil, segundo o qual o juiz exerce o poder de polícia da audiência, competindo-lhe: a) manter a ordem e o decoro; b) ordenar que se retirem da sala os que se comportarem inconvenientemente; c) requisitar quando necessário a força policial.

Além destas atribuições, é o juiz quem distribui a palavra entre os advogados e os demais participantes da audiência. A desobediência às ordens do juiz no exercício do poder de polícia durante a audiência deve ser objeto de advertência, de retirada da sala e, se caracterizar algum tipo penal, conforme o caso, até mesmo de prisão em flagrante. Inclui-se ainda no poder de polícia atribuído ao juiz a possibilidade de limitar o número de presentes, de permitir, não permitir e organizar reportagens, como fotografias, filmagens etc.

24.9 Assentada

Chama-se "assentada" a redução a termo do que se deu em audiência. Toda audiência tem um termo, também chamado de ata da audiência. Esta ata da audiência deve apresentar um resumo do ocorrido e decorre mesmo do princípio da documentação do processo. Também os outros atos praticados, como depoimentos pessoais das partes, do perito e das testemunhas, são reduzidos a termo e como tal ficam documentados no processo, porém em peça própria e não no corpo da ata da audiência.

24.10 Publicação da sentença em audiência

Existe a possibilidade de a sentença ser baixada e publicada na audiência, evidentemente que ao final desta, após cumpridos todos os seus trâmites. Outrora muito se discutiu quanto à possibilidade de a sentença não ser publicada em audiência, bastando sua simples inserção nos autos com a posterior intimação das partes. Hoje esta discussão não faz mais o menor sentido, sendo aceito que a sentença se publica, no sentido de tornar-se pública, com a simples entrega ao escrivão, tornando-se absolutamente desnecessário que as partes tomem ciência da sentença em audiência.

CAPÍTULO 25

DA SENTENÇA

25.1 Conceito

Sentença significa modo, dever, parecer, decisão. Na técnica jurídica, sentença é a resolução, a decisão ou a solução dada por uma autoridade judiciária a toda e qualquer questão submetida à sua jurisdição. Toda sentença, por isso mesmo, implica um julgamento. Nesta visão, sentença é pronunciamento da autoridade sobre o fato que vier a ser submetido à apreciação. Sentenciar é, pois, emitir um parecer conclusivo, uma decisão, julgando um litígio.

Conceitualmente, a sentença é, através da história, o ato jurisdicional por excelência, ou seja, aquele que exprime de maneira mais característica a essência da *jurisdictio*: o ato de julgar. A sentença torna-se, assim, o ato de autoridade, dotado de eficácia vinculativa, contendo a formulação de vontade normativa do Estado para o caso submetido a julgamento.[248]

O Código de Processo Civil, em seu art. 203, §1º, define a sentença como o ato do juiz que implica alguma das situações previstas nos arts. 485 e 487. Os arts. 485 e 487, do Código de Processo Civil cuidam da extinção do processo, sem resolução do mérito, respectivamente, nas hipóteses do art. 485, ou com solução do mérito, nas hipóteses do art. 487.

Contudo, o encerramento da relação processual propriamente dita não se dará tão somente em decorrência da sentença prolatada, eis que apenas com a formação da coisa julgada formal, conforme veremos adiante, é que se pode afirmar que a relação processual se encontra extinta. Por isso que o Código, ainda que implique uma das situações previstas nos arts. 485 e 487, define sentença como o ato do juiz que põe termo à fase cognitiva do procedimento comum, em primeiro grau de jurisdição, bem como o que extingue a execução.

O que não se discute é que, tanto do ponto de vista formal, como do ponto de vista substancial, a sentença é o ato processual mais importante, pelo menos no que se refere aos atos praticados pelo juiz. É na sentença que finalmente as partes obtêm a tutela

---

[248] LIEBMAN, Enrico Tullio. *Manual de direito civil*. Rio de Janeiro: Forense, 1984. v. II. p. 269.

jurisdicional. É pela sentença que se pretende dar a cada um o que é seu. Até então as coisas se passam no campo das hipóteses e das teses.

É bem verdade que a sentença por si só não tem o condão de extinguir a relação jurídica processual, pois em regra toda sentença é passível de recurso e com o recurso a relação processual se prorroga. Na fase recursal é a mesma relação processual que se prolonga até o trânsito em julgado da última decisão, da qual não caiba mais recurso.

Todavia, a partir da sentença não há mais meras alegações por provar, meros fundamentos de direito por apreciar, mera regra jurídica em abstrato a incidir num caso concreto. Ao contrário, agora, o Estado já se pronunciou. O que vai ser objeto da fase recursal é a impugnação, a modificação, a reforma ou até mesmo a anulação da sentença. Os fatos foram ou não provados, a norma jurídica abstrata e impessoal foi interpretada e aplicada, correta ou incorretamente. A partir de agora, tudo girará em torno da sentença. O que se discutirá será a sua legalidade ou a sua ilegalidade, a sua validade ou a sua nulidade, e, se não for o caso de anulação, tudo que poderá acontecer será a sua manutenção ou a sua reforma total ou parcial. Mas de agora em diante é a sentença que conta.

Para Jaime Greif, "é a resolução judicial mais importante".[249] Para Carnelutti, "é o ato que põe fim ao litígio compondo-o".[250] Para Guasp, "é o ato do órgão jurisdicional em que este emite um juízo sobre a conformidade ou desconformidade da pretensão da parte com o direito objetivo, e, em consequência, atua ou se nega a atuar dita pretensão, satisfazendo-a, em todo o caso".[251] Para Barrios, "é a concreção do poder-dever que se atribui ao juiz e à jurisdição como situação jurídica". Para Calamandrei, "implica a existência de dois elementos integrantes: uma operação mental ou juízo lógico e o silogismo judicial".[252] Para Pontes de Miranda, "a sentença é o objeto da prestação prometida pelo Estado. Sentenciar é executar esta prestação".[253] Nada obstante, é preciso que se tenha sempre em mente que o direito não é capaz de atender a todos os clamores da justiça.[254]

25.2 Formação da sentença

A formação da sentença obedece a duas premissas: a dos fatos e a do direito, aliás, em perfeita correlação com a petição inicial que exige a fundamentação dos fatos

---

[249] GREIF, Jaime *apud* COSTA, Coqueijo. *Direito processual do trabalho*. 2. ed. Rio de Janeiro: Forense, 1984. p. 378.

[250] CARNELUTTI, Francesco. *Instituciones del nuevo proceso civil italiano*. 4. ed. Barcelona: Ediciones Jurídicas Olenik, 1942.

[251] GUASP, Jaime. *Direito processual civil*. 3. ed. Madri: Instituto de Estudios Politicos, 1968. Título I.

[252] CALAMANDREI, Piero. *Instituciones del derecho procesal civil*. Buenos Aires: Ediciones Jurídicas Europa-America, 1943. v. III.

[253] MIRANDA, Francisco Cavalcanti Pontes de. *Comentários ao Código de Processo Civil*. Rio de Janeiro: Forense, 1974. t. V. p. 79.

[254] Nesse ponto, é ainda Pontes de Miranda quem explica: "o jurista de direito material é um homem que ingenuamente crê em que as sentenças serão todas justas, em que a aplicação corresponde sempre em toda a sua extensão à incidência. Mas essa ingenuidade ele herda do legislador do direito material. Essa ingenuidade não a tem o legislador do direito processual, que legisla já ciente da discórdia e da imperfeição humanas. A velha antinomia do abstrato e do concreto, da irracionalidade irredutível, do contínuo e do descontínuo, da lei e da vida" (MIRANDA, Francisco Cavalcanti Pontes de. *Comentários ao Código de Processo Civil*. Rio de Janeiro: Forense, 1974. t. V. p. 70).

e do direito. Por isso se diz que a sentença é um silogismo, do qual a premissa maior é a regra de direito aplicada para decidir a lide e a premissa menor são os fatos. Vejam-se os seguintes exemplos: art. 927 do Código Civil: "aquele que, por ato ilícito, causar dano a outrem fica obrigado a repará-lo". Aqui temos: a premissa maior, o direito – o réu praticou o ato ilícito – e a premissa menor, o fato – causou dano ao autor –, conclusão: o réu terá que satisfazer o dano causado ao autor, reparando-o. Destarte, como vê Couture, "a sentença é um ato lógico resultante da crítica que o juiz faz dos fatos e do direito para chegar a uma conclusão".[255]

25.3 Natureza jurídica da sentença

Como decorrência natural do silogismo que a sentença apresenta, advém a conclusão lógica de que a sentença é um ato de inteligência do juiz. Mas atos de inteligência são todos os pareceres emitidos pelos juristas. O que informa a sentença neste aspecto é que se trata de um parecer jurídico fornecido pelo Estado no exercício da função jurisdicional. A sentença é, portanto, um ato de inteligência, mas é muito mais do que isto. É um ato lógico, mas é também um ato de vontade. Um ato de vontade soberana. A sentença apresenta uma ordem, um comando, uma decisão. Com base nisso, Chiovenda alude que "a sentença é a provisão que afirma a existência ou a inexistência de uma vontade concreta de lei que garanta um bem ao autor ou respectivamente a inexistência ou existência de uma vontade de lei que garanta um bem ao réu".[256]

25.4 Classificação da sentença quanto aos efeitos

Quanto aos efeitos, as sentenças se classificam em declaratórias, constitutivas ou condenatórias. É claro que todas as sentenças têm evidentemente o efeito declaratório. Mas aqui, quando se adota esta classificação, a sentença declaratória está entendida como sentença meramente declaratória.

25.5 Sentença declaratória

A sentença meramente declaratória é aquela proferida em ação declaratória, isto é, naquela ação em que a pretensão do autor se resume apenas na simples declaração da existência, inexistência ou do modo de ser de uma relação jurídica ou da autenticidade ou falsidade de documento (art. 19 do Código de Processo Civil).

Pontes de Miranda já criticava esta definição por ocasião do CPC de 1973, porquanto, para o ilustre jurista, a ação declaratória típica é uma espécie de ação desconstitutiva negativa disfarçada.[257] Não obstante a crítica do mestre, força é convir

---

[255] COUTURE, Eduardo Juan. *Fundamentos del derecho procesal civil*. 2. ed. Buenos Aires: Depalma, 1951. nº 120.
[256] CHIOVENDA, Giuseppe. *Instituições de direito processual civil*. São Paulo: Saraiva, 1965. v. I. p. 158.
[257] "A ação declaratória típica em que se pede a 'declaração' da nulidade de uma relação jurídica, em vez da declaração de sua inexistência é ação desconstitutiva negativa disfarçada: ou ocorre a troca de um dos sentidos de 'declarar' por outro. Declara-se a nulidade do casamento, ou do contrato; mas este 'declara' está aí no sentido de direito material que é o de dizer que já se constituíra, antes, alguma relação jurídica em oposição a só se constituir agora. 'Declarar', no sentido processual é menos e mais que isso; é não condenar, não constituir,

que o interesse nesse tipo de ação se limita à certeza da existência, da inexistência ou do modo de ser de uma relação jurídica, ou da autenticidade ou inautenticidade de um documento. Nesse tipo de ação, o pedido é a declaração de certeza e o bem da vida pretendido é a própria certeza.

Na ação declaratória, ao acolher a pretensão, o juiz declara a existência ou o modo de ser de uma relação jurídica ou a autenticidade ou falsidade do documento, nada mais que isto. Com esta simples declaração de certeza se esgota a função do juiz porque só isso lhe foi pedido. Por isso se trata de uma sentença meramente declaratória, eis que com a declaração de certeza se satisfaz a pretensão do autor. O efeito da sentença meramente declaratória retroage à época em que se formou a relação jurídica declarada, isto porque, neste caso, não se constitui uma nova relação jurídica, apenas declara-se, no sentido de se reconhecer judicialmente, a existência de relação jurídica evidentemente preexistente.

Observe-se ainda que as sentenças que julgam improcedente o pedido são meramente declaratórias, seus efeitos são meramente declaratórios, à exceção das custas e dos honorários advocatícios.

25.6 Sentença condenatória

As sentenças tipicamente condenatórias são aquelas em que, além da declaração do direito, é acrescentado um ingrediente a mais que consiste justamente na atribuição do vencedor da causa em fazer o vencido cumpri-la ainda que coercitivamente. Vale dizer: a uma condenação do devedor. Sentença condenatória é aquela sentença que, além de declarar a certeza da relação jurídica, contém ainda a aplicação da sanção, isto é, estabelece a obrigação do devedor de forma especificada. A sentença condenatória tem, portanto, a função declaratória normal e inerente a todas as sentenças e a função sancionadora porque formula a especificação da sanção prevista na lei.

25.7 Sentenças constitutivas

As chamadas sentenças constitutivas são aquelas que correspondem às ações constitutivas. Seu efeito é o de criar, modificar ou extinguir uma relação jurídica. Tal qual as outras espécies de sentença, as sentenças constitutivas apresentam também o efeito declaratório. A este acrescenta-se um outro efeito de cunho constitutivo. Assim são as sentenças que decretam a separação judicial ou a anulação do ato jurídico.

25.8 Classificação das sentenças quanto à carga de eficácia

É pública e notória a divergência de Pontes de Miranda quanto a esta classificação. O citado mestre apresenta uma classificação curiosa quanto à eficácia das sentenças

---

não executar, não mandar, mas apenas enunciar autoritativamente, que existe, ou que não existe. A própria declaração declaratória da falsidade ou autenticidade de documento é enunciada de fato (no sentido lógico sobre a existência ou inexistência do conceito jurídico (autenticidade)). Na sua origem, as *actiones praeiudiciales* bem mostravam que mais serviam ao fundamento de juízo ulterior. A declaratividade principal, isolada, foi criação posterior da técnica" (MIRANDA, Francisco Cavalcanti Pontes de. *Comentários ao Código de Processo Civil*. Rio de Janeiro: Forense, 1974. t. V. p. 56).

favoráveis, dividindo as ações e consequentemente as sentenças em: declarativas, constitutivas, condenatórias, mandamentais e executivas.[258]

Esta divisão evidentemente não foi adotada pelo Código. Contudo, cada vez mais passa-se a entendê-la e a aceitar que existe um tipo de ação e, consequentemente, de sentença em que o órgão jurisdicional não condena, antes ordena, isto é, manda. Daí as chamadas ações e em consequência as sentenças mandamentais. É o caso típico da ação de mandado de segurança, assim como das ações de adjudicação compulsória, entre outras.

25.9 Classificação das sentenças do ponto de vista da decisão

Do ponto de vista da decisão, dois são os tipos de sentenças: as simples e as complexas. Simples são as sentenças que têm um só capítulo. Complexas são aquelas que têm vários capítulos, mas apesar de conter vários capítulos trata-se de um ato jurídico processual só. É a sentença dada pelo mesmo órgão jurisdicional, nos casos de reconvenção ou de denunciação da lide.

25.10 Requisitos da sentença. Clareza e precisão

Por razões óbvias, toda sentença deve ser clara e precisa, por isso se diz que clareza e precisão são requisitos da sentença. A sentença deve ser clara para que seja inteligível e não se preste a interpretações ambíguas ou equivocadas. O requisito da precisão da sentença é extraído do art. 140 do Código de Processo Civil. Sentença precisa é aquela que se atém aos limites da lide. Isto é, aquelas balizadas pelos arts. 141 e 492 do Código de Processo Civil. Precisão da sentença significa a conformação e adequação da decisão ao pedido do autor. Se a sentença for além do pedido, isto é, der mais do que foi pedido, será sentença *ultra petita*. Se decidir fora do pedido e conceber sobre o que não foi pedido, será sentença *extra petita*. A precisão da sentença refere-se aos seus limites e é um requisito necessário para que não se formem sentenças irregulares: *ultra petita* ou *extra petita*, ou ainda *citra petita*, isto é, menos do que o pedido, sem fundamentação e pronunciamento quanto ao resto do pedido.

25.11 Relatório. Fundamentação e dispositivo

Estruturalmente a sentença se compõe de relatório, fundamentação e dispositivo.

Relatório é o resumo do processo. É a representação do processo. É a exposição de todos os fatos e razão do direito que as partes alegaram no processo.

Fundamentação, também conhecida como motivação, é a parte da sentença em que o juiz apresenta as razões que levaram ao convencimento da decisão. É nesta parte da sentença que o juiz aprecia e decide as questões prejudiciais. Todavia, a fundamentação da sentença não fará coisa julgada. Além disso, a motivação da sentença também se impõe porque ao sucumbente assiste a faculdade de recorrer e só conhecendo as razões que levaram o juiz a decidir desta ou daquela maneira poderá a parte sucumbente apresentar as razões de recurso.

---

[258] MIRANDA, Francisco Cavalcanti Pontes de. *Comentários ao Código de Processo Civil*. Rio de Janeiro: Forense, 1974. t. V. p. 78.

Nesse contexto, nenhuma prova pode passar desapercebida. Mas isso não significa que o juiz tenha obrigação de comentar todas as alegações postas pelas partes. Todavia, como já se viu, o juiz tem o dever jurídico-moral de fundamentar e justificar sua decisão. Em primeiro lugar, porque ele não pode decidir contra a lei e contra a prova; em segundo lugar, para dar ensejo à parte vencida – conhecidas as razões de seu pensamento – de criticar, comentar, corrigir em grau de recurso os enganos e as conclusões contidas no aresto.[259]

Indo além, Lopes da Costa diz que "o preceito da fundamentação é de ordem pública. Ele é que põe a administração da justiça a coberto da suspeita dos dois piores vícios que possam manchá-la: o arbítrio e a parcialidade".[260]

Como se vê, impõe-se a fundamentação da sentença tanto em respeito ao princípio da persuasão racional, como pela necessidade de se possibilitar e assegurar a faculdade de recorrer à parte sucumbente. Mas a fundamentação funciona também como verdadeira garantia processual, eis que é pela fundamentação que se tenta evitar o arbítrio e a parcialidade.[261]

Neste sentido, muito bem-vinda a novidade trazida pelo CPC atual quando no art. 10 dispõe que o juiz não pode decidir com base em fundamento a respeito do qual não se tenha dado às partes oportunidade de se manifestar, ainda que se trate de matéria sobre a qual deva ou possa decidir de ofício.

Disso tudo decorre que sentença sem fundamentação é sentença nula. Mas é preciso não confundir falta de fundamentação com fundamentação concisa ou pouca fundamentação. Aí cada caso é um caso. Se a pobreza da fundamentação for de tal ordem que não se possa estabelecer um elo lógico que deságue naturalmente na conclusão apresentada no dispositivo, a sentença é nula. Caso contrário, se houver fundamentação capaz de motivar a sentença, ainda que de maneira escassa ou errada, a sentença não será nula.

Dispositivo é a parte final da sentença, é a conclusão, é a decisão propriamente dita. É o dispositivo que apresenta aquele comando a que nos referimos acima, isto é, aquele ato de vontade emanado do Estado.

Entretanto, relatório, fundamentação e dispositivo não são, necessariamente, momentos estanques da sentença. Toda sentença como ato jurídico e, mais que isto, ato jurídico processual emanado da autoridade judiciária, deve e precisa ser interpretada para ser cumprida. Portanto, dispositivo é a parte da sentença que dispõe sobre o pedido, seja para deferi-lo integralmente, seja para negá-lo integralmente, seja para deferi-lo parcialmente, pouco importando topograficamente onde se encontre no texto da sentença. Destarte, se no capítulo da fundamentação o juiz se pronuncia deferindo ou indeferindo o pedido, isto há de ser considerado dispositivo e não fundamentação. Do mesmo modo, se a pretexto de relatar o processo, no relatório, o juiz dá as razões do seu convencimento sobre a valoração de tal ou qual prova, isto é fundamentação, pouco importando que topograficamente se encontre no capítulo do relatório.

---

[259] RUSSOMANO, Mozart Victor. *Comentários à Consolidação das Leis do Trabalho*. 11. ed. Rio de Janeiro: Forense, 1985. p. 888.
[260] COSTA, Alfredo Lopes da. *Direito processual civil brasileiro*. Rio de Janeiro: J. Konfino, 1946. v. 3. cap. XLVII.
[261] Nesse sentido é também o preceito contido no art. 93, IX da Constituição Federal.

O art. 490 do Código de Processo Civil diz que o juiz proferirá a sentença acolhendo ou rejeitando, no todo ou em parte, o pedido formulado pelo autor. Isto significa que a sentença julgará o pedido procedente ou improcedente, ou, ainda, procedente em parte, mas não pode haver improcedência em parte.

CAPÍTULO 26

DA COISA JULGADA

26.1 Generalidades

No exercício da função jurisdicional cabe ao Estado impor as leis fazendo atuar o direito e restaurando a norma jurídica violada. Mas, a atuação do direito nem sempre é a mais correta ou a mais justa. A falibilidade própria da condição humana leva a crer que, por mais cientificamente que seja estruturado um sistema jurídico, o ideal de paz, justiça e harmonia social ainda está longe de ser alcançado. Ao lado disto, cada uma das partes do processo, isto é, os sujeitos nos conflitos intersubjetivos de interesse, está interessada em que seu querer prevaleça sobre a vontade da outra parte e é por isso que a jurisdição tem o caráter substitutivo. Destarte, numa lide trazida ao crivo do judiciário, de um lado litigam as partes antagônicas, cada uma querendo ver reconhecido o seu interesse, é o chamado princípio da dualidade de partes; de outro lado encontra-se o Estado querendo resolver este conflito, porém pela atuação do direito, caráter substitutivo da jurisdição.

Daí decorrem duas consequências: a primeira é que a parte sucumbente, aquela que não tem seu interesse reconhecido, normalmente não se conforma com a decisão posta pelo Estado, querendo, evidentemente, modificá-la. A segunda é que é preciso que aquilo que o Estado decidiu seja reconhecido definitivamente, caso contrário a segurança das relações jurídicas necessária ao equilíbrio social não acontecerá, e se é com este objetivo que o ordenamento jurídico estabelece a norma enquanto abstrata, com maior razão o será quando da sua atuação no caso concreto.

Estamos, assim, expostos a manter uma sentença fundada sobre o erro ou sobre a prevaricação do juiz. De outro lado, corremos o risco de abandonar o Estado de direito e os bens a uma incerteza indefinida, temos que escolher entre estes dois perigos. A questão é saber qual deles apresenta um mal menor. A experiência histórica e o direito comparado asseguram que a incerteza do direito tem sido considerada um mal maior e devemos preveni-lo. O perigo oposto, o de manter irrevogavelmente as decisões injustas, é, em si mesmo, muito menor e, ademais, se tem encontrado um meio especial de atenuá-lo, com o estabelecimento dos graus de jurisdição.[262]

---
[262] SAVIGNY, M. F. C. *Sistema del derecho romano actual*. Tradução de Jacinto Messía y Manuel Poley. 2. ed. Madri: Centro Editorial de Góngora, 1839. t. 5. p. 169.

26.2 Conceito de coisa julgada

Com a sentença proferida em primeiro grau de jurisdição põe-se fim à fase cognitiva do procedimento, com ou sem resolução do mérito. Mas com a sentença, por si só, não está desfeita a relação processual. Toda sentença, em princípio, é passível de recurso e consequentemente de reforma. Na verdade, com a sentença houve apenas a apresentação da tutela jurisdicional e não ainda sua prestação definitiva, por isso ora se diz que a sentença é ato jurídico processual sob condição resolutiva,[263] ora se diz que é ato jurídico processual sob condição suspensiva,[264] mas é pacífico o entendimento de que se trata de ato jurídico processual sob condição.

Enquanto passível de recurso, a sentença é uma situação jurídica porque o julgamento final, a solução final da lide, ainda não ocorreu, isto é, a *res in iudiciun deducta* ainda não se transformou em *res iudicata*. É que, de um lado, assegura-se à parte o direito ao duplo grau de jurisdição e, de outro, é necessário um limite que garanta a estabilidade e a segurança jurídica. Assim, garante-se o direito ao recurso, mas limita-se essa possibilidade, de modo que chegará o momento processual em que não será mais possível modificar a sentença, seja porque esgotadas as possibilidades recursais, seja porque não foram exercidas. Só então a *res in iudiciun deducta* se transformará em *res iudicata*.

26.3 Coisa julgada formal e coisa jugada material

Quando isto ocorre diz-se que a sentença transitou em julgado ou passou em julgado, que são expressões sinônimas, o que significa que adquiriu a imutabilidade, isto é, não pode ser mais modificada. A este fenômeno processual dá-se o nome de coisa julgada formal que vem a ser exatamente a impossibilidade de modificação da sentença pela preclusão das faculdades recursais. Em outras palavras: coisa julgada formal é a impossibilidade de modificação de uma decisão dentro do processo em que foi proferida.

Em consequência da coisa julgada formal e especificamente no que diz respeito às chamadas sentenças definitivas, tornam-se também imutáveis seus efeitos declaratório, condenatório ou constitutivo. O comando da sentença torna-se definitivo, não podendo mais ser modificado ou desconhecido fora do processo, tornando-se lei entre as partes. Este fenômeno da qualidade da imutabilidade dos efeitos da sentença denomina-se coisa julgada material ou coisa julgada substancial.

Na lição de Liebman, coisa julgada formal e coisa julgada material na essência são estágios do mesmo fenômeno, pois que: "proferida a sentença e preclusos os prazos para recursos, a sentença se torna imutável, primeiro grau – coisa julgada formal, e em consequência se tornam imutáveis seus efeitos, segundo grau – coisa julgada material".[265]

Veja-se de outro modo. Em virtude da preclusão, que tanto pode ser temporal, lógica ou consumativa, resulta a coisa julgada formal, que é a característica de

---

[263] MORTARA, Ludovico. *Comentários del Codice e Dele Leggi de Procedura Civile*. 3. ed. Milão: F. Vallardi, 1910. p. 71-72.
[264] ROCCO, Hugo. *L'autorità della cosa giudicata e suoi limiti soggettive*. Roma: Athaeneum, 1977. v. I. p. 392.
[265] LIEBMAN, Enrico Tullio. *Eficácia e autoridade da sentença*. Tradução de Buzaid e Benvindo. São Paulo: Agra, 1945. p. 107 e ss.

imutabilidade da sentença dentro do processo. Isso porque, proferida a sentença, só pode haver modificação mediante recurso, pois são os recursos os meios processuais próprios de impugnação das sentenças. Se não há mais recursos em razão da preclusão da faculdade de interpô-los e se só por meio destes modificam-se as sentenças, é evidente que a sentença que não pode mais ser atacada por recurso não pode mais ser modificada. Isto é a coisa julgada formal.

Estabelecida a coisa julgada formal pela impossibilidade da modificação da sentença, a esta é adicionada outra situação, outra qualidade, uma qualidade extra, qual seja, passa a sentença a ser lei, no sentido de ter força de lei entre as partes. Esta expressão é criticável, pois se a sentença é a atuação do direito, outra coisa não é senão que a lei, portanto dizer que a sentença tem força de lei é dizer que a lei tem força de lei. O art. 503 do Código de Processo Civil está na verdade significando que à sentença se lhe atribui uma autoridade tal qual a autoridade da lei. Aquilo que foi decidido é obrigatório vinculativo para as partes e não pode ser ignorado por outros juízes, não pode ser modificado naquele processo, pela coisa julgada formal, nem em qualquer outro, pela coisa julgada material.

Destarte, coisa julgada material é um atributo, uma qualidade da sentença de não ser mais possível modificar-se seus efeitos. É a qualidade de se tornar imutável. Neste sentido, a coisa julgada material cria uma normatividade, cria uma relação jurídica. A coisa julgada material, portanto, vai se formar tanto no âmbito do processo como no âmbito do direito material.

Por isso se diz que a vontade da lei contida no dispositivo da sentença e a vontade do Estado de regular concreta e definitivamente a lide se tornam indiscutíveis e imutáveis, no mesmo ou em outro processo. O comando da sentença, uma vez imutável, adquire autoridade de coisa julgada, o que impossibilita que a relação de direito material decidida entre as mesmas partes seja examinada e decidida no mesmo processo ou em outro processo, pelo mesmo ou por outro juiz ou tribunal.[266]

Viu-a Betti como "a força obrigatória vinculante do acertamento de uma relação jurídica".[267] Para Celso Neves, "A *res iudicata* não é senão a *res in iudicium deducta* depois de julgada".[268]

26.4 Histórico

Vem do período clássico do processo romano o princípio do *bis in idem re ne sit actio*, que significa que sobre uma mesma relação jurídica não pode ocorrer duas vezes a ação da lei, ou seja, do processo. Não havia ainda a diferença entre coisa julgada e litispendência, pois o princípio prendia-se à relação entre autor e réu em si mesmo considerada. É Modestino quem primeiro relaciona coisa julgada ao pronunciamento decisório que condene ou absolva o réu. A preocupação dos juristas se fixou na determinação dos limites objetivos e subjetivos da coisa julgada, no sentido de que esta só alcança objetivamente a questão decidida no processo, ou seja, a *res deducta*, cingindo-se

---

[266] SANTOS, Moacyr Amaral dos. *Comentário ao Código de Processo Civil*. Rio de Janeiro: Forense, 1977. p. 460.
[267] BETTI, Emilio. *Diritto processuale civile*. Roma: Societa Editrice Del Foro Italiano, 1936. p. 576.
[268] NEVES, Celso. *Coisa julgada civil*. 1. ed. São Paulo: Revista dos Tribunais, 1971.

subjetivamente às partes e seus sucessores, nas ações sobre o estado da coisa julgada estendia-se também a terceiros.

Na Idade Média o *Fuero Juzgo*, então lei geral em Leão e Castela quando da separação de Portugal, contém texto que assinala a autoridade das sentenças. Na *Lex Alammanorum* aquele que se recusasse a reconhecer a justiça do julgado era condenado a uma pena. Na península itálica era comum se obrigar por meio de documento o qual continha um resumo do processo e da sentença a fazer o que esta impunha. A partir do século XII as partes passaram a exigir uma da outra a *wadia*, que consistia na promessa e garantia de sujeitar-se à sentença.

No período dos glosadores recupera-se o conceito romano de Modestino. É nesse período que se inicia a distinção entre sentenças interlocutórias e sentenças definitivas, a estas últimas o direito comum passa a atribuir o efeito de fazer cessar a jurisdição que aquelas não tinham. Assim se considerava a sentença que dirimisse inteiramente a lide, sendo inadmissível que deixasse sem decisão a controvérsia. Na península ibérica, encontra-se nas Ordenações Afonsinas alusão à coisa julgada, excetuando-se tão somente a sentença dada contra outra já anteriormente proferida.[269] Nas Ordenações Filipinas encontra-se a regra de que a sentença obtida em face do legítimo contendor prejudica todos cujo direito do direito dele dependa. Do mesmo modo, a sentença proferida em favor de um irmão, nas causas sobre nobreza, aproveita aos outros irmãos. Mas proferida contra aquele, a estes não prejudica.[270]

Deve-se a Scacia a distinção entre sentença e coisa julgada.[271] Savigny observa que a lide deve desenvolver-se de forma una, mas a uniformidade da decisão teria um aspecto formal e um substancial. Este segundo aspecto consistiria na retroatividade da sentença relativamente ao conteúdo e à extensão de si mesma; todavia, essa retroatividade não seria uma consequência natural do ofício do juiz, do qual só deveria resultar que a decisão fosse levada a efeito mesmo contra a vontade da parte sucumbente, porém se a justiça da sentença anterior fosse posta em dúvida seria natural que se empreendesse um novo exame e, se reconhecido o erro, que se reparasse essa injustiça como simples exigência da equidade. O legado de Savigny é o de que a sentença eterna do julgado correto compensa o dissabor do julgado incorreto.[272]

No Brasil independente, como se sabe, a primeira lei processual foi o Regulamento nº 737 de 1850, que regulou o processo comercial e por algum tempo também o processo nas causas civis. A coisa julgada era tratada como exceção processual, no art. 74, §4º, e incluída no rol das presunções absolutas no art. 185. Em 1876 a Consolidação das Leis do Processo Civil já dispunha em seu art. 49, §2º como efeito da sentença fazer certo o direito entre as partes. O art. 501 tratava da extensão dos efeitos da coisa julgada e determinava que a sentença só prejudicaria as partes contra quem fosse dada e não terceiros, salvo as exceções expressamente previstas, todas praticamente em questões de Estado.

Ainda ao tempo do império, em sede doutrinária, Pimenta Bueno assevera a exclusividade da coisa julgada apenas para as decisões formuladas por uma sentença

---

[269] MODESTINO. *Digesto*, Livros 42 e 44, e Livro VII do Codex *apud* NEVES, Celso. *Coisa julgada civil*. 1. ed. São Paulo: Revista dos Tribunais, 1971.
[270] Ordenações Filipinas, Livro III, Capítulo 4 e também nas Ordenações Afonsinas, Livro IV, Título 108.
[271] SCACIA, Sigismundo. *Tratactus de Setentia et Re Iudicata*. Roma, 1268.
[272] SAVIGNY, M. F. C. *Sistema del derecho romano actual*. Tradução de Jacinto Messía y Manuel Poley. 2. ed. Madri: Centro Editorial de Góngora, 1839. t. 5.

definitiva sobre a qual já não penda mais recurso de apelação.²⁷³ Paula Batista segue a mesma linha, mas acrescenta que o efeito da decisão irrecorrível é ser tida como verdade, pelo que as nulidades e injustiças que porventura se haja cometido contra o direito das partes não são suscetíveis de revogação.²⁷⁴ Joaquim Ignácio de Ramalho apresenta uma definição para o sentido lato de coisa julgada e outra para o sentido estrito. Em sentido lato, coisa julgada seria a decisão do juiz que põe fim à demanda e à instância, condenando ou absolvendo o réu. Em sentido estrito, dá-se coisa julgada quando a sentença se torna irrevogável pelo consentimento expresso ou tácito das partes, presumindo-se o consentimento quando elas deixam de interpor os recursos ou depois de estes esgotados.²⁷⁵

No período republicano, provavelmente em razão de a Constituição de 1891 deferir competência legislativa aos Estados-Membros para, autonomamente, legislarem sobre processo civil, o tema da coisa julgada foi tratado pelo direito civil. O primeiro diploma legal a tratar do tema foi a Lei nº 3.071, primeira Lei de Introdução ao Código Civil Brasileiro de 1916, que dispunha em seu art. 3º que a lei não prejudicará, em caso algum, o direito adquirido, o ato jurídico perfeito ou a coisa julgada, e no §3º deste artigo definiu a coisa julgada como o caso julgado, a decisão judicial de que não caiba mais recurso.

O Decreto-Lei nº 4.657 de 4.9.1942, nascido em pleno Estado Novo, no seu art. 6º deu nova redação ao disposto no art. 3º da lei anterior, omitindo a definição de coisa julgada, estabelecendo apenas que a lei em vigor terá efeito imediato e geral, respeitados o ato jurídico perfeito, o direito adquirido e a coisa julgada. Com a Lei nº 3.238 de 1957, o enunciado sobre a coisa julgada voltou a ser aquele da primitiva Lei de Introdução ao Código Civil.²⁷⁶

Em 1939 entrou em vigor o primeiro Código Nacional de Processo Civil. Nele a coisa julgada é tratada em diversos dispositivos: no art. 183, II, quando coloca a coisa julgada entre as exceções suspensivas; no art. 287, quando atribui à sentença força de lei nos limites da coisa julgada; no art. 288, quando qualifica a coisa julgada como efeito da sentença, ainda que por interpretação a contrário senso; no art. 289, quando adota expressamente o princípio de que sobre o mesmo caso não poderá a jurisdição atuar mais uma vez; no art. 597, também há alusão de mitigação da extensão da coisa julgada no que diz respeito às ações de retificação de assentamento em registros públicos.

Naquela oportunidade, João Monteiro atribuiu à sentença o efeito de produzir a coisa julgada.²⁷⁷ João Mendes de Almeida Junior cuidou dos limites subjetivos quando diz que o julgamento da ação faz direito tão somente entre as partes litigantes, não aproveita, não empece nem prejudica terceiros.²⁷⁸ Jorge Americano diz que a coisa julgada é o decreto do judiciário que põe fim à controvérsia que ficou definida na contestação

---

[273] BUENO, José Antonio Pimenta. *Apontamentos sobre as formalidades do processo*. 3. ed. Rio de Janeiro: J. Ribeiro dos Santos, 1911. p. 1.200.
[274] BATISTA, Francisco de Paula. *Compêndio de theoria e prática de processo civil*. 3. ed. São Paulo: M Teixeira, 1908. p. 200.
[275] RAMALHO, Joaquim de Ignácio. *Processo brasileiro*. São Paulo: Duprat, 1908. p. 246.
[276] Atualmente Lei de Introdução às Normas do Direito Brasileiro.
[277] MONTEIRO, João. *Programma do curso de processo civil*. 5. ed. São Paulo: Typographia Acadêmica, 1937. §197.
[278] ALMEIDA JUNIOR, João Mendes de. *Direito judiciário brasileiro*. 2. ed. Rio de Janeiro: Freitas Bastos, 1918. p. 154-155.

da lide.²⁷⁹ Gabriel de Rezende Filho define a coisa julgada como um comando jurídico imposto pelo Estado aos litigantes para solução da questão que os trouxe a juízo.²⁸⁰ Luis Eulálio Bueno Vidigal classifica a coisa julgada como o efeito da sentença.²⁸¹

No Código de Processo Civil de 1973 o art. 467 definiu a coisa julgada como a eficácia, que torna imutável e indiscutível a sentença, não mais sujeita a recurso ordinário ou extraordinário. Curiosamente, esta definição, a pretexto de definir a coisa julgada material, define a coisa julgada formal e, apesar de não ser oposta à teoria de Liebman, merece reparos. Coisa julgada não é eficácia da sentença, mas sim qualidade especial da sentença. Eficácia é a capacidade de produzir efeitos jurídicos. Ora, se a coisa julgada material não é efeito da sentença, mas uma qualidade que lhe acrescenta a imutabilidade de seus efeitos, não há por que se falar em eficácia da sentença como critério definidor da coisa julgada material.

Há, porém, quem dê abrangência maior ao termo *eficácia*, considerando-o não só a capacidade de produzir efeito, mas força e efeito ao mesmo tempo. A este propósito, veja-se Pontes de Miranda, para quem "a eficácia compreende, portanto, a força (e.g. a eficácia consistente na coisa julgada material da sentença declarativa) e o direito no efeito de execução de sentença condenatória, efeito que as sentenças declarativas não têm".²⁸²

Consideramos, neste aspecto, que o Código de Processo Civil de 1973 não foi feliz ao caracterizar a coisa julgada como eficácia da sentença, pois se trata de qualidade especial da imutabilidade de seus efeitos e não propriamente de efeito.

26.5 Teorias sobre a coisa julgada

Em sede doutrinária são diversas as teorias sobre a coisa julgada. Cronologicamente a primeira que se apresenta é a teoria da presunção da verdade, também conhecida como teoria da *res iudicata pro veritate habetur*. Esta teoria deriva do *Digesto* atribuído a Ulpiano e das considerações que sobre esse produziram juristas da Idade Média. Por esta teoria, o fundamento da coisa julgada está na presunção da verdade que precisa estar contida na sentença, isso porque a meta do processo é estabelecer a verdade. Foi adotada por Pothier na elaboração do Código de Napoleão e era também a adotada no Regulamento nº 737 no processo comercial brasileiro em 1850. A crítica fundamental que se faz à teoria é que as sentenças erradas ou injustas também fazem coisa julgada.

Posteriormente, evolui-se da presunção para a ficção. Na essência a teoria da ficção da verdade atribuída a Savigny tem o mesmo fundamento da teoria da presunção da verdade, mas aqui já se vislumbra a preocupação de justificar a coisa julgada também em relação às sentenças erradas. Erradas ou injustas, nessa ótica o que de fato se dá não é uma presunção, eis que não se presume que o estabelecido na sentença seja verdade, mas há uma ficção dessa verdade. É que a ficção é a aparência havida como verdade, mesmo que não seja verdade. A autoridade da coisa julgada não estaria na presunção, mas na aparência da verdade.

---

²⁷⁹ AMERICANO, Jorge. *Processo civil e comercial*. São Paulo: Saraiva, 1925. p. 218.
²⁸⁰ REZENDE FILHO, Gabriel José Rodrigues de. *Curso de direito processual civil*. 4. ed. São Paulo: Saraiva, 1954. v. III. p. 53-54.
²⁸¹ VIDIGAL, Luis Eulálio Bueno. *Direito processual civil*. São Paulo: Saraiva, 1965. p. 74-81.
²⁸² MIRANDA, Francisco Cavalcanti Pontes de. *Tratado das ações*. Rio de Janeiro: Forense, 1970. t. I. p. 64.

Adotando uma postura para o futuro, isto é, para o depois da sentença, Pagenstecher cria a teoria da força legal da sentença, pela qual a autoridade da coisa julgada está na força criadora do direito, isto é, do direito novo criado a partir da sentença. É no novo direito estabelecido pela decisão judicial que repousa a autoridade da coisa julgada. Para a teoria substancial não é o direito anterior reconhecido pela sentença que vai fazer a coisa julgada e, sim, um novo direito por ela imposto, ainda que com base no anterior, que dará a autoridade de coisa julgada.

Contrariando a teoria da força substancial da sentença, Hellwig, Binder e Stain veem na eficácia declaratória da sentença o fundamento da coisa julgada, isto porque aquele chamado direito novo criado pela sentença, isto é, o comando, a ordem, a prestação, poderá ser rediscutido, mas a declaração do direito, não. Assim, é na parte declaratória da sentença que reside a autoridade da coisa julgada.

Sob outro ângulo, Ugo Rocco fundamentou a coisa julgada no que chamou de teoria da extinção da obrigação jurisdicional. A ideia é simples: os conceitos de sentença e de coisa julgada estão indissoluvelmente ligados aos conceitos de jurisdição e de ação. A sentença nada mais é do que o ato e o momento pelos quais o órgão jurisdicional, declarando o direito aplicado à espécie, cumpre e presta sua obrigação jurisdicional. Satisfeita esta, está extinto o direito de ação que lhe é correlato e que sobre o mesmo conflito de interesses só cabe uma única vez. Destarte, extintos o direito de ação e a obrigação jurisdicional de atendê-lo, a coisa decidida não pode mais ser discutida porque, no caso, a jurisdição está extinta.

Para Chiovenda o fundamento da coisa julgada está na vontade do Estado. Na medida em que a sentença é um silogismo composto de parecer e comando, como se trata de um comando emanado pelo Estado no desempenho da função jurisdicional, a autoridade da coisa julgada decorre da autoridade do Estado na prestação da tutela. Segundo Chiovenda a sentença tem força obrigatória porque nela intervém a vontade do Estado, mas não só a força obrigatória decorre da vontade do Estado, também a sua imutabilidade.

Carnelutti, seguindo a linha de Chiovenda, vê não na vontade do Estado, mas na imperatividade do comando da sentença o fundamento da coisa julgada. Porém, para Chiovenda a sentença é a lei aplicada ao caso concreto, havendo o comando da lei paralelo ao comando da sentença, já para Carnelutti é o contrário, pois o comando da sentença é que pressupõe o comando preexistente da lei, mas com este não se identifica, isto é, não há aquele paralelismo visto por Chiovenda. Na teoria de Carnelutti, há, antes, uma complementariedade entre os dois comandos e é nessa complementariedade que está contida a imperatividade que fundamenta a autoridade da coisa julgada. A curiosidade desta teoria é que nela a coisa julgada formal é que pressupõe a coisa julgada material, pois que é na certeza que a sentença produz que está a sua imperatividade e é esta imperatividade que constitui a coisa julgada material, a qual, pela ocorrência de preclusão do recurso, se transforma em coisa julgada formal.

Coube a Liebman a distinção entre efeito e qualidade especial da sentença. Até Liebman via-se a coisa julgada como efeito da sentença; é ele quem traz a qualidade especial da sentença a reforçar a sua eficácia consistente na imutabilidade da sentença como ato processual, o que cria a coisa julgada formal e, na imutabilidade dos efeitos da sentença, o que fundamente a coisa julgada material. Para Liebman, coisa julgada é a imutabilidade da sentença como ato jurídico processual decisório, coisa julgada formal, e também a imutabilidade dos efeitos naturais da sentença, coisa julgada material.

26.6 Coisa julgada no direito processual brasileiro

No estágio atual do processo civil brasileiro, o art. 502 do Código de Processo Civil define a coisa julgada material como a autoridade que torna imutável e indiscutível a decisão de mérito não mais sujeita a recurso. A rigor, o que vai configurar a coisa julgada material é a imutabilidade dos efeitos da sentença, que decorre de uma qualidade que a informa em razão da necessidade da estabilidade das relações jurídicas.

26.7 Coisa julgada material e questão prejudicial

Já vimos no momento oportuno que o processo é povoado por questões. Vimos também que questão é todo ponto controvertido que surge no processo. Questão principal é a questão de mérito, no sentido de conter no seu propósito exata e precisamente a própria essência da lide trazida ao crivo do judiciário. Assim, pode-se afirmar, sem sombra de dúvida, que questão principal é sempre a questão de mérito.

Todavia, se existe uma questão principal é porque, certamente, existe pelo menos uma outra questão que não é principal, o que significa que não apenas da questão ou das questões de mérito vive o processo. Em contraposição à questão principal, isto é, como questão não principal se colocam tanto as questões preliminares como as questões prejudiciais. Preliminares são aquelas questões surgidas no bojo do processo, mas que dizem respeito à regularidade das condições do legítimo exercício do direito de agir e aos pressupostos de existência e de validade do processo. Já a questão prejudicial se diferencia da questão principal porque sobre ela não há pedido, para que o juiz declare de fato ou de direito a decisão da questão.

Questão prejudicial é aquela que implica um prejulgamento. O juiz tem que analisá-la incidentalmente no processo. É uma premissa lógica, necessária, porém não suficiente para o acolhimento da pretensão do autor. Observe-se bem: questão prejudicial é aquela que necessariamente terá que ser conhecida e decidida no processo. Se decidida em determinado sentido, que tanto pode ser positivo quanto negativo, possibilitará que se conheça, mas não necessariamente que se acolha, o pedido do autor; todavia, se decidida em sentido inverso, que tanto pode ser o positivo como o negativo, impossibilitará o conhecimento do pedido do autor.

Veja-se o seguinte exemplo: autor deduz pretensão querendo a condenação do réu em alimentos, e traz como fundamento jurídico do pedido a alegação de que o réu é o seu pai. Ao contestar a ação, o réu nega a relação jurídica de paternidade com o autor e, além disto, no mérito, diz que não tem condições de prestar alimentos porque se encontra em situação financeira pior que a do autor. Criou-se no processo uma questão prejudicial, porquanto o dever jurídico de alimentar decorrerá de uma relação jurídica cuja existência é controvertida. Assim, a questão de se saber se há ou não relação jurídica de paternidade é uma questão prejudicial à questão principal que é a dos alimentos. Isto porque, se decidir que não há parentesco, inviabilizado fica o exame dos alimentos. Porém, se decidir que há parentesco, não significa necessariamente que os alimentos serão deferidos.

A questão prejudicial, decidida expressa e incidentalmente no processo, terá força de lei, isto é, estará dotada da autoridade da coisa julgada material quando: a) dessa resolução depender o julgamento do mérito; b) a seu respeito tiver havido contraditório prévio e efetivo, não se aplicando no caso de revelia; c) o juiz tiver competência em razão da matéria e da pessoa para resolvê-la como se fora a questão principal. Isto significa que a questão prejudicial decidida expressa e incidentalmente no processo, desde que presentes, cumulativamente, os requisitos, previstos nos incs. I, II e III do §1º do art. 503, terá autoridade de coisa julgada material, independentemente de requerimento ou de pedido da parte neste sentido.

No Código anterior esta era a hipótese de ação declaratória incidental, que, no entanto, exigia pedido para que pudesse fazer coisa julgada material. Agora, a decisão sobre a questão prejudicial terá autoridade de coisa julgada material, desde que preenchidos cumulativamente os requisitos acima mencionados.

Contudo, o Código mitigou a ocorrência da coisa julgada material na questão prejudicial, como se vê do §2º do art. 503, quando a impede se no processo houver restrições probatórias ou limitações à cognição que impeçam o aprofundamento da análise da questão prejudicial.

Curioso aqui é que, tendo o Código dispensado o pedido da parte e, ao mesmo tempo, mitigado a possibilidade da incidência da coisa julgada material, ficará ao prudente arbítrio do juízo entender, em cada caso, se houve ou não restrição probatória ou limitação de cognição. Isso trouxe para o juiz mais um dever ao sentenciar, pois toda vez que houver questão prejudicial, pensamos, terá o juiz que expressamente determinar se a decisão sobre a questão prejudicial fará ou não coisa julgada material.

Outra observação absolutamente pertinente é a de que apenas a decisão que julgar a questão prejudicial no sentido de possibilitar o conhecimento da questão principal poderá fazer coisa julgada material. Tal decorre do inc. I do §1º do art. 503, que exige, para tanto, que dessa resolução dependa o julgamento do mérito.

26.8 O que não faz coisa julgada material

Todavia, nem todas as sentenças e nem tudo na sentença ensejarão a autoridade da coisa julgada material. Assim, não fazem coisa julgada material: a) as sentenças terminativas; b) as decisões proferidas em jurisdição voluntária; c) os motivos ainda que importantes para determinar o alcance da parte dispositiva da sentença; d) a verdade dos fatos estabelecida como fundamento da sentença.

26.9 Coisa julgada material e as sentenças dispositivas

As chamadas sentenças dispositivas ou determinativas, isto é, as sentenças proferidas em processos referentes a relações jurídicas continuativas, fazem coisa julgada material. A previsão de sua revisão na verdade não se trata de modificação da sentença, mas de revisão da própria relação jurídica que se propaga após a sentença. Tais sentenças trazem implícita a cláusula *rebus sic stantibus*. Exemplo típico é a sentença proferida em ação de alimentos, em que, fixados os alimentos, se sobrevier mudança na fortuna de quem os supre ou de quem os recebe, poderá o interessado reclamar em juízo exoneração, redução ou agravação do encargo. Porém, a nova sentença não ignora nem contraria a antiga. Ao revés, por conhecê-la e em reconhecimento à cláusula *rebus sic stantibus*, a adapta ao novo estado de fato superveniente.

Sobre este tema, observe-se a precisão da colocação de Frederico Marques quando diz que: "não é que a sentença determinativa não produz coisa julgada. Ela apenas é suscetível de um processo de integração, decorrente de situação superveniente, a que deve o juiz atender, tendo em vista a natureza continuativa da relação jurídica decidida".[283]

26.10 Coisa julgada material e a "cláusula" *rebus sic stantibus*

Aqui, entretanto, cabe uma advertência: a rigor, todas as sentenças estão munidas da cláusula *rebus sic stantibus*, eis que seus efeitos se operam até que se esgotem pelo seu próprio cumprimento. Neste particular, observe-se que se alguém for condenado por sentença condenatória a pagar determinada indenização a outro, não estará condenado para sempre, pois que esta condenação cessará quando cumprir o comando emanado da sentença.[284]

26.11 Limites objetivos e subjetivos da coisa julgada

Ainda no exame do que faz e do que não faz coisa julgada na sentença, é preciso estabelecer os limites objetivos e os limites subjetivos da coisa julgada. Em outras palavras, fixar o que na sentença faz e o que na sentença não faz coisa julgada. Nesse sentido, veja-se o art. 503 do Código de Processo Civil que no particular adotou a teoria de Carnelutti, para quem "por ser a decisão de uma lide, o julgado não pode ser mais que tal decisão. Mas aquilo que é, o é para todos, não somente para as partes".[285]

26.12 Limites objetivos da coisa julgada material

Ao lado disso, sabe-se que, por imposição da norma cogente prevista no art. 141 do Código de Processo Civil, o juiz há de decidir a lide nos limites em que foi proposta e neste particular a sentença é a resposta do juiz ao pedido do autor. Destarte, os limites objetivos da coisa julgada são os limites objetivos da sentença, os quais dependem do seguinte: a) só se decide sobre o que foi pedido, é isto e apenas isto que comporta a parte dispositiva da sentença, nos termos do art. 492 do Código de Processo Civil;[286] e b) só a parte dispositiva da sentença faz coisa julgada material, o que significa que

---

[283] MARQUES, José Frederico. *Manual do direito processual civil* – Teoria geral do processo civil. 4. ed. São Paulo: Saraiva, 1976. v. 1.
[284] LIEBMAN, Enrico Tullio. *Eficácia e autoridade da sentença e outros escritos sobre a coisa julgada*. Rio de Janeiro: Forense, 2007.
[285] Textualmente Carnelutti diz: "o que se pode dizer do julgado é somente que é a decisão de uma lide, por isso os limites do julgado são os limites de seu objeto, ou seja, os limites que se projetam sobre o julgado da lide; por ser a decisão de uma lide, o julgado não pode ser mais que tal decisão. Mas aquilo que é, o é para todos, não somente para as partes" (CARNELUTTI, Francesco. *Diritto e processo*. Napoli: Morano, 1958. p. 169).
[286] Exceção ao disposto no §1º do art. 503 do CPC, a que já nos referimos antes.

a sua fundamentação não faz coisa julgada material, conforme art. 504 do Código de Processo Civil.

Contudo, quando se diz que a coisa julgada se restringe à parte dispositiva da sentença, deve-se emprestar a essa expressão sentido substancial e não formalístico, eis que se entende como parte dispositiva da sentença não apenas a fase final do texto, mas também qualquer outro ponto em que tenha o juiz eventualmente decidido sobre os pedidos da parte. Já as questões prejudiciais são resolvidas na fundamentação e podem fazer coisa julgada material nos termos do §1º do art. 503.

O art. 504 do Código de Processo Civil diz que na sentença não fazem coisa julgada: a) os motivos, ainda que importantes para determinar o alcance da parte dispositiva da sentença; b) a verdade dos fatos, estabelecida como fundamento da sentença.

26.13 Coisa julgada e repercussão da sentença na esfera de terceiros

Assim como a fixação dos limites objetivos da coisa julgada determina que partes da sentença fazem coisa julgada, a fixação dos seus limites subjetivos importa em determinar quem será atingido pela coisa julgada, isto é, se esta atinge apenas as partes ou se será extensível também a terceiros. A regra é que somente as partes são atingidas pela coisa julgada. Esta tradição vem do direito romano, em que *res inter alios iudicata nullum aliis praedicium facient*, que significa que a coisa julgada não prejudica terceiros.

Todavia, como assevera Amaral dos Santos: "a realidade não pode ser ignorada. Do fato da coexistência social decorre que as relações humanas não são isoladas, mas, ao contrário, se interpenetram".[287] Em vista disto, a regra fundamental dos limites subjetivos da coisa julgada não impede a possibilidade eventual de repercussão dos efeitos da sentença nas esferas jurídica, social e patrimonial de terceiros.

Savigny tenta justificar essa repercussão em razão dos laços de representação que os terceiros atingidos teriam com uma das partes.[288] Para Ihering o que justifica essa repercussão são os chamados efeitos reflexos da sentença, efeitos estes que decorrem da vida e não da lei. Tais efeitos no mais das vezes não são queridos, mas sim inevitáveis.[289]

A sentença como qualquer ato jurídico vale em relação a todos, entretanto isso não significa que possa prejudicar todos, mas apenas que terceiros não podem ignorá-la. Por outro lado, o eventual prejuízo pode ser de fato ou de direito. O prejuízo que se admite na extensão objetiva da coisa julgada material é somente o prejuízo jurídico, jamais o prejuízo de fato. Prejuízo jurídico é aquele que decorre da incompatibilidade entre o direito de terceiro e o direito declarado na sentença. Veja-se o seguinte exemplo: em ação reivindicatória que julgou procedente o pedido, o credor do sucumbente teve prejuízo de fato, porque teve diminuída a garantia de seu crédito, mas não teve prejuízo de direito, porque o seu direito de credor continua inalterado.

Na essência, essa questão da extensão objetiva da coisa julgada não apresenta maiores questionamentos quando se enxerga a coisa julgada material pela ótica da definição de Liebman. Isto porque vê-se a coisa julgada não como efeito da sentença,

---

[287] SANTOS, Moacyr Amaral dos. *Comentário ao Código de Processo Civil*. Rio de Janeiro: Forense, 1977. p. 465.
[288] SAVIGNY, M. F. C. *Sistema del derecho romano actual*. Tradução de Jacinto Messía y Manuel Poley. 2. ed. Madri: Centro Editorial de Góngora, 1839. t. 5.
[289] IHERING, Rudolf Von. *O espírito do direito romano*. Tradução de Rafael Benaion. Rio de Janeiro: Alba, 1943.

mas como uma qualidade especial que se traduz na imutabilidade dos seus efeitos. A distinção explica a extensão da coisa julgada material. Assim, a eficácia natural da sentença, isto é, os efeitos da sentença, vale para todos, mas a autoridade da coisa julgada, isto é, a qualidade da imutabilidade dos efeitos da sentença, forma-se e existe apenas entre as partes.

Como somente a eficácia e não a coisa julgada afeta terceiros, estes poderão se opor à sentença caso se julguem prejudicados, mas apenas aqueles terceiros que tiverem interesse jurídico, vale dizer, que tiverem um prejuízo jurídico, não um prejuízo de fato, isto é, um prejuízo econômico.

Para efeitos de extensão dos limites subjetivos da coisa julgada, existem três categorias de terceiros: a) terceiros indiferentes, assim considerados aqueles que nenhum prejuízo sofrem em razão dos efeitos da sentença; b) terceiros interessados de fato, que são aqueles que têm prejuízo fático ou econômico; e c) terceiros juridicamente interessados que são aqueles que sofrem na sua esfera jurídica os efeitos da coisa julgada.

26.14 Relativização da coisa julgada material e modulação dos efeitos da declaração de inconstitucionalidade

Relativização da coisa julgada significa a possibilidade de não a observar quando se tratar de sentença proferida contra a Constituição. Aparentemente a lógica é irrepreensível, na medida em que se a lei não pode ser inconstitucional também não poderá ou não deverá sê-lo a decisão jurisdicional que aplica lei inconstitucional, ainda que transitada em julgado.

O art. 525, §1º, III c/c §12, ao cuidar da impugnação ao cumprimento da sentença, estabelece que, para efeito de inexigibilidade da obrigação, que é um dos temas sobre os quais poderá versar a impugnação, considera-se inexigível a obrigação reconhecida em título executivo judicial, isto é, a sentença, fundado em lei ou ato normativo considerados inconstitucionais pelo Supremo Tribunal Federal, ou fundado em aplicação ou interpretação da lei ou ato normativo tidos pelo Supremo Tribunal Federal como incompatíveis com a Constituição Federal, em controle de constitucionalidade concentrado ou difuso. No mesmo sentido dispõe o art. 535, §5º do Código de Processo Civil. Tais dispositivos contemplam o que na doutrina batizou-se de coisa julgada inconstitucional, o que em última análise significa impedir o cumprimento da sentença em vista da posterior declaração de inconstitucionalidade da lei ou do ato normativo em que ela se baseou.

Aqui se depara com duas situações antagônicas: de um lado, a retroatividade da decisão de declaração de inconstitucionalidade e, de outro, a imutabilidade dos efeitos da sentença pelo instituto da coisa julgada. A questão é que como a lei não pode ser inconstitucional, lei declarada inconstitucional é lei inexistente ou pelo menos absolutamente nula e, como tal, jamais gerará efeitos. Todavia, neste plano, tem-se a imutabilidade dos efeitos da sentença pelo fenômeno da coisa julgada material. Por conseguinte, a questão que se apresenta é a necessidade de não se reconhecer o efeito do que é absolutamente nulo ou inexistente contra a necessidade de se reconhecer a imutabilidade do efeito da sentença transitada em julgado.

Nesse sentido, sentenças inconstitucionais podem transitar em julgado, mas padecerão de vício insanável. Foge à razão permitir o ingresso no comércio jurídico dos efeitos, ainda por cima imutáveis de sentença inconstitucional, o que, por via transversa, significaria admitir que o órgão jurisdicional tem um poder que ninguém mais possui; o de, por ato seu, modificar a Constituição ou afastar sua incidência no caso concreto.[290]

O instituto da modulação dos efeitos da declaração de inconstitucionalidade por si só de constitucionalidade discutível, na prática, diminui consideravelmente os casos de coisa julgada inconstitucional, porquanto o Supremo Tribunal Federal, na maior parte das vezes, tem ressalvado nas decisões de inconstitucionalidade os casos já julgados.

Parece-nos claro que *de lege lata* se pode deixar de cumprir a sentença quando for inconstitucional. Embora passada em julgado, por política legislativa, admitiu-se a possibilidade de se negar cumprimento ao julgado pautado em lei posteriormente declarada inconstitucional. Resta saber se a brecha aberta no sistema também possibilitaria a ação rescisória pelos mesmos fundamentos. Pensamos que sim, pois, embora defendamos o caráter taxativo das hipóteses de admissibilidade para ação rescisória, não encontramos justificativa processual plausível para que se possibilite o não cumprimento de sentença inconstitucional e ao mesmo tempo não se admita sua rescisão pelo mesmo motivo.

Ainda sobre o tema da relativização da coisa julgada, discute-se a possibilidade de relativizá-la em relação às provas produzidas ou não produzidas no processo findo. Aqui nos parece que, quando a lei quis ressalvar a exceção, o fez expressamente, como se vê do art. 16 da Lei nº 7.347/85, Lei da Ação Civil Pública. De outra parte e por equidade, também nos parece que nas ações de estado seja possível a relativização da coisa julgada. Exemplo típico disto é a superveniência científica do exame de DNA em ações de investigação de paternidade, antes inexistente, e cuja existência superveniente relativizaria a coisa julgada da ação anteriormente julgada improcedente.

Mas a questão da possibilidade de utilização de modalidade de prova não existente ao tempo da formação da coisa julgada material precisa ser entendida como não tendo sido capaz, por sua inexistência, de produzir uma decisão que, contra ou a favor, fosse respaldada na prova, aquilo que no direito penal denomina-se de absolvição *non liquit*. É que, não raro, o processo será decidido sem que tenha havido exaustiva e desejável valoração das provas e argumentos das partes, tais circunstâncias não impedem que a decisão adquira o atributo da coisa julgada material.[291]

Por isso não se pode perder de mente que a relativização da coisa julgada é um tema processual e constitucional e, mesmo quando plausível em razão de modalidade probatória antes inexistente, só se justifica com lastro constitucional. Nesse sentido, entendemos que, em caráter excepcional, a insuficiência de provas e somente a insuficiência por inexistência da modalidade probatória poderá justificar a relativização da coisa julgada material, mesmo assim em ações de estado e desde que haja lastro constitucional.[292]

---

[290] CÂMARA, Alexandre Freitas. *Lições de direito processual civil*. 18. ed. Rio de Janeiro: Lumen Juris, 2008. v. 1. p. 467.

[291] MOREIRA, José Carlos Barbosa. A eficácia preclusiva da coisa julgada material. *Revista Forense Comemorativa 100 anos*, Rio de Janeiro, 2005. p. 193.

[292] Os precedentes jurisprudenciais, inclusive do Supremo Tribunal Federal nesse sentido, versam sobre a ausência ou insuficiência de provas. Há na doutrina quem acene com a tese de que qualquer pretensão decidida, porém, sem apreciação do mérito dada a ausência ou insuficiência de provas, não ensejaria a formação de coisa julgada material (cf. SOARES, Leonardo Oliveira. Novas considerações sobre a proposta extra sistêmica de flexibilização

Em suma: a relativização da coisa julgada pode ocorrer tanto em razão de inconstitucionalidade superveniente como em razão da superveniência da possibilidade de produção de provas antes inexistentes. O fenômeno precisa ser analisado em três momentos: a) cumprimento do julgado; b) durante o prazo da ação rescisória; e c) após o prazo da ação rescisória. Quanto ao cumprimento do julgado, incide o art. 525, §1º, III, c/c §12 do Código de Processo Civil; quanto à ação rescisória, por aplicação analógica, a solução deve ser idêntica; e após o transcurso do prazo para a propositura da ação rescisória, só nas hipóteses de possibilidade superveniente de produção de prova inexistente, nas ações de estado e com modulação dos efeitos temporais, sempre que possível *ex nunc*.

---

da coisa julgado no Estado democrático de direito brasileiro. In: SOARES, Leonardo Oliveira. *Novos escritos de direito processual entre presente e futuro*. Belo Horizonte: Del Rey, 2015. p. 50).

CAPÍTULO 27

RECURSOS

27.1 Noções gerais

É remota a preocupação dos sistemas jurídicos em criar mecanismos de revisão das decisões judiciais. De um lado, existe a necessidade da rápida composição do litígio para o pronto restabelecimento da ordem jurídica violada, de outro, o anseio de garantir a perfeita adequação da decisão prolatada à conformidade jurídica. A solução para tal antagonismo é propiciar "remédios" para evitar os erros judiciais, porém "limitando" os casos e as oportunidades de sua utilização.

A divisão dos "remédios" utilizáveis com tais propósitos estabelece uma dicotomia entre recursos e ações autônomas de impugnação. A distinção entre ambas é que as ações autônomas de impugnação, por exemplo, ação rescisória, se dirigem contra decisão já transitada em julgado, ao passo que os recursos se dirigem contra decisões ainda não transitadas em julgado, precisamente com o objetivo de evitar ou retardar a formação da coisa julgada. De certo modo, as ações autônomas de impugnação atacam a própria coisa julgada material visando a desconstituí-la ou a declarar-lhe a inexistência jurídica. Já os recursos visam a impedir ou a retardar a formação da coisa julgada, formal ou material.

Da concepção metodológica do processo decorre a sua dialética e da sua concepção instrumental, seu sentido finalístico. Dessas duas concepções surgem, a um só tempo, aparentes contradições e os mecanismos apropriados para sua resolução. Assim é, por exemplo, a questão dos recursos e da coisa julgada. Os recursos destinam-se a atender ao anseio do jurisdicionado de que uma vez só não basta. É da natureza humana não se conformar apenas com a primeira e única opinião que lhe é adversa. Este sentimento justificou originariamente o princípio do duplo grau de jurisdição e, por consequência, toda sistemática moderna dos recursos.[293] Já a coisa julgada estabelece um limite na possibilidade de modificação da decisão jurisdicional impugnada.

---

[293] ZAGAGLIA, Waldir. Das alterações introduzidas pela Lei 9.756/98 aos artigos 896 e 897 da CLT. *Revista de Direito da Associação dos Procuradores do Novo Estado do Rio de Janeiro*, Rio de Janeiro, v. 3, 1999. p. 70.

27.2 Conceito

Pode-se entender por recurso o meio voluntário e idôneo a ensejar, dentro do mesmo processo, a reforma, a invalidação, o esclarecimento ou a integração da decisão judicial que se impugna.[294]

Duas são as observações concernentes ao apresentado conceito de recurso: a primeira, a de que o traço distintivo é não se tratar o meio impugnativo de novo processo, mas tão somente da extensão do processo já existente; a segunda, diz respeito ao conceito proposto de incluir o esclarecimento ou a integração da decisão judicial, visto que, para nós, os embargos de declaração mais se assemelham a um incidente processual que propriamente a um recurso.

Mantendo-se, todavia, o conceito proposto com a ressalva aduzida, pode-se entender por recurso o meio voluntário e idôneo, utilizável no mesmo processo, para a reforma ou a invalidação da decisão judicial que se impugna.

27.3 Justificativa

Se pretendermos encontrar justificativa para a existência dos recursos, seguramente a encontraremos na lesividade ocasionada ao recorrente na decisão recorrida. Mas esta lesividade é uma lesividade latente ou formalmente latente, portanto reversível, eis que ainda não formada a coisa julgada.

Encontra-se também justificativa para existência dos recursos na condição resolutiva ou suspensiva por excelência da sentença e por extensão das decisões jurisdicionais impugnáveis. Observe-se que na sua dimensão lata de ato jurídico, a sentença e por consequência as demais decisões jurisdicionais impugnáveis nascem como atos jurídicos processuais sob condição. Para quem defende que a decisão judicial é ato submetido à condição resolutiva, a sentença traz em si os requisitos necessários à sua existência no mundo jurídico, embora possa ter sua eficácia destruída por novo pronunciamento jurisdicional que lhe seja contrário. Já para quem defende que a sentença é ato jurídico processual que nasce sob condição suspensiva, embora a sentença já nasça com todos os requisitos necessários, sua eficácia fica adstrita à possibilidade de existência de recurso com efeito suspensivo. Mas, de toda sorte, enquanto flui o prazo para interposição do recurso, necessariamente, os efeitos da sentença não serão produzidos. E após sua interposição continuarão suspensos quando o recurso tiver efeito suspensivo, por conta do fenômeno da dilação processual.

27.4 Histórico

Em Roma, no período das *legis actiones*, não havia recurso, não se podendo vislumbrar na *provocatio*, que era uma espécie de clemência popular, o antecedente do recurso tal como hoje o entendemos.

No período intermediário chamado de período formulário, o *iudex privatus* não era um representante do Estado e também não havia recurso, porém, já existiam

---

[294] MOREIRA, José Carlos Barbosa. *Comentários ao Código de Processo Civil*. Rio de Janeiro: Forense, 2008. v. 5. p. 233.

meios de impugnação das decisões em casos especialíssimos. Entretanto, tais meios mais se assemelham às atuais ações autônomas de impugnação do que propriamente aos recursos, eis que só tinham lugar contra as sentenças nulas e tinham um caráter meramente indenizatório, cujo maior exemplo é o da *restitutio in integrum*.

No terceiro período do processo romano denominado *cognitio extraordinaria* e já ao tempo do império, com a instalação de uma organização administrativa profissional, o *iudex* já era um funcionário do Estado e surge a *apelattio*, originalmente um recurso para o próprio imperador, que era o primaz da estrutura administrativa do império romano. Obviamente, com o tempo, esta função do imperador de magistrado da *apelattio* foi sendo delegada para outros funcionários superiores.

Na Idade Média, de um modo geral, fruto da influência do direito germânico e do sistema econômico feudal, as decisões voltaram a ser irrecorríveis, pois que não havia autoridade superior à do senhor feudal. Deve-se ao direito canônico não só a permanência do sistema recursal como o seu efetivo ressurgimento nos moldes romanos, daí passando para os processos seculares. Deu-se, porém, uma abertura desnecessária aos recursos, de modo que as sentenças tiveram sua autoridade profundamente desrespeitada em razão das possibilidades recursais praticamente infindáveis. Esse sistema foi possível por conta da proliferação dos títulos de magistrados, ainda presos às concepções jurídicas do feudalismo, como sistema de vassalagem.

Por ocasião da revolução francesa, chegou-se mesmo a defender a possibilidade da inexistência de recursos, ao ponto de ser preciso positivar sua possibilidade expressamente, como se vê no decreto de 1º.5.1789: "Il y aura deux degreès de jurisdiction en matièere civile, sauf exceptions particulières"[295] ("Haverá dois graus de jurisdição em matéria civil, salvo exceções particulares").

27.5 Juízo de admissibilidade dos recursos

Do mesmo modo que existe o juízo de admissibilidade da ação em que se examina se estão presentes as condições para o legítimo exercício do direito de agir e os pressupostos de existência e de validade do processo, quando se interpõe um recurso também é preciso que haja um juízo de sua admissibilidade, em que se verifica se estão presentes os pressupostos necessários à sua admissão. Diante do resultado a que se chegar nesse exame inicial, duas possibilidades podem surgir: ou se verifica a falta de um dos pressupostos recursais e, nesse caso, o órgão julgador não apreciará, no sentido de não julgar o recurso; ou estarão presentes tais pressupostos e o órgão jurisdicional julgador passará à etapa seguinte que é a de conhecer, no sentido de apreciar e julgar as questões postas no recurso.

Na práxis forense, costuma-se chamar de órgão *a quo* o juízo recorrido e de órgão *ad quem* o juízo para o qual se recorre. Quando o órgão *ad quem* verifica que a interposição do recurso não atende a algum pressuposto, ele terá que o inadmitir, isto é, não poderá examinar o próprio recurso ou aquilo que na práxis forense costuma se denominar questão de fundo do recurso. A decisão de não conhecimento do recurso é uma decisão declaratória de que aquele recurso não pode ser apreciado e julgado no seu conteúdo,

---

[295] TEIXEIRA FILHO, Manoel Antônio. *Sistema dos recursos trabalhistas*. 4. ed. São Paulo: LTr, 1991.

o que significa dizer que não poderá o órgão jurisdicional responder ao recorrente se ele tem ou não razão no recurso interposto.

Quando o órgão *ad quem* verifica que o recurso está apto para ser conhecido porque apresenta os pressupostos previstos em lei para sua admissibilidade ele aprecia, no sentido de conhecer do recurso. Mas conhecer do recurso não significa necessariamente que o recorrente tenha razão, tal qual ocorre com a ação, também no recurso, significa que a questão de fundo ou o conteúdo do recurso vai ser apreciado, isto é, vai ser julgado.

Nessa hipótese, o órgão julgador dará provimento ao recurso quando entender que o recorrente tem razão ou negará provimento ao recurso quando entender que o recorrente não tem razão. Obviamente que poderá dar provimento parcial ao recurso se entender que o recorrente tem razão em parte.

Há, assim, uma dupla e sucessiva verificação. Na prática isso se faz de modo contínuo, eis que no julgamento não há solução de continuidade, uma coisa vem imediatamente após a outra, embora sejam etapas distintas. A primeira decisão é entre conhecer ou não conhecer do recurso, se a possibilidade escolhida for a segunda, encerra-se aí o julgamento com a decisão declaratória de não conhecimento do recurso interposto. Mas, se for a primeira, esta possibilidade desdobra-se em duas: dar, total ou parcialmente, ou negar provimento ao recurso.

Considerando-se que o órgão jurisdicional recursal não pode, sob pena de *error in procedendo* e de inversão da ordem processual, passar à segunda etapa do julgamento do recurso sem que tenha havido um juízo positivo na primeira etapa, conclui-se que o juízo de admissibilidade é sempre e necessariamente preliminar ao juízo de mérito do recurso.

Por isso mesmo que, na instância recursal, de qualquer grau de jurisdição, não existe questão preliminar, porque as questões preliminares dos recursos são apenas aquelas que dizem respeito à sua admissibilidade. Se, por ventura, o recurso versar sobre decisão de questão preliminar da instância recorrida, embora questão preliminar porque referente às condições da ação e aos pressupostos processuais, em sede recursal, será também questão de mérito do recurso.

27.6 Requisitos intrínsecos

Os requisitos intrínsecos dos recursos, ou melhor, do juízo de admissibilidade dos recursos, são os que dizem respeito à própria existência da possibilidade ou da faculdade processual de a parte recorrer naquele processo e naquele momento processual. São eles: a) o cabimento do recurso, b) a legitimação para recorrer; c) o interesse de recorrer; d) a inexistência de fato impeditivo ou extintivo do direito de recorrer.

Por cabimento do recurso deve-se entender a previsão legal do exercício da faculdade recursal por aquele recorrente contra aquele ato jurisdicional naquele determinado momento do iter do processo. É que, como se sabe, nem todas as decisões judiciais são passíveis de ser impugnadas por recursos. Assim, para que o recurso seja admissível é obvio que haja previsão legal naquele caso específico. Em outras palavras: o recurso tem que estar previsto em lei. A lei prevê uma série de recursos em conformidade com o ato jurisdicional que se deseja impugnar. É necessário que se interponha o recurso correto para reformar a decisão impugnada. Vários são os recursos previstos no processo civil, por isso mesmo cada um deles tem suas áreas de cabimento delimitadas pela lei, por exemplo, de sentença se recorre mediante a apelação. Isto significa não só que da sentença cabe o recurso de apelação como que a apelação não cabe contra qualquer outra decisão jurisdicional impugnável que não a sentença. Da mesma forma, os ditos recursos de terceira geração, recurso especial e recurso extraordinário, só servem para impugnar acórdãos dos tribunais, não se pode interpô-los contra sentença ou contra decisões interlocutórias.

A legitimação para recorrer nada mais é que uma extensão natural da condição da legitimidade para o exercício do direito de ação. A diferença é que existe legitimação para recorrer mesmo para aquele que não tenha sido parte originalmente no processo. Isto significa que a legitimação para recorrer é mais abrangente do que a legitimidade para propor ou para sofrer a demanda, consequentemente, seus critérios de apuração são mais flexíveis.

Têm legitimidade para recorrer: as partes; o Ministério Público, como parte ou como *custus legis*; e o terceiro prejudicado. A peculiaridade reside na legitimação dada ao terceiro prejudicado para recorrer, porquanto a legitimação das partes e do próprio Ministério Público está intrinsecamente vinculada à própria legitimidade para a ação, porém, não se trata da mesma legitimidade, porquanto as partes precisam ter legitimidade para a ação, mas não necessariamente para o recurso, uma vez que só a parte sucumbente e na exata medida da sucumbência terá legitimidade para recorrer. Já o terceiro prejudicado é aquele que não sendo parte, principal ou acessória, sofre prejuízo jurídico e não apenas econômico, dos efeitos produzidos pela sentença, como exemplo, a hipótese clássica do sublocatário no processo em que contendem locador e locatário e cuja sentença extinga a locação.

Assim como a legitimação para recorrer está intrinsecamente vinculada à legitimação para o exercício da demanda, o interesse em recorrer vincula-se ao interesse de agir. Daí resulta que os mesmos fatores perquiridos para justificar o interesse de agir, quais sejam, a utilidade e a necessidade, também são verificáveis para a constatação do interesse em recorrer, isto é, que o resultado que se busca com o recurso seja útil para obtenção de uma vantagem e que só seja possível mediante a interposição do recurso, daí a sua necessidade.

O quarto e último requisito intrínseco para interposição do recurso é a inexistência de fato impeditivo ou extintivo do direito de recorrer. É que, após a prolatação da decisão jurisdicional que se quer impugnar, é preciso que haja uma atitude de inconformismo por parte do recorrente. Fato impeditivo aqui funciona como uma espécie de preclusão lógica ou consumativa. Por exemplo, imagine-se a sentença proferida com base no art. 485, III, "a" do CPC, isto é, quando o réu reconhece o pedido do autor. É óbvio que nesta hipótese, embora tenha legitimação, e interesse, eis que é parte e sucumbiu, foi o próprio réu o causador da sua condenação e, consequentemente, este fato processual o impede de recorrer.

O fato extintivo também guarda correlação com a preclusão lógica ou a consumativa, pois num ou noutro caso decorrerá da aceitação, expressa ou tácita da decisão. Imagine-se que a parte sucumbente cumpra a sentença. Nessa hipótese, embora tenha legitimidade e seja sucumbente, não poderá recorrer porque aceitou tacitamente a sentença ao cumpri-la espontaneamente.

27.7 Requisitos extrínsecos

Os chamados requisitos extrínsecos do recurso diferem dos intrínsecos não porque dizem respeito à própria existência do direito de recorrer, mas pela maneira pela qual este direito é exercido. São eles: a) a tempestividade; b) a regularidade formal; c) a fundamentação do recurso; e d) o preparo.

A tempestividade guarda correlação natural com a preclusão temporal. Não se pode perder de mente que recurso é ato processual da parte, com expressa previsão legal. Esta previsão legal não diz respeito apenas ao espaço processual do seu cabimento, mas também ao tempo correto do seu exercício. Assim, todo recurso deve ser necessariamente interposto dentro do prazo previsto na norma processual. O recurso interposto fora do prazo é intempestivo e, como tal, inadmissível. A lei não estabelece um prazo único para todos os recursos, porém há um prazo de 15 dias para interposição da maioria deles, como se vê no §5º do art. 1.003 do CPC. A exceção desse prazo se opera para os embargos de declaração, cujo prazo é de 5 dias, e para algumas modalidades de apelação civil previstas em leis especiais, como nos processos que correm nos Juizados Especiais Cíveis e no Juizado da Infância e da Adolescência. A contagem do prazo recursal se inicia quando verificada a intimação da decisão recorrível, aplicando-se as mesmas regras de contagem de prazos processuais, observado o disposto no art. 1.003 do CPC, segundo o qual conta-se o prazo da data em que os advogados, a sociedade de advogados, advocacia pública, a Defensoria Pública ou o Ministério Público são intimados da decisão. Obviamente, quando a decisão se der em audiência, considerar-se-á intimada a parte naquele momento.

A regularidade formal decorre em sede recursal do princípio da instrumentalidade das formas e do próprio contexto geral da forma do ato jurídico processual, pois, como se disse, recurso é ato processual da parte. Todo ato processual é praticado de determinada forma. Por vezes, a lei disciplina a forma. No caso específico dos recursos, tem-se que é ato processual literal, o que significa que precisa ser praticado de forma escrita, ainda que no chamado processo judicial eletrônico.

O último requisito extrínseco é o preparo. Preparar o recurso nada mais é do que recolher antecipadamente as custas judiciais de seu processamento. Em sede recursal, todavia, o recolhimento das custas ganha *status* de requisito de admissibilidade. A falta de preparo acarreta o fenômeno processual da deserção. Mesmo que presentes todos os outros requisitos necessários para a interposição e a admissibilidade do recurso, se não houver o preparo, isto é, o correto recolhimento das custas processuais, o recurso será julgado deserto e nesta condição se tornará inadmissível.

Chama-se atenção neste tópico para o disposto no art. 1.007 do CPC, que determina que a comprovação do recolhimento das custas recursais deverá ser demonstrada no ato da interposição do recurso, isto significa que ao protocolizar a peça recursal deverá a parte instruí-la com a comprovação ou a indicação do recolhimento das custas específicas, conforme as normas de organização judiciária aplicáveis à espécie.

Se a parte recolher insuficientemente o valor necessário, será intimada para completá-lo no prazo de 5 dias, conforme dispõe o §2º do referido art. 1.007 do CPC. Entretanto, esta benesse legal só existe para o recolhimento prévio insuficiente e não para a falta do recolhimento. Se a parte interpuser o recurso e não comprovar o recolhimento das custas recursais, não será beneficiada pelo disposto no §2º do art. 1.007 do CPC, eis que incidirá o disposto no §4º do mesmo dispositivo, isto é, o recorrente será intimado, na pessoa de seu advogado, para realizar o recolhimento em dobro. Observe-se, com bastante cautela, que para evitar a deserção o recolhimento a destempo só será possível uma única vez e, mesmo assim, em dobro, pois nesta hipótese mesmo o recolhimento insuficiente acarretará a deserção, nos termos do §4º do art. 1.007.

27.8 Competência para o juízo de admissibilidade

Na instância recursal denomina-se órgão *a quo* aquele onde foi interposto o recurso. E o recurso, de regra, é interposto perante o órgão jurisdicional que prolatou a decisão impugnada.[296] Denomina-se órgão *ad quem* aquele para onde o recurso é endereçado, ou seja, aquele que julgará o recurso. O competente para o exame do juízo de admissibilidade do recurso, em regra, é o órgão jurisdicional *ad quem*.

O juízo de admissibilidade recursal guarda grande semelhança com o juízo de admissibilidade da ação. Da mesma forma que este, o juízo de admissibilidade recursal não precisa ser expresso. Apenas quando for negativo, isto é, quando não admitir o recurso é que terá que ser expresso e fundamentado. Porém, se afirmativo, pode ser tácito, pois se se conhece da questão de fundo do recurso, isto é, se julga o recurso é porque o entendeu admissível.

Também por obviedade inconteste, a natureza do juízo de admissibilidade é de juízo declaratório.

27.9 Juízo de mérito

Como se disse antes, não existe preliminar em recurso. Se o recurso versar sobre questão preliminar, em sede recursal isto também será mérito do recurso. A rigor, as questões previstas no §1º do art. 1.009, as quais devam ser suscitadas em preliminar de apelação, não são tecnicamente preliminares processuais, porém questões eventualmente prejudiciais ao exame da questão de fundo da apelação e que devem ser suscitadas anteriormente.

Portanto, tudo o que não é juízo de admissibilidade é juízo de mérito em sede recursal. Assim, se diz que o juízo de mérito recursal consiste na verificação da fundamentação do recurso. Esta verificação, necessariamente, passa por dois tipos de análise de erros que podem eivar a decisão impugnada: *erro in procedendo*, quando o juiz deixa de observar as regras processuais, e *erro em judicando*, quando o juiz deixa de observar regra de direito material, no sentido de decidir errado, aplicar mal o direito ou apreciar mal os fatos da causa.

27.10 Efeitos dos recursos

Como ato jurídico processual da parte, os recursos visam a gerar efeitos jurídicos processuais. São três: a) impedir que a decisão recorrida transite em julgado e se torne irrecorrível, ou retardar essa situação, art. 502 do CPC; b) efeito suspensivo que

---

[296] A exceção é o agravo de instrumento (art. 1.016 do CPC).

consiste em impedir que se manifestem desde logo os efeitos da decisão. Observe-se que, na sistemática atual, a regra é a suspensividade dos efeitos da decisão impugnada pelo recurso, e as exceções estarão previstas expressamente na norma processual ou decorrerão de decisão judicial em sentido diverso sobre o que falaremos adiante; c) o efeito devolutivo que é a transferência que ocorre da matéria decidida pelo órgão *a quo* para o órgão *ad quem*.

27.11 Cessação antecipada do recurso. Deserção e desistência

A cessação antecipada dos recursos ocorre em razão de duas figuras processuais. A deserção e a desistência. A deserção, como se viu anteriormente, é uma sanção processual pela falta de preparo do recurso no momento oportuno. Tornando-se deserto, o recurso se torna inadmissível e como tal não será apreciado.

A desistência é ato unilateral da parte recorrente que pode desistir do recurso, mas evidentemente após a sua interposição. Na técnica processual desistir do recurso é manifestar a vontade de que ele não seja julgado. Observe-se que em sede recursal a desistência ao pronunciamento do órgão jurisdicional é diversa daquela do processo de conhecimento, porquanto não depende do consentimento da parte recorrida, ainda que esta já tenha contrarrazoado o recurso (art. 998 do CPC). Esta situação dialética é diversa daquela que se coloca na instância original, uma vez que, após decorrido o prazo para a resposta, o autor não poderá desistir da ação sem o consentimento do réu, nos termos do art. 485, §4º do CPC.

Por último, é preciso não confundir desistência do recurso com renúncia ao direito de recorrer. A renúncia é sempre anterior à interposição do recurso e é ato unilateral da parte que abre mão do direito de recorrer, ao passo que a desistência é sempre posterior à interposição. Renuncia-se ao que se poderia fazer e não se faz e desiste-se de obter o resultado possível do que se fez.

27.12 Modalidades de recurso

O art. 994 do CPC prevê os seguintes recursos: apelação; agravo de instrumento; agravo interno; embargos de declaração;[297] recurso ordinário; recurso especial; recurso extraordinário; agravo em recurso especial ou extraordinário e embargos de divergência.

27.13 Recurso adesivo

Houve-se bem o legislador do Código de Processo Civil de 1973 quando inspirado na *impugnazone incidentale* italiana, posteriormente desdobrada pela doutrina daquele país em *adesiva e riconvenzionale*,[298] instituiu o recurso adesivo. A justificativa para esta modalidade recursal encontra-se no princípio da economia processual. Vezes há que ambos litigantes resultam parcialmente sucumbentes. Para tanto, basta que o pedido

---

[297] Quanto à natureza jurídica dos embargos de declaração, há a divergência de sua natureza de recurso, entendendo alguns, como nós, que se trata de incidente processual de aperfeiçoamento da prestação da tutela jurisdicional.
[298] ZANZUCCHI, Marco Tulio. *Diritto processuale civile*. 5. ed. Milão: Giuffré, 1962. v. 2. p. 198.

tenha sido parcialmente deferido ou que a parte autora tenha deduzido em juízo várias pretensões e que parte delas tenha sido acolhida e parte rejeitada, o que na doutrina e na práxis forense costuma-se denominar de sucumbência recíproca ou parcial de ambas as partes.

A origem remota do recurso adesivo encontra-se na terceira fase do processo romano, isto é, no período da *cognitio extraordinária*. Segundo as fontes, mais ou menos pelo ano de 530 d.C., a *Ampliorem* editada por Justiniano passou a permitir que o apelante pudesse requerer a reforma da sentença na parte que lhe fora desfavorável mesmo quando ausente da audiência de julgamento. Tal procedimento rompia com a tradição, eis que permitia ao juiz substituir o apelante na prática formal do ato processual. O passo seguinte foi tornar tal iniciativa verdadeiro benefício comum passando a coexistir com a iniciativa da parte. A ruptura então operada teve como consequência dotar o recorrido da faculdade processual de contrarrazoar o recurso do apelante.[299]

No regime antecedente ao Código de Processo Civil de 1973, cada parte que se insurgisse contra a parcela da decisão que lhe tivesse sido desfavorável teria que propor o recurso independentemente da atitude da parte adversa. Nesse contexto, era comum a parte recorrer de todo modo, ainda que aquela situação posta na decisão lhe fosse satisfatória, desde que a outra parte não recorresse. Todavia, com receio de que, permanecendo inerte, e o recurso da parte adversa pudesse reformar o julgado de modo que o que houvera ganho fosse perdido e o que havia perdido não tivesse como reformar pela ocorrência da preclusão temporal, a parte recorria sempre.

Na atual disciplina, o Código manteve a possibilidade de a parte parcialmente sucumbente quedar-se inerte de modo a acatar a decisão que lhe é apenas parcialmente favorável, porém sem correr o risco de perder a possibilidade de reverter aquilo que lhe é desfavorável na hipótese da parte contrária intentar recurso.

É disto que trata o §1º do art. 997 do Código de Processo Civil quando explicita que, sendo vencidos autor e réu, ao recurso interposto por qualquer deles poderá aderir a outra parte. Nada obstante, como dispõe o §2º do referido artigo, o recurso adesivo fica subordinado ao recurso principal e, nessas condições: a) será interposto perante a mesma autoridade judiciária competente para receber o recurso principal; b) o prazo para sua interposição é o prazo da resposta do recurso principal; c) tem cabimento nas seguintes modalidades recursais: apelação, recurso extraordinário e recurso especial; d) não será conhecido se houver desistência ou se o recurso principal não for admitido.

Observe-se, entretanto, que da natureza subordinada do recurso adesivo decorre que só a parte recorrida detém legitimidade recursal para interpô-lo, mas não o terceiro prejudicado, nem mesmo o Ministério Público se não era parte principal do processo.

Com relação ao prazo para interposição do recurso adesivo, a regra de que deve ser interposto no mesmo prazo da apresentação das contrarrazões ao recurso principal, a nosso ver, disse menos do que pretendia e precisava dizer. Com efeito, a melhor interpretação é a que indica que o recurso adesivo deve ser interposto não só durante o prazo para a apresentação das contrarrazões, porém concomitantemente a estas, ainda que em peça instrumental separada. Esta interpretação repousa sua coerência nos seguintes fundamentos processuais: a) todo contra-ataque previsto no processo de

---

[299] NORONHA, Carlos Silveira. *Do recurso adesivo*. Rio de Janeiro: Forense, 1974. p. 33.

conhecimento é exercido concomitantemente com a resposta;[300] b) a natureza adesiva do recurso traz ínsita uma condição processual de subordinação, haja vista que até seu próprio conhecimento, em última análise, está adstrito ao conhecimento do recurso principal; c) a apresentação do recurso adesivo implicará, necessariamente, a intimação para que a parte adesivamente recorrida apresente contrarrazões ao recurso adesivo. Portanto, se o recorrente adesivo pudesse responder ao recurso principal antes do término do prazo e recorrer adesivamente até seu final, o expediente cartorial teria sempre que esperar o final do prazo toda vez que houvesse sucumbência recíproca.

Em nosso entendimento, a fixação do termo final para interposição do recurso adesivo concomitantemente com a apresentação das contrarrazões ao recurso principal é consequência da preclusão consumativa e não temporal. É que a apresentação das contrarrazões esgota a atuação do recorrido na fase recursal no que diz respeito à postulação. Ora, o recurso adesivo nada mais é do que a postulação recursal do legitimado para recorrer. Portanto, nada mais lógico que o exercício desta postulação se faça juntamente com aquela.[301]

Em favor de a tese do prazo para interposição do recurso adesivo ser o mesmo para a apresentação das contrarrazões ao recurso principal, independentemente da apresentação conjunta de ambas as peças processuais, milita o argumento de que a redação anterior do art. 500, I do CPC de 1973 estabelecia o prazo de dez dias para a interposição do recurso adesivo. Ora, se considerarmos que, nas modalidades de seu cabimento o prazo para apresentação das contrarrazões ao recurso principal é de quinze dias, teríamos, na forma da lei, uma abertura para a possibilidade de sua interposição não concomitante, sob pena de reduzir-se o prazo para as contrarrazões.

Nada obstante, essa questão continua controvertida na doutrina e na jurisprudência. Por óbvio, a cautela recomenda que se interponha o recurso adesivo juntamente com a apresentação das contrarrazões, situação certamente mais confortável para o recorrente aderente que não sofrerá qualquer contratempo com relação à tempestividade da interposição de seu recurso.

---

[300] *Vide* a arguição de defesa preliminar, art. 336, e a reconvenção, art. 343 do CPC.
[301] Em sentido contrário, Barbosa Moreira, para quem "o prazo para interposição do recurso adesivo é o que a parte dispõe para recorrer, isto é, 15 dias (artigo 508 do CPC). Não se exige que a petição de adesão e a resposta ao recurso principal sejam apresentadas simultaneamente, basta que ambas o sejam na quinzena" (aqui o autor se refere ao art. 508 do CPC de 1973) (MOREIRA, José Carlos Barbosa. *Comentários ao Código de Processo Civil*. 10. ed. Rio de Janeiro: Forense, 2002. p. 322).

DA APELAÇÃO

28.1 Generalidades

A apelação é o recurso de uso mais frequente e o mais importante do ponto de vista prático no processo civil. Historicamente pode ser considerada a matriz de todos os recursos e encontra congêneres em praticamente todos os ordenamentos processuais atuais. A importância da apelação como uma espécie de recurso universal no processo civil decorre de se tratar do recurso cabível contra a sentença. Como se disse antes, no capítulo próprio, a sentença é o ato jurisdicional mais importante do processo, uma vez que até a sentença existem meras expectativas das partes contendoras e, após a sentença, passa a existir um pronunciamento jurisdicional de julgamento da lide trazida a juízo. A partir daí, tudo que interessará será sentença e tudo que se decidirá será sobre a sua invalidação, manutenção ou reforma. Ora, sendo a apelação o recurso pelo qual se ataca a sentença e sendo esta o ato processual mais importante, por óbvio, a apelação é o recurso processual mais importante.

Todavia, a supremacia da importância da apelação não significa que em todos os sistemas jurídicos a sua utilização tenha os mesmos objetivos. Embora a regra no direito comparado seja a observância da apelação para a impugnação da sentença, tal qual no sistema processual brasileiro, existem, ainda que excepcionalmente, outras situações.

Destarte, têm-se três sistemas com relação à apelação: a) o sistema da utilização universal, como o brasileiro, em que cabe apelação contra toda e qualquer sentença visando à sua nulidade ou a sua reforma; b) o sistema de supressão da apelação, em que das sentenças ou de determinadas sentenças não cabe recurso; c) o sistema da restrição da apelação, o qual se subdivide em sistema de restrição com substituição, em que só algumas matérias podem ser objeto de reforma pela instância recursal e em que, normalmente, não se revisam fatos e o sistema de restrição sem substituição, em que só o *error in judicando* é objeto do recurso contra a sentença, o que significa que só os aspectos formais visando à sua anulação podem ser objeto da apelação, ou seja, a instância recursal só poderá anular a sentença, devolvendo-a à instância recorrida para que prolate outra sentença, mas não poderá substituí-la. Guardadas as devidas proporções, este sistema assemelha-se a decisão soberana do júri que não pode ser modificada pelo tribunal superior, mas pode ser anulada.

28.2 Cabimento

A apelação tem cabimento limitado à sentença. O art. 203, §1º, do Código de Processo Civil, define a sentença como ato do juiz que, com fundamento nos arts. 485 e 487, põe fim à fase cognitiva do procedimento comum, bem como extingue a execução. Tais artigos, por sua vez, cuidam da extinção do processo sem resolução do mérito (art. 485) ou com resolução de mérito (art. 487). Melhor seria que o Código definisse a sentença como o ato jurisdicional que põe fim ao procedimento em primeiro grau de jurisdição, porque, justamente com a interposição do recurso, no caso, apelação, dar-se-á a dilação processual, isto é, o processo continuará.

Toda vez que a atividade processual em 1º grau se encerrar, com ou sem resolução do mérito, o recurso cabível será a apelação. Assim, tanto haverá apelação contra sentença definitiva, como teremos apelação contra sentença terminativa. Mas, jamais haverá apelação contra decisão interlocutória ou contra despacho de mero expediente, estes, aliás, irrecorríveis. Do mesmo modo, também não existe apelação contra julgamento no tribunal. A apelação só cabe contra sentença de juízo de primeiro grau.

Existem situações processuais dúbias, em que certos pronunciamentos ora são entendidos como decisões interlocutórias, ora como sentenças, havendo divergência na doutrina e na jurisprudência. Isto costuma acontecer na hipótese de julgamento de processo incidente. Na verdade, existem aqui e ali no Código de Processo Civil, situações em que se confunde processo incidental com incidente processual. Caso se trate de incidente processual, o julgamento dar-se-á por uma decisão interlocutória, porém, tratando-se de processo incidental, o recurso será a apelação. Nesses casos, quando a hipótese é duvidosa, incide o princípio da fungibilidade recursal em que o recurso pode ser admitido como outro que seria o cabível, desde que interposto no prazo legal. Isto costuma acontecer entre o agravo de instrumento e a apelação. No entanto, só se admite a aplicação do princípio da fungibilidade nas hipóteses duvidosas, jamais naquelas em que se tratar de erro grosseiro.

28.3 Admissibilidade

Além do cabimento, a admissibilidade da apelação prescinde também do exame dos demais requisitos. No tocante a alguns deles não há nada de específico, pelo que terão que ser apurados conforme os critérios gerais do exame desses requisitos para a admissibilidade de qualquer recurso. É o que se dá com a legitimação e com o interesse de recorrer e com a inexistência de fato impeditivo ou extintivo. O exame de tais requisitos se apresenta para a apelação da mesma maneira que se apresenta para outros recursos. Há, pois, de se ver em termos de apelação apenas aquilo que existe de específico no tocante aos requisitos de admissibilidade.

A tempestividade para interposição da apelação está prevista no §5º art. 1.003 do CPC, isto é, o prazo de 15 dias. Destarte, qualquer que seja a ação e qualquer que seja o procedimento, à exceção feita aos processos da justiça especial cível e o dos procedimentos cíveis previstos no Estatuto da Criança e do Adolescente, o prazo para interposição da apelação será sempre de 15 dias.

Os requisitos da regularidade formal da apelação estão dispostos no art. 1.010, I, II, III e IV do CPC, os quais estabelecem os elementos formais necessários à interposição da apelação, que há de ser interposta sempre por escrito. Assim, toda apelação para ser formalmente regular terá que conter, corretamente, os nomes e as qualificações das partes, suficientemente, os fundamentos de fato e de direito, as razões do pedido de reforma ou de decretação de nulidade e, certamente, o pedido de nova decisão. A única observação pertinente aqui é quanto ao inc. IV do art. 1.010, que, em nosso entendimento, não primou pela melhor técnica processual, na medida em que na apelação não se trata tecnicamente de pedido, porém, de requerimento de nova decisão.

Quanto à fundamentação da apelação, trata-se de requisito que exige, quando da sua interposição, a apresentação das razões pelas quais o apelante entende que a sentença apelada deva ser anulada ou reformada, ou subsidiariamente as duas coisas.

O apelante pode pretender a anulação ou a reforma da sentença, conforme o tipo de vício ou de erro que alegue em sua fundamentação. Quando aponta o *error in procedendo*, pleiteia a anulação da sentença. Quando alega o *error in judicando*, pleiteia a reforma da sentença. No primeiro caso, se o apelante tiver razão, o Tribunal anulará a sentença e os autos voltam ao juízo *a quo* para que outra sentença seja proferida. No segundo caso, se o apelante tiver razão, o Tribunal dará nova decisão, reformando a sentença apelada.

Nos casos de sentença que tenha extinguido o processo sem resolução do mérito, e o tribunal anulá-la ou reformá-la, poderá a instância *ad quem* julgar desde logo a lide, se a sentença estiver fundada no art. 485 ou se decretar a nulidade da sentença por não ser ela congruente com os limites do pedido ou da causa de pedir.[302] A apelação também se presta à atividade processual sanatória do órgão *ad quem*, tanto que, verificando o tribunal a existência de nulidade sanável, poderá, aliás, deverá ou terá, que determinar a realização ou renovação do ato processual, intimadas as partes e, cumprida a diligência, sempre que possível prosseguirá o julgamento da apelação.[303]

Pode acontecer, entretanto, que as razões da apelação se fundem tanto em *error in procedendo* como em *error in judicando*, nesse caso, a apelação apresentará em primeiro lugar o pleito para anulação da sentença, e, subsidiariamente, para hipótese de o tribunal não entender que seja caso de anulação, a apelação pleiteará a reforma da sentença. Mesmo nesse caso, não se deve perder de vista que a regularidade da sentença é questão de ordem pública e sua nulidade pode ser conhecida de ofício, portanto, o tribunal poderá anular a sentença ainda que não haja requerimento neste sentido. Isto é, se o tribunal verificar nulidade insanável na sentença, poderá anulá-la, mesmo que o apelante tenha requerido apenas a reforma da sentença.

28.4 Efeitos da apelação. Efeito suspensivo e efeito devolutivo

Admitida a apelação, terá ela, como qualquer outro recurso, o efeito de impedir, de imediato, o trânsito em julgado e, ao lado desse efeito, terá os dois efeitos clássicos atribuíveis aos recursos de modo geral: o efeito suspensivo e o efeito devolutivo.

O efeito suspensivo da apelação consiste em não permitir que se produzam os efeitos da sentença. É um antídoto, uma espécie de força paralisante contra os efeitos da

---

[302] Em conformidade com o art. 1.013, §3º, I e II, do CPC.
[303] Em conformidade com o art. 938, §§1º e 2º, do CPC.

sentença. A sentença como qualquer outro ato jurídico processual destina-se a produzir efeitos jurídicos, com a peculiaridade de que esses efeitos serão produzidos também, e principalmente, fora do processo, mas, enquanto a sentença estiver sujeita à apelação, esses efeitos, em regra, não se produzem. Em verdade, não é necessário aguardar que a apelação seja interposta para paralisar os efeitos da sentença, mesmo antes da interposição da apelação, esses efeitos já se encontram paralisados pela só possibilidade de a sentença ser apelada. A rigor, não é bem a apelação que produz o efeito suspensivo, mas a possibilidade de apelação.

Em nosso sistema processual civil, a regra é de que a apelação tem efeito suspensivo. Todavia, a lei abre exceções. Em alguns casos, sempre expressamente previstos em lei, a apelação não terá efeito suspensivo. No Código de Processo Civil são as hipóteses previstas no art. 1.012, quais sejam, as das apelações interpostas contra as sentenças que: a) homologar a divisão ou a demarcação de terras; b) condenar a pagar alimentos; c) extinguir, sem resolução de mérito, ou julgar improcedentes os embargos do executado; d) julgar procedente o pedido de instituição de arbitragem; e) confirmar, conceder, ou revogar tutela provisória; f) decretar a interdição. Existem também hipóteses de não suspensividade dos efeitos da sentença em leis especiais, como exemplo, as das ações previstas na Lei de Inquilinato.[304]

Com relação ao efeito devolutivo, observa-se que na técnica jurídica a expressão significa devolver no sentido de transferir, de passar adiante. Quando a lei processual estabelece que o recurso devolve, quer dizer que o recurso transfere o conhecimento daquela matéria. Aquela matéria que era objeto ou que foi objeto da atividade cognitiva do órgão *a quo* transfere-se pelo efeito devolutivo do recurso para ser objeto da atividade cognitiva do órgão *ad quem*. É neste sentido que o art. 1.013, *caput*, do CPC, determina que "a apelação devolverá ao tribunal o conhecimento da matéria impugnada". A matéria impugnada, por sua vez, pode ser tudo e pode não ser tudo, pois que o sucumbente, apelante, não é obrigado a apelar de tudo.

28.5 Extensão e profundidade do efeito devolutivo

Esta delimitação voluntária do efeito devolutivo da apelação diz respeito à extensão do requerimento de reforma da sentença. Disto se conclui que o efeito devolutivo se mede pela extensão da apelação, isto é, devolve-se aquilo que foi impugnado, o que não foi impugnado não se devolve. Cabe ao apelante resolver o que vai e o que não vai impugnar. É o conhecido princípio *tantum devolutum quantum apelatum*. A medida da devolução é a medida da apelação. Isso porque, na petição inicial, o autor pode ter deduzido vários pedidos. A sentença pode ter sido improcedente e o autor, agora apelante, ter apelado apenas contra o indeferimento a um pedido. Isto significa que o tribunal não poderá condenar o réu nos pedidos contra os quais o autor não recorreu.

Da mesma forma, com relação à quantidade, evidentemente nas hipóteses fungíveis e como tal mensuráveis. Por exemplo: se se tratar de uma ação de cobrança julgada improcedente e o autor, apelante, recorrer visando à reforma da sentença para condenar o réu em valor menor do que o inicialmente pedido. Nesse caso, também, o tribunal não poderá condenar o réu no valor pedido na inicial.

---

[304] Art. 58, V, da Lei nº 8.245/91.

Hipótese interessante é a que surge quando os pedidos são diversos e a sentença defere um e nega outro. Por exemplo: o autor pediu "x" mais "y". A sentença julgou procedente o pedido "x" e improcedente o pedido "y". No caso, ambos podem apelar, o autor para requerer o acréscimo do pedido "y" na condenação e o réu para requerer a improcedência do pedido "x". E aí podem acontecer várias coisas: a) o tribunal concorda com o juiz, confirma que "x" sim e que "y" não; b) o tribunal atende totalmente ao autor, confirma "x" e acrescenta "y"; c) o tribunal dá provimento à apelação do réu e nega a do autor, isto é, nem "x" nem "y"; ou d) o tribunal troca tudo, dando provimento às duas apelações, entende que o juiz errou em tudo, no que deu e no que negou, ou seja, deveria ter dado "y" e negado "x".

Veja-se, porém, o que acontecerá caso só o autor apele. Tendo o juízo *a quo* dado provimento ao pedido "x" e negado o pedido "y", a sentença transitou em julgado quanto ao pedido "x", porque o réu não apelou, isto é, não ocorreu o efeito de evitar o trânsito em julgado quanto a "x". Nesta hipótese, o tribunal não poderá tirar "x" do autor porque já transitou em julgado, e só vai se pronunciar sobre "y". O mesmo dar-se-á na hipótese inversa, caso só o réu apele.

Observe-se, então, que quando as duas partes são vencidas ao mesmo tempo parcialmente, e só uma recorre, o tribunal ou mantém as coisas como estão, ou atende à parte que recorreu, mas não pode nunca piorar a situação do recorrente, é o que se chama de proibição da *reformatio in pejus*. Mas esta proibição só existe quando a sentença for parcialmente procedente a um e parcialmente favorável ao outro e apenas um deles recorre.

Da mesma forma ocorre com o réu que alegue duas defesas concomitantemente, como o perdão da dívida e compensação por importância igual e o juiz acolhe uma das defesas, mas rejeita a outra e julga improcedente o pedido, por exemplo, porque houve o perdão da dívida. A hipótese é curiosa porque o réu não pode apelar uma vez que não sucumbiu, mas o autor pode porque o pedido foi julgado improcedente. O tribunal pode concluir que não tenha ocorrido o perdão da dívida, fundamento do qual se valeu o juízo de primeiro grau para julgar improcedente o pedido, mas que o réu é realmente credor do autor por igual importância, portanto o réu não deve ser condenado, porém por outro fundamento. Nessa hipótese, embora por outro fundamento, o tribunal confirmará a sentença e manterá o indeferimento ao pedido.[305]

Tudo isso porque o efeito devolutivo é limitável na extensão, mas sempre pleno na profundidade, o que significa que os motivos, as razões de decidir, são todos devolvidos à instância recursal.

Entretanto, com relação às chamadas questões novas que não tenham sido suscitadas, isto é, não tenham sido submetidas à apreciação do juízo *a quo* e que visitem o processo pela primeira vez já no grau de apelação, não se trata de novos pedidos ou de novas causas de pedir, porém de argumentos novos dos quais possa resultar, na instância recursal, convicção diversa da que chegou a instância recorrida, com respeito ao mesmo pedido e à mesma causa de pedir.

Nesse tema há que se fazer uma distinção entre questões de fato e questões de direito. As questões de direito são sempre suscetíveis de serem arguidas pela primeira vez

---

[305] MOREIRA, José Carlos Barbosa. *O novo processo civil brasileiro*. 8. ed. Rio de Janeiro: Forense, 1988. p. 183-184.

perante o juízo da apelação, não se exigindo que já tenham sido objeto de conhecimento pela instância recorrida. Já as questões de fato nem sempre podem ser suscitadas na apelação, mas somente se a parte que as trouxer provar que deixou de apresentá-las em primeiro grau de jurisdição por motivo de força maior.[306]

Motivo de força maior é aquele que independe da vontade da parte e que tem força suficiente para impedi-la, tais como: o fato novo, isto é, o ocorrido após a sentença; o fato ocorrido antes, mas só conhecido pela parte após a sentença ou o fato ocorrido antes e de conhecimento anterior, mas que a parte não pôde trazê-lo ao conhecimento do advogado oportunamente.

Em todas essas hipóteses, a parte interessada, e aqui isto vale tanto para o apelante como para o apelado, tem que provar o motivo de força maior, e da produção desta prova a parte adversa terá que participar, sob pena de desatendimento ao princípio do contraditório.

Fora desses limites não existe o benefício de trazer fato novo na apelação, o que significa que só se pode argumentar na apelação com os mesmos fatos que foram objeto de argumentação do juízo *a quo*. Tudo isto, porém, só se aplica à apelação das partes originais, mas não se aplica à apelação do terceiro prejudicado. O terceiro prejudicado também pode apelar, mas, como não foi parte no primeiro grau de jurisdição, não podia ter suscitado qualquer questão, portanto, o terceiro prejudicado que apela pode suscitar qualquer questão na apelação.

28.6 Procedimento da apelação

A apelação é interposta por petição dirigida ao juízo de primeiro grau. Dela terá que constar o nome e a qualificação das partes, a exposição dos fatos e do direito, as razões do pedido de reforma ou de decretação de nulidade da decisão recorrida e o requerimento para que o órgão *ad quem* prolate nova decisão.

Interposta a apelação, o apelado será intimado para apresentar suas contrarrazões em 15 dias, se o apelado interpuser apelação adesiva, o apelante será intimado para apresentar suas contrarrazões no mesmo prazo.

Em seguida, serão os autos remetidos ao tribunal *ad quem*, independentemente de juízo de admissibilidade, o que significa que nos termos do §3º do art. 1.010 do CPC, a rigor, sequer o pressuposto da tempestividade poderá barrar a tramitação da apelação no juízo *a quo*.

Recebida a apelação, no tribunal *ad quem* ela será distribuída ao relator, o qual poderá: a) de pronto, decidi-la monocraticamente, apenas se se tratar de uma das hipóteses previstas no art. 932, incs. III a V, quais sejam: i) inadmissibilidade, por exemplo, por intempestiva; ii) estar prejudicada, por exemplo, porque houve alguma alteração fática que a tornou sem objeto; ou iii) caso a apelação não tenha impugnado especificamente os fundamentos da decisão recorrida; ou b) não sendo hipótese de decisão monocrática, o relator elaborará seu voto para julgamento do recurso pelo órgão colegiado.

---

[306] Art. 1.014 do Código de Processo Civil.

No mais, o procedimento da apelação atenderá ao que dispuserem as regras do Código de Processo Civil referente à ordem dos processos nos tribunais e, quando for o caso, ao próprio regimento interno do Tribunal de Justiça respectivo.

DO AGRAVO DE INSTRUMENTO

29.1 Cabimento

O agravo de instrumento cabe contra decisões interlocutórias que versarem sobre: a) tutelas provisórias; b) mérito do processo; c) rejeição de alegação de convenção de arbitragem; d) incidente de desconsideração da personalidade jurídica; e) rejeição do pedido de gratuidade de justiça ou acolhimento do pedido de sua revogação; f) exibição ou posse de documento ou coisa; g) exclusão de litisconsorte; h) rejeição do pedido de limitação do litisconsórcio; i) admissão ou inadmissão de intervenção de terceiros; j) concessão, modificação ou revogação do efeito suspensivo aos embargos à execução; k) redistribuição do ônus da prova nos termos do art. 373, §1º; l) decisões interlocutórias proferidas na fase de liquidação de sentença ou de cumprimento de sentença, no processo de execução e no processo de inventário; m) nos outros casos expressamente referidos em lei.

A despeito da previsão contida na alínea "b" acima, mérito do processo, todas as demais previsões se revestem de decisões interlocutórias. Por decisão interlocutória deve-se entender, como já dito anteriormente, o ato jurisdicional decisório proferido no processo, mas que não tem o condão de encerrar o processo ou o procedimento no primeiro grau de jurisdição.[307]

O que caracteriza a decisão interlocutória e a difere da sentença e do despacho de mero expediente é que a sentença – definitiva ou terminativa, esta embora não resolvendo a questão de mérito – põe fim ao processo ou ao procedimento em primeiro grau de jurisdição. Já os despachos de mero expediente são atos de mero impulso processual que não resolvem questão alguma e não põem fim ao processo. As decisões interlocutórias resolvem uma questão, que não a de mérito, no curso do processo.

Já vimos anteriormente que questão é todo ponto, de fato ou de direito, controvertido, surgido no processo. Assim, se o ato que se está examinando decide uma questão que não a de mérito, trata-se de decisão interlocutória.

---
[307] O art. 203, §§1º e 2º, do CPC define decisão interlocutória.

O cabimento do agravo de instrumento está disciplinado no art. 1.015 do Código de Processo Civil. Assim, caberá agravo de instrumento contra as decisões interlocutórias ali previstas, em qualquer tipo de procedimento, comum, especial ou de ações previstas em legislação extravagante, de jurisdição voluntária ou de jurisdição contenciosa, bem como de qualquer decisão interlocutória proferida em liquidação ou cumprimento de sentença, no processo de execução ou no processo de inventário.

Chama-se agravo porque é recurso destinado a impugnar ato decisório do juiz causador de gravame ou prejuízo ao litigante.[308] Assim, a ideia do agravo prende-se ao inconformismo contra o prejuízo sofrido pela parte no processo e não pelo processo.

O agravo tem origem no vetusto direito português justamente para impugnar sentenças que não eram recorríveis pela apelação. É fácil perceber que, numa época remota em que as distâncias eram maiores e os meios de comunicação escassos, houvesse sentenças locais ou dirigidas a classes menos favorecidas. Também é fácil presumir que os prejudicados procurassem recorrer no sentido de ir ao rei ou às cortes superiores desagravarem-se de tais prejuízos. Fato é que antes mesmo das Ordenações Afonsinas, previa-se em Portugal apelação cabível contra sentenças terminativas, definitivas ou interlocutórias e agravo cabível em outros casos de atos judiciais decisórios, expressamente previstos em lei.

Posteriormente, houve a supressão das apelações nas sentenças interlocutórias, dando-se origem ao agravo de instrumento. Por isso mesmo que no estudo do agravo é imperioso traçar um paralelo com o despacho, isto é, a decisão de saneamento. Como dissemos antes, o despacho saneador ou a decisão de saneamento é uma criação típica do direito português e certamente sua maior contribuição científica para o desenvolvimento geral do direito processual civil. A decisão de saneamento é por excelência a decisão interlocutória típica e a mais importante do processo, portanto, nada mais lógico que a mesma cultura jurídica e a prática forense que criaram o despacho saneador moldassem o meio recursal próprio e específico de sua impugnação. Historicamente, se compararmos a evolução do despacho saneador e a do agravo, veremos que nos primórdios os dois institutos processuais praticamente caminham *pari passu*.

Entretanto, o código de 2015, a nosso ver em equívoco indesculpável, não previu expressamente o cabimento do agravo, nem mesmo retido, contra a decisão de saneamento. Mas prevê seu cabimento contra decisões que devam ser, pela regra do art. 357, *caput* do CPC, decididas por ocasião do saneamento do processo. Assim é que não cabe agravo de instrumento contra a decisão de saneamento, todavia, cabe contra a decisão que redistribuir o ônus da prova, o que implica reconhecer a possibilidade da interposição do agravo de instrumento contra qualquer decisão, tomada a qualquer tempo no processo, com relação à produção ou distribuição do ônus da prova. De mais a mais, é verdadeiro contrassenso deixar em aberto qualquer decisão de primeiro grau referente à instrução do processo, pois pela ausência de preclusão a matéria será necessariamente devolvida na apelação, e, se reformada a decisão na instância recursal, o processo retornará à instância inferior para complementação da instrução.

---

[308] SANTOS, Moacyr Amaral dos. *Primeiras linhas de direito processual civil*. 22. ed. São Paulo: Saraiva, 2008. v. III. p. 133.

29.2 O sistema do Código de Processo Civil

Tecnicamente, a matéria de impugnação das decisões interlocutórias pode ter três tratamentos: a) não se admite impugnação das decisões interlocutórias, isto é, elas são irrecorríveis; b) admite-se a impugnação de todas as decisões interlocutórias; c) admite-se impugnação das decisões interlocutórias *numerus clausus*, isto é, a lei permite impugnar determinadas decisões expressamente previstas.

A primeira hipótese é a da CLT, do processo trabalhista. Esta maneira de tratar a matéria tem o inconveniente de agrupar no recurso interponível contra a sentença várias questões ocorridas no curso do processo que não precluem, em compensação, tem o conveniente de tornar o curso do procedimento mais célere.

A segunda era a adotada pelo antigo Código de Processo Civil, em que cabia agravo de toda e qualquer decisão interlocutória. É bem verdade que, após as reformas de 1994, o Código anterior amenizou essa possibilidade dando ênfase maior ao agravo retido, modalidade em que se impugna desde logo a decisão interlocutória, até para evitar a preclusão, porém o conhecimento do agravo ficava protelado para o momento do conhecimento da eventual apelação.

A terceira hipótese é a adotada pelo Código de Processo Penal em que o recurso em sentido estrito tem cabimento naqueles casos expressamente previstos e pelo Código de Processo Civil atual, em que o agravo de instrumento é cabível nos casos expressamente previstos.

Em nosso entendimento, a opção do legislador processual atual não foi das mais felizes. Não existe termo de comparação entre um e outro sistema. Enumerar as hipóteses de cabimento do agravo de instrumento ao mesmo tempo em que se abrem as possibilidades para os demais casos expressamente previstos em lei e para toda e qualquer decisão interlocutória proferida na fase de liquidação ou de cumprimento de sentença, no processo de execução e no processo de inventário, a toda evidência, não é a melhor técnica a ser adotada.

Até porque, da forma como regrada a matéria, nem bem o Código restringe o cabimento do agravo de instrumento às hipóteses de decisões interlocutórias que o legislador elegeu como as mais significativas, nem bem abre a possibilidade para o cabimento do agravo contra toda e qualquer decisão interlocutória. E o que é pior, prevê uma inusitada possibilidade de cabimento do agravo de instrumento contra decisão de mérito. Contudo, a maior anomalia consiste em restringir o cabimento do agravo no módulo de conhecimento do processo e permiti-lo contra toda e qualquer decisão interlocutória, no módulo de liquidação e cumprimento da sentença e, ainda, no processo de execução e no processo de inventário.

A esse propósito, observe-se a inocuidade da previsão de cabimento de agravo de instrumento contra decisão de mérito do processo, bem ainda da solução apresentada pelo Código para a recorribilidade das decisões de natureza interlocutória, porém não previstas no plantel do art. 1.015 do Código de Processo Civil.

Sobre estas situações remete-se o tema para o §1º do art. 1.009, segundo o qual as questões resolvidas na fase de conhecimento, se a decisão a seu respeito não comportar agravo de instrumento, não são cobertas pela preclusão[309] e devem ser suscitadas

---

[309] Nesse particular, o código foi feliz ao deixar expresso que tais matérias não precluem, o que significa que não haverá necessidade de protesto por parte do prejudicado a fim de evitar a perda da faculdade de reavivá-las anteriormente na apelação.

em preliminar de apelação,[310] eventualmente interposta contra decisão final, ou nas contrarrazões. Já o §2º do mesmo dispositivo estabelece que se a questão em tela for suscitada em contrarrazões, em respeito ao contraditório, o apelante será intimado para, sobre elas, se manifestar no prazo de 15 dias.

Já com relação à previsão de agravo de instrumento contra decisão interlocutória que versar sobre o mérito do processo, em nosso entendimento, duas são as possibilidades: a) a primeira é prevista expressamente no Código, mais precisamente no §5º do art. 355, que determina ser cabível o agravo de instrumento contra decisão de julgamento antecipado parcial do mérito; b) a outra hipótese é aquela que diz respeito a uma decisão interlocutória reafirmada ou posta na própria sentença de mérito e que poderá ser impugnada pela via do agravo, até pelo *periculum in mora*, antes mesmo, ou concomitantemente, à interposição da apelação. Trata-se aqui daquelas decisões formalmente definitivas, mas materialmente interlocutórias, como exemplo: a tutela provisória concedida *initio litis*, em seguida revogada ou cassada pelo tribunal nos termos do inc. I do art. 1.015 e reafirmada na sentença. Nesse caso, até pela obstrução causada pela tramitação natural da apelação, e pela celeridade do agravo, deverá a parte prejudicada agravar com relação à decisão interlocutória e apelar em relação à decisão de mérito. Por exemplo: uma reintegração de posse concedida *initio litis* e, em seguida, reformada pela via do agravo de instrumento. Na sentença, o juízo julga procedente o pedido para reintegrar o autor na posse do imóvel e repristina a reintegração. É que decisão provisória é sempre decisão interlocutória ainda que posta na sentença.

A inovação trazida pelo Código de Processo Civil atual nesta matéria é passível de críticas, a nosso ver, irrespondíveis. Em certo sentido, parece-nos que o legislador regrediu ao tempo dos dissabores do primeiro regramento da matéria, quando da edição do Código de 1973. Da maneira como posta a possibilidade recursal das decisões interlocutórias, corre-se o sério risco de voltarmos ao tempo em que, justamente por inexistir a possibilidade de efeito suspensivo ao agravo de instrumento, valiam-se os advogados do mandado de segurança contra ato jurisdicional para suspender os efeitos da decisão impugnada, até o julgamento do recurso. Ora, se este expediente era utilizado pelos advogados e aceito pelos tribunais quando a lacuna era tão somente a impossibilidade de efeito suspensivo ao agravo de instrumento, o cenário que se vislumbra é, no mínimo, constrangedor, quando a lacuna agora é da impossibilidade do cabimento do próprio recurso.

29.3 Tempestividade

O prazo para a interposição do agravo é de 15 dias seguindo a regra geral do disposto no §5º do art. 1.003 do Código de Processo Civil. Este prazo conta-se da data em que os advogados, a sociedade de advogados, a Advocacia Pública, a Defensoria Pública ou o Ministério Público são intimados da decisão.

---

[310] Há evidente atecnia terminológica em denominar tais questões de preliminar de apelação. A rigor, preliminar em recurso é apenas o que diz respeito à sua admissibilidade. As questões realmente preliminares sobre as quais o recurso possa, pontualmente, dispor, em sede recursal, são questões de mérito do recurso, ainda que evidentemente julgadas antes do que a boa técnica chama de questão de fundo do recurso. Por isso mesmo que preferimos chamá-las de anteriores à apelação e não de preliminares.

29.4 Regularidade formal

O agravo de instrumento deve ser interposto por petição que conterá: a) o nome das partes; b) a exposição do fato e do direito; c) as razões do requerimento de reforma ou de invalidação da decisão e o próprio pedido; e d) o nome e o endereço completo dos advogados constantes do processo, isto é, de todas as partes envolvidas.

Demais disso, a petição de interposição do agravo de instrumento será obrigatoriamente instruída: a) com cópias da petição inicial, contestação, petição que ensejou a decisão agravada, da decisão agravada, da certidão de intimação da decisão agravada ou outro documento oficial que comprove a tempestividade e das procurações e/ou substabelecimentos outorgados aos advogados do agravante e do agravado; b) declaração de inexistência de qualquer dos documentos constantes da alínea "a" feita pelo advogado do agravante sob pena de sua responsabilidade pessoal, na hipótese de algum deles inexistir; e c) outras peças que o agravante reputar úteis. Além disso, a petição de interposição do agravo deverá estar acompanhada do comprovante do pagamento das respectivas custas e do porte de retorno, quando devidos.

Obviamente, tratando-se de processo eletrônico, basta a indicação das peças acima referidas, notadamente aquelas que o agravante reputar facultativamente úteis, conforme disposto no §5º do art. 1.016.

Pelo que se vê do §2º do art. 1.016 do Código de Processo Civil, diferentemente do que se previa no Código de 1973, no qual o agravo, necessariamente, teria que ser proposto perante o tribunal *ad quem*, embora seja dirigido a este, considerar-se-á interposto o agravo por: a) protocolo no tribunal competente para julgá-lo; b) protocolo realizado na própria comarca, secção ou subseção judiciárias; c) postagem, sob registro, com aviso de recebimento; d) transmissão de dados tipo fac-símile (por fax), nos termos da lei. Nesta última hipótese, as peças terão que ser juntadas no momento do protocolo da petição original, o que significa que não se pode interpor o agravo por fax sem que, concomitantemente, também se o instrua com as peças exigidas, igualmente por fax.

Interposto o agravo de instrumento, por qualquer das formas previstas no Código, nos termos do art. 1.018, o agravante juntará aos autos do processo cópia da petição do agravo de instrumento, do comprovante de sua interposição e da relação dos documentos que instruíram o recurso. Se o juiz comunicar que reformou inteiramente a decisão, o relator considerará prejudicado o agravo de instrumento. Aqui, o que se observa é que o juízo de retratação continua sendo uma obrigação na tradição do processo civil brasileiro, no agravo de instrumento, ainda que para manter a decisão agravada.

À primeira vista, pela dicção do *caput* do art. 1.018 do Código de Processo Civil, pode parecer que se tata de mera faculdade do agravante, haja vista que o verbo ali contido é *poderá* e, não, *deverá*. Contudo, não só o §2º do art. 1.018 estabelece o prazo de três dias a contar da interposição do agravo de instrumento para que o agravante tome essa providência, não sendo os autos eletrônicos, bem como o §3º estabelece categoricamente que o não cumprimento desta formalidade, desde que arguido e provado pelo agravado, importará na inadmissibilidade do agravo de instrumento. Portanto, aquilo que é tratado como possibilidade no *caput* do art. 1.018 é, na verdade, um pressuposto específico de admissibilidade do agravo de instrumento, com a condição de ser arguido pela parte agravada.

No Código de 1973, a falta de comunicação da interposição do agravo de instrumento, nos termos do parágrafo único do art. 526, desde que arguida e provada pelo agravado, importava na inadmissibilidade do agravo de instrumento. Tal solução adotada pelo Código de Processo Civil de então nunca nos pareceu a mais acertada, haja vista que o ideal seria ou que não estabelecesse qualquer sanção, determinando que o relator comunicasse sempre o agravo ao juízo recorrido, ou que mantivesse a sanção independentemente de arguição do agravado, pois que, da maneira como era normatizada a hipótese, o que se tinha era a possibilidade de regularização do ato processual incompleto pela omissão da parte a quem o ato não aproveitava. De certo modo, o equívoco permanece.

29.5 Requisitos de admissibilidade

Afora o requisito ou pressuposto da comunicação ao juízo agravado visto anteriormente, a admissibilidade do agravo de instrumento possui os mesmos requisitos necessários à admissibilidade de todo e qualquer recurso, como: legitimação, interesse para recorrer e inexistência de fato extintivo ou impeditivo.

29.6 Procedimento

Interposto por qualquer das modalidades previstas, o agravo de instrumento é sempre dirigido diretamente à instância recursal. Se existir órgão jurisdicional prevento por competência funcional, o agravo será distribuído por dependência. Recebido o agravo, o relator decidirá: a) se não conhece do recurso por inadmissível, por prejudicado ou por não ter impugnado especificamente os fundamentos da decisão recorrida; b) se nega, liminarmente, provimento ao recurso porque ele contraria súmula do Supremo Tribunal Federal, do Superior Tribunal de Justiça ou do próprio Tribunal de Justiça ou se contraria acórdão proferido pelo Supremo Tribunal Federal ou pelo Superior Tribunal de Justiça em julgamento de recursos repetitivos, ou, ainda, se contraria entendimento firmado em incidente de resolução de demandas repetitivas ou de assunção de competência; c) se atribui efeito suspensivo ao agravo de instrumento ou se defere em antecipação de tutela, total ou parcialmente, o requerimento recursal, nesses casos, comunicando, de imediato, ao juízo recorrido sua decisão;[311] d) em qualquer caso determina a intimação do agravado, pessoalmente, por carta com aviso de recebimento, quando não tiver procurador constituído, ou pelo diário oficial ou por carta com aviso de recebimento dirigido ao seu advogado para que responda no prazo de 15 dias, sendo facultado ao agravado juntar a documentação que entender necessária; e) determina a intimação do Ministério Público, preferencialmente por meio eletrônico, para que se manifeste, quando for o caso, no prazo de 15 dias; f) cumpridas essas etapas, solicitará pauta para julgamento em prazo não superior a um mês para intimação do agravado, quando isto for possível.

---

[311] Embora o código não preveja expressamente como o anterior fazia, sobre dar ou não efeito suspensivo ao agravo de instrumento, poderá o relator requerer as informações necessárias ao juízo recorrido.

29.7 Efeitos

O agravo de instrumento tem como efeito principal aquele de que é dotado todo recurso, o de evitar ou de retardar o trânsito em julgado da decisão recorrida. Além desse efeito, terá, necessariamente, o efeito devolutivo e, em alguns casos especialíssimos, poderá também ter o efeito suspensivo, que de regra não tem.

No que tange ao efeito devolutivo, o que se transfere ao conhecimento do órgão *ad quem* é apenas a questão que ficou resolvida na decisão recorrida, nada mais será apreciado na instância recursal e, mesmo assim, é claro, dentro dos limites da impugnação. Em nenhuma hipótese, pode o órgão jurisdicional *ad quem*, apreciando o agravo de instrumento interposto contra uma decisão, imiscuir-se em qualquer outro aspecto do processo que não a decisão recorrida, e nos limites da impugnação isto nada mais é do que a aplicação do princípio *tantum devolutum quantum apelatum*.

Entretanto, a principal característica dos efeitos do agravo de instrumento é a retratabilidade, isto é, a possibilidade de o juízo voltar atrás e reformar sua própria decisão objeto do agravo. O curioso disto é que o efeito devolutivo do agravo de instrumento é duplo, pois que, pelo agravo de instrumento não só se devolve a matéria à instância *ad quem* como também se a devolve concomitantemente à instância *a quo*. Mas não se trata de mera faculdade, pois o juízo *a quo* terá necessariamente que se manifestar de forma expressa se mantém ou se reforma a decisão impugnada. Por isso mesmo, desnecessário requerimento específico do agravante nesse sentido, devendo o juízo comunicar sua decisão ao órgão *ad quem*. Por sua vez, a nova decisão poderá ser impugnada pela parte agravada, pela mesma via do agravo de instrumento, exceto se pela sua natureza tratar-se de sentença quando o recurso será o da apelação.

No que diz respeito ao efeito suspensivo, este não pode ser considerado regra no agravo de instrumento. Portanto, a previsão do inc. I do art. 1.019 tem que ser interpretada restritiva e excepcionalmente. A esse propósito, o Código anterior era mais determinante, quando no art. 558 estabelecia a possibilidade de o relator atribuir a suspensividade dos efeitos da decisão agravada nas hipóteses de: a) prisão civil; b) adjudicação, remissão de bens, levantamento de dinheiro sem caução idônea; c) outros casos dos quais possa resultar lesão grave e de difícil reparação, desde que seja relevante a fundamentação do recurso. Se por um lado o Código atual não repetiu tais hipóteses, por outro, certamente, manteve a excepcionalidade da regra. Assim é que tal balizamento continua, a nosso ver, bastante significativo para pautar os casos em que se deva atribuir efeito suspensivo ao agravo de instrumento.

De toda sorte, duas são as observações que se apresentam quanto ao efeito suspensivo do agravo de instrumento: a) a necessidade de requerimento do agravante; e b) a gravidade da situação jurídica que venha a ser criada com a execução da decisão agravada. No entanto, o dispositivo processual é lógico quanto à excepcionalidade da medida, deixando ao prudente arbítrio do relator, caso a caso, a possibilidade de emprestar efeito suspensivo ao agravo.

DO AGRAVO INTERNO

30.1 Generalidades

Partindo da premissa de que agravo é recurso que cabe contra decisão interlocutória, a solução adotada pelo Código em suprimir o agravo retido, substituindo-o por "preliminar de apelação" e restringindo, *numerus clausus*, ainda que de forma capenga, as possibilidades de cabimento do agravo de instrumento, o sistema estaria incompleto e imperfeito caso não previsse recurso específico contra as decisões interlocutórias ocorridas na tramitação processual perante os tribunais de justiça e tribunais superiores.

Esta questão de longa data importuna a processualística brasileira e ora era minimizada pelos chamados recursos inominados, ora era mitigada pelos chamados agravos regimentais ou "agravinhos" previstos nos regimentos internos dos tribunais de justiça e dos tribunais superiores. A toda evidência, esta maneira oblíqua de tratar o tema não era cientificamente a mais correta, nem processualmente a mais hábil a dirimir a gama de questões que surgiam no dia a dia da tramitação processual nos tribunais.

Inegavelmente, de boa inspiração a solução adotada pelo Código de Processo Civil atual que consolidou de vez esta gama infindável de agravos regimentais, recursos inominados e "agravinhos" de toda espécie que grassavam pelos tribunais de justiça dos estados e pelos tribunais superiores ao disciplinar, ainda que parcamente, num único artigo, com cinco parágrafos, o denominado agravo interno.

Ainda sob o enfoque das generalidades e tratado em capítulo à parte, até por metodologia didática, fato é que o chamado agravo interno nada mais é do que modalidade de agravo, eis que cabível contra decisão interlocutória, com a única diferença de que não é interposto sob a forma de instrumento e que a decisão interlocutória que visa a reformar ocorre na tramitação processual nos tribunais.

30.2 Cabimento

Cabe o agravo interno contra decisão proferida pelo relator para o respectivo órgão colegiado, observadas, quanto ao processamento, as regras do regimento interno do tribunal.

Algumas observações aqui são necessárias. A primeira diz respeito ao cabimento do agravo interno, como não poderia deixar de ser, contra decisão. Porém, não se trata de qualquer decisão. Certamente há de ser uma decisão interlocutória e, necessariamente, proferida pelo relator, seja em sede recursal, seja em sede de competência originária do tribunal. A segunda diz respeito ao procedimento do agravo interno, eis que serão observadas as regras do regimento interno do próprio tribunal. Isto significa que, doravante, os regimentos internos continuam disciplinando o processamento dos agravos internos, mas não mais preveem o seu cabimento ou o seu descabimento, eis que, agora, pela letra do Código, cabível contra qualquer decisão interlocutória proferida pelo relator. Assim, será nula a norma do regimento interno do tribunal que dispuser ser irrecorrível uma decisão qualquer tomada pelo relator, seja na instância recursal, seja na instância originária do tribunal.

30.3 Procedimento e competência

O agravo interno será dirigido ao próprio relator prolator da decisão agravada, que intimará o agravado para contrarrazoá-lo no prazo de 15 dias, mesmo prazo de sua interposição, ao final do qual poderá o relator se retratar. Se não o fizer, pedirá pauta para julgamento ao órgão colegiado.

O código é absolutamente rigoroso na interposição do agravo interno determinando que o recorrente impugne especificamente os fundamentos da decisão agravada, e nada mais aponha além disto. Em contrapartida, o Código também é exigente com o relator quando veda que este se limite à reprodução dos fundamentos da decisão agravada quando julgar improcedente o agravo interno.[312]

Regra de constitucionalidade discutível, não obstante de razoabilidade plausível, a fim de evitar o abuso da faculdade de recorrer, é a contida no §4º do art. 1.021 que determina, nas hipóteses de o agravo interno ser declarado manifestamente inadmissível ou improcedente em votação unânime, a condenação, em decisão fundamentada do agravante em pagar ao agravado multa fixada entre 1 e 5% do valor atualizado da causa. Pior que isto é a previsão, contida no §5º, que veda a interposição de qualquer outro recurso sem que tenha havido prévio depósito do valor da multa a que condenado o dito agravante abusivo, exceto quando este agravante for a Fazenda Pública ou beneficiário de gratuidade de justiça, que farão o pagamento ao final.

A toda evidência, não nos parece tal regra de boa inspiração, porquanto funciona como cancela inibidora do exercício de faculdade recursal prevista em lei. Ademais, o art. 5º, LV, da Constituição Federal garante aos litigantes, em processo judicial ou administrativo, e aos acusados em geral o contraditório e ampla defesa, com os meios e recursos a eles inerentes.[313]

---

[312] O que significa que, doravante, não se poderá mais manter a decisão agravada "pelos seus próprios fundamentos".

[313] Aplicável, aqui, também, o entendimento anteriormente exposto de que o limite entre e a ampla defesa e o abuso de defesa está na litigância de má-fé, pois se a Constituição garante a defesa mais ampla possível, apenas a má-fé no exercício da amplitude assegurada constitucionalmente para a defesa pode caracterizar abuso sancionável (*vide* capítulo 18, item 18.11 – Da tutela de evidência).

30.4 Efeitos

Modalidade que é de agravo, portanto espécie de recurso, evidentemente visa impedir a coisa julgada formal da decisão recorrida bem como sua reforma. Destarte, em nosso entendimento, desde que requerido, além do efeito devolutivo, para o órgão colegiado, cabível, também, o efeito suspensivo naquelas mesmas hipóteses em que cabível no agravo de instrumento.

CAPÍTULO 31

DOS EMBARGOS DE DECLARAÇÃO

31.1 Generalidades

O termo *embargos* assume várias acepções no processo civil. Ora aparece como recurso, ora como ação autônoma desconstitutiva, ora como incidente processual, ora como medida judicial antecipatória. Nesse contexto, o Código de Processo Civil prevê embargos de declaração, de divergência, de devedor, à execução, à penhora, à arrematação, de terceiros, de obra etc.

Esta confusão terminológica deve-se à própria origem incerta e à evolução desordenada, no antigo direito lusitano, de faculdades processuais possibilitadas às partes no sentido de embaraçar, atrapalhar ou paralisar os efeitos de decisões judiciais. Faz-se ainda distinção de conteúdo semântico da palavra no plural e no singular. No singular, *embargo* significa arresto, apreensão judicial, e é nesse sentido que se falava em embargo de obra na antiga ação de nunciação de obra nova.

Divergências etimológicas à parte, há consenso na origem primeva do termo *embargo*, originário do celta romanizado *imbricare*, que quer dizer opor obstáculo, estorvar, atrapalhar, impedir etc., ou do baixo latim *imbricare*, que significava prender à barra. Há consenso também quanto às principais características dos embargos: a) trata-se de atividade processual de que se utiliza a parte visando a obstaculizar os efeitos ou reformar decisão judicial; b) trata-se de atividade dirigida ou ao próprio juízo da causa ou a outro juízo, porém, da mesma hierarquia jurisdicional. Isto significa que quando os embargos assumem a função de recurso, porque visam à reforma ou à anulação da decisão judicial impugnada, são sempre opostos para outro órgão jurisdicional, porém, do mesmo patamar. Daí decorre que não há embargos remetidos ou dirigidos à instância superior, mesmo quando se trate de recurso como nas hipóteses dos embargos de divergência em recurso extraordinário ou em recurso especial. Ainda no que diz respeito aos embargos como recurso, a previsão é que da decisão embargada conheçam e a rejulguem mais juízes do que os que proferiram a decisão recorrida.

A previsão dos embargos surge pela primeira vez em trecho das Ordenações Afonsinas.[314] Ao depois, os embargos evoluem para as três funções ou modalidades para as quais são concebidos: a) declaratórios; b) modificativos; e c) ofensivos.

Não obstante divergências encontradas em boa doutrina,[315] fato é que nessas três modalidades ou funções vamos encontrar a ancestralidade dos atuais embargos. De modo que os embargos de declaração encontram ancestralidade direta na função que os embargos tinham no antigo direito português de pedir revisão ou aclaramento das sentenças. Assim também, os embargos como recurso propriamente dito – e aí nos referimos tão somente aos embargos de divergência – vão encontrar origem na função modificativa dos embargos modificativos do antigo direito português. E, pensamos, que os embargos, hoje conhecidos como ações conexas ou mesmo incidentes processuais, porém, autônomas, que visam ao desembaraço dos bens do réu ou de terceiro, como os embargos de devedor, de terceiros, à penhora ou à arrematação, têm raiz nos embargos ofensivos, cuja função era a de revogar a decisão judicial, paralisando seus efeitos.

31.2 Natureza. Nova configuração dos embargos de declaração

A primeira peculiaridade que se apresenta no estudo dos embargos de declaração é a sua discutível e contestável classificação como recurso. Na verdade, os embargos de declaração só são assim considerados por opção do legislador e, tendo o legislador assim optado, cumpre ao intérprete respeitar-lhe a opção,[316] ainda que mitigando o inconformismo, classificando-os como recurso *sui generis*.[317]

De fato, os embargos de declaração revestem-se de requerimento endereçado ao juiz, ou relator, conforme a hipótese, para que este, na qualidade de prolator da decisão, esclareça o seu pensamento, nos casos de obscuridade ou contradição ou o complemente em caso de omissão.[318]

Entretanto, presente a circunstância que os embargos de declaração, mesmo quando providos, não alteram a substância do julgado, boa parte da doutrina nega-lhe

---

[314] "E nom embarguante que seja appellado da sentença interlocutória pola parte, que se della sentio agravada, poderá o juiz revogala, ainda que tal seja, que segundo direito possa ser appellado, porque a appellação assy antreposta non embargua o juiz poder revoguar a sentença, se lhe bem parecer" (Ordenações Afonsinas, Livro III, Título 67, §4º).

[315] "Os embargos, no sentido de oposição à sentença, apreciável pelo próprio juiz que decidiu, acham-se nas Ordenações. É de crer-se que, antes, não se tivesse o recurso dos embargos, com o seu elemento característico, que é a retratação. Para esse tempo, o que o juiz decidiu estava decidido; e somente instância superior poderia conhecer das alegações das partes contra as decisões. Apelações e exceções esgotavam os meios jurídicos de impugnação, quaisquer que fossem os nomes com que aparecessem, enquanto se tornava definitiva a entrega da prestação jurisdicional. A dificuldade no apelar, em parte devida à deficiência e aos rigores do direito relativo aos recursos, nos velhos sistemas jurídicos, sugeriu o pedido de reconsideração das sentenças, ou para declará-las (embargos de declaração), ou para modificá-las, isto é, alterá-las em algum ponto, ou alguns pontos indicados, em virtude de razão suficiente (embargos modificativos), ou para as revogar, no todo, ou na parte principal (embargos ofensivos)" (MIRANDA, Francisco Cavalcanti Pontes de. *Comentários ao Código de Processo Civil*. Rio de Janeiro: Forense, 1975. t. VII. p. 316).

[316] MOREIRA, José Carlos Barbosa. *Comentários ao Código de Processo Civil*. 14. ed. Rio de Janeiro: Forense, 2008. v. 5. p. 547.

[317] MIRANDA, Francisco Cavalcanti Pontes de. *Comentários ao Código de Processo Civil*. Rio de Janeiro: Forense, 1975. t. VII. p. 392.

[318] MIRANDA, Francisco Cavalcanti Pontes de. *Comentários ao Código de Processo Civil*. Rio de Janeiro: Forense, 1975. t. VII. p. 393.

a condição de recurso.³¹⁹ Ainda que se considere que por meio dos declaratórios a parte visa a livrar-se do gravame processual da omissão, da obscuridade ou da contradição, não existe neste pretenso inconformismo a lesividade que justifica o exercício da faculdade recursal, diante do que não nos parece mesmo de boa lógica emprestar a condição de recurso aos embargos declaratórios.

Ademais, os declaratórios afastam-se dos recursos pela sua finalidade. Os recursos pretendem a reforma da decisão impugnada, ao passo que os declaratórios pretendem obter, do mesmo órgão jurisdicional prolator da decisão, uma declaração do verdadeiro conteúdo da decisão, seja para integrá-la, seja para escoimá-la de qualquer eiva de expressão.

Mas não é só. Os embargos de declaração têm como destinatária exclusiva a forma, a expressão material do julgado, ao passo que os recursos se arremetem contra o conteúdo.³²⁰ Nessa linha de raciocínio, os declaratórios não consubstanciam ataque ao julgado, mas visam ao seu aprimoramento.³²¹ Além disso, não se pode perder de vista que a parte tem direito à prestação jurisdicional de forma clara e precisa.

Essa nova tendência de emprestar aos embargos de declaração a função de aprimoramento da prestação da tutela jurisdicional baseia-se, sobretudo, em que o exame ainda que exauriente de um aspecto da causa capaz por si só de motivar o dispositivo da decisão nem sempre é suficiente para que a motivação seja completa, pois podem existir outros aspectos também influentes na decisão. Portanto, toda vez que o julgador houver deixado de enfrentar argumentos autonomamente suficientes para o acolhimento ou desacolhimento da pretensão deduzida em juízo, ele deverá apreciá-los, quando provocado por meio de embargos de declaração. Em suma: se provocado pelos embargos declaratórios, mormente quando interpostos pela parte sucumbente, mas não necessariamente, o juiz deve examinar as questões que se acolhidas poderiam levar o julgamento a resultado diverso.³²²

Esta, pois, nos parece a real configuração dos embargos de declaração, um incidente processual oponível às decisões judiciais que, atacando-lhes a forma, visam ao aprimoramento da prestação jurisdicional, sanando os vícios de expressão.

31.3 Cabimento. Obscuridade. Omissão. Contradição. Erro material

Contra qualquer decisão judicial cabem embargos de declaração, e não apenas contra sentença ou acórdão. Deve-se anotar que os embargos de declaração cabem em face de qualquer ato jurisdicional decisório, sejam sentenças, definitivas ou terminativas, sejam decisões interlocutórias propriamente ditas. Até mesmo da decisão que julga os embargos de declaração cabe, em tese, novos embargos de declaração. Os declaratórios têm vez quando na decisão, sentença ou acórdão houver obscuridade, contradição, quando for omitido ponto sobre o qual devia se pronunciar o juiz ou o tribunal ou nas hipóteses de erro material.³²³

---

[319] REZENDE FILHO, Gabriel José Rodrigues de. *Curso de direito processual civil*. 4. ed. São Paulo: Saraiva, 1954. v. III. cap. LXXXV; COSTA, Alfredo Lopes da. *Direito processual civil brasileiro*. Rio de Janeiro: J. Konfino, 1946. v. 3. cap. 200.
[320] TEIXEIRA FILHO, Manoel Antônio. *Sistema dos recursos trabalhistas*. 4. ed. São Paulo: LTr, 1991. p. 246.
[321] STF, 2º T. AI nº 163.047/PR. AgRg. E. Decl. Rel. Min. Marco Aurélio.
[322] STJ, 2º T. REsp nº 696.755. Rel. Min. Eliana Calmon.
[323] Art. 1.022, I, II e III, do CPC.

No capítulo referente à sentença, dissemos que esta exige clareza e precisão.[324] Obscuridade é exatamente a falta de clareza da decisão, hipótese em que, justamente, caberão os embargos declaratórios para aclará-la. Entretanto, a obscuridade a que se refere a norma processual é aquela que, a despeito da topografia do texto, seja capaz de dificultar a inteligibilidade da decisão. Tanto faz que resida na fundamentação ou na parte dispositiva, desde que dificulte significativamente a compreensão da peça decisória, será suficiente para ensejar os embargos de declaração.

A omissão ocorre quando a peça decisória deixa de se pronunciar sobre determinado ponto ou questão suscitados pelas partes e sobre o qual deveria o juízo ou o tribunal se pronunciar. Aqui, volta-se ao tema da nova configuração dos embargos declaratórios, pois que se de um lado o juízo não está obrigado a se pronunciar sobre todos os pontos e questões levantados pelas partes, de outro se este ponto ou questão omitido no julgamento for de tal importância que se autonomamente decidido no sentido pretendido pela parte embargante, necessariamente, levaria o julgamento a resultado diverso, por óbvio, a omissão terá que ser integrada pela decisão dos declaratórios. Aliás, pensamos que este entendimento é o que melhor se adequa à locução contida no texto legal: "não pode decidir, em grau algum de jurisdição, com base em fundamento a respeito do qual não se tenha dado às partes oportunidade de se manifestar, ainda que se trate de matéria sobre a qual deva decidir de ofício" (art. 10 do Código de Processo Civil). Nesse passo, o Código de 1973 era mais contundente quando mencionava: "sobre o que deveria pronunciar-se o juízo ou tribunal". Tanto antes, como agora, tais locuções claramente indicam que embora o juízo ou tribunal não precisem se pronunciar sobre todos os pontos, existem pontos sobre os quais têm necessariamente que se pronunciar.

Contradição haverá sempre em que a peça decisória contiver proposições antagônicas ou que se excluam entre si. Aqui, também procede que a contradição tanto pode residir na fundamentação, na parte dispositiva ou entre uma e outra. De qualquer sorte, havendo contradição, isto é, qualquer contradição, cabem os embargos declaratórios.

Das quatro hipóteses de cabimento dos declaratórios, a do erro material é a de menor complexidade. Em boa hora, o Código atual inseriu expressamente nas hipóteses de cabimento dos embargos de declaração o erro material. Anteriormente, embora não constando expressamente nas hipóteses de cabimento, nunca se discutiu a possibilidade de se utilizar os embargos de declaração para a correção de meros erros materiais. Por erro material deve-se entender aquele erro que salta aos olhos e que discrepa do restante da decisão embargada, seja do relatório, seja da fundamentação, seja da conclusão. Por erro material, também, pode-se entender a retificação de cálculos quando diga respeito a operações aritméticas. Enfim, erro material é o erro que não é substancial, é o erro em que fica patenteado o descompasso entre o que se queria dizer e o que efetivamente foi documentado na decisão.

31.4 Efeitos

Os embargos declaratórios de regra não têm efeito suspensivo, nos termos do art. 1.026, *caput* do CPC. Todavia, contam com a peculiaridade do efeito interruptivo,

---

[324] Os requisitos da clareza e da precisão estavam textualmente previstos no código de 1939. Não foram adotados expressamente no código de 1973 nem no atual. Nem por isso, clareza e precisão deixaram de ser requisitos absolutamente necessários à formação da sentença correta.

porquanto a sua interposição, embora não suspenda os efeitos da decisão embargada, interrompe o prazo para a interposição de qualquer recurso. Excepcionalmente, o próprio juiz ou relator poderá suspender a eficácia da decisão embargada se demonstrada a probabilidade de provimento do recurso ou, sendo relevante a fundamentação, ou ainda se houver risco de dano grave ou de difícil reparação.

Nesse passo, mais uma vez, o Código atual não foi feliz. Em nosso entendimento, melhor teria sido manter a regra anterior de que em qualquer caso os embargos declaratórios sempre tinham efeito suspensivo e, ainda que a sentença ou o acórdão embargado fossem suscetíveis de execução imediata, isto é, ainda que não coubessem mais recursos ou quando os recursos cabíveis não tivessem mais efeito suspensivo, a decisão objeto dos embargos de declaração era inexequível, enquanto não julgados os declaratórios. Ainda em nosso entendimento, a regra da não suspensividade dos embargos de declaração deve receber mitigação maior do que a contida no §1º do art. 1.026, qual seja, a probabilidade de provimento dos embargos, a relevância da fundamentação ou a ameaça de dano grave ou de difícil reparação, para abranger as demais hipóteses, ficando a rigidez da norma adstrita àquelas situações em que não caibam mais recursos ou que o recurso que poderá ser proposto em seguida não tenha efeito suspensivo.

Nos embargos de declaração, não há a devolução do julgamento para a instância superior, portanto não há efeito devolutivo, muito embora não seja absurdo defender a tese de que nas hipóteses em que há possibilidade de modificação do julgado a matéria assim impugnada seja devolvida ao rejulgamento do mesmo juízo.

Caso o acolhimento dos embargos de declaração implique modificação da decisão embargada, o embargado que já tiver interposto outro recurso contra a decisão originária tem o direito de complementar ou alterar suas razões nos exatos limites da modificação, no prazo de 15 dias, contados da intimação da decisão dos embargos de declaração.

Hodiernamente, não mais se discute que os embargos de declaração em determinadas e restritas hipóteses podem ter também efeito modificativo, isto é, a decisão dos embargos declaratórios pode transmudar-se para decisão de justiça material e, nessa condição, modificar a decisão anterior, objeto dos próprios embargos. Este fenômeno costuma se designar como embargos declaratórios de efeitos infringentes.

Isto ocorre quando a decisão embargada tiver omitido julgamento sobre determinada questão e nesta omissão se basearem os embargos. Reconhecendo o juízo que houve a omissão apontada e decidindo a questão de modo que se modifique o anteriormente decidido, é permitido que o juízo atribua efeitos modificativos ou infringentes aos embargos declaratórios para reformar a decisão embargada.

31.5 Procedimento e julgamento

Não há maior complexidade no procedimento e no julgamento dos embargos de declaração. Como vimos, a decisão dos embargos de declaração é decisão interlocutória, eis que decide um incidente processual sem extinguir o processo. Quando se tratar de embargos declaratórios interpostos contra sentença de primeiro grau, serão julgados em peça decisória. Quando forem interpostos contra acórdãos, serão apreciados em mesa pelo órgão colegiado, mantido o relator. Quando os embargos declaratórios forem opostos contra decisão monocrática de relator ou outra decisão unipessoal proferida em tribunal, o prolator da decisão embargada decidirá os embargos declaratórios monocraticamente. Se ambas as partes interpuserem embargos declaratórios, todos os embargos declaratórios serão julgados numa mesma peça decisória, porém em capítulos.

A interposição dos embargos declaratórios procede-se mediante petição endereçada ao juízo embargado, no prazo de 5 dias.

De regra, não há necessidade de oitiva da parte adversa. Contudo, em vista da possibilidade de atribuírem-se efeitos modificativos ou infringentes aos declaratórios, faz-se necessário, em respeito ao contraditório, a oitiva da parte embargada sempre que a parte embargante requerer tais efeitos dos embargos, muito embora o §2º do art. 1.022 do CPC só exija a oitiva da parte embargada quando o seu eventual acolhimento implique modificação da decisão. Em outras palavras: não se pode atribuir efeitos infringentes aos embargos de declaração sem que a parte embargada seja ouvida.

31.6 Embargos de declaração protelatórios

A admissibilidade dos embargos declaratórios, respeitada a legitimidade do embargante, na prática se resume ao exame da tempestividade, sendo tudo o mais mérito ou questão de fundo do incidente processual. Por isso mesmo o legislador processual impõe a sanção de multa de 1% sobre o valor da causa para o caso de interposição de embargos de declaração meramente protelatórios, isto é, sem qualquer fundamentação lógica e com o mero intuito de postergar o andamento processual.

Ainda que meramente protelatórios, os embargos de declaração mantêm seu efeito suspensivo, quando for o caso, e o efeito interruptivo enquanto não julgados, e a aplicação da multa em nada interfere sobre tais efeitos.

Outra observação que se faz presente em relação à multa pelos embargos declaratórios protelatórios é a dúvida que surge quando da conjugação do disposto no §2º do art. 1.026 com o art. 80, inc. VII, ambos do CPC, porquanto, os embargos protelatórios, por óbvio, têm intuito manifestamente protelatórios, ao incidir a regra específica da litigância de má-fé, teremos, além da multa, a condenação por perdas e danos.

A resposta é negativa. A sanção processual da multa pelos embargos protelatórios funciona como espécie de norma especial em relação à condenação por perdas e danos pela litigância de má-fé pela interposição de recurso manifestamente protelatório. A razão é lógica, se assim não se entender haverá duas punições pela mesma falta processual. Demais disso, o legislador, sabendo que a interposição dos embargos protelatórios já configuraria mesmo recurso infundado, não fez qualquer menção à litigância de má-fé.

Outra observação que ainda se faz oportuna em sede de embargos de declaração protelatórios é que, embora a decisão pela aplicação da multa processual seja também uma decisão interlocutória, dela se recorre na mesma peça e na mesma oportunidade do recurso que couber contra a decisão embargada. Assim, se a multa for imposta na decisão de embargos declaratórios interpostos contra sentença, desta multa se recorre em capítulo à parte da mesma apelação em que se recorrer da sentença. Se a multa for imposta em embargos interpostos contra acórdão prolatado em apelação cível, dela se recorre no recurso de terceira geração cabível.

Numa única hipótese, porém, poderá haver recurso contra a multa imposta nos declaratórios pela via do agravo. Trata-se da hipótese em que o vencedor, portanto não sucumbente, interponha os embargos declaratórios e o juízo, por entendê-los protelatórios, aplique a multa. Nesse caso, como não haverá apelação ou outro recurso qualquer, porque não há sucumbência e porque a decisão dos embargos declaratórios é decisão interlocutória, para recorrer da multa, o embargante terá que agravar por instrumento da decisão.

31.7 Embargos de declaração com função de prequestionamento

Em sede recursal não se pode inovar. Não se pode trazer questões que não tenham sido ventiladas e objeto de decisão no órgão *a quo*. Esta exigência é mais aguda quando se trata dos chamados recursos de terceira geração, porquanto, sendo absolutamente restritas as hipóteses de seu cabimento, torna-se necessário que toda matéria devolvida aos tribunais superiores pela via recursal tenha sido ventilada e julgada nas instâncias inferiores.

Por vezes, o órgão julgador se omite na decisão de determinada questão, justamente aquela capaz de levar a causa à terceira instância. Neste caso, deve a parte prejudicada valer-se dos embargos declaratórios para o efeito de prequestionamento instando ao órgão jurisdicional que se pronuncie sobre aquele determinado tema em debate. Se o juízo julgar improcedente os embargos de declaração, terá ocorrido verdadeira negativa de prestação da tutela jurisdicional. Passou-se, pois, a exigir, para admissibilidade do recurso extraordinário ou do recurso especial nessas hipóteses, que a parte alegasse a negativa de prestação da tutela jurisdicional como uma justificativa ou salvaguarda do não prequestionamento anterior da matéria ventilada no recurso. Nesse caso, se o recurso for acolhido não haverá necessidade de retornar ao tribunal de origem, pois o próprio órgão *ad quem* julgará a questão e, conforme o caso, reformará a decisão recorrida.[325] [326]

A esse propósito, o atual teor do art. 1.025 do Código de Processo Civil ao considerar incluídos no acórdão os elementos que o embargante suscitar, para fins de prequestionamento, ainda que os embargos de declaração sejam inadmitidos ou rejeitados, caso o tribunal superior os considere cabíveis, veio mitigar a tormentosa questão do prequestionamento via embargos declaratórios para efeito de admissibilidade de recursos de terceira geração. A nosso ver, entretanto, a atual disposição do art. 1.025 do CPC apenas libera o recorrente, quando da interposição de recurso especial ou de recurso extraordinário de alegar nulidade do acórdão recorrido por negativa de prestação da tutela jurisdicional.

---

[325] Com relação a prequestionamento em recurso especial ou recurso extraordinário, observem-se as seguintes súmulas: Súmula nº 356 do STF e Súmula nº 98 do STJ.

[326] Com relação ao tema, considerar também o item 33.7 do capítulo 33, "Do recurso especial e do recurso extraordinário".

CAPÍTULO 32

DO RECURSO ORDINÁRIO

32.1 Generalidades

O recurso ordinário para os tribunais superiores também é denominado recurso ordinário constitucional, haja vista que, assim como o recurso especial e o recurso extraordinário, tem previsão constitucional, tanto quando se trate de recurso ordinário para o Supremo Tribunal Federal, nos termos do art. 102, II, quanto para o Superior Tribunal de Justiça no art. 105, II.

32.2 Recurso ordinário no Supremo Tribunal Federal

O art. 1.027, I, do Código de Processo Civil, prevê o cabimento do chamado recurso ordinário para o Supremo Tribunal Federal nos mandados de segurança, nos *habeas corpus*, nos *habeas data* e nos mandados de injunção decididos em única instância pelos tribunais superiores quando denegatória a decisão.

Do ponto de vista estritamente objetivo, duas são as observações cabíveis: a) a decisão objeto do recurso ordinário tem que ser proferida em única instância por tribunal superior, o que significa que esta decisão certamente tem que ser prolatada em ação de competência originária, daí única, de tribunal superior; b) esta decisão terá que ser denegatória, o que significa que a ação foi julgada improcedente. Denegatória, aqui, é decisão definitiva que negue provimento ao pedido e não decisão terminativa.

Mas não é só, o recurso ordinário para o Supremo Tribunal Federal só terá vez contra as decisões denegatórias proferidas em única instância por tribunais superiores nas ações de mandado de segurança, individual ou coletivo, *habeas corpus*, *habeas data* e mandados de injunção.

Tribunais superiores na organização judiciária brasileira são, além do próprio Supremo Tribunal Federal: o Superior Tribunal de Justiça, o Tribunal Superior do Trabalho, o Superior Tribunal Militar e o Tribunal Superior Eleitoral.

Cabe ainda observar que a antiga denominação de recurso ordinário constitucional, pelo menos com relação às hipóteses de recurso ordinário dirigido ao Supremo Tribunal Federal, fazia e faz todo o sentido na medida em que as ações em que se prevê seu cabimento são ações que visam a reparar lesões ocorridas no sistema de garantias e liberdades individuais, como tal previsto na Constituição brasileira. Aqui, embora inegavelmente a reparação à lesão ao direito subjetivo do jurisdicionado seja o objeto da ação, a própria restauração do princípio ou preceito constitucional igualmente violado estará em jogo. Daí porque o recurso para o Supremo Tribunal Federal.

Quanto à restrição de que só as sentenças denegatórias possam ser atacadas por este recurso, a explicação consiste em que caso a sentença seja favorável ao autor, portanto concessória da ordem e não denegatória, a reparação à lesão ocorrida na garantia ou na liberdade individual prevista constitucionalmente estará assegurada, dispensando-se a intervenção, desde que provocada pelo exercício da faculdade recursal, do Supremo Tribunal Federal, enquanto guardião da Constituição Federal.

Entretanto, não se pense que no caso de sentença que conceda o *mandamus* pretendido não seja possível a interposição de recurso. Apenas não será o caso do recurso ordinário, porém, conforme a hipótese, de recurso extraordinário. A diferença é que no recurso ordinário devolve-se toda a matéria e a exigência é que a decisão recorrida tenha sido denegatória. Já no recurso extraordinário, ter-se-á que enquadrá-lo nas restritas hipóteses de seu cabimento e admissibilidade, como tais previstas na Constituição Federal.

32.3 Recurso ordinário no Superior Tribunal de Justiça

O art. 1.027, II, do Código de Processo Civil, prevê o cabimento de recurso ordinário para o Superior Tribunal de Justiça nos seguintes casos: a) mandados de segurança decididos em única instância pelos Tribunais Regionais Federais ou pelos Tribunais de Justiça dos Estados e do Distrito Federal, quando denegatória a decisão; b) processos em que forem parte, de um lado, Estado estrangeiro ou organismo internacional e, de outro, município e pessoa residente ou domiciliada no país.

Aqui, também, duas são as observações: a) como o Superior Tribunal de Justiça não é o guardião da Constituição Federal, a ele cabe julgar em recurso ordinário apenas os mandados de segurança quando decididos em única instância pelos Tribunais Regionais Federais ou pelos Tribunais de Justiça dos Estados e do Distrito Federal e Territórios quando denegatória a decisão. É que mandado de segurança pode ou não ter conotação constitucional, já que se dirige contra ato arbitrário de autoridade. Como se sabe, a competência para o mandado de segurança é fixada em razão do grau hierárquico da autoridade coatora. Assim, em alguns casos, o mandado de segurança será de competência originária, daí a decisão em única instância, dos tribunais de segunda instância; daí porque, quando denegatória a decisão, caberá recurso ordinário para o Superior Tribunal de Justiça; b) com relação aos processos em que Estado estrangeiro ou organismo internacional litigue contra município brasileiro ou pessoa residente ou domiciliada no país, observe-se que a regra não inclui os Estados-Membros, isto porque nos termos do art. 102, I, "e" da Constituição Federal, esses litigam contra Estado estrangeiro ou organismo internacional perante o Supremo Tribunal Federal.

Assim como se dá com recurso ordinário para o Supremo Tribunal Federal, também, nas hipóteses de recurso ordinário para o Superior Tribunal de Justiça, a circunstância de ser indispensável que a decisão recorrida seja denegatória nos casos do mandado de segurança não impede que haja, nas hipóteses de decisão concessória do *writ*, recurso especial ou extraordinário, conforme a hipótese. Assim como se explicitou no caso do recurso ordinário para o Supremo Tribunal Federal, também aqui, o recurso extraordinário ou especial terá que se submeter às restritas regras de sua admissibilidade.

Observe-se, ainda neste tema, que Tribunais Regionais Federais, Tribunais de Justiça dos Estados e do Distrito Federal previstos na alínea "a" do inc. II do art. 1.027 do Código de Processo Civil são tribunais de segunda instância. Entretanto, os Tribunais Regionais do Trabalho, que também são tribunais de segunda instância, não constam do dispositivo, muito embora existam mandados de segurança de competência originária desses tribunais. É que a Justiça do Trabalho apresenta a peculiaridade de ter uma terceira instância temática, isto é, o Tribunal Superior do Trabalho, para o qual se recorre ordinariamente na hipótese aqui prevista.

CAPÍTULO 33

DO RECURSO ESPECIAL E DO RECURSO EXTRAORDINÁRIO

33.1 Recursos de terceira geração. Justificativa

Instrumento concebido para compor lides, portanto instrumento da paz social, o processo milita quase sempre dentro de contradições – o processo é dialético por natureza e por necessidade. O processo é fruto da dialética. Contudo, é o próprio processo que prevê mecanismos de solução dessas divergências, tornando-as tecnicamente simplesmente aparentes.[327]

Como se viu, anteriormente, é o natural inconformismo humano aliado a circunstâncias históricas pontuais que justifica o princípio do duplo grau de jurisdição e, a partir daí, toda a formulação de uma teoria geral dos recursos.

É justo nesse limite que surgem os chamados recursos de terceira geração vinculados sempre a duas necessidades: reparar ofensas à Constituição ou corrigir divergências na interpretação das leis ou divergências jurisprudenciais. Nos Estados constituídos sob a forma federativa, há também a preocupação da preservação da legislação federal. Isto se explica porque a ordem jurídica soberana da qual emana a norma resulta de um documento político-jurídico: a Constituição. Portanto, nada lhe pode ser contrário, nem a lei, nem o ato administrativo, nem a fórmula jurisdicional de composição da lide. Demais isto: se a lei tem que ser igual para todos, tanto quanto possível, sua interpretação deverá ser uniforme.[328]

33.2 Sistema brasileiro. Dicotomia. Competência

Até a Constituição de 1988, no processo civil propriamente dito, havia apenas o chamado recurso extraordinário como recurso de terceira geração, cuja competência

---

[327] ZAGAGLIA, Waldir. Das alterações introduzidas pela Lei 9.756/98 aos artigos 896 e 897 da CLT. *Revista de Direito da Associação dos Procuradores do Novo Estado do Rio de Janeiro*, Rio de Janeiro, v. 3, 1999. p. 70.

[328] ZAGAGLIA, Waldir. Das alterações introduzidas pela Lei 9.756/98 aos artigos 896 e 897 da CLT. *Revista de Direito da Associação dos Procuradores do Novo Estado do Rio de Janeiro*, Rio de Janeiro, v. 3, 1999. p. 70.

funcional e exclusiva para seu processamento e julgamento era do Supremo Tribunal Federal, competência esta, de longa tradição, expressamente prevista na Constituição. Com o advento da Carta de 1988, criou-se uma dicotomia na previsão das hipóteses de cabimento dos recursos de terceira geração no âmbito do processo civil, de modo que aquelas matérias antes contempladas apenas para a interposição do recurso extraordinário foram repartidas, reservando-se tudo o que não fosse de índole constitucional para o âmbito do então criado recurso especial. Para tanto, a Carta de 1988 aparelhou o sistema judiciário brasileiro com um novel tribunal de terceira instância denominado Superior Tribunal de Justiça.

Assim, na atual sistemática processual brasileira, no âmbito do processo civil, para atender àquelas necessidades antes citadas existem duas espécies de recursos de terceira geração: o recurso especial e o recurso extraordinário. O recurso especial é de competência do Superior Tribunal de Justiça e o recurso extraordinário é de competência do Supremo Tribunal Federal.

33.3 Cabimento

Os chamados recursos de terceira geração – porque fulcrados sempre, em maior ou menor grau, naquelas premissas de admissibilidade (ofensa à Constituição, divergência jurisprudencial e na interpretação das leis) –, em nosso sistema, são da competência funcional dos tribunais superiores, a denominada terceira instância, às vezes, quarta instância, em raríssimos casos.[329] É intuitivo conceber que sua restrita admissibilidade, bem como o reduzido número de órgãos jurisdicionais neste nível, leve o legislador processual a dificultar cada vez mais a possibilidade de conhecimento de tais recursos. E é natural que assim seja, porquanto a esta altura já estará atendido o duplo grau de jurisdição, e, por outro lado, um acesso não criterioso à terceira instância só acarretaria delongas desnecessárias no desfecho final das lides.[330]

Surge aqui a primeira fissura no sistema recursal, pois que, até então, o cabimento dos recursos pautava-se pela sucumbência e era delimitado pela matéria impugnada ou pela matéria divergente, isto é, nas várias modalidades recursais era a lesividade que por si só justificava a prática do ato processual tendente à reforma da decisão adversa.

No nível da terceira geração recursal só isto não basta, isto é, até o duplo grau de jurisdição, a ordem jurídica e o interesse da parte caminhavam juntos na possibilidade processual de reforma das decisões impugnáveis. A partir da decisão em tese recorrível pela interposição de recurso de terceira geração, o interesse da ordem pública na ministração da justiça se sobrepõe indiscutivelmente ao interesse privado, ou até mesmo público em alguns casos,[331] no desejo de reforma da decisão recorrida. Daí porque tais recursos só serão cabíveis naquelas hipóteses precisas e expressamente previstas, sequer na legislação ordinária, porém na própria Constituição Federal.[332]

---

[329] É o caso do recurso extraordinário em reclamação trabalhista que necessariamente terá cumprido três instâncias até chegar ao STF.
[330] ZAGAGLIA, Waldir. Das alterações introduzidas pela Lei 9.756/98 aos artigos 896 e 897 da CLT. *Revista de Direito da Associação dos Procuradores do Novo Estado do Rio de Janeiro*, Rio de Janeiro, v. 3, 1999.
[331] Naquelas hipóteses em que o Ministério Público seja parte na defesa do interesse público ou mesmo que pessoa jurídica de direito público recorra aos tribunais superiores em ações típicas públicas.
[332] A possibilidade excepcional de interposição tanto de recurso especial como de recurso extraordinário contra as decisões concessórias das quais se denegatórias caberia o recurso ordinário, embora dê a esses recursos um

Compreender, pois, que quando se cuida de recurso de terceira geração o que está em jogo é muito mais do que o interesse recursal da parte dita sucumbente, mas, sobretudo, a própria ordem jurídica ameaçada pelo eventual vício existente na decisão ordinária impugnada, faz toda a diferença.

33.4 Cabimento do recurso especial

Como se disse, pela própria natureza publicista de tais recursos, sua previsão e seu cabimento são de ordem constitucional. Guardadas as devidas proporções, é como se houvesse uma competência recursal especial constitucional em razão da matéria impugnável pela via dos recursos de terceira geração. Assim é que o recurso especial terá cabimento contra as decisões de única ou última instância proferidas pelos tribunais regionais federais ou pelos tribunais dos estados, do Distrito Federal, nas hipóteses em que tais decisões: a) contrariarem tratado ou lei federal ou negar-lhes vigência; b) julgarem válido ato do governo local contestado em face de lei federal; c) derem à lei federal interpretação divergente da que lhe haja atribuído outro tribunal.[333]

A Constituição Federal exige que a decisão objeto do recurso especial tenha sido proferida em única ou última instância por algum tribunal de segunda instância, ainda que a decisão decorra de competência originária, o que significa que não há recurso especial de sentença de primeiro grau, bem como que não há possibilidade de recurso especial quando a decisão impugnável ainda puder ser atacada por qualquer outro recurso.[334] Contudo, a jurisprudência do Superior Tribunal de Justiça vem sendo flexibilizada para admitir recurso especial mesmo contra acórdãos que não consagrem decisões finais em hipóteses, por exemplo, em que o acórdão recorrido decide agravo de instrumento.

A Constituição também exige que esteja em jogo, no recurso especial, uma questão federal e que ela seja infraconstitucional.[335] A exigência da questão federal de natureza infraconstitucional prende-se à forma federativa da constituição do Estado, na medida em que é de total preocupação do Estado federado que a legislação federal tenha a mesma interpretação e efeitos em todo o território sob sua jurisdição.

Nada obstante, é o próprio Superior Tribunal de Justiça que decide, em última análise, se a hipótese é ou não de ser atacada pela via do recurso especial. Por assim dizer, as possibilidades vislumbradas na Constituição Federal estabelecem, na prática, uma largueza desconfortável dentro da restrição que naturalmente se impõe à admissibilidade dos chamados recursos de terceira geração.

Nesse sentido, a contrariedade ao tratado ou à lei federal ou à negativa de suas vigências deve ser entendida como a violação do sentido mais precípuo da norma. O que se exige não é qualquer divergência nem muito menos que a decisão não apresente a melhor interpretação possível, porém, e este é o ponto nodal, que a decisão recorrida se apresente absolutamente incompatível com o texto da norma dita violada.

---

caráter de "apelação", não lhes desnatura a característica de recurso de terceira geração na medida em que sua estreita admissibilidade, por óbvio, restringe a extensão da matéria devolvida ao respectivo tribunal superior.

[333] Art. 105, III, "a", "b" e "c" da Constituição Federal.

[334] Exceto o recurso extraordinário concomitantemente.

[335] SANTOS, Moacyr Amaral dos. *Primeiras linhas de direito processual civil*. 22. ed. São Paulo: Saraiva, 2008. v. III. p. 183.

Por negativa de vigência para esse efeito deve-se entender a não aplicação da norma e não declarar na decisão recorrida que a norma perdeu sua vigência, por exemplo, por revogação ou por ab-rogação. Negar vigência à lei federal para efeito de cabimento de recurso especial é o mesmo que não aplicar a lei vigente e que seria aplicável ao caso concreto.

O cabimento do recurso especial contra a decisão que conclua pela validade de ato de governo local também decorre da necessidade da preservação do federalismo judicial, portanto que o governo local não interfira na esfera federal. Todavia, cabe uma advertência: o que se visa a garantir por essa modalidade de cabimento do recurso especial, na preservação da legislação federal, é a incolumidade da esfera constitucional de competência da União Federal, porquanto, como se sabe, a Constituição Federal não estabelece superposição entre as esferas políticas federativas, porém justaposição. Destarte, se o ato do governo local se adstringir à esfera de competência legislativa estadual ou municipal, não existirá a questão federal exigida para justificar o cabimento do recurso especial.

Finalmente de se observar que, tanto no especial como no extraordinário, quando o recurso se fundar em dissídio jurisprudencial, a divergência será comprovada mediante cópia ou citação de repositório de jurisprudência oficial ou credenciado, inclusive mídia eletrônica, em que houver sido publicado o acórdão divergente, ou ainda com a reprodução de julgado disponível na rede mundial de computadores, vale dizer, internet, com a indicação da respectiva fonte, devendo-se, em qualquer caso, mencionar as circunstâncias que identifiquem ou assemelhem os casos confrontados. Isto significa que não basta a menção ao caso ou a juntada ou a transcrição da ementa, porém, a cópia da íntegra do acórdão.

Ainda nesta hipótese, se assim proceder o recorrente, o Código de Processo Civil, no §2º do art. 1.029, veda ao Tribunal inadmitir o recurso de forma genérica, sob a alegação de que as circunstâncias fáticas são diferentes, sem demonstrar a distinção. Trata-se de regra de absoluta paridade, na medida em que, do mesmo modo que se exige do recorrente a demonstração específica e pontual da divergência, há de se exigir do órgão jurisdicional que demonstre a existência da distinção das circunstâncias fáticas, quando inadmitir o recurso por este motivo.

33.5 Cabimento do recurso extraordinário

Tal qual ocorre com o recurso especial, o cabimento do recurso extraordinário prescinde daqueles mesmos pressupostos exigidos para o recurso de terceira geração congênere, com a peculiaridade de que o recurso extraordinário desafiará sempre uma questão constitucional. Destarte, caberá recurso extraordinário para o Supremo Tribunal Federal contra os acórdãos proferidos em única ou última instância, quando a decisão recorrida: a) contrariar dispositivo da Constituição Federal; b) declarar a inconstitucionalidade de tratado ou lei federal; c) julgar válida lei ou ato de governo local contestado em face da Constituição Federal; d) julgar válida lei local contestada em face de lei federal.[336]

---

[336] Conforme art. 102, III, "a", "b", "c" e "d" da Constituição Federal.

O Supremo Tribunal Federal nos termos da Carta Magna brasileira é o guardião da Constituição, a ele compete, precipuamente, a integridade da Constituição e é sobre tal mister que se deve encarar a competência constitucional para julgamento do recurso extraordinário. Por isso que a instância extraordinária só se justifica no sistema brasileiro quando a Constituição Federal estiver ameaçada pela decisão recorrida, e é sempre sob tal enfoque que devem ser analisados o cabimento e a admissibilidade do recurso extraordinário.

Nada obstante e fruto da dicotomia existente no atual sistema processual brasileiro, não há como deixar de traçar um paralelo com o cabimento do recurso especial. *Mutatis mutandis*, é como se o recurso extraordinário fosse uma espécie de recurso especial quando a matéria ventilada for de ordem constitucional.

Assim é que igualmente não cabe recurso extraordinário contra decisões ainda recorríveis ou contra sentenças de primeiro grau. A locução *causas decididas* no texto constitucional significa causa cuja decisão não pode mais ser reformada por outro recurso qualquer que não o recurso extraordinário ou, concomitantemente, em alguns casos, o recurso especial.

Por causa decidida não se precisa necessariamente entender que se trate de decisão de mérito, a rigor, nada impede que a eventual contrariedade à Constituição Federal surja em decisão meramente terminativa e não definitiva, seja ou não de competência originária do tribunal, o que se exige é que não se cuide de uma decisão meramente interlocutória.

Estabelecido, pois, o limite procedimental quanto ao momento de cabimento do recuso extraordinário, observe-se que no mais os requisitos são todos de ordem constitucional. O primeiro deles é de que a decisão recorrida contrarie dispositivo da Constituição Federal. Tal contrariedade é aquela que diz respeito à decisão inconciliável com a norma constitucional, com o princípio que a inspira ou mesmo com um princípio que se extraia da Constituição, ainda que não se identifique norma constitucional que o consagre explicitamente.

A declaração da inconstitucionalidade de tratado ou lei federal, para os efeitos do cabimento de recurso extraordinário, é a declaração expressa contida no acordão recorrido e não a simples negativa de vigência pela não aplicação da norma ou do princípio constitucional que seria incidente naquela espécie fática e jurídica trazida ao crivo do judiciário. Só assim se adequa a interpretação das alíneas "a" e "b" do inc. III do art. 102 da Constituição Federal, porquanto a negativa de vigência de norma ou princípio constitucional já faria a decisão impugnável contrária à Constituição Federal, o que justificaria o recurso extraordinário por este motivo.

Cabe também o recurso extraordinário quando a decisão recorrida julgar válida lei ou ato de governo local, quando este tiver, nas instâncias inferiores, sido impugnado por inconstitucionalidade. Observe-se a diferença que ocorre nesta hipótese em relação à sua previsão similar para o cabimento do recurso especial. É que cabe recurso especial contra a decisão que julgar válida lei ou ato do governo local impugnado com relação à legislação federal e desde que ofenda a reserva de competência legislativa da União federal. Ao passo que, em sede de recurso extraordinário, a impugnação do ato não se faz por ser contra a legislação federal, mas por ferir a Constituição. Em se tratando, em sede de recurso extraordinário, de salvaguardar a Constituição Federal e só reflexamente a legislação federal, não há a preocupação com a reserva de competência legislativa de cada ente federado.

A possibilidade de cabimento de recurso especial quando o acordão recorrido julgar válida lei local contestada em face de lei federal se explica na medida em que a repartição das competências legislativas, seja exclusiva, concorrente ou suplementar, é também matéria constitucional e de capital importância para o pacto federativo. Consequentemente, o sistema de proteção jurídico-constitucional, no viés do processo civil e pela via do recurso extraordinário, estaria incompleto ou por outra seria insuficiente se não contemplasse a possibilidade de recurso extraordinário contra decisões que reconhecessem válidos leis e atos administrativos locais que invadissem a esfera da competência da União Federal.

Contudo, a reciproca é verdadeira, porém a tipicidade de cabimento tem previsão diversa, isto é, também a União Federal não pode invadir esfera de competência legislativa dos estados-membros e dos munícipios, entretanto, se a decisão judicial der como válido lei ou ato administrativo federal eivado de tal vício a hipótese para o recurso extraordinário será aquela da alínea "a" do inc. III do art. 102 da Constituição Federal, porquanto nesse caso a decisão será contrária, porque incompatível, à Constituição Federal.

33.6 Repercussão geral

Para o cabimento do recurso extraordinário, além dos três requisitos não cumulativos anteriormente vistos, há uma quarta condição cumulativa a qualquer deles, que é a preliminar de repercussão geral. Com efeito, o §2º do art. 102 da Constituição Federal dispõe: "no recurso extraordinário o recorrente deverá demonstrar a repercussão geral das questões constitucionais discutidas no caso, nos termos da lei, a fim de que o tribunal examine a admissão do recurso pela manifestação de dois terços de seus membros".

Se por um lado tal condição tem um efeito restritivo no natural desejo do jurisdicionado de ascender ao mais alto grau de jurisdição do país, por outro, se justifica plenamente como critério de filtragem dos recursos extraordinários. Tal pletora de recursos deve-se, sobretudo, à circunstância de a atual constituição brasileira ser uma constituição analítica, detalhista e longa, além de, em muitas ocasiões, veicular matérias que melhor se conformariam em sede de legislação ordinária. Como consequência, inúmeros são os casos que acabam por desafiar recurso extraordinário, pois não raro os acórdãos de última instância discutem e aplicam matéria de cunho constitucional.[337]

Observe-se que o texto constitucional não é de eficácia plena, porém de eficácia contida, eis que expressamente prevista sua liberação na forma da lei. A lei em questão é o art. 1.035, *caput* e parágrafos, do Código de Processo Civil. Nestes dispositivos encontra-se não só o balizamento para o conceito de repercussão geral, como seu procedimento. É a lei que o diz: para efeito de repercussão geral será considerada a existência, ou não, de questões relevantes do ponto de vista econômico, político, social ou jurídico que ultrapasse os interesses subjetivos do processo. Na verdade e na prática, o conceito de repercussão geral está ligado a questões relevantes discutidas no caso que ultrapassem os limites subjetivos da causa e o interesse individual dos litigantes. É preciso que,

---

[337] PAIVA, Lucio Flavio Siqueira. A Lei 11418/06 e a repercussão geral no recurso extraordinário. *Jus Navigandi*, Teresina, ano 12, n. 1315, 6 fev. 2007.

objetivamente, as questões repercutam fora do processo e se mostrem relevantes do ponto de vista econômico, político, social ou jurídico. O ponto de corte para a conformação da repercussão geral é a repercussão objetiva dos efeitos da decisão que se busca no recurso extraordinário, num ou noutro sentido, porém isto não se confunde com o interesse subjetivo natural das partes no processo nem com a eventual extrapolação dos limites subjetivos da coisa julgada. O que justifica e baliza a repercussão geral é que aquela decisão repercuta objetivamente para além dos interesses subjetivos e de sua eventual extrapolação da causa.

Como dissemos antes, vemos a repercussão geral como uma espécie de justa causa condicionante para o cabimento do recurso extraordinário. Portanto, uma condição mesmo e, assim, uma questão preliminar que se antepõe à própria admissibilidade do recurso. Diz-se isto porque dúvida pode haver com relação ao momento em que a repercussão geral deva ser julgada no processamento do recurso extraordinário, haja vista que se, simplesmente, adicionarmos a repercussão geral aos demais pressupostos de cabimento do recurso extraordinário, seu julgamento seria conjunto. No entanto, não só não é isto que se intui da norma legal, como também não seria esta a melhor interpretação cabível.

Observe-se que o juízo *a quo* não tem qualquer interferência no julgamento da repercussão geral, eis que o §2º do art. 1.035 do Código de Processo Civil determina que sua apreciação é exclusiva do Supremo Tribunal Federal, portanto do juízo *ad quem*. Ademais, é ainda a norma processual que esclarece que a repercussão geral é antecedente a qualquer outro requisito, de modo que cabe ao recorrente, antes de discutir qualquer matéria, demonstrar que o resultado daquela causa transcende os interesses subjetivos dos litigantes.

Além disso, não teria qualquer lógica procedimental analisar o cabimento do recurso, por qualquer dos meios previstos constitucionalmente, para depois, eventualmente, entender de não o julgar por não ter a repercussão geral. Seria como julgar a questão prejudicial, ou mesmo a questão de mérito, antes da questão preliminar.

De maneira exemplificativa e não taxativa, o §3º do art. 1.035 do Código de Processo Civil baliza que haverá repercussão geral sempre que o recurso extraordinário impugnar acórdão que: a) contrarie súmula ou jurisprudência dominante do Supremo Tribunal Federal; b) tenha sido proferido em julgamento de casos repetitivos; c) tenha reconhecido a inconstitucionalidade de tratado ou de lei federal nos termos do art. 97 da Constituição Federal.

Há também certa curiosidade quanto à competência para julgar a repercussão geral, haja vista que o art. 102, §3º, da Constituição Federal, exige 8 votos em 11 quando prevê o voto de 2/3 do plenário para que se deixe de conhecer o recurso extraordinário por ausência de repercussão geral. Todavia, se na turma à qual é distribuído o recurso extraordinário, 4 ministros concluírem pela presença da repercussão geral, o máximo que se obteria do plenário seriam 7 votos pela ausência de repercussão geral, daí a desnecessidade de remessa ao plenário.

33.7 Prequestionamento

Na instância especial e na instância extraordinária, a regra é de que não se pode inovar. Esta proibição significa que a questão a ser discutida no recurso especial ou no recurso extraordinário precisa ser preexistente no processo. Isto é, não pode aparecer como num passe de mágica apenas no momento da interposição do recurso.

Entretanto, a exigência da preexistência no processo não se limita a qualquer simples alusão do recorrente. É absolutamente imprescindível, para o cabimento do recurso especial ou extraordinário, que o acórdão atacado tenha expressamente aludido à questão condicionante do cabimento do recurso, isto é, a tenha decidido.

Vezes há, no entanto, que o órgão jurisdicional não se posiciona e se omite em emitir um juízo de valor sobre o *thema decidendo* ensejador da instância especial ou extraordinária. Nesse caso, por técnica de prequestionamento, deve a parte recorrente, previamente, valer-se do incidente processual dos embargos de declaração quanto à omissão do julgado de modo a instar ao órgão jurisdicional que se pronuncie sobre o tema, bem como prequestionar a matéria. Caso o órgão jurisdicional não acolha os embargos de declaração, o recurso especial ou extraordinário poderá perquirir previamente a nulidade do julgado por ausência de prestação jurisdicional.[338]

Ainda em sede de prequestionamento, cumpre anotar que, de um modo geral, tanto o STF quanto o STJ dirigem sua jurisprudência no sentido de que: a) a matéria se considera prequestionada quando a decisão recorrida adota explicitamente tese a seu respeito, ainda que para negá-la; b) a interposição dos embargos de declaração como técnica de prequestionamento, instando ao órgão jurisdicional que se pronuncie sobre o tema, é absolutamente preclusiva; c) interpostos os embargos de declaração oportuna e adequadamente, considerar-se-á prequestionada a matéria ainda que permaneça a omissão do órgão jurisdicional *a quo*.

33.8 Natureza da decisão de admissibilidade

O recurso extraordinário e o recurso especial serão interpostos perante o presidente ou qualquer dos vice-presidentes, conforme dispuser o regimento interno do Tribunal recorrido[339] em petições distintas, o que significa que quando houver interposição concomitante de um e de outro os recursos terão que ser apresentados em peças processuais diversas.

A autoridade judiciária dotada de competência funcional para receber o recurso de terceira geração, na forma da lei, determinará a intimação do recorrido para que apresente as suas contrarrazões no prazo de 15 dias. Ao depois: i) negará seguimento quando o recurso extraordinário discutir questão constitucional sobre a qual o Supremo Tribunal Federal não tenha reconhecido a existência de repercussão geral ou quando o acórdão recorrido pelo recurso extraordinário esteja em conformidade com entendimento do Supremo Tribunal Federal exarado em repercussão geral; ii) quando o acórdão recorrido, e neste caso tanto pelo recurso extraordinário quanto quando recurso especial estiver em conformidade com o entendimento do Supremo Tribunal Federal ou do

---

[338] Aqui remetemos o leitor para o item 31.6 do capítulo 31, "Dos embargos de declaração", momento em que também tratamos do tema.

[339] O art. 1.029 do CPC determina a interposição do recurso extraordinário e do recurso especial perante o presidente ou o vice-presidente do tribunal recorrido. Todavia, os tribunais de justiça estaduais costumam ter mais de um vice-presidente, com atribuições diversas, portanto nunca se questionou que o regimento interno do tribunal estabeleça o vice-presidente responsável pelo recebimento dos recursos especial e extraordinário, em matéria cível ou em matéria penal.

Superior Tribunal de Justiça, respectivamente, exarado em incidente de julgamento de recursos repetitivos; iii) encaminhará o processo ao órgão julgador para exame do juízo de retratação, se o acórdão recorrido divergir do entendimento do Supremo Tribunal Federal ou do Superior Tribunal de Justiça, desde que este entendimento, conforme a hipótese, seja fruto de repercussão geral ou do incidente de recursos repetitivos; iv) sobrestará o recurso quando este versar sobre tema que seja objeto de incidente de recurso repetitivo ainda não decidido pelo Supremo Tribunal Federal ou pelo Superior Tribunal de Justiça, conforme se trate de matéria constitucional (recurso extraordinário) ou matéria infraconstitucional (recurso especial); v) selecionará, se for o caso, o recurso como representativo da controvérsia constitucional ou infraconstitucional quando se tratar de incidentes de recurso repetitivo; vi) não ocorrendo qualquer das hipóteses acima, terá vez o juízo de admissibilidade propriamente dito, o qual, se positivo, terá como consequência a remessa do processo para o Supremo Tribunal Federal ou para o Superior Tribunal de Justiça, ainda assim, desde que: a) o recurso ainda não tenha sido submetido ao regime de repercussão geral ou de julgamento de recursos repetitivos; b) o recurso tenha sido selecionado como representativo da controvérsia; ou c) o tribunal recorrido tenha refutado o juízo de retratação. As condicionantes excludentes para remessa do recurso à instância extraordinária ou especial são autoexplicáveis, pois que se o recurso for submetido à repercussão geral ou a julgamento de recursos repetitivos, ficará sobrestado; se o recurso for um dos selecionados, irá ao exame da instância superior não em razão da admissibilidade recursal, porém como representativo da multiplicidade de recursos sobre o tema e, obviamente, se o tribunal tiver refutado o juízo de retratação, porquanto, se tiver se retratado, o recurso teria sido admitido.

Na tramitação do recurso especial ou do recurso extraordinário, o Código de Processo Civil prevê no art. 1042 possibilidades especiais de cabimento de agravo nas seguintes hipóteses: a) caso o recurso extraordinário tenha sido interposto intempestivamente e ainda assim for incluído no rol dos recursos sobrestados. Nesta hipótese, o interessado, no caso o recorrido ou mesmo terceiro interessado, poderá requerer ao presidente ou ao vice-presidente do tribunal que exclua o recurso extraordinário intempestivo do rol dos recursos sobrestados. O recorrente terá o prazo de 5 dias para manifestar-se sobre esse requerimento e, desta decisão, num ou noutro sentido, caberá agravo para o tribunal superior; b) aplica-se a mesma solução se a hipótese ocorrer em sede de recurso especial conforme disposto no §2º do art. 1036 do Código de Processo Civil; c) caberá também agravo contra a decisão do presidente ou vice-presidente do tribunal de origem que negar seguimento aos recursos especiais ou extraordinários sobrestados na origem se o acórdão recorrido coincidir com a orientação do tribunal superior. Aqui ocorre o seguinte: interpostos o recurso especial ou o recurso extraordinário, serão sobrestados em razão de já estar instaurado o incidente de recursos repetitivos. Havendo o julgamento do acórdão paradigma, se a orientação dada pelo tribunal superior coincidir com a tese do acórdão recorrido, os recursos de terceira geração interpostos contra este acórdão serão automaticamente considerados inadmitidos. Desta decisão caberá agravo; d) sendo negada a existência de repercussão geral no recurso extraordinário afetado no incidente de recursos repetitivos, nos termos do parágrafo único do art. 1039 do Código de Processo Civil, serão considerados automaticamente inadmitidos os recursos extraordinários cujo processamento tenha sido sobrestado. Desta decisão de inadmissibilidade poderá o interessado recorrer mediante agravo.

Observe-se que o §2º do art. 1.042 determina que a petição de agravo seja dirigida ao presidente ou vice-presidente do tribunal de origem e independe de custas ou despesas postais, o que significa recorrer perante o tribunal de origem, pela via do agravo, da decisão proferida no próprio tribunal de origem.

Afora a evidente questão da intempestividade, que por si só justifica o recurso, o que se depreende do cotejo entre o art. 1.030, *caput* e parágrafo único, e o disposto no art. 1.042 é o seguinte: tratando-se de recurso repetitivo, o presidente ou o vice-presidente do tribunal de origem com a competência jurisdicional para receber o recurso especial e o recurso extraordinário poderá inadmiti-los, porém essa inadmissibilidade estará restrita e terá que ser fundamentada nas hipóteses contidas no inc. I do art. 1.040, quais sejam: se o acórdão recorrido coincidir com a orientação do tribunal superior; ou na hipótese contida no §8º do art. 1.035 ou no parágrafo único do art. 1.039, qual seja, houver sido negada a repercussão geral do acórdão paradigma no Supremo Tribunal Federal.

Na verdade, não se trata tecnicamente de admissibilidade ou inadmissibilidade. Como se veem das previsões do Código de Processo Civil, determina-se ao tribunal de origem que sobreste o seguimento de recursos especiais ou recursos extraordinários nas hipóteses de recursos repetitivos em que se esteja aguardando decisão que balizará pelos tribunais superiores a questão tratada no recurso. Nesses casos, obviamente, prevê-se a possibilidade do destrancamento dos respectivos recursos de terceira geração pela via do agravo dirigido ao respectivo tribunal superior, sempre que a parte alegar que não era hipótese de seu sobrestamento.

A decisão de admissibilidade a ser proferida no tribunal superior, como de resto toda e qualquer decisão de admissibilidade de recurso, é decisão tipicamente interlocutória, e, como tal, recorrível pela via do agravo.[340] Entretanto, apenas a decisão negatória, isto é, aquela que não admite o recurso extraordinário ou o recurso especial, é que é passível de ser atacada pela via do agravo, eis que a decisão que o admite é irrecorrível.

No Tribunal superior, o recurso de terceira geração sofrerá, por parte do relator, o exame de admissibilidade, o qual poderá resultar no seu processamento e posterior julgamento da questão de fundo do recurso ou ter seu procedimento abortado pela decisão de inadmissibilidade. Desta decisão monocrática de inadmissibilidade caberá agravo interno, por aplicação da regra geral contida no art. 1.021 do Código de Processo Civil, obedecendo-se quanto ao seu processamento, além das previstas no referido artigo, às regras do regimento interno do tribunal.

Aqui cabe uma reflexão, pelo menos quanto ao recurso extraordinário, pois que, da maneira como tratada a matéria na Constituição e no Código de Processo Civil, praticamente condicionou-se a possibilidade de conhecimento de recurso extraordinário às hipóteses de repercussão geral da violação constitucional alegada. Ora, como a decisão que nega a existência de repercussão geral é irrecorrível, até porque tomada por 2/3 do plenário, praticamente só haverá julgamento de recurso extraordinário cuja repercussão geral tenha sido verificada, reduzindo muitíssimo o exame dos outros pressupostos de admissibilidade pelo relator do recurso extraordinário.

---

[340] No caso o agravo interno previsto no art. 1.021.

33.9 Efeitos. Possibilidade de efeito suspensivo. Limitação do efeito devolutivo

Pela sua própria natureza e pelo momento processual de sua interposição, de regra, os recursos de terceira geração não têm efeito suspensivo. Isto se justifica porque existe verdadeira preocupação de política legislativa e de administração da justiça em se evitar, tanto quanto possível, a procrastinação desnecessária na utilização das faculdades processuais recursais, mormente quando se trata de recurso especial ou extraordinário. De mais a mais, nesse momento e como já se viu, o duplo grau de jurisdição já estará atendido e, como a própria nomenclatura sugere, a instância prorrogada por esta via recursal é instância extraordinária ou especial, o que significa que a prestação da tutela jurisdicional já terá cumprido a instância ordinária.

Contudo, o exaurimento da instância ordinária não significa em termos absolutos que em determinados especialíssimos casos o *periculum in mora*, evidentemente quando acompanhado do sinal do bom direito, indique a preocupação e a necessidade de suspenderem-se os efeitos da decisão recorrida até que se ultime o julgamento do recurso de terceira geração.

Aparentemente tal possibilidade iria contra a lógica do sistema. Todavia, é o próprio sistema processual que admite, sem restrições, que enquanto a última palavra não for dada e houver comprovado evidente e irreversível dano à parte detentora do *fumus boni iuris*, há possibilidade de suspensão dos efeitos de toda e qualquer decisão jurisdicional, interlocutória ou definitiva, quanto menos não seja, porquanto presente sempre o poder cautelar geral concedido ao magistrado por força do art. 297 do Código de Processo Civil.

Na vigência do Código de 1973 os tribunais superiores exigiam que se exaurisse toda a atividade jurisdicional no tribunal de origem e que a instância especial ou extraordinária fosse instada a se pronunciar sobre o efeito suspensivo do recurso, mediante dedução de pretensão cautelar própria e específica, na qual seria observada não a questão de fundo do recurso, mas tão somente a necessidade da suspensão dos efeitos da decisão recorrida até o julgamento final, fosse do recurso especial fosse do recurso extraordinário.

Em boa hora, o Código atual simplificou a matéria ao dispor expressamente no §5º do art. 1.029 sobre a possibilidade de concessão de efeito suspensivo seja ao recurso extraordinário seja ao recurso especial. Devendo a parte dirigir tal requerimento: a) ao tribunal superior respectivo, no período compreendido entre a interposição do recurso e sua distribuição, ficando o relator designado para seu exame prevento para julgá-lo; b) ao relator, se já distribuído o recurso; c) ao presidente ou vice-presidente do tribunal de origem no caso de o recurso ter sido sobrestado nas hipóteses de recursos repetitivos. Obviamente, nada impede e a prática sugere que, na própria petição de formulação e apresentação do recurso, já se abra um capítulo específico demonstrando a necessidade e fazendo o requerimento do efeito suspensivo.

A respeito do efeito devolutivo dos recursos de terceira geração, cabe advertir que esta devolução é limitada pelo estreito balizamento constitucional. Em sede de recurso extraordinário e de recurso especial a matéria devolvida ao tribunal julgador será evidentemente aquela de que trata o conteúdo objeto do próprio recurso limitado pelas previsões constitucionais de seu cabimento. Em outras palavras: é como se existisse uma competência constitucional fora de cujo limite não seja possível enquadrar a fundamentação de tais recursos.

Disto tudo decorre que nem toda matéria já decidida nas instâncias inferiores, seja em extensão, seja em profundidade, é devolvida à instância especial ou à instância extraordinária, mas somente, entre aquelas previstas constitucionalmente, a arguida pela parte recorrente.

Mas não é só, também não se devolve à terceira instância a revisão sobre fatos ou provas.[341] A bem da verdade reconheça-se que nem sempre é tão nítida a distinção entre questão de fato e questão de direito, bem como a partir de que ponto a qualificação ou a consequência jurídica do fato passa a ser questão de direito.[342]

Pode-se concluir que: a) os recursos de terceira geração são recebidos apenas no efeito devolutivo; b) todavia, mesmo esta devolução não é plena, ficando limitada e restringida pelo prequestionamento e pelo balizamento constitucional do cabimento de tais recursos; c) não obstante a regra do recebimento apenas no efeito devolutivo, excepcionalmente em situações absolutamente teratológicas e de irreversibilidade grave, tanto o STF quanto o STJ podem dar efeito suspensivo mediante requerimento da parte neste sentido.

33.10 Interposição conjunta

Esta questão surge quando uma mesma decisão desafia reforma tanto pelo recurso especial como pelo recurso extraordinário. Nesse caso, deve-se interpor os dois recursos separadamente, isto é, em peças processuais distintas, no prazo comum a ambos.

Primeiro será processado e julgado o recurso especial e depois o recurso extraordinário, exceto se o provimento do recurso especial tornar prejudicado o recurso extraordinário. O prejuízo ao recurso extraordinário ocorrerá quando a decisão do recurso especial reformar ou anular o acórdão recorrido, caso em que por óbvio o recurso extraordinário não será julgado.

Este entendimento se aplica igualmente quando o provimento ao recurso especial for somente parcial, eis que na parte provida poderá tornar prejudicado o recurso extraordinário. Caso a parte provida não prejudique ou só prejudique parcialmente o recurso extraordinário, este será julgado integralmente ou parcialmente conforme a hipótese.

A advertência de peso que aqui se deve fazer diz respeito à possibilidade da ocorrência de conflito de prejudicialidades, pois que: a) se o relator do recurso especial considerar prejudicial o recurso extraordinário, em decisão irrecorrível, sobrestará o julgamento e remeterá os autos ao Supremo Tribunal Federal; b) nessa hipótese, se o relator do recurso extraordinário, também em decisão irrecorrível, rejeitar a prejudicialidade

---

[341] Súmulas nºs 279 do STJ e 7 do STF.

[342] O art. 1.039 e parágrafo único do CPC e a Súmula nº 456 do STF, ao permitirem que admitido o recurso extraordinário e o recurso especial por um fundamento devolve-se ao tribunal o conhecimento dos demais fundamentos para solução do capítulo impugnado, cria certa confusão quanto à devolução eventual de matéria fática quando esta for necessária à aplicação do direito no julgamento do processo. Em nossa opinião, este dispositivo permite que o Tribunal Superior, nesta hipótese, conheça e decida sobre matéria fática, porquanto no sistema brasileiro os tribunais superiores não são cortes de cassação.

deferida pelo relator do recurso especial, devolverá os autos ao Superior Tribunal de Justiça para o julgamento do recurso especial.

Com relação à interposição conjunta de recurso especial e extraordinário, também deve ser observado que: a) se o relator do recurso especial entender que este versa sobre questão constitucional, abrirá prazo de 15 dias para que o recorrente demonstre a existência de repercussão geral e se manifeste sobre a questão constitucional apontada pelo relator no Superior Tribunal de Justiça (observe-se que neste caso o relator terá que apontar a questão constitucional); b) decorrido o prazo, com ou sem manifestação do recorrente o recurso será remetido ao Supremo Tribunal Federal que, em juízo de admissibilidade, portanto monocrático do relator e recorrível para a turma via agravo interno, poderá devolvê-lo ao Superior Tribunal de Justiça; c) em qualquer caso, se o Supremo Tribunal Federal considerar a ofensa à constituição em que se baseia o recurso extraordinário apenas como reflexa, por pressupor a revisão de interpretação de lei federal ou de tratado, remeterá o recurso ao Superior Tribunal de Justiça para seu julgamento como recurso especial (aqui se tem a transmudação de um recurso em outro por decisão jurisdicional).

33.11 Recursos especial e extraordinário repetitivos

O Código de Processo Civil, nos arts. 1.036 a 1.041, cuida do julgamento dos recursos especial e extraordinário repetitivos. Recursos repetitivos são a multiplicidade de recursos com fundamento em idêntica controvérsia. Nesses casos, tanto em sede de recurso especial como em sede de recurso extraordinário, o Tribunal de origem selecionará dois ou mais recursos representativos da controvérsia que serão analisados pelos respectivos tribunais superiores, os demais ficarão, por assim dizer, sobrestados, isto é, trancados. Nada obstante, no respectivo tribunal superior, o relator poderá, também, selecionar dois ou mais recursos representativos da controvérsia para julgamento da questão de direito independentemente da iniciativa do tribunal de origem, eis que o tribunal *ad quem* não fica adstrito à escolha do tribunal *a quo*. A justificativa para esta possibilidade é a divergência que pode existir entre o relator do recurso e o presidente ou o vice-presidente no tribunal *a quo* quanto aos casos de maior e melhor representatividade da matéria controvertida.

Negada a existência da repercussão geral ou inadmitido o recurso especial-modelo, os recursos sobrestados serão tidos por inadmitidos. Julgados os méritos dos recursos-modelo, os recursos sobrestados serão apreciados nos órgãos de origem em conformidade com a orientação traçada no julgamento pelo Supremo Tribunal Federal ou pelo Superior Tribunal de Justiça.

Para isto, uma vez selecionados os recursos, o relator no tribunal superior proferirá uma decisão de afetação, da qual necessariamente constará: a) a questão a ser submetida a julgamento; b) a suspensão do processamento em todo território nacional de todos os processos pendentes que versem sobre a questão; c) se entender por bem requisitará aos tribunais de justiça e aos tribunais regionais federais a remessa de um recurso representativo da controvérsia por tribunal. A dúvida aqui reside em identificar precisamente o que se deva entender pela locução "todos os processos pendentes".

Por processo pendente tanto se pode entender o processo não sentenciado quanto o processo já sentenciado em fase recursal, mas que ainda não tenha ocorrido à coisa julgada. A despeito de reconhecer a imprecisão terminológica do Código parece-nos certo pela própria sistemática estabelecida que a ideia é a de suspender todos os processos em que não tenha havido recurso especial ou recurso extraordinário, até porque destes o Código já trata mandando explicitamente sobrestá-los.

Quando se tratar de recurso extraordinário, negada a existência de repercussão geral, no recurso afetado, serão considerados automaticamente inadmitidos os recursos extraordinários cujo processamento tenha sido sobrestado. Decididos os recursos afetados, os órgãos colegiados, de acordo com o que se decidir nos tribunais superiores: a) declararão prejudicados os demais recursos versando sobre idêntica controvérsia, na hipótese de o recurso afetado ser inadmitido ou ter provimento negado; b) decidirão os recursos na própria instância de origem aplicando a tese firmada na decisão dos recursos afetados.

Publicado o acórdão-paradigma, também chamado de acórdão-modelo: a) será negado no tribunal de origem seguimento aos recursos sobrestados, se o acórdão recorrido contrariar a orientação do tribunal superior; b) nesta hipótese, o órgão fracionário do tribunal de origem que prolatou o acórdão recorrido reexaminará o recurso anteriormente julgado, valendo a mesma regra para os acórdãos prolatados nas ações de competência originária do tribunal e de remessa necessária; c) os processos suspensos em todo o território nacional, por força da decisão de afetação do relator do processo-paradigma no respectivo tribunal superior, retornarão ao curso normal e serão julgados conforme aplicação da tese firmada pelo tribunal superior no julgamento do recurso modelo.

Nesse tema, pretende o Código avançar interferindo na esfera administrativa e na disposição da parte litigante, isto porque prevê quanto aos recursos sobre questões relativas à prestação de serviço objeto de concessão, permissão ou autorização, que o resultado do julgamento seja comunicado ao órgão ou ao ente ou à agência reguladora competente para aplicação da tese adotada, obviamente, presumindo que a Administração Pública lato senso passará a se orientar internamente também pela tese firmada no julgamento do recurso modelo. Previu também que a parte possa desistir da ação em curso, no primeiro grau de jurisdição e antes de proferida a sentença, se a questão nela discutida for idêntica à resolvida pelo recurso representativo da controvérsia, ficando, ainda, a parte isenta do pagamento de custas e de honorários sucumbenciais, sendo, inclusive, desnecessário o consentimento do réu, mesmo quando já apresentada a contestação. Aqui o que se objetiva é que, uma vez firmada a tese, sendo contrária à parte autora, poderá esta desistir da ação, a fim de que não tenha prejuízos por ter ajuizado a ação antes que a controvérsia nela tratada fosse dirimida em caso idêntico por tribunal superior. Fica sem explicação, porém, o fato de a regra não se estender à parte recorrente em apelação ainda não julgada pelo tribunal.

Na canhestra hipótese de o tribunal de origem manter o acórdão divergente, o recurso especial ou extraordinário será remetido ao respectivo tribunal superior e, não o sendo, caberá agravo. Nesse caso, havendo juízo de retratação, com a reforma do acórdão divergente, o tribunal de origem decidirá as demais questões ainda não decididas cujo enfrentamento se tornou necessário em decorrência da reforma operada em juízo de retratação.

33.12 Do agravo em recurso especial e em recurso extraordinário

Prevê o Código de Processo Civil no art. 1.042 a possibilidade de agravo contra a decisão de presidente ou de vice-presidente do tribunal que: a) indeferir requerimento de exclusão da decisão de sobrestamento com a consequente decisão de inadmissibilidade de recurso extraordinário interposto intempestivamente; b) inadmitir recurso especial ou extraordinário sob o fundamento de que o acórdão recorrido coincide com a orientação do tribunal superior; e c) inadmitir recurso extraordinário sob o fundamento de que o Supremo Tribunal Federal reconheceu a inexistência de repercussão geral da questão constitucional discutida.

A petição de agravo em recurso especial e em recurso extraordinário será dirigida ao presidente ou ao vice-presidente do tribunal de origem e será isenta de custas e despesas postais. O agravado será intimado para oferecer resposta no prazo de 15 dias, após o que se abre a possibilidade para o juízo de retratação. Não havendo retratação, o agravo será remetido ao tribunal superior competente.

Aqui temos uma curiosidade: este agravo não será por instrumento, o que significa que, com o agravo, subirá também o recurso especial ou o recurso extraordinário e, se forem julgados conjuntamente, o que de resto é aconselhável, será facultada a sustentação oral. Tratando-se de interposição conjunta de recursos especial e extraordinário, ainda que as decisões de inadmissibilidade para ambos constem do mesmo ato jurisdicional, o agravante deverá interpor um agravo para cada recurso não admitido. Nesta hipótese os autos serão primeiro remetidos ao Superior Tribunal de Justiça e, uma vez concluído o julgamento, independentemente de requerimento e quando for o caso, os autos serão remetidos ao Supremo Tribunal Federal para apreciação do agravo contra a decisão de inadmissibilidade do recurso extraordinário, salvo se pela decisão proferida pelo Superior Tribunal de Justiça o agravo para o Supremo Tribunal Federal estiver prejudicado.

33.13 Embargos de divergência

Embora não sendo cabíveis exclusivamente no processamento dos recursos de terceira geração, eis que também cabíveis nas ações de competência originária do Superior Tribunal de Justiça e do Supremo Tribunal Federal, os embargos de divergência por questões meramente didáticas e metodológicas são aqui tratados no capítulo dos recursos especial e extraordinário.

Em sede de recurso especial ou recurso extraordinário, o Código de Processo Civil prevê, nos arts. 1.043 e 1.044, a possibilidade de interposição de embargos de divergência, quando o acórdão divergir do julgamento de qualquer outro acórdão proferido por outro órgão do mesmo tribunal, desde que: a) o acórdão embargado e o acórdão-paradigma sejam ambos de mérito; b) o acórdão embargado e o acórdão-paradigma sejam ambos relativos ao juízo de admissibilidade; c) qualquer dos acórdãos seja de mérito e o outro não tenha conhecido do recurso, embora tenha apreciado a controvérsia de que trata o mérito; e d) o acórdão a ser embargado divergir do julgamento de qualquer outro órgão do mesmo Tribunal, nos processos de competência originária. Cumpre observar que a hipótese prevista na letra "d" acima claramente não diz respeito a embargos de divergência em recurso especial ou em recurso extraordinário, porém aos processos de competência originária dos tribunais superiores.

Os embargos de divergência se explicam pela necessidade de unificação da jurisprudência como principal instrumento de isonomia. Da mesma forma que esta necessidade inspira a existência dos recursos de terceira geração, eis que se a lei é igual para todos, tanto quanto possível sua interpretação deverá ser uniforme, a interpretação da lei internamente nos órgãos jurisdicionais superiores, que têm por missão unificá-la, por óbvio, também deverá ser uniforme.

Para efeito do cabimento dos embargos de divergência, as teses jurídicas confrontáveis, isto é, postas no acórdão embargado e no acórdão-paradigma, podem ser extraídas tanto de recursos como de ações de competência originária, o que significa que o acórdão prolatado no recurso especial ou extraordinário possa sofrer embargos de divergência tendo como paradigma acórdão prolatado ou em ação de competência originária do respectivo tribunal e vice-versa. Além disso, não há limite quanto à natureza da matéria divergente, pois que tanto pode versar sobre direito material como sobre direito processual.

Exceção à regra que exige que o acórdão-paradigma seja da lavra de outro órgão do mesmo tribunal é a possibilidade de os embargos de divergência caberem quando o acórdão-paradigma for da mesma turma que proferiu a decisão embargada desde que, e só nesta hipótese, a composição da turma tenha sofrido alteração em mais da metade de seus membros.

O procedimento para o processamento dos embargos de divergência é aquele observado no regimento interno do respectivo tribunal superior, com a peculiaridade de que se a interposição dos embargos de divergência se der no Superior Tribunal de Justiça, a exemplo do que ocorre com os embargos de declaração, ficará interrompido o prazo para interposição de recurso extraordinário por qualquer das partes.

Sendo desprovidos os embargos de divergência ou, se uma vez providos, não alterarem a conclusão do acórdão embargado, o eventual recurso extraordinário interposto pela parte embargada antes da publicação do julgamento dos embargos de divergência será processado e julgado independentemente de ratificação.

Aqui, se cuida da hipótese de acórdão em que seja dado provimento parcial a recurso ou que julgue parcialmente procedente ação de competência originária do Superior Tribunal de Justiça. Nesse caso pode ocorrer que uma parte interponha embargos de divergência e, no mesmo prazo, a outra parte interponha o recurso extraordinário para o Supremo Tribunal Federal. Obviamente que não se poderá interromper o prazo para interposição do recurso que já fora interposto. Portanto, a solução será sobrestá-lo até que se julguem os embargos de divergência. Julgados estes, se forem desprovidos ou se, embora providos, não alterarem a conclusão, vale dizer, a parte dispositiva, do acórdão embargado, o recurso extraordinário interposto pela outra parte será processado e julgado independentemente de ratificação.

33.14 Embargos infringentes no STJ e no STF

A controvérsia sobre a manutenção ou não dos embargos infringentes no nosso ordenamento jurídico tem motivado intensos debates há décadas. Certamente, os embargos infringentes sempre foram o recurso mais criticado no nosso sistema processual.

Durante a vigência do Código de 1973,[343] os críticos mais agudos batiam forte na tecla de que com a apelação já estaria atendido o duplo grau de jurisdição e, por conseguinte, a partir daí só se justificaria a dilação processual provocada pelo recurso naquelas hipóteses excepcionais que albergam o cabimento dos chamados recursos de terceira geração. Os defensores dos embargos infringentes insistiam que se a decisão do órgão jurisdicional fracionário do tribunal não fosse unânime, era justo reabrir-se a revisão da decisão na busca da justiça mais correta.

O Código atual, a nosso ver equivocada e açodadamente, suprimiu do rol dos recursos os embargos infringentes. Contudo, não nos parece totalmente dirimida a dúvida quanto ao cabimento dos embargos infringentes no Superior Tribunal de Justiça e no Supremo Tribunal Federal, tanto no que diz respeito à competência recursal como no que diz respeito à competência originária.

Com relação ao Superior Tribunal de Justiça a questão é de menor complexidade por ter sido este criado com a Constituição de 1988, portanto, não poderia ser destinatário ou objeto de qualquer regra anterior à atual Constituição.

Já no que se refere ao Supremo Tribunal Federal, as coisas se passam de modo diverso. É que a Constituição anterior, de 1967/1969, previa que o regimento interno do Supremo Tribunal Federal disciplinasse, com força de lei, o processo e o procedimento perante a mais alta corte do país, tanto no exercício da sua competência originária quanto na sua competência recursal.[344]

O Regimento Interno do Supremo Tribunal Federal previa expressamente os embargos infringentes, todavia, o Código de Processo Civil atual não os prevê, assim como a Lei nº 8.950/94 superveniente à Constituição de 1967 anteriormente não os previa, daí surge a dúvida quanto à manutenção ou à revogação do cabimento dos embargos infringentes no Supremo Tribunal Federal.[345]

Em nosso entendimento, os embargos infringentes são recurso específico e todo recurso para ter vez carece de previsão legal expressa. Assim, havendo lei que rege a matéria e que não contempla os embargos infringentes nos processos perante o Supremo Tribunal Federal e Superior Tribunal de Justiça, *data venia* de opiniões contrárias, não devem os embargos infringentes ter cabimento no âmbito do Supremo Tribunal Federal.[346]

---

[343] O Código de 1973 previa, no art. 530, o cabimento dos embargos infringentes nos seguintes termos: "Cabem Embargos Infringentes quando o acórdão não unânime houver reformado, em grau de apelação, a sentença de mérito, ou houver julgado procedente ação rescisória. Se o desacordo for parcial, os Embargos serão restritos à matéria objeto da divergência".

[344] Art. 115, parágrafo único, "b" da Constituição de 1967.

[345] Apesar da controvérsia existente, o que até então tem prevalecido em ambas as cortes, por mais paradoxal que seja, ainda que sem unanimidade, é a não existência de embargos infringentes no Superior Tribunal de Justiça e a sua permanência no Supremo Tribunal Federal.

[346] Advirta-se que, em qualquer caso, não é possível embargos infringentes em recurso ordinário ou recurso extraordinário, mas eventualmente em ações de competência originária do Supremo Tribunal Federal.

DA AÇÃO RESCISÓRIA

34.1 Generalidades

A ação rescisória é uma ação e não recurso que visa à desconstituição da coisa julgada material. A coisa julgada é um impedimento a um novo julgamento, visto que transitada materialmente em julgado a ação, ocorre o fenômeno da imutabilidade dos efeitos da sentença.

Com o ajuizamento da ação rescisória é instaurada nova relação jurídica processual totalmente distinta daquela anterior em que proferida a decisão que se quer rescindir e modificar.

Como dissemos anteriormente, a coisa julgada tem por escopo justamente a segurança jurídica, pois que, uma vez decidida a causa, para sempre será causa decidida. Aliás, a definitividade é uma das características da jurisdição, não a tem nem a função legislativa nem a função executiva.

Por isso mesmo, a possibilidade de desconstituir a coisa julgada, que excepciona de certa forma a característica de definitividade da expressão jurisdicional do poder constituído, isto é, da jurisdição, condiciona-se a uma série de obstáculos que precisam ser removidos para que esta mesma jurisdição seja instada em atividade diferenciada a desconstituir a imutabilidade dos efeitos de prestação anterior da tutela jurisdicional.

Tais obstáculos são: a) as hipóteses de cabimento previstas na lei são absolutamente taxativas; b) o prazo para a propositura é decadencial de 2 (dois) anos (art. 975). Daí decorre que: a) a ação rescisória visa a desconstituir a coisa julgada material, portanto tem natureza desconstitutiva negativa; b) só a sentença ou o acórdão que julgue o mérito da causa ou que, excepcionalmente, não julgando o mérito da causa, impeça nova propositura da ação ou a admissibilidade do recurso correspondente, podem ser atacados pela ação rescisória; c) a decisão só pode ser rescindida se invocada uma das hipóteses previstas exaustivamente na lei; d) enquanto não rescindida, a sentença/acórdão gera efeitos; e) não cabe ação rescisória contra decisões proferidas em jurisdição voluntária.

34.2 Breve notícia histórica

Transitada em julgado a ação, constitui-se pela sentença um título executivo ou uma ordem mandamental ou, ainda, uma simples declaração de existência ou de inexistência de uma relação jurídica preexistente. Entretanto, a atividade cognitiva processual pode estar eivada de vícios de maior ou de menor gravidade. Desde sempre, cogitou-se no direito a falta de lisura e a imoralidade de, não obstante o trânsito em julgado, blindar-se para sempre a imutabilidade dos efeitos da sentença viciada. Por isso mesmo, permite-se já na fase de cumprimento da sentença que se alegue a nulidade ou a inexistência de citação na fase de conhecimento, se esta ocorreu à revelia, a inexigibilidade do título, a ilegitimidade das partes etc.

O direito comum europeu medieval previa três ações visando ao enfrentamento de tais problemas: a) *nullitatis insanabilis*; b) *nullitatis sanabilis*; c) *restitutio in integrum*. A primeira redundou nas medidas processuais sanatórias aplicáveis ainda na tutela satisfativa, porém no mesmo processo; as duas outras são as matrizes da moderna ação rescisória.

Tratando-se da rescindibilidade da sentença, a apreciação da *causa restitutiones* exigia um motivo relevante, como: menoridade do prejudicado (*restitutio in integrum*), dolo, fraude ou erro etc. O Imperador Adriano permitiu adotar-se como causa de rescindibilidade falsos testemunhos, o que foi seguido de documentos falsos.

Vale ressaltar que na percepção do direito romano não existia diferença técnica entre o nulo e o inexistente juridicamente. Portanto, nas vetustas ações antes referidas, desconstituía-se tanto o juridicamente nulo como o juridicamente inexistente.

34.3 Ação rescisória e *querela nullitatis*

Aqueles vícios que no direito romano ensejavam a possibilidade da desconsideração da sentença mediante o exercício da *actio de nullitatis sanabilis*, por correlação lógica, aparelham hoje a figura da *querela nullitatis*.

Todavia, e como é fácil verificar, até pelos exemplos antes mencionados neste capítulo, há hipóteses de vícios processuais que podem ser alegados na fase processual da execução ou do cumprimento da sentença e que obstam a tutela satisfativa do julgado, obviamente reabrindo a fase cognitiva, bem como outras que dizem respeito a vícios processuais de tal gravidade que implicam na possibilidade do ajuizamento da ação rescisória.

A rigor e na pureza da técnica, tal distinção não deveria existir, trata-se, contudo, de mera política legislativa. Destarte, tem-se, por exemplo, a possibilidade de obstar a tutela satisfativa ao cumprimento da sentença quando houver ausência de citação. Entretanto, existe a possibilidade de ação rescisória quando a ação originária foi julgada por juiz absolutamente incompetente. Ora, num e noutro caso, tem-se pressuposto de validade processual não atendido, não obstante para cada uma dessas hipóteses prevê-se ora mera atividade obstaculizadora da eficácia executória da sentença, ora sua própria rescindibilidade.

Modernamente, no plano da eficácia, faz-se a distinção entre inexistência, anulabilidade, nulidade absoluta e nulidade relativa dos atos jurídicos processuais. O que se rescinde é a sentença e sentença é ato jurídico processual, certamente o mais importante deles, mas ainda assim, ontologicamente, ato jurídico processual. Eventuais vícios ocorridos no processo podem e servem de motivo para a rescindibilidade da sentença, eis que processo viciado, em maior ou menor grau, não pode gerar sentença sadia.

Nada obstante, a ação rescisória não é atividade de saneamento de processo viciado, isto é, de processo nulo, mas sim de rescindibilidade de sentença.

Logo fica claro que o sistema carece de solução para a questão da ineficácia da sentença quando esta ineficácia decorre não de nulidade ou de vício de irregularidade processual albergados pela ação rescisória, antes, porém, da própria inexistência do processo e, por consequência, da sentença que lhe põe fim.

Nesses casos, duas situações se apresentam: a) ou bem a hipótese estará contemplada em uma das possibilidades de admissibilidade da ação rescisória; b) ou bem não estará. E neste caso apresenta-se como solução a invocação da pretensão de declaração da *querela nullitatis*.

Aparentemente, há certa contradição porquanto algumas das hipóteses de inexistência estão contempladas no rol de cabimento da ação rescisória, tal como a sentença que fere coisa julgada preexistente. Parece-nos, contudo, que aí o legislador, mais uma vez inspirado em mera política legislativa, houve por bem atropelar a técnica para estabelecer que nas hipóteses expressamente previstas na norma processual, a retirada de eficácia da sentença dependerá sempre de sua rescindibilidade, o que só será possível mediante a propositura da ação rescisória.

Obviamente, isto nos leva a outra questão que será tratada no item apropriado, porquanto a ação rescisória tem natureza constitutiva negativa, ao passo que a *querela nulitatis*, ação ou mero requerimento, terá sempre natureza declaratória.

34.4 Legitimidade

Com relação à legitimidade ativa, isto é, para propor ação rescisória, podem fazê-lo: a) a parte no processo ou o seu sucessor a título universal ou singular; b) o terceiro juridicamente prejudicado; c) o Ministério Público, tanto como parte, como *custus legis*. Observe-se que a legitimidade concedida ao Ministério Público como *custus legis* será cogente quando: i) não foi ouvido no processo em que lhe era obrigatória a intervenção, observada a regra contida no §2º do art. 279; ii) quando a decisão rescindenda decorrer de simulação ou de colusão das partes a fim de fraudar a lei; iii) nos demais casos em que se imponha sua atuação; d) aquele que não foi ouvido no processo em que lhe era obrigatória a intervenção, como exemplo, o litisconsorte necessário unitário que não foi citado para a ação. Quanto à legitimação passiva, o Código foi omisso, mas é claro que caberá à outra ou às outras partes do processo em que foi proferida a decisão que se quer rescindir.

34.5 Prazo

O prazo para propositura da ação rescisória é de dois anos contados do trânsito em julgado da última decisão proferida no processo. Trata-se de prazo, obviamente, decadencial, com a peculiaridade de que se prorroga até o primeiro dia útil imediatamente subsequente quando expirar durante férias forenses, recessos, feriados ou em dia em que não houver expediente forense. Na hipótese de a ação rescisória se fundar na simulação ou na colusão das partes, o prazo se inicia para o terceiro prejudicado e para o Ministério Público, que não interveio no processo, a partir do momento em que tem ciência da simulação ou da colusão. Prazo diferenciado, em má técnica legislativa a nosso ver, o Código estabelece para a hipótese de a ação rescisória fulcrar-se em prova nova cuja existência o autor, da rescisória, ignorava, ou de que não pôde fazer uso, prova esta capaz, por si só, de lhe assegurar pronunciamento favorável, na ação rescindenda. Neste último caso, inexplicavelmente, o Código elastece o prazo decadencial para cinco anos, contados do trânsito em julgado da última decisão proferida no processo e não da descoberta da prova nova.[347]

34.6 Competência

Quanto à competência, o Código não regulou a matéria. O código não diz qual é o órgão jurisdicional do tribunal competente para julgar a ação rescisória, podendo-se inferir que em cada tribunal o regimento interno determinará a competência para julgar a ação rescisória.

De toda sorte, em tema de competência para ação rescisória pode-se alinhar os seguintes parâmetros: a) a competência é sempre do tribunal, a ação rescisória é sempre de competência originária de um tribunal, não existe ação rescisória em primeira instância; b) dependendo do órgão jurisdicional que proferiu a decisão, a competência para a ação rescisória será de órgão jurisdicional hierarquicamente superior; c) se tratar de acórdão proferido pelo tribunal pleno (órgão especial) a competência é dele mesmo porque não há nenhum outro órgão acima do tribunal.

34.7 Procedimento

O procedimento na ação rescisória não se encontra disciplinado detalhadamente no Código. Há algumas disposições que precisam ser complementadas pelas normas dos regimentos internos dos tribunais, o que de um modo geral sempre acontece com os processos de competência originária do tribunal.

Como toda e qualquer ação, a ação rescisória se propõe mediante petição inicial a respeitar o art. 319 do Código de Processo Civil, sendo relevante neste aspecto apenas notar que o valor da causa na ação rescisória, por óbvio, será sempre o mesmo valor dado à causa que se quer rescindir. Todavia, para amenizar o estímulo à propositura de ações rescisórias por pura aventura judiciária, a lei estabelece um depósito de 5% do valor da causa a ser efetuado pelo autor, o qual não poderá ser superior a mil salários mínimos (§2º do art. 968) para a hipótese de ele vir a perder a causa por unanimidade, quando perderá o valor do depósito para o réu. Dada a especificidade da ação rescisória, existe um requisito a mais na inicial, que é o pedido de novo julgamento da causa, ou do processo, como se queira, se for o caso.

Aplica-se à ação rescisória o disposto no art. 320 do Código de Processo Civil, qual seja, a exigência de que a petição inicial seja instruída com os documentos indispensáveis

---

[347] Aqui remetemos o leitor para o capítulo 26, "Da coisa julgada", item 26.14, "Relativização da coisa julgada material", quando ali nos referimos à possibilidade de relativizar a coisa julgada pela descoberta de prova nova, como ocorreu, por exemplo, nas ações de estado com a descoberta dos exames de paternidade por DNA. Parece-nos que não é desta hipótese que está cuidando o §2º do art. 975, porém daquela prova documental, pericial ou oral que poderia ter utilizado se dela tivesse conhecimento ao tempo da ação que pretende rescindir.

à propositura da ação. No caso de ação rescisória, esses documentos, entre outros, serão a sentença ou o acórdão rescindendo, e a prova do trânsito em julgado. A práxis forense e a boa técnica da advocacia, entretanto, recomendam que se instrua a petição inicial da ação rescisória, além de outros documentos eventualmente importantes, com cópia de todo o processo que ensejou a sentença ou o acórdão que se quer rescindir.

Aplicável também à ação rescisória o disposto no art. 332 do Código de Processo Civil, que trata do instituto da improcedência liminar do pedido. Portanto, a ação rescisória poderá ser julgada improcedente liminarmente naquelas hipóteses em que a pretensão rescisória contrariar o previsto no art. 332 do Código de Processo Civil.[348] Aqui, temos uma situação relevantíssima a considerar: como se verá adiante, o julgamento da ação rescisória pressupõe três etapas, sendo a primeira a etapa da admissibilidade. Ora, estabelecendo o Código por norma expressa a aplicação da improcedência liminar do pedido em ação rescisória, é preciso que se atente que tal só poderá ocorrer se ultrapassado o juízo da admissibilidade, porquanto, se inadmitida a rescisória, não há pedido a ser analisado, sequer para ser indeferido liminarmente. A partir daí, surge outra situação curiosa, pois que as demais etapas do julgamento da ação rescisória preveem e exigem o pedido quanto ao *iudicium rescindens* e quando for o caso quanto ao *iudicium rescisorium*. Ora, o indeferimento liminar do pedido tanto pode ocorrer num quanto noutro juízo, sendo que, ocorrendo no primeiro, obviamente, impedirá o segundo.

Em nosso entendimento, a fim de evitar maiores complicações, no exercício da ação rescisória, melhor teria sido o Código prever as hipóteses contidas no art. 332 como hipóteses de inadmissibilidade da ação rescisória. Observe-se a evidente e equivocada contradição operada pelo legislador processual, quando, a um só tempo, prevê o prazo decadencial de dois anos para a propositura da ação rescisória, portanto exame adstrito ao juízo de admissibilidade, e prevê a incidência das causas de indeferimento liminar do pedido, portanto análise do pedido, previstas no art. 332, entre as quais se encontra a própria decadência.

Por isso pensamos que a melhor solução a ser adotada é a de considerar as hipóteses previstas no art. 332 do Código de Processo Civil como hipóteses de inadmissibilidade da ação rescisória e não propriamente de indeferimento liminar do pedido.

O prazo para resposta não é legal e, sim, judicial, fixado pelo relator entre 15 e 30 dias. Depois da resposta o procedimento passa a ser o comum.

Caso haja necessidade de provas a serem produzidas, o relator poderá delegar competência ao órgão que proferiu a decisão rescindenda, fixando prazo de 1 a 3 meses para devolução dos autos, ou determinará, mediante carta de ordem, ao juiz da comarca a colheita daquelas.

O art. 973 do Código de Processo Civil prevê que sejam abertas vistas às partes para razões finais no prazo de 10 dias. Neste prazo, as partes naturalmente aproveitarão para comentar as provas eventualmente produzidas.

---

[348] O art. 332 do CPC prevê a improcedência liminar do pedido nas causas que dispensem a fase instrutória, independentemente da citação do réu, quando o pedido contrariar: a) enunciado de súmula do Supremo Tribunal Federal ou do Superior Tribunal de Justiça; b) acórdão proferido pelo Supremo Tribunal Federal ou pelo Superior Tribunal de Justiça em julgamentos repetitivos; c) entendimento firmado em incidente de resolução de demandas repetitivas ou de assunção de competência; d) enunciado de súmula de tribunal de justiça sobre direito local; e) ocorrência de decadência e de prescrição.

Curiosamente, não se prevê o momento exato em que deva o Ministério Público se pronunciar. Este momento já fixado na práxis forense e na jurisprudência é após as razões finais apresentadas pelas partes. Entretanto, pelo que se vê do parágrafo único do art. 967, que remete à intervenção do Ministério Público como *custus legis* em ação rescisória para o art. 178 do Código de Processo Civil, o *parquet* só funcionará em ação rescisória que envolva interesse público ou social; interesse de incapaz ou litígios coletivos pela posse de terra rural ou urbana ou ainda nas hipóteses previstas na lei ou na Constituição Federal.

Ofertadas as razões finais pelas partes e oferecido o pronunciamento do Ministério Público quando for o caso, os autos irão conclusos ao relator que pedirá pauta para julgamento, cujo procedimento específico se verá adiante.

34.8 Cabimento

As hipóteses de cabimento da ação rescisória são aquelas previstas no art. 966 do Código de Processo Civil, o que significa que a *causa petendi* para a ação rescisória terá que estar, necessariamente, na sua admissibilidade e no *iudicium rescindens*, calcada numa delas, a saber:

a) Se verificar que foi proferida por força de prevaricação, concussão ou corrupção do juiz. Deve-se atentar para o critério técnico, isto é, por tais vícios deve-se entender precisamente a ocorrência dos tipos penais previstos nos arts. 316, 317 e 319 do Código Penal, respectivamente. Todavia, não se exige a prévia condenação criminal do juiz prolator da sentença nem mesmo a preexistência de processo penal. Demais disso, se for instaurado processo criminal após o julgamento da ação rescisória, o resultado da jurisdição penal não terá qualquer repercussão na sua decisão.

b) For proferida por juiz impedido ou absolutamente incompetente. Hipóteses essas que não contemplam maior complexidade.

c) Resultar de dolo da parte vencedora em detrimento da parte vencida ou de colusão entre as partes, a fim de fraudar a lei. O dolo é vontade dirigida ao resultado e, aqui, no caso, ao resultado ilícito processual que prejudique a parte vencida a ponto de, necessariamente, fazê-la perder a ação, como atos que induzam à revelia ou de modo geral prejudiquem o contraditório e a ampla defesa. Quanto à colusão, é necessário fazer uma remissão ao art. 142 do Código de Processo Civil, hipótese em que o tribunal deve proferir decisão que obste o objetivo das partes.[349]

d) Ofender a coisa julgada. Hipótese absolutamente lógica na medida em que a coisa julgada material é a imutabilidade dos efeitos da sentença.

e) Violar manifestamente norma jurídica. A hipótese aqui não é a mesma que enseja o recurso especial, qual seja, a negativa de vigência que é coisa diversa e sobre a qual já nos expressamos no momento oportuno. Demais disso, a

---

[349] "Art. 142. Convencendo-se, pelas circunstâncias, de que autor e réu se serviram do processo para praticar ato simulado ou conseguir fim vedado por lei, o juiz proferirá decisão que impeça os objetivos das partes, aplicando, de ofício, as penalidades da litigância de má-fé".

violação aludida no texto há de ser literal e não terá cabimento quando se tratar de interpretação controvertida nos tribunais.[350]

Questão anteriormente discutível, hoje já se encontra assentada na jurisprudência dos tribunais superiores, qual seja: o cabimento de ação rescisória por este motivo quando a sentença, ou o acórdão, violar manifestamente súmula de tribunal ou súmula vinculante do Supremo Tribunal Federal. Já dissemos no momento oportuno que súmula não é fonte formal de direito em nosso sistema jurídico. Súmula é resumo de jurisprudência, mas não é lei. Nada obstante, a jurisprudência do Superior Tribunal de Justiça admite a interposição de ação rescisória quando se trate de acórdão que tenha violado manifestamente o entendimento sumulado. No mesmo sentido, é a possibilidade de ação rescisória, por esse motivo, quando o acórdão violar manifestamente súmula vinculante do Supremo Tribunal Federal. No momento oportuno, adotamos o entendimento doutrinário de que a súmula vinculante é um *plus* ao efeito *erga omnes* que se espera das decisões dos tribunais superiores. Nesse sentido, acrescentamos que, mais do que a súmula normal, a súmula vinculante é um ato de poder, reservado apenas ao Supremo Tribunal Federal. Portanto, mesmo não se tratando de lei nem de fonte formal de direito em nosso sistema, é inegável que a normatividade que resulta da súmula vinculante em muito se aproxima da força de lei e, assim, igualmente inegável o cabimento de ação rescisória contra a sentença ou acórdão que manifestamente viole o teor de súmula vinculante.

f) Fundar-se em prova cuja falsidade tenha sido apurada em processo criminal ou venha a ser provada na própria ação rescisória. A observação pertinente e relevante nesta hipótese é de que a falsidade apurada previamente em processo criminal não precisa ter sido contra o autor da falsidade, porém em qualquer processo criminal em que haja decisão definitiva que declare falsa a prova. Outra observação relevante nesta hipótese é que a inautenticidade de documento declarado em sentença nos termos do art. 19, II, do Código de Processo Civil, não é fundamento para rescisória por esse motivo. Em suma, ou a prova da falsidade foi reconhecida e como tal declarada em processo criminal ainda que não instaurado contra o autor da prova, ou a falsidade será reconhecida e provada nos autos da própria ação rescisória.

Todavia, é absolutamente necessário que se verifique se a sentença rescindenda subsistiria sem a prova apontada como falsa, o que significa que somente a prova falsa que dê suporte à sentença é que permite a rescisão. Isto é, naquelas hipóteses em que o resultado do processo seria o mesmo, ainda que não houvesse prova falsa, não será possível ação rescisória com este fundamento. A prova falsa que permite revisão é aquela em que se sustenta a sentença, não se admitindo a desconstituição da decisão se havia outro fundamento suficiente para o referido provimento jurisdicional,[351] pensamos nós, inclusive, ainda que este fundamento não tenha sido invocado na sentença rescindenda.

---

[350] Súmula nº 343 do STF: "Cabimento - Ação Rescisória - Ofensa a Literal Dispositivo Baseado em Texto Legal de Interpretação Controvertida nos Tribunais. Não cabe ação rescisória por ofensa a literal dispositivo de lei, quando a decisão rescindenda se tiver baseado em texto legal de interpretação controvertida nos tribunais".

[351] CÂMARA, Alexandre Freitas. *Lições de direito processual civil*. 23. ed. São Paulo: Atlas, 2014. v. I. p. 21; e MOREIRA, José Carlos Barbosa. *Comentários ao Código de Processo Civil*. Rio de Janeiro: Forense, 2008.

g) Obtiver o autor documento novo, cuja existência ignorava ou de que não pôde fazer uso, capaz, por si só, de lhe assegurar pronunciamento favorável. Autor aqui é o autor da ação rescisória e não o autor da ação original. Documento novo não é o documento elaborado posteriormente, mas, sim, aquele então desconhecido pelo autor da rescisória. Ao revés, tal documento já deveria existir ao tempo da ação originária, apenas era do desconhecimento ou da impossibilidade de utilização do autor da rescisória.

Trata-se de dispositivo que apresenta um paradoxo, já que, por força de sua incidência, é mais fácil rescindir a coisa julgada do que impedir sua formação. Isto porque a obtenção de documento novo não aproveita à parte durante a pendência do processo, quando se quer interpor recurso especial ou extraordinário, em que somente se pode discutir matéria de direito. Como se vê, a parte não pode reformar a sentença pela obtenção de documento novo no mesmo processo, não obstante poderá rescindir a coisa julgada pela via da ação rescisória.[352]

Isto nos leva, de plano, a uma consequência lógica, mas nem sempre observada: é que o documento pode e deve ser novo, no sentido de a parte ter tido conhecimento ou acesso a ele apenas após a intimação da decisão rescindenda, porém, o fato que o documento prova tem, necessariamente, que ter sido arguido como fato constitutivo do direito do autor ou obstativo, modificativo ou extintivo desse direito por ocasião do processo cuja sentença se quer rescindir. Em outras palavras, não se pode inovar na ação rescisória.

h) For fundada em erro de fato, verificável do exame dos autos. Esta causa de cabimento da ação rescisória é confessadamente inspirada, para não dizer copiada, no Código de Processo Civil italiano. Na versão do antigo código, o legislador pátrio foi vítima da má tradução e da má interpretação do texto, haja vista que o vocábulo resultante no texto brasileiro não tem o sentido que tem no italiano. *Resultante* em italiano não significa *decorrente*, mas sim *ressaltante*, isto é, aquilo que emerge ou que transparece. Além disso, o vocábulo *ato* não significa *atos* praticados no processo, mas, sim, *autos*.[353]

---

[352] CÂMARA, Alexandre Freitas. *Lições de direito processual civil*. 23. ed. São Paulo: Atlas, 2014. v. I. p. 23.

[353] "O inciso IX do art. 485 corresponde, quase literalmente, ao art. 395, nº 4, do Código italiano, onde se prevê, como fundamento da revocazione, o 'errore di fatto risultante dagli atti o documenti della causa'. O legislador pátrio, no entanto, não foi feliz ao traduzir a expressão transcrita. Em primeiro lugar, é equívoco o uso de 'resultante' no texto brasileiro, pois no original a palavra não tem o sentido de 'decorrente, oriundo, proveniente', que é a sua acepção vernácula. O dispositivo da lei peninsular refere-se ao erro de fato que transparece, que emerge, que ressalta dos 'atti o documenti della causa', e não ao erro de fato que fosse uma conseqüência desses 'atti o documenti'. Ademais, no texto italiano, o vocábulo 'atti', que pode ter mais de um sentido, não está empregado no de atos, mas no de autos, coisa bem diferente. É o que se pode comprovar mediante consulta à doutrina, formada quer sob o Código em vigor, quer sob o antigo, de 1865, cujo art. 494, 4º, já contemplava a hipótese, em termos quase idênticos. Falava-se, àquela época, de ter o juiz acreditado ver o que não existe, ou fundado sua convicção no pressuposto da inexistência de algo que haveria logo visto se tivesse exercitado os olhos do corpo e da inteligência 'sulle carte del processo'; depois se falou de uma equivocação do magistrado 'nella lettura degli atti di causa', ou ainda de 'una vista del giudice nella consultazione degli atti del processo'. Trata-se, em suma, de erro de fato suscetível de ser verificado à vista dos autos do processo e dos documentos deles constantes. Essa a inteligência que se deve dar, também, ao texto pátrio, mediante reconstrução da mens legis, à luz do modelo inspirador, desprezada a letra enganosa do dispositivo. É imperioso, aliás, até por uma razão de ordem sistemática, pôr de lado aqui a interpretação literal: se se tratasse de erro de fato a que o órgão judicial houvesse sido induzido em consequência de documento ou de outra prova constante dos autos, isso significaria que tal prova era falsa, e a hipótese recairia sob a incidência do nº VI" (MOREIRA, José Carlos Barbosa. *Comentários ao Código de Processo Civil*. Rio de Janeiro: Forense, 2008. v. 5. p. 147).

No atual Código de Processo Civil, corrigiu-se favoravelmente a equivocada locução do dispositivo correspondente do Código anterior, ficando agora, pois, evidente, que se trata mesmo do erro de fato verificável pelo simples exame dos autos.

As máculas deixadas pela vetusta redação do Código de 1973 nesta hipótese são tão profundas que o legislador do Código de Processo Civil atual fez questão de repetir no §1º do art. 966 o mesmo alerta contido no §1º do art. 485 do Código revogado, que define que há erro quando a decisão rescindenda admitir um fato inexistente ou quando considerar inexistente um fato ocorrido, sendo indispensável, em ambos os casos, que o fato não represente ponto controvertido sobre o qual o juiz deveria ter se pronunciado, isto é, que não tenha havido controvérsia nem pronunciamento judicial sobre o fato. Se no processo originário o alegado erro de fato tiver se constituído numa questão fática e sobre ela tenha havido decisão, estará vedada a admissibilidade da ação rescisória, pelo simples fato de que, havendo decisão com trânsito em julgado, esta estará coberta pela preclusão máxima que decorre da coisa julgada material.

Observe-se, por oportuno, que ocorrendo qualquer das hipóteses elencadas no art. 966, poderá ter vez a ação rescisória mesmo que não se tenha formado coisa julgada material, desde que a decisão rescindível, embora não sendo de mérito, impeça nova propositura da demanda ou a admissibilidade do recurso correspondente.[354]

O primeiro caso é o do §1º do art. 486, nas hipóteses em que, embora não tenha havido a correção do vício que levou à sentença sem resolução do mérito, a parte queira se valer da ação rescisória para rescindir esta sentença por uma das causas previstas no art. 966. Aqui, é preciso cautela para que não se confunda a possibilidade da propositura da nova ação pela correção do vício com a possibilidade da rescisória pelo vício, o que são coisas diversas. No primeiro caso, a sentença está correta, mas o vício que levou o juízo a não resolver o mérito da causa foi corrigido. No segundo caso, a parte alegará o vício do julgamento por uma das hipóteses do art. 966 e requererá julgamento da causa (à exceção dos incs. II e IV) visando a obter, pela via da rescisória, a sentença de mérito que no processo original lhe foi frustrada sob o fundamento do vício inexistente.

No segundo caso, caberá a ação rescisória fulcrada em qualquer das hipóteses do art. 966 quando da decisão, ainda que sem resolução de mérito, não puder a parte recorrer no processo original, como exemplo, nas hipóteses de recurso especial ou recurso extraordinário que só têm cabimento contra acórdãos proferidos em única ou última instância.[355]

Por exemplo, a decisão que reconhece a existência de litispendência ou de coisa julgada não é decisão de mérito, mas impede a discussão em processo posterior, razão pela qual a hipótese se enquadra no inc. I do art. 966. Quanto à hipótese prevista no inc. II, do mesmo dispositivo, veja-se, por exemplo, o caso de uma apelação interposta contra uma sentença de mérito inadmitida equivocadamente. Neste caso, temos um acórdão que não é de mérito e uma sentença de mérito que poderia ficar sem a possibilidade de ser rescindida.

---

[354] Incs. I e II do §2º do art. 966.
[355] Particularmente, entendemos inócua a previsão contida no inc. II do art. 966 do CPC, porquanto, como expressamos por ocasião do cabimento do recurso extraordinário, e do recurso especial, entendemos que pela locução "causa decidida" não se deva entender necessariamente decisão de mérito.

34.9 Julgamento. Admissibilidade, *iudicium rescindens* e *iudicium rescisorium*

O julgamento da ação rescisória se desdobra em três, ou excepcionalmente em duas fases, em dois ou três momentos decisivos. O primeiro momento decide se a demanda é típica, isto é, se está amoldada à tipicidade de uma das hipóteses previstas na lei, se há cabimento para a ação rescisória. É o que se chama na técnica processual de juízo de admissibilidade.

A rigor, e como já examinamos no momento oportuno, toda a ação passa pelo crivo do juízo de admissibilidade, a diferença no caso da ação rescisória é que, além daqueles vetores examinados no juízo de admissibilidade de qualquer ação, para admitir-se a ação rescisória há também que se verificar a adequação da pretensão autoral a uma das hipóteses legalmente previstas.

Daí decorre que, embora não estejamos em cognição extraordinária, não se aplica o princípio do *iura novit curia*, porque para a admissibilidade da ação rescisória o autor necessariamente terá que apontar o dispositivo legal em que se funda sua pretensão. Mas isto é apenas o que se chama de adequação formal. Além da indicação formal do dispositivo em que se funda a pretensão rescisória, há necessidade de um *acertamento* entre a adequação formal indicada na inicial e a adequação material cuja verossimilhança há de ser demonstrada nos fundamentos de fato e de direito da inicial e mediante prova documental pré-produzida. Isto significa que a ação rescisória será admissível desde que a *causa petendi* se enquadre em qualquer das hipóteses taxativamente catalogadas no Código de Processo Civil e estejam satisfeitos todos os requisitos de seu legítimo exercício.

A adequação formal e a adequação material da demanda rescisória, que precisam ser devidamente demonstradas na petição inicial, têm sua razão de ser e objetivos diversos, a saber: pela adequação formal se estabelece o parâmetro autoral da *littiscontestatio*, isto é, do ponto de vista do autor a extensão da sua pretensão não pode ir além da tipicidade formal alegada na inicial; já a adequação material diz respeito ao juízo estrito de admissibilidade da pretensão rescisória.

Em outras palavras: ao indicar a fonte legal sob a qual quer rescindir o julgado, até porque inexistente o princípio do *iura novit curia*, o autor delimita o campo de exame do órgão jurisdicional, pois que o julgado não poderá ser rescindido por qualquer outro fundamento que não o da adequação formal da inicial. Por sua vez, do ponto de vista da adequação material, esta limitação vai determinar a profundidade do juízo de admissibilidade da ação rescisória.

Entretanto, não basta a existência dessas duas premissas, é absolutamente necessário que entre elas exista uma correlação lógica de conexão com a exposição dos fatos e dos fundamentos jurídicos do pedido, sem o que, ausente este liame lógico e racional, por óbvio, deixa de existir a possibilidade da admissibilidade como um todo, pois que a adequação formal dissociada da adequação material não gera o efeito processual necessário para que ação rescisória ultrapasse o juízo de admissibilidade.

Providências jurisdicionais excepcionais, ainda que não se encontrem sob a égide da cognição extraordinária, carecem sempre de um quarto exame para sua procedibilidade, qual seja: o criterioso exame da verificação caso a caso da existência de uma justa causa para que a instância seja instaurada. No caso da ação rescisória, trata-se de buscar a tutela jurisdicional para desfazer a coisa julgada material, e isto é de suma gravidade porquanto a qualidade especial da imutabilidade dos efeitos da sentença, vale dizer, coisa julgada material,[356] não só é característica fundamental e exclusiva da função jurisdicional do poder constituído, portanto se cuida de soberania, como também tem proteção constitucional, como se vê do disposto no art. 5º, XXVI, da Constituição Federal.[357] Por isso mesmo que a atividade jurisdicional desenvolvida em sede de ação rescisória é absolutamente especial e excepcional, daí a exigência formal e material da adequação da pretensão aos ditames legais para que ação seja admitida.

Caso o tribunal decida que não é hipótese de ação rescisória, isto é, que a ação é inadmissível, a consequência lógica e processual é o não conhecimento da ação, o que significa a não apreciação do mérito propriamente dito. Nesse caso, aquele que propôs a ação arcará com os ônus da sucumbência.

Sendo a ação admitida, se a causa de pedir se enquadrar em uma das hipóteses legais de cabimento, ultrapassada esta preliminar, o julgamento adentrará ao mérito e aí se desdobrará em dois outros momentos: a) *iudicium rescidens*, juízo rescindente; b) *iudicium rescisorium*, juízo rescisório.

O juízo rescindente decide se a sentença ou o acórdão deve ou não ser rescindido. Verifica-se se o alegado na causa de pedir realmente ocorreu, se os fatos narrados pelo autor e que em tese justificariam o pedido de rescisão são verdadeiros. Os fatos devem ser tais que justifiquem em tese a admissão da ação e tão contundentes, não mais em tese, isto é, devem ser verdadeiros, para justificar a rescisão, para que o pedido deduzido na ação rescisória seja julgado procedente no primeiro momento que é o *iudicium rescidens*.

Aí uma de duas: ou fica provada a ocorrência efetiva daquele ou daqueles fatos e o tribunal só pode rescindir a sentença ou acórdão pelo fato que o autor alegou, não pode extrapolar a causa *petendi*, eis que não se aplica o princípio do *iura novit curia*, não obstante o autor poder cumular mais de uma causa de pedir; ou, então, se não ficar provado nenhum fato bastante para justificar a rescisória, julgar improcedente o pedido.

Todavia, provados os fatos e julgado procedente o pedido no *iudicium rescidens*, a coisa julgada material estará desfeita, rompida, sendo necessária a segunda fase do julgamento, eis que aquela causa que havia sido julgada ficará em aberto e cabe ao tribunal julgar de novo a causa que já havia sido decidida, mas cujo julgamento foi rescindido pelo deferimento do *iudicium rescidens*. Esta etapa se chama de *iudicium rescisorium*.

Entretanto, o deferimento do *iudicium rescidens* significa apenas a possibilidade de se chegar ao *iudicium rescisorium*, e não que este também vá ser favorável ao autor, pois pode acontecer que, apesar de a hipótese se enquadrar em um dos casos previstos em lei, o tribunal ao rejulgar a causa o faça do mesmo modo, isto é, prolate ou, por outra, mantenha a mesma decisão anteriormente proferida, porque, apesar de viciada, estava correta.

Por outro lado, há hipóteses em que tudo termina no *iudicium rescidens*, não há o *iudicium rescisorium*. No exame das hipóteses previstas na lei, verifica-se desde logo que não haverá novo julgamento da causa nos casos em que o motivo para a rescisória tenha sido a ofensa à coisa julgada ou a incompetência absoluta do juízo que proferiu

---

[356] LIEBMAN, Enrico Tullio. *Eficácia e autoridade da sentença*. Tradução de Buzaid e Benvindo. São Paulo: Agra, 1945. p. 107 e ss.

[357] "Art. 5º A lei não prejudicará o direito adquirido, o ato jurídico perfeito e a coisa julgada; [...]".

a decisão objeto da ação rescisória. No primeiro caso, porque desconstituída a segunda coisa julgada material, obviamente prevalecerá a que lhe era anterior, não havendo porque rejulgar a causa, o que seria verdadeira teratologia, pois estaria repetindo o vício que deu ensejo à própria ação rescisória. No segundo caso, porquanto tendo sido motivo para a rescisória a incompetência absoluta do juízo que proferiu a sentença rescindida, caberá ao tribunal encaminhar o processo para o juízo competente.

34.10 Efeitos do julgamento da ação rescisória

A decisão proferida no julgamento da ação rescisória, como qualquer outra manifestação jurisdicional de julgamento, está sujeita aos mesmos vícios e irregularidades que dão azo ao ajuizamento da rescisória; daí porque o acórdão que decide a ação rescisória é passível, em tese, de ser atacado por outra ação rescisória, o que significa afirmar que não há qualquer proibição para rescisória de rescisória.

No que diz respeito, especificamente, aos efeitos do julgamento da ação rescisória, é preciso alertar que estes não se confundem com os efeitos da sentença ou acórdão rescindido, porquanto, exceto na hipótese de eventual tutela antecipada ou medida cautelar incidente, igualmente cabíveis na ação rescisória, a sentença originária gerará seus efeitos até o trânsito em julgado da decisão da ação rescisória.[358]

Além disso, o objetivo da ação rescisória é a desconstituição da coisa julgada material, o que possibilitará o rejulgamento da causa ou, na hipótese de ofensa à própria coisa julgada material, a prevalência da decisão primitiva. Ora, assim, e como já se disse, a qualificação melhor para a sentença/acórdão que julga procedente a ação rescisória é aquela que lhe empresta a natureza de desconstitutiva ou, como querem alguns, constitutiva negativa.

Isso é de suma importância para o deslinde de certas controvérsias que podem surgir ao curso da ação rescisória e mesmo após seu desfecho em relação aos efeitos jurídicos gerados pela sentença/acórdão rescindida(o) enquanto não transitada em julgado a ação rescisória, mormente quando tais efeitos geram atos ou negócios jurídicos no campo do direito material.

É preciso que não se confundam os efeitos dos negócios jurídicos havidos por conta ou em razão da situação jurídica então estabelecida pela sentença que veio a ser rescindida com a própria desconstituição da coisa julgada material desta mesma sentença ou com a imutabilidade dos efeitos da decisão da ação rescisória. Até porque, sendo a ação rescisória de natureza desconstitutiva, o que se desconstitui ou se constitui assim o faz para o futuro e não para o passado, porquanto se assim não se entender, estar-se-á negando a eficácia preclusiva da coisa julgada material.

É que não se trata, na ação rescisória, de reconhecer ou de declarar e por isso de rescindir a sentença/acórdão em razão de eventual nulidade absoluta existente no processo originário porque, ainda que existente a nulidade, estaria esta sanada pela eficácia preclusiva da coisa julgada e, se a isso se destinasse a ação rescisória, sua natureza seria declaratória e não desconstitutiva. Em ação rescisória se cuida de desconstituir a

---

[358] Nesse sentido, o disposto no art. 969 do CPC: "A propositura da ação rescisória não impede o cumprimento da decisão rescindenda, ressalvada a concessão de tutela provisória".

coisa julgada material, mesmo que o motivo desta desconstituição seja uma eventual nulidade no processo originário.

Obviamente, este posicionamento não é pacífico e não obstante a unanimidade quanto à natureza desconstitutiva da pretensão rescisória, há boa doutrina que entende necessário minimizar a radicalidade do pensamento de que todos os efeitos da sentença rescindida prevaleçam até o trânsito em julgado da ação rescisória. Nesse sentido, há quem vislumbre que é preciso observar em cada caso as especificidades quanto à invalidação dos negócios jurídicos em geral. Nessa linha de raciocínio, parte-se da ideia de que a invalidação do negócio jurídico restabelece o *statuo quo ante*.[359]

Entre os dois radicalismos existem aqueles que criticam, em matéria de tal complexidade, as soluções extremas. Reduzir a eficácia do julgamento da ação rescisória só aos efeitos temporais *ex tunc* ou *ex nunc* não se apresenta como solução técnica capaz de atender às lides subsequentes e solucioná-las, pois é impossível que qualquer uma delas resolva todos os problemas concretos se adotadas de forma inflexível. As regras de direito material, no mais das vezes, terão que ser levadas em conta quanto à existência, validade e eficácia ou não dos negócios jurídicos surgidos sob os efeitos da sentença rescindida antes da sua rescisão, como exemplo, as situações que dizem respeito à transmissão da propriedade imobiliária, as normas de registro público e a proteção de terceiros que tenham adquirido o bem antes da rescisão.[360]

Ainda nessa trilha e apenas como ilustração, veja-se o exemplo a seguir: "A" tornou-se donatário de determinado bem imóvel doado por "B". Após o falecimento de "B", seus herdeiros ajuízam ação de anulação da doação que é julgada procedente e, como tal, transita em julgado. "C", então, adquire por compra e venda dos herdeiros de "B" o referido imóvel, antes que "A" tivesse ajuizado ação rescisória visando à desconstituição da coisa julgada material da ação de anulação de doação. A ação rescisória, por sua vez, vem a ser julgada procedente. Nesse caso, o negócio jurídico celebrado entre os herdeiros de "B" e "C" é válido?

A resposta, em nosso entendimento, é afirmativa. Seja em razão da aplicabilidade dos efeitos *ex nunc* da decisão da ação rescisória, seja em razão do regramento sobre a transferência de propriedade imobiliária em nosso sistema jurídico. Todavia, se o entendimento do alcance temporal dos efeitos do julgamento da ação rescisória retroceder ao trânsito em julgado da sentença rescindenda, a resposta será negativa.

34.11 Ação anulatória de negócios jurídicos processuais homologados judicialmente

Os negócios jurídicos processuais havidos no curso do processo, seja no módulo de conhecimento, seja no módulo recursal, seja no módulo do cumprimento de sentença ou os atos homologatórios no curso do processo de execução, tal qual as sentenças, também podem se constituir eivados de vícios tais que contaminem sua eficácia jurídica. Contudo, embora sejam atos ou negócios jurídicos processuais porque homologados

---

[359] AMERICANO, Jorge. *Da ação rescisória*. São Paulo: Saraiva, 1936. v. 3.. p. 224.
[360] MOREIRA, José Carlos Barbosa. *Comentários ao Código de Processo Civil*. Rio de Janeiro: Forense, 2008. v. 5. p. 211.

pelo juízo e praticados para valer no processo, a decisão que como tal os reconhece e os homologa, embora no mais das vezes extinga o processo, com resolução do mérito e fazendo coisa julgada material, não é passível de ser rescindida pela ação rescisória.

Entretanto, o negócio jurídico processual havido entre as partes e homologado pelo juízo poderá ser anulado por ação própria, conforme previsão contida no §2º do art. 966 do Código de Processo Civil. Alerte-se que não é o ato do juiz de homologar o negócio jurídico processual que será o objeto da ação de anulação, mas o próprio negócio jurídico processual.

Podem ser anulados tal como os atos jurídicos em geral, inclusive pensamos os atos praticados com o intuito de reconhecimento jurídico do pedido, renúncia do direito e, evidentemente, os atos negociais de transação.

Não se trata de ação rescisória, mas de ação anulatória comum, com prazo decadencial regido pelo direito material. A competência para o conhecimento e julgamento da ação anulatória de ato praticado pelas partes no processo é do juízo de primeiro grau de jurisdição em que tramitou o processo no qual o ato que se quer anular foi praticado, nos termos do art. 61 do Código de Processo Civil, porquanto tratar-se-ia de ação acessória àquela em que praticado o ato.[361]

---

[361] STJ. 1ª T. AgRg Napet nº 3.348/ES Rel. Min. Francisco Falcão, j. 14.8.2007. *DJ*, 20 set. 2007. p. 218.

CAPÍTULO 35

DA ORDEM DOS PROCESSOS E DOS PROCEDIMENTOS DE COMPETÊNCIA ORIGINÁRIA DOS TRIBUNAIS

35.1 Generalidade

O Código de Processo Civil, a partir do art. 926, ocupa-se com a ordem dos processos nos tribunais. Essas regras estabelecem o procedimento a ser observado nos incidentes, nas ações de competência exclusiva dos tribunais e nos recursos.

Afora a ação rescisória que será sempre de competência de tribunal, mas que por se tratar de meio autônomo de impugnação de decisão judicial preferimos, por razões meramente didáticas e pedagógicas, tratar junto com a *querela nullitatis* e com os recursos, o Código cuida neste módulo processual da uniformização da jurisprudência, da ordem dos processos nos tribunais, da técnica de ampliação de colegiado, do incidente de assunção de competência, do incidente de arguição de inconstitucionalidade, do conflito de competência, da homologação da decisão estrangeira, da concessão do *exequatur* à carta rogatória, do incidente de resolução de demandas repetitivas e da reclamação.

Evidentemente que essas regras procedimentais terão como aplicação subsidiária complementar e integrativa os regimentos internos dos respectivos tribunais. Nada obstante, cabe saudar a boa iniciativa do legislador processual atual quando estendeu e pormenorizou a tramitação processual nos tribunais, prevendo vários incidentes e institutos afins com regramento positivado. Sem prejuízo da necessidade da integração e da aplicação subsidiária dos respectivos regimentos internos, é de bom alvitre que regras processuais e procedimentais, tanto quanto possível, estejam positivadas no corpo do Código de Processo Civil.

35.2 Uniformização de jurisprudência

Dissemos anteriormente, quando estudamos a necessidade da existência e as razões de ser dos recursos de terceira geração, que do postulado democrático de que a lei tem que ser igual para todos decorre a consequência isonômica de que, tanto quanto possível, sua interpretação precisa ser uniforme.

Existem dois métodos básicos de uniformização jurisprudencial, o preventivo e o corretivo. No fundo, ambos visam a evitar a desarmonia entre as teses jurídicas utilizadas na formulação da jurisprudência. Pelo método preventivo busca-se evitar que a desarmonia ocorra formulando-se uma tese prévia de modo que não se dê no julgamento a divergência jurisprudencial. Pelo método corretivo atua-se após a verificação do dissídio jurisprudencial abrindo-se a possibilidade da revisão do julgamento.

De certa maneira, os recursos de terceira geração quando têm cabimento fulcrado na divergência jurisprudencial visam a corrigir o dissídio já ocorrido no tribunal de origem. É como nosso sistema processual instrumentaliza o método corretivo. Já o incidente de uniformização de jurisprudência visa a fixar previamente uma tese jurídica que doravante influenciará os futuros julgamentos de modo não mais a corrigir, mas antes disso, a evitar a ocorrência do dissídio jurisprudencial.[362]

Assim é que o art. 926 do Código de Processo Civil, numa dicção que disse menos do que deveria, poderia ou queria dizer, estabelece que os tribunais devem uniformizar sua jurisprudência e mantê-la estável, íntegra e coerente. *Data maxima venia*, embora o que se possa extrair do conteúdo da norma seja excelente, sua forma não foi das mais felizes. Já de pronto, cabe assinalar que regra de processo civil dirigida aos tribunais não pode e não deve ter o condão meramente recomendativo. Ou bem o Código determina um comando cogente ou bem é melhor silenciar sobre o tema, o que não convém é traçar uma diretriz de mera sugestão ou de aconselhamento aos tribunais.

Portanto, o vocábulo *deve* no texto precisa ser entendido como *tem*, no sentido de dever jurisdicional e não de uma prerrogativa ou de uma faculdade. Da mesma forma, a locução *manter estável* precisa ser temperada, de modo que não se entenda estabilidade por imutabilidade, até porque seria absurdo pretender que a jurisprudência, que por sua mutabilidade no tempo, tem registro mais sensível das oscilações da consciência jurídica, fosse cristalizada e contida em sua liberdade de movimento e de expansão.[363]

O mesmo vale para os vocábulos íntegra e *coerente*. Íntegro é inteiro, é o que não é partido, repartido ou dividido. É o integral, é o todo. Destarte, a *mens legis* aqui está dizendo que não se deve aplicar ou repartir a tese jurídica exposta na jurisprudência consolidada, aproveitando para este ou aquele caso concreto esta ou aquela parte ou faceta da tese que melhor aproveita a um ou a outro interesse. Neste sentido, inclusive, percebe-se a preocupação na fixação de teses jurídicas da limitação ou da restrição de sua extensão, de modo que não se aproveite da jurisprudência para aquilo a que não se destina ou para a solução de casos para os quais não foi formulada.

Finalmente, o vocábulo "coerente" talvez seja mesmo de teor recomendativo, porquanto a ideia de uniformização, por si só, já afasta o perigo da incoerência. Aliás, dissemos anteriormente que é justamente o risco da desarmonia das teses jurídicas jurisprudenciais que justifica o instituto da uniformização da jurisprudência e os métodos preventivo e corretivo de sua aplicação.

---

[362] Confira-se a esse propósito a lição de Barbosa Moreira: "Dois tipos básicos de expedientes tecnicamente bem distintos, podem e costumam usar as leis para uniformizar, no sentido exposto, a jurisprudência: um destinado a prevenir, outro a corrigir a desarmonia entre teses jurídicas. Com o primeiro tipo busca-se a fixação prévia da tese, em ordem a pré-excluir o risco de que, no julgamento que vai seguir venha a configurar-se o dissídio jurisprudencial. Com o segundo, ante a verificação do dissídio já configurado abre-se uma via para a revisão do julgamento, na perspectiva que interessa aqui, a saber, a da solução da quaestio iuris" (MOREIRA, José Carlos Barbosa. *Comentários ao Código de Processo Civil*. Rio de Janeiro: Forense, 2008. v. 5. p. 5).

[363] CALAMANDREI, Piero. La cassazione civile – v. 2. *Opere Giuridiche*, Nápoles, v. 7, 1976. p. 74.

Ainda neste tópico é preciso fazer um alerta, a nosso ver de grande importância prática e teórica. Inegavelmente o legislador processual atual, principalmente no que diz respeito à valorização dos precedentes jurisprudenciais, rompendo com a tradição positivista do nosso direito, muito se aproximou do sistema da *common law*. Todavia, nosso sistema jurídico, no qual se inclui o sistema processual, é e continua sendo de origem romana e todo nosso arcabouço jurídico nasceu e bebe na fonte do positivismo, principalmente o francês, evidentemente que temperado e inspirado aqui e ali pelo direito anglo-saxão, mormente em matéria constitucional e das ações coletivas.

Daí decorre o inevitável descompasso entre a força que se pretende doravante dar à uniformização da jurisprudência, com a fixação de precedentes vinculantes ao dia a dia da prática forense e da própria cultura jurídica brasileira. A preocupação deve ser a de retirar das decisões orientações e não que a decisão em si seja seguida nos casos posteriores.

Há um outro componente jurídico e de política social que inspira a necessidade da uniformização da jurisprudência pelos tribunais no chamado método preventivo. É que esta modalidade de unificação das teses jurídicas traz segurança jurídica, previsibilidade, estabilidade, desestímulo à litigância efetiva, confiança, igualdade perante a jurisdição, coerência, respeito à hierarquia, imparcialidade, favorecimento de acordos e economia processual. Também é verdade que o estabelecimento contundente de direitos e deveres por meio da lei traz maior segurança, já que baliza a prestação jurisdicional. O grande risco, nos parece, em companhia de boa doutrina pátria, é que, no Brasil, ainda não se encontra satisfatoriamente delineada e resolvida a confusão entre independência e hierarquia jurisdicional. Existe, inegavelmente, certa resistência dos juízes, principalmente de primeira instância, em observar fielmente os precedentes dos tribunais e estes, por sua vez, relutam em repetir decisões anteriormente proferidas.[364]

Além disso, num sistema positivista como o nosso, há de se ter em mente a finalidade que se quer atingir com a uniformização de jurisprudência, isto é, se declaratória ou constitutiva. Explica-se: uniformizando a jurisprudência no viés meramente declaratório, o papel do instituto é o de apenas reconhecer a existência de certa normatividade que decorrerá da própria uniformização ou, por outra, de se extrair a normatividade mais apropriada daquela norma ou daquele conjunto de normas. Declara-se pela uniformização apenas uma dessas possibilidades como a adequada para determinado sistema jurídico. Já no viés criativo, pretende-se com a uniformização da jurisprudência, a partir de casos semelhantes julgados diversamente, a criação da solução adequada.

Num sistema positivista de direito como o brasileiro, a uniformização da jurisprudência não pode extrair normatividade do nada, até porque, repita-se, por total adequação ao tema, em nosso sistema jurídico, a jurisprudência não é fonte primária ou formal de direito. Destarte, só se pode entender, admitido um sistema de precedentes jurisprudenciais, emprestando-lhe, tão somente, o poder de declarar o direito preexistente, jamais o de criar normatividade.

O grande desafio que se apresenta é o de adaptar, num sistema e numa cultura jurídica como a brasileira, a filosofia dos casos julgados e dos precedentes, típica de um sistema jurídico com raízes algo-saxônicas. Certamente, para que isto ocorra, será

---

[364] MEDINA, José Miguel Garcia. *Novo Código de Processo Civil comentado*. São Paulo: Revista dos Tribunais, 2015. p. 1.240/1.241.

necessário um imenso esforço intelectual, de modo que se tranquem recursos, se abortem processos no nascedouro, se julguem causas ditas iguais por sentenças iguais, sem que se caia no desvio de, a pretexto da declaração do direito preexistente, criar-se norma jurídica do nada.

De certa forma, é o que também ocorre com as injunções no direito pátrio. A injunção é instrumento processual típico do direito anglo-saxão e não do direito romano, não obstante existir, no moderno direito processual italiano, a chamada ação inibitória que em muito se assemelha à *injuction* da *common law*. Também o direito processual moderno brasileiro já prevê espécies de injunção, entre estas o mandado de injunção, os *writs* dos mandados de segurança e dos *habeas corpus,* a declaração jurisdicional posta na sentença valendo como a vontade não manifestada quando se trate de ação condenatória em obrigação de fazer, cujo *facere* seja esta manifestação de vontade, entre outras. Porém, tais possibilidades são absolutamente excepcionais e não a regra no direito brasileiro.

Para que se bem entenda a dificuldade que doravante desafia os tribunais pátrios, atente-se para uma diferença aparentemente inofensiva, mas que traz ínsita toda a dimensão assimétrica entre o sistema positivista e a *common law*. No sistema romano-germânico, diante de uma pretensão condenatória acolhida, o juiz condena o réu a satisfazer a pretensão resistida do autor. No sistema da *common law*, o juiz não condena, ao contrário, o juiz manda que o réu atenda à pretensão do autor. Pode parecer que não, mas isto faz toda a diferença.

O código remete ao regimento interno dos tribunais a forma e os pressupostos que deverão nortear os enunciados das súmulas correspondentes à sua jurisprudência dominante. Outrossim, determina, mais uma vez, usando equivocadamente o vocábulo *deve*, que a edição dessas súmulas se atenha às circunstâncias fáticas dos precedentes, isto é, que os tribunais ajam com parcimônia, limitando ao máximo os efeitos desses enunciados.

A hierarquia jurisdicional a que nos referimos anteriormente está bem clara no disposto no art. 927 do Código de Processo Civil, quando prevê que na uniformização de jurisprudência os demais tribunais deverão observar: a) as decisões do Supremo Tribunal Federal em controle concentrado de constitucionalidade; b) os enunciados de súmulas vinculantes; c) os acórdãos em incidente de assunção de competência ou de resolução de demandas repetitivas e em julgamento de recursos extraordinário e especial repetitivos; d) os enunciados das súmulas do Supremo Tribunal Federal em matéria constitucional e do Superior Tribunal de Justiça em matéria infraconstitucional; e) a orientação do plenário ou do órgão especial aos quais estiverem vinculados.

O receio na implantação de um sistema de precedentes em nosso direito é tão grande que o Código fez questão de determinar expressamente uma série de restrições para as decisões que vierem a ser tomadas com base nos precedentes declarados na uniformização da jurisprudência. Assim é que: a) nessas hipóteses os juízes e os tribunais terão que observar o art. 10 e o §1º do art. 489, o que significa que, mesmo aplicando precedente de súmula, o juiz não poderá fazê-lo sem ouvir sobre a tese a parte contrária, nem poderá a pretexto de fundamentação, pura e simplesmente, se limitar à indicação do enunciado, sem identificar seus fundamentos determinantes e, o que é mais importante, deixar de demonstrar que o caso sob julgamento se adequa aos fundamentos previstos no enunciado; b) a alteração da tese jurídica adotada na súmula, ou em julgamento de casos repetitivos, poderá ser precedida de audiências públicas e da participação de pessoas, órgãos ou entidades que possam contribuir para rediscussão da tese; c) na hipótese de alteração de jurisprudência do Supremo Tribunal Federal e dos tribunais superiores ou daquela decorrente do julgamento de casos repetitivos, poderá haver modulação dos efeitos da alteração, desde que essa modulação se justifique pelo interesse social e pela segurança jurídica; d) a modificação de enunciado de súmula ou de tese adotada em julgamento de casos repetitivos dependerá de fundamentação adequada e específica, sempre considerando os princípios da segurança jurídica, da proteção da confiança e da isonomia; e) os tribunais darão publicidade a seus precedentes divulgando-os pela internet.

35.3 Ordem dos processos no tribunal

Do art. 929 ao art. 945, cuida o Código da ordem dos processos no tribunal. Trata-se de um capítulo meramente de rito ou de procedimento. Aqui, não se cuida de qualquer instituto típico de processo civil, porém de uma espécie de parte geral aplicável subsidiariamente a todos os processos de competência originária, aos recursos e aos incidentes tratados no capítulo.

Determina, pois, o Código, que os autos sejam registrados no protocolo do tribunal no dia de sua entrada, bem como que sua distribuição seja imediata. No entanto, possibilita, a critério do tribunal, que os serviços de protocolo possam ser descentralizados, mediante delegação aos ofícios de justiça de primeiro grau.

Aqui surge a primeira contradição, na medida em que o art. 929 determina a distribuição imediata e o art. 930 dispõe que a distribuição será feita de acordo com o regimento interno, obviamente observando-se a alternatividade, o sorteio eletrônico e a publicidade. Ora, ao remeter para o regimento interno do tribunal, de pronto fica comprometida a cláusula "de imediato" da distribuição, seja da ação de competência originária, seja do recurso seja de algum dos incidentes tratados no capítulo.

Cuida, também, o Código da competência funcional quando determina, no parágrafo único do art. 930, que o primeiro recurso protocolado tornará prevento o relator para eventual recurso subsequente interposto no mesmo processo ou em processo conexo. Aqui, parece-nos que o Código não foi suficientemente claro. Antes de o relator ficar prevento, quando for o caso, fixa-se a prevenção do órgão jurisdicional fracionário de segunda ou terceira instância e, dentro deste sorteado o relator, igualmente, ficará este prevento. Contudo, se, por qualquer razão, este relator não mais funcionar naquele órgão fracionário, evidentemente que não há sequela nesta relatoria e ele será substituído na forma do regimento interno.

Qualquer que seja a hipótese tratada, competência originária, recursal ou incidental, cabe ao relator: a) a direção e a presidência do processo no tribunal, inclusive com relação à produção de prova, bem como a homologação de autocomposição das partes; b) a decisão sobre o requerimento de tutela provisória; c) o juízo de admissibilidade com a consequente inadmissibilidade por considerar o recurso prejudicado ou que não tenha impugnado especificamente os fundamentos da decisão recorrida; d) decidir monocraticamente, negando provimento ao recurso quando este for contrário à súmula do Supremo Tribunal Federal, do Superior Tribunal de Justiça ou do próprio tribunal, acórdão proferido pelo Supremo Tribunal Federal ou pelo Superior Tribunal de Justiça em julgamento de recursos repetitivos; e) a entendimento firmado em incidente de resolução de demandas repetitivas ou de assunção de competência.

Nas hipóteses acima vistas, e previstas nas alíneas "a", "b" e "c" do art. 932 do Código de Processo Civil, o relator decidirá monocraticamente e sem que precise ouvir a parte contrária, muito embora pensamos nada impeça que remeta esta decisão para o colegiado ou mesmo que, antes de tomá-la, ouça a parte contrária.

Cabe, também, ao relator monocraticamente, mas agora por expressa determinação legal tendo que facultar à parte recorrida a apresentação de contrarrazões, prover o recurso se a decisão recorrida for contrária àquelas mesmas situações previstas acima. Em qualquer situação que se apresente é também competência monocrática do relator decidir o incidente de desconsideração de personalidade jurídica quando este for instaurado originariamente perante o tribunal; determinar a intimação do Ministério Público quando for o caso e exercer outras atribuições estabelecidas no regimento interno do tribunal.

Com relação à inadmissibilidade do recurso de um modo geral, se esta inadmissibilidade for fruto de alguma irregularidade ou vício sanável, compete, também, ao relator conceder o prazo de 5 dias ao recorrente para que resolva o problema, seja sanando o vício seja complementando a documentação exigível. Prevê, também, o Código, em qualquer situação, desde que se constate a ocorrência de fato superveniente ou a existência de questão apreciável de ofício e ainda não examinada, que as partes se manifestem no prazo de 5 dias. Ocorrendo esta constatação durante sessão de julgamento, esta será imediatamente suspensa. Se outro membro do tribunal que não o relator constatar tal irregularidade ou vício durante vista que tiver dos autos, deverá encaminhá-los ao relator.

Cabe apenas observar nessas regras procedimentais, mas que dizem respeito a decisões, que sempre que tomada monocraticamente pelo relator, toda e qualquer decisão será passível de sofrer o recurso do agravo interno nos termos do art. 1.021 e parágrafos do Código de Processo Civil.

Ultrapassadas tais etapas, se o recurso conseguir resistir, os autos serão apresentados ao presidente do órgão jurisdicional de segunda instância competente para o recurso que designará pauta, quer dizer, dia para o julgamento com a necessária e indispensável publicação no órgão oficial. O art. 935 do Código prevê o interregno de 5 dias entre a publicação da pauta e o dia do julgamento, incluindo-se em nova pauta os processos que não tenham sido julgados, salvo aqueles cujo julgamento tiver sido expressamente adiado para a primeira sessão seguinte. Nos §§1º e 2º do art. 935 o Código positiva na letra da lei regras há muito observadas em nossos tribunais, quais sejam: a) após a publicação da pauta de julgamento só será permitida a vista dos autos em cartório, isto é, não se poderá fazer carga destes; b) a pauta de julgamento será afixada na entrada da sala em que se realizar a respectiva sessão.

É a seguinte a ordem a ser observada nas sessões de julgamento dos tribunais: a) as preferências legais e regimentais; b) aqueles nos quais houver sustentação oral, observada a ordem dos requerimentos, c) os requerimentos de preferência apresentados até o início da sessão; d) aqueles cujo julgamento tenha iniciado em sessão anterior.

Na sessão de julgamento propriamente dita, feito o pregão, a palavra é dada ao relator para que faça o relato ou a exposição da causa. Em seguida, o presidente do órgão competente dará a palavra, sucessivamente, ao recorrente, ao recorrido e, nos casos de sua intervenção, ao membro do Ministério Público, pelo prazo improrrogável de 15 minutos para cada um, exceto, evidentemente, nas hipóteses em que não couber a sustentação oral, tal como a do agravo de instrumento que não verse sobre tutela provisória de urgência ou da evidência ou de julgamento antecipado parcial de mérito e do agravo interno, com exceção, também, quanto a este último, quando se tratar de agravo interno interposto contra decisão de relator que extinga o próprio agravo interno.

Dispõe ainda o Código, a nosso ver desnecessariamente, que a questão preliminar suscitada no julgamento será decidida antes do mérito deste; não se conhecendo, caso seja incompatível com a decisão. Por questão preliminar, aqui, entenda-se aquela como tal prevista no art. 1.009, §1º, isto é, a decisão interlocutória da qual não cabe agravo de instrumento, portanto, não precluiu e o Código trata como preliminar de contestação.[365] Ainda assim, tratando-se de preliminar no absoluto rigor da técnica processual, haverá mesmo pela sua natureza preliminar de ser decidida antes da questão de fundo. Porém, em sede recursal, a questão preliminar é também mérito no recurso, daí porque a impropriedade da terminologia utilizada pelo Código neste particular.

Colhidos os votos, o presidente da sessão anunciará o resultado do julgamento, designando para redigir o acórdão o relator ou, quando este for vencido, o autor do primeiro voto vencedor. Observe-se que, até o encerramento do julgamento, até a proclamação do resultado pelo presidente, qualquer voto poderá ser alterado, exceto o já proferido por juiz afastado ou substituído. Na apelação e no agravo de instrumento a decisão será tomada no órgão colegiado pelo voto de três membros. Não obstante o Código não ter mantido os embargos infringentes, o voto vencido será necessariamente declarado e considerado parte integrante do acórdão, para todos os fins legais, inclusive de prequestionamento.

Os órgãos colegiados julgam mediante um ato processual jurisdicional denominado acórdão. O Código exige que todo acórdão tenha uma ementa, que é uma sinopse e, ao mesmo tempo, um índice do que se contém no mesmo. O Código também exige que, uma vez lavrado o acórdão, sua ementa e sua conclusão sejam publicadas no órgão oficial no prazo de até dez dias.

A publicação do acórdão não tem importância apenas procedimental, mas também processual e preclusiva, porquanto da sua publicação, no mais das vezes, decorrerá a intimação da parte para a interposição de qualquer recurso ou do incidente processual dos embargos de declaração. Por isso mesmo que o atual Código, sempre preocupado com a celeridade processual, estabelece no art. 944 que se o acórdão não for publicado no prazo de 30 dias da data do julgamento, as notas taquigráficas o substituirão para todos os fins legais, independentemente de revisão.[366] O Código também prevê que não publicado o acórdão no prazo recomendado caberá ao presidente do tribunal lavrar as conclusões e a ementa e mandar publicá-lo. O Código, aqui, não exige que haja requerimento da parte interessada com relação a esta possibilidade, nem que se trate de

---

[365] Como já frisamos anteriormente, discordamos frontalmente dessa terminologia e preferimos denominá-la questão antecedente, porquanto, a nosso ver, preliminar é só o que trata das condições genéricas e específicas do exercício do direito de agir ou dos pressupostos de existência ou de validade do processo. A circunstância de a decisão ser irrecorrível pela via do agravo de instrumento e, em razão disto, ter que, necessariamente, ser julgada anteriormente à questão de fundo do recurso, por óbvio a torna anterior à apelação, mas, não, tecnicamente, preliminar ao conhecimento e julgamento da apelação.

[366] Parece-nos, salvo erro de pesquisa, que apenas os tribunais superiores contam com este tipo de serviço de notas taquigráficas.

uma obrigação do presidente do tribunal, entretanto, pessoalmente, não conseguimos vislumbrar a possibilidade de implementação dessa recomendação sem que a parte interessada tome a iniciativa de provocar o presidente do tribunal.

Finalmente, neste tópico, cabe lembrar que o art. 945 do Código estabelece a previsão de que o julgamento dos recursos e dos processos de competência originária que não admitem sustentação oral poderá realizar-se por meio eletrônico, sendo as partes cientificadas do dia do julgamento e de que este será virtual. É facultado às partes apresentar memoriais ou discordar do julgamento por meio eletrônico no prazo de 5 dias. Caso as partes discordem, o julgamento terá que ser presencial. Ocorrendo o julgamento eletrônico, caso surja alguma divergência, este será imediatamente suspenso, devendo a causa ser apreciada em sessão presencial.

Parece-nos, aqui, que a hipótese prevista no Código dificilmente se concretizará, exceto naqueles casos em que as próprias partes contendoras preferirem o julgamento por meio eletrônico.

Regra repetida e de óbvia observação na práxis forense é a contida no art. 946 do Código, que determina que o agravo de instrumento seja julgado antes da apelação interposta no mesmo processo, tendo, inclusive, precedência caso ambos estejam pautados para mesma sessão de julgamento.

35.4 Técnica de ampliação de colegiado

O art. 942 do Código de Processo Civil disciplina um novo instituto no nosso direito processual, aplicável, tão somente, nos julgamentos não unânimes, e denominado técnica de ampliação de colegiado, mediante o qual o julgamento terá prosseguimento com a presença de outros julgadores que serão convocados nos termos previamente definidos no regimento interno do tribunal em número suficiente para garantir a possibilidade de inversão do resultado inicial. Neste caso, assegura-se às partes e a eventuais terceiros o direito de nova sustentação oral perante os novos julgadores.

A primeira observação a ser feita é a de que tal técnica não se aplica a todo e qualquer julgamento não unânime ocorrido no tribunal, eis que o próprio art. 942 veda a sua incidência nas seguintes hipóteses: a) no incidente de assunção de competência; b) no incidente de resolução de demandas repetitivas; c) na remessa necessária; d) no julgamento não unânime proferido pelo plenário ou pelo órgão especial dos tribunais. A rigor, tais exclusões são absolutamente desnecessárias, na medida em que o §3º do art. 942 manda aplicar a técnica de ampliação de colegiado igualmente ao julgamento não unânime proferido em: a) ação rescisória, quando o resultado for a rescisão da sentença, devendo, nesse caso, seu prosseguimento ocorrer em órgão de maior composição previsto no regimento interno; b) agravo de instrumento, quando houver reforma da decisão que julgar parcialmente o mérito.

Como se vê, embora não esteja dito expressamente no Código, não se aplica tal técnica ao recurso extraordinário ou ao recursal especial, mas será aplicável, por exemplo, em ação rescisória de competência originária desses tribunais.

Observe-se, também, que, pela locução "quando o resultado da apelação for não unânime", em nosso entendimento é o resultado do julgamento da apelação mesmo e não de sua admissibilidade ou de sua inadmissibilidade. Aqui o Código está se referindo ao julgamento de fundo do recurso, pouco importando que sua admissibilidade tenha sido unânime ou não. Do mesmo modo, se a apelação não foi admitida, ainda que por maioria, não caberá a aplicação da ampliação de colegiado, porquanto aí não há resultado da apelação propriamente dito.

Quanto à possibilidade de caber tal técnica onde haja reforma da decisão que julgar parcialmente o mérito, atente-se que só caberá ampliação do colegiado em julgamento de agravo de instrumento não unânime e que haja reforma de decisão que julgue parcialmente o mérito. Portanto, este agravo de instrumento terá que: a) ser interposto contra a decisão que julgou parcialmente o mérito, art. 356 do CPC; b) a decisão do agravo tem que ser não unânime, isto é, dois votos a um; e c) esta decisão tem que reformar a decisão de primeira instância, se a confirmar não caberá a ampliação de colegiado. Todavia, o que se exige é a reforma tão somente, o que significa que pode ter havido julgamento parcial procedente ou julgamento parcial improcedente do mérito, porém ao agravo interposto terá que ser dado provimento por maioria de votos.

Outra observação cabível é que esta novidade trazida pelo atual Código de Processo Civil não se trata tecnicamente de recurso, ela é uma continuação do mesmo julgamento com ampliação do quórum de membros julgadores. A toda evidência, teria sido muito melhor manter os embargos infringentes naquela previsão de cabimento quando por maioria se reformasse sentença de primeiro grau do que a criação desta ampliação de colegiado ou de quórum, a fim de que se submeta a matéria em julgamento a outros juízes em número suficiente a viabilizar a inversão do resultado inicial.

Sempre que possível, esta extensão dar-se-á na mesma sessão, cabendo observar que, como o julgamento só se conclui após o prosseguimento, aqueles que já haviam votado inicialmente poderão retificar e alterar o voto já dado.

Aqui, chama-se a atenção para o que se disse antes com relação ao disposto no §2º do art. 941 com relação a determinação do Código que no julgamento da apelação e do agravo de instrumento, a decisão será tomada no órgão colegiado pelo voto de três juízes. Ora, como se sabe, no mais das vezes, os órgãos fracionários dos tribunais com competência recursal para julgamento de agravo de instrumento e de apelação são câmaras ou turmas compostas por 5, às vezes 6 membros, daí porque o Código admite a possibilidade de esta extensão de quórum ocorrer durante o próprio julgamento, presumindo-se, é claro, que presentes estejam mais do que os três necessários para o julgamento unânime.

35.5 Incidente de assunção de competência

O art. 947 do Código de Processo Civil trata do incidente de assunção de competência, ao dispor que é admissível a assunção de competência quando o julgamento de recurso, de remessa necessária, ou de processo de competência originária envolver relevante questão de direito com grande repercussão social, sem repetição em múltiplos processos.

O instituto visa a não deixar órfã aquela situação relevante, complexa juridicamente e de grande repercussão social, mas que não tenha sido ainda tão intensa numericamente no tribunal, a ponto de ensejar o incidente de repetição de múltiplos processos ou de demandas repetitivas.

À primeira vista, parece-nos bastante curiosa a previsão do Código de Processo Civil, porquanto é difícil a percepção da possibilidade de existência de situação processual com tais características que, de alguma forma, já não tenha sido objeto de incidente de demandas repetitivas ou mesmo de repercussão geral perante o Supremo Tribunal Federal, tratando-se de questão constitucional.

De toda sorte, aqui parece que o legislador reavivou o antigo instituto da arguição de relevância, que sob a égide da Constituição de 1967/1969 possibilitava que, não obstante não se enquadrar a hipótese no figurino de cabimento do recurso extraordinário, desde que o recorrente comprovasse a relevância da matéria e do interesse em jogo, o recurso extraordinário poderia ser admitido.[367]

A diferença fundamental, todavia, está em que a grande relevância a ser perquirida tem o objetivo de prevenir ou de compor divergência entre órgãos do tribunal, podendo o relator propor que o recurso seja julgado não pelo órgão fracionário originariamente competente, mas pelo órgão colegiado que o regimento interno do tribunal indicar. Entretanto, assunção da competência pelo colegiado só será possível quando convier sobremaneira ao interesse público que, na hipótese, se mede pela questão relevante de direito com grande repercussão social e que não tenha sido, ainda, objeto da repetição de processos.[368]

O incidente de assunção de competência, com tais características, tanto pode ocorrer no julgamento de recurso, de remessa necessária ou de processo de competência originária do tribunal, e a iniciativa da proposta para sua instauração caberá, exclusivamente, ao relator e será submetida ao órgão colegiado competente para o julgamento da hipótese em que verificada, pelo relator, a questão de direito com grande repercussão social e sem repetição em múltiplos processos. Feito isto, o colegiado inicialmente competente aprovará ou não a proposta. Caso esta seja aprovada, remeterá a causa ao exame do órgão colegiado maior, como tal dispuser o regimento interno. Afetada a causa ao colegiado maior, isto é, remetida a ele a questão, passa a ser da competência deste a decisão de assumir ou não a competência que lhe é alçada. Evidentemente que a assumindo deverá julgar a causa.

Têm-se assim quatro momentos: a) primeiro o relator do recurso, da remessa necessária ou da ação de competência originária do tribunal verifica individualmente tratar-se de uma questão de direito com grande repercussão social, bem que sobre ela não existe ainda instaurado o incidente de resolução de demandas repetitivas, e faz a proposta do incidente de assunção de competência ao colegiado fracionário e este decide pela sua instauração ou não; b) decidindo o colegiado fracionário pela existência do incidente de assunção de competência, remeterá a causa para o órgão colegiado maior, como dispuser o regimento interno do tribunal; c) o colegiado maior poderá assumir ou rejeitar a competência que lhe foi alçada pelo colegiado menor; d) assumindo-a, julgará a causa. Não a assumindo, devolverá a competência para o órgão colegiado menor.[369]

---

[367] A Constituição de 1967/1969 delegava ao Supremo Tribunal Federal a competência para legislar sobre o cabimento e processamento do recurso extraordinário. Por sua vez, o regimento interno do Supremo Tribunal Federal previa várias hipóteses em que o recurso extraordinário não seria possível, mesmo que baseado em algum dos fundamentos constitucionais previstos. Para mitigar esta rigidez, o próprio REISTF previa a figura da arguição de relevância em que o recorrente poderia demonstrar que, não obstante a proibição de cabimento do recurso extraordinário, a relevância da matéria em discussão justificava a sua admissibilidade.

[368] NERY JR., Nelson; NERY, Rosa Maria de Andrade. *Comentários ao Código de Processo Civil*. São Paulo: Revistas dos Tribunais, 2015. p. 1.876.

[369] A locução "como dispuser o regimento interno do tribunal" não só diz respeito aos trâmites procedimentais, como, principalmente, ao órgão colegiado competente e à sua composição.

Os §§1º, 2º e 3º estabelecem o procedimento a ser adotado para o processamento do incidente de assunção de competência. Assim é que a proposta do relator poderá ser de ofício, a requerimento da parte, do Ministério Público ou da Defensoria Pública. Julgado o recurso, remessa necessária ou processo de competência originária pelo órgão colegiado maior em que ocorrer o incidente de assunção de competência, o acórdão a ser proferido vinculará todos os juízes e órgãos fracionários, estabelecendo assim verdadeiro efeito vinculante da decisão proferida.

O §4º, de redação confusa, prevê a possibilidade de o relator propor o incidente de assunção de competência quando identifique divergência existente ou que venha a existir em relação à relevante questão de direito suscitada no recurso, na remessa necessária ou na ação originária sob sua relatoria.

O Código silencia quanto ao posicionamento da parte que, porventura, discorde da instauração do incidente de assunção de competência. A proposição do relator ao órgão colegiado não chega a ser uma decisão interlocutória capaz de dar azo ao agravo interno previsto no art. 1.021 do Código de Processo Civil. Contudo, cabe analisar com cuidado a natureza jurídica da decisão do colegiado fracionário que entenda pela existência dos requisitos necessários à assunção de competência, como também, cabe examinar a natureza e a extensão da decisão de admissibilidade ou não do incidente de assunção de competência perante o órgão jurisdicional colegiado maior.

Deve-se aqui, na lacuna da lei, partir para a interpretação e a integração analógica da norma. Independentemente da melhor classificação técnica da natureza tanto do ato do órgão colegiado fracionário original como o do órgão colegiado maior, é indiscutível que estamos tratando de juízos de admissibilidade, com a única diferença de que não se trata de juízos de admissibilidade recursal, porém de juízos de admissibilidade de competência.

Sem embargo disto, não há porque deixar de tratar a possibilidade de impugnação analogamente ao que ocorre com o juízo de admissibilidade dos recursos. Guardadas as devidas proporções, é como se a decisão primeira do órgão fracionário originalmente competente fosse uma espécie de juízo de admissibilidade proferido no órgão *a quo* e a segunda, qual seja, a aceitação do incidente pelo órgão colegiado maior, um juízo de admissibilidade proferido no órgão *ad quem*.

Ora, de longa data é o entendimento de que o juízo de admissão de recursos só é passível de impugnação quando negativo. Simplesmente porque, quando positivo, inexiste a lesividade que justificaria sua impugnação por outra modalidade recursal. Assim, a solução que se apresenta é a de entender-se irrecorrível a decisão do órgão fracionário original e recorrível pela via do agravo interno, previsto no art. 1.021 do Código de Processo Civil, a decisão negativa de admissibilidade de assunção de competência pelo órgão colegiado maior.

De toda sorte, causa estranheza o silêncio do Código, também, quanto à oitiva dos interessados nessa disputa. Ao que tudo indica, a ideia foi mesmo a de tratar o assunto, talvez pela sua evidente natureza de ordem pública, sem que as partes pudessem intervir, de modo que o Código, aqui, sinaliza com aquela inspiração sobre a qual repousa uma das características básicas dos recursos de terceira geração, qual seja, a de que o interesse maior da administração da justiça na uniformização da jurisprudência ou na preservação da vigência da lei passa a ser mais relevante do que o interesse da parte individualmente considerado no julgamento.

35.6 Incidente de arguição de inconstitucionalidade

Os arts. 948 e seguintes do Código de Processo Civil cuidam da procedimentalização do incidente de arguição de inconstitucionalidade, ou seja, do método pelo qual a sistemática processual brasileira se desincumbe do controle difuso da constitucionalidade das leis. Como se sabe, existem dois tipos de controle de constitucionalidade, difuso ou concentrado. No Brasil, o controle de constitucionalidade é jurisdicional e combina os critérios difuso e concentrado, este de competência do Supremo Tribunal Federal. Portanto, temos o exercício do controle por via de exceção e por ação direta de inconstitucionalidade, por ação ou omissão e, ainda, por ação declaratória de constitucionalidade e ação de descumprimento de preceito fundamental. De acordo com o controle por exceção, qualquer interessado pode suscitar a inconstitucionalidade de qualquer lei ou ato normativo do Poder Público, em qualquer processo ou em qualquer juízo.[370]

Contudo, a Constituição Federal mantém a regra rígida de que somente pelo voto da maioria absoluta dos membros do tribunal pleno ou do respectivo órgão especial poderão os tribunais declarar a inconstitucionalidade de leis ou atos normativos do Poder Público. Trata-se da denominada reserva de plenário prevista no art. 97 da Constituição Federal. Pois bem, justamente, os arts. 948 a 950 do Código de Processo Civil regulamentam o procedimento a ser adotado nesta hipótese.

Assim é que arguida, em controle difuso de inconstitucionalidade de lei ou de ato normativo do Poder Público, o relator, após ouvir o Ministério Público e as partes, submeterá a questão à turma ou à câmara à qual competir o conhecimento do processo. Feito isto, duas situações podem surgir: a) se o órgão fracionário rejeitar o incidente, o julgamento prosseguirá normalmente; b) se o órgão fracionário acolher o incidente de arguição de inconstitucionalidade, a questão será submetida ao plenário ou ao órgão especial onde houver.

Observe-se, porém, que mesmo sendo caso de incidente de arguição de inconstitucionalidade, nem todas as arguições serão submetidas ao plenário ou órgão especial, haja vista que o parágrafo único do art. 949 do Código de Processo Civil proíbe peremptoriamente que o órgão fracionário submeta a questão quando já houver pronunciamento do plenário ou do órgão especial do tribunal ou do Supremo Tribunal Federal sobre a questão. O art. 950 determina a remessa de cópia do acórdão a todos os juízes e, em seguida, que o presidente do tribunal designe a sessão de julgamento. O acórdão de que trata o dispositivo, evidentemente, é o acórdão do órgão fracionário que entendeu pela instauração do incidente de arguição de inconstitucionalidade.

Dando total ênfase ao contraditório, mais amplo possível em questões constitucionais, sabiamente, o Código de Processo Civil prevê: a) as pessoas jurídicas de direito público responsáveis pela edição do ato questionado poderão manifestar-se no incidente de inconstitucionalidade se assim o requererem; b) os legitimados para a propositura das ações de controle de constitucionalidade previstas no art. 103 da Constituição Federal poderão manifestar-se por escrito, sobre a questão constitucional, podendo, ainda, apresentar memoriais ou requerer juntada de documentos; c) é facultado ao relator do incidente de arguição de inconstitucionalidade no tribunal pleno ou no órgão especial,

---

[370] SILVA, José Afonso. *Curso de direito constitucional positivo*. São Paulo: Malheiros, 2007. p. 51.

conforme o caso, admitir, por despacho irrecorrível a manifestação de outros órgãos ou entidades.

Algumas observações cabíveis quanto ao procedimento adotado pelo Código de Processo Civil no incidente de arguição de inconstitucionalidade: a) as pessoas jurídicas de direito público responsáveis pela edição do ato questionado a que se refere o §1º do art. 950 são, evidentemente, os estados e a própria União, esta quando se tratar de lei federal, ou estes e mais o município, suas autarquias e fundações públicas quando o incidente versar sobre ato normativo do Poder Público; b) quanto à parte legitimada, deverá ser observada a pertinência temática quando for o caso. Além disso, observe-se que a manifestação permitida é por escrito, podendo juntar memoriais e documentos, o que significa vedada a sustentação oral; c) a possibilidade que se abre ao relator para admitir por despacho irrecorrível a manifestação de outros órgãos ou entidades nada mais é que versão mitigada da possibilidade de intervenção de *amicus curiae*.[371]

A declaração de inconstitucionalidade pelo plenário do tribunal, ou pelo órgão especial onde houver, estabelecida no art. 97 da Constituição Federal, não é recurso nem lhe faz as vezes. É suscitada no curso do processo e finda por constituir-se, como já se disse, numa questão prejudicial à questão de mérito da causa. Destarte, é preciso deixar bem claro que o julgamento do recurso não é devolvido ao órgão especial ou pleno do tribunal, mas tão somente a questão prejudicial da inconstitucionalidade da lei ou do ato normativo do Poder Público arguido incidentalmente. Daí decorre que, instaurado e admitido o incidente, o julgamento do recurso fica sobrestado até a decisão final do incidente de arguição de inconstitucionalidade. Decidido o incidente, reabre-se o julgamento do recurso em que aquele foi suscitado.

Outra questão de grande nota é a de perquirir se o órgão fracionário do tribunal poderá, neste caso, valer-se de uma interpretação conforme a Constituição, de modo a dirimir o incidente de arguição no âmbito da própria câmara ou turma, uma vez que a técnica da interpretação conforme a Constituição não reconhece a inconstitucionalidade da lei ou do ato normativo do Poder Público.[372]

A decisão do tribunal pleno do órgão especial no incidente de arguição de inconstitucionalidade é irrecorrível, já que inexiste, na hipótese, lesividade a qualquer das partes. Todavia, o acórdão proferido pelo órgão fracionário original com base na decisão do pleno ou do órgão especial é recorrível, inclusive no que diga respeito à matéria constitucional versada.

35.7 Conflito de competência

Esta matéria, curiosamente, é tratada em dois momentos no Código de Processo Civil. A previsão do conflito de competência encontra-se no art. 66, ao passo que o

---

[371] "Art. 103. Podem propor a ação direta de inconstitucionalidade e a ação declaratória de constitucionalidade: I - o Presidente da República; II - a Mesa do Senado Federal; III - a Mesa da Câmara dos Deputados; IV - a Mesa de Assembleia Legislativa ou da Câmara Legislativa do Distrito Federal; V - o Governador de Estado ou do Distrito Federal; VI - o Procurador-Geral da República; VII - o Conselho Federal da Ordem dos Advogados do Brasil; VIII - partido político com representação no Congresso Nacional; IX - confederação sindical ou entidade de classe de âmbito nacional".

[372] Confira-se, a propósito, o teor da Súmula Vinculante nº 10 do Supremo Tribunal Federal: "Viola a cláusula de reserva de Plenário (cf. CF 97) a decisão de órgão fracionário de tribunal que, embora não declare expressamente a inconstitucionalidade de lei ou ato normativo do poder público, afasta sua incidência no todo ou em parte".

procedimento para a sua resolução se encontra disciplinado nos arts. 951 e seguintes do Código de Processo Civil. Com relação à natureza processual do conflito de competência e de jurisdição e a atuação do Ministério Público, já nos pronunciamos no momento oportuno quando discorremos acerca dos incidentes sobre a competência, cabe agora analisar as regras procedimentais estabelecidas em capítulo próprio da *ordem dos processos nos tribunais* referentes ao conflito de competência.

Conforme já vimos anteriormente, o conflito de competência é um incidente processual que pode ser suscitado por qualquer das partes, pelo Ministério Público ou pelo próprio juiz.[373] Essa legitimidade, contudo, sofre restrição, porquanto, por absoluta incongruência lógica, a parte que arguiu anteriormente a incompetência relativa do juízo não poderá, posteriormente, suscitar o conflito. Todavia, o parágrafo único do art. 952 possibilita que suscitado o conflito de competência, possa a parte que não o suscitou arguir a incompetência relativa.

Com relação ao Ministério Público, sendo ou não parte, será sempre ouvido como *custos legis* no incidente de conflito de competência. Mas, na qualidade de fiscal da ordem jurídica, só poderá arguir o conflito de competência naqueles processos em que necessariamente tenha que intervir, quais sejam, aqueles previstos no art. 178 do Código de Processo Civil.

Duas são as situações em que o Ministério Público se apresenta no conflito de competência na qualidade de *custos legis* ou de defensor da ordem jurídica. Uma é a atuação do Ministério Público no próprio incidente de arguição de conflito de competência, outra é o Ministério Público como parte ou atuando na qualidade de fiscal da ordem jurídica nas hipóteses previstas na Constituição Federal, em que ele próprio ou outra parte argua o conflito de competência.

A regra básica, a nosso ver, é a seguinte: o Ministério Público precisa ser ouvido em todo e qualquer incidente processual de conflito de competência. Não obstante isto, se o Ministério Público for parte ou intervier no processo nos termos do art. 178 do CPC, caso o conflito seja suscitado por outra parte ou pelo juízo, o Ministério Público terá que ser ouvido já na instauração do conflito em primeira instância e, também, na segunda instância, como prevê o Código. Caso o Ministério Público, na qualidade de parte ou na qualidade de interveniente no processo, ele próprio, suscite o conflito, bastará, apenas, a oitiva quando da resolução do incidente em segunda instância.

Outra peculiaridade com relação à atuação do Ministério Público no incidente de conflito de competência é fixar se pode o *parquet* suscitar o conflito tanto de competência relativa como o de competência absoluta, uma vez que a ordem pública, em princípio, só estaria sendo maculada na hipótese da incompetência absoluta, posto que só esta é improrrogável. Tal posição parece-nos a mais acertada, na medida em que não vislumbramos adequação na atuação do *parquet* quando se trate de incompetência relativa, que se prorroga por omissão, vale dizer, interesse tacitamente manifestado pelas partes.

O conflito de competência, obviamente, surge perante o juízo de primeiro grau, mas, nos termos do art. 953 do Código de Processo Civil, é suscitado diretamente ao

---

[373] Em nosso entendimento, o assistente, simples ou qualificado, que não é parte, ou pelo menos não é parte principal, não está dotado de legitimidade para suscitar o conflito de competência, conforme, aliás, já decidiu o STJ (STJ, 1ª Sessão. CC nº 29.967/PE. Rel. Min. Milton Luiz Pereira, j. 24.5.2001. *DJ*, 11 mar. 2002).

tribunal. Podem suscitá-lo: a) o juiz *ex officio*; b) a parte ou o Ministério Público, por petição. Tanto o ofício quanto a petição, conforme o caso, serão instruídos, desde logo, com os documentos necessários à comprovação da existência do conflito de competência.

Distribuído o incidente, o relator determinará a oitiva dos juízes em conflito quando este for arguido pela parte ou pelo Ministério Público. Obviamente, quando arguido por um dos juízos apenas o outro será ouvido.

O conflito de competência poderá ser julgado de plano, isto é, sem as oitivas acima referidas nas seguintes hipóteses: a) quando a fixação da competência decorrer de tese expressada em súmula do Supremo Tribunal Federal, do Superior Tribunal de Justiça ou do próprio tribunal; b) quando a fixação da competência decorrer de tese firmada em julgamento de casos repetitivos ou em incidente de assunção de competência.

Em qualquer caso, julgado de plano ou após a tramitação normal prevista no Código, ao decidir o conflito de competência, o tribunal declarará o juízo competente, sendo remetidos os autos do processo em que se manifestou o conflito ao juízo declarado competente.

Algumas notas se fazem necessárias com relação ao procedimento adotado no Código para o processamento do incidente do conflito de competência.

Em primeiro lugar, cabe comentar que o regramento não estabelece o prazo no qual o juiz ou os juízes, conforme a autoria da arguição do conflito de competência, deva ou devam prestar as informações requisitadas pelo relator. Nesse sentido, o parágrafo único do art. 954 do Código de Processo Civil diz apenas que o juiz ou os juízes envolvidos prestará ou prestarão as informações no prazo designado pelo relator.

Em segundo lugar, cabe frisar que se o conflito for positivo, isto é, dois juízos estiverem se dando por competentes para o conhecimento da causa, o relator, de ofício ou a requerimento de qualquer das partes, poderá determinar o sobrestamento do processo. Obviamente que não haverá necessidade de sobrestamento do processo se o conflito for negativo, eis que, neste caso, ambos os juízes estão se dando por incompetentes, portanto nenhum deles oficiará no processo do qual já declinou a competência. Houve-se bem o Código, neste particular, quando no art. 955 estabeleceu que tanto no conflito positivo, com o sobrestamento do processo, como no conflito negativo, o relator designará um dos juízes para, em caráter provisório e quando necessário, decidir sobre as medidas urgentes.

Em terceiro lugar, o Código reservou para o Ministério Público o prazo de 5 dias após o término do prazo designado pelo relator para que os juízes prestem suas informações. Cabe esclarecer que em qualquer hipótese o Ministério Público oficiará no incidente de conflito de competência, isto é, ainda que tenha sido o conflito por ele suscitado.

Em quarto lugar, o Código tentou regular a validade dos atos praticados pelo juízo entendido por incompetente. Aqui, melhor teria sido adotar a velha, porém segura, regra de que, reconhecendo-se a incompetência do juízo, invalidam-se apenas os atos decisórios. Contudo, faz sentido a redação do art. 957 do Código quando diz que a decisão sobre o conflito se pronunciará sobre a validade dos atos praticados pelo juízo incompetente, eis que compatível com o disposto no art. 282, *caput*, que trata do pronunciamento da nulidade pelo juízo, hipótese em que o juiz declarará que atos são atingidos.

Ocorrendo conflito que envolva órgãos fracionários do tribunal, desembargadores e juízes em exercício no tribunal, o art. 958 do Código de Processo Civil manda observar o que dispuser o regimento interno, evidentemente, embora não diga, aplicando-se subsidiariamente as regras dispostas no Código para o processamento do conflito de competência. Da mesma forma, o art. 959 do Código de Processo Civil remete para o regimento interno do tribunal as regras de processo e julgamento do conflito de atribuições entre autoridade judiciária e autoridade administrativa.[374]

35.8 Homologação de decisão estrangeira e da concessão do *exequatur* à carta rogatória

Quando tratamos da competência internacional, vimos que não obstante a reserva legal da jurisdição brasileira para determinadas causas, o Código de Processo Civil estabelece o dever jurisdicional nacional de cooperação jurídica internacional, a qual nos termos do art. 26 será regida por tratado do qual o Brasil faça parte. A cooperação internacional opera-se através do auxílio direto previsto nos arts. 28 a 34 do Código, quando a medida não decorrer diretamente de decisão de autoridade jurisdicional estrangeira a ser submetida a juízo de deliberação no Brasil e mediante o *exequatur* à carta rogatória perante o Superior Tribunal de Justiça, quando se tratar de solicitação de ato processual a ser praticado no Brasil por solicitação de outro Estado.

Neste tópico trata-se de estudar a disciplina da homologação da decisão estrangeira e da concessão do *exequatur* à carta rogatória. A diferença entre esses dois mecanismos de cooperação internacional reside em que a homologação é de ato processual praticado fora do Brasil que gerará efeitos sobre a jurisdição brasileira, ao passo que o *exequatur* à carta rogatória trata-se de ato praticado no Brasil para gerar efeitos em processo em curso em outro Estado. Aqui, mais que nunca, faz-se presente a visão carneluttiana sobre o ato processual, que o caracteriza não por ser praticado no processo, mas porque praticado para valer no processo.

O Código de Processo Civil atual inovou com relação ao anterior quanto ao objeto de homologação estrangeira. Até o advento do atual Código, trabalhava-se com a possibilidade da homologação da sentença estrangeira, ao passo que o art. 960 do Código atual fala em homologação de decisão estrangeira, portanto, não mais só a sentença estrangeira pode ser objeto de homologação para gerar efeitos no território brasileiro, como também as decisões interlocutórias poderão ser objeto de homologação. Aliás, não faria o menor sentido o Código afastar da homologação as decisões interlocutórias quando o próprio Código brasileiro prevê hipóteses de decisão interlocutória decidir o mérito da causa, bem como é por meio desta que estabelece as medidas ditas urgentes.

Na melhor técnica jurídica, homologar significa transformar aquilo que se examina semelhante, adequado ou conforme ao ato que devia ser para gerar o efeito jurídico que

---

[374] O direito brasileiro não conhece conflito de competência ou de atribuição entre autoridade judiciária e autoridade administrativa. O código está se referindo à possibilidade de eventual conflito de atribuições entre autoridade judiciária no exercício de uma função administrativa no tribunal e a própria autoridade administrativa. De toda sorte, não é conflito de competência, porém conflito de atribuição. O sistema jurisdicional brasileiro é uno, na medida em que não existe contencioso administrativo que possa produzir decisão com força de decisão jurisdicional, nem com competência ou atribuição de afastar do poder judiciário o conhecimento de qualquer lesão ou ameaça de lesão nos termos do art. 5º, XXXV da Constituição Federal. Por outro lado, o conflito de atribuição entre órgãos do Ministério Público de há muito já se assentou na doutrina e na jurisprudência que há de ser dirimido *interna corporis*, sem intervenção do poder judiciário.

se pretende sob a jurisdição homologadora.³⁷⁵ *Exequatur* é autorização. Ao pé da letra, execute-se ou cumpra-se.

A adequação a que nos referimos é o enquadramento da sentença ou da decisão interlocutória estrangeira ao modelo semelhante que exista na jurisdição brasileira. Assim, tanto é defensável a tese de que pela homologação a jurisdição homologadora estende os efeitos do objeto da homologação ao seu território como também pode-se entender que pelo ato da homologação atribui-se à sentença ou à decisão interlocutória homologada efeitos jurisdicionais iguais aos que teria se a hipótese tivesse sido julgada pela jurisdição homologadora.³⁷⁶ ³⁷⁷

A decisão estrangeira, isto é, decisão interlocutória ou sentença ou qualquer outro ato jurisdicional ao qual a legislação de origem atribua efeitos correlatos aos aqui atribuídos às decisões interlocutórias ou às sentenças, para que seja cumprida no Brasil, depende de homologação pela justiça brasileira. Esta homologação será requerida por uma ação específica denominada ação de homologação de decisão estrangeira perante o Superior Tribunal de Justiça e obedecerá, além de ao disposto especificamente no Código de Processo Civil, ao que neste sentido dispuser o regimento interno do Superior Tribunal de Justiça,³⁷⁸ obviamente e em ambas as hipóteses sempre dependendo do que dispuserem os tratados e leis outras sobre o tema.

Como se disse antes, no Brasil, o entendimento é o da extensão dos efeitos da decisão alienígena, tanto que o art. 961 do Código de Processo Civil atribui eficácia à decisão estrangeira (decisão interlocutória, sentença ou ato jurisdicional a que a lei original atribua efeitos de decisão ou de sentença), somente após a homologação ou, quando for o caso, à concessão do *exequatur* à carta rogatória.

Vê-se, assim, que dar eficácia à decisão estrangeira no Brasil só é possível, salvo disposição em contrário de lei ou de tratado, mediante a ação de homologação ou a concessão do *exequatur* à carta rogatória.

Observa-se que o Código no §1º do art. 961 restringiu a homologação à decisão judicial definitiva ou à decisão não judicial que pela lei brasileira teria natureza jurisdicional. Aqui, cabe observar o seguinte: a) a decisão judicial homologável no Brasil é apenas a decisão de mérito, portanto, estão excluídas da homologação as chamadas decisões terminativas; todavia, se tratar de decisão interlocutória que decida o mérito ou parte dele, também será homologável no Brasil; b) também é homologável a decisão não judicial que, pela lei brasileira, teria natureza jurisdicional, isto é, a decisão administrativa prevista naquelas legislações nas quais o contencioso administrativo se equipare ao contencioso jurisdicional, como na França, por exemplo, bem ainda as decisões de

---

³⁷⁵ MIRANDA, Francisco Cavalcanti Pontes de. *Comentários ao Código de Processo Civil* Rio de Janeiro: Forense, 1977. p. 259.

³⁷⁶ A questão é aparentemente acadêmica, contudo, como bem observa Barbosa Moreira, da opção que se tomar resultará a solução do problema relativo à determinação da lei que há de reger os efeitos da sentença reconhecida: a do Estado de origem ou a do Estado do reconhecimento (MIRANDA, Francisco Cavalcanti Pontes de. *Tratado das ações*. Rio de Janeiro: Forense, 2008. p. 63).

³⁷⁷ Parece-nos óbvio que observadas as condicionantes constitucionais e processuais, trata-se da extensão dos efeitos da sentença ou da decisão interlocutória tais como gerados no país de origem. Em nosso entendimento, o que fica reservado ao direito internacional privado é a discussão da aplicação da lei de qual nacionalidade com relação ao próprio julgamento da causa, o que é diferente da homologação de sentença ou decisão interlocutória para efeitos de execução.

³⁷⁸ Art. 101, I, "i", da Constituição Federal, e Resolução nº 9/2005 do Superior Tribunal de Justiça.

arbitragem e outras formas de auto composição reconhecidas e chanceladas pela jurisdição perante as quais efetuadas;[379] c) não carecem de homologação determinadas sentenças de ação de estado, como exemplo, a sentença de divórcio proferida por jurisdição estrangeira (§5º do art. 961). Quando se tratar de divórcio, qualquer juiz de qualquer grau ou instância poderá examinar a validade da decisão, em caráter principal ou incidental.[380]

A decisão estrangeira poderá ser homologada total ou parcialmente. Isto vale tanto para as chamadas sentenças proferidas com vários capítulos em que determinadas decisões nela contidas poderão ter eficácia na jurisdição brasileira e outras não, como também para sentença estrangeira que tenha acolhido a pretensão parcialmente, hipótese em que, obviamente, apenas a parte dispositiva parcialmente procedente será homologada.

O Código prevê a possibilidade de tutelas emergenciais, bem como atos de execução provisória durante o processamento da ação de homologação de decisões estrangeiras. Entretanto, é preciso não confundir duas situações perfeitamente cabíveis pela atual legislação brasileira com relação a medidas urgentes e homologação de decisão estrangeira. Uma é a possibilidade de deferimento de tutela de urgência na própria ação de homologação de decisão estrangeira, proposta no Brasil. Outra é a possibilidade da homologação, pela via da ação própria de homologação de decisão estrangeira, de medida concessiva de tutela de urgência havida no tribunal do país de origem.

Todavia, para que seja possível a execução de decisão estrangeira concessiva de medida de urgência, o Código, no art. 962, determina: a) que a execução se dê por carta rogatória, o que exclui a necessidade de homologação da decisão estrangeira; b) que, se for medida de urgência sem audiência do réu, o contraditório terá que ser garantido ainda que em momento posterior;[381] c) que não poderá a jurisdição brasileira decidir sobre a urgência da medida.

Tratando-se, como se trata, de dar eficácia a ato jurisdicional decisório ou constritivo baixado por jurisdição estrangeira, é imprescindível que a legislação brasileira resguarde a soberania nacional contra situações que atentem contra a ordem pública ou contra os princípios basilares do processo civil brasileiro. Destarte, o art. 963 do Código de Processo Civil estabelece os requisitos indispensáveis para a homologação da decisão e para concessão do *exequatur* às cartas rogatórias, a saber: a) ser proferida por autoridade competente; b) ser precedida de citação regular, ainda que verificada a revelia; c) ser eficaz no país em que foi proferida; d) não ofender a coisa julgada brasileira; e) estar acompanhada de tradução oficial, salvo disposição que a dispense, prevista em tratado; f) não conter manifesta ofensa à ordem pública; g) não se tratar de decisão de competência exclusiva da autoridade brasileira, conforme o art. 23 do Código de Processo Civil.

---

[379] A decisão arbitral pode ser homologada no Brasil obedecendo-se às normas nacionais e internacionais que regem a espécie, arts. 34 a 40 da Lei nº 9.307/96. Ver também Convenção Interamericana sobre Eficácia Extraterritorial das Sentenças e Laudos Arbitrais Estrangeiros, aprovada pelo Decreto Legislativo nº 9.395 (*DOU*, 23 jun. 1995), entre outros.

[380] Observe-se que, na atual sistemática do Código de Processo Civil, as sentenças das ações declaratórias de estado não estão dispensadas da homologação para terem validade em território nacional. Apenas a sentença de divórcio consensual, excepcionalmente, está dispensada da homologação, nos termos do art. 961, §5º, do CPC.

[381] A exigência é que no processo de origem exista o contraditório, mesmo que só após a efetivação da medida de urgência ou, em outras palavras: o que o nosso direito não admite é a efetivação de medida de urgência *inaudita altera pars* sem que se estabeleça o contraditório, ainda que *a posteriori*.

A decisão estrangeira, decorrente da homologação ou da carta rogatória conforme o caso, será cumprida no Brasil perante o juízo federal competente, obviamente que mediante requerimento da parte interessada e no mesmo figurino adotado para o cumprimento das decisões nacionais. A fixação do juízo federal competente obedecerá ao mesmo regramento da fixação de competência ao qual obedeceria se se tratasse de ação originariamente proposta no Brasil. Assim, todas as regras de competência interna previstas no Código deverão ser observadas.

Na hipótese de execução, o pedido será instruído com cópia autêntica da decisão homologatória ou do *exequatur* à carta rogatória, conforme o caso, expedidos pelo Superior Tribunal de Justiça. Aqui, a homologação ou o *exequatur* funcionam como uma espécie de chancela ou de passaporte para a eficácia executiva da decisão estrangeira, de modo que se trata de uma extensão ao princípio do *no executio sine titulo* (art. 783), na medida em que o título executável só estará completo com tais documentos, como também é uma aplicação direta do disposto no art. 320 do Código de Processo Civil, eis que se trata de documento indispensável à propositura da ação.

Quanto à natureza da decisão homologatória, independentemente da natureza da decisão a ser homologada, será sempre constitutiva, porquanto constitui, pelo menos ao âmbito da jurisdição brasileira, uma nova relação jurídica, pouco importando que dessa nova relação jurídica projete-se a mesma eficácia que se pretendeu no juízo estrangeiro. A sentença que não homologa a decisão estrangeira, como qualquer sentença de improcedência, é declaratória negativa e não desconstitutiva.[382]

Questão relevantíssima sobre o tema e não tratada especificamente no Código de Processo Civil é a ocorrência ou não do evento da prescrição ou da decadência com relação à ação de homologação de sentença ou decisão estrangeira e de preclusão com relação ao requerimento de *exequatur* à carta rogatória.

O primeiro passo é fixar que, se a natureza de tal decisão é constitutiva, o prazo não seria prescricional, porém decadencial, mas aqui não se trata de observância de prazo para o ajuizamento da ação de homologação ou do requerimento do *exequatur*. A questão do tempo é irrelevante para isso. O que aqui se investiga é se, uma vez prescrita, preclusa, ou desconstituída a potestatividade da relação jurídica que deu azo à decisão a ser homologada, tais circunstâncias processuais impedem a homologação ou a concessão do *exequatur* pela jurisdição brasileira.

Em nosso entendimento a resposta é negativa. Não se discute prescrição, decadência ou preclusão na homologação ou na concessão do *exequatur*. Nessa atividade jurisdicional cabe tão somente verificar, além das condições genéricas e específicas do direito de ação e dos pressupostos de existência e de validade do processo, aqueles requisitos expressamente previstos na lei e nada mais.[383] Entretanto, tais exceções ou

---

[382] Atualmente, o procedimento para homologação de sentença estrangeira está disciplinado na Resolução nº 9/2005 do STJ, na qual se prevê o contraditório, salientando-se que a defesa só poderá versar sobre: a) autenticidade dos documentos; b) inteligência da decisão; e c) observância dos requisitos para homologação. Se houver contestação, o processo será distribuído para julgamento cabendo ao relator os demais atos de impulso processual. Tratando-se de ação, ainda que especialíssima de competência originária do STJ, não há recurso de sua decisão, exceto recurso extraordinário, caso a sentença homologatória atente contra Constituição Federal.

[383] É o que parte da doutrina denomina pretensão perpétua exercitável a qualquer tempo (NERY JR., Nelson; NERY, Rosa Maria de Andrade. *Comentários ao Código de Processo Civil*. São Paulo: Revistas dos Tribunais, 2015. p. 1.895).

objeções poderão ser opostas pela parte interessada no momento do cumprimento da decisão, da sentença, da carta rogatória ou em embargos à execução, de modo que não se transforme, em território brasileiro, em imprescrito, não decadente ou imprecluso, o que assim já foi decidido em território estrangeiro. Porém as regras a serem aplicadas para este juízo hão de ser as regras próprias do país de origem.

Cabe esclarecer que uma coisa são os efeitos jurídicos processuais decorrentes da sentença proferida por tribunal estrangeiro, os quais, para valerem no Brasil, exigem a homologação da decisão estrangeira nos termos aqui tratados. Outra coisa são os próprios efeitos jurídicos de ordem material decorrentes da sua existência como documento ou prova documental que pode ser utilizada em qualquer processo sob a jurisdição brasileira, como qualquer outro documento produzido em território estrangeiro.

Quanto à intervenção do Ministério Público, é esta imprescindível, tanto na ação de homologação de decisão estrangeira, quanto no *exequatur* à carta rogatória, haja vista o evidente interesse público que ambas as hipóteses contemplam, nos termos do art. 278, I, do Código de Processo Civil, sob pena de nulidade.

35.9 Incidente de resolução de demandas repetitivas

Por excelência, é nesta parte do Código que se faz mais presente a preocupação do legislador processual em simplificar o trabalho da justiça brasileira, evitando o máximo possível que casos já reiteradamente decididos venham a ocupar e a obstruir a tarefa dos órgãos do Poder Judiciário. Neste sentido militam os institutos da uniformização de jurisprudência, da arguição de inconstitucionalidade, do incidente de assunção de competência, do incidente de resolução de demandas repetitivas e da reclamação.

O incidente de resolução de demandas repetitivas é um dos mecanismos previstos no Código de Processo Civil para evitar decisões contraditórias e acúmulo desnecessário de atos processuais tendentes a resultar numa decisão final igual. Por isso, o Código prevê sua instauração quando houver, simultaneamente: a) efetiva repetição de processos que contenham controvérsia sobre a mesma questão de direito; b) risco de ofensa à isonomia e à segurança jurídica.

As hipóteses previstas no art. 976 do Código de Processo Civil, como se vê, denotam duas peculiaridades, quais sejam: a simultaneidade das demandas repetitivas, portanto há de existir um quadro momentâneo em que diversas ações sobre o mesmo assunto estejam inundando o Poder Judiciário repetidamente, em número evidentemente desproporcional, e que a controvérsia seja unicamente de direito, o que desde já afasta qualquer possibilidade de instauração do incidente de resolução de demandas repetitivas quando se tratar de matéria de fato. Mas não basta isso, é também necessário que esse quadro esteja ameaçando a sociedade com o risco de ofensa à isonomia e à segurança jurídica.

O que difere o incidente de resolução de demandas repetitivas do incidente de assunção de competência é precisamente o risco à isonomia e à segurança jurídica. A nosso ver, essas três exigências são absolutamente cumulativas. Assim, a simultaneidade das demandas, isto é, elas têm que estar acontecendo ao mesmo tempo, a questão unicamente de direito e a ofensa à isonomia e à segurança jurídica precisam estar presentes para que tenha vez a instauração do incidente de resolução de demandas repetitivas. De modo que não basta, por exemplo, só o risco de ofensa à isonomia. É preciso que esse risco de ofensa à isonomia também ameace à segurança jurídica.

Uma vez instaurado o incidente, a desistência da ação ou o abandono do processo em que suscitado não impede o exame de mérito do próprio incidente numa ratificação daquela já comentada expressão maior do legislador de que, nos recursos de terceira geração e nos incidentes processuais que visam à uniformização da jurisprudência ou à simplificação da atividade jurisdicional, o interesse público na fixação de uma solução norteadora se sobrepõe aos próprios interesses individuais e pessoais das partes litigantes.

O art. 997 do Código de Processo Civil regula a legitimidade para o requerimento de instauração do incidente, deferindo-a ao juiz ou ao relator, conforme o caso, se o processo se encontrar em primeira ou em instâncias superiores, por ofício; pelas partes, pelo Ministério Público; ou pela Defensoria Pública, por petição.

O Ministério Público necessariamente intervirá no incidente e assumirá sua titularidade se a parte autora desistir da ação ou abandonar o processo. O incidente será requerido diretamente ao presidente do tribunal e, se inadmitido por ausência de algum de seus pressupostos, poderá ser reiterado, satisfeito o requisito ausente.

Também não será possível a instauração do incidente de resolução de demandas repetitivas quando qualquer dos tribunais superiores tiver afetado o recurso para definição de tese sobre questão de direito material ou processual repetitiva.[384]

O incidente é isento de custas, ainda quando suscitado pela parte, e será instruído com os documentos que demonstrem a existência dos pressupostos exigidos para sua instauração.

Tal qual o incidente de assunção de competência, o incidente de resolução de demandas repetitivas será julgado pelo órgão indicado pelo regimento interno, entre aqueles responsáveis pela uniformização de jurisprudência do tribunal. Muito provavelmente, doravante, os tribunais indicarão o mesmo órgão interno para julgamento do incidente de assunção de competência e do incidente de resolução de demandas repetitivas, dada a similaridade entre os dois institutos. Efetuado o julgamento pelo órgão colegiado competente, será por este fixada a tese jurídica, a qual incidirá cogentemente no julgamento do recurso, da remessa necessária ou do processo de competência originária do tribunal no qual se originou o incidente.

O Código prevê, ainda, o prazo de um ano (art. 980) para o julgamento do incidente, o qual terá preferência sobre os demais feitos, ressalvados os que envolvam réu preso e os pedidos de *habeas corpus*.

O procedimento do incidente é bastante similar ao do incidente de assunção de competência, de modo que, após a sua distribuição, o órgão colegiado competente fará o juízo de admissibilidade, verificando a presença dos pressupostos previstos no art. 976, sobre os quais já nos reportamos. Admitido o incidente, caberá ao relator: a) determinar de imediato a suspensão dos processos pendentes que tramitem no estado, no caso de o incidente ocorrer no Tribunal de Justiça, ou na região, na hipótese de o incidente ocorrer em seção judiciária da Justiça Federal; b) requisitar informações aos juízes nos locais onde tramitem processos nos quais se discute o objeto do incidente, estas informações deverão ser prestadas no prazo de 15 dias; c) intimar o Ministério Público para, querendo, manifestar-se no prazo de 15 dias.

---

[384] A afetação pelo Superior Tribunal de Justiça ou pelo Supremo Tribunal Federal dá-se nas hipóteses de recurso especial e extraordinário repetitivos, conforme arts. 1.036 a 1.041 do Código de Processo Civil. Sobre este tema, remetemos o leitor para o item 33.11 do capítulo 33, "Do recurso especial e do recurso extraordinário".

Com relação à suspensão dos processos pendentes, observe-se que: a) a suspensão será comunicada imediatamente aos órgãos jurisdicionais competentes; b) durante a suspensão, o pedido de tutela de urgência será dirigido ao juízo em que tramita o processo suspenso, e não ao órgão colegiado competente para o incidente; c) qualquer dos legitimados para a instauração do incidente poderá requerer ao Supremo Tribunal Federal ou ao Superior Tribunal de Justiça a suspensão de todos os processos individuais ou coletivos que versem sobre a questão do incidente já instaurado; e d) a suspensão não ultrapassará o prazo de um ano, ainda que após este período o incidente não tenha sido julgado.

As partes serão ouvidas no prazo comum de 15 dias, podendo juntar documentos e requerer diligências. No mesmo prazo e em seguida, manifestar-se-á o Ministério Público. Se for o caso, poderá o relator determinar audiência pública para ouvir depoimentos de especialistas. Concluídas as diligências, o relator solicitará pauta para o julgamento do incidente.

O julgamento do incidente implicará necessariamente a elaboração de uma tese jurídica, com os seguintes aspectos: a) será aplicada a todos os processos, individuais ou coletivos, que versem sobre idêntica questão de direito e que tramitem na área de jurisdição do respectivo tribunal, inclusive nos juizados especiais; b) será aplicada aos processos futuros que versem sobre idêntica questão de direito e que venham a tramitar no território de competência do tribunal; c) não observada a tese adotada no incidente, caberá reclamação; d) se o incidente versar sobre prestação de serviço concedido, delegado ou autorizado, o resultado do julgamento será comunicado ao órgão, ao ente ou à agência reguladora competente para a fiscalização para a aplicação da tese adotada.

É possível a revisão da tese jurídica firmada no incidente pelo mesmo tribunal, de ofício ou mediante requerimento dos legitimados para sua instauração. Julgado o mérito do incidente, deste julgamento caberá recurso extraordinário ou especial conforme o caso. A curiosidade está em que, nos termos do §1º do art. 987, neste caso, tanto o recurso extraordinário como o recurso especial terão efeito suspensivo e no caso do recurso extraordinário presume-se a repercussão geral da questão constitucional eventualmente discutida. Consequência outra do recurso extraordinário ou especial da decisão do incidente de resolução de demandas repetitivas é que a tese jurídica adotada pelo tribunal superior será aplicada, em todo o território nacional, a todos os processos individuais ou coletivos que versem sobre a questão controvertida de direito.

Ainda sobre o tema, duas últimas observações se fazem necessárias: a) inexiste prazo específico previsto no Código para a instauração do incidente, o que nos leva a crer que, enquanto o processo não tiver transitado em julgado, é possível sua instauração; b) a competência do órgão colegiado não fica restrita ao julgamento do incidente, mas estende-se para o julgamento do caso concreto, isto é, para o julgamento do recurso, da remessa necessária ou da ação de competência originária do tribunal em que suscitado o incidente, sendo esta uma espécie anômala de modificação de competência.

35.10 Reclamação

Reclamação não chega a ser propriamente um recurso, na acepção mais técnica do fenômeno jurídico de dilação processual. Diferentemente dos recursos, a reclamação não se justifica pela lesividade, real ou potencial, que se possa atribuir ao reclamante nem visa a evitar ou postergar a formação da coisa julgada, formal ou material, embora tenha em comum com os recursos o objetivo de modificar ou pelo menos evitar os efeitos processuais da decisão reclamada. Tanto isto é fato e direito que o Código de Processo Civil, corretamente, aliás, não integrou a reclamação no rol dos recursos, como tal, previstos no art. 994, antes, porém, sob a égide da *ordem dos processos no tribunal*, mais precisamente tratando o tema nos arts. 988 a 993.

Na verdade, enquanto os recursos investem contra o conteúdo das decisões e os embargos de declaração contra expressão formal das decisões, a reclamação investe contra a inversão da ordem processual. Reserva-se para a reclamação aquelas situações que, não obstante não terem previsão recursal, pela sua natureza e importância, não podem e não devem ficar incólumes a uma revisão superior, sob pena de perpetrar insubordinação na hierarquia jurisdicional com a evidente inversão da ordem processual.

Não é por outra razão, aliás, que se pode dizer que a reclamação tem algo de "recurso administrativo" e não de instituto processual jurisdicional, na medida em que se destina a corrigir não a prestação da tutela jurisdicional, porém sua insubordinação pela forma. Tem, pois, a natureza de medida destinada a fazer com que o tribunal faça cumprir as suas decisões, a jurisprudência consolidada e/ou preserve sua competência.[385] É sempre originária dos tribunais e cabível para preservar sua competência, garantir a autoridade de suas decisões, garantir a observância de precedente oriundo de julgamento de casos repetitivos ou de incidente de assunção de competência e, em relação ao STF, também para garantir a observância de suas decisões em controle concentrado de constitucionalidade e em súmulas vinculantes.[386]

O art. 988 do Código de Processo Civil prevê o cabimento da reclamação, sempre intentada pela parte interessada ou pelo Ministério Público, para: a) preservar a competência do tribunal; b) garantir a autoridade das decisões do tribunal; c) garantir a observância de decisão do Supremo Tribunal Federal, em controle concentrado de constitucionalidade; e d) garantir a observação de enunciado, de súmula vinculante e de precedente proferido em julgamento de casos repetitivos.

A reclamação tem lugar em qualquer tribunal e é dirigida ao seu presidente. No tribunal, seu julgamento é da competência do mesmo órgão que tem a competência cuja autoridade se pretende garantir. Recebida a reclamação, é autuada e distribuída ao relator do processo principal, sempre que possível. A interposição da reclamação é inadmissível após o trânsito em julgado da decisão reclamada. Não obstante isto, a inadmissibilidade ou o julgamento de recurso interposto contra a decisão proferida pelo órgão reclamado não prejudica a reclamação.

Cabe ao relator da reclamação: a) requisitar informações da autoridade judiciária reclamada, que as prestará no prazo de 10 dias; b) se entender conveniente, suspender o processo ou o ato impugnado para evitar dano irreparável; c) mandar intimar o beneficiário da decisão impugnada, que terá o prazo de 15 dias para apresentar suas razões; d) feito isto, pedirá pauta para julgamento; e) procedente a reclamação, a consequência será a cassação da decisão reclamada e a determinação da medida

---

[385] NERY JR., Nelson; NERY, Rosa Maria de Andrade. *Comentários ao Código de Processo Civil*. São Paulo: Revistas dos Tribunais, 2015. p. 1.978.
[386] MEDINA, José Miguel Garcia. *Novo Código de Processo Civil comentado*. São Paulo: Revista dos Tribunais, 2015. p. 1.246

adequada à solução da controvérsia; f) o presidente do tribunal determinará o imediato cumprimento da decisão, lavrando-se o acórdão posteriormente.

Quanto à legitimidade para intentar a reclamação, cabe ressaltar que o art. 988 menciona a parte interessada ou o Ministério Público. A parte interessada, no caso, será aquela a quem a decisão impugnada pela reclamação prejudicar. Quanto ao Ministério Público, o artigo evidentemente se refere ao *parquet* atuando como defensor da ordem jurídica, pois que, quando for parte, já estará legitimado pela própria condição de litigante.

Quanto ao destino da reclamação, observe-se que pode ocorrer em todo e qualquer tribunal, e não só nos tribunais superiores, muito embora, por razões absolutamente evidentes, as reclamações perante os tribunais superiores apresentem maior densidade e importância. Observe-se, todavia, que no tribunal, a competência para julgar a reclamação, por força do §1º do art. 988, será do próprio órgão jurisdicional cuja autoridade se pretende garantir. Trata-se de uma afirmação indubitável do autopoder de polícia jurisdicional, porquanto é o próprio órgão que teve a integridade de sua atuação fraturada o responsável pela sua restauração.[387] Pior que isto: não só a distribuição é pré-dirigida ao mesmo órgão jurisdicional vergastado, tanto quanto possível, na forma do §3º do art. 988, o relator deverá ser o mesmo do processo principal.

Tratando-se, como se trata, de manter incólume, restaurando a integridade da decisão ou da jurisprudência dos tribunais, seu limite de admissibilidade temporal é o trânsito em julgado da decisão objeto da reclamação, o que significa que não há prazo, portanto, preclusão temporal, para interposição da reclamação. Exceto a condição do trânsito em julgado da decisão, que obviamente pode ser formal ou material, não há qualquer outro óbice para sua interposição.

Havendo recurso, concomitante ou não, interposto contra a decisão da qual se reclama, o que se der na fase recursal não influi nem contribui com o processamento e julgamento da reclamação e, neste sentido, o §6º do art. 988 do Código de Processo Civil prevê que a inadmissibilidade ou o julgamento do recurso interposto contra decisão proferida pelo órgão reclamado não prejudica a reclamação. Aqui cabe uma advertência: a *contrario sensu*, a admissibilidade do recurso interposto contra decisão objeto da reclamação prejudicaria, por óbvio, a própria reclamação. Todavia, pensamos que este prejuízo só ocorrerá se o recurso interposto não tiver efeito suspensivo, caso contrário a parte estaria frustrada de conseguir a suspensão dos efeitos da decisão reclamada na hipótese de dano irreparável.

O procedimento da reclamação contém três observações interessantes, a saber: a) o relator poderá suspender o processo ou o ato impugnado, porém, nos termos do permissivo contido no inc. II do art. 989, essa suspensão só será possível para evitar dano irreparável, observe-se que sequer a ideia da difícil reparação foi contemplada na hipótese; b) o inc. III do art. 989 determina a citação do beneficiário da decisão impugnada, mas, a toda evidência, a reclamação é um incidente processual e não um

---

[387] A esse propósito, confira-se o disposto no *caput* do art. 926, que dispõe: "Os tribunais devem uniformizar sua jurisprudência e mantê-la estável, íntegra e coerente". A nosso ver, a reclamação é um instrumento destinado a proteger e a restaurar quando rompida a integridade da uniformização da jurisprudência, bem como dos precedentes jurisprudenciais e das teses jurídicas norteadoras dos julgamentos pendentes e futuros quando decorrem dos incidentes de assunção de competência, de arguição de inconstitucionalidade, de resolução de demandas repetitivas e de recursos repetitivos.

processo incidental,[388] portanto não se trata de citação, porém de intimação, da mesma forma, não se trata de apresentar contestação, porém de impugnar a reclamação; e c) existe a possibilidade de qualquer interessado impugnar o requerimento de reclamação. Por qualquer interessado, no *caput* do art. 990, deve-se entender qualquer terceiro interessado na causa, ou seja, o terceiro juridicamente prejudicado, ou o Ministério Público, quando não for parte.

Quanto à presença do Ministério Público, este funcionará em toda e qualquer reclamação, tendo vista dos autos pelo prazo de 5 dias após a prestação das informações e o oferecimento das contrarrazões pelo beneficiário do ato impugnado. Mesmo quando a reclamação for intentada pelo Ministério Público como parte do processo original, o *parquet* também atuará como *custos legis*.

As consequências da reclamação, se julgada procedente, são as seguintes: a) a cassação da decisão impugnada; b) a determinação da medida adequada à solução da controvérsia; e c) a determinação imediata do cumprimento da decisão feita pelo presidente do tribunal e não pelo relator da reclamação, independentemente da lavratura do acórdão, que poderá ser posterior.

---

[388] Em sentido contrário, MEDINA, José Miguel Garcia. *Novo Código de Processo Civil comentado*. São Paulo: Revista dos Tribunais, 2015. p. 1.246.

CAPÍTULO 36

DO CUMPRIMENTO DA SENTENÇA

36.1 Generalidades

O processo se reveste ou se exterioriza mediante tutelas jurisdicionais cuja prestação instrumentaliza.[389] Assim temos que, de fora para dentro, o processo expressa uma tutela de conhecimento ou cognitiva, uma tutela cautelar ou de garantia e uma tutela satisfativa ou executória. De dentro para fora, o processo se compõe de fases, as quais podemos identificar como fase postulatória, fase de saneamento, fase instrutória, fase decisória, fase recursal e fase executória. Claro está que essas duas abordagens, externa e interna, não se excluem e não se afastam, ao revés, se complementam e se atraem. Assim, todo o método em que se traduz o processo é, na verdade, a simbiose das duas abordagens propostas.

Nessa linha de raciocínio, pode-se concluir que, finda a tutela cognitiva, inclusive quando for o caso com o esgotamento de todas as suas fases, postulatória, saneadora, instrutória, decisória e recursal, ocorrido o fenômeno da coisa julgada material, é chegado o momento de a fase executória imbricar-se com a tutela satisfativa, de modo a que o método processual prossiga sem rupturas. Isto se dá, mediante o instituto processual regulamentado no Código de Processo Civil, sob o título de cumprimento da sentença.

Com efeito, o Código de Processo Civil nos arts. 513 a 538 cuida precisamente desta temática, disciplinando o cumprimento das sentenças proferidas no processo de conhecimento, vale dizer, na tutela cognitiva, dando continuidade à atividade jurisdicional, de modo que esta se faça plena, que dê concretude ao que foi decidido e se efetive o direito reconhecido na sentença transitada em julgado.

Em outras palavras: a jurisdição não é apenas, como o vocábulo indica, dizer ou declarar o direito, é muito mais que isto, é dizer e aplicar o direito de modo a dar-lhe concretude e efetividade. É que, salvo as medidas de urgência, até o início da tutela satisfativa, as coisas se dão no interior do processo numa espécie de mundo imaginário, no sentido da abstração pura. A sentença altera e modifica as relações ou as situações jurídicas, sejam subjetivas, sejam potestativas, todavia, até então, nada se modifica nem

---

[389] *Vide* capítulo 1, "Do interesse ao processo".

se altera concretamente no mundo real. É necessária uma transposição da abstração contida na sentença, com a prestação da tutela jurisdicional, para a alteração no mundo real, isto é, na vida das pessoas. Esta transposição se faz mediante o processo e mediante uma metodologia apropriada para atingir o seu objetivo. Destarte, assim como na tutela de conhecimento, valemo-nos de um método visando à finalidade teleológica desta fase processual que é a produção de uma sentença válida, agora, na fase executória, teremos que nos valer de outro método para que o processo atinja também sua finalidade teleológica externa, que é a realização concreta do direito posto na sentença.

O código anterior, quando do início da sua vigência, não previa a fase específica de cumprimento de sentença. Nos idos de 1974,[390] a então nova ordem processual brasileira inovou ao banir do ordenamento jurídico a antiga ação executiva e criar o processo de execução. Naquela metodologia, a sentença era apenas e tão somente um título executivo judicial. Assim, os títulos executivos judiciais e os títulos executivos extrajudiciais eram executados pelo processo de execução. Ontologicamente, não se cumpria a sentença condenatória, porém, se a executava da mesma forma que se executava um título executivo extrajudicial, ainda que por procedimentos diferentes.

Antes mesmo do surgimento do atual Código de Processo Civil, reforma modernizadora, fruto da Lei nº 11.232/2005, introduziu no sistema processual brasileiro a figura do cumprimento da sentença, dissociando-a do processo de execução por título executivo extrajudicial, considerado este o processo de execução propriamente dito, o qual, aliás, no mais anterior ainda Código de Processo Civil de 1939, era cobrado pela chamada ação executiva.

Independentemente das questões de ordem prática que visam a acelerar a satisfação do direito reconhecido na sentença, há inegavelmente uma diferença significativa, qual seja, a de que na visão meramente executória a sentença se reduz a um título executivo, o qual estabelece uma relação subjetiva de direito, transformando o vencedor e o perdedor da causa em credor e devedor, respectivamente, de modo que o juiz condena; ao passo que, na atual conformação da metodologia da satisfação do direito reconhecido, não como uma condenação a ser executada mas como uma ordem a ser cumprida, o juiz não mais condena, antes disso, o juiz manda e é isto que em algumas situações, mormente quando se trate de condenação em obrigação de fazer ou de não fazer ou de emitir vontade, faz com que tais procedimentos se assemelhem às injunções do direito anglo-saxão ou mesmo à ação inibitória do direito italiano.

Tratando-se de uma nova fase processual com objetivo diverso da fase de conhecimento que lhe antecede, o cumprimento da sentença, embora se valha subsidiariamente da parte geral do Código, tem sua própria metodologia, sem, contudo, deixar de observar princípios tão caros à democracia e ao processo, como o contraditório, a ampla defesa, a publicidade, a documentação, entre outros.

Entretanto, as possibilidades e as faculdades processuais impugnatórias terão que se adstringir ao balizamento posto nas próprias regras do Código. Explica-se: na fase de conhecimento, a amplitude da defesa era a maior possível, porquanto ali se cogitava de estabelecer com quem estava a razão ou, pelo menos, a melhor razão. Agora, já se definiu pela sentença em cumprimento quem tem razão no conflito de interesses. Portanto, não

---

[390] O Código de Processo Civil de 1973, Lei nº 5.869/73, entrou em vigor em 1º.1.1974.

cabe mais discutir esta razão, o que significa que as possibilidades de defesa, repare-se, o Código chama de impugnação, estarão limitadas basicamente por dois aspectos: ou a impugnação atacará a regularidade formal do processo ou da sentença em cumprimento ou a impugnação se voltará contra um eventual excesso na atividade jurisdicional desenvolvida para o cumprimento da sentença.

De toda a sorte, o que se deve ter em mente é que o direito de ação é instrumentalmente conexo a uma pretensão de exigir. Esta instrumentalidade se dá mediante o processo e a conexão do processo com a ação será maior ou menor de acordo com a eficácia do método aplicado. Jurisdição plena é aquela que realiza o direito e que repara a lesão aplicando a fórmula determinada na sentença em cumprimento. É disto que cuida a fase processual do cumprimento de sentença.

Assim é que, sob a alcunha de disposições gerais, no art. 513, parágrafos e incisos, o Código dá uma rápida pincelada no que se pode chamar de procedimento básico do cumprimento da sentença, isto é, princípios fundamentais e regras gerais procedimentais aplicáveis a todas as modalidades de cumprimento de sentença.

Existem três princípios extraídos do Código: o primeiro é o previsto no §1º do art. 513, que é o princípio da provocação ou da inércia da jurisdição na medida em que se exige que haja requerimento do exequente, isto é, o vencedor da causa tem que deduzir pretensão executória sem a qual não se instaura a instância de cumprimento de sentença. O segundo princípio é o previsto no §5º do art. 513, que é o princípio da delimitação dos limites subjetivos da coisa julgada com relação ao cumprimento da sentença, segundo o qual o cumprimento da sentença não poderá ser promovido em face do fiador, do coobrigado ou do correspondsável que não tiver participado da fase de conhecimento. O terceiro princípio é o que se extrai do art. 514 e que se pode chamar de princípio do exaurimento pleno da sentença em cumprimento. Como se sabe, existe a possibilidade de a sentença decidir sobre a existência ou inexistência de relação jurídica sujeita a termo ou à condição. Neste caso, o cumprimento da sentença só poderá ocorrer após a demonstração de que se implementou a condição ou ocorreu o termo. Veja-se, por exemplo, situação em que pela relação jurídica controvertida no cumprimento da sentença há de se observar o chamado benefício de ordem. Neste caso, evidentemente, só se poderá dirigir o cumprimento da sentença contra o responsável subsidiário após esgotadas as possibilidades de satisfação do crédito em relação ao responsável originário.

Aqui, abre-se um parêntesis que diz respeito ao incidente de desconsideração da personalidade jurídica. Com efeito, o art. 134 prevê que o incidente de desconsideração é cabível em todas as fases do processo de conhecimento, no cumprimento de sentença e na execução fundada em título executivo extrajudicial. *Prima facie*, verifica-se verdadeira contradição entre o princípio constante do §5º do art. 513, que afasta do cumprimento de sentença quem não foi parte na fase de conhecimento, e o art. 134, que prevê a possibilidade da desconsideração da personalidade jurídica na fase de cumprimento da sentença. A solução para tal impasse está prevista no §3º do art. 134, que prevê a suspensão do processo nesta hipótese. Destarte, em sendo o incidente de desconsideração da personalidade jurídica proposto apenas na fase do cumprimento da sentença, esta será suspensa até que se decida o incidente, valendo o próprio incidente como o acertamento cognitivo exigido no §5º do art. 513.

Com relação às regras procedimentais, o Código estabelece a imperiosa necessidade da intimação do devedor para cumprir a sentença. Esta intimação far-se-á:

a) pelo Diário de Justiça na pessoa do advogado constituído nos autos; b) por carta com aviso de recebimento quando o devedor estiver representado pela Defensoria Pública ou quando não tiver procurador constituído nos autos, não se tratando de réu revel na fase de conhecimento; c) por meio eletrônico, quando se tratar de processo eletrônico e o devedor não tiver procurador constituído nos autos;[391] d) por edital, quando o réu, citado na fase de conhecimento por edital, tiver sido revel.

Na hipótese de intimação por carta por aviso de recebimento quando o réu estiver representado pela Defensoria Pública e na hipótese de intimação eletrônica, considera-se realizada a intimação quando o devedor tiver mudado de endereço sem prévia comunicação ao juízo. Todavia, as possibilidades de intimação acima aludidas não terão lugar se o requerimento para o início do cumprimento da sentença se der após um ano do trânsito em julgado. Neste caso, a intimação será feita na pessoa do devedor ou por meio de carta com aviso de recebimento encaminhada ao endereço constante nos autos, só se considerando aperfeiçoada a intimação não pessoal na hipótese de o requerido ter mudado de endereço e não ter comunicado o juízo.

36.2 Competência

A competência para o cumprimento da sentença continua informada pela regra geral de que o juiz competente para a ação é o juiz competente para a execução, até porque, não se tratando de outro processo, nada mais lógico e apropriado que cada juízo faça cumprir suas próprias decisões.

Questão relevante é a da fixação da natureza desta competência, isto é, se absoluta ou relativa. Sempre entendemos e continuamos a entender tratar-se de competência funcional, por conseguinte absoluta, porquanto é intuitivo que o juízo que proferiu a sentença certamente será o juízo melhor habilitado, no sentido de aparelhado, para funcionar no cumprimento da sua própria decisão.

Assim é que o art. 516 dispõe que o cumprimento da sentença efetuar-se-á perante: a) os tribunais, nas causas de sua competência originária; b) o juízo que decidiu a causa no primeiro grau de jurisdição; c) o juízo cível competente, quando se tratar de sentença penal condenatória, de sentença arbitral, de sentença estrangeira.

Com referência à competência dos tribunais para o cumprimento das decisões tiradas nas ações de sua competência originária, como ação rescisória, mandado de segurança etc., não há maiores observações a fazer. Cabe, contudo, aduzir que tanto na hipótese da competência atribuída aos tribunais como na hipótese da competência atribuída ao juízo que decidiu a causa no primeiro grau de jurisdição, o Código adota às inteiras o princípio conectivo a que se aludiu acima de que o juízo da ação deve ser o mesmo juízo da execução.

Com relação ao inc. III, trata-se da fixação da competência para o cumprimento de títulos executivos judiciais diversos da sentença. Nesses casos, o Código está dizendo

---

[391] O inc. III do art. 513 faz expressa remição ao §1º do art. 246, segundo o qual, *in verbis*: "Com exceção das microempresas e das empresas de pequeno porte, as empresas públicas e privadas são obrigadas a manter cadastro nos sistemas de processo em autos eletrônicos, para efeito de recebimento de citações e intimações, as quais serão efetuadas preferencialmente por esse meio". Particularmente, entendemos este dispositivo inconstitucional, pois que não se pode obrigar quem quer que seja a ter endereço eletrônico mormente para finalidade de ser citado ou intimado processualmente.

que para fazer cumprir a parte cível, isto é, a parte de indenização de sentença penal condenatória ou para fazer cumprir sentença arbitral, como tal considerada aquela fruto de arbitragem ou para cumprir-se sentença estrangeira será competente, de acordo com as regras postas no próprio Código de Processo Civil e nas normas de organização judiciária, seja da justiça estadual ou da justiça federal comum, o juízo de primeira instância que seria competente se tratasse de ação originariamente proposta perante aquele tribunal de justiça estadual ou aquela seção judiciária da justiça federal comum, observado sempre o princípio do juiz natural que pressupõe a livre distribuição, fora das hipóteses de modificação de competência, sempre que no local existir mais de um juízo competente em razão da matéria.

Findasse aí o Código o regramento sobre a competência para o cumprimento da sentença, não haveria qualquer dúvida quanto à sua caracterização como competência funcional e, por conseguinte absoluta, portanto, improrrogável e pressuposto de validade do processo, sob pena de nulidade absoluta. Entretanto, o legislador no parágrafo único do art. 516 relativizou o absolutismo da norma quando facultou que, nas hipóteses dos incs. II e III, o exequente pode optar pelo juízo do atual domicílio do executado, pelo juízo do local onde se encontrem os bens sujeitos à execução ou pelo juízo do local onde deva ser executada a obrigação de fazer ou de não fazer, casos em que a remessa dos autos do processo será solicitada ao juízo de origem.

A competência para o cumprimento de sentença por execução forçada, como se viu, é fixada em razão do critério funcional, sendo, em regra, absoluta. Podendo o demandante optar, contudo, pelo foro do domicílio do executado ou pelo foro dos bens sujeitos à expropriação ou onde deva ser adimplida a obrigação de fazer ou de não fazer, a competência passa a ser relativa.[392]

A opção do legislador ao permitir esta exceção misturou o critério absoluto da fixação da competência pela função do juízo com a possibilidade da escolha pelo demandante, o que vem a ser prerrogativa típica da competência relativa. Ora, não pode uma coisa ser e não ser ao mesmo tempo. Portanto, ou a competência é absoluta ou a competência é relativa, mas uma exclui a outra, até porque, processualmente, as consequências da inobservância de uma ou de outra são, isto sim, absolutamente diversas.

Demais disto, observe-se que os critérios oferecidos ao demandante para a escolha, tais como o domicílio do executado, o local dos bens ou aonde se deva cumprir a obrigação de fazer ou de não fazer são critérios objetivos e normalmente utilizáveis para a fixação da competência funcional. Aqui, o legislador pretendeu suprimir da disciplina do cumprimento da sentença aqueles casos em que os atos expropriatórios propriamente ditos – como a penhora, a avaliação do bem penhorado, a hasta pública, a arrematação ou a adjudicação – tenham necessariamente que ser promovidos em outro juízo pela invencível razão de que o bem expropriado encontra-se situado em foro diverso daquele em que processada ação originária e consequentemente competente para o cumprimento da sentença ou que a verificação do cumprimento da ação ou da abstenção se dê em local diverso da condenação.

Nesses casos, na vigência da ordem jurídica processual anterior, não se alterava a competência funcional e absoluta do juízo do cumprimento da sentença, porém,

---

[392] MARINONI, Luiz Guilherme *et al*. *Novo Código de Processo Civil comentado*. São Paulo: Revista dos Tribunais, 2015. p. 534.

tais atos expropriatórios eram praticados no local apropriado mediante a expedição e cumprimento de carta precatória executória. Agora, prevendo o demandante que tal situação poderá ocorrer, quando do início do cumprimento da sentença, deverá optar, desde logo, se assim lhe convier, por algum dos foros indicados no parágrafo único do art. 516 do CPC, conforme o caso.

A questão controvertida é que a competência deixou de ser absoluta e passou a ser relativa, o que não condiz com o princípio absoluto que o juízo da ação é o competente para a execução. Em nosso entendimento, melhor seria que o Código estabelecesse de vez a regra do parágrafo único como sendo de competência funcional e absoluta para as hipóteses ali contempladas, a exemplo do que se dá com a fixação da competência funcional em razão do local prevista no §1º do art. 47, *in fine*.

Destarte, como não admitimos a possibilidade de competência relativa e absoluta concomitantes, optamos pela sugestão de tratar-se na espécie de modalidade de competência absoluta relativizada ou de competência quase absoluta. Explica-se: trata-se de competência relativa porque não é absoluta, na medida em que existe a possibilidade de opção pelo demandante. Todavia, tal opção não é absolutamente livre, na medida em que o demandante só poderá exercê-la naquelas condições especificamente permitidas na norma processual.[393]

Alerte-se, contudo, que a competência se fixa num só momento e de uma só vez, portanto, iniciada a fase de cumprimento da sentença, qualquer que seja a opção do demandante, fixada a competência esta não mais se modificará.

36.3 Liquidação de sentença – Espécies

Teoricamente o Código de Processo Civil teria relegado a situações excepcionais a possibilidade de prolatação de sentenças ilíquidas. A regra seria a prolatação de sentenças líquidas, ainda que atualizáveis monetariamente por ocasião de seu cumprimento efetivo.[394] Contudo, este mesmo paradigma informava o Código revogado e o que se observou ao longo do tempo de sua vigência foi a total inversão de propósitos na medida em que as sentenças ilíquidas passaram a ser a regra e as sentenças líquidas, a exceção. Portanto, este é um capítulo do Código atual que aparentemente, e apenas aparentemente, tem importância menor, pois tal como outrora se deu, doravante a práxis confirmará sua relevância no dia a dia forense para a exata fixação da extensão do julgado a ser cumprido.

Assim é que nos arts. 509 e seguintes o Código de Processo Civil trata da liquidação de sentença para aquelas hipóteses em que a sentença condenatória ao pagamento de soma em dinheiro seja ilíquida. Liquidação é tornar líquido. Em última análise, significa fixar exatamente a extensão do julgado de sentença condenatória em dinheiro. De outro modo: a quem se deve e o que se deve tem que constar claro e preciso na sentença, porém, a fixação do quanto se deve ou do *quantum debeatur* é o objeto do procedimento da liquidação da sentença.

---

[393] No mesmo sentido, deve-se observar a exceção da competência para o cumprimento individual de sentença proferida em ações coletivas, hipótese clara em que não se aplica a conexão entre o juízo da ação e da execução.

[394] Arts. 324, §1º, e 491 do CPC.

Vezes há, entretanto, que a sentença em cumprimento não traz condições necessárias para que seja prontamente executada ante sua iliquidez. Há ocasiões em que os próprios pedidos formulados na inicial são ilíquidos, em outras vezes, mesmo sendo líquidos os pedidos, a sentença só os defere parcialmente, sem que determine expressamente a correspondência da parcela deferida, e vezes há, também, que as próprias circunstâncias fáticas e jurídicas influenciam a prolatação da sentença de modo a torna-la ilíquida.

À guisa de conceito, sugere-se que liquidação de sentença é a sequência de atos processuais praticados com o intuito de estabelecer o objeto da condenação, seja revelando a expressão monetária, seja individualizando-o.[395] É, assim, a operação pela qual se atinge um valor absoluto.[396] É o ato pelo qual se determina o objeto da liquidação.

Dado evidentemente seu caráter acessório, é fácil verificar a natureza incidental da liquidação, por isso preferimos identificá-la como procedimento preparatório ao cumprimento da sentença, porém, tão imbricado a esta fase processual que dela não se desgarra a ponto de constituir fase processual autônoma. Antes disto, a liquidação se constitui em atividade processual constitutiva e integrativa, eis que complementa a sentença a ser cumprida.

Três são as espécies ou métodos previstos no Código de Processo Civil para que se proceda à liquidação de sentença: a) por cálculos do contador; b) por arbitramento; c) pelo procedimento comum.

O art. 509, na verdade, não contempla expressamente a chamada liquidação de sentença por cálculos do contador. O parágrafo segundo do referido dispositivo processual diminui consideravelmente sua importância quando assevera que se a apuração do valor depender apenas de cálculo aritmético, o credor poderá promover desde logo o cumprimento da sentença, o que leva ao entendimento de que nesta hipótese não há liquidação.

A práxis forense, contudo, ensina que não é bem assim. Todos sabemos que mesmo que se trate de mera atualização monetária com a simples incidência dos juros de mora, os princípios do contraditório e da ampla defesa, igualmente presentes na subfase de liquidação de sentença, obrigam as partes a se submeterem a procedimento jurisdicional típico. Por isso mesmo que, não obstante a expressão do Código, insistimos na existência de liquidação de sentença por cálculos, como procedimento autônomo, mesmo naquelas hipóteses em que se trate de meros cálculos aritméticos.

Nesses casos, o credor, isto é, o vencedor da causa, deverá apresentar planilha de memória de cálculos liquidando o seu pedido, de modo que fique absolutamente explicitado o valor ou a dívida histórica ou originária, sua atualização monetária e a incidência dos juros de mora até o momento da apresentação do cálculo.

Em obediência ao princípio do contraditório e da ampla defesa, o órgão jurisdicional necessariamente determinará a oitiva da parte sucumbente, a qual terá o direito de impugnar os cálculos apresentados. Terá também que apresentar sua planilha de memória de cálculo em que demonstrará a eventual irregularidade dos cálculos apresentados pelo credor. Ao depois, persistindo a controvérsia o juiz decidirá e caso não se sinta seguro solicitará a intervenção do contador judicial.

---

[395] TEIXEIRA FILHO, Manoel Antônio. *Liquidação da sentença no processo do trabalho*. 3. ed. São Paulo: LTr, 2004. p. 168.
[396] BACCARIA, Edson. *Liquidação da sentença trabalhista*. São Paulo: Cargine, 1984. p. 20.

Pode-se argumentar em sentido contrário que este procedimento já caracteriza o próprio cumprimento da sentença e não uma subfase antecedente que lhe seja preparatória. Entretanto, se adotarmos a compreensão de que o cumprimento da sentença corresponde a uma fase processual coercitiva em que a atividade jurisdicional é satisfativa e não cognitiva, não se pode entender como cumprimento de sentença a sequência de atos processuais que visam justamente a determinar a extensão do que se irá cumprir.

A liquidação por arbitramento terá vez quando: a) for determinada pela sentença; b) for convencionada pelas partes; c) assim exigir a natureza do objeto de liquidação.

Em qualquer das hipóteses previstas no inc. I do art. 509, a liquidação por arbitragem é realizada por meio de perito nomeado pelo juízo. Como é intuitivo, liquidação por arbitragem é sinônimo de liquidação por perícia, e, por conseguinte, todo procedimento adotado para a produção da prova pericial na instrução do processo é aplicável *tout court* na liquidação por arbitramento.

A liquidação por arbitramento se dá quando a verificação da existência ou da extensão de determinado dano é condição *sine qua nom* para que se fixe a extensão da indenização. Aqui também é comuníssimo na práxis forense em sentenças condenatórias em indenização por responsabilidade civil que o juízo remeta a fixação da extensão do dano e consequentemente da indenização para a subfase de liquidação de sentença.[397]

Embora o Código não preveja o procedimento específico para liquidação por arbitramento, o art. 510 determina ao juízo que intime as partes para apresentação de pareceres ou documentos elucidativos, no prazo que fixar, e, caso não possa decidir de plano, o juiz nomeará perito, mais uma vez nesta hipótese, observando-se no couber o procedimento previsto para produção da prova pericial.

Evidentemente, o próprio juízo sentenciante poderá arbitrar o valor da indenização, mormente quando se trate de indenização por dano moral, mas aí não há que se falar em liquidação, porque, arbitrada a indenização pelo juízo, a sentença será líquida.

A terceira modalidade de liquidação de sentença é a prevista no inc. II do art. 509, a qual obedecerá ao procedimento comum e tem vez quando houver necessidade de alegar e provar fato novo. Essa modalidade é também conhecida como modalidade de liquidação por artigos. O art. 511 prevê que, requerida a liquidação pelo procedimento comum, o requerido será intimado na pessoa do seu advogado ou da sociedade de advogados a que estiver vinculado para, querendo, apresentar contestação no prazo de 15 dias, observando-se, a seguir, no que couber, o procedimento comum. A contestação do requerido tanto poderá versar sobre a escolha da modalidade de liquidação, alegando dever a sentença ser liquidada por outra espécie, como também poderá contestar os próprios artigos, isto é, os itens novos alegados pelo requerente.

Observe-se, por exemplo, uma sentença que condene a indenização por responsabilidade civil na qual o réu seja condenado a indenizar a vítima em todos os prejuízos presentes e futuros e deste modo após o trânsito em julgado e antes do cumprimento da sentença fatos outros tenham ocorrido, porém, decorrentes do ato ilícito de responsabilidade do autor do dano. Na letra da sentença, estes fatos integrarão a indenização, mas, para isto, terão que ser alegados, ter sua existência provada e ter o

---

[397] A esse propósito, observem-se os arts. 944 a 954 do Código Civil brasileiro que, partindo do dogma civilista de que a indenização se mede pela extensão do dano, estabelecem o regramento para a fixação do valor da indenização, regramento este totalmente dependente de liquidação por arbitramento no processo civil.

seu nexo de causalidade com o ato ilícito demonstrado. É o caso também comum das hipóteses em que a condenação abrange não só os chamados danos emergentes, mas também os chamados lucros cessantes, isto é, não só o que efetivamente se perdeu, danos emergentes, mas também o que se deixou de auferir, isto é, lucros cessantes, os quais ocorridos após a propositura da ação, mas antes do cumprimento da sentença, precisam ser alegados, provados e ter seu nexo de causalidade com o ato ilícito comprovado.

Deve ficar claro que fato novo não é sinônimo de fato superveniente à sentença. A alegação e prova de fato novo significa cognição sobre fato inédito no sentido de fato que não tenha sido submetido à apreciação ao longo do processo de conhecimento, ainda que prévio à sentença e sempre alusivo à determinação do *quantum debeatur*.[398]

Em todas essas hipóteses a liquidação do julgado far-se-á por artigos e obedecerá ao procedimento comum, conforme disposto no art. 511 do CPC. Nada impede, porém, que no curso desse procedimento aspectos inerentes às outras modalidades de liquidação se façam presentes, como a necessidade de uma perícia específica sobre determinado artigo alegado ou mesmo que alguma circunstância careça de cálculos mais complexos para que se fixe a extensão da sua indenização.

Obviamente que no procedimento de liquidação de sentença não cabe discutir o julgado nem qualquer tentativa de modificar a sentença objeto da liquidação. Com exceção da previsão constante no art. 512, a liquidação terá vez antes do cumprimento da sentença, o que significa após seu trânsito em julgado. Não obstante, é o art. 512 que prevê a possibilidade de a liquidação ser realizada na pendência de recurso, processando-se em autos apartados no juízo de origem, sendo ônus do liquidante instruir o pedido com cópias das peças processuais pertinentes. Esta possibilidade se explica e se justifica em razão da possiblidade da execução provisória ou do cumprimento provisório da sentença. É claro, porém, que modificado o julgado pelo provimento do recurso a liquidação realizada na sua pendência correrá à custa do liquidante, nada se podendo impor àquele que obteve sucesso no recurso.

Finalmente, com relação à legitimidade para requerer a liquidação de sentença, tanto o credor como o devedor podem postulá-la. O credor por razões óbvias e o devedor porque tem total interesse em livrar-se da obrigação o mais rápido possível.

36.4 Títulos executivos judiciais

Conquanto o Código de Processo Civil tenha avançado consideravelmente na questão do cumprimento da sentença na tentativa de transformar a atividade jurisdicional satisfativa ou executória numa atividade jurisdicional de injunção muito mais que de condenação, força a reconhecer que o legislador avançou para o futuro, porém, sem romper de vez com o passado. Consequência da opção legislativa nesse passo foi que, em verdade, ficamos a meio caminho entre a execução de sentença propriamente dita e a injunção mandamental que inspira o seu cumprimento coercitivo. Assim, o Código manteve a tradição de elencar, *numerus clausus*, os chamados títulos executivos judiciais, dando a entender que não obstante a presença inequívoca da força mandamental que alberga o cumprimento da sentença, este ainda carece de títulos executivos judiciais que

---

[398] CÂMARA, Alexandre Freitas. *O novo processo civil brasileiro*. 2. ed. São Paulo: Atlas, 2016. p. 354.

sejam definidos e caracterizados pela norma processual. Por isso mesmo que melhor seria que o Código denominasse esta fase processual como cumprimento coercitivo da sentença por execução forçada.

O art. 515 do CPC elenca, caracteriza e disciplina de forma taxativa os chamados títulos executivos judiciais, cujo cumprimento dar-se-á de acordo com o regramento previsto no título denominado "Do Cumprimento da Sentença". São eles: i) as decisões proferidas no processo civil que reconheçam a exigibilidade de obrigação de pagar quantia certa, de fazer, de não fazer ou de entregar coisa; ii) a decisão homologatória de autocomposição judicial; iii) a decisão homologatória de autocomposição extrajudicial de qualquer natureza; iv) o formal e a certidão de partilha, exclusivamente em relação ao inventariante, aos herdeiros e aos sucessores a título singular ou universal; v) o crédito do auxiliar da justiça quando as custas, emolumentos ou honorários tiverem sido aprovados por decisão judicial; vi) a sentença penal condenatória transitada em julgado; vii) a sentença arbitral; viii) a sentença estrangeira homologada pelo Superior Tribunal de Justiça; ix) a decisão interlocutória estrangeira após a concessão do *exequatur* à carta rogatória pelo Superior Tribunal de Justiça.

As decisões proferidas no processo civil que reconheçam a exigibilidade de pagar quantia, de fazer, de não fazer ou entregar coisa são por excelência o título executivo judicial, isto é, a sentença condenatória de mérito transitada em julgado. Por óbvio, as sentenças declaratórias e constitutivas não se enquadram na tipificação do inciso, porquanto são autoexecutáveis. A expressão *decisões* aqui quer dizer mais do que disse, isso porque o termo utilizado está abrangendo tanto a sentença de mérito produzida na fase de conhecimento como aquelas decisões interlocutórias proferidas a título de tutela de urgência, as quais no seu cumprimento observarão o procedimento do cumprimento de sentença.

A decisão, *rectius* sentença, homologatória da autocomposição judicial é aquela fruto da transação, da conciliação ou da mediação feita em juízo e como tal homologada. Inovação trazida no Código atual, neste sentido, é a abrangência que o legislador conferiu à autocomposição judicial, na medida em que o §2º do art. 515 permite que dela participe sujeito estranho ao processo e que verse também sobre relação jurídica que não tenha sido deduzida em juízo, desde que, é óbvio, também componha a relação jurídica controvertida trazida ao crivo do judiciário.

A decisão homologatória de autocomposição extrajudicial de qualquer natureza diz respeito aos acordos feitos fora do processo, porém, com o intuito de pôr fim a ele ou de compor litígio que ainda não tenha se transformado em demanda judicial. Uma vez homologado judicialmente, o instrumento do acordo constitui título executivo judicial.[399] Ao juiz compete tão somente dar a chancela jurisdicional observados os aspectos formais do instrumento, como: capacidade e representação das partes, tratar-se de interesse disponível e, quando for o caso, a observância da forma prescrita em lei. Chancelado por homologação o acordo, a partir daí, poderá a parte não atendida proceder ao seu cumprimento no figurino do cumprimento de sentença condenatória.

O formal e a certidão de partilha são títulos executivos judiciais apenas com relação ao inventariante, aos herdeiros, e aos sucessores a título singular ou universal.

---

[399] Em conformidade com o art. 57 da Lei nº 9.099/1995.

Terminado o inventário e expedido o formal e a certidão de partilha, vezes há em que fruto de reposição ou de crédito apurado em razão de prestação de contas do inventariante, testamenteiro, ou ainda de herdeiros ou sucessores que tenham habilitado créditos em relação ao monte, tal documento constitui-se em título executivo judicial. Porém, na letra da lei, nesta condição dele só podem se valer o inventariante, os herdeiros ou os sucessores. É de se notar que a caracterização do formal ou da certidão de partilha como título executivo judicial vale tanto a favor do inventariante herdeiro ou sucessor como de uns contra outros, desde que se possa extrair a obrigação do próprio formal ou da certidão de partilha, como no caso da reposição. Exemplo típico é a hipótese em que o espólio tenha se tornado credor de obrigação já vencida e este crédito tenha sido objeto de pagamento a um herdeiro ou sucessor. Imagine-se, por exemplo, um imóvel que estivesse alugado ao tempo do processamento do inventário e o locatário estivesse em mora com os alugueres. Recebido este imóvel em pagamento na partilha por determinado herdeiro, o formal ou a certidão de partilha servirão de título executivo judicial para a cobrança desses alugueres. A certidão de partilha substitui o formal nos casos em que o quinhão sucessório não exceder 5 (cinco) vezes o salário mínimo.[400]

O crédito de auxiliar da justiça, quando se constituir de custas, emolumentos ou honorários tiver sido aprovado por decisão judicial. Aqui, o Código quis privilegiar a figura do perito e demais auxiliares da justiça. Assim, os honorários do perito homologados pelo juízo constituem título executivo judicial. Em certa medida, este crédito previsto no inc. V se confunde com o crédito previsto no inc. I, porquanto tratar-se-á mesmo de decisão que reconhece obrigação de pagar quantia certa.

Observe-se que o inciso não inclui o advogado, porquanto na forma do art. 85, parágrafos e incisos do Código, os honorários sucumbenciais são mesmo de titularidade dos advogados e, como tal, já estarão incluídos na sentença prevista no inc. I. Demais disso, advogado não é auxiliar da justiça, porém, função essencial à jurisdição.

A sentença penal condenatória transitada em julgado impõe necessariamente a condenação do réu na reparação do dano causado pelo ilícito penal.[401] Isto é tradição em nosso direito. Entretanto, para ter eficácia de título executivo judicial é preciso que se trate realmente de sentença penal condenatória transitada em julgado, qualquer outra decisão proveniente do juízo criminal que imponha restrição de direito não poderá ser considerada título executivo judicial para efeito de cumprimento de sentença.

A sentença arbitral será título executivo judicial quando dela constar obrigação pecuniária. Para sua caracterização como título executivo judicial, pouco importa a circunstância de ter sido proferida por tribunal ou por agente arbitral, isto é, por quem não investido da condição de magistrado. Na medida em que a autocomposição pela via da arbitragem mais do que reconhecida no processo civil chega mesmo a ser estimulada, nada mais lógico que a sentença arbitral se constitua em título executivo judicial, independentemente da homologação que se exigia no regime anterior. Até porque a delegação ao instituto da arbitragem para composição de litígio, em nosso direito, cessa na decisão proclamada. Caso haja necessidade de atos coercitivos para o seu cumprimento, estes, necessariamente, terão que ser ordenados pelo poder judiciário.

---

[400] Cabe frisar que se o inventário for extrajudicial, a escritura pública respectiva não será título executivo judicial, porém, como se verá adiante, título executivo extrajudicial, cf. arts. 610, §§1º e 2º, 784, II, do Código de Processo Civil.

[401] Art. 91, I, do Código Penal.

A sentença estrangeira homologada e a decisão interlocutória estrangeira, após a concessão do *exequatur* à carta rogatória pelo Superior Tribunal de Justiça, são tipos de título executivo judicial da tradição do nosso direito e que decorrem da chamada cooperação internacional através do auxílio direto previsto nos arts. 28 a 34 do Código de Processo Civil. Uma vez homologada a sentença estrangeira ou concedido o *exequatur* à carta rogatória, quando se tratar de situação que determine obrigação de pagar quantia, de fazer, de não fazer ou de entregar coisa, constitui-se em título executivo judicial cujo cumprimento obedecerá às regras próprias do cumprimento de sentença.[402]

Cabe observar que existem três grupos de títulos executivos judiciais elencados no Código de Processo Civil, a saber: a) os títulos que nascem e são cumpridos no mesmo processo ainda que por vezes em fases diferentes:[403] as decisões proferidas no processo civil que reconheçam a exigibilidade de obrigação de pagar quantia certa, de fazer, de não fazer ou de entregar coisa (inc. I), a decisão homologatória de autocomposição judicial (inc. II) e o crédito de auxiliar da justiça, quando as custas, emolumentos ou honorários tiverem sidos aprovados por decisão judicial (inc. V); b) os títulos que nascem fora do processo, porém, para extingui-lo ou evitá-lo, como: a decisão homologatória de autocomposição extrajudicial de qualquer natureza (inc. III) e a sentença arbitral (inc. VII); c) os títulos que surgem em outros processos judiciais cuja eficácia executiva e cumprimento dar-se-ão em nova atividade jurisdicional instaurada somente para o seu cumprimento, como: o formal ou a certidão de partilha exclusivamente em relação ao inventariante, aos herdeiros e aos sucessores a título singular ou universal (inc. IV), a sentença penal condenatória transitada em julgado (inc. VI), a sentença estrangeira homologada pelo Superior Tribunal de Justiça (inc. VIII) e a decisão interlocutória estrangeira, após a concessão do *exequatur* à carta rogatória pelo Superior Tribunal de Justiça (inc. IX).

Observe-se que nos termos do §1º do art. 515, nos casos dos incs. VI a IX, exatamente dos títulos surgidos em outros processos, o Código determina que antes de mais nada o devedor seja citado no juízo cível para o cumprimento da sentença ou para sua liquidação no prazo de 15 dias. Obviamente, nesse prazo poderá cumpri-la ou poderá impugná-la. Precisamente por se instaurar, por assim dizer, outro processo, é que se prevê a possibilidade do contraditório ou da aceitação do cumprimento no prazo de 15 dias.

36.5 Protesto dos títulos executivos judiciais

O art. 517 do Código de Processo Civil dispõe que a decisão judicial transitada em julgado poderá ser levada a protesto nos termos da lei, depois de transcorrido o prazo para pagamento voluntário previsto no art. 523. Este protesto não é o mesmo protesto ventilado no art. 301 do Código de Processo Civil. Ali, cuida-se de protesto na modalidade

---

[402] A respeito da homologação de decisão estrangeira e da concessão do *exequatur* à carta rogatória, remeta-se para o item 35.8 do capítulo 35 – "Da ordem dos processos e dos procedimentos de competência originária dos tribunais".

[403] A esse propósito, cabe observar que por vezes a autocomposição judicial ou o crédito do auxiliar da justiça, como necessariamente no caso da liquidação por arbitramento, pode ocorrer após a própria formação do título executivo judicial, até mesmo na fase de cumprimento da sentença, como exemplo, a avaliação de um bem penhorado.

de interpelação processual. Aqui, a hipótese é a de protesto cambial *tout court*. Com efeito, o título executivo judicial é também um título de crédito, pode não ser cambial, pode não ter cartularidade, pode não ser endossável, mas, ainda assim, uma vez que certo, líquido e exigível, é um título de crédito, nesta dimensão, e por isso mesmo protestável como qualquer outro. Observe-se que a certeza decorre da clareza e da precisão de que a sentença se reveste necessariamente para ser válida. A liquidez, quando preciso, é fruto da antefase procedimental da liquidação de sentença e a exigibilidade decorre da ultimação do termo previsto no art. 523 do Código de Processo Civil.

Na definição legal, o protesto cambial é o ato formal e solene pelo qual se prova a inadimplência e o descumprimento de obrigação originada em títulos e outros documentos de dívida.[404] No caso de sentença transitada em julgado, porém, não é o protesto que prova a inadimplência e o descumprimento da condenação, ou por outra: não há necessidade de protesto cartorial para que se insira o devedor em mora. A consequência prática deste protesto notarial de título executivo judicial é dar publicidade maior à situação jurídica criada pela sentença condenatória transitada em julgado, de modo a criar mais um fator coercitivo contra o devedor, dadas as consequências práticas do protesto notarial.

Para isto, basta observar que a circunstância jurídica de ser devedor no título executivo judicial cria menos obstáculos no dia a dia que normalmente ser obrigado em título protestado. Demais disso, tratando-se o devedor de empresa ou de empresário, além de trazer sérias restrições ao crédito, o protesto servirá também para aparelhar requerimento de falência.

Anote-se que muito embora o *caput* do art. 517 do CPC mencione que a decisão judicial transitada em julgado possa ser objeto de protesto, na verdade, só a sentença de condenação em quantia certa poderá ser protestada notarialmente. Isto porque: a) o art. 517 do Código remete ao prazo de 15 dias previsto no art. 523, que limita a hipótese, deste prazo, à sentença de condenação em quantia certa; b) o art. 1º da Lei nº 9.492/71 define o protesto como ato probatório de dívida.

Curioso é o tratamento dado pelo Código à sentença que reconheça a exigibilidade da obrigação de prestar alimentos, porquanto o §1º do art. 528 é mandatório quando determina ao juízo, nas hipóteses ali previstas, o protesto da sentença condenatória de alimentos.

O documento levado a protesto não é a sentença, mas uma certidão da sentença extraída dos autos. Tal certidão é requerida ao escrivão ou ao chefe de secretaria e não ao juiz. É ato da serventia e não ato jurisdicional. Dela deve constar, além do previsto no §2º do art. 517, cópia da própria sentença exequenda, a menção da intimação exigida pelo art. 523 do Código e a certidão do transcurso do prazo sem que o devedor haja cumprido a sentença.

Obviamente, mesmo transitada em julgado, enquanto a fase de cumprimento da sentença estiver em andamento, não haverá possiblidade do protesto. Em outras palavras: o que pode ser levado a protesto é a sentença condenatória em quantia certa não cumprida cuja possibilidade de impugnação esteja extinta, seja pela preclusão consumativa decorrente do esgotamento dos recursos possíveis, seja pela preclusão temporal pelo

---

[404] Art. 1º da Lei nº 9.492/71.

não exercício dos atos processuais de impugnação e das faculdades recursais. Tanto isto é fato que o §3º do art. 517 do CPC possibilita que o executado que tiver proposto ação rescisória visando à desconstituição da coisa julgada material decorrente da sentença em cumprimento poderá requerer averbação da propositura da rescisória à margem da lavratura do protesto. Particularmente, vamos mais longe, pensamos que o protestado poderá valer-se do contraprotesto, tal como previsto na legislação pertinente.

Cumprida a obrigação perante o cartório de protesto e comprovado perante o juízo seu cumprimento, o protesto será cancelado, no prazo máximo de 3 dias, se assim o requerer o interessado. Parece-nos, aqui, que o Código quis garantir presteza no cancelamento do protesto àquele que se apressa em adimplir a obrigação protestada e não obtém de imediato o cancelamento da anotação, porquanto, a consequência do pagamento da dívida já é por si só o cancelamento do protesto, sem que haja necessidade de requerimento ao juízo.

36.6 Cumprimento provisório da sentença de pagar quantia certa ou de dar coisa e da sentença que reconheça obrigação de fazer ou de não fazer

Mantendo a tradição do nosso direito processual, o Código de Processo Civil atual permite o cumprimento provisório de sentença que reconheça a exigibilidade de obrigação de pagar quantia certa, de obrigação de fazer e de não fazer. Cumprimento provisório de sentença é aquele permitido com relação à sentença ainda não transitada em julgado, isto é, sob a qual penda recurso capaz de anulá-la ou de reformá-la. Todavia, não é qualquer sentença que o Código sujeita, ainda que facultativamente, ao cumprimento provisório, mas apenas aquelas sobre as quais penda recurso sem efeito suspensivo. Portanto, estão fora do alcance do cumprimento provisório: a) as sentenças pendentes de recursos aos quais o Código atribua efeito suspensivo, como de regra a apelação; b) aquelas sentenças sobre as quais pendam recursos que foram admitidos sem o efeito suspensivo, mas aos quais tal efeito pode ser atribuído, como algumas espécies de agravo.[405]

A execução provisória de sentença, historicamente, tem natureza excepcional, se de um lado é claro que o imediato cumprimento da decisão abrevia o processo, por outro leva reconhecidamente a uma insegurança jurídica no mínimo desnecessária.

O tema é controvertido no direito processual. Sabe-se como já foi visto que a sentença nasce dotada de sua própria eficácia e, portanto, em tese estaria desde logo apta a gerar efeitos. Entretanto, também se sabe que a sentença é ato jurídico processual sob condição, para uns, resolutiva, para outros, suspensiva, mas ainda assim o que se lhe suspende pela interposição de recurso com tal efeito é tão somente sua eficácia. Concorde-se, contudo, que mesmo antes da interposição de um recurso, mas durante o prazo previsto para sua interposição, a sentença pelo simples fato de estar-lhe sujeita é ato ainda ineficaz e a interposição do recurso apenas prolonga esta ineficácia que cessaria se não se interpusesse o recurso.[406]

---

[405] Confira-se neste tema à exaustão o disposto nos arts. 995 e parágrafo único, 1.012, 1.019, I, e 1.029, todos do Código de Processo Civil.
[406] MOREIRA, José Carlos Barbosa. *Comentários ao Código de Processo Civil*. Rio de Janeiro: Forense, 1973. v. 5. p. 257.

Por isso mesmo que, timidamente, o Código de Processo Civil atual avançou muito pouco na questão, na medida em que o *caput* do art. 520 só permite a execução provisória de sentença que não esteja pendente de recurso com efeito suspensivo, isto é, na sistemática processual brasileira só se cumpre provisoriamente sentença cuja eficácia não esteja suspensa pela pendência de recurso.

Seguindo nessa linha bastante reduzida, o Código adverte severamente o exequente provisório de que: a) corre por sua iniciativa e responsabilidade as consequências do cumprimento provisório, ficando o exequente obrigado a reparar os danos que o executado haja sofrido se a sentença for reformada; b) sobrevindo decisão que modifique ou anule a sentença, as partes retornarão ao estado anterior e a liquidação de eventuais prejuízos far-se-á nos mesmos autos; c) havendo modificação ou anulação parcial da sentença apenas nesta parte ficará sem efeito o cumprimento provisório; d) o levantamento de depósito em dinheiro e a prática de atos que importem transferência de posse ou alienação de propriedade ou de outro direito real ou dos quais possa resultar grave dano ao executado dependem de caução suficiente e idônea, arbitrada de plano pelo juiz e prestada nos próprios autos.

Ante tantas ressalvas inibitórias, cabe comentar que a responsabilidade do exequente em reparar os danos que o executado haja sofrido, como tal previsto no inc. I do art. 520 do Código, terá lugar também se a sentença for anulada, embora o inciso se refira apenas à reforma. Se o recurso sob o qual pende a sentença for provido, modificando-a ou anulando-a, as partes reverterão ao *statuo quo ante* e liquidar-se-ão os prejuízos nos mesmos autos. Os prejuízos referidos aqui, previstos no inc. II do art. 520 do Código, devem ser entendidos como os danos a serem reparados previstos no inc. I. Obviamente, havendo modificação ou anulação parcial da sentença em cumprimento provisório, somente nesta parte, ficará sem efeito a execução. Tal regra, prevista no inc. III do art. 520, nada mais é do que uma aplicação incisiva no processo civil do princípio geral do direito de que a nulidade de parte não contamina o todo.

Destaque-se o previsto no inc. IV do art. 520 que, a nosso ver com precária técnica legislativa, fala do levantamento de caução sem que a ela tenha antes se referido. De toda sorte, cabe salientar que do disposto no referido inciso se depreende que a prática de atos que importem em transferência de posse, de alienação de propriedade ou de outro direito real dependerão de caução suficiente e idônea. A primeira observação é que os exemplos transcritos no dispositivo são meramente exemplificativos. Outra observação é que o arbitramento é feito de plano pelo juiz, isto é, não se trata de arbitramento efetuado por perito. Trata-se de decisão interlocutória incidente no cumprimento de sentença, ainda que provisória e, como tal, agravável. Suficiente juridicamente significa de valor tanto quanto baste para fazer frente ao bem ou à situação jurídica caucionada. O adjetivo *idôneo* aqui está no sentido de capaz ou apto.

O procedimento do cumprimento provisório da sentença prevê a possibilidade de o executado apresentar impugnação. Esta impugnação tanto poderá versar sobre o próprio processamento, isto é, sobre a possibilidade de cumprimento provisório da sentença naquele caso específico, como também poderá versar sobre as chamadas questões de fundo, como: excesso de execução, desconformidade com a coisa julgada formal etc.

A multa e os honorários advocatícios previstos no cumprimento definitivo (art. 523, §1º) também são devidos no cumprimento provisório, observando-se para tanto o mesmo procedimento (§§1º, 2º e 3º do art. 523, e §§1º, 2º, 3º, 4º e 5º do art. 524). Contudo, se o executado espontaneamente comparece e efetua o depósito do valor devido, somente para fim de livrar-se da multa, este ato não será havido como incompatível com o recurso por ele interposto, isto é, não haverá preclusão lógica, repare-se, entretanto, que o livramento é apenas da multa, porquanto os honorários serão devidos desde que haja sucumbência.

Ponto importantíssimo é o que diz respeito aos efeitos jurídicos extraprocessuais decorrentes do cumprimento provisório da sentença, visto que anulada ou reformada esta, ressalvada estará a estabilidade jurídica da transferência de posse ou da alienação de propriedade ou de outro direito real eventualmente já realizada, resolvendo-se a lesão em perdas e danos, muito provavelmente, já garantidos pela caução exigida no inc. IV do art. 520.[407]

Atente-se ao fato de que, embora a norma do §4º do art. 520 pareça inócua ante a caução exigida no inc. IV do art. 523, faz todo o sentido quando se percebe que nos termos dos incs. I, II e III do art. 521 a caução poderá ser dispensada nos casos em que: a) o crédito for de natureza alimentar, qualquer que seja sua origem; b) o credor demonstrar necessidade; c) pender o agravo fundado nos incs. II e III do art. 1.042.

Crédito alimentar de qualquer natureza significa não apenas aquele proveniente de ação de alimentos,[408] mas proveniente de toda e qualquer situação jurídica da qual decorra obrigação de natureza alimentar, como: vencimentos de servidor público, proventos de aposentados, indenização por responsabilidade civil por perda de função laborativa etc.

Credor em estado de necessidade certamente será aquele que, não sendo credor alimentar, esteja litigando sob os auspícios da gratuidade de justiça por ter sido considerado juridicamente necessitado e aqueles que, ostentando ou não tal condição, dependendo das peculiaridades do caso, não tenham meios de prestar a caução exigida.

Hipótese de dispensa de caução também é a decisão *lato sensu* sob cumprimento provisório pender de agravo fundado nos incs. I e II do art. 1.042 do CPC. Trata-se de agravo contra decisão que inadmitiu recurso sob o fundamento de que este se baseava em acórdão-paradigma ao qual foi negada repercussão geral pelo Supremo Tribunal Federal, ou agravo contra decisão que denegou seguimento a recurso extraordinário ou a recurso especial sob a alegação de que o acórdão recorrido, portanto, a decisão exequenda (a sentença sob cumprimento provisório), está de acordo com a jurisprudência do Tribunal Superior.

A dinâmica é a seguinte: a) o inc. II do art. 1.042 do CPC possibilita agravo contra decisão que inadmitir recurso especial ou recurso extraordinário com base no inc. I do art. 1.040 do CPC; b) o inc. I do art. 1.040 do CPC diz que o presidente do tribunal *a quo* negará seguimento aos recursos especiais ou extraordinários sobrestados, se o acórdão recorrido, no caso, o exequendo, coincidir com a orientação do tribunal superior; c) assim, sendo o acórdão executado provisoriamente objeto de recurso especial ou recurso extraordinário sobrestados e depois inadmitidos pela decisão de ausência de repercussão geral no acórdão-paradigma, se desta decisão houver agravo, não haverá necessidade de caução para cumprimento provisório do acórdão.

---

[407] É a mesma solução adotada para a salvaguarda dos atos jurídicos efetuados após o trânsito em julgado da sentença quando esta vem a ser desconstituída pela ação rescisória. A esse propósito veja-se o item 34.10 do capítulo 34.

[408] Nesse sentido, *vide* §8º do art. 528 do Código de Processo Civil.

No mesmo diapasão é a dinâmica estabelecida no inc. III do art. 1.042 do CPC: a) o inc. III do art. 1.042 do CPC permite agravo contra decisão do presidente do tribunal *a quo* que inadmitir recurso especial ou recurso extraordinário com base no art. 1.035, §8º do CPC (versar o recurso sobre matéria idêntica a acórdão a que se negou repercussão geral em recurso extraordinário), ou no parágrafo único do art. 1.039 do CPC (negada repercussão geral no recurso extraordinário afetado, todos os recursos sobrestados serão inadmitidos); b) assim, se o acórdão exequendo provisoriamente estiver sobrestado e da decisão de sobrestamento houver agravo (com fulcro no §7º do art. 1.042 do CPC) e, posteriormente, for negada existência de repercussão geral no recurso extraordinário afetado e o acórdão exequendo for, por esta razão, inadmitido, e, ainda, desta decisão for interposto outro agravo, agora com base no art. 1.042, III, do CPC neste caso a execução provisória do acórdão independerá de caução.

Por último, a caução poderá ser dispensada quando a decisão a ser provisoriamente cumprida estiver em conformidade com acórdão proferido no julgamento de casos repetitivos.

Como se vê, em todos esses casos de dispensa de caução quis o legislador privilegiar o acórdão cujo recurso especial ou recurso extraordinário foram inadmitidos, assim como os acórdãos proferidos em conformidade com a jurisprudência predominante dos tribunais superiores.

Observe-se que o *caput* do art. 521 do CPC diz que a caução poderá ser dispensada. Trata-se, pois, de uma possibilidade, mas não de uma decisão que fique ao livre, ainda que prudente, arbítrio do juiz, porquanto o limite desta possibilidade é a regra contida no parágrafo único do art. 521 do CPC que não admite a liberação da caução quando da dispensa possa resultar manifesto risco de grave dano de difícil reparação.

No quesito competência não há novidade, eis que, como é intuitivo, o cumprimento provisório terá como juízo competente o mesmo que o será para o cumprimento definitivo, obedecendo-se aos mesmos critérios de fixação de competência.

O cumprimento provisório da sentença faz-se por petição de requerimento acompanhada das cópias: a) da decisão exequenda; b) da certidão de interposição do recurso não dotado de efeito suspensivo; c) das procurações outorgadas pelas partes; d) da decisão de habilitação, quando for o caso (substituição de partes); e) facultativamente, outras peças processuais consideradas necessárias para demonstrar a existência do título.

A autenticidade atribuída ao advogado pelo grau de seu ofício dispensa, na prática, a necessidade de expedição de carta de sentença, cuja característica fundamental é a autenticação pela serventia judiciária. Logicamente, tendo havido liquidação provisória (art. 512 do CPC), esta também instruirá o requerimento. Obviamente, a determinação contida no art. 522 do CPC não se aplica se os autos forem eletrônicos.

36.7 Cumprimento definitivo da sentença de pagar quantia certa

Havendo sentença que acolha pretensão condenatória em dinheiro, sendo esta líquida ou, se ilíquida, após a subfase de liquidação de sentença, tratando-se, portanto, de título executivo judicial líquido, certo e exigível, é chegado o momento de dar-lhe cumprimento definitivo na forma disciplinada nos arts. 523 e seguintes do Código de Processo Civil. Mas não só a sentença que esteja perfeitamente liquidada. Às vezes, a sentença apresenta uma parte líquida e uma parte ilíquida. Outras vezes, após pronunciamento do sucumbente ou mesmo após a ocorrência da impugnação, pode ser que parte do montante pretendido seja incontroverso. Em todos esses casos, quais sejam: a) sentença totalmente líquida de valor incontroverso; b) sentença parcialmente líquida de valor parcialmente incontroverso; c) sentença totalmente líquida de valor em parte incontroverso, dar-se-á o cumprimento definitivo da sentença que reconhece a exigibilidade de obrigação de pagar quantia certa. O que deve ficar claro é que o fundamental para o cumprimento definitivo deste tipo de sentença é que haja uma quantia certa, isto é, incontroversa e indiscutível, ainda que a certeza se refira apenas à parte de todo o montante em tese executável.

Embora o cumprimento da sentença na nova metodologia adotada pelo Código não mais se consubstancie em processo de execução por título executivo judicial como antes e, sim, numa fase do processo, aplica-se igualmente o princípio do *nemo procedat iura ex officio* previsto no art. 2º do Código, o que significa que a parte interessada terá que requerer o cumprimento definitivo da sentença. Repare-se que o art. 523 fala em requerimento do exequente para que se instaure a instância da fase de cumprimento. Não obstante, o Código disse menos do que queria e precisava dizer, pois que, não só o exequente é interessado para requerer o início da fase de cumprimento definitivo da sentença. Também o executado tem legitimidade e interesse para instaurar o procedimento. Isso porque não se pode retirar do sucumbente a prerrogativa de livrar-se o mais rápido possível da obrigação imposta pela sentença exequenda, até porque cumprir o julgado espontaneamente, evitando seu cumprimento forçado, é, por excelência, expressão típica do princípio da lealdade processual.

A disciplina desta matéria encontra-se no art. 526 do CPC, pelo qual pode o réu, antes de intimado para o cumprimento da sentença, comparecer em juízo e oferecer em pagamento o valor que entender devido, apresentando memória de cálculo. O autor será ouvido no prazo de 5 dias, podendo impugnar o valor oferecido sem prejuízo de levantar a parcela incontroversa. Caso a impugnação autoral proceda, o juiz incluirá sobre a diferença devida a multa e os honorários previstos no §1º do art. 523 do CPC. Se o autor concordar com o valor oferecido, o juiz declarará satisfeita a obrigação e extinguirá o processo.

Todavia, o requerimento do exequente exigido pelo Código tem outras implicações processuais, pois, como vimos anteriormente, este requerimento embora não seja uma obrigatoriedade é um ônus processual do exequente na medida em que, não requerendo o início da execução até o prazo de um ano do trânsito em julgado, se o executado também não o fizer, incidirá a carga prevista no §4º do art. 513 do CPC, qual seja a intimação não mais poderá ser feita na pessoa do advogado do executado, porém, apenas na pessoa do devedor. Mas não só isso, também há a possiblidade prevista no art. 517 do CPC de levar a protesto o título executivo judicial. É efeito colateral do requerimento do exequente, porquanto este só poderá protestar a decisão transitada em julgado após o prazo de 15 dias da intimação do executado, prazo este que só iniciará a partir do requerimento do exequente. Portanto, havendo requerimento do exequente, o executado será intimado para pagar o débito no prazo de 15 dias, acrescido das custas caso existam.

Obviamente o requerimento para o cumprimento definitivo será instrumentalizado por petição, a qual, além dos requisitos previstos no art. 319 e parágrafos do CPC, requisitos da petição inicial, conterá: a) o nome completo, vale dizer, a qualificação atual do executado, o número de sua inscrição no Cadastro de Pessoas Físicas ou no Cadastro Nacional da Pessoa Jurídica, tanto do exequente quanto do executado; b) o índice de correção monetária adotado; c) os juros aplicados e as respectivas taxas; d) o termo inicial e o termo final dos juros e da correção monetária utilizados; e) a periodicidade da capitalização dos juros, se for o caso; a especificação dos eventuais descontos realizados, também se for o caso; f) a indicação dos bens passíveis de penhora, sempre que possível. Na verdade, e como dispõe o art. 524, à exceção da alínea "a" e da alínea "f" acima, os demais requisitos não constarão da petição de requerimento de cumprimento definitivo da sentença, porém, de planilha demonstrativa de cálculos que necessária e obrigatoriamente acompanhará e fará parte complementar e inseparável, para todos os efeitos processuais, da petição de requerimento.

Estranhamente, prevê o Código no §1º do art. 524 que se o demonstrativo aparentemente exceder os limites da condenação, a execução será iniciada pelo valor pretendido, mas a penhora terá por base a importância que o juiz entender adequada. Parece-nos que esta regra é uma mitigação do princípio da inércia da jurisdição uma vez que se continua exigindo a iniciativa da parte, porém, confere-se ao juízo a possiblidade *ex officio* de, por aparência, reduzir o valor pretendido na execução com relação à penhora. Não nos parece que este dispositivo vingará na prática. Isto porque é intuitivo que, diante de tal hipótese, já por si só canhestra, o mais prudente é que o juízo exija esclarecimentos ou mesmo que o requerente emende a petição ou a planilha apresentadas. Demais disto, salta aos olhos que ante o assoberbado volume de trabalho do poder judiciário, dificilmente terá vez de ofício a mitigação prevista no §1º do art. 524 do CPC. Tanto isto é fato que, tratando do mesmo tema, o §2º do art. 524 do CPC, logo a seguir, faculta ao juiz que na dúvida, dúvida esta que é aparente, nos termos do §1º, possa valer-se do contador judicial que no recomendativo prazo de 30 dias, exceto se outro lhe for determinado, procederá ao acerto dos cálculos.

Intimado o executado, caso proceda ao pagamento voluntário no prazo previsto, encerrada estará a fase do cumprimento da sentença mediante decisão extintiva a ser proferida pelo juízo. Não o fazendo o executado, *ex vi lege* o débito será acrescido de multa de 10%, além de honorários advocatícios no mesmo percentual. Evidentemente que a multa tem um caráter compelidor e visa a estimular o devedor a imediatamente quitar o débito desencorajando, por assim dizer, atitudes ou outros atos processuais meramente protelatórios. Também os honorários advocatícios têm esta finalidade. Cabe observar que os honorários de advogados previstos no §1º do art. 523 do CPC não se confundem com os honorários sucumbenciais previstos no art. 85 do CPC. A dinâmica é a seguinte: a) na sentença os honorários sucumbenciais do art. 85 do CPC já foram previstos e integram o *quantum debeatur*; b) havendo pagamento espontâneo por iniciativa do executado ou pagamento forçado, porém, no prazo de 15 dias da intimação, o débito a ser quitado é aquele constante da sentença na qual já se incluem os honorários do art. 85 do CPC; c) entretanto, não cumprindo o executado o pagamento espontaneamente ou no prazo de 15 dias após a intimação, aquele *quantum debeatur* constante da sentença, o qual já inclui os honorários do art. 85 do CPC, a título de multa, sofrerá um acréscimo de 10% e sobre estes 10% incidirá um novo percentual a ser fixado pelo juízo, conforme as regras do art. 85 do CPC, de honorários advocatícios.

Observe-se, porém, que tais compelimentos só incidem sobre a pessoa do executado, entendido este como o réu na fase de cognição e não sobre quaisquer outros garantidores ou responsáveis patrimoniais pela execução, porquanto até este momento tais garantidores não foram sequer intimados para cumprir a decisão e, por conseguinte, não podem sofrer penalidades pelo descumprimento do garantido, pois uma coisa é a obrigação, outra é a penalidade pelo seu descumprimento. Obviamente, em qualquer caso, efetuado o pagamento de parte da dívida a multa e os honorários incidirão apenas sobre o restante.

Caso seja necessário para elaboração do demonstrativo contábil o conhecimento de dados em poder de terceiros ou do próprio executado, o juiz requisitá-los-á sob cominação de crime de desobediência. O vocábulo *dados* apresenta-se no sentido de documentos. Tal simplificação é bem-vinda, pois desburocratizou a solução do Código anterior que era a instauração do incidente processual de exposição de documentos em poder de terceiros. Todavia, a simplificação procedimental não é suficiente para evitar os percalços causados pela necessidade de obtenção de documentos em poder de terceiros, porquanto, ainda que não haja procedimentalmente o incidente, não está afastada a etapa prévia da comprovação da necessidade do documento que, claro, prescindirá do respectivo contraditório. Outra característica neste tema é a necessidade do requerimento do exequente prevista no §4º do art. 524 do CPC, embora, em nosso sentir possa o juiz fazê-lo *ex officio* em nome do zelo e da celeridade processual.

No mesmo sentido é a solução adotada pelo Código caso o documento necessário para a elaboração dos cálculos esteja em poder do próprio executado. A diferença é que neste caso há prazo de 30 dias e pena processual pelo descumprimento da ordem de apresentar o documento, qual seja, reputar-se corretos os cálculos apresentados pelo exequente apenas com base nos dados de que dispõe. Aqui cabe uma advertência: corretos não significam completos, caso contrário, a subtração dolosa dos dados poderá favorecer ao executado. Portanto, se ao depois os cálculos puderem ser complementados, a execução prosseguirá enquanto não for extinta.

Transcorrido o prazo previsto no art. 523 do CPC, isto é, 15 dias após a intimação do devedor, com ou sem penhora, o executado, sem necessidade de nova intimação, poderá, se quiser, apresentar impugnação ao cumprimento da sentença que reconheça a exigibilidade da obrigação de pagar quantia certa.

A observação aqui é que para impugnar não há a necessidade de garantia do juízo. A impugnação ao cumprimento da sentença está ligada ao direito de defesa garantido constitucionalmente. Nesta perspectiva exigir garantia do juízo para permitir a impugnação ao cumprimento de sentença seria, no mínimo, obstáculo processual de constitucionalidade discutível. Outra observação é que a circunstância da não exigência da penhora para a impugnação, por outro lado, também não a impede. São procedimentos que podem correr em paralelo.[409]

36.8 Cumprimento de sentença condenatória de prestar alimentos

Como se extrai do disposto no §8º do art. 528 do Código de Processo Civil, trata-se, na verdade, de procedimento especial para o cumprimento de sentença que reconheça a exigibilidade da obrigação de prestar alimentos, haja vista que o exequente

---

[409] A impugnação contra esta e as demais modalidades de cumprimento de sentença será objeto de estudo próprio e conjunto do capítulo 37.

poderá optar pelo procedimento comum de cumprimento de sentença que reconheça a exigibilidade de obrigação de pagar quantia certa, previsto nos arts. 523 e seguintes do Código se assim lhe convier.

Entretanto, o procedimento especial de cumprimento de sentença que reconheça a exigibilidade de obrigação de prestar alimentos poderá ser escolhido tanto pelo credor da ação especial de alimentos[410] como pelo credor de sentença proferida em ação de indenização por responsabilidade civil,[411] em que eventualmente poderá estar constituída por sentença relação jurídica que estabeleça o dever jurídico de prestar alimentos.

Particularmente, não vemos com bons olhos esta solução, porquanto, entendemos que o dever jurídico de prestar alimentos que decorra da lei pelas relações sanguíneas de parentesco ou pelas relações de coabitação têm natureza diversa daqueles outros que decorrem do dever *lato do neminen laedare* ou de culpa aquiliana, sendo que só o descumprimento das primeiras, em nosso sentir, pode ensejar o crime de abandono e a prisão civil. Melhor seria, nessa ótica, que o Código reservasse o procedimento especial de cumprimento de sentença que reconheça a exigibilidade de prestar alimentos apenas para as hipóteses de cumprimento das sentenças proferidas em ação de alimentos.

Para parte da doutrina produzida já sob a égide do Código atual, este procedimento especial só poderá ser empregado para a execução das três prestações imediatamente anteriores ao requerimento e das que vencerem no curso do processo. Para as anteriores só será possível o procedimento comum de cumprimento de sentença que reconheça a exigibilidade de pagar quantia certa previsto no art. 523 e seguintes do CPC, pois as prestações anteriores aos três últimos meses já terão perdido o caráter alimentar e serão meramente indenizatórias.[412]

Não é bem assim: a menção do §8º do art. 528 às três últimas prestações é tão somente para o efeito de prisão civil, pois só estas a justificam. Do mesmo modo, pagas estas três últimas e as que se tiverem vencido no curso do processo, impõe-se o livramento do executado, embora a execução prossiga com relação à diferença.[413]

A dicção do *caput* do art. 528 do CPC permite perceber que: a) o procedimento especial se aplica tanto ao cumprimento de sentença que reconheça a exigibilidade de obrigação de prestar alimentos, oriunda da ação de alimentos prevista na Lei nº 5.478/68, como também da sentença decorrente de ação indenizatória por responsabilidade civil; b) o procedimento especial será o mesmo para o cumprimento definitivo duma ou doutra sentença, como também para o cumprimento provisório, seja este da decisão da fixação dos alimentos provisórios previstos no art. 4º da Lei de Alimentos, seja este decorrente da fixação judicial em medida urgente baixada em ação de responsabilidade civil; c) em qualquer dessas hipóteses, o procedimento especial só se instaura mediante iniciativa do credor, isto é, por requerimento deste; d) o devedor é intimado pessoalmente para pagar no prazo de 3 dias, provar que pagou ou justificar a impossibilidade de fazê-lo.

Do mesmo modo que a resistência da pretensão interfere na disciplina da tutela jurisdicional cognitiva, assim, também, as circunstâncias da insatisfação da pretensão

---

[410] Lei nº 5.478/68.
[411] Arts. 948, 949, 950 e 951 do Código Civil.
[412] CÂMARA, Alexandre Freitas. *O novo processo civil brasileiro*. 2. ed. São Paulo: Atlas, 2016. p. 386.
[413] *Vide* Súmula nº 309 do STJ.

acolhida repercutem na tutela satisfativa.[414] A peculiaridade está precisamente na alínea "d" acima, porquanto, diferentemente do procedimento padrão para o cumprimento de sentença que reconheça a exigibilidade de pagar quantia certa, aqui o executado é intimado para pagar, dizer que pagou ou justificar porque não o fez e não pode fazê-lo. Em suma: o executado é intimado não só para satisfazer, porém, para satisfazer ou para dar uma satisfação. Outra minúcia deste procedimento especial é a que diz respeito ao prazo eis que o prazo do executado é de somente 3 dias e não de 15, como no procedimento comum de cumprimento de sentença que reconheça a exigibilidade de pagar quantia certa.

Destarte, intimado, o executado só poderá responder para dizer que pagou ou que não pode pagar. Entretanto, as consequências do não pagamento sem justificativa plausível também caracterizam a especialidade do procedimento. Nesse sentido, repare-se que o §2º do art. 528 do CPC não deixa dúvida quando diz que somente a comprovação do fato que gere a impossibilidade absoluta de pagar justificará o inadimplemento. Portanto, o fato alegado terá que ser de tal ordem e gravidade que imponha impossibilidade absoluta do pagamento e terá que ser provado já no próprio momento da alegação, por conseguinte, essa prova necessariamente terá que ser documental e estar pré-constituída. Nada impede, porém, que havendo indícios suficientes da veracidade do alegado o juiz excepcionalmente dilate o prazo ou mesmo designe audiência para justificativa.

A consequência do não pagamento desacompanhado da prova de sua impossibilidade, nos termos do §1º do art. 528 do CPC, será o protesto do pronunciamento judicial. Vê-se que aquilo que era mera faculdade da parte no art. 517 do CPC, neste procedimento especial, transforma-se numa ordem da lei, não à parte, mas ao juiz que extrairá mandado de protesto ou ofício requisitando que o notário efetue o protesto da decisão judicial que constituiu a obrigação alimentar.

A dúvida nesse passo é se só a obrigação emanada de sentença alimentar será protestável ou se a decisão de pagar alimentos, ainda que provisórios ou cautelares, não cumprida será também obrigatoriamente protestável. Observe-se que o art. 517 do CPC permite o protesto da decisão transitada em julgado, já o §1º do art. 528 do CPC manda aplicar o art. 517 do CPC no que couber. Nada obstante, parece lógico que pela natureza notarial do protesto de sentença judicial, assim como pela possiblidade de execução provisória de obrigação alimentar, prevista pelo §8º do art. 528 do CPC, que manda aplicar o procedimento do art. 520 do CPC, que este protesto se dá apenas quando se tratar de cumprimento de sentença alimentar já transitada em julgado.

Não ocorrendo o pagamento e independentemente do protesto, o juiz decretará a prisão do devedor pelo prazo de 1 (um) a 3 (três) meses. Trata-se de prisão civil cujo escopo é o de compelir e não o de punir o devedor de alimentos. A prisão será cumprida em regime fechado, porém o devedor, por força de lei, terá que ficar separado dos presos comuns, o que significa tratar-se de um tipo de prisão especial, nos termos do previsto nos §§3º e 4º do art. 528 do CPC. Como se disse, a prisão não é para punir e sim para compelir, portanto, o cumprimento da pena não exime o executado do pagamento das prestações vencidas e vincendas, mas, como é óbvio, o pagamento da dívida impõe a imediata soltura do devedor, nos termos dos §§5º e 6º do art. 528 do CPC.

---

[414] NEVES, Celso. *Comentários ao Código de Processo Civil*. 2. ed. Rio de Janeiro: Forense, 1977. v. VII. p. 199.

A prisão civil pelo não pagamento de alimentos é de aceitação discutível na doutrina. Há quem a considere violação dos princípios fundamentais do direito e um absurdo do ponto de vista econômico, posto que a personalidade humana não pode ser o *corpus vilis* sobre o qual seja lícito fazer o *experimentum*, pois tendo razão e dignidade de fins, não pode ser reduzido à condição de simples meio.[415] Por outro lado, a experiência forense demonstra que a prisão é o único meio eficaz de fazer com que grande número de devedores alimentares cumpra suas obrigações. Contudo, mesmo considerando seu caráter compelidor em detrimento do aspecto sancionador, a prisão civil revela-se uma triste reminiscência aos tempos em que o corpo do devedor respondia pela dívida, o que só cessou com a lei *Paetelia papilia*. É uma exceção ao princípio de que a responsabilidade pela dívida é patrimonial. Demais disto, a experiência também nos mostra que no mais das vezes a satisfação do crédito alimentar nestes casos se faz à custa do esforço de terceiros, a fim de que o devedor seja libertado.[416]

Disto decorre que a prisão não é corretiva nem punitiva e, sim, meio coercitivo e excepcional. Portanto, só deve ser decretada em último caso e naquelas hipóteses em que o executado, podendo, não cumpre sua obrigação. Todavia, somente a obrigação de alimentos oriunda de relação de consanguinidade, isto é, família e não a obrigação alimentar oriunda de ação de responsabilidade civil permite este drástico meio coercitivo.[417]

O código permite o cumprimento provisório da sentença que reconheça a exigibilidade de prestar alimentos. Caso o exequente opte pelo cumprimento provisório, terá que adotar o procedimento comum do cumprimento provisório de sentença que reconheça a exigibilidade de pagar quantia certa, previsto nos arts. 520 e seguintes do CPC, com a peculiaridade de que, nos termos do inc. I do art. 521 do CPC, não haverá necessidade de caução para a execução provisória. Outra característica que especializa este procedimento é a questão da competência, pois além de todas aquelas hipóteses previstas no parágrafo único do art. 516 do CPC, poderá o exequente também optar pelo foro de seu domicílio.

No que diz respeito à execução provisória de alimentos, entretanto, existe uma aparente contradição entre o disposto no §8º do art. 528 do CPC e o previsto no art. 531 do CPC, na medida em que o primeiro dispositivo permite ao exequente credor de alimentos promover o cumprimento de sentença ou decisão, desde logo, pelo procedimento padrão do cumprimento provisório de sentença que reconheça a exigibilidade de pagar quantia certa, arts. 520 a 522 do CPC; ao passo que o art. 531 do CPC diz que o procedimento especial para cumprimento de sentença que reconheça a exigibilidade de obrigação de prestar alimentos aplica-se aos alimentos provisórios.

A contradição, no entanto, é apenas aparente, porquanto os alimentos podem ser provisórios (art. 4º da Lei nº 5.748/68), mas a execução dos alimentos provisórios é definitiva, presente a circunstância de que alimentos consumidos não se devolvem. Demais disto, o art. 531 do CPC, de fato, está consignando, isto sim, que todas as técnicas

---

[415] CASTRO, Amilcar de. *Comentários ao Código de Processo Civil*. São Paulo: Revista dos Tribunais, 1973. v. VIII. p. 147.
[416] CAHALIA, Yussef Said. *Dos alimentos*. 5. ed. São Paulo: Revista dos Tribunais, 2007. p. 742.
[417] Arts. 1.566, III, e 1.094 do Código Civil.

executivas, como prisão civil, desconto em folha, desconto em renda, expropriação, são aplicáveis a quaisquer tipos de alimentos, provisórios ou definitivos.[418]

O art. 529 do CPC, repetindo a máxima já consagrada no direito pátrio, estabelece a possibilidade de a execução operar-se por desconto em folha quando o executado for funcionário público, militar, diretor ou gerente de empresa ou empregado sujeito à legislação do trabalho. Embora o dispositivo não traga qualquer dúvida eis que prática já consolidada na militância forense, a redação é péssima. Do jeito como disposto no artigo, parece que militar não é funcionário público, assim como que possa haver empregado não sujeito à legislação do trabalho. De toda sorte, os §§1º e 2º do art. 529 do CPC estabelecem os requisitos que deverão conter a decisão e o ofício à autoridade, à empresa ou ao empregador responsável pelo desconto. A observação é que o Código deixou claro que o não atendimento ao requisitado caracterizará crime de desobediência.

Digno de nota é o disposto no §3º do art. 528 do CPC, que prevê que sem prejuízo do pagamento dos alimentos vincendos, o débito objeto de execução poderá ser descontado dos rendimentos ou renda do executado, de forma parcelada, desde que, somada a parcela executada à parcela de competência, não se ultrapasse 50% dos ganhos líquidos do devedor. Como se vê, nem mesmo o salário, os vencimentos ou os proventos ou os honorários estão livres de penhora no caso de cumprimento de sentença que reconheça a exigibilidade de prestar alimentos. A novidade, contudo, reside na possibilidade do parcelamento da dívida exequenda em parcelas mensais descontadas em folha no pagamento do devedor, com a ressalva de que a soma da parcela referente à amortização do *quantum debeatur* com a parcela dos alimentos vencida no mês em curso não poderá ultrapassar 50% dos ganhos líquidos do executado. Atente-se que o Código não estabelece esta regra como uma possiblidade ou um favor legal deferido ao devedor, porém, como uma alternativa à disposição do juízo para a satisfação do crédito alimentar exequendo.

Obviamente, transpostas todas estas etapas e persistindo o inadimplemento do executado, observar-se-á o disposto no art. 831 e seguintes do CPC, isto é, terá vez a penhora e os consequentes demais atos expropriatórios.[419]

Finalmente nesse tema, chama atenção o rigor com que o Código tratou o devedor de alimentos, na medida em que o art. 532 do CPC estabelece que a conduta procrastinatória do executado ensejará a provocação do Ministério Público para a verificação do crime de abandono material. Particularmente, pensamos que este dispositivo precisa ser entendido e interpretado *cum granus salis*, porquanto, como já dissemos anteriormente, vemos com preocupação a possível equiparação do que se possa entender por procrastinação processual com o crime de abandono material, na medida em que a fronteira da ampla defesa é a litigância de má-fé. Destarte, pensamos que, para ensejar a atitude prevista no art. 532 do CPC, a conduta procrastinatória do executado terá que estar caracterizada como litigância de má-fé, cujas características encontram-se no art. 80 do Código.

---

[418] MARINONI, Luiz Guilherme *et al*. *Novo Código de Processo Civil comentado*. São Paulo: Revista dos Tribunais, 2015. p. 563.

[419] Sobre a penhora e demais atos expropriatórios e de constrição patrimonial, cuidaremos quando tratarmos da execução por título extrajudicial no capítulo 39.

No art. 533 do CPC há possiblidade da constituição de capital cuja renda assegure o pagamento do valor mensal de pensão quando a prestação alimentar decorra de sentença que condene na indenização por ato ilícito,[420] o que evidentemente não se enquadra nas hipóteses de ação de alimentos previstas na Lei nº 5.748/68. A constituição de renda poderá ser substituída pela inclusão do exequente em folha de pagamento de pessoa jurídica de notória capacidade econômica, podendo também ser substituída por fiança bancária ou garantia real.[421] Em qualquer hipótese, nesses casos estará sempre presente a cláusula *rebus sic stantibus*. Entretanto, o Código no §3º do art. 532 permite a revisão da prestação alimentar sem exigir ação própria, podendo efetivar-se por requerimento nos próprios autos. Por derradeiro, como já de costume em nosso direito, as restrições de indexação ao salário mínimo previstas na legislação em geral e na própria Constituição não se aplicam às prestações alimentícias.

36.9 Cumprimento de sentença condenatória de pagar quantia certa contra a Fazenda Pública

O cumprimento de sentença que condene ao pagamento de quantia certa por parte da Fazenda Pública submete-se ao procedimento especialíssimo previsto nos arts. 534 e 535 do Código de Processo Civil. Isto porque, se por um lado à Fazenda Pública se impõe o mandamento constitucional do princípio da legalidade orçamentária, previsto no art. 167 da Constituição Federal; por outro lado, milita em seu favor a impenhorabilidade legal dos bens públicos, o que, a toda evidência, justifica o regime especial de satisfação do credor do erário. Por isso mesmo que, à Fazenda Pública, não se aplicam os meios satisfatórios normais postos à disposição do exequente, como: a) a expropriação e a alienação de bens do devedor e b) a adjudicação desses bens pelo credor.

A rigor, embora o arcabouço jurídico pátrio, constitucional e processual, garanta ao credor fazendário a satisfação de seu crédito, não se pode afirmar que tecnicamente exista um verdadeiro cumprimento de sentença de pagar quantia certa forçado contra a Fazenda Pública, devendo o pagamento submeter-se à sistemática do precatório ou requisição de pequeno valor (RPV), conforme o montante e, por essa razão, a sentença condenatória contra a Fazenda é despida de força coercitiva justamente porque os bens são impenhoráveis.[422]

O art. 100 e seus parágrafos da Constituição Federal preveem o pagamento dos débitos fazendários jurisdicionais mediante a expedição de precatório ou de requisição de pequeno valor conforme o montante.

Pelo art. 535 do CPC, a Fazenda será intimada, diferentemente dos demais executados, não para pagar ou dizer porque não o fez, porém para, querendo, opor impugnação ao cumprimento da sentença no prazo de 30 dias.

O início do procedimento se dá igualmente e necessariamente por requerimento do credor formulado em petição dirigida ao juízo do cumprimento da sentença,

---

[420] Quanto à constituição de renda, há certa controvérsia na doutrina, eis que alguns defendem que não se trata de matéria afeita ao cumprimento da sentença, antes disto de matéria da própria sentença, cf. MIRANDA, Francisco Cavalcanti Pontes de. *Comentários ao Código de Processo Civil*. Rio de Janeiro: Forense, 1973.

[421] O disposto no *caput* do art. 533 do CPC não se aplica à Fazenda Pública, mas tão somente seu §2º.

[422] CUNHA, Leonardo José Carneiro de. *Fazenda Pública em juízo*. São Paulo: Dialética, 2005. p. 208.

acompanhado de demonstrativo discriminado e atualizado do crédito, o qual deverá conter: a) o nome completo, o CPF ou CNPJ do exequente; b) o índice de correção monetária adotado; c) os juros aplicados e a respectiva taxa; d) o termo inicial e o termo final dos juros e da correção monetária utilizados; e) a periodicidade da capitalização do juros, se for o caso; f) a especificação dos eventuais descontos obrigatórios realizados.

É muito comum a ocorrência de litisconsórcio facultativo contra Fazenda Pública, por isso o §1º do art. 534 do CPC estabelece que, havendo pluralidade de exequentes, cada um deverá apresentar seu próprio demonstrativo, haja vista que cada litisconsorte será o titular de um precatório e de uma requisição de pequeno valor específicos e referentes ao seu crédito.

Também por razões óbvias, como se vê do §2º do art. 534 do CPC, a multa prevista no §1º do art. 523 do CPC, qual seja a de 10% sobre o débito, não se aplica à Fazenda Pública, já que o prazo nele previsto cujo o desatendimento dá azo à multa também não se impõe à Fazenda Pública. Ao revés, o art. 535 do CPC que se segue determina que a Fazenda Pública seja intimada na pessoa de seu representante judicial,[423] por carga, remessa ou meio eletrônico, para, querendo, no prazo de 30 dias e nos próprios autos, impugnar o cumprimento da sentença, podendo arguir as matérias elencadas nos incs. I a VI do *caput* com os esclarecimentos postos nos §§1º e 2º do art. 535 do CPC.

Prevê o §3º do art. 535 do CPC que não impugnada a execução ou rejeitadas as arguições da executada, isto é, julgada improcedente a impugnação e transitada em julgado esta decisão: a) será expedido pelo presidente do tribunal precatório em favor do exequente, observando-se o disposto na Constituição Federal; b) o juiz da execução determinará à respectiva autoridade fazendária o pagamento de obrigação de pequeno valor, o qual deverá ser realizado no prazo de até dois meses contado da entrega da requisição mediante depósito na agência de banco oficial da residência do exequente. Sendo parcial a impugnação, o que significa que parte do valor cobrado é incontroverso, esta parte será desde logo executada nos moldes acima.

O precatório surge no direito brasileiro com a Constituição de 1934. Antes de sua instituição a obtenção de pagamento de crédito em face da Fazenda Pública ficava subordinada ao bel prazer do administrador e a muito esforço e conhecimento político do interessado.[424]

Cumpre observar que a sistemática prevista no art. 100 da Constituição Federal, pagamento de condenações pecuniárias mediante precatório ou requisição de pequeno valor, aplica-se também aos créditos de natureza alimentícia. Todavia, o pré-citado preceito constitucional estabelece ordem diferenciada de modo a privilegiar os precatórios alimentícios. O §1º do art. 100 da Constituição Federal define que os débitos de natureza alimentícia compreendem aqueles decorrentes de salários, vencimentos, proventos, pensões e suas complementações, benefícios previdenciários e indenizações por morte ou invalidez, fundadas em responsabilidade civil, em virtude de sentença judicial transitada em julgado. Existem, pois, duas ordens de precatórios e de requisições de pequeno valor, uma de natureza não alimentar e outra de natureza alimentar. Uma

---

[423] Sobre representante judicial da Fazenda Pública, veja-se art. 75, incs. I, II, III e IV, do Código de Processo Civil.
[424] ARAÚJO, Paulo Sergio Cavalcanti. Precatórios na Justiça Estadual de Pernambuco. *Revista de Direito*, Recife, v. 17, set. 2000.

e outra ordem precisam ser cronologicamente observadas sob pena de sequestro de dinheiro público para tal finalidade.

O §3º do art. 100 da Constituição Federal excepciona a regra de que toda condenação pecuniária da Fazenda Pública seja paga por precatório, eis que o previsto no *caput* do dispositivo não se aplica aos pagamentos de obrigações definidas em lei como de pequeno valor que as Fazendas referidas devam fazer em virtude de sentença judicial transitada em julgado. São as chamadas requisições de pequeno valor. Contudo, dispõe o §4º que os valores podem ser distintos para as entidades de direito público segundo as diferentes capacidades econômicas, desde que o valor mínimo seja igual ao valor do maior benefício do regime geral de previdência social.

Chama-se atenção para a circunstância que a atividade do presidente do tribunal no precatório não é jurisdicional, porém administrativa, e esta é mais uma razão pela qual se entende inexistir tecnicamente execução forçada contra a Fazenda Pública. Com efeito, a atividade jurisdicional do juízo do cumprimento da sentença se exaure com a expedição do precatório, tudo o mais se processa em nível administrativo. Aí surge uma questão curiosa: imagine-se que a Fazenda Pública divirja do montante cobrado no precatório ou na requisição de pequeno valor e haja por bem questionar o valor. Nesse caso, extrapolam-se os aspectos administrativos da requisição do precatório ou da RPV, porquanto haverá a autoridade judiciária de decidir se o questionamento levantado pela Fazenda Pública procede ou não. Tais questões serão resolvidas não pelo presidente do tribunal numa atividade administrativa, antes, porém, pelo próprio juízo que expediu o precatório numa atividade jurisdicional propriamente dita.

36.10 Cumprimento de sentença condenatória de obrigação de fazer e de não fazer

As obrigações de fazer e de não fazer têm por objeto uma atividade ou uma abstenção do devedor cujo cumprimento depende necessariamente de sua vontade. Isto nos traz duas consequências processuais: a) a obrigação e abstenção voluntária do devedor é insubstituível; e b) o emprego da força contra sua pessoa repugna ao bom senso jurídico e ofende o princípio da dignidade humana previsto no inc. II do art. 1º da Constituição Federal. Contudo, o interesse do credor é na verdade o resultado prático daquela atividade ou abstenção e este resultado prático ou algum que lhe seja equivalente também pode ser produzido por outras medidas ou mesmo por terceiros.

A matéria encontra-se disciplinada nos arts. 536 e 537 do Código de Processo Civil. Assim é que o art. 536 do CPC estabelece que, no cumprimento de sentença que reconheça exigibilidade de obrigação de fazer e de não fazer, o juiz poderá de ofício ou a requerimento da parte, para efetivação da tutela específica ou obtenção de tutela pelo resultado prático equivalente, determinar as medidas necessárias à satisfação do exequente. Já o §1º do respectivo dispositivo diz que para cumpri-lo adequadamente, isto é, para assegurar o cumprimento da obrigação de fazer ou de não fazer exigida pela sentença, o juiz poderá determinar, entre outras medidas, a imposição de multa, a busca e apreensão de pessoas e coisas, o desfazimento de obras e o impedimento de atividade nociva, podendo, caso necessário, requisitar o auxílio de força policial. O art. 537 do CPC estabelece que a multa independe de requerimento da parte, podendo ser aplicada de ofício, na fase de conhecimento, em tutela provisória ou na sentença, ou na fase de execução, desde que seja suficiente e compatível com a obrigação e que se determine prazo razoável para o cumprimento do preceito.

Trocando em miúdos, tudo isto significa que o ideário da lei é que a jurisdição se faça e se cumpra da melhor maneira possível, isto é, que cada jurisdicionado que invoque a tutela jurisdicional receba aquilo e exatamente aquilo que a reparação da lesão exige.[425] Para que isto efetivamente ocorra é absolutamente necessário que nos casos de sentença que reconheça a exigibilidade de fazer ou não fazer a efetivação da tutela seja específica ou que se obtenha resultado prático equivalente àquele exigido pela sentença. Em outras palavras: que se faça ou que se deixe de fazer aquilo e precisamente aquilo que a sentença condenou que fosse feito ou que se abstivesse de ser feito.

Por tutela específica entenda-se a constituição ou a desconstituição de uma situação ou relação jurídica que atenda aos objetivos do direito material ou condenação a fazer o que estará o réu sucumbente obrigado, sempre visando, porém, à obtenção do resultado prático a que tinha o credor expectativa justa, ainda que se valha a jurisdição de atividades substitutivas.[426]

Entretanto, mormente nas chamadas obrigações personalíssimas, mas não só nestas, por vezes torna-se impossível a concretização daquela tutela específica compatível com a pretensão deduzida em juízo e acolhida pela sentença. Quando isso ocorre, seja pela impossibilidade física de seu cumprimento, seja pela recalcitrância do devedor em cumprir o determinado na sentença, o Código determina que o juízo se valha dos meios suasórios pertinentes para a efetivação específica da tutela ou, em último caso, não sendo esta possível, para a obtenção de resultado prático que lhe seja equivalente.

A instrumentalidade posta pela lei à disposição da jurisdição nesse mister vai da imposição de multa pecuniária ao impedimento de atividade nociva, passando pela busca e apreensão, remoção de pessoas e coisas e o desfazimento de obras, sempre que necessário com a utilização de força policial. Tanto se trata de instrumentalidade à disposição da jurisdição e não de potestatividade conferida à parte exequente que o art. 537 do CPC prevê aplicação da multa independentemente de requerimento da parte.

Particularmente, entendemos que não só a multa, mas à guisa de poder cautelar genérico, todas as medidas assecuratórias previstas no §1º do art. 536 do CPC podem ser tomadas *ex officio*. Nesse sentido ainda, o §1º do art. 537 do CPC prevê que o juiz de ofício ou a requerimento poderá modificar o valor ou a periodicidade da multa vincenda ou mesmo excluí-la, desde que verifique que ela se tornou insuficiente ou excessiva ou que a obrigação foi parcialmente cumprida. Embora se trate de instrumento posto à disposição da jurisdição, a multa será devida ao exequente e a decisão que a fixa é passível de cumprimento provisório. Porém, nesse caso, terá que ser depositada em juízo, só se autorizando seu levantamento após o trânsito em julgado de sentença favorável ou na pendência de agravo fundado nos incs. I e II do art. 1.042 do CPC.

Do ponto de vista estritamente processual, é notório que nesta modalidade de cumprimento de sentença a colaboração do devedor assume maior relevância,

---

[425] Confira-se nesse tema Giuseppe Chiovenda: "Na medida do praticamente possível, o processo deve proporcionar a quem tem um direito aquilo e precisamente aquilo que ele tem o direito de obter" (CHIOVENDA, Giuseppe. Dell azione nascente dal contrato preliminare. In: CHIOVENDA, Giuseppe. *Saggi di diritto processuale civile*. 2. ed. Roma: Foro It, 1930).

[426] DINAMARCO, Cândido Rangel. *Novo Código de Processo Civil*. São Paulo: Malheiros, 1995. p. 153.

diversamente do que possa ocorrer nas demais formas de obrigação, isto porque os meios de sub-rogação têm um alcance menor, o que necessariamente induz que os meios de coerção precisem ter mais imperatividade.[427] A necessidade de colaboração do devedor para atingir a prestação específica justifica e legitima o meio drástico de coerção, sendo normalmente utilizadas as chamadas *astreintes*, as quais não visam a punir, porém a compelir coercitivamente o devedor a adimplir a obrigação de fazer para qual fora condenado judicialmente.

Chama-se *astreinte* a condenação pecuniária proferida em razão de período, dia ou qualquer outra unidade de tempo ou circunstâncias, destinada a obter do devedor o cumprimento da obrigação de fazer pela ameaça de uma pena suscetível de aumentar indefinidamente.[428] Caracteriza-se a *astreinte* pelo exagero da quantia em que se faz a condenação, que não corresponde ao prejuízo real causado ao credor pelo inadimplemento, nem depende de tal prejuízo. É antes disto uma pena com caráter cominatório para o caso sucumbente não cumprir a obrigação no prazo fixado pelo juiz.[429]

Cabe ainda ressaltar que o §4º do art. 537 do CPC fixa o balizamento temporal da incidência da multa, a qual será devida desde o dia em que se configurar o descumprimento da decisão, o qual se caracteriza pelo prazo nela concedido ou inexistindo este pelo primeiro dia útil após a intimação para seu cumprimento e incidirá enquanto não for cumprida a ordem judicial.

Vale também sublinhar o disposto no §5º, do art. 537, do CPC, de que toda a disciplina prevista para o cumprimento de sentença que reconheça a exigibilidade da obrigação de fazer ou de não fazer se aplica também à sentença que reconheça deveres de fazer e de não fazer de natureza obrigacional.

Constata-se nitidamente neste capítulo que o Código optou confessadamente pela moderna tendência processual de fazer cumprir as condenações judiciais pelo viés da injunção em detrimento do viés da condenação. Com efeito, a moderna processualística vem abandonando o dogma secular de que as obrigações de fazer e de não fazer, como de resto os deveres jurídicos de um modo geral, quando descumpridos, resolvem-se em perdas e danos. Esse entendimento tão em voga no passado resultou naquilo que se denominou de meia jurisdição ou de jurisdição incompleta. Pouco a pouco, essa tendência se alterou; de início, com as chamadas sentenças substitutivas das obrigações de emissão da vontade; ao depois, estendendo-se para todas as obrigações de fazer e de não fazer.

Como era de se esperar nesse contexto, a conversão em perdas e danos perdeu a primazia como solução alternativa, só tendo vez tal expediente quando for absolutamente impossível obter o resultado final por qualquer outro meio, ou, evidentemente, quando o autor fizer tal opção.[430]

Vê-se do capítulo em apreço que o legislador processual brasileiro, seguindo a linha já adotada anteriormente na reforma de 1994, preferiu seguir na trilha da maior coerção possível na busca da tutela específica ou do resultado prático que lhe seja equivalente.[431]

---

[427] FUX, Luiz. *O novo processo de execução*. Rio de Janeiro: Forense, 2008. p. 277.

[428] LIEBMAN, Enrico Tullio. *Processo de execução*. 4. ed. Notas de atualização de Joaquim Munhoz Denelli. São Paulo: Saraiva, 1980.

[429] FERRARA, L. *L'esecuzione procesuale indiretta*. Nápoles: Jovene, 1915. p. 77.

[430] ZAGAGLIA, Waldir. Alterações no Código de Processo Civil – Processo de conhecimento. *Revista de Direito da Procuradoria Geral*, v. 48, 1995. p. 170.

[431] No sistema anglo-saxão encontra-se paralelo no *contempto of court*, que são severas sanções adotadas contra o desrespeito à autoridade judiciária.

A nosso ver, trata-se de feliz opção do legislador brasileiro que, de resto, na prática, já vinha demonstrando sua total adequação aos reclamos da complexidade da vida e do comércio jurídico modernos neste assunto.

36.11 Cumprimento de sentença de entregar coisa

A execução para entrega de coisa ou, como antigamente se denominava, a execução para entrega de coisa devida tem como função a satisfação do credor de coisas devidas, sejam genéricas sejam específicas. Entretanto, os meios coercitivos são diversos daqueles utilizados no cumprimento de sentença condenatória em dinheiro. Praticamente, o problema se resolve procurando a coisa devida no patrimônio do executado: se a coisa é encontrada, deve-se apreendê-la e entregá-la ao exequente; em caso contrário, essa modalidade de cumprimento de sentença será de realização impossível e, por conseguinte, dará lugar à outra modalidade que lhe socorre subsidiariamente, que será a do cumprimento de sentença que reconheça a exigibilidade de pagar quantia certa, porquanto, se impossível a entrega da coisa, a obrigação se resolverá em perdas e danos. Dessa forma, o Código de Processo Civil dedica apenas um artigo à modalidade tão simples e específica de cumprimento de sentença, qual seja, o art. 538 do Código, que por sua vez vem acompanhado de três parágrafos.

Dispõe o *caput* do art. 538 do CPC que, não cumprida a obrigação de entregar coisa no prazo estabelecido na sentença, será expedido mandado de busca e apreensão ou de imissão na posse em favor do credor, conforme se tratar de coisa móvel ou imóvel. O não cumprimento de entregar coisa no prazo estabelecido na sentença caracteriza a exigibilidade da obrigação, o que, por sua vez, autoriza os meios coercitivos postos à disposição da jurisdição. A coisa a ser entregue assim como o prazo para sua entrega deverão estar devidamente individualizados na sentença em cumprimento. Todavia, caso a sentença não estabeleça este prazo, por óbvio, as medidas concretas de satisfação da obrigação necessariamente antecederão o respectivo mandado de intimação, que fará o devedor incidir em mora e caracterizará o inadimplemento. Observe-se, porém, que se o prazo para entrega da coisa constar da sentença, correrá a partir do primeiro dia útil do trânsito em julgado da sentença, aplicando-se aqui o princípio do *dies interpelatt pro homine*. Caso contrário, o devedor terá que ser intimado, na pessoa de seu advogado, para cumprir a obrigação no prazo estipulado no mandado. Se o executado não cumprir a determinação judicial será expedido mandado de busca e apreensão ou de imissão na posse em favor do credor, conforme se tratar de coisa móvel ou imóvel.

A busca e apreensão, é claro, consiste em identificar a coisa móvel onde quer se encontre, isto é, sob a posse e utilização do devedor ou sob posse ou detenção de terceiro e coercitivamente entregá-la ao credor, cumprindo-se assim a obrigação exigida pela sentença.

Já com relação à imissão na posse em favor do credor e se tratando de coisa imóvel, cabe uma advertência: veja-se que o Código usa o termo *imissão*, isto significa que esta modalidade de cumprimento de sentença nada tem que ver com as chamadas ações possessórias ou com os interditos proibitórios, seja porque estas são ações, como veremos no momento próprio, de cunho mandamental e não condenatório, seja porque o Código não se utiliza aqui do vocábulo *reintegração da posse*. Reintegra-se na posse quem dela foi esbulhado, imite-se na posse quem a adquiriu pela cláusula *constituti* em negócio jurídico de alienação de propriedade ou de direito real de uso ou de uso e fruição.

Os §§1º e 2º do art. 538 do CPC em boa hora sepultaram de vez a controvérsia até então existente quanto ao momento do requerimento da indenização por benfeitorias bem como pela necessidade de ajuizamento de reconvenção para sua dedução. Com efeito, o §1º estabelece que a existência de benfeitorias deve ser alegada na fase de conhecimento, em contestação, de forma discriminada e com atribuição, sempre que possível e justificadamente do respectivo valor. Por sua vez, o §2º estabelece que o direito de retenção por benfeitorias deve ser exercido na contestação, na fase de conhecimento.

Algumas observações são necessárias nesse tema: a) embora o Código se refira apenas a benfeitorias, o dispositivo também se aplica, e a nosso ver com maior gravidade, às acessões;[432][433] b) a alegação de existência de benfeitorias e acessões na contestação tem caráter preclusivo, o que se significa que não alegadas *oportune tempore*, preclusa restará a faculdade processual de requerer indenização por tais situações jurídicas; c) o réu na fase de conhecimento poderá apenas alegar a existência de benfeitorias e/ou acessões, porém se for hipótese que justifique direito de retenção, seja pelas benfeitorias necessárias seja pelas acessões, tal direito também deverá ser reclamado na fase de conhecimento, por ocasião da contestação sob pena de preclusão.[434]

Não obstante a exigência da atribuição, sempre que possível e justificadamente, do valor das benfeitorias ou das acessões, pode ocorrer que a sentença as reconheça, porém, não lhes individualize o valor. Nesse caso, terá vez subsidiariamente o procedimento, ainda que incidental na espécie, de liquidação da sentença, mas, curiosamente, liquidação esta que se dará em favor do réu devedor. No mais das vezes, esta liquidação far-se-á por arbitramento, vez que se tratando de obras ou de plantações será necessária sua avaliação e, se houver sido, na fase de conhecimento, arguido e na sentença deferido o direito de retenção, o bem imóvel continuará na posse do executado até que o exequente proceda à sua indenização.

A extinção do procedimento do cumprimento de sentença para entrega de coisa ocorre de três maneiras: a) pela entrega da coisa voluntariamente pelo devedor; b) pelo pagamento do valor em dinheiro, se convertida em modalidade de cumprimento de sentença por quantia certa; e c) se entregue a coisa após apreendida ou se imitido o credor na posse de imóvel.

Finalmente cabe aduzir que todas as disposições estabelecidas para o cumprimento de obrigação de fazer e de não fazer aplicam-se subsidiariamente à disciplina do cumprimento de sentença de entregar coisa, inclusive e principalmente, os meios coercitivos, entre eles as *astreintes* e a possibilidade de obter-se resultado prático equivalente quando isto for possível.

---

[432] O art. 96 do Código Civil diz: "As benfeitorias podem ser voluptuárias, úteis ou necessárias. §1º São voluptuárias as de mero deleite ou recreio, que não aumentam o uso habitual do bem, ainda que o tornem mais agradável ou sejam de elevado valor. §2º São úteis as que aumentam ou facilitam o uso do bem. §3º São necessárias as que têm por fim conservar o bem ou evitar que se deteriore".

[433] O art. 1.248, inc. V, do Código Civil estabelece que a acessão por plantação ou construção é modo peculiar de aquisição da propriedade.

[434] Confira-se nesse tema os itens 20.10, 20.11 e 20.14 do capítulo 20 – "Da resposta do réu. Da contestação e reconvenção", em que se constata a natureza de exceção substancial que o autor confere aos chamados embargos de retenção.

CAPÍTULO 37

DA IMPUGNAÇÃO AO CUMPRIMENTO DA SENTENÇA

37.1 O direito à ampla defesa e a impugnação ao cumprimento da sentença

A Constituição Federal exige como garantia fundamental ao Estado democrático de direito que aos litigantes, em processo judicial ou administrativo, e aos acusados em geral sejam assegurados o contraditório e ampla defesa, com os meios e recursos a ela inerentes.[435] Destarte, este apanágio do constitucionalismo contemporâneo não poderia estar ausente da fase de cumprimento da sentença no Código de Processo Civil, sob pena de comprometer sua própria constitucionalidade.

O Código de 1939 não previa o cumprimento de sentença como uma fase do processo, porém, produzida a sentença válida no processo de conhecimento e não na fase de conhecimento do processo, como se entendia, então, o título executivo gerado pela atividade processual cognitiva, isto é, a sentença transitada em julgado, adquiria, como hoje adquire, o galardão de título executivo judicial e era executado mediante outra ação chamada ação de execução, certamente conexa e consequentemente subsequente à ação que dera vez ao processo de conhecimento, mas ainda assim outra ação, na qual a tutela jurisdicional tinha por escopo a satisfação do credor pela execução do título executivo judicial e não propriamente pelo cumprimento da sentença. Era como se o jurisdicionado fosse a juízo não necessariamente para buscar o que entendia ser o seu direito, mas para obter um título executivo, o qual pudesse executar, para, com o produto desta execução, reparar a lesão sofrida.

O Código de 1973, quando da sua entrada em vigor, embora mitigasse essa crença, na essência, manteve a dicotomia existente, deixando bem claro que processo de conhecimento e processo de execução do título executivo obtido no processo de conhecimento eram processos e, portanto, atividades jurisdicionais distintas.

---

[435] Art. 5º, LV, da Constituição Federal.

A reforma produzida em 1994 amenizou esta dicotomia, inserindo textualmente no Código um cumprimento de sentença que não mais exigia processo de execução por título executivo judicial, sem, contudo, retirar-lhe completamente a autonomia de antes.

O atual Código de Processo Civil pôs as coisas nos seus devidos lugares, de modo que temos um só processo recheado de fases. Uma delas é a fase do cumprimento da sentença ou fase satisfativa ou, ainda fase executória do processo. Independentemente disto, é necessário assegurar também nesta fase defesa ampla ao executado, isto é, aquele contra quem se quer cumprir a sentença.

A disciplina do Código anterior trazia ínsita a ideia de que a jurisdição clássica – aquela que exigia a ampla defesa – estava exaurida com o trânsito em julgado da sentença. Portanto, o processo de execução tratava apenas de realizar a fórmula jurisdicional prescrita na sentença. Daí decorria o sentimento comum de que, se a jurisdição cognitiva estava exaurida, a cognição da pretensão assim como a cognição da resistência à pretensão também estavam e, por conseguinte, a defesa assegurada e exigida pela Constituição Federal já não era tão necessária.

Tanto que o autor deixava de ser autor e passava a ser denominado credor ou exequente e o réu transmudava-se de réu em devedor ou executado. Assim, também, o então executado e não mais réu não era citado para se defender ou para responder à execução judicial, antes, porém, para pagar ou nomear bens à penhora, a fim de garantir o juízo se ousasse se defender.

Como não havia defesa propriamente dita, a maneira permitida pelo Código para o devedor se opor à execução judicial era a garantia do juízo pela penhora e intimado desta poderia opor embargos à execução. Todavia, esses embargos à execução só poderiam ser considerados tecnicamente defesa em sentido bastante lato, pois que se exigia do embargante a garantia do juízo e, mais que isto, na verdade, ele não se defendia, a rigor, os embargos eram outra ação instrumentalizada mediante outro processo, ajuizada pelo executado contra o exequente com a pretensão de anular ou desconstituir, no todo ou em parte, o título executivo judicial, seja atacando sua certeza, sua liquidez ou sua exigibilidade. Por se tratar de ação própria, ainda que assessória, o executado era autor ou embargante e o exequente réu ou embargado, invertendo-se completamente toda a lógica da polaridade processual, com a única vantagem para o executado de que com a oposição dos embargos a execução era suspensa até seu julgamento, porém, militava a favor do exequente a circunstância de que, julgados improcedentes os embargos, a apelação contra a sentença não tinha efeito suspensivo.

Na disciplina do Código de Processo Civil atual, pode-se asseverar que existe tecnicamente defesa assegurada ao executado e isto porque: a) não se exige garantia do juízo para a impugnação, embora sua interposição não impeça a penhora; b) a impugnação não é outra ação, antes disso, exercício de resistência garantido por lei ao executado ante o requerimento de cumprimento da sentença pelo credor.

Nada obstante, e como já se disse antes quando tratamos da sentença, há de se considerar que a partir da sentença é ela o que interessa no processo. Na fase cognitiva o réu pode alegar tudo o que estava ao seu alcance e mesmo algumas matérias puderam ser objetadas de ofício, sem qualquer tipo de constrangimento. Entretanto, no momento do cumprimento da sentença deve-se assegurar ao executado que se defenda, mas é absolutamente lógico, natural e plausível que a amplitude desta defesa tenha balizamento mais estreito. Destarte, cabe repetir que nesta fase não há mais lugar para discutir as razões da decisão em cumprimento. Assim, a possibilidade de impugnação ao cumprimento de sentença ora atacará a regularidade formal do processo ou da própria sentença em cumprimento, ora se voltará contra um eventual excesso na atividade jurisdicional desenvolvida para o cumprimento da sentença.

37.2 Impugnação ao cumprimento provisório de sentença condenatória em pagar quantia certa

O Código prevê o cumprimento provisório de sentença condenatória em pagar quantia certa, por conseguinte, existe também a possibilidade de sua impugnação. À impugnação ao cumprimento provisório aplica-se todo o mecanismo inerente à impugnação ao cumprimento definitivo. A peculiaridade consiste em que, além das matérias oferecidas pelo impugnante no cumprimento definitivo, poderá ele arguir a própria impossibilidade do cumprimento provisório naquele caso especifico, além, é claro, de exigir a prestação de caução ou pugnar pela caução caso o exequente insista na execução provisória.

Destarte, na impugnação ao cumprimento provisório cabem: a) todas as arguições que caberiam na impugnação ao cumprimento definitivo; b) a arguição de não ser possível o cumprimento provisório naquele caso específico; c) as arguições típicas do cumprimento provisório conforme o disposto no inc. IV do art. 520 do CPC; e d) todas as arguições referentes à necessidade, exigência e extensão da caução.

37.3 Impugnação ao cumprimento definitivo de sentença de pagar quantia certa

Intimado nos termos do art. 523 do Código de Processo Civil e não providenciado o pagamento, inicia-se o prazo de 15 dias para que o executado, independentemente de penhora ou nova intimação, apresente sua impugnação. Quatro são as observações pertinentes nesse contexto: a) são dois prazos de 15 dias, um a partir da intimação para que o executado deposite o pagamento, não o fazendo, no décimo sexto dia inicia-se, independentemente de nova intimação, um segundo prazo de 15 dias para o executado apresentar sua impugnação (art. 525 do CPC); b) são dois prazos, porém uma só intimação, pois o segundo prazo de 15 dias se inicia imediatamente após o término do primeiro, não há nova intimação do devedor nem de seu advogado; c) a apresentação da impugnação independe da penhora, mas não a impede; d) a impugnação é oferecida e processada nos mesmos autos do cumprimento da sentença.

Em relação ao prazo, observe-se que, assim como todo prazo para resposta, este também conta a favor do executado, isto é, ele tem até 15 dias para pagar e, se não o fizer, a partir daí 15 dias para impugnar. Porém, nada impede que pague depois de transcorrido o prazo de 15 dias; apenas incidirá, a partir do décimo sexto dia, a multa prevista no §1º do art. 523, além do acréscimo dos honorários advocatícios referentes à fase de cumprimento da sentença.

Do mesmo modo, caso o executado pague parte da dívida, poderá impugnar o cumprimento da sentença pelo restante. Havendo parte incontroversa, o executado deverá fazer seu depósito e impugnar apenas a parte controvertida. Nesse caso, se o depósito se der antes do décimo quinto dia, o prazo para impugnação da parte controvertida inicia-se no primeiro dia útil subsequente ao depósito. É porque, embora tais prazos contem a favor do devedor, o depósito parcial deixa claro que para o devedor existe parte controversa e nessa hipótese opera-se ao mesmo tempo e por um só ato a preclusão consumativa com relação à parte incontroversa e a preclusão temporal com relação à parte controversa, não havendo mais porque se aguardar o termo final do prazo.

Claro também que, contando tais prazos em favor do devedor, nada impede que ele apresente sua impugnação demonstrando inequivocamente a intenção de se opor ao cumprimento da sentença ainda dentro dos 15 dias iniciais.

Nos termos do §1º do art. 525, na impugnação o devedor poderá alegar: i) falta ou nulidade de citação se, na fase de conhecimento, o processo correu à revelia; ii) ilegitimidade de parte; iii) inexequibilidade do título ou inexigibilidade da obrigação; iv) penhora incorreta ou avaliação errônea; v) excesso de execução ou cumulação indevida de execuções; vi) incompetência absoluta ou relativa do juízo do cumprimento da sentença; vii) qualquer causa modificativa ou extintiva da obrigação como pagamento, novação, compensação, transação ou prescrição, desde que superveniente à sentença.

A falta ou nulidade de citação, se na fase de conhecimento o processo correu à revelia do devedor, deve-se ao fato de que a citação é o ato de comunicação processual mais importante, pois através dela se incita o réu a responder à provocação jurisdicional, forma-se a relação jurídica processual e se instaura o *actum trio personarum*. Portanto, mesmo após o trânsito em julgado, mas ainda não completada a atividade jurisdicional porque não satisfeita a pretensão acolhida na fase de conhecimento, é possível livrar-se o réu, já agora executado, do cumprimento da sentença, se alegar e provar a ausência ou a nulidade de citação e se o processo lhe correu à revelia na fase de conhecimento.

Aqui cabe uma explicação: observe-se que o Código não diz: "se foi revel" e, sim, "se o processo lhe correu à revelia". Revel é quem não contesta. Todavia, o réu pode ser revel e nem por isso o processo ou pelo menos todo o processo lhe correr à revelia. Isto porque, mesmo revel porque não contestou, o réu poderá ingressar no processo a qualquer tempo. Nesse caso, continuará sendo revel, mas o processo ou pelo menos nem todo o processo na fase de conhecimento lhe correu à revelia. Diante disso, uma de duas: ou o réu revel arguiu a nulidade ou ausência de citação na primeira vez que falou nos autos e isto agora é matéria vencida ou não arguiu e isto agora é matéria preclusa, eis que num ou noutro caso, decidida na fase de conhecimento. Portanto, pode o executado arguir na impugnação ao cumprimento da sentença falta ou nulidade da citação caso não tenha participado da fase de conhecimento, porque dela sequer tomou conhecimento.

A ilegitimidade de parte obviamente não é aquela condição da ação que poderia ter sido arguida na fase de conhecimento, porém a ilegitimidade de parte referente à fase de cumprimento da sentença. Em princípio, o requerente do cumprimento de sentença há de ser a parte vencedora na fase de conhecimento e, consequentemente, o requerido, a parte sucumbente. Entretanto, presente a possibilidade da substituição processual ou presente a circunstância da responsabilidade patrimonial pela execução, pode ocorrer não haver identidade entre as partes que figuraram na relação jurídica processual na fase de conhecimento e as partes titulares para fase de cumprimento de sentença. É, pois, desta legitimidade que trata o inc. II do art. 525 do Código.

Portanto, se alguém se apresenta como sucessor do vencedor da ação e nessa qualidade exige o cumprimento da sentença, sua ilegitimidade pode ser arguida pelo devedor se alegar que o exequente não é o sucessor da parte vencedora. Do mesmo modo, se o cumprimento da sentença se dirige contra quem não é a parte sucumbente na fase de cognição, poderá esta, em impugnação ao cumprimento de sentença, arguir sua própria ilegitimidade.

A inexequibilidade do título diz respeito a que o cumprimento forçado da sentença se faz em procedimento que visa à execução do título executivo judicial. Entretanto, todo título executivo para ser exequível precisa ser certo, líquido e exigível. Certo significa delimitado no objeto; é o que decorre do requisito da certeza da sentença. Líquido significa delimitado na sua extensão. Exigível significa vencido e não adimplido. Em outras palavras: certo é *o quê*; líquido é *o quanto* e exigível é *o quando*. A impugnação prevista no inc. II do art. 525 do CPC no que diz respeito à inexequibilidade do título está se referindo à arguição de alguma irregularidade com relação a esses três fatores.

Já a inexigibilidade da obrigação, e repare-se que aqui o Código não usa a palavra *título*, porém, *obrigação contida no título*, tem que ver com o conteúdo do título judicial e não com a sua forma ou seu contorno. *Prima facie*, pode parecer redundância do Código quando se coteja o disposto no inc. III com o inc. VII, ambos do art. 525, porquanto as causas de inexigibilidade da obrigação, aparentemente, confundem-se com as causas modificativas ou extintivas.

Todavia os §§12, 13, 14 e 15, que tratam expressa e especificamente deste assunto, espancam qualquer contradição aparente na medida em que consideram inexigível para efeito do inc. III, além de todas as causas obstativas, a obrigação reconhecida em título executivo judicial fundado em lei ou ato normativo considerado inconstitucional pelo Supremo Tribunal Federal, ou fundado em aplicação ou interpretação da lei ou do ato normativo tido pelo STF como incompatível com a Constituição Federal, em controle de constitucionalidade concentrado ou difuso.

Nesse passo, cabe observar: a) a inexigibilidade pode não decorrer da declaração de inconstitucionalidade, mas da modulação no tempo de seus efeitos, conforme §13; b) a decisão do Supremo Tribunal Federal terá que ser anterior ao trânsito em julgado da decisão exequenda; c) se a decisão for proferida após o trânsito em julgado da decisão exequenda, não poderá o executado impugnar o cumprimento da sentença com base na inexigibilidade da obrigação, mas poderá ajuizar ação rescisória cujo prazo decadencial de 2 anos será contado neste caso do trânsito em julgado da decisão proferida pelo Supremo Tribunal Federal e não da decisão rescindenda.[436]

A penhora incorreta ou a avaliação errônea obviamente dizem respeito à impugnação no caso de ter havido penhora e avaliação do bem penhorado. Aqui, na verdade, a impugnação não é necessariamente ao cumprimento da sentença propriamente dito, mas aos atos executórios, também tidos como atos de constrição patrimonial, entre os quais se insere a penhora.

Penhora é uma afetação, isto é, uma separação processual de bem do patrimônio do devedor visando à garantia do juízo e por consequência a garantia do próprio crédito. Incorreção na penhora diz respeito a vícios no procedimento de sua efetivação ou ainda na penhora de bem impenhorável, isto é, bem que não pode ser afetado para garantir o juízo ou por ser bem impenhorável ou por não ser bem integrante do patrimônio do devedor ou por ser possível o mesmo resultado com a penhora de outro bem de maneira

---

[436] Neste caso, é óbvio, poderá o autor da ação rescisória requerer tutela antecipatória de modo a suspender o cumprimento da sentença.

menos gravosa para o devedor. No mesmo diapasão é a possibilidade de impugnação por avaliação incorreta do bem penhorado. Aqui, não existe vício na penhora nem quanto à forma nem quanto ao seu objeto, a irregularidade está em que a avaliação do bem penhorado é errônea, isto é, o bem foi mal avaliado, no mais das vezes, porque subestimou-se o seu valor acarretando excesso de penhora.

Excesso de execução é arguição típica da impugnação ao cumprimento de sentença sempre que a impugnação for parcial, porquanto, na ótica do devedor a execução será excessiva justamente na parte controversa. Em outras palavras: excesso de execução haverá sempre que no cumprimento da sentença se desrespeitarem os limites objetivos da coisa julgada. Nada obstante, o que foi objeto de controvérsia e de decisão na prévia subfase de liquidação de sentença não poderá ser rediscutido na impugnação sob o pretexto de excesso de execução, mas poderá ser objeto de impugnação a eventual desadequação entre o resultado da liquidação e a extensão do objeto do cumprimento de sentença.

Arguição de incompetência absoluta ou relativa da execução chega a ser redundante, uma vez que bastaria ao Código prever como matéria arguível apenas a incompetência que já abrangeria as duas modalidades. Aqui, parece-nos que o Código quis se isentar da polêmica sobre a existência de competência relativa para o cumprimento de sentença, conforme faculdade expressa no art. 516, a cujo propósito já nos referimos anteriormente. De toda sorte, a arguição da incompetência do juízo para o cumprimento da sentença, seja absoluta seja relativa, como se queira entender, far-se-á sempre em sede, isto é, na mesma peça de interposição da impugnação, o que significa que ainda que se trate de defesa preliminar, portanto processual, que ataca pressuposto de validade do processo, só mediante impugnação pode ser arguida no cumprimento da sentença.

Outra observação pertinente é que a incompetência passível de ser arguida nesta fase é aquela competência prevista para o cumprimento da sentença ou de outro título judicial, disciplinada no art. 516, I, II e III e parágrafo único, e não a competência que eventualmente tenha se prorrogado na fase de conhecimento. Assim, se a fixação da competência se deu equivocadamente na fase de conhecimento, é esta a competência que segue como válida para a fase do cumprimento.

Apesar disto, pensamos que numa única hipótese existe exceção para que se argua a incompetência absoluta da fase de conhecimento por ocasião da fase de cumprimento de sentença. Imagine-se por exemplo, que a sentença em cumprimento tenha sido proferida por juízo absolutamente incompetente em razão da matéria, como tal tenha transitado em julgado e já se tenha expirado o prazo decadencial para propositura da ação rescisória. Excepcionalmente, nesta hipótese e desde que esta matéria não tenha sido apreciada na fase de conhecimento, poderá o devedor arguir a incompetência absoluta do juízo da fase de cognição, pois, não faz o menor sentido e contraria toda lógica processual que um juízo de Vara de Fazenda Pública execute uma sentença para qual era incompetente em razão da matéria, como exemplo, no caso de família ou vice-versa.

O inc. VII possibilita ao impugnante que apresente como defesa qualquer causa modificativa ou extintiva da obrigação, como: pagamento, compensação, transação ou prescrição, desde que superveniente à sentença. Cabe ao réu na contestação alegar os fatos extintivos ou modificativos do direito do autor, mas o art. 373, II, do CPC está se referindo aos fatos alegados pelo autor como constitutivos do seu direito. Já o inc. VII do art. 525 do CPC está se referindo à própria obrigação e não ao fato de onde decorre a obrigação. Isto porque o devedor, no cumprimento da sentença, não deve mais o que exsurge do fato constitutivo do direito. Agora, ele deve aquilo que a sentença reconhece. Portanto, o fato extintivo ou modificativo oponível na impugnação será referente à obrigação criada pela sentença e terá que ter ocorrido após a sua prolatação. Até porque, se anterior à sentença, ou bem foi arguido e rechaçado ou bem não foi arguido, e, numa ou noutra hipótese, sua arguição encontra-se preclusa. Em outras palavras: no cumprimento da sentença o dever jurídico exigido do executado não é mais aquele que decorre do fato constitutivo do direito do autor. Este dever jurídico agora decorre da condenação posta na sentença. Portanto, a causa modificativa ou extintiva da obrigação tem que ser causa modificativa ou extintiva que surge com a sentença e não que deu causa à sentença. Por exemplo, a prescrição aqui aludida não é a da pretensão deduzida na fase de conhecimento, porém a prescrição da pretensão ao cumprimento da sentença.

Nesse tema deve ser observado que o Código não mencionou, ao lado do fato extintivo e do fato modificativo, o fato obstativo. A razão é a seguinte: para que se possa cumprir a sentença é absolutamente necessário que sobre ela não penda qualquer condição, aliás, o art. 514 estabelece que, quando o juiz decidir relação jurídica sujeita à condição ou a termo, o cumprimento da sentença dependerá de demonstração de que se realizou a condição ou que ocorreu o termo. Assim, enquanto não implementada a condição não se cumpre a sentença. Ora, fato obstativo é uma situação jurídica paralisante dos efeitos da sentença, que, portanto, se enquadra como causa oponível à exigibilidade da obrigação contida no título, vez que a obrigação contida na sentença, que é o título, não será exigível enquanto não superada a objeção do implemento da condição.

Como se depreende, existem três tipos de defesas possíveis em sede de impugnação à sentença de obrigação de pagar quantia certa, a saber: a) aquelas que dizem respeito a vícios da própria atividade jurisdicional desenvolvida para o cumprimento da sentença, isto é, defesas preliminares, quais sejam: vício na citação na fase de conhecimento, ilegitimidade de parte e incompetência na fase de cumprimento; b) defesas que atacam o procedimento do cumprimento da sentença sem contudo impedi-lo ou extingui-lo – seriam defesas prejudiciais, como: penhora incorreta ou avaliação errônea, excesso de execução e cumulação indevida de execução; c) defesas que atacam o próprio mérito do cumprimento da sentença, como: a inexequibilidade do título, inexigibilidade da obrigação e qualquer causa modificativa ou extintiva da obrigação.

As primeiras impedem o desenvolvimento regular da fase processual do cumprimento da sentença e acarretam sua extinção, à exceção da arguição de incompetência relativa que pode ser sanada. As segundas não impedem o prosseguimento do cumprimento da sentença desde que sua correção se dê no próprio procedimento numa atividade sanatória. As terceiras atacam o mérito do cumprimento da sentença, de modo que, se procedente a arguição, a solução será a procedência do procedimento de impugnação com a consequente extinção da fase de cumprimento da sentença.

A seguir o Código estabelece duas regras que seriam absolutamente dispensáveis na medida em que todo procedimento de cumprimento de sentença se vale subsidiariamente da parte geral. Destarte, o disposto no §2º do art. 525 do CPC simplesmente determina na alegação de impedimento ou suspeição feita nesta fase que se apliquem as regras para tanto na parte geral, arts. 146 a 148 do CPC. Do mesmo modo, o §3º do art. 525 do CPC desnecessariamente manda que se aplique regra idêntica à da fase de conhecimento, art. 229 do CPC, no caso de litisconsórcio com procuradores diferentes. Assim, também, os §§4º e 5º do art. 525 do CPC, que exigem, como não poderia deixar de ser pela própria ordem natural das coisas, que quando o executado alegar excesso de execução cumpre-lhe declarar de imediato o valor que entende correto, apresentando demonstrativo contábil de seu cálculo, sob pena, como aduz o §5º que se segue, de ter sua impugnação liminarmente rejeitada, caso o excesso de execução seja o único fundamento, ou se houver outro, a impugnação será processada, mas o juiz não examinará o excesso de execução. Simplificando: alegando excesso de execução, o devedor terá necessariamente que declinar o valor que entende devido e apresentar planilha de cálculos que demonstre discriminadamente como chegou a esse valor, sob pena de esta alegação não ser conhecida pelo juízo.

Vemos com reserva esta exigência, porquanto omissão desta ordem não pode fazer o credor maior que seu crédito, mormente quando for manifesta a discrepância. De mais a mais, não se pode perder de vista o comando contido no §2º do art. 524 do CPC.

Vimos anteriormente que a impugnação independe da penhora, mas não a impede. Temos assim dois caminhos traçados pelo procedimento do cumprimento sentença de pagar quantia certa. Transcorrido *in albis* o prazo inicial de 15 dias conferido ao devedor para pagar, a partir do décimo sexto dia abrem-se dois caminhos, um para o devedor que é o da possibilidade da impugnação ao cumprimento da sentença, outro para o credor que é a continuação do cumprimento da sentença como se impugnação não houvesse. Essas atividades podem desenvolver-se paralela e concomitantemente, isto porque, como já está claro, a impugnação por si só não suspende o cumprimento da sentença.

Todavia, a requerimento do executado e desde que garantido o juízo com penhora, caução ou depósito suficiente, poderá o juiz atribuir efeito suspensivo à impugnação se seus fundamentos forem relevantes e se o prosseguimento da execução for manifestamente suscetível de causar ao executado grave dano de difícil ou incerta reparação. Algumas observações se fazem pertinentes: a) o efeito suspensivo exige requerimento do executado, o que significa que na letra da lei o juiz está impedido de conceder-lhe de ofício; b) o juízo precisa estar garantido seja pela penhora, por caução ou depósito suficiente. Isto significa que o efeito suspensivo só será possível se o credor tiver garantida a satisfação de seu crédito caso a impugnação seja improcedente; c) os fundamentos precisam ser relevantes, por fundamentos, aqui, entendam-se os fundamentos não da impugnação em si, mas do requerimento de atribuição de efeito suspensivo à impugnação; e d) o prosseguimento puder causar grave dano de difícil ou incerta reparação.

Estes requisitos nos termos do §6º do art. 525 são cumulativos, na medida em que é necessário de um lado que o juízo esteja garantido e de outro que o prosseguimento da execução seja manifestamente suscetível de causar ao executado grave dano de difícil ou incerta reparação.

Nesse particular, causa estranheza o disposto no §10 do art. 525 do CPC, que estabelece que, ainda que atribuído efeito suspensivo à impugnação, é lícito ao exequente requerer o prosseguimento da execução, oferecendo e prestando nos próprios autos caução suficiente e idônea sendo arbitrada pelo juiz. Aqui vislumbramos uma contradição em relação ao disposto no §6º, porquanto, se um dos requisitos para que se conceda o efeito suspensivo é a possiblidade de causar ao executado grave dano de difícil ou incerta reparação mesmo já estando o juízo garantido, como poderá haver prosseguimento da execução caucionada pelo credor? Uma de duas: ou há manifesto perigo de dano irreparável e isso justifica o efeito suspensivo ou não há este perigo e não há efeito suspensivo, sendo, ao nosso ver, inócua a regra contida no §10.

Após a impugnação, se outros incidentes relativos à penhora, à avaliação ou a atos executivos subsequentes surgirem, eles devem ser arguidos por simples petição, sempre no prazo preclusivo de 15 dias da data comprovada da ciência ou intimação do ato.

37.4 Impugnação ao cumprimento de sentença condenatória em obrigação de prestar alimentos

Deve-se observar, doravante, que as normas aplicáveis às demais impugnações contra as outras espécies de cumprimento de sentença terão como suporte a aplicação subsidiária das regras de impugnação contra sentença de pagar quantia certa.

Com relação à impugnação contra o cumprimento de sentença de prestar alimentos, contudo, existem peculiaridades *sui generis*. Neste tipo de cumprimento de sentença, como vimos, o devedor é intimado para efetuar o pagamento ou apresentar justificativa da impossibilidade de fazê-lo. Outra peculiaridade também *sui generis* é a possiblidade de prisão do devedor pelo não pagamento das três últimas prestações alimentares vencidas.

Entretanto, também é uma peculiaridade deste tipo de cumprimento de sentença a possiblidade de a sentença ser cumprida de vários modos: a) atos de constrição e alienação de bens do devedor; b) desconto em folha de pagamento; c) inclusão em folha de pagamento; d) constituição de capital.

Ante tais possibilidades do cumprimento de sentença, a impugnação poderá versar, conforme o caso, sobre cada uma delas: a) justificativa da impossibilidade de pagamento; b) todas as defesas que seriam arguíveis na impugnação contra o cumprimento de sentença de pagar quantia certa, sejam preliminares, sejam prejudiciais, sejam de mérito; c) defesa quanto ao desconto em folha de pagamento; d) defesa contra a inclusão em folha de pagamento; e) defesa contra a constituição de capital.

Todavia, existem dois tipos de condenação em prestar alimentos: uma que decorre do dever jurídico de assistência mútua e recíproca que têm os parentes, cônjuges e companheiros entre si, e outro que decorre de condenação em indenização por ato ilícito.

Quando se tratar de impugnação contra cumprimento de sentença que condene em prestar alimentos porque inobservado o dever jurídico parental ou em razão de casamento ou de união estável, deve-se observar dois parâmetros: a) embora a obrigação seja alimentar, a condenação é de pagar quantia certa; b) não obstante isto, embora se trate de condenação de pagar quantia certa, a obrigação é alimentar.

Disto decorrem duas consequências graves para o devedor, quais sejam: a) prisão pelo não pagamento das três últimas prestações vencidas; b) em caso de procrastinação, ciência ao Ministério Público de eventual crime de abandono material.[437]

---

[437] Sobre a possibilidade de crime de abandono material por procrastinação processual, prevista no art. 532 do CPC, já nos referimos no item 36.8 do capítulo 36.

Em caso de prisão, sua revogação poderá ser requerida na impugnação ou em qualquer momento, mediante simples petição. Se o requerimento de revogação da prisão for indeferido ou, imediatamente após sua decretação, pode ser interposto agravo de instrumento, nos termos do parágrafo único do art. 1.015 do CPC, eis que se trata de decisão interlocutória.

Alerte-se, finalmente, neste tópico, que não há impugnação ao cumprimento provisório, porquanto, como já se demonstrou, os alimentos podem ser provisórios, mas sua execução, portanto, sua impugnação, é definitiva.

De mais a mais, presente a cláusula *rebus sic stantibus*, bem como a característica de efeito perdurante deste tipo de sentença, trata-se de sentença que estará sempre em estado de cumprimento, portanto, uma vez interrompido seu cumprimento, retoma-se a fase processual do cumprimento de sentença e, consequentemente, a possiblidade de sua impugnação igualmente pontual.

37.5 Impugnação à sentença condenatória de pagar quantia certa contra a Fazenda Pública

O art. 535 do Código de Processo Civil determina que, no cumprimento de sentença de pagar quantia certa, a Fazenda Pública será intimada para, querendo, no prazo de 30 dias e nos próprios autos, impugnar a execução. O prazo é privilegiado porquanto aos outros devedores nas demais modalidades de impugnação, exceto na sentença condenatória em prestar alimentos, o prazo é de 15 dias. Todavia, não se trata de aplicação do art. 183 do CPC, eis que se trata aqui de norma específica em relação àquela, não obstante, coincidentemente, conceder-se à Fazenda Pública o dobro do prazo para impugnar a execução.

Os incs. I a VI do art. 535 do CPC elencam as matérias que, em tese, podem ser arguidas pela Fazenda Pública na sua impugnação. Sobre tal elenco de possibilidades vale notar as seguintes observações: a) tal qual na impugnação contra sentença condenatória de pagar quantia certa contra devedor particular, o elenco é exemplificativo e não taxativo; b) as matérias são as mesmas, numa e noutra hipótese, à exceção da impugnação referente à regularidade ou ao excesso de penhora, inexistente aqui, presente a circunstância de que não há penhora ou qualquer ato de constrição patrimonial contra a Fazenda Pública.

A partir daí, isto é, não impugnado o cumprimento de sentença ou julgada improcedente a impugnação, segue-se a fase de expedição do precatório ou da requisição de pequeno valor, sobre o que já discorremos anteriormente.[438]

O cumprimento de sentença condenatória de pagar quantia certa contra a Fazenda Pública e consequentemente sua impugnação são na verdade cumprimento e impugnação comuns aos da sentença condenatória de pagar quantia certa com a diferença de que o devedor é a Fazenda Pública. Portanto, somente no que diz respeito a esta peculiaríssima situação, as normas são diversas, em tudo o mais no que não houver de se observar a peculiaridade de ser o devedor a Fazenda Pública, as regras são exatamente as mesmas.

---

[438] *Vide* item 36.9 do capítulo 36.

37.6 Impugnação ao cumprimento de sentença de obrigação de fazer e de não fazer

O §4º do art. 536 do Código de Processo Civil estabelece que no cumprimento de sentença que reconheça a exigibilidade de obrigação de fazer e de não fazer aplica-se, no que couber, a disciplina do art. 525 do CPC que trata do cumprimento de sentença que reconheça a exigibilidade de pagar quantia certa.

A conclusão óbvia é que se trata do mesmo modelo de cumprimento de sentença com a adição dos meios coercitivos próprios destinados a compelir o devedor ao cumprimento ou para que se atinja resultado prático equivalente. Assim, como também parece óbvio, a impugnação ao cumprimento de sentença condenatória em obrigação de fazer e de não fazer obedecerá ao mesmo procedimento da impugnação ao cumprimento de sentença de pagar quantia certa acrescida das matérias de defesa próprias contra cada um dos meios coercitivos ou de atingimento a resultado prático equivalente utilizado em cada caso.

Assim, qualquer meio coercitivo poderá ser impugnado *de per se*, alegando-se sua desnecessidade, sua inadequação ou sua desproporcionalidade.

Deve ficar claro que cada meio coercitivo baixado pelo juízo encerra tecnicamente uma decisão e não um despacho de mero expediente ou muito menos uma sentença. Destarte, a decisão que determina o meio coercitivo é, desde logo, agravável.

37.7 Impugnação ao cumprimento de sentença de entregar coisa

O §3º do art. 538 do Código de Processo Civil diz que se aplicam ao procedimento de cumprimento de sentença de entregar coisa as mesmas disposições aplicáveis ao cumprimento de sentença de obrigação de fazer e de não fazer, que, por sua vez, como vimos, são as mesmas do cumprimento de sentença de pagar quantia certa acrescidas dos meios coercitivos ou de atingimento a resultado prático equivalente. A diferença consiste precisamente nas matérias objeto da impugnação, eis que, somente neste tipo de pretensão, entregar coisa, sobretudo imóvel, é possível a alegação de indenização por benfeitorias e eventualmente a exceção substancial do direito de o devedor reter a coisa em sua posse enquanto não indenizado pelas benfeitorias ou acessões.

Entretanto, o Código deixou expresso nos §§1º e 2º do art. 538 que tanto a pretensão pela indenização quanto o direito de retenção precisam ser alegados na contestação, o que significa que tais matérias não são arguíveis mais por ocasião do cumprimento da sentença. Todavia, se reconhecidos tais direitos na sentença e não observados no seu cumprimento, poderão ser levantados na impugnação.

CAPÍTULO 38

DA EXECUÇÃO

38.1 Execução em geral[439]

O ordenamento jurídico estabelece o regramento da vida social e do chamado comércio jurídico. Quando essas regras jurídicas são desatendidas, o sistema jurídico como um todo se desequilibra, tornando-se necessário reequilibrá-lo de modo a compensar o que foi descompensado, recompor o que foi descomposto e adimplir o que foi inadimplido. Visando a evitar este desequilíbrio, o sistema jurídico prevê sanções com o escopo de advertir para as consequências do inadimplemento e, consumado este, para corrigir seu nefasto efeito no meio social. Assim, a finalidade da sanção civil é reparatória e satisfativa e busca, à custa do responsável, o restabelecimento do direito subjetivo violado. A atividade desenvolvida pelos órgãos judiciários para dar atuação e efetividade à sanção é a execução, por meio do processo e sem o concurso ou independentemente da vontade do obrigado.[440]

Contudo, entre as várias partes da teoria do processo, a que mais tardou a evoluir foi justamente a execução. Nada obstante, a radical aceleração da sociedade de consumo atual deu à execução uma nova dimensão no processo. Isto porque a sociedade de massas exacerbou o crédito de modo que dever hoje não é mais uma pecha, porém, uma condição patrimonial normal, desde que a administração da dívida se comporte nos níveis compatíveis de endividamento, isto é, de adimplência do devedor e da capacidade de garantia de seu patrimônio.[441] Destarte, ocorrida a lesão pelo inadimplemento da obrigação, pré-constituída por vontade das partes, cabe ao processo de execução instrumentalizar a reparação considerando a responsabilidade patrimonial.

---

[439] Embora o Código de Processo Civil atual coloque topograficamente a execução extrajudicial em livro à parte – Livro II – "Do Processo De Execução" e após os Procedimentos Especiais, nos arts. 771 e seguintes, por questões meramente didáticas, preferimos estudá-la logo após tratarmos do cumprimento da sentença, mantendo-nos, assim, fiéis, à dicotomia, aliás, mantida no Código atual, dos títulos executivos judiciais e extrajudiciais.

[440] LIEBMAN, Enrico Tullio. *Processo de execução*. 4. ed. Notas de atualização de Joaquim Munhoz Denelli. São Paulo: Saraiva, 1980. p. 4.

[441] Neste sentido, a moderna concepção de patrimônio incorpora também a noção de débito, como define Caio Mário: "O complexo de relações jurídicas economicamente apreciáveis pertencentes a uma pessoa" (PEREIRA, Caio Mário da Silva. *Instituições de direito civil*. 12. ed. Rio de Janeiro: Forense, 2007. p. 391, na esteira da definição de BEVILÁQUA, Clóvis. *Teoria geral do direito civil*. Rio de Janeiro: Francisco Alves, 1975. p. 210).

Executar ou excutir significa, em última análise, subtrair do patrimônio do devedor ou de outro responsável patrimonial, quando for o caso, tantos bens quantos sejam necessários para a satisfação do crédito do credor. Observe-se, assim, que na execução temos a figura do credor, titular do crédito e beneficiário do título executivo extrajudicial, do devedor, que é o obrigado no título, um título que estabeleça um vínculo entre o credor e devedor, e um responsável patrimonial que pode ou não ser o devedor como tal reconhecido no título. O débito é o dever do obrigado de cumprir a obrigação constante no título. O crédito é o direito de exigir este cumprimento, mas a responsabilidade patrimonial é a destinação dos bens do devedor ou de outro responsável para a garantia da satisfação do crédito.

É por demais aceito na doutrina as figuras do *Schuld* e do *Haftung* criadas na escola alemã para explicar este fenômeno. O que aqui interessa é que esses dois elementos: *Schuld* ativo, credor, e o *Haftung* passivo, devedor, podem aparecer juntos na execução, isto é, no título executivo extrajudicial, ou não. Há débitos sem a correspondente coercitividade executória de satisfazê-los, quer dizer, sem responsabilidade patrimonial correlata, cujo exemplo típico são as obrigações naturais (dívidas de jogo, dívidas prescritas etc.). Do mesmo modo, existe responsabilidade sem débito, como exemplo, o que se dá nos direitos reais de garantia fornecidos por terceiros (hipoteca, penhor, anticrese etc.) ou nos contratos de fiança. Nesses casos, os responsáveis patrimoniais não são os devedores originais.

É bem verdade que a moderna concepção das obrigações procura consubstanciá-las no vínculo jurídico, na chamada *obligatio*, da qual surge a prestação a ser adimplida e a natureza do terceiro garantidor, porque este, no momento em que manifestou sua vontade como garantidor, criou vínculo jurídico obrigacional que atrai para si, sob certas circunstâncias, a responsabilidade patrimonial e, neste sentido, não haveria responsabilidade sem débito.

Todavia, no campo processual e no terreno da execução extrajudicial, pensamos que melhor se adequa a visão tripartite em que se identifica o crédito, o débito e a responsabilidade patrimonial pela execução que, como já se disse, pode ou não ser do devedor.

O Código de Processo Civil disciplina o processo de execução nos arts. 771 e seguintes e, desde o início, no *caput* do art. 771, adverte que as regras dispostas para a execução dos títulos extrajudiciais aplicam-se subsidiariamente e no que couber aos procedimentos especiais de execução e aos atos executivos realizados no procedimento de cumprimento de sentença, bem como aos efeitos de atos ou fatos processuais a que a lei atribuir força executiva.

A aplicação subsidiária expressamente regulada no Código deixa claro que apesar de existir uma parte geral de regra de aplicação subsidiária para todo o restante do Código, inclusive para o próprio processo de execução,[442] no que diga respeito aos atos executivos, seja do cumprimento de sentença, seja das medidas cautelares, a primeira aplicação subsidiária será a do processo de execução. Do mesmo modo, tem ele aplicação subsidiária nas execuções previstas em leis especiais, como exemplo, a execução fiscal, Lei nº 6.830/1980, e a execução hipotecária prevista na Lei nº 5.741/1971.

---

[442] Parágrafo único do art. 771 do CPC.

O processo de execução dispensa a fase cognitiva e talvez por isso o Código atribua ao juiz severos e drásticos poderes instrutórios, como se vê no art. 772, eis que o juiz pode a qualquer tempo: a) ordenar o comparecimento das partes; b) advertir o executado de que seu procedimento constitui ato atentatório à dignidade da justiça; c) determinar que sujeitos indicados pelo exequente forneçam informações em geral relacionadas ao objeto da execução, como documentos e dados que tenham em seu poder assinando-lhes prazo razoável. Tais poderes são absolutamente necessários em nome da efetividade do processo e também porque, como se vê de sua própria natureza, visam a instruir a execução e não tendo esta a fase de cognição, não tem fase instrutória, daí porque ter o Código conferido ao órgão jurisdicional a possibilidade total de instruir o processo de execução quando necessário se fizer.

O art. 774 lista as atitudes atentatórias à dignidade da justiça, a saber: a) fraude à execução; b) oposição maliciosa à execução; c) dificuldade ou embaraço na realização da penhora; d) resistência injustificada às ordens judiciais; e) não indicação ao juízo dos bens sujeitos à penhora e respectivos valores e exibição de prova de sua propriedade ou certidão negativa de ônus, sempre que intimado.

Como sanção pela prática de qualquer destes atos atentatórios à dignidade da justiça no processo de execução, o parágrafo único do art. 774 do CPC prevê a sanção de multa pecuniária em montante não superior ao valor atualizado do débito em execução, a qual será revertida em proveito do exequente, e será exigível nos próprios autos do processo de execução, sem prejuízo de outras sanções de natureza processual ou material.

Destaca-se como ato atentatório à dignidade da justiça no processo de execução a fraude à execução que será tratada no tópico referente à responsabilidade patrimonial. Os demais atos atentatórios à dignidade da justiça previstos no processo de execução significam mais ou menos a mesma coisa na medida em que, por exemplo, resistir injustificadamente às ordens judiciais ou não indicar bens quando intimado, em última análise, nada mais são do que oposições maliciosas à execução com emprego de meios artificiosos e ardis, pois não há diferença entre omitir e mentir. Da mesma forma, dificultar a realização da penhora nada mais é do que criar embaraços para a execução.

Na verdade, nesta parte o Código estabelece o chamado princípio da transparência patrimonial que em certa medida é o princípio da boa-fé processual aplicado ao processo de execução. Pelo princípio da transparência patrimonial, compete ao executado disponibilizar as informações a respeito de todo seu patrimônio disponível.[443]

38.2 Partes

Partes na execução são obviamente o credor e o devedor como tal identificados no título executivo da obrigação inadimplida. Por isso mesmo, o Código de Processo Civil no art. 778 e seus parágrafos diz que podem promover a execução ou nela prosseguir, se já proposta, independentemente de consentimento do executado: a) o credor a quem a lei confere o título executivo; b) o Ministério Público nos casos previstos em lei; c) o espólio, os herdeiros ou os sucessores do credor, sempre que por morte deste lhes for

---

[443] MARINONI, Luiz Guilherme *et al*. *Novo Código de Processo Civil comentado*. São Paulo: Revista dos Tribunais, 2015. p. 738.

transmitido o direito resultante do título executivo; d) o cessionário quando o direito do título lhe for transferido por ato intervivos; e) o sub-rogado nos casos de sub-rogação legal ou convencional.

O natural legitimado ativo para promover ou prosseguir na execução forçada é o credor como tal constante do título executivo. Deve se ter em mente que a execução não é ação de cobrança, portanto, não basta ser credor numa relação jurídica de direito subjetivo cuja prestação contraída esteja inadimplida, é necessário ser credor munido de um título executivo extrajudicial.

Nada obstante, como o que se executa é o título executivo extrajudicial, alterando-se sua titularidade ou a titularidade do direito nele consubstanciado, altera-se consequentemente a titularidade da relação jurídica processual. Destarte, subsequentes titulares do crédito representado no título podem tomar o lugar do credor original. São eles: o espólio, os herdeiros ou sucessores no caso de sucessão *causa mortis*, o cessionário na sucessão intervivos ou o sub-rogado nas hipóteses de sub-rogação legal ou convencional.

Falecendo o credor do título, abre-se por óbvio a sucessão. Ocorrendo este falecimento ao curso da execução ou antes de sua propositura, o exequente será o espólio. Encerrado o inventário sem que se tenha extinto a execução, esta prosseguirá tendo como exequente aquele herdeiro ou herdeiros a quem por partilha ou adjudicação houver sido dado em pagamento o crédito. Caso tenha havido testamento cujo crédito exequendo tenha sido objeto de legado a um sucessor específico, herdeiro ou não, este prosseguirá na execução como titular do crédito exequendo.

Por vezes ocorre que o título executivo extrajudicial é constituído em vida do credor e por ato intervivos cedido a outrem, que é denominado de cessionário. Neste caso, munido da respectiva prova da cessão e, repita-se, para este efeito independentemente do consentimento do devedor, embora no título figure o credor originário, a execução será proposta pelo cessionário do crédito exequendo.

A terceira modalidade de transferência de titularidade do crédito exequendo se assemelha à cessão, mas com ela não se confunde. A sub-rogação é modalidade anômala de extinção de obrigação em que um terceiro por previsão, obrigação ou faculdade legal ou convencional paga dívida ao credor originário e em razão disto se sub-roga, quer dizer, se substitui, na qualidade de credor. Nessas hipóteses, caso tenhamos um título executivo cujo credor seja pago por terceiro que não o devedor originário, este terceiro assume o lugar do credor inicial e passa a ser o titular do crédito contra o devedor. É o que ocorre, por exemplo, quando o adquirente de um imóvel paga a hipoteca ao credor hipotecário original e com este ato se sub-roga no crédito, podendo cobrá-lo do devedor.

O Ministério Público pode promover a execução nos casos previstos em lei, tal como na hipótese do art. 553 do Código Civil em que pode promover execução de fazer de obrigação imposta pelo doador ao donatário no interesse geral ou das obrigações constantes no chamado termo de ajustamento de conduta – TAC, inclusive das sanções pecuniárias.

Aqui cabe um esclarecimento: é preciso não confundir esta legitimidade conferida ao Ministério Público com a legitimidade que o *Parquet* tem para propor ou prosseguir com a execução nas ações coletivas, na ação civil pública, na ação popular e ainda para execução de multa condenatória em ação penal, porque nestes casos a execução é por título executivo judicial e não por título executivo extrajudicial.

Já a parte passiva – isto é, o outro polo da relação jurídica processual instaurada pela execução por título executivo extrajudicial – será preenchida em regra pelo devedor. É o que dispõe o art. 779 do CPC, pelo qual: a execução será promovida contra a) o devedor, reconhecido como tal no título executivo; b) o espólio, os herdeiros ou sucessores do devedor; c) o novo devedor que assumiu, com o consentimento do credor, a obrigação resultante do título; d) o fiador do débito constante em título extrajudicial; e) o responsável titular do bem vinculado por garantia real ao pagamento do débito; f) o responsável tributário assim definido em lei.

O devedor como tal reconhecido no título é o obrigado ou o coobrigado no título executivo extrajudicial. Ele é por excelência o legitimado passivo para sofrer a demanda executória e o primeiro responsável patrimonial pela execução.

O espólio, os herdeiros ou sucessores do devedor figuram aqui no reverso de sua legitimidade ativa. Isto é, invertidos os polos, a legitimidade passiva decorre da posição que a partir de determinado momento passam a exercer na relação jurídica consubstanciada no título executivo extrajudicial, da qual originariamente não faziam parte. A peculiaridade reside que tanto o espólio como os herdeiros ou os sucessores respondem à execução, evidentemente, até a força e o limite da herança ou do legado. Também cabe observar que os herdeiros responderão na proporção do respectivo quinhão.

O novo devedor é aquele que resulta da novação subjetiva passiva, pois nesta hipótese anômala de extinção da obrigação o novo devedor assume o lugar do antigo devedor, ficando este quite com o credor.[444] Também é a hipótese daquele que assume a dívida pelo instituto da assunção de dívida.[445] Duas anotações são pertinentes: a) assunção da obrigação precisa ser consentida pelo credor, porquanto há total interesse do credor que o novo devedor tenha patrimônio suficiente para garantir o crédito; b) não havendo consentimento do eventual fiador da prestação, este se exonera da fiança, dado o caráter fideijussório.

O fiador judicial não é o garantidor que surge no contrato acessório de fiança na relação jurídica de direito material porque em nível de execução, quando for o caso, este será mesmo o devedor como tal reconhecido no título executivo extrajudicial. O fiador judicial é aquele de que trata o art. 300, §1º do CPC, isto é, o prestador da caução ou da contracautela nas tutelas de urgência ou naquelas hipóteses de cumprimento provisório de sentença em que se exija caução e esta seja provida mediante fiança.

O responsável titular do bem vinculado por garantia real ao pagamento do débito é o responsável pelo pagamento de débito garantido por penhor, hipoteca ou anticrese, que são os chamados direitos reais de garantia. Muitas vezes o devedor é o titular do bem dado em garantia numa relação jurídica de crédito e débito. Outras vezes não há, nem a lei exige, esta coincidência sendo um o devedor originário ou o sujeito passivo da relação jurídica de direito material de crédito e débito e outro o titular do bem dado em garantia real. Neste caso, o titular do bem terá também contra ele movida a execução. Nesta hipótese, se enquadra também, via direito de sequela, a figura do adquirente de bem alienado em fraude à execução ou em fraude contra credores.

---

[444] Art. 360, II, do CC.
[445] Art. 299 do CC.

O responsável tributário como tal definido em lei diz respeito à execução fiscal, a qual é regida por lei específica, só se aplicando o Código de Processo Civil subsidiariamente.[446]

Finalmente, neste tópico, cabe aduzir que pode o credor promover várias execuções por título executivo extrajudicial contra o mesmo devedor por título diferente, desde que para todas elas seja competente o mesmo juízo e idêntico o procedimento.

Particularmente e em termos práticos, pensamos que esta opção pode tornar a execução mais demorada e onerosa para o exequente na medida em que os vícios ou as exceções eventualmente oponíveis a um título e não a outros, por óbvio, retardarão a execução dos demais, haja vista tratar-se de um só procedimento. Deve-se sempre ter em mente cuidado com as promessas de celeridade vantajosa do processo. Uma regra que se deve ter sempre presente é que não se praticam dois atos processuais ao mesmo tempo.

38.3 Competência

A competência para a fixação do juízo em que deva ser proposta a execução por título executivo extrajudicial não apresenta maiores peculiaridades em relação à fixação da competência para as ações em geral e menos ainda para a fixação da competência do cumprimento de sentença. Destarte, a execução fundada em título extrajudicial, nos termos do art. 781 do Código de Processo Civil, será fixada observando-se o seguinte: a) domicílio do executado, foro de eleição constante do título ou a situação dos bens que respondam pela execução; b) se o executado tiver mais de um domicílio, poderá ser demandado no foro de qualquer deles; c) se o domicílio do executado for incerto ou desconhecido, a execução poderá ser proposta onde for encontrado ou no domicílio do exequente; d) havendo mais de um devedor com diferentes domicílios, a execução será proposta no foro de domicílio de qualquer deles; e) a execução poderá ser proposta no foro do lugar em que se praticou o ato ou em que ocorreu o fato que deu origem ao título, mesmo que nele não mais resida o executado.

Das observações constantes no art. 781 do CPC extrai-se o seguinte: a) a execução será proposta no domicílio do executado, no foro de eleição se constar do título ou no foro da situação dos bens a ela sujeito, a critério do credor. Portanto, a lei traça apenas como balizamento o domicílio do executado, a eleição do foro ou a situação dos bens, deferindo ao exequente a escolha entre essas três hipóteses; b) as demais situações previstas no art. 781 do CPC explicitam casos de anormalidade, como: o devedor possuir mais de um domicílio ou ter seu domicílio incerto e desconhecido ou, ainda, existir mais de um devedor com domicílios diferentes. Porém, em todos esses casos, respeitado sempre o trinômio composto pelo domicílio dos executados, pelo foro de eleição ou pela situação dos bens, a escolha caberá sempre ao credor. Isto também ocorre na hipótese em que o Código permite que se proponha a execução no foro do lugar em que o ato foi praticado ou em que ocorreu o fato que deu origem ao título, mesmo que nele não mais resida o executado. Aqui, também, o Código confere ao exequente a opção de escolha do local da execução. Observe-se que esta possibilidade não exclui a faculdade de o credor propor a execução onde estiverem situados os bens.

---

[446] *Vide* arts. 134 e 135 do CTN.

A dúvida que surge é com relação ao disposto no inc. I do art. 781 do CPC, quando prevê a competência para a execução no domicílio do executado no foro de eleição constante no título ou ainda na situação dos bens sujeitos à execução. A própria previsão de eleição de foro constante no título determina o caráter relativo da competência do domicílio do executado e da situação dos bens, porquanto não se admite eleição de foro quando se tratar de competência absoluta. Ainda assim, não faz o menor sentido prever-se eleição de foro para que não seja respeitada. Destarte, pensamos que a leitura correta do inc. I do art. 781 do CPC deverá ser a de que a execução será proposta, a critério do exequente, no domicílio do executado ou no foro da situação dos bens a ela sujeitos, se não houver foro de eleição constante expressamente do título executivo extrajudicial.

Na trilha seguida pelo Código de maior facilitação e efetividade na prestação da tutela jurisdicional, o art. 782, com a ressalva da reserva legal de disposição diversa, permite que o oficial de justiça cumpra os atos executivos também nas comarcas contíguas, isto é, que façam fronteira com a comarca do foro em que proposta a execução, com as comarcas de fácil comunicação, ainda que não contíguas e nas comarcas que se situem na mesma região metropolitana. Isto significa que nesta extensão territorial para a prática dos atos executivos não será necessária a expedição de carta precatória.

Tratando-se de execução forçada, o Código prevê que o juiz possa requisitar o emprego de força policial sempre que necessário. A requerimento da parte, pode ainda o juiz determinar a inclusão do executado em cadastros de inadimplentes, sendo esta cancelada assim que efetuado o pagamento.

Duas observações referentes ao disposto no art. 782 do Código são necessárias: a) estas regras embora constantes do Capítulo III, do Título I, do Livro II, não são a rigor regras de competência; b) quanto à possiblidade de inclusão do executado em cadastros de inadimplentes, trata-se de regra correlata àquela que permite o protesto de título executivo judicial, que visa impor restrições ao devedor de modo a compeli-lo a adimplir o mais rapidamente possível a obrigação executada. Tanto isto é fato que o §5º do art. 782 do CPC manda aplicar esta mesma regra para as hipóteses de execução definitiva de título judicial.

38.4 Título executivo extrajudicial – Espécies

O processo de execução exige que a pretensão seja deduzida conforme o direito, pela simples razão de que por ele não se busca saber o direito, porém, efetivá-lo concretamente, por isso o princípio jurídico mais caro ao processo de execução é o princípio *nulla executia sine titulo* previsto, expressamente, a nosso ver, no art. 783 do Código de Processo Civil. É preciso, pois, ficar absolutamente assente, claro e indiscutível que o que se executa é o título. É o título que vai permitir a intromissão no patrimônio do responsável patrimonial pela execução independentemente da sua vontade ou mesmo contra ela.

Hoje, ultrapassada a divergência doutrinária quanto à natureza jurídica do título executivo extrajudicial, se documento-ato ou se força necessária a proceder à execução do direito nele contido,[447] tornou-se pacífico que o título executivo é um documento.

---

[447] Posições doutrinárias defendidas por Carnelutti e por Liebman, respectivamente. Ver CARNELUTTI, Francesco. *Diritto e processo*. 1958. p. 312. nº 194; e LIEBMAN, Enrico Tullio. *Manuale di diritto processuale civile*. Milão: Giuffré, 1955. v. I. p. 158-161. nº 90.

Mas não é qualquer documento, pois que demonstra a certeza do direito nele expresso e permite a execução patrimonial do devedor ou do responsável patrimonial para realização deste direito. Pelo título executivo e somente por ele se identifica quem deve, a quem se deve, o que se deve e o quanto se deve, mas não necessariamente e isto quase sempre nada importa, por que se deve. Por isso mesmo é documento indispensável à propositura da ação de execução, nos termos do art. 320 do CPC, cabendo ao exequente credor exibi-lo no original juntamente com a inicial da execução.

Nesse sentido, a multiplicidade de cópias do título não compromete sua função probatória, pois o título é um só e cada cópia não poderá instruir execução diversa. O desdobramento só ocorre subjetivamente, como na hipótese de o credor habilitar seu crédito na falência e baseado em certidão executar os avalistas do título cobrado no processo falimentar.[448] Mas observe-se que neste caso não há identidade de execuções porque em cada uma é um o executado. Observe-se também que se trata de certidão extraída do processo falimentar e não de cópia pura e simples do título.

A esse propósito, mantemos o posicionamento de que o credor pode executar só o devedor ou só os garantidores ou alguns dos garantidores do título ou, o que é comum na prática, executar todos concomitantemente. Todavia, o mesmo título não pode simultaneamente aparelhar duas execuções, isto é, numa executar o obrigado principal e em outra simultaneamente o garantidor da dívida, isto porque o que se excuta é o título e este é apenas um. A única exceção é aquela apresentada no exemplo acima em que o obrigado principal sofre processo de falência ou de recuperação judicial e o garantidor do título não. Mesmo assim, a solução adotada no exemplo acima é controvertida doutrinariamente, porquanto, pensamos que neste caso melhor será ou seria que ao credor restasse apenas a eleição de uma das vias, isto é, ou bem habilita seu crédito no processo falimentar ou bem executa o título individualmente, até porque a falência na essência não passa de um concurso de credores numa execução coletiva contra um devedor comerciante ou para este efeito a tal comparado insolvente.

São títulos executivos extrajudiciais, previstos no art. 784 do CPC: i) a letra de câmbio, a nota promissória, a duplicata, a debênture e o cheque; ii) a escritura pública ou outro documento público assinado pelo devedor; iii) o documento particular assinado pelo devedor e por duas testemunhas; iv) o instrumento de transação referendado pelo Ministério Público, pela Defensoria Pública, pelos advogados dos transatores ou por conciliador ou mediador credenciado pelo Tribunal; v) o contrato garantido por hipoteca, penhor, anticrese ou outro direito real de garantia e aquele garantido por caução; vi) o contrato de seguro de vida em caso de morte; vii) o crédito decorrente de foro ou laudêmio; viii) o crédito, documentalmente comprovado, decorrente de aluguel de imóvel, bem como em encargos acessórios tais como taxas e despesas de condomínio; ix) a certidão de dívida ativa pública da União, dos estados, do Distrito Federal e dos municípios, correspondente aos créditos inscritos na forma da lei; x) o crédito referente às contribuições ordinárias e extraordinárias de condomínio edilício previstas na respectiva convenção ou aprovadas em Assembleia Geral, desde que devidamente comprovadas; xi) a certidão expedida pela serventia notarial ou de registro relativa a valores de emolumentos e demais despesas devidas pelos atos praticados e fixadas

---

[448] ASSIS, Arakem. *Comentários ao Código de Processo Civil*. 3. ed. Rio de Janeiro: Forense, 2009. v. VI. p. 176.

nas tabelas estabelecidas em lei; xii) todos os demais títulos aos quais por disposição expressa a lei atribuir força executiva.

A letra de câmbio, a nota promissória, a duplicata, a debênture e o cheque são títulos de crédito e títulos cambiais. As características de cada um são objeto do estudo do direito empresarial. Contudo, o importante em nível de processo civil é a possibilidade de existirem vários coobrigados nestes títulos, dada a sua cartularidade e possibilidade de circulação.

A letra de câmbio é um título de crédito à ordem, formal, literal, abstrato e autônomo,[449] que se cria pelo saque; completa-se mediante o aceite do sacado; transfere-se pelo endosso e é garantível pelo aval.[450] Modernamente no Brasil é um título de crédito em extinção, eis que praticamente substituído pela duplicata em todas as suas funções.

A nota promissória constitui-se numa promessa de pagamento, portanto, crédito a ser honrado no futuro, em data que pode estar prevista no ato de sua emissão ou pode ser à vista, isto é, apresentável desde o momento que emitida. A nota promissória costuma também ser utilizada como garantia e obedece à mesma disciplina legal da letra de câmbio quanto à autonomia, circulação, cartularidade, endosso e aval.

A duplicata é um título de crédito de natureza cambial genuinamente brasileiro. Rege-se pela Lei nº 5.704/68 e substitui a fatura assinada. Denomina-se duplicata porque é, na verdade, a duplicata da fatura. É um título de crédito cambial, autônomo a partir do aceite, endossável, porém, causal, eis que necessariamente terá origem e lastro na compra e venda mercantil ou na prestação de serviço, sendo infração penal a chamada duplicata fria, isto é, aquela emitida sem causa formal prevista em lei. Não obstante o Código de Processo Civil mencionar apenas a duplicata, existe também a triplicata, apresentável para protesto por falta de aceite quando o sacado devedor retém a duplicata em seu poder.

O cheque certamente é o título de crédito e o título executivo mais popularmente conhecido. Difere ontologicamente da nota promissória porquanto esta é, como se disse, uma promessa de um pagamento futuro, ao passo que o cheque é uma ordem ao sacado, no caso o banco, para que pague ao beneficiário ou à sua ordem mediante a apresentação à vista. Como os demais títulos cambiais, é também autônomo, endossável e garantível por aval. Com relação ao cheque cabe esclarecer que, embora não causal, ele não nasce do nada. Sua motivação é o que se chama de causa ou negócio subjacente. Destarte, enquanto o cheque não circula será sempre possível discutir, mesmo no processo de execução, a causa ou o negócio jurídico subjacente que lhe deu origem, porém, se o cheque circula, a partir deste momento ao credor endossatário não poderá mais o devedor originário opor qualquer exceção pessoal referente ao negócio subjacente que lhe deu causa. Outra peculiaridade é a utilização cada vez mais amiúde do chamado cheque pré-datado dado em garantia. Nessas hipóteses a jurisprudência de longa data já se assentou no sentido de que o cheque pré-datado é equiparável à nota promissória para todos os efeitos, uma vez que perde a característica de ordem de pagamento à vista e se transforma em promessa de pagamento futuro.

A debênture é um título que representa um crédito oriundo de um empréstimo tomado por sociedade anônima no mercado de capitais. Portanto, o devedor da debênture

---

[449] MARTINS, Fran. *Títulos de crédito*. Rio de Janeiro: Forense, 1977. p. 104. nº 3.
[450] ASSIS, Arakem. *Comentários ao Código de Processo Civil*. 3. ed. Rio de Janeiro: Forense, 2009. v. VI. p. 179.

será sempre uma sociedade anônima. A debênture é representada por um certificado assim como as ações, isto é, uma espécie de cautela, e podemos ter no mesmo certificado um lote de várias debêntures. De outra parte, como a emissão deste documento é facultativa, caso ele não exista, o credor exequente poderá apresentar a escritura pública da emissão das debêntures. A debênture é, na verdade, instituto do direito empresarial societário mais precisamente concernente às sociedades anônimas de capital aberto. No fundo é uma modalidade de capitalização das sociedades anônimas perante o mercado de capitais. As debêntures podem ser também conversíveis em ações, o que significa a possibilidade de no seu resgate o credor convertê-las em ações da empresa emitente. De todo sorte, nos interessa no campo do processo civil a sua característica de título executivo oponível contra a sociedade anônima emitente e seus garantidores, uma vez que se torne exigível pelo vencimento do prazo estipulado para o seu resgate.

A escritura pública ou outro documento público assinado pelo devedor constitui título executivo capaz de instruir a execução extrajudicial. Evidentemente desde que se revista dos requisitos da certeza, da liquidez e da exigibilidade. Normalmente, tais documentos referem-se a confissões de dívida. São escrituras públicas em que se narra a causa, isto é, o negócio subjacente que dá origem àquela obrigação pecuniária. A característica de se tratar de escritura pública confere maior solenidade e presunção relativa de legalidade ao documento e título executivo extrajudicial assim constituído. Deve-se observar que esta modalidade de título executivo extrajudicial guarda bastante similitude com o título executivo previsto no art. 784, III, do CPC, que prevê a mesma tipicidade, contudo, por instrumento particular. Como se nota, a diferença entre uma e outra hipótese consiste em que, no instrumento particular, por óbvio, exige-se a presença e assinatura de duas testemunhas, ao passo que na escritura pública isto está dispensado ante a fé pública que detém o notário público.

O instrumento de transação referendado pelo Ministério Público, pela Defensoria Pública, pela Advocacia Pública, pelos advogados dos transatores ou por conciliador ou mediador credenciado pelo Tribunal também se constitui em título executivo extrajudicial. Contudo, repare-se que tais instrumentos precisam ser referendados pelos respectivos advogados dos transatores, pelo conciliador ou pelo mediador e ainda pelo Ministério Público, pela Defensoria Pública ou pela Advocacia Pública. Observe-se que não há delimitação quanto à natureza ou à extensão da obrigação contraída. Tem-se aqui uma questão de curiosa percepção: note-se que o texto fala em transatores, o que pressupõe, em princípio, que tais documentos se refiram apenas à transação como tal definida no art. 840 do Código Civil e diga respeito tão somente a prestações patrimoniais. Note-se também que esta modalidade difere da anterior porquanto aqui o referendo das figuras mencionadas tem como consequência a não exigência da presença de testemunhas. Portanto, o instrumento particular de transação subscrito pelas partes e referendado por seus advogados independe de testemunhas para ser considerado título executivo extrajudicial.

O contrato garantido por hipoteca, penhor, anticrese ou outro direito real de garantia e aquele garantido por caução também se constitui em título executivo extrajudicial. A hipoteca, o penhor e a anticrese são por excelência direitos reais de garantia. A eles se equiparam qualquer outro direito real ou qualquer contrato garantido por caução. Não necessariamente, mas quase sempre, é o caso típico já visto anteriormente de o devedor ser um e o responsável patrimonial pela execução ser outro. Nessas hipóteses o garantidor figurará na execução como executado ainda que não seja o devedor. Obviamente e como se verá no momento oportuno a grande vantagem desse tipo de execução é o seu aparelhamento na medida em que o bem a ser futuramente penhorado já está afetado no patrimônio alheio, seja do próprio devedor seja do garantidor. Por isso mesmo, boa parte da melhor doutrina vê nos direitos reais de garantia, como a hipoteca, o penhor e a anticrese, uma espécie de contrato pré-processual em que se contrata uma posição vantajosa no processo para a hipótese de inadimplemento no cumprimento da obrigação contraída.[451]

O contrato de seguro de vida em caso de morte é título executivo extrajudicial. Repare-se, porém, que assim só se configura se ocorrer o sinistro nele previsto, isto é, o evento da morte de seu instituidor. Outra peculiaridade a ser observada é que apenas este tipo de seguro seguido desde tipo de sinistro poderá ser objeto de execução extrajudicial, o que significa que o mesmo não ocorre nas hipóteses em que se dê incapacidade. Apenas ocorrendo o óbito poderá o beneficiário do seguro executar a companhia seguradora. Não ocorrendo a morte, mas qualquer outro sinistro, a indenização terá que ser cobrada por ação condenatória em procedimento comum. Obviamente, o título executivo será o contrato representado pela apólice, que é uma espécie de sumário do contrato de seguros com a comprovação do evento do sinistro, no caso a morte do instituidor.

O crédito decorrente de foro ou laudêmio também se constitui em título executivo extrajudicial. Foro e laudêmio configuram obrigações pecuniárias que decorrem do direito real de uso denominado enfiteuse. Pela enfiteuse divide-se o domínio, senhoria do direito de propriedade, em domínio útil e domínio direto. O titular do domínio direto, portanto, possuidor direto, também chamado de enfiteuta, detém e usufrui os poderes da propriedade. O enfiteuticador ou titular do domínio indireto tem direito ao recebimento de uma pensão anual, certa e invariável, e a um percentual sobre o preço em caso de alienação do domínio útil. Trata-se de vetusto instituto ligado ao direito de propriedade em franco desuso. O art. 2.038 do Código Civil de 2002 proíbe no Brasil a constituição de novas enfiteuses. Portanto, a possibilidade de existência de execução por crédito decorrente de foro ou de laudêmio certamente só ocorrerá com relação às enfiteuses ainda existentes.

O crédito, documentalmente comprovado, decorrente de aluguel de imóvel, bem como encargos acessórios como taxas e despesas de condomínio, desde que comprovados por escrito, possibilita a execução por título executivo extrajudicial. Tanto faz que o imóvel seja rural ou urbano, assim como não há qualquer diferença entre o contrato estar dentro da previsão contratual ou estar prorrogado por prazo indeterminado, o que se exige para que tenha força executiva é que a locação seja literal, isto é, por instrumento contratual escrito, mas está excluído da hipótese a locação de coisa móvel ainda que efetuada por escrito. O inciso não prevê apenas a execução do aluguel, mas também das taxas e despesas condominiais. Observe-se que para o ponto de vista da execução e sob a ótica do processo civil tais créditos não são acessórios da locação, o que significa que podem ser cobrados e ser objeto de execução independentemente da execução do valor do aluguel.

---

[451] BARBI, Celso Agrícola. *Comentários ao Código de Processo Civil*. 13. ed. Rio de Janeiro: Forense, 2008. v. 1. p. 90.

Aqui cabe uma advertência: em sede de execução por título extrajudicial cuida-se tão somente de cobrar os valores referentes aos créditos oriundos da prestação locatícia inadimplida e dos encargos da locação e demais taxas correlatas não cumpridas, mas isto não se confunde e se distancia completamente do efeito jurídico que estas infrações contratuais têm sobre a própria relação *ex locatto* na medida em que se constituem em cláusulas resolutivas expressas. Em outras palavras: tais inadimplementos darão ensejo à rescisão da locação por infração contratual. Todavia, se o locador pretender no mesmo procedimento desconstituir o contrato de locação e cobrar os alugueres e encargos inadimplidos, não poderá fazê-lo pela via da execução, terá que se utilizar da ação normal de despejo por falta de pagamento, prevista na Lei nº 8.245/90.

A certidão de dívida ativa pública da União, dos estados, do Distrito Federal e dos municípios, correspondente aos créditos inscritos na forma da lei, é título executivo extrajudicial criado unilateralmente em processo administrativo vinculado e versa sobre os créditos inscritos no livro da dívida ativa.[452] Esta modalidade de título executivo extrajudicial é a mais criticada e contestada, porquanto, diferentemente de todas as outras espécies de títulos executivos extrajudiciais, a certidão da dívida ativa é a única que dispensa a pré-aceitação do devedor e pode mesmo ser constituída à sua revelia. Por isso mesmo que se exigem determinadas garantias que visam evitar abusos da autoridade fazendária, entre estas o direito de o devedor ser informado sobre o fato gerador que deu vez à tributação. Entretanto, na maior parte das vezes, o documento que instrui a execução fiscal faz uma mera referência ao auto de infração.

Como se disse, todo título executivo exige a pré-aceitação da obrigação por parte do devedor e/ou do garantidor, isto é, do futuro executado ou futuro responsável patrimonial pela execução. Esta necessidade decorre da circunstância jurídica processual de que na execução não se dirá o direito, não se discutirá a razão nem se comporá lide alguma; ao contrário, parte-se da premissa que a razão já está preestabelecida e o direito já fora reconhecido pelo devedor, trata-se tão somente de efetivar concretamente e patrimonialmente aquela relação jurídica já assentada, reconhecida e resolvida.

A este fenômeno a doutrina italiana chama de *acertamento*, porque diz respeito a ajustar a relação de crédito e débito contida no título com o reconhecimento de um direito ou de uma reparação à lesão a um direito previamente admitida e reconhecida pelo devedor. Entretanto, na certidão de dívida ativa isto não acontece, ainda que, no exercício de atividade administrativa vinculada, o título seja emitido unilateralmente e sem prévio aceite ou consentimento do devedor. A esta abusividade aparente contrapõe-se a circunstância de tratar-se o credor da Administração Pública e de dívida pública, no mais das vezes, oriunda de obrigação tributária principal ou acessória.

Tecnicamente, ainda que de maneira desproporcional, pode-se aceitar esta discrepância presente a indiscutível prerrogativa que a Administração Pública precisa ter em sede de arrecadação tributária. Todavia, pensamos, ainda que de *lege ferenda*, que pelo menos no que diz respeito à execução fiscal que cobra multas ou sanções pecuniárias administrativas tais prerrogativas da Fazenda Pública devem ser significativamente mitigadas.

---

[452] Para a sua constituição devem ser observados os requisitos previstos no art. 2º, §6º da Lei nº 6.838/80.

O crédito referente às contribuições ordinárias e extraordinárias de condomínio edilício previstas na respectiva convenção ou aprovadas em assembleia geral, desde que devidamente comprovadas, também se constitui em título executivo extrajudicial. No Código anterior, de 1973, previa-se tais cobranças tanto pelo processo de execução por título executivo extrajudicial como também pelo procedimento sumaríssimo, depois denominado sumário. Naqueles tempos, a doutrina e a jurisprudência restaram por firmar o entendimento, a fim de compatibilizar a aparente contradição, que quando se tratasse do locador cobrando tais verbas do locatário, porque assim previsto no contrato de locação, a cobrança poderia ser realizada pela via da execução, uma vez que existia contrato escrito e a prévia aceitação da responsabilidade do locatário devidamente documentada, isto é, o chamado *acertamento*. Porém, quando se tratasse do condomínio edilício cobrando do proprietário, nesse caso, a cobrança seria pelo rito sumário em ação ordinária e não pela execução, justamente porque nesta hipótese não haveria a prévia aceitação do condômino, o qual poderia até ter votado contra aquela determinada cota na respectiva assembleia.

O código atual, em boa hora, pôs fim a essa dicotomia quando no inciso em comento permitiu a cobrança de contribuições ordinárias ou extraordinárias de condomínio edilício, desde que comprovadas por documento, no caso o boleto de cobrança e a ata da sua constituição ou aprovação e desde que tais cobranças estejam previstas na convenção do condomínio ou sejam aprovadas em assembleia geral.

A certidão expedida pela serventia notarial ou de registro relativa a valores de emolumentos e demais despesas devidas pelos atos praticados e fixadas nas tabelas estabelecidas em lei também se constituem em título executivo extrajudicial. Isto significa que praticado o ato notarial ou o registro público e eventualmente não pagas as custas e os emolumentos, este valor poderá ser cobrado mediante processo de execução extrajudicial desde que extraída a respectiva certidão.

Algumas observações se fazem necessárias nesse tema: a) dificilmente esta hipótese ocorrerá na prática, na medida em que, como é público e notório, nenhum agente notarial ou de registro público pratica o ato sem o prévio recolhimento das custas ou emolumentos; b) nessa hipótese, o notário ou registrador público foi comparado à própria Administração Pública, vez que a certidão que se consubstanciará no título executivo será unilateralmente extraída pelo próprio credor; c) a norma processual não faz qualquer diferença entre as chamadas serventias oficializadas e as serventias não oficializadas, portanto, pelo menos em tese, tanto uma quanto outra estariam autorizadas a extrair tais certidões com força de título executivo; d) não obstante a fé pública do notário ou do registrador, a certidão deverá vir acompanhada documentadamente do ato notarial ou do registro que deu ensejo à cobrança; e) este título executivo não se confunde com o crédito do auxiliar de justiça previsto no art. 515, V, do CPC pois que este é título executivo judicial.

A expressão todos os demais títulos aos quais, por disposição expressa, a lei atribuir força executiva deixa claro que diversos são os documentos a que leis esporádicas e especiais emprestam a característica de título executivo extrajudicial. Pode-se citar, por exemplo, a cédula de crédito bancário que se origina do chamado contrato de abertura de crédito em conta corrente, popularmente conhecido por cheque-especial; a letra de arrendamento mercantil; o contrato escrito que estipular honorários advocatícios conforme Lei nº 8.906/94 – Estatuto da OAB; cédula hipotecária oriunda do Sistema Financeiro de Habitação prevista na Lei nº 5.174/70, entre outros.

Digno de nota ainda no capítulo dos títulos executivos extrajudiciais é a possibilidade aberta pelo art. 785 do CPC, segundo o qual, a existência de título executivo extrajudicial não inibe a parte de optar pelo processo de conhecimento, a fim de obter título executivo judicial. Trata-se de novidade antes não experimentada pelo direito pátrio. Sempre se entendeu que quando por força de regra de direito material o título executivo extrajudicial perde a sua executoriedade, como exemplo, no caso da prescrição da pretensão executória, o credor poderia cobrar a dívida pela via comum, valendo o título como indício ou início de prova documental. Posteriormente, evoluiu-se para a ação monitória, mantida no atual código e da qual nos ocuparemos mais tarde. Por isso, este dispositivo, apesar da novidade, parece não ser de grande valia prática, exceto a de encerrar de vez a discussão acadêmica e bizantina de que munido de título executivo extrajudicial o credor não tem interesse de agir em ação de conhecimento. O dispositivo põe fim à polêmica, mas deixa a questão em aberto, posto que, como pode haver interesse de agir na busca de um título executivo judicial se o autor da ação já tem título executivo extrajudicial? De toda a sorte, a lei deu esta opção ao credor e este poderá dela valer-se, caso, por exemplo, entenda necessário aclarar alguma dúvida a respeito do título.

38.5 Exigibilidade da obrigação

O art. 786 do Código de Processo Civil diz que a execução pode ser instaurada caso o devedor não satisfaça a obrigação certa, líquida e exigível consubstanciada em título. Na verdade, o dispositivo legal disse menos do que queria e precisava dizer porque a execução, isto sim, só pode ser proposta nessas condições. É uma consequência prática do princípio da *nulla executio sine titulo*, pois o que se executa é o título, mas não qualquer título, apenas o título que traduz uma obrigação certa, líquida e exigível, como, aliás, já vimos anteriormente.

Quid iuris caso ajuizada execução cuja obrigação não seja certa, líquida e exigível? Obviamente, o credor exequente será carecedor de ação por falta de interesse processual, devendo a petição inicial ser indeferida de plano. Não obstante a rigidez que o Código empresta à observação aos atributos necessários ao título executivo, a lei processual mitigou tal severidade quando a falta de liquidez se dever a operações meramente aritméticas, conforme dispõe o parágrafo único do art. 786 do CPC.

O art. 787 do CPC cuida da exceção substancial do contrato não cumprido. Isto é, se o devedor arguir que o credor não adimpliu sua parte na avença e este recusar-se a fazê-lo, o juiz julgará extinta a execução. O parágrafo único do art. 787 estabelece uma espécie de consignação em pagamento indireta, na medida em que permite ao devedor executado liberar-se da obrigação depositando o valor ou a coisa em juízo, conforme a hipótese, mesmo que o credor exequente não cumpra a sua parte. Neste caso, porém, o credor não poderá receber antes de adimplir sua parte na avença.

Visando a execução forçada à satisfação do crédito exequendo, é claro que satisfeito este por iniciativa do devedor desaparece o interesse processual do credor no seu prosseguimento. Mas o credor pode não se dar por satisfeito, entendendo que o cumprimento da obrigação foi incompleto. Nesta situação, prosseguirá com a execução não se operando, todavia, a preclusão lógica contra o devedor, o qual certamente poderá embargá-la.[453]

38.6 Responsabilidade patrimonial – Fraude à execução

Entre as diversas hipóteses em que patrimônio de outrem que não o devedor originário responde pela execução, sobressaem aquelas previstas no inc. VI, do art. 789, do Código de Processo Civil, qual seja, as denominadas fraude à execução e a fraude contra credores.

O vocábulo *fraude* deriva do latim *fraus* e significa engano, erro ou burla. Na sua utilização jurídica devemos compreender o termo *fraude* como o uso do direito em contrário à sua finalidade.[454] O que caracteriza a fraude como vício do negócio jurídico, diferentemente do dolo e da simulação, é a possibilidade de sua existência mesmo sem a intervenção pessoal da vítima, pois normalmente se exprime num vício externo do ato. Dito de outra forma: embora o ato seja perfeito em todos os seus elementos essenciais, ainda assim pode ser fraudulento, eis que realizado com intento antijurídico.[455]

Observe-se que o *caput* do art. 789 do CPC estabelece a responsabilidade patrimonial de todos os bens do devedor, presentes e futuros, salvo as restrições da lei. São equiparados aos bens presentes aqueles que pertenceram ao devedor, mas, no momento da execução, não lhe pertencem mais porque alienados em fraude. Obviamente, a preocupação do legislador é a de evitar que pelo singelo expediente da alienação, isto é, transferência da propriedade ou pela oneração, isto é, gravame de direito real, bem constante do patrimônio do devedor fique isento da execução, por isso que a *persecutio executionis* alcançará o bem do devedor, que deveria responder patrimonialmente pela execução e não mais se encontra sob sua disponibilidade plena em razão de alienação ou oneração fraudulenta. Existem dois tipos de fraude que se enquadram neste figurino, a fraude à execução e a fraude contra credores.

O art. 792 do CPC considera fraude à execução a alienação ou a oneração de bem nas seguintes situações: a) quando sobre o bem pender ação fundada em direito real ou com pretensão reipersecutória, desde que a pendência do processo tenha sido averbada no respectivo registro público, se houver; b) quando tiver sido averbada, no registro do bem, a pendência do processo de execução na forma do art. 828 do CPC; c) quando tiver sido averbada, no registro do bem, hipoteca judiciária ou outro ato de constrição judicial originário do processo em que foi arguida a fraude; d) quando, ao tempo da alienação ou da oneração, tramitava contra o devedor ação capaz de reduzi-lo à insolvência; e) nos demais casos expressos em lei.[456]

---

[453] O art. 788 do CPC parece-nos absolutamente desnecessário porque é intuitivo que cumprida a obrigação não há mais o que executar, assim como é intuitivo que o próprio cumprimento da obrigação possa gerar controvérsia entre o credor e o devedor, controvérsia esta a ser dirimida no próprio procedimento da execução.

[454] PACHECO, José da Silva. *Comentários à Lei de Execução Fiscal*. São Paulo: Saraiva, 1995. p. 124.

[455] SANTOS, J. M. de Carvalho. *Código Civil brasileiro (1916) interpretado*. Rio de Janeiro: Freitas Bastos, 1950. v. 2. p. 330.

[456] A propósito, verifique-se o teor da Súmula nº 375 do STJ: "O reconhecimento da fraude à execução depende do registro da penhora do bem alienado ou da prova de má-fé do terceiro adquirente".

A primeira observação que se faz presente é que a fraude à execução é um incidente processual e não um processo incidental, portanto, arguível e processável nos mesmos autos e no mesmo procedimento em que procedimentalizada a execução. É arguida mediante simples petição que a denuncie, evidentemente acompanhada da documentação probatória pertinente. Das cinco possibilidades previstas no art. 792 do CPC, verifica-se que em três delas a norma é clara em relação à exigência da averbação no respectivo registro, seja da penhora sobre o bem, seja da pendência do processo de execução ou da ação fundada em direito real ou reipersecutória. A razão disto consiste em dar publicidade da sujeição patrimonial do bem à execução em curso, de modo a proteger o interesse de terceiros que sem a respectiva publicidade, via registro público, poderiam ser surpreendidos com a constrição patrimonial pendente sobre o bem adquirido. Outra observação é de que a necessidade de averbação do registro quando se trate de ação fundada em direito real ou pretensão reipersecutória diz respeito ao bem objeto desta ação, de modo a evitar que em execução cujo devedor seja o réu da ação averbada, este mesmo bem venha a sofrer ato de constrição judicial.

Hodiernamente, os bens também se classificam em bens registráveis, móveis ou imóveis, e bens não registráveis. Entre os bens móveis registráveis, ainda que o registro não seja constitutivo do direito de propriedade, pode se elencar os veículos automotores, terrestres ou marítimos, as aeronaves, entre outros. Pois bem, o art. 828 do CPC permite que o exequente obtenha certidão de que a execução foi admitida com identificação das partes e valor da causa para fins de averbação no registro de imóveis, de veículos ou outros bens sujeitos à penhora, arresto ou indisponibilidade. Exatamente desta hipótese cuida o inc. II do art. 792 do CPC quando a enquadra no figurino da fraude à execução. Também incide em fraude à execução a alienação e a oneração dos bens objeto de constrição judicial originadas do próprio processo em que arguida a fraude, como exemplo, na hipótese de hipoteca judiciária ou na própria penhora.

O inc. IV do art. 792 do CPC prevê o mais complexo dos casos de fraude à execução, qual seja o da alienação ou oneração de bens do devedor quando tramitava contra este qualquer ação capaz de reduzi-lo à insolvência. O primeiro item a analisar na presente hipótese é o que se deva entender no caso por insolvência. Insolvente é o devedor cujo ativo do seu patrimônio não tem força capaz de fazer frente ao passivo. Portanto, esta hipótese não se caracteriza por qualquer alienação de bem do devedor, mas somente quando a alienação for capaz de reduzi-lo à insolvência. Todavia, esta hipótese, como se verá a seguir, não se confunde com a fraude contra credores, porque aqui ainda que não haja a execução não é necessária a existência do *concillium fraudis*, basta o fato objetivo da insolvência, assim, se a alienação não leva o devedor à insolvência, não há que se falar em fraude à execução.

Com relação aos demais casos previstos em lei, pode-se citar o art. 185 do Código Tributário Nacional e no mais das vezes estão relacionados com matéria administrativa ou de natureza tributária, além das hipóteses de bens arrestados ou sequestrados.

A sequela do bem e a ineficácia do ato de alienação ou de oneração são as principais consequências da fraude à execução. Assim é que o §1º do art. 792 do CPC estabelece que a alienação em fraude à execução é ineficaz com relação ao exequente. Eficácia, como se sabe, é a capacidade de gerar efeitos jurídicos. Portanto, negócio jurídico ineficaz é aquele que, embora existente e válido, não gera efeito jurídico, e na hipótese de fraude à execução, ele será ineficaz tão somente em relação ao exequente que pelo direito de sequela poderá penhorá-lo no patrimônio do adquirente. Porém, com relação ao alienante e ao adquirente, bem como a qualquer outra pessoa, o ato será existente, válido e eficaz, sendo, inclusive, hipótese por excelência de o alienante responder pela evicção de direito.

O §2º do art. 792 do CPC regulamenta a situação da aquisição de bem não sujeito a registro. Imagine-se, por exemplo, a alienação de uma valiosíssima *bike cross* de competição, bem móvel de alto valor, porém, não registrável. Neste caso, o Código retira a presunção que existe na fraude à execução, porquanto, estabelece que o terceiro adquirente tem o ônus de provar que adotou as cautelas necessárias para aquisição do bem, mediante a exibição das certidões pertinentes, obtidas no domicilio do devedor e no local onde se encontra o bem. Portanto, doravante, o adquirente de bem razoavelmente valioso, não registrável, terá que obter certidões negativas do vendedor para se precaver da fraude à execução.

O Código atual determina que antes de declarar a fraude à execução, o juiz deverá intimar o terceiro adquirente que, se quiser, poderá opor embargos de terceiro, no prazo de 15 dias. Duas são as observações em relação à regra contida no §4º do art. 792 do CPC: a primeira é que aqui o termo *deverá* significa na verdade que o juiz tem a obrigação de intimar o terceiro adquirente; a segunda é que, se não intimado, ainda assim, o terceiro adquirente poderá, sempre no mesmo prazo, opor embargos de terceiro. Há um aparente conflito nos dois comandos que se extrai da norma. Contudo, não existe contraposição entre uma e outra possibilidade ali expressa. O juiz tem que intimar o terceiro adquirente obviamente quando tiver nos autos notícia desta aquisição e identificação de quem seja o terceiro adquirente. Caso isto não ocorra e o adquirente só tiver ciência quando do ato de constrição judicial, a partir da ciência do ato, terá o prazo de 15 dias para opor os respectivos embargos de terceiro.

Dito isto, cabe ressaltar regras que consideramos suplementares ao fenômeno processual da fraude à execução, tal como a do art. 793 do CPC, que estabelece que o exequente que por direito de retenção estiver na posse de coisa pertencente ao devedor, só poderá excutir outros bens após o esgotamento da execução do próprio bem que retém. Aqui não se trata da ação na qual o exequente tenha se mantido, pela exceção substancial dos embargos de retenção, na posse da coisa, porque, neste caso, tratar-se-á de cumprimento de sentença e não de execução por título executivo extrajudicial. O dispositivo cuida de outra hipótese, qual seja a de, coincidentemente, aquele que mantém a posse da coisa pelo direito de retenção ser simultaneamente credor do dono da coisa por outro título objeto de execução extrajudicial.

O art. 794 e seus parágrafos do CPC cuidam do chamado benefício de ordem quando se trate de devedor fiador, isto é, que primeiro se execute o patrimônio do devedor original, sendo que o §3º reconhece a possibilidade de sua renúncia.

O art. 795 cuida de tema bastante polêmico, qual seja a responsabilidade dos sócios pelas dividas da sociedade. A regra *mater* é a de que, no direito pátrio, os bens particulares dos sócios não respondem pelas dívidas da sociedade, salvo as exceções previstas em lei.[457] Demais disto, existe benefício de ordem a favor do sócio, só respondendo este se infrutífera a execução dos bens da sociedade, porém, para se valer de tal benefício, deverá indicar os bens penhoráveis da sociedade. Para facilitar a vida do sócio que paga a dívida, este poderá executar a sociedade nos mesmos autos do processo de execução.

---

[457] Exceto no direito do trabalho, por construção jurisprudencial.

Ainda com relação à responsabilidade patrimonial e como já visto anteriormente, o art. 796 do CPC estabelece a responsabilidade do espólio pelas dívidas do falecido, evidentemente até a força dos bens que o compõe. Entretanto, feita a partilha, cada herdeiro responde pelas dívidas dentro da força da herança e dentro da proporção da parte que lhe couber.

Outro instituto correlato à fraude à execução é a fraude contra credores. A fraude contra credores, diferentemente da fraude à execução, não se põe no plano da eficácia, mas no plano da validade do negócio jurídico, por isso, é necessário que o negócio jurídico fraudulento seja declarado nulo ou desconstituído conforme a hipótese, mediante sentença em ação própria. Desfeito o negócio jurídico fraudulento, este deixará de operar efeitos jurídicos *erga omnes* e não apenas em face do credor exequente fraudado; ao passo que, na fraude à execução, o ato será ineficaz tão somente em relação ao credor lesado. Outra diferença é que a fraude contra credores não se presume, depende da prova do *consilium fraudis*, isto é, do conserto entre o devedor e o terceiro e da constatação do evento danoso, isto é, a demonstração de que a execução tenha sido realmente prejudicada pelo negócio jurídico fraudulento. No fundo, torna-se necessário provar que o terceiro adquirente operou de má-fé e que a diminuição patrimonial ocorrida frustrará a execução. Cabe salientar que o direito à anulação ou à desconstituição do negócio jurídico fraudulento é passível de perecer em razão da ocorrência do prazo decadencial.[458] A fraude contra credores é arguível a qualquer tempo enquanto não ocorrido o termo final do prazo decadencial, diferentemente do que ocorre com a fraude à execução, que só pode ser arguida até a extinção da execução, mas passível de prescrição intercorrente.

Situação curiosa, porém, recorrente, diz respeito à possibilidade de ajuizamento de ação própria com o objetivo do desfazimento do negócio jurídico por fraude à execução (e não por fraude contra credores). Imagine-se que, extinta uma frustrada execução, ainda que parcialmente, o credor ajuíze ação visando obter não o desfazimento, porém, a ineficácia de determinado negócio jurídico em relação a ele sob alegada fraude à execução. À primeira vista parecerá possível, porquanto quem pode o mais pode o menos e, se existe fraude contra credores, é porque num espectro maior existe o mesmo intuito de fraudar a execução como na fraude à execução. Todavia, é preciso ter em mente que na fraude à execução se presume a má-fé, o *concilium fraudis*; ao passo que, na fraude contra credores, cabe ao autor o ônus da prova da existência de seu direito.[459] Inexiste ação própria de fraude à execução, embora esta mesma fraude possa ser arguida em ação de fraude contra credores, porém, sem a presunção que milita em favor do exequente.

38.7 Diversas espécies de execução. Execução de quantia certa. Execução para entrega de coisa certa. Execução de obrigação de fazer e de não fazer. Execução contra a Fazenda Pública. Execução de alimentos

De acordo com o tipo de obrigação contraída tem-se uma espécie diferenciada de execução. Nada obstante, existem regras gerais a todas aplicáveis, são aquelas dispostas

---

[458] Art. 178 do CC.
[459] Art. 373, I, do CPC.

no Código de Processo Civil, nos arts. 797 e seguintes. Tais regras dizem respeito: a) à preferência na execução; b) ao ônus do exequente na propositura da execução; c) aos deveres do exequente ao curso da execução; d) à interrupção da prescrição na execução; e) à alienação de bem gravado com direito real.

Com relação à preferência na execução tratada no art. 797 do CPC, é intuitivo que o mesmo devedor tenha vários credores munidos de títulos executivos extrajudiciais diversos. Nessa situação, duas são as possibilidades previstas na lei: a) ou será o caso de insolvência do devedor, hipótese em que se instaurará o concurso universal de credores que é uma espécie de falência civil; b) ou o devedor não será insolvente e o concurso universal não será instaurado e seu patrimônio sofrerá várias execuções. Aquele credor que primeiro penhorar determinado bem do devedor terá preferência sobre as penhoras subsequentes e sobre os demais credores. De modo geral é o que se denomina prelação e se encontra disciplinado no parágrafo único do art. 797.[460]

De outra parte, a proposição da execução impõe ao credor os seguintes ônus previstos no art. 798 do CPC: instruir a petição inicial com o título executivo extrajudicial, planilha de cálculos atualizada do débito, prova da ocorrência do termo ou da condição, quando for o caso e que adimpliu a contraprestação que lhe corresponde ou lhe assegura o cumprimento da obrigação se o executado não for obrigado a satisfazer sua pretensão senão mediante a contraprestação do exequente.

Na verdade, esses requisitos são demonstração de que se cuida de crédito certo, líquido e exigível, consubstanciado em título executivo extrajudicial. A juntada do título atende ao princípio mais caro à execução do *nulla executio sine titulo*. O demonstrativo contábil demonstra a atualização do débito e, por óbvio, atende ao requisito de sua liquidez. A prova do implemento da condição e do adimplemento da contraprestação, quando for o caso, demonstra e comprova a exigibilidade do título quando se tratar de condição suspensiva ou de exceção substancial oponível pelo devedor.

Na inicial cabe ainda ao exequente indicar: a) a espécie de execução de sua preferência, quando por mais de um modo puder ser realizada; b) a qualificação completa das partes; c) sempre que possível, os bens do patrimônio do devedor suscetíveis de penhora.

Em casos raros, há possibilidade de, ao executar, o credor poder fazê-lo por mais de um modo. Nessas situações, cabe ao exequente indicar o modo que prefere. Este dispositivo discrepa da norma contida no art. 805 e parágrafo único do CPC que dispõe que, quando por vários meios o exequente puder promover a execução, o juiz mandará que se faça pelo modo menos gravoso para o executado, cabendo ao executado o ônus, quando alegar ser a medida executiva mais gravosa, de indicar o meio menos gravoso. Quer nos parecer que a única maneira de conciliar os dois dispositivos é entender que o art. 798, II, "a", do CPC, se refere à espécie de execução; ao passo que o art. 805 e parágrafo único referem-se não à espécie, isto é, à modalidade de execução, porém, a atos específicos e pontuais de constrição patrimonial próprios da execução, tais como a penhora deste ou daquele bem, a supressão do exercício deste ou daquele direito etc.

A qualificação das partes é requisito necessário a toda e qualquer petição inicial e dispensa maiores comentários. Já a indicação, sempre que possível, dos bens suscetíveis à

---

[460] A doutrina mais antiga costumava denominar essa prerrogativa processual de princípio do *primus* entre pares.

penhora, deve-se a dois fatores: a) à celeridade processual, pois se o exequente já conhece o patrimônio afetável do devedor, o melhor é mesmo indicar desde logo os bens que pretende penhorar; b) além disso, à circunstância prevista no art. 914 do CPC, segundo a qual o executado pode oferecer embargos independentemente de haver penhora. Ora, se a nova ordem processual civil legal brasileira permite que o devedor embargue à execução sem que antes indique bens à penhora, não há porque tirar a possibilidade dessa primazia do credor exequente.

Em relação aos direitos reais, seja de garantia, seja de uso, o art. 799 do CPC impõe ao exequente que requeira a intimação: a) do credor pignoratício, hipotecário, anticrético ou fiduciário, quando a penhora recair sobre bens gravados por penhor, hipoteca ou alienação fiduciária; b) do titular do usufruto, uso ou habitação, quando a penhora recair sobre bem gravado por algum desses direitos reais de uso; c) do promitente comprador quando a penhora recair sobre bem, objeto de promessa de compra e venda registrada; d) do promitente vendedor, quando a penhora recair sobre o direito real aquisitivo derivado da promessa de compra e venda registrada; e) do superficiário, enfiteuta ou concessionário, em caso de direito de superfície, enfiteuse, concessão de uso especial para fins de moradia ou concessão de direito real de uso, quando a penhora recair sobre imóvel submetido a tais regimes; f) do proprietário de terreno com regime de direito de superfície, enfiteuse, concessão de uso especial para fins de moradia ou concessão de direito real de uso, quando a penhora recair sobre direitos do superficiário, do enfiteuta ou do concessionário; g) da sociedade, no caso de penhora de quota social ou de ação de sociedade anônima fechada, para o fim previsto no art. 876, §7º, do CPC.[461] Deve ainda o exequente: a) pleitear se for o caso, medidas urgentes; b) averbar a existência da execução no registro público pertinente assim como dos atos de constrição realizados no patrimônio do devedor, para conhecimento de terceiros.

Duas observações se fazem pertinentes acerca da exigência dessas intimações ou, como diz a lei, do requerimento dessas intimações: a) a primeira é que absolutamente todas referem-se a intimados que no caso da alienação do bem penhorado, por força de norma de direito material, terão a preferência na sua aquisição, seja pelo princípio da consolidação do direito de propriedade em que quem detém parte prefere a terceiros na aquisição do todo, seja com relação ao credor garantido por direito real que prefere na execução do bem dado em garantia, bem como dependendo da situação jurídica pode ser beneficiado pelo vencimento antecipado da dívida garantida pelo bem penhorado; b) a segunda observação pertinente é a que diz respeito à necessidade de requerimento por parte do exequente para tais intimações. Ainda que formalmente não haja o requerimento para intimação, mas exista a informação da situação jurídica do bem indicado à penhora, deverá o juiz *ex officio* determinar a intimação. O que se quer evitar é a sonegação por parte do credor desta informação ao juízo.

Com relação à incumbência de o exequente pleitear quando for o caso as medidas urgentes, parece-nos norma absolutamente inócua, porquanto, ainda que não existisse, tal seria possível, haja vista toda disciplina a respeito consignada no capítulo da tutela de urgência. Do modo como posta a norma contida no inc. VIII do art. 799 do CPC, pode

---

[461] Art. 876, §7º do CPC: "No caso de penhora de quota social ou de ação de sociedade anônima fechada realizada em favor de exequente alheio à sociedade, esta será intimada, ficando responsável por informar aos sócios a ocorrência da penhora, assegurando-se a estes a preferência".

parecer que caso não pleiteada por ocasião da inicial da execução a medida urgente estará preclusa e isto, evidentemente, não tem o menor fundamento.

Quanto à incumbência de proceder à averbação em registro público do ato de propositura da execução e dos atos de constrição realizados para conhecimento de terceiros, cabe chamar atenção para o fato de que atualmente existem bens móveis que pela sua importância, natureza ou peculiaridade são passíveis de registro ainda que não constitutivo, porém de registro administrativo e de publicidade. Portanto, este dispositivo não está se referindo apenas aos bens imóveis, mas também aos bens móveis registráveis. Neste particular, observe-se o *link* necessário que existe entre esta regra e o disposto no art. 828 do CPC.

Falamos acima sobre a possibilidade de várias espécies de execução serem possíveis em determinada situação. Isto, porém, não se confunde com o instituto de direito civil das obrigações alternativas, pois uma coisa é poder executar-se a mesma obrigação de duas maneiras diferentes, outra coisa é pela mesma espécie de execução o devedor poder cumprir a obrigação de duas formas diferentes. É disto que trata o art. 800 e seus parágrafos do CPC. É regra secular não alterada pelo atual Código Civil nem pelo atual Código de Processo Civil que nas obrigações alternativas se por contrato ou força de lei, a escolha couber ao devedor, antes de mais nada este será citado para exercer a opção que do contrato ou da lei lhe resulta e realizar a prestação no prazo de 10 dias se outrem não for determinado por lei ou por contrato. Da mesma forma, como era no direito anterior, caso o devedor não exerça a opção no prazo determinado, este direito devolve-se ao credor. Nas hipóteses em que por força de contrato ou de lei a escolha do cumprimento da obrigação alternativa couber ao credor, este a indicará desde logo na petição inicial da execução que, neste caso, além de todos aqueles ônus já vistos, terá também que atender a esta indicação.

Distribuída a execução, caso se verifique que esta não está acompanhada dos documentos necessários ou que apresenta alguma imperfeição, o juiz determinará que o exequente a corrija ou a complemente no prazo de 15 dias sob pena de indeferimento da petição inicial da execução. Como se sabe, o indeferimento da petição inicial não é decisão que possa atingir a própria pretensão executória que enquanto não prescrita continuará viva, tão somente aquele procedimento e aquele processo de execução estarão extintos.

O art. 802 do CPC em boa hora deixou absolutamente claro que o despacho que ordena a citação interrompe a prescrição, ainda que proferido por juízo incompetente. Três são as observações cabíveis em tema de tal importância: a) tratando-se do processo de execução por título executivo extrajudicial, sempre o que prescreve é a pretensão executória ou executiva e não necessariamente a pretensão da cobrança do crédito exequente quando isto for possível por outro meio que não o processo de execução; b) a interrupção da prescrição ainda que da pretensão executiva só se dará se a citação for válida e, nesse passo, o Código de Processo Civil, no art. 802, faz expressa remição ao §2º do art. 240 que determina que incumbe ao autor adotar, no prazo de 10 dias, as providências necessárias para viabilizar a citação; c) a interrupção da prescrição retroagirá à data da propositura da execução, desde que atendida a regra do §2º do art. 240 do CPC, isto é, o exequente adotar as providências necessárias para sua realização sob pena de, não o fazendo, a interrupção da prescrição só ocorrer a partir da ultimação da citação e, não, da propositura da execução. Nesse passo, o Código não disse, mas as demais regras de interrupção da prescrição pela citação válida previstas para o processo de conhecimento também se aplicam ao processo de execução, como exemplo, aquela contida no §3º do art. 240 do CPC, segundo a qual a parte, no caso, o credor exequente, não poderá ser prejudicada pela demora imputável exclusivamente ao serviço judiciário.

Algumas dessas exigências consideradas para a propositura da execução podem ser corrigidas e não acarretam maiores problemas se desatendidas num primeiro momento como, aliás, se viu acima. Entretanto, existem requisitos fundamentais que uma vez não atendidos tornam nula a execução. É sobre o que dispõe o art. 803 do CPC, segundo o qual a execução é nula: a) se o título executivo extrajudicial não corresponder à obrigação certa, líquida e exigível; b) se o executado não for regularmente citado; c) se for instaurada antes de se verificar a condição ou de ocorrer o termo. A primeira observação que se faz é que a precaução exigida na letra "c" acima é redundante, pois que se não atendido este requisito o título executivo extrajudicial não será exigível. De outra parte, trata-se de mais um dispositivo absolutamente dispensável, porquanto, como se disse anteriormente, não há execução sem título executivo e o título executivo precisa consubstanciar uma obrigação certa, líquida e exigível. Demais disto, não há processo, ou pelo menos inexiste relação jurídica processual, sequer nulo por estarmos no campo da existência jurídica que precede o campo da validade, se não tiver havido citação válida. Como se vê, este dispositivo não traz qualquer importância ao processo de execução. Sua única importância e talvez por isso sua existência é o que se contém no seu parágrafo único que determina que a nulidade nestes casos seja pronunciada pelo juiz, haja ou não requerimento da parte e, aí sim, a novidade, independentemente de embargos à execução.

Finalmente, ainda à guisa de considerações gerais sobre as diversas espécies de execução, o art. 804 do CPC disciplina as consequências da alienação de bem gravado por penhor, hipoteca ou anticrese caso o titular do direito real de garantia não tenha sido intimado como determina o art. 799, I, do CPC. A consequência é que em relação a este credor e somente em relação a ele a alienação judicial decorrente da praça ou do leilão será ineficaz. Do mesmo modo, não sendo intimados aqueles sujeitos previstos nos demais casos do art. 799 do CPC, a consequência será sempre a ineficácia da alienação sobre o respectivo titular do direito real.

38.7.1 Execução de quantia certa[462]

De todas as espécies de execução certamente a execução por quantia certa é a mais frequente. Isto se deve a dois fatores: a) o fato de o processo de execução ser o caminho natural para a satisfação jurisdicional das obrigações inadimplidas; e b) a circunstância de os títulos executivos extrajudiciais, em regra, consubstanciarem dívidas contraídas em pecúnia ou a ela reduzíveis.

De outra parte, o procedimento da execução por quantia certa é uma espécie de procedimento geral ou pelo menos mais completo do processo de execução e por isso mesmo socorre aos procedimentos das demais modalidades. Nesse sentido, observe-se que, afora a execução contra a Fazenda Pública, que é subespécie da execução por quantia

---

[462] Embora o Código de Processo Civil inicie, no capítulo das execuções em espécie, pela execução para entrega de coisa (art. 806), por razões meramente didáticas, começaremos aqui pela execução de quantia certa (art. 824).

certa, nas demais execuções: seja para entrega de coisa certa ou de fazer ou não fazer, o objeto da execução é individualizado, isto é, infungível; ao passo que na execução por quantia certa o objeto é, como o nome diz, dinheiro, bem fungível por excelência e qualquer bem pode reverter em dinheiro. Tanto isto é fato e uma certeza processual que o art. 824 do Código de Processo Civil estabelece que a execução por quantia certa realiza-se pela expropriação dos bens do executado, ressalvadas as execuções especiais a que antes aludimos.

Já dissemos anteriormente que executar ou excutir significa expropriar, retirar do patrimônio do devedor tantos bens quantos sejam necessários para a satisfação do crédito do credor. Pois bem: neste sentido, o art. 825 do CPC anuncia as três modalidades de expropriação, isto é, da retirada forçada de bens do patrimônio do devedor para o cumprimento do objeto da execução. São elas: a) a adjudicação; b) a alienação; c) a apropriação de frutos e rendimentos de empresa ou de estabelecimentos e de outros bens. A adjudicação consiste em o próprio credor incorporar ao seu patrimônio bem do devedor. Isto será possível quando não houver alienação deste bem por ausência de licitantes no leilão ou quando a alienação for menor ou igual ao valor cobrado. A alienação consiste na venda judicial do bem, a chamada venda em hasta pública, revertendo o produto para o exequente, pagas as custas e os impostos por ventura existentes. A apropriação de frutos e rendimentos de empresa ou de estabelecimento e de outros bens ocorre quando o credor exequente não expropria o bem do devedor, porém, o resultado econômico da exploração deste bem, mantendo-o no patrimônio do devedor.[463]

Aqui é preciso diferenciar empresa de estabelecimento. Empresa não é conceito jurídico e sim econômico ou, quando muito, juridicamente tomado por empréstimo à economia. Empresa é a organização do conjunto dos fatores da produção, como: capital, recursos humanos, matéria-prima e gestão visando ao lucro. Todavia, ao direito mais interessa o empresário que a empresa. Muito se confunde empresa com sociedade, mas como se disse, empresa é o conceito de um fenômeno econômico. O empresário, quando coletivo, será uma sociedade. Se este empresário é o devedor, pode a expropriação recair sobre o lucro gerado pela empresa e não sobre os bens do empresário, no caso a própria empresa. Já o estabelecimento é o local onde se desenvolve a atividade empresarial, mas não se confunde nem com a empresa, que é uma abstração, nem com o empresário, que é uma pessoa, física ou jurídica.

Todavia, o objetivo maior do processo de execução é a satisfação do crédito exequendo e, como a execução deve ser sempre procedida pelo meio menos gravoso ao executado, este poderá em qualquer momento remir a execução, pagando ou consignando a importância atualizada da dívida, acrescida de juros, custas e honorários. O verbo *remir* aqui está no sentido de pagar, compor, quitar etc. A todo tempo ou a qualquer tempo deve ser entendido até o momento em que adjudicados ou alienados os bens objetos da penhora. Essa remição será feita mediante o pagamento devido ao

---

[463] O Código de Processo Civil nesse passo é omisso porque fala apenas em fruto e, na realidade, em sede de direito material, há uma distinção entre fruto e produto. Fruto é aquilo que se retira da coisa sem deteriorá-la, sem seu perecimento, já o produto é aquilo que se retira da coisa com a subtração de parte da própria coisa. Assim, pode-se considerar a colheita um fruto porque não se perde a terra nem a plantação. Já a retirada de ouro de uma mina é um produto porque, uma vez o ouro retirado, aquela parte da mina não existirá mais. Particularmente, entendemos que quando o CPC se refere a frutos por extensão analógica pode-se também aplicar a regra aos produtos.

credor e a apresentação da quitação em juízo ou mediante consignação, isto é, depósito em juízo. De se esclarecer que não se trata de ajuizar ação de consignação em pagamento, mas de fazer o depósito em conta judicial vinculada ao processo de execução[464] mediante guia a ser expedida pelo cartório.

O art. 827 do CPC excepciona toda disciplina contida no art. 85 do CPC, visto que no processo de execução os honorários serão sempre de 10% sobre o valor cobrado. Esta fixação será feita de plano e no despacho de admissibilidade da execução concomitantemente ao "cite-se", sendo que no caso de o executado pagar integralmente o débito no prazo de 3 dias, o valor dos honorários será reduzido à metade, conforme §1º do art. 827. Entretanto, este valor poderá também ser majorado até o dobro, isto é, chegar a 20% na hipótese de rejeição dos embargos à execução, situação em que essa majoração ocorrerá ao final do procedimento executório, conforme dispõe o §2º do mesmo artigo.

Assim, quanto aos honorários da execução, temos que: a) serão fixados em 10% do valor cobrado de plano no despacho de admissibilidade; b) serão reduzidos à metade, isto é, 5% se citado o devedor pagar integralmente o débito no prazo de 3 dias; c) poderão ser majorados até o limite do dobro, isto é, 20% se houver embargos à execução e estes forem rejeitados. Não é preciso dizer que procedentes os embargos não haverá honorários para o exequente, mas, para o executado embargante. Se procedentes em parte os embargos, poderá o juiz manter os honorários iniciais vez que a base de cálculo diminuirá. Além disso, haverá condenação dos honorários nos embargos a favor do executado.

O art. 828 do CPC traz grande novidade antes não experimentada pelo processo civil pátrio. Trata-se da possibilidade de o exequente obter certidão de que a execução foi admitida para efeito de averbação no registro geral de imóveis, de veículos ou de outros bens sujeitos a atos de constrição, por exemplo, capitania dos portos em caso de embarcação. Esta averbação é tratada no CPC como uma espécie de pré-penhora, visto que efetivada a penhora serão canceladas de ofício ou a requerimento do devedor as averbações dos bens não penhorados e averbada a penhora somente naqueles bens penhorados.

O §4º do art. 828 do CPC remete o tema à já tratada fraude à execução, eis que considera como tal a alienação do bem a que se tenha no registro averbado a existência de execução admitida pelo juízo.

O §5º prevê sanção para o exequente que promover averbação manifestamente indevida ou não cancelar as averbações dos bens não penhorados, consistentes na indenização à parte contrária, a qual será procedimentalizada, incidente processual que é, em autos apartados. É difícil provar uma averbação manifestamente indevida porquanto a averbação prescinde da certidão de admissibilidade da execução. Quanto ao cancelamento, poderá haver contumácia do exequente, eis que o §3º prevê o prazo de 10 dias para que o exequente a promova, supondo-se assim que o juiz o fará de ofício se não atendido este prazo.

Diferentemente da fase de cognição do processo comum, na execução de quantia certa o executado não é citado para se defender, mas, devido ao prévio *acertamento* que caracteriza o título executivo extrajudicial, será citado para pagar em 3 dias a dívida,

---

[464] "Art. 826. Antes de adjudicados ou alienados os bens, o executado pode, a todo tempo, remir a execução, pagando ou consignando a importância atualizada da dívida acrescido de juros, custas e honorários advocatícios".

obedecendo à contagem desse prazo a regra geral, qual seja, dias úteis com descarte do dia da citação.

Entretanto, o mandado expedido não será apenas de citação, mas de citação para pagar em 3 dias e de penhora e avaliação, tão logo verificado o não pagamento no prazo assinalado. Na prática, extraído o mandado com tais características, o oficial de justiça citará o executado e aguardará o prazo de lei sem devolver o mandado. Não ocorrendo o pagamento, no melhor dos mundos, providenciará de imediato a penhora e a averbação desta. Cumprido o mandado será ele devolvido e juntado aos autos, obviamente de tudo sendo o executado intimado.

Como vimos anteriormente, sempre que possível, o exequente indicará na inicial da execução os bens do devedor que pretende penhorar. Nesse passo, o §2º do art. 829 dispõe que sobre tais bens recairá, preferencialmente, dizemos nós, a penhora, isto porque poderá o executado nomear outros bens desde que demonstre em juízo que a constrição destes lhe será menos gravosa e que não haverá prejuízo para o exequente. Trata-se de mera faculdade do devedor concedida em respeito ao princípio da menor gravosidade da execução. No Código anterior, nomear bens à penhora era uma obrigação do devedor que na execução era citado para pagar ou nomear bens à penhora. Se não o fizesse, esta prerrogativa era devolvida ao exequente. Repare-se que na nova sistemática processual o executado é citado apenas para pagar, os bens a serem penhorados deverão ser indicados já na inicial pelo credor ou se não for possível na inicial a qualquer tempo, mas pelo credor. Nada obstante, poderá o devedor fazê-lo nos termos do §2º do art. 830, desde que atendidas as exigências ali contidas.

Particularmente, vamos mais longe: nada impede que o devedor indique bens à penhora faça-o ou não o credor, cabendo ao juiz decidir pela nomeação de bens que melhor se adeque às exigências da lei, isto é, a maior facilidade possível para o credor sem detrimento da menor gravosidade que se possa impor ao devedor.

O art. 830 do CPC prevê que, na hipótese de o devedor não ser encontrado, o que significa não ser citado pessoalmente ou por hora certa ou por *e-mail* ou por correio, o oficial de justiça arrestará tantos bens quantos bastem à satisfação do crédito. Arresto, já vimos, é medida cautelar que visa assegurar uma futura execução. É claro que havendo indicação na inicial da execução serão estes os bens arrestados, arresto este que será posteriormente convolado em penhora independentemente de termo (§3º do art. 837 do CPC).

O §1º do art. 830 do CPC, a nosso ver, é contraditório com o *caput*, porquanto diz que se o exequente não for encontrado, no prazo de 10 dias, depois de procurado por duas vezes em dias distintos, será citado por hora certa. Ora, numa interpretação literal, parece que a citação na execução terá que ser sempre *in facie*, isto é, a locução *não encontrado* do *caput* significa não encontrado mesmo, as outras modalidades de citação, inclusive por hora certa, esta excepcionalmente prevista, não valem no processo de execução.[465]

O §2º do art. 830 dispõe sobre o óbvio, pois não sendo possível a citação *in facie* ou por hora certa cabe ao exequente requerer a citação por edital. Aqui há outro

---

[465] Obviamente cuida-se de um cochilo do legislador porquanto de um lado nem sempre será possível arrestar bens do devedor não encontrado ou mesmo citá-lo por hora certa, e inexiste impedimento legal ou de lógica jurídica para que sucessiva e alternadamente não se valha o credor de outras modalidades de citação, como pelo correio ou por edital.

contrassenso, vez que o requerimento de citação não é mais requisito da inicial na fase de conhecimento, devendo o juiz determinar a citação, não vejo por que a mesma solução não é adotada na hipótese de citação por edital na execução.[466]

38.7.2 Execução para entrega de coisa certa

O procedimento da execução para entrega de coisa certa guarda similitude com o procedimento da fase do processo do cumprimento de sentença para entrega da coisa certa. A diferença básica entre uma e outra espécie de satisfação forçada da obrigação reside apenas no título executivo. Por isso mesmo, o art. 806 do Código de Processo Civil determina a citação do devedor para entregar a coisa certa do prazo de 15 dias, já podendo o juiz – na verdade, já devendo o juiz – na decisão de admissibilidade da execução, fixar o valor de multa por atraso no cumprimento sem prejuízo de alterá-la para mais ou para menos caso se revele, isto é, se demonstre ao curso do procedimento, ser o valor excessivo ou insuficiente.

A determinação para entrega de coisa certa será objeto de mandado judicial previsto no §2º do art. 806 do CPC. Este mandado poderá ser de imissão na posse, se tratar de bem imóvel, ou de busca e apreensão, se tratar de bem móvel, e será expedido de imediato, caso o executado não cumpra a obrigação no prazo designado.

Três observações se fazem necessárias: a) a expressão "no prazo que foi designado" dá a entender que o prazo de 15 dias previsto no *caput* do artigo não é mandatório ou imperativo, podendo o juiz, atendendo à peculiaridade do caso, assinalar outro prazo, porém, maior; b) o mandado é um só, com a citação, a determinação para a entrega da coisa ou desocupação do imóvel, o prazo e a multa; e c) citado o devedor e decorrido o prazo e não cumprida a determinação, ainda de posse do oficial de justiça, será cumprido o mandado com a diligência de imissão na posse ou de busca e apreensão.

Entretanto, é comum na prática, principalmente no caso de imissão na posse de imóvel, o mandado ser cumprido com a citação e intimação para desocupação voluntária no prazo de 15 dias. Decorrido o prazo sem a desocupação do imóvel, o exequente, normalmente, peticiona comunicando que o executado não cumpriu a ordem judicial e só então o juiz manda expedir mandado de imissão na posse coercitivamente, inclusive com apoio policial se necessário.

Pode ocorrer de a execução não se extinguir pura e simplesmente com a entrega da coisa ou a imissão na posse, eis que, além desta obrigação ou em razão do seu descumprimento, poderá existir dano a ser ressarcido ou pagamento de frutos da coisa devolvida (art. 807 do CPC).

Repare-se que o texto legal menciona apenas a hipótese de imissão na posse e não a de reintegração ou mesmo manutenção na posse. A razão é simples: a imissão na posse é pretensão mesmo quando executória de caráter petitório e não possessório. Imite-se na posse quem adquire a propriedade imóvel e, pela cláusula *constituti*, a posse

---

[466] A partir desse momento do iter procedimental da execução de quantia certa iniciam-se os atos de constrição e de expropriação patrimonial propriamente ditos pertinentes por excelência à execução por quantia certa, mas que com o mesmo tratamento legal podem eventualmente ocorrer em outras modalidades de execução e também de cumprimento de sentença; daí porque, didaticamente, optamos por tratá-los separadamente em itens próprios deste capítulo após o exame do procedimento de todas as espécies de execução.

ou quem adquire sobre o imóvel algum direito real de uso ou fruição, como o usufruto, o uso ou a habitação. A pretensão de reintegração de posse atende a quem tinha (e não a quem a adquire) a posse e dela foi esbulhado. Portanto, reintegração de posse só é possível mediante o cumprimento de sentença ou de decisão liminar em ação possessória, jamais por execução de título executivo extrajudicial. Outra observação pertinente diz respeito à pretensão executiva poder vir acompanhada da cobrança do ressarcimento de prejuízos ou do pagamento dos frutos (ou produtos) da coisa. Tais prejuízos, frutos e produtos podem dizer respeito à não entrega da coisa após o vencimento do título e antes do ajuizamento da execução ou ao período entre o ajuizamento da execução e a efetiva entrega da coisa ou a desocupação do imóvel. Portanto, mesmo que cumprido voluntariamente o mandado no prazo inicialmente fixado pelo juízo, poderá a execução prosseguir.

O art. 808 do CPC dispõe que, alienada a coisa quando já litigiosa, será expedido mandado contra o terceiro adquirente, que somente será ouvido após depositá-la. Isto significa o seguinte: se após o ajuizamento da execução para a entrega de coisa certa, esta for alienada, isto é, tiver sua propriedade transferida, sem prejuízo de tudo que se disse antes, será expedido o mandado de busca e apreensão contra o adquirente, o qual só será ouvido depois de depositar a coisa em juízo.

Este dispositivo parece conflitar com a ação de embargos de terceiro prevista no art. 674 e seguintes do CPC, que prevê a possibilidade de quem não sendo parte do processo sofra constrição ou ameaça de constrição sobre bens que possua ou sobre os quais tenha direito incompatível com o ato constritivo e requeira o seu desfazimento ou sua inibição.

Contudo, a contradição é apenas aparente. Na verdade, o art. 808 do CPC está excepcionando a regra do art. 674 do CPC naqueles casos em que o dito terceiro adquiriu a propriedade ou a posse da coisa objeto da execução para a entrega de coisa certa após o seu ajuizamento. Nesta hipótese, pensamos, não caberá embargos de terceiro, podendo o terceiro opor-se ao ato de constrição por simples petição ao juízo da execução, entretanto, e para tanto, deverá depositar a coisa em juízo. Observe-se também, que o art. 808 do CPC só vale para bens móveis, pois não é possível depósito de imóvel.

Quid iuris, se, por absoluta impossibilidade, a coisa certa não for entregue ao exequente? A solução é a vetusta convolação da obrigação em perdas e danos e, nesse caso, a partir daí, a execução passará a ser por quantia certa. Nesse sentido, o art. 809 do CPC estabelece que o exequente tem direito, além das perdas e danos, ao valor da coisa, quando essa se deteriorar, não lhe for entregue, não for encontrada, ou não reclamada do poder de terceiro adquirente. Enfim, quando por impossibilidade total o exequente não receber a coisa que lhe é devida.

O valor poderá estar previamente estipulado no título. Caso não esteja, proceder-se-á a uma avaliação indireta. Não sendo esta possível o exequente apresentará uma estimativa, sujeitando-a ao arbitramento judicial (§1º do art. 809 do CPC). Para tanto, será observado o procedimento de liquidação (§2º do art. 809 do CPC). Havendo benfeitorias indenizáveis feitas na coisa pelo executado ou por terceiros de cujo poder ela houver sido tirada, a liquidação prévia é obrigatória. Após a avaliação e, se for o caso, a liquidação prévia, se houver saldo em favor do executado ou do terceiro, o exequente depositará o seu valor ao requerer a entrega da coisa, o que significa que sem este depósito a coisa não lhe será entregue. Se o saldo for a favor do exequente, esse poderá cobrá-lo nos mesmos autos. Essa cobrança evidentemente far-se-á pelo procedimento da execução por quantia certa.

38.7.3 Execução para entrega de coisa incerta

Quando a execução recair sobre coisa determinada pelo gênero e pela quantidade, o executado será citado para entregá-la individualizada, se lhe couber a escolha. Se a escolha couber ao exequente, este deverá indicá-la na petição inicial (art. 811 e parágrafo único do CPC). Trata-se da execução de coisa fungível, isto é, que pode ser trocada por outra da mesma natureza na mesma quantidade.

Qualquer das partes poderá, no prazo de 15 dias, impugnar a escolha feita pela outra, e o juiz decidirá de plano ou, se necessário, ouvindo o perito de sua nomeação (art. 812 do CPC).

A execução para entrega de coisa incerta na forma disposta no art. 811 do CPC parece estar falando de obrigação alternativa. Todavia, não é disto que se trata, pois, na obrigação genérica, o objeto já está previamente determinado, apenas a sua qualificação é que será definida *a posteriori*. Tem-se uma indeterminação interna. Nas obrigações alternativas, até a especificação do objeto, a indeterminação do objeto é externa.[467]

A possibilidade de impugnação por qualquer das partes da escolha feita pela outra é regra que atende ao direito material, na medida em que o art. 244 do Código Civil proíbe o devedor, que no caso será o executado, de dar coisa pior, e proíbe o credor, no caso o exequente, de lhe cobrar coisa melhor. Havendo controvérsia, nesse sentido, se o juiz não puder decidir de plano, deverá valer-se de perito. É claro que se houver a intervenção do perito, o procedimento deverá obedecer ao disposto nos arts. 464 e seguintes do CPC.

No mais, a execução para entrega de coisa incerta obedecerá ao mesmo procedimento da execução para entrega de coisa certa, inclusive naquilo tudo que dissemos com relação à eventual possibilidade da conversão da execução para entrega de coisa, certa ou incerta, em execução por quantia certa.

38.7.4 Execução das obrigações de fazer

Assim como a execução para entrega de coisa certa e coisa incerta guarda similitude com o cumprimento de sentença com o mesmo objeto, a execução das obrigações de fazer ou de não fazer guarda semelhança com o procedimento do cumprimento de sentença que tenha esse objeto, com a diferença fundamental da natureza do título executivo. Na execução por título executivo extrajudicial de obrigação de fazer, nos termos do art. 815 do Código de Processo Civil, o executado será citado para satisfazer a obrigação no prazo que o juiz lhe assinalar se outro não estiver determinado no título. Observe-se que, diferentemente da execução para entrega de coisa, não há prazo legal. O prazo será contratual, eis que aquele previsto no título, ou será judicial, pois quando não previsto,

---

[467] MEDINA, José Miguel Garcia; ARAÚJO, Fábio Caldas de. *Código Civil comentado*. São Paulo: RT, 2014 (comentário ao art. 252).

será assinalado pelo juízo. Isto se deve à circunstância de que, tratando-se de obrigação de fazer, primeiro deve-se observar, pelo fenômeno do *acertamento*, o prazo estipulado pelas partes, afinal, *pacta sunt servanda*. Inexistindo prazo previamente acertado pelas partes, caberá ao prudente arbítrio do juiz sua fixação. É que, tratando-se de obrigação de fazer, a dificuldade ou a complexidade do executado em desincumbir-se da obrigação pode ser de maior ou de menor grau e, não tendo sido previsto pelas partes prazo para o seu cumprimento, caberá ao juiz fixar prazo razoável levando sempre em consideração o grau de dificuldade da obrigação diante do caso concreto.

Além de fixar o prazo, ao admitir a execução, o juiz desde logo fixará multa por período de atraso no cumprimento da obrigação e a data a partir da qual será devida. O teor do disposto no art. 814 do CPC resolve de vez a questão do início da contagem da multa pelo atraso no cumprimento. A nosso ver, esta multa deverá sempre ser contada a partir do primeiro dia útil após o vencimento do prazo determinado no título ou fixado pelo juiz. O parágrafo único do art. 814 do CPC diz que se o valor da multa previsto no título for excessivo, o juiz poderá reduzi-lo. Atente-se: o juiz poderá apenas reduzi-lo; se for insuficiente, jamais poderá majorá-lo. A razão é simples: se o valor for excessivo, haverá enriquecimento sem justa causa, o que abomina a ideia de distribuição da justiça.

Fixado no título ou pelo juízo o prazo para cumprimento da obrigação de fazer, decorrido este e não satisfeita a obrigação, dispõe o art. 816 do CPC que, mediante simples petição e nos próprios autos, poderá o exequente requerer a satisfação da obrigação à custa do executado ou perdas e danos, hipótese em que a obrigação se converterá em indenização. A hipótese versada no art. 816 do CPC diz respeito evidentemente às obrigações não personalíssimas, isto é, aquelas que podem ser cumpridas pelo próprio devedor ou por outro qualquer. Nesses casos, o Código permite que, decorrido o prazo fixado e não satisfeita a obrigação, o credor exequente poderá requerer que o juízo o autorize a promover sua própria satisfação com o cumprimento da obrigação devida por outrem, porém, como é obvio, à custa, por conta do devedor executado.

Entretanto, se ao credor se apresentar mais conveniente ser indenizado pelo não cumprimento da obrigação do que por seu próprio cumprimento por outro ainda que à custa do devedor, o Código lhe permite esta opção, convertendo-se a obrigação de fazer numa indenização pela lesão ocorrida em razão do seu descumprimento. O parágrafo único do art. 816 do CPC estabelece que o valor desta indenização será apurado em liquidação e, a partir daí, a execução da obrigação de fazer se converterá em execução por quantia certa obedecendo ao respectivo procedimento.

Caso tenha o credor exequente optado pela satisfação da obrigação por terceiro, o art. 817 do CPC prevê que juiz possa autorizar tal expediente, sempre a requerimento do exequente, jamais *ex officio,* e sempre à custa do executado. Entretanto, nesta hipótese, o exequente adiantará o valor da proposta do terceiro uma vez esta aprovada pelo juízo. Realizada a prestação, as partes serão ouvidas no prazo de dez dias (sucessivos), e, não havendo impugnação, o juiz considerará satisfeita a obrigação (art. 817 e parágrafo único e art. 818, *caput*, do CPC). Caso haja impugnação, garantido o contraditório, o juiz a decidirá. É claro que se a impugnação for procedente não poderá o juiz considerar a obrigação satisfeita.

Ainda na hipótese de contratação de terceiro para a realização da prestação, se este não a cumprir no prazo ou a fizer de modo incompleto ou defeituoso, devolve-se ao exequente a faculdade de concluí-la ou repará-la conforme o caso e, obviamente, à custa do contratante. Ainda neste passo, garante-se ao contratante a possibilidade de se explicar no prazo de 15 dias. Caso o juiz não aceite suas explicações, mandará avaliar a despesa dos custos necessários e condenará o contratante a ressarci-la ao exequente. Curiosamente aqui é como se o executado deixasse de ser o devedor e passasse a ser o contratante (art. 819 e parágrafo único do CPC).

O art. 820 e seu parágrafo único do CPC dispõem sobre a preferência a ser exercida no prazo de cinco dias após aprovada a proposta do terceiro caso o exequente queira executar ou mandar executar sob sua direção e vigilância as obras e trabalhos necessários à realização da prestação, em igualdade de condições.

O Código reserva dois dispositivos para a execução de obrigação de fazer personalíssima, seja pelo seu objeto, seja pela qualidade e pessoal do devedor, seja por convenção das partes. Nesse sentido, o art. 821 do CPC estabelece que na obrigação de fazer prevista em título executivo extrajudicial, quando se convencionar que o executado a satisfaça pessoalmente, o exequente poderá requerer ao juiz que lhe assine prazo para cumpri-la. A fixação deste prazo, assim como se disse antes, observará o grau de complexidade do cumprimento da prestação. O parágrafo único do art. 821 do CPC disciplina a conduta do executado que se recuse a cumprir obrigação pessoal ou a cumpra em mora. Nesses casos a prestação será convertida em perdas e danos e, partir daí, observar-se-á o procedimento de execução por quantia certa, se necessário com a prévia liquidação.[468]

38.7.5 Execução da obrigação de não fazer

O Código reserva três dispositivos, arts. 822, 823 e parágrafo único, para cuidar da execução por título executivo extrajudicial da obrigação de não fazer. Isto, porém, não significa que apenas estes dispositivos regulem a matéria. Antes disso, o intérprete deve ter em mente que estes três dispositivos são justamente aquilo que diferencia esta espécie de execução das demais. Assim, suas omissões devem ser supridas primeiro pelas disposições comuns da execução das obrigações de fazer e de não fazer; em segundo lugar pelas regras da obrigação de fazer; e em terceiro lugar pelas disposições gerais aplicáveis a todas as espécies de execução e, finalmente, pelas disposições da parte geral do Código de Processo Civil.

O art. 822 do CPC estabelece que se o executado praticou ato a cuja abstenção estava obrigado por lei ou por contrato, o exequente requererá ao juiz que assine prazo ao executado para desfazê-lo. A observação que se permite fazer aqui é que esta abstenção deverá estar prevista em contrato, que no caso fará as vezes do título executivo extrajudicial, mas não apenas na lei, porque aí, pensamos, será o caso de ação pelo processo comum com este objetivo e não de execução por título executivo extrajudicial.

O art. 823 do CPC repete a norma do art. 816 c/c o art. 819, ambos do CPC, na medida em que, havendo recusa ou mora do executado, o exequente requererá ao juiz que mande desfazer o ato à custa do executado que responderá por perdas e danos.

---

[468] Ao nosso ver, o Código aqui não andou bem, porquanto recusa ou mora não se confundem. A mora é o cumprimento da obrigação extemporaneamente quando este cumprimento ainda aproveite ao credor, respondendo o devedor pelo atraso, isto é, pela demora, no seu cumprimento. Já a recusa ou o inadimplemento são o descumprimento mesmo da obrigação.

O Código não diz, mas é evidente que estas perdas e danos serão apuradas em liquidação e sua execução obedecerá ao procedimento da execução de quantia certa.

O parágrafo único do art. 823 do CPC prevê que, praticado o ato não permitido, não sendo possível desfazê-lo, resolver-se-á a questão em perdas e danos, apuráveis em liquidação e cobrado pelo procedimento de execução por quantia certa.

38.7.6 Execução contra a Fazenda Pública

Houve-se bem o legislador quando deixou clara no Código de Processo Civil a possibilidade de execução contra a Fazenda Pública aparelhada por título executivo extrajudicial. Antes discutia-se tal possibilidade, tendo em vista que contra a Fazenda Pública não são permitidos, salvo em raríssimas ocasiões, atos de constrição, de expropriação ou de alienação judicial. Destarte, como na sistemática processual anterior o devedor executado era citado para pagar ou nomear bens à penhora, e a Fazenda Pública não pode ser penhorada, era discutível a possibilidade de execução extrajudicial contra a Fazenda Pública. Todavia, o atual Código passou a permiti-la, observadas as devidas e necessárias adaptações.

Assim é que o art. 990 do CPC diz que, na execução fundada em título executivo extrajudicial, a Fazenda será citada para opor embargos em 30 dias. Dispõe o §1º que não opostos ou rejeitados os embargos, será expedido precatório ou requisição de pequeno valor – RPV, conforme o valor, de acordo com o art. 100 da Constituição Federal. O §2º abre à Fazenda Pública a possibilidade de nos embargos discutir toda a matéria que seria possível discutir no processo de conhecimentos, aplicando-se subsidiariamente as regras dos arts. 534 e 535 do CPC que dizem respeito ao cumprimento de sentença contra a Fazenda Pública.

Algumas considerações sobre o tema são cabíveis: a) o Código não fala em honorários, por isso, só haverá honorários se houver embargos; b) não há atos de constrição, alienação ou expropriação; c) não há restrições para as alegações nos embargos, o que não é exclusividade da Fazenda Pública, visto que a mesma regra se aplica aos executados em geral na execução de quantia certa, conforme art. 917, VI, do CPC; d) dado o regime de pagamento via precatório ou requisição de pequeno valor, os embargos opostos pela Fazenda Pública terão necessariamente efeito suspensivo, porque só poderá ser iniciado o procedimento para a expedição do precatório ou da RPV após o trânsito em julgado da decisão dos embargos.

Atente-se que, quando os embargos forem parciais, a execução prosseguirá na parte incontroversa, nos termos do §3º do art. 919 do CPC. Atente-se também que a expedição do precatório ou da RPV só será possível após o trânsito em julgado dos embargos, o que significa que o disposto no §1º do art. 990 do CPC está na verdade dizendo que o precatório ou a RPV precisam aguardar o trânsito em julgado dos embargos e não apenas sua rejeição, porque da decisão dos embargos cabe recurso e enquanto pendente este não há trânsito em julgado.

O código não é suficientemente claro quanto à necessidade de reexame necessário ou recurso *ex officio* da sentença que julga improcedente os embargos opostos pela Fazenda Pública. Aqui, pensamos que o art. 496, I, do CPC dá a solução quando prevê de forma genérica o duplo grau de jurisdição necessário nas sentenças proferidas contra a

Fazenda Pública. Ora, os embargos são uma ação autônoma, portanto, processo decidido por sentença.[469]

38.7.7 Execução de alimentos

O Código de Processo Civil prevê a execução por título executivo extrajudicial em que conste obrigação de pagar alimentos, mandando aplicar, no que couber, o disposto nos §§2º a 7º do art. 528 do CPC, que versam sobre o cumprimento de sentença de pagar alimentos. Por vezes, a obrigação de prestar alimentos pode resultar ou estar consubstanciada em documento assinado pelas partes e não numa sentença, pode ser um acordo ou uma transação visando evitar litígio. É importante destacar que o documento que será havido por título executivo extrajudicial tenha como objeto a obrigação de prestar alimentos, e não que se trate da execução de um título executivo extrajudicial emitido para adimplir a obrigação alimentar. Trocando em miúdos: o título tem que trazer expresso no *acertamento* que se trata de alimentos, caso, por exemplo, de um contrato que reconheça a obrigação de alguém prestar alimentos a outrem e não, por exemplo, uma nota promissória ou um cheque emitidos para pagar uma obrigação alimentar preexistente, pois neste caso tratar-se-á de execução por quantia certa e não de execução de alimentos. Isto significa que a obrigação alimentar tem que surgir e se confundir com o próprio título executivo.

O devedor será citado para efetuar pagamento em 3 dias, tanto das parcelas anteriores à execução, como daquelas que se vencerem no seu curso; provar que o fez ou justificar a impossibilidade de fazê-lo. Veja-se que toda sistemática é exatamente aquela utilizada pelo Código no cumprimento de sentença que condene a pagar alimentos. Assim é que, nessas mesmas condições, poderá o exequente requerer o desconto em folha de pagamento caso o executado seja funcionário público, militar, diretor ou gerente de empresa, bem como empregado sujeito à legislação trabalhista.

Se a execução não for ajuizada nos moldes previstos, o que significa que o credor tem que indicar na inicial que se trata de execução extrajudicial de obrigação alimentar, a execução será recebida e processada como execução de quantia certa, conforme dispõe o art. 913 do CPC.

38.8 Penhora

Penhorar é afetar determinado bem ou bens do patrimônio do devedor ou do responsável patrimonial pela execução com a finalidade de garantir a satisfação do crédito exequendo. A penhora tem duas finalidades: a) individualizar e apreender os bens que se destinam à futura expropriação e alienação; e b) conservar os bens individualizados na situação em que se encontram, evitando que sejam escondidos ou deteriorados em prejuízo da execução em curso. Como se disse anteriormente, em tese, e num primeiro momento, todo o patrimônio do devedor responde pela execução. A penhora é o ato processual específico de constrição patrimonial que vai separar e destacar, num segundo momento, entre os bens do devedor, aqueles que irão responder pela execução.

---

[469] RODRIGUES, Marco Antônio. *A Fazenda Pública no processo civil*. São Paulo: Atlas, 2015. p. 125.

Se por um lado a penhora tem finalidade de individualizar e conservar o bem penhorado, por outro, tem função preparatória dos futuros atos de expropriação. Diante desta constatação, pode-se traçar um paralelo com o arresto: o arresto é medida cautelar típica; ao passo que a penhora se dá no processo de execução. Deve-se, contudo, observar que, ao contrário do que boa parte da doutrina entendeu no passado, a penhora não acarreta a indisponibilidade do bem nem a proibição de sua utilização, nem gera direito real em favor do credor.[470] Do mesmo modo, a proibição de alienar os bens apreendidos não subsiste, pois, pelo efeito da sequela, o que importa é que o bem penhorado garanta a execução, não sendo, para isso, indispensável que permaneça no patrimônio do devedor.[471] No fundo, o efeito da penhora é meramente processual, e produz apenas o enfraquecimento do direito do devedor que se manifesta na limitação de sua faculdade de dispor do bem, porém, a alienação da coisa é possível, mas não a livra da responsabilidade, mesmo depois da entrada no patrimônio de terceiro.[472]

A individuação do bem penhorado sofre restrições legais, posto que nem todos os bens do devedor podem ser penhorados. Nos termos do art. 833 do Código de Processo Civil, são impenhoráveis: a) os bens inalienáveis e os declarados, por ato voluntário, não sujeitos à execução; b) os móveis, os pertences e as utilidades domésticas que guarnecem a residência do executado, salvo os de elevado valor ou os que ultrapassem as necessidades comuns correspondentes a um médio padrão de vida; c) os vestuários, bem como os pertences de uso pessoal do executado, salvo se de elevado valor; d) os vencimentos, os subsídios, os soldos, os salários, as remunerações, os proventos de aposentadoria, as pensões, os pecúlios e os montepios, bem como as quantias recebidas por liberalidade de terceiro destinadas ao sustento do devedor e de sua família, os ganhos do trabalhador autônomo e os honorários de profissional liberal, todos até o limite de 50 salários mínimos, ressalvado as dívidas de alimentos; e) os livros, as máquinas, as ferramentas, os utensílios, os instrumentos ou outros bens móveis necessários ou úteis ao exercício da profissão do executado; f) o seguro de vida; g) os materiais necessários para obras em andamento, salvo se essas forem penhoradas; h) a pequena propriedade rural, assim definida em lei, desde que trabalhada pela família; i) os recursos públicos recebidos por instituições privadas para a aplicação compulsória em educação, saúde, ou assistência social; j) a quantia depositada em caderneta de poupança, até o limite de 40 salários mínimos; k) os recursos públicos do fundo partidário recebidos por partido político, nos termos da lei; l) os créditos oriundos da alienação de unidades imobiliárias, sob regime de incorporação imobiliária, vinculados à execução da obra.

---

[470] "É fato que o Pignus in causa iudicati capitum, introduzido pelo Imperador Antonino Pio no Processo Extra Ordinem (Digesto, De Re Iudicata, 42, I. 31), que foi substituindo paulatinamente a execução patrimonial universal do Direito Romano mais antigo, dava lugar a direito real, sendo por Justiniano equiparado ao penhor convencional (Cod., de Praetor. pignus. 8,21.2). É verdade também que do Pignus in causa iudicati capitum se desenvolveu historicamente, até a forma de execução por meio de apreensão e alienação de determinados bens do executado, e que por muito tempo o credor que primeiro fizesse a penhora era preferido aos outros (cf. ordenações Filipinas, Livro 3, Título 91, §1º). No direito moderno não há mais vestígio deste suposto direito real que seria constituído como efeito da penhora: da antiga concepção sobrevive apenas a lembrança no nome do ato" (LIEBMAN, Enrico Tullio. *Processo de execução*. 4. ed. Notas de atualização de Joaquim Munhoz Denelli. São Paulo: Saraiva, 1980. p. 125-126).

[471] LIEBMAN, Enrico Tullio. *Processo de execução*. 4. ed. Notas de atualização de Joaquim Munhoz Denelli. São Paulo: Saraiva, 1980. p. 125-126.

[472] CARNELUTTI, Francesco. *Lezioni*. Pádua: Cedam, 1930. v. 2. nº 267.

A impenhorabilidade dos bens inalienáveis e dos declarados, por ato voluntário, não sujeitos à execução é óbvia, pois que, se a penhora é ato preparatório da futura expropriação, sendo o bem inalienável também não poderá ser penhorado. A outra hipótese está tratando das cláusulas de impenhorabilidade e de inalienabilidade instituídas por ato voluntário.

A impenhorabilidade dos móveis pertencentes e utilidades domésticas que guarnecem a residência do executado, salvo os de elevado valor ou os que ultrapassem as necessidades comuns correspondentes ao padrão médio de vida, retira da penhora tudo o que for útil e necessário para suprir as necessidades da vida do executado, e guarneça sua residência. Todavia, o que for supérfluo, desnecessário ou luxuoso é penhorável.

Do mesmo modo se dá com o vestuário, bem como os pertences de uso pessoal do executado, salvo de elevado valor. Aqui é o mesmo princípio que informa a vedação anterior que dá o tom, isto é, o que é útil e necessário é impenhorável, o que é luxuoso e desnecessário é penhorável.

Os vencimentos, os subsídios, os soldos, os salários, as remunerações, os proventos de aposentadoria, as pensões, os pecúlios e os montepios, bem como as quantias recebidas por liberalidade de terceiro e destinadas ao sustento do devedor e sua família, estão fora da possibilidade da penhora até o limite de 50 salários mínimos, exceto quando se trate de execução alimentícia. Aqui, mais uma vez o Código estabelece salvaguarda ao sustento do devedor e de sua família. A curiosidade está em que como se trata de valores líquidos, o Código estabelece o limite do que seja necessário, isto é, 50 salários mínimos; ao passo que, nas outras hipóteses, deixa esse limite indefinido em valores.

Os livros, as máquinas, as ferramentas, os utensílios, os instrumentos ou outros bens móveis necessários ou úteis ao exercício da profissão do executado estão excluídos da penhora, assim como os equipamentos, os implementos e as máquinas agrícolas pertencentes à pessoa física ou à empresa individual produtora rural, exceto quando tais bens tenham sido objeto de financiamento e estejam vinculados em garantia a negócio jurídico ou quando respondam por dívida de natureza alimentar, trabalhista ou previdenciária. Observe-se que os bens descritos no inc. V do art. 833 do CPC não podem ser penhorados nem por dívida alimentar, já os que se incluem por força do disposto no §2º do art. 833 do CPC podem ser penhorados se a dívida for alimentar. Mas aqui não há limite de valor, ou seja, mesmo de valor excessivo estes bens não podem ser penhorados, salvo por dívida alimentar. A justificativa é simples: trata-se de bens necessários à atividade profissional do executado, portanto, necessários à sua própria sobrevivência.

O seguro de vida também não pode ser penhorado, porque é uma estipulação em favor de terceiro. Se não fosse a regra explícita do inc. VI do art. 833 do CPC, fatalmente seria enquadrado no inc. IV, pois não deixa de ser uma espécie de constituição de renda.

Os materiais necessários para as obras em andamento, salvo se estas forem penhoradas, não são passíveis de penhora, ainda que eles já tenham sido comprados, entregues ou não, porque é bem que logo se incorporará à obra, exceto, é claro, se a própria obra for penhorada. É uma aplicação processual do princípio que o acessório segue a sorte do principal.

A pequena propriedade rural, assim definida em lei, desde que trabalhada pela família, é uma impenhorabilidade que se equipara àquela prevista no inc. V do art. 833 do CPC, porquanto para a família de agricultores a pequena propriedade rural é ferramenta de trabalho.

Os recursos públicos recebidos por instituições privadas para aplicação compulsória em educação, saúde ou assistência social não podem ser penhorados, porque a impenhorabilidade decorre logicamente da necessidade de os recursos públicos terem a garantia que serão utilizados na finalidade destinada. Se se permitisse a penhora de tais recursos haveria verdadeiro desvio de finalidade na utilização dos recursos públicos. Observe-se aqui que o mesmo não se dá quando os recursos públicos são repassados para atividade de fomento.

Os depósitos em caderneta de poupança até 40 salários mínimos não são penhoráveis. É claro que são 40 salários mínimos por pessoa, ainda que em várias cadernetas e não por caderneta.

Os recursos públicos de fundo partidário recebidos por partido político, nos termos da lei, não são penhoráveis. Esta impenhorabilidade tem origem no mesmo princípio da proteção dos recursos públicos contra o desvio de finalidade.

Os créditos oriundos de alienação de unidades imobiliárias, sob regime de incorporação imobiliária vinculados à execução da obra, não podem ser penhorados por uma razão absolutamente plausível, pois que a unidade é vendida para que com parte do produto da venda a incorporadora possa construir a obra. Ora, se terceiros penhoram tais créditos é intuitivo que a obra não se realizará. Anote-se, porém, que a impenhorabilidade é do crédito decorrente do contrato de venda de unidade imobiliária autônoma a ser construída. A lei fala em crédito, não em dinheiro. Crédito é direito, recebível no futuro. Este direito não pode ser penhorado.

Há que se ressaltar que, nos termos do §1º do art. 833 do CPC, a impenhorabilidade não é oponível à execução de dívida relativa aos próprios bens, inclusive àquela contraída para a sua aquisição. Contudo, não havendo outros bens no patrimônio do devedor, os frutos e os rendimentos dos bens inalienáveis podem ser penhorados e aqui se volta ao tema da distinção entre frutos e produto, a que anteriormente já nos referimos.

O art. 835 do CPC estabelece a ordem de preferência sobre os bens do devedor a serem penhorados: a) dinheiro, em espécie ou em depósito ou aplicação em instituição financeira; b) títulos da dívida pública, da União, dos estados e do Distrito Federal com cotação em mercado; c) títulos e valores mobiliários com cotação em mercado; d) veículos de via terrestre; e) bens imóveis; f) bens móveis em geral; g) semoventes; h) navios e aeronaves; i) ações e cotas de sociedades simples e empresariais; j) percentual do faturamento de empresa devedora; k) pedras e metais preciosos; l) direitos aquisitivos derivados de promessa de compra e venda e de alienação fiduciária em garantia; m) outros direitos.

Atente-se que nos termos do §1º do art. 835 do CPC esta ordem só vale prioritariamente e absolutamente para o dinheiro, nas demais hipóteses o juiz poderá alterá-la de acordo com as peculiaridades do caso. Em outras palavras: havendo dinheiro, será sempre este o bem penhorado, independentemente de qualquer outro; porém, havendo veículos terrestres ou ações de companhia, nada impede que o juiz determine a penhora das ações preferencialmente aos veículos terrestres.

Da preferência pelo dinheiro, por razões óbvias, decorre que a penhora de qualquer bem pode ser substituída por dinheiro. Nesse sentido, o §2º do art. 835 do CPC equipara ao dinheiro para efeito de substituição da penhora a fiança bancária e o seguro de garantia judicial.

Na execução de crédito com garantia real, a penhora recairá, é claro, sobre o bem dado em garantia. Caso a coisa pertença a terceiro garantidor, este também será intimado da penhora. Na garantia real, na verdade, o que se tem é um ajuste entre o devedor e o credor, às vezes entre devedor, credor e terceiro garantidor de uma pré-afetação no patrimônio do devedor, ou dono da coisa dada em garantia, de modo que a eventual futura execução, em caso de inadimplemento, já tenha a penhora garantida.

O art. 836 do CPC tem regra vedatória de efetivação da penhora quando ficar evidente que o produto da alienação do bem penhorado for totalmente absorvido pelas custas da execução. É que a execução se faz em favor e no interesse do credor. Ora, se a expropriação mal dará para as custas, ficando o exequente sem nada a receber, melhor que nada se exproprie.

Os §§1º e 2º do art. 836 do CPC determinam que, não encontrando bens penhoráveis, o oficial de justiça deverá listar em certidão os bens que guarnecem a residência do executado, se pessoa física, ou seu estabelecimento, se pessoa jurídica. Feita a lista, o executado, pessoa física ou o representante legal, se pessoa jurídica, será nomeado depositário fiel de tais bens até ulterior deliberação do juiz. Aqui, temos uma situação curiosa. Evidentemente que esta descrição dos bens só tem razão de ser para a verificação da existência de bens de alto valor que estão excluídos da vedação de impenhorabilidade prevista no inc. II do art. 833 do CPC. Entretanto, há verdadeira atecnia na determinação de se nomear o executado ou o representante legal da pessoa jurídica executada como depositário fiel, porquanto, o dispositivo só se aplica quando não se encontrarem bens penhoráveis, portanto, não se trata de penhora, e também o dispositivo não manda que haja arresto desses bens. Ora, se não há penhora, arresto ou qualquer ato caucionador, o executado ou o representante legal da pessoa jurídica executada serão depositários fiéis a que título?

38.9 Documentação. Registro. Depósito e modificação da penhora

Um dos princípios que informam o processo é o princípio da documentação, que impõe que a prática dos atos processuais se faça em estrita obediência ao objeto formal do processo. Por isso, os atos processuais precisam ser devidamente documentados. Afinal, como já dissemos, é pela forma que se controla a legalidade.

O Código disciplina a maneira pela qual o ato processual a ser praticado deva ser documentado no processo. É o que se dá com a penhora que, nos termos do art. 838 do CPC, será realizada mediante auto ou termo, chamado auto ou termo de penhora, o qual, necessariamente, conterá: a) o dia, o mês e ano e o lugar onde foi feita; b) os nomes do exequente e do executado; c) a descrição dos bens penhorados, com as suas características; d) a nomeação do depositário dos bens.

Auto documenta o ato processual praticado fora do processo. Termo documenta o ato processual praticado no processo. Assim, se penhora se realizar por diligência externa será lavrado auto de penhora, como se dá na penhora de bens móveis. Se for praticado no próprio processo, será lavrado termo de penhora, como se dá no caso da penhora de bens imóveis ou na convolação de arresto ou de bloqueio de dinheiro em penhora.

Tratando-se de bens móveis, a penhora se concretiza com a apreensão e o depósito dos bens. Importante ressaltar que nada impede e, no mais das vezes, acontece, de o próprio devedor ficar como depositário dos bens penhorados e, neste caso, não haverá apreensão propriamente dita. Observe-se que, embora integrantes do ato de penhorar, a apreensão e o depósito são dois atos diferentes, por isso devem ser documentados em autos também diferentes. Entretanto, caso tudo termine no mesmo dia, prevê o art. 839 do CPC que apenas um auto será lavrado para documentar as duas diligências.

Observe-se que não há penhora de vários bens, isto é, uma só penhora englobando mais de um bem. A regra é: para cada bem uma penhora. Portanto, para cada penhora, como dispõe o parágrafo único do art. 839 do CPC, um auto específico e autônomo. Esta regra, a nosso ver, visa evitar que nulidade ou irregularidade existente na penhora de um bem contamine a dos outros.

Com a apreensão e o depósito dos bens penhorados cria-se uma dificuldade, qual seja, os bens ficam à disposição do juízo, mas, em algum lugar e sob a guarda de um depositário. Já vimos que muitas vezes a prática recomenda que o próprio devedor fique como depositário. Nada obstante, o art. 840 do CPC enumera uma ordem preferencial de depositários levando em conta a natureza do bem apreendido.

Assim como é óbvio: a) as quantias em dinheiro, os papéis de crédito e as pedras e os metais preciosos, estes últimos sempre com um valor estimado de resgate, serão depositados preferencialmente no Banco do Brasil, na Caixa Econômica Federal ou em banco do qual o estado ou o Distrito Federal possua mais da metade do capital social integralizado, ou, na falta desses estabelecimentos, em qualquer instituição de crédito designada pelo juiz; b) os móveis, semoventes, os imóveis urbanos e os direitos aquisitivos sobre imóveis urbanos em poder do depositário judicial ou em poder do exequente se não houver depositário judicial; c) os imóveis rurais, os direitos aquisitivos sobre imóveis rurais, as máquinas, os utensílios e os instrumentos necessários ou úteis à atividade agrícola, mediante caução idônea em poder do executado.

O art. 841 do CPC indica que, formalizada a penhora, o que significa terminadas todas as diligências, lavrados os autos e juntados no processo, será imediatamente intimado o executado, na pessoa de seu advogado ou da sociedade de advogados a que ele pertença (§1º). Caso o executado não tenha advogado constituído nos autos, isto é, com procuração juntada no processo, terá que ser intimado pessoalmente, preferencialmente, por via postal (§2º). Isto se não tiver presenciado a penhora, caso as diligências tenham se realizado na presença do executado, este considerar-se-á intimado no próprio ato. A intimação da penhora se presta a dois objetivos: a) dar conhecimento ao executado; e b) possibilitar que impugne a penhora. A impugnação, todavia, é somente quanto à penhora e não quanto à execução em si, visto que a execução pode ser embargada mesmo sem a penhora. Isto é, na impugnação o executado poderá atacar aspectos formais da penhora, bem como a impenhorabilidade do bem ou ainda excesso de penhora, entre outros temas.

O §4º do art. 841 do CPC manda considerar realizada a intimação, se o executado não tiver advogado constituído nos autos e, na forma do art. 274 do CPC, não tiver comunicado seu novo endereço ao juízo. Observe-se que esse expediente, de péssima inspiração e de conotação inconstitucional, não impede a diligência de intimação e sua juntada nos autos. Isto porque só se saberá se o executado se mudou e não avisou ao juízo mediante a devolução do AR da intimação, que preferencialmente será feita mediante via postal prevista no §2º. Ora, a devolução do AR pode ocorrer por presunção de que o executado tenha se mudado. Portanto, em nosso entendimento, toda cautela é recomendável na aplicação deste dispositivo, carecendo de verificação no local da situação por oficial de justiça.

O art. 842 do CPC adverte que recaindo a penhora sobre imóvel ou sobre direito real sobre imóvel, da penhora também será intimado o cônjuge do executado, salvo se forem casados em regime de separação absoluta de bens. Em nosso entendimento, recaindo a penhora sobre imóvel ou sobre direito real sobre imóvel, o cônjuge, *ad cautelam*, deverá ser intimado da penhora, até porque o regime de bens pode ser alterado durante a constância do casamento desde que haja acordo.

O art. 843 do CPC positiva regra já assente na jurisprudência com relação à salvaguarda da meação do cônjuge não executado, estabelecendo que esta se garantirá pela metade do produto da alienação do bem. A razão é clara, pois se recaísse sobre fração ou percentual de bem indivisível, retiraria completamente o valor do bem imóvel. O §1º traz regra inócua ao reservar o direito de preferência ao cônjuge do executado, porquanto pela comunhão já faria jus a esta preferência. O curioso é que isto pode alterar parcialmente o regime de bens, porque aquele bem deixará de compor o patrimônio comum do casal, já que adquirida pelo cônjuge não devedor a porção pertencente ao cônjuge devedor, que será alienada. Portanto, o Código dispensa atenção especial na preservação da meação do cônjuge não devedor quando inadmite alienação por preço que não garanta pelo menos esta parte, considerada como a metade do valor da alienação (§2º do art. 843).

Neste tópico, cabe frisar a importância da regra contida no art. 844 do CPC que estabelece que, para a presunção absoluta do conhecimento de terceiros, cabe ao exequente providenciar a averbação do arresto ou da penhora, independentemente de mandado judicial. Isto significa que só com tal providência a presunção será absoluta, isto é, não admitirá prova em contrário; porém, não significa, a contrário senso, que se não houver registro, haverá presunção relativa, pois, se não houver registro não haverá qualquer presunção.

A penhora é ato processual real porque se realiza sempre no local onde se encontra o bem a ser penhorado, ainda que na posse, na detenção ou na guarda de terceiros (art. 845 do CPC). Tratando-se, entretanto, de bem imóvel, independentemente da sua localização, e de automóveis ou embarcações, desde que apresentados os respectivos registros por certidões dos órgãos competentes, (RGI, Detran, Capitania dos Portos, conforme o caso), a penhora será realizada por termo nos autos. Caso o bem a ser penhorado se encontre fora do local da execução, os atos de expropriação serão feitos por carta, penhorando-se, avaliando-se e alienando-se os bens no foro de sua situação. Cabe ponderar que não é a execução que será feita por carta, mas sim os atos de constrição e expropriação patrimonial. Quanto à espécie da carta, certamente trata-se de carta precatória.

A antes denominada penhora portas à dentro remanesce no Código, prevista no art. 846 e parágrafos, em que se diz que havendo resistência para obstar a penhora o juiz autorizará o arrombamento do local onde se encontram os bens, obedecendo-se aos trâmites previstos nos §§1º, 2º, 3º e 4º do respectivo artigo.

Realizada a penhora, em certas situações muito específicas, haverá possibilidade de modificá-la. Três são as modalidades previstas no CPC: a) a modificação propriamente dita, que conforme a hipótese poderá ser provocada apenas pelo executado ou por ambas as partes; b) a segunda penhora; c) a liquidação e conversão da penhora. Desde logo, deve-se deixar claro que a modificação da penhora em qualquer das suas espécies não se confunde com o já estudado reforço de penhora.

A modificação propriamente dita da penhora pode ocorrer de duas maneiras: a) provocada apenas pelo executado; ou b) provocada por qualquer das partes. Poderá ser provocada apenas pelo executado observados os seguintes requisitos: a) prazo de 10 dias contados a partir da intimação da penhora; b) comprovação de que a substituição do bem onerado, sem prejuízo para o credor, lhe será menos onerosa. Trata-se, aqui, da aplicação concreta do princípio que a execução deve ser procedida sempre da maneira menos gravosa possível para o devedor. Mas para isso terá também que observar os requisitos formais elencados no §1º do art. 847 do CPC, quais sejam: i) certidão do RGI, se imóvel; ii) descrição detalhada e o estado, se bem móvel; iii) espécie, número, marca ou sinal e local, se semoventes; iv) identificação e indicação do devedor, origem da dívida, título representativo e data do vencimento, se crédito; v) atribuição de valor a cada bem indicado, e esclarecimento se sobre eles pesa qualquer ônus; vi) tratando-se de imóvel, é obrigatória a anuência do cônjuge, exceto se o regime for o da separação universal.

Poderá ser provocada por ambas as partes e já não mais apenas no prazo preclusivo de 10 dias, portanto, em qualquer momento, quando: a) a penhora realizada não obedecer à ordem legal, neste caso, obviamente, por outra que a obedeça; b) a penhora realizada não incidir sobre os bens designados em contrato ou ato judicial para o pagamento, hipótese em que será substituída pela penhora no bem indicado. É o caso, por exemplo, de uma execução hipotecária em que a penhora não recaia sobre o bem dado em hipoteca, ou de uma execução fiscal de IPTU em que a penhora não recaia sobre o imóvel cuja propriedade ou posse é o fato gerador do imposto; c) houver bens livres e a penhora a ser substituída recair sobre bem já penhorado ou onerado; d) recair sobre bens fora da localidade, havendo bens penhoráveis no foro da execução. Esta regra não é absoluta, pois pode ser que, mesmo havendo bens no foro da execução, seja melhor para ambas as partes a expropriação de bens fora do local da execução; e) a penhora incidir sobre bem de baixa liquidez. Por exemplo, quinhão de condomínio de imóvel indivisível, podendo ser substituída por outro imóvel; f) fracassar a alienação do bem. Isto é, feitos dois leilões, não houver licitante; g) no curso do processo e antes da alienação o bem penhorado sofrer depreciação significativa.

A segunda modalidade de modificação da penhora é a chamada segunda penhora prevista no art. 851 do CPC, a qual poderá ocorrer quando: a) a primeira for anulada; b) o produto da alienação dos bens não for o suficiente para o pagamento do exequente; c) o exequente desistir da primeira penhora por serem litigiosos os bens ou por já estarem submetidos à constrição judicial.

A terceira e última modalidade de modificação da penhora é a prevista no art. 852 do CPC. É a denominada modificação da penhora por conversão ou liquidação do bem penhorado. Tal ocorre sempre pela alienação antecipada do bem penhorado, o que é permitido nas seguintes hipóteses: a) a penhora recair sobre veículos automotores, pedras e metais preciosos e outros bens móveis sujeitos à depreciação ou à deterioração; b) houver manifesta vantagem na alienação antecipada.

Anote-se que em qualquer das modalidades de modificação da penhora, seja requerida pelo executado, seja requerida pelo exequente, será sempre ouvida a parte contrária no prazo de 3 dias, que, opondo-se à modificação, ensejará decisão em incidente na execução, portanto, recorrível pela via do agravo e, muito embora o Código no parágrafo único do art. 853 diga que o juiz decidirá de plano o incidente, o que significa mediante cognição sumária, respeitado apenas o contraditório da oitiva da parte contrária, trata-se de comando meramente recomendativo, pois que, dependendo da complexidade da hipótese, o juiz poderá elastecer a instrução, inclusive mediante perícia para avaliação do bem.

38.10 Penhora de dinheiro em depósito ou em aplicação financeira

O art. 854 do Código de Processo Civil inicia a subseção que trata da penhora em dinheiro, mas de dinheiro em depósito ou de dinheiro em aplicação financeira e não do dinheiro encontrado na residência ou no estabelecimento ou em poder do executado, ou mesmo que este venha *sponte propria* depositar em juízo. Observe-se que a penhora é do dinheiro depositado em conta corrente bancária ou do dinheiro investido em aplicação financeira e não penhora da conta ou da própria aplicação financeira.

Para que isto ocorra são necessárias 3 condições: a) requerimento do exequente que pode, aliás, deve, vir com a inicial da execução; b) sem dar ciência ao devedor, o juiz por meio eletrônico gerido pela autoridade supervisora do sistema financeiro nacional determinará que esta torne indisponíveis os ativos financeiros existentes em nome do executado; c) a indisponibilidade terá como limite o valor indicado na inicial da execução. É o que se convencionou chamar na prática de bloqueio ou penhora *on-line*.

Feito o bloqueio e respondido o ofício ao juízo, este determinará que a instituição financeira libere no prazo de 24 horas o que exceder o valor da execução (§1º do art. 874 do CPC). Assim que efetuado o bloqueio e eventualmente concomitantemente a ordem de desbloqueio do valor a maior, o executado será intimado do bloqueio na pessoa de seu advogado ou, não o tendo, pessoalmente. Caso o executado queira arguir que a quantia bloqueada ou parte dela era impenhorável ou que ainda remanesce excesso de bloqueio, deverá fazê-lo, nos termos do §3º do art. 854 do CPC, no prazo de 5 dias. Este prazo, a nosso ver, não é preclusivo, porque em nenhuma hipótese, salvo a superveniência de coisa julgada material, nenhum prazo pode tornar penhorável o que pela lei é impenhorável. Obviamente, a arguição ensejará uma decisão num incidente na execução, recorrível pela via do agravo.

Ultrapassada esta fase, seja pela rejeição da arguição de bloqueio a maior, seja pelo seu não acolhimento, o bloqueio se convolará em penhora sem necessidade de lavratura do respectivo termo,[473] devendo o juiz determinar à instituição financeira que no prazo de 24 horas transfira o montante indisponível para a conta vinculada ao juízo da execução. Tem-se aqui uma peculiaridade que não pode passar despercebida. O bloqueio não autoriza transferência para a conta vinculada ao juízo. O bloqueio torna os ativos financeiros indisponíveis, mas os mantêm na instituição financeira depositária, somente com a penhora haverá a retirada do dinheiro da conta de depósito bancário ou da aplicação financeira. No fundo este bloqueio é uma espécie de arresto. Porém, se antes da convolação do bloqueio em penhora ocorrer o pagamento da dívida, o

---

[473] O §5º do art. 854 tem regra conflitante com a do art. 838, que determina que a penhora se realizará mediante auto (se ato externo) ou termo (se ato interno).

juiz determinará que a instituição financeira do depósito ou do investimento retire a indisponibilidade no prazo máximo de 24 horas.

Observe-se que o bloqueio não altera as condições do contrato de depósito em dinheiro, isto é, conta corrente bancária ou conta poupança, nem da aplicação financeira. Apenas opera a indisponibilidade dos valores, mas não interfere nos demais efeitos jurídicos e consequentemente econômicos dos respectivos contratos. Outra confusão que não se deve fazer é que ao invés de penhorar o dinheiro da aplicação financeira, pode-se penhorar a própria aplicação financeira, mas aí a penhora não será de dinheiro, mas do direito de vir a resgatar a aplicação financeira, e será regida por outras regras, pois será penhora do crédito decorrente da aplicação financeira que é coisa diversa.

Em boa hora, o Código prevê no §8º do art. 854 a responsabilidade da instituição financeira pelo não desbloqueio ou pelo não cancelamento da indisponibilidade no prazo máximo de 24 horas do recebimento do comando judicial. É responsabilidade objetiva e não presunção de culpa. Todavia, o Código não esclarece se esta cobrança pode ser feita no próprio procedimento ou se desafia ação própria. Algumas considerações se fazem oportunas a esse respeito: a) o Código disse o óbvio e, como se refere aos eventuais prejuízos causados ao executado, parece-nos também óbvio, até porque a existência e a extensão desses prejuízos precisam ser aferidas, que a hipótese desafia ação própria e autônoma; b) por isonomia, da mesma forma, a instituição financeira deve responder objetivamente pelos eventuais prejuízos causados ao exequente pela não realização do bloqueio no prazo assinalado.[474]

Finalmente neste tópico e a destoar do sistema, o §9º do art. 854 do CPC estabelece que, quando o devedor for partido político, o juiz a requerimento do exequente determinará a indisponibilidade somente em nome do órgão partidário que tenha contraído a dívida executada, ou que tenha dado causa à violação do direito ou ao dano, ao qual cabe exclusivamente a responsabilidade pelos atos praticados, na forma da lei.

38.11 Penhora de créditos

Como alertamos anteriormente, pode ocorrer de a penhora não recair em dinheiro, porém, em crédito, ou melhor, em direito a receber crédito, ou seja: aquilo que no futuro se transformará ou dará direito a receber dinheiro, mas por enquanto é somente o direito a se realizar futuramente. A penhora de créditos admite cinco modalidades ou espécies: a) a apreensão; b) a sub-rogação; c) os frutos; d) o depósito; e) a penhora no rosto dos autos.

A penhora de crédito por apreensão ocorre na forma do art. 856 do Código de Processo Civil, se o crédito penhorado estiver representado ou estiver consubstanciado por letra de câmbio, nota promissória, duplicata, cheque ou outros títulos. Aqui não se trata do título executado. Aqui o credor do título a ser apreendido é o executado e o exequente penhora o crédito que ele executado tem de receber pelo título do qual é credor. Nessa hipótese, o juiz determinará a apreensão do título esteja ele em poder do executado ou de terceiros. Se não se apreender o título, mas o terceiro confessar que deve ao executado, nos termos do §1º do art. 856 do CPC, o terceiro, devedor do executado,

---

[474] MARINONI, Luiz Guilherme *et al. Novo Código de Processo Civil comentado*. São Paulo: Revista dos Tribunais, 2015. p. 804.

será considerado depositário da dívida, o que significa que, na forma do §2º do mesmo artigo, só se exonerará da dívida que tem com o executado depositando seu valor em juízo. É claro que o juízo aqui é o juízo em que corre a execução cujo executado teve o título apreendido. Importante observar que o art. 855 do CPC determina que enquanto não se apreende o título ou o terceiro não deposita o seu valor, ou se torna depositário da dívida, a penhora já se considera feita pela só intimação do terceiro devedor do executado.

O §3º do art. 855 do CPC em evidente equívoco topográfico estabelece que se o terceiro negar a existência da dívida em conluio com o executado, a quitação que o executado lhe der será tida como fraude à execução. A única explicação para este dispositivo só pode ser a intenção do legislador de espancar qualquer dúvida quanto a caracterizar a quitação no caso como fraude a credores, já que fala em conluio entre o executado e seu devedor.

O §4º do art. 855 do CPC é igualmente inócuo, pois que, em todo e qualquer processo ou procedimento, o juiz pode determinar em qualquer momento o comparecimento das partes, designando audiência especial. Particularmente, entendemos que aqui o Código quis acenar que, se necessário for, pode-se e deve-se instaurar na execução um incidente com dilação instrutória suficiente para que se decida quanto à fraude ou não.

A penhora de crédito por sub-rogação, nos termos do art. 857 do CPC, ocorre pela sub-rogação em direito e ação do executado na aquisição de imóvel ou outro bem, desde que não oferecidos os embargos ou se oferecidos venham a ser rejeitados.

O §1º do art. 857 do CPC faculta ao exequente a possibilidade de alienação judicial do direito e ação penhorados, mas terá que exercer tal opção no prazo de 10 dias contados da realização e não da intimação da penhora. A sub-rogação ou a alienação não impede que a execução continue com a penhora de outros bens, caso o seu produto não seja suficiente para satisfazer o crédito.

A penhora de crédito sobre frutos ocorre, nos termos do art. 858 do CPC, quando recaindo o ato de constrição sobre dívida de dinheiro a juros, direito a rendas ou prestações periódicas, o exequente levantar os rendimentos ou as prestações à medida que forem sendo depositados, amortizando-se a dívida exequenda. É o exemplo típico de a penhora recair sobre o valor dos alugueres de imóvel pertencente ao executado.

A penhora de crédito por depósito está prevista no art. 859 do CPC, em que se vê que quando a penhora recair sobre direito à prestação ou à restituição de coisa, o executado será intimado para no vencimento depositá-la, correndo sobre ela a execução, mas neste caso nada impede e é até aconselhável que o devedor do executado deposite a prestação diretamente em juízo.

Finalmente temos a chamada penhora de crédito no rosto dos autos, que ocorre, nos termos do art. 860 do CPC, quando o direito do executado que o exequente quer penhorar estiver sendo pleiteado em juízo. Nesse caso, a penhora será averbada de modo que se efetive sobre os bens que forem adjudicados ou que vierem a caber ao executado. Esta modalidade de penhora de crédito ganhou a alcunha de penhora no rosto dos autos, porque, uma vez efetivada no juízo e no processo da execução, terá que ser comunicada para a reserva do valor penhorado ao juízo por onde corre o processo em que o direito penhorado é pleiteado. Evidentemente que isso se faz por uma comunicação formal via ofício ou carta de vênia, que é anotada na capa dos autos em que se processa a ação em que se pleiteia o direito penhorado, daí a denominação de penhora no rosto dos autos.

38.12 Penhora de quotas. Penhora de ações de sociedades personificadas

Quotas em sociedades limitadas ou ações em sociedades anônimas representam a parcela de propriedade que o seu titular tem sobre a empresa, conceito econômico que já expusemos e, que, nesta condição, podem ser penhoradas. Contudo, as peculiaridades especiais de tais títulos e os aspectos empresariais e societários envolvidos justificam e recomendam que o Código de Processo Civil em harmonia com o direito empresarial e societário dê à penhora de tais direitos tratamento diferenciado.

O Código Civil brasileiro no art. 1.057 admite que os sócios elejam regras elevando ou diminuindo o caráter *intuito personae* da sociedade. Se o contrato social nada dispuser, qualquer sócio poderá ceder suas cotas a quem seja sócio ou a estranho, independentemente da autorização dos demais. Entretanto, se a cessão contemplar estranho, os demais sócios poderão opor-se, desde que a oposição esteja titularizada pelos sócios que detenham mais de 1/4 do capital social.

Nessa linha, o Código Civil, no parágrafo único do 1.026, possibilita excepcionalmente a penhora da cota do sócio, podendo o juízo da execução levá-la à liquidação, caso não tenha sido dissolvida a sociedade. Atente-se que a norma está indicando que o credor não poderá levar à leilão nem adjudicar a cota, e até mesmo proibindo isso, propiciando título que em tese permitiria a um estranho ingressar na sociedade. A liquidação da cota com a apuração dos haveres que ela representa, caminho escolhido pelo Código Civil, é consequência bem mais drástica, pois, causará o decesso da sociedade, porém, se explica em prestígio ao caráter personalíssimo da sociedade limitada ao evitar a interferência de estranhos na estrutura social.[475]

Ainda no sentido da proteção da empresa e da higidez hermética da sociedade empresarial limitada, observa-se que a penhorabilidade e a impenhorabilidade das cotas são questões sutis e complicadas no direito pátrio. O pré-citado art. 1.026 do Código Civil, na verdade, pretende que o credor particular do sócio somente na insuficiência de outros bens do devedor faça recair a execução sobre o que a este tocar nos lucros da sociedade ou na parte que lhe couber na liquidação. O Código estabelece uma ordem para a penhora dos lucros que couberem aos sócios. Verificada a insuficiência, o credor poderá pedir ao juiz a liquidação da cota pertencente ao sócio executado, sobre cujo resultado recairá então a penhora. Isto significa que pela letra da lei a penhora dos rendimentos das cotas na sociedade, necessariamente, terá que anteceder a penhora das próprias cotas.

Na disciplina atual do direito pátrio a execução jamais recai sobre cota de sociedade empresarial de responsabilidade limitada, qualquer que seja a causa do ato de constrição. A cota não é levada à adjudicação pelo exequente nem é levada à arrematação por terceiro, pelo que será impossível que alguém em função de execução possa pretender ingressar na sociedade empunhando a cota inicialmente penhorada, seja o próprio credor, seja o terceiro adquirente.

Na verdade, a lei impõe que se liquide a cota, para tanto, apurando-se o valor monetário que ela eventualmente representa, o qual então se presta para garantir o

---

[475] REQUIÃO, Rubens. *Curso de direito comercial*. São Paulo: Saraiva, 2008. v. 1. p. 490.

juízo da execução. Em outras palavras: os fundos sociais não pertencem ao cotista, mas à sociedade.[476]

Assim é que o art. 861 do CPC disciplina que penhoradas as quotas ou as ações de sócio em sociedade simples ou empresária, o juiz assinará prazo, não superior a 3 meses, para que a sociedade se desincumba das seguintes obrigações: a) apresente balanço especial, na forma da lei; b) ofereça as quotas ou as ações ao demais sócios, observando o direito de preferência legal ou contratual; c) não havendo interesse dos sócios na aquisição das ações ou das quotas, proceda à liquidação depositando seu valor em juízo.

Diversas são as observações a respeito, a começar pela inusitada circunstância de que o devedor é o sócio e, não, a sociedade. Não obstante, esta assume uma série de obrigações, praticamente passando a integrar o processo. É como se a sociedade, cuja personalidade jurídica não se confunde com a do sócio, fosse ou passasse a ser uma espécie de depositária do bem penhorado. Outra observação é que o prazo de 3 meses, ainda que o dispositivo contenha a locução *não superior*, pode ser aumentado, como prevê o §4º, se o pagamento das ações ou quotas superar o valor do saldo dos lucros ou reservas, exceto a legal, e sem diminuição do capital social, ou por doação ou colocar em risco a estabilidade financeira da sociedade simples ou empresária.

Entre as obrigações impostas à sociedade consta a de apresentar balanço especial, na forma da lei. O balanço é especial porque é específico e pontual para aquele processo de execução. A expressão *na forma da lei* diz respeito à forma do balanço. Portanto, não serve o balanço anualmente apresentando, isto é, o último balanço aprovado não serve para este efeito, tem que ser outro feito especialmente para o evento da execução.

Além disto, a sociedade terá que oferecer as quotas ou as ações para os outros sócios antes de liquidá-las. Isto é, antes de vendê-las e transformá-las em dinheiro. Aqui, mais uma vez, o Código disse o óbvio e desnecessário, pois terá mesmo que ser respeitado o direito de preferência na aquisição das quotas ou das ações, decorra este direito da lei ou de contrato. Poderá, entretanto, a própria sociedade adquirir as quotas ou as ações com utilização de reservas, sem redução do capital social.

Caso ocorra a liquidação, o juiz poderá nomear administrador que deverá submeter ao juízo a forma da liquidação. Não é a liquidação da sociedade, é a liquidação das quotas ou das ações penhoradas.

Certamente, o Código não foi nada feliz ao tentar disciplinar essa forma de penhora, que, na verdade, praticamente equipara a sociedade ao sócio devedor, dadas as obrigações que o legislador lhe confere. Pior: toda esta intervenção tem um custo de que o Código não trata, e que corretamente deverá ficar por conta do executado. Demais disso, a sociedade passa a intervir no processo. Por exemplo, o balanço por ela apresentado pode ser impugnado tanto pelo exequente como pelo executado. Os honorários do administrador, idem. Isto sem falar que a própria decisão em adquirir ou não as quotas ou as ações penhoradas pode ensejar questões judiciais que serão trazidas para o bojo e interferirão no processo de execução, ainda que dirimidas em outro processo.

O §5º, entretanto, ameniza o ônus operacional quando prevê que, caso não haja interesse dos demais sócios no exercício do direito à preferência ou não ocorra a aquisição das quotas ou das ações pela sociedade e a liquidação seja excessivamente onerosa, o juiz poderá determinar o leilão judicial.

---

[476] REQUIÃO, Rubens. *Curso de direito comercial*. São Paulo: Saraiva, 2008. v. 1. p. 506.

Com exceção da regra do §5º do art. 861 do CPC, parece-nos que a solução adotada pelo Código foi muito ruim. De fato, o que se tem na penhora de quotas ou ações é a penhora do direito ou a penhora de bens em valores mobiliários. A dificuldade está na avaliação desses valores mobiliários. Não havendo cotação em bolsa ou se tratando de quotas de sociedade limitada, o valor terá que ser aquele encontrado mediante a apuração do patrimônio líquido da sociedade, isto é, a sobra patrimonial entre o ativo e o passivo, bastando para tanto o último balanço aprovado, sem necessidade de um novo balanço especial. Caso o exequente discordasse, apontando especificamente o fator da discordância, poderia o juiz nomear perito para dirimir a pontual divergência. Vencida assim de maneira bem mais simples a fase da avaliação, a alienação far-se-ia, pura e simplesmente, por leilão, e nele, preço por preço, seriam obedecidas as preferências societárias, legais ou contratuais.

É lógico que pela própria natureza este procedimento não se aplica às sociedades anônimas de capital aberto. Neste caso, as ações já são avaliadas pelo seu valor de bolsa na data da penhora e serão alienadas, de regra, na própria bolsa de valores.

38.13 Penhoras subsidiárias. Penhora de empresa. Penhora de outros estabelecimentos e de semovente. Penhora de percentual de faturamento de empresa. Penhora de frutos ou rendimentos de coisa móvel ou imóvel

A partir do art. 862, o Código de Processo Civil traça o regramento do que se pode chamar de penhoras subsidiárias, não secundárias ou substitutivas, porém, subsidiárias, na medida em que o juiz só está autorizado a procedê-las na hipótese de ser inviável qualquer outra modalidade de penhora e mesmo nesta classe das penhoras subsidiárias, como veremos no momento oportuno, pode existir uma ordem de preferência. São elas: a penhora de empresa, de outros estabelecimentos, de semoventes, a penhora de faturamento de empresa, a penhora de frutos e rendimentos de coisa móvel ou imóvel.

38.13.1 Penhora de empresa, de outros estabelecimentos e de semovente

Como se disse antes, esta modalidade de penhora somente será determinada se não houver outro meio eficaz para efetivação do crédito. Isto está dito no art. 865 do CPC, daí o caráter de subsidiariedade desta modalidade de penhora. Observe-se que o comando da norma é dirigido ao juiz, porquanto, a regra diz que a penhora somente será determinada e não requerida ou solicitada, o que significa que o juiz, haja ou não requerimento, está proibido de determinar esta modalidade de penhora se o crédito puder ser satisfeito por qualquer outra modalidade. No fundo, trata-se mais uma vez da aplicação prática e concreta prevista no Código do princípio da menor onerosidade para o executado.

O art. 862 do CPC que inicia a subseção respectiva estabelecendo que quando a penhora recair em estabelecimento comercial, industrial ou agrícola, bem como em semoventes, plantações ou edifícios em construção, o juiz nomeará administrador-depositário, determinando-lhe que apresente em 10 dias o plano de administração.

A primeira crítica que se faz é à redação que confunde empresa com estabelecimento. Já vimos anteriormente que empresa é um conceito econômico, uma abstração que traz a ideia da organização dos fatores da produção visando à obtenção de lucro, já o estabelecimento é concreto, pois é o local onde esta atividade é desenvolvida. Portanto, penhora de empresa é uma coisa e penhora do estabelecimento é outra coisa. Tanto isto é verdade, que o próprio legislador se contradiz, na medida em que, a partir do art. 866 do CPC, passa a tratar da penhora de faturamento da empresa. Penhorar a empresa é penhorar a atividade em si, penhorar o estabelecimento, tecnicamente, seria a penhora de bem imóvel e eventualmente dos bens móveis, como tais entendidos os equipamentos comerciais, industriais ou agrícolas que guarnecem o estabelecimento.

Com relação aos semoventes, não há maiores dúvidas. Na definição legal semovente é aquilo que se move sozinho, ou seja, os animais. Já com relação às plantações, é preciso esclarecer que aqui se trata de penhorar a própria plantação, e não o terreno plantado ou os frutos desta plantação, embora quem a arremate ou a adjudique também adquira os frutos. De toda sorte, em quaisquer das hipóteses previstas no art. 862 do CPC, efetivada a penhora, com todo o procedimento e requisitos necessários, inclusive a lavratura do respectivo auto, o juiz nomeará um administrador desses locais, que será também o depositário do bem penhorado e lhe determinará que apresente em 10 dias o plano de administração. Mais uma vez, esse prazo há de ser entendido como meramente recomendativo, presente a circunstância de que cada caso é um caso e dependendo da grandeza e complexidade do que tenha sido penhorado poderá, naturalmente, ser aumentado.

O §1º do art. 862 do CPC diz que, ouvidas as partes, o juiz decidirá. É evidente que como o parágrafo explicita, restringe ou exemplifica o *caput*, a decisão a que alude só pode ser com relação à escolha do administrador e depositário ou ao plano de administração por este apresentado. Assim é que o §2º que se segue, como não poderia deixar de ser, permite que as próprias partes indiquem o depositário e ajustem a forma de administração e, nesse caso, o juiz homologará tal indicação.

O §3º trata da penhora em relação aos edifícios em construção sob regime de incorporação imobiliária. Neste caso, como é óbvio, a penhora só poderá recair sobre as unidades ainda não comercializadas pelo incorporador, até porque o que já foi comercializado não pertence mais ao incorporador. Por comercializado entenda-se também a unidade autônoma prometida à venda. Atente-se que a penhora é sobre a unidade e não sobre as prestações que os adquirentes pagam, porque estas são impenhoráveis nos termos do inc. XII do art. 831 do CPC, com a exceção ali prevista. Alerte-se que, sendo a penhora da unidade, esta poderá ser comercializada e o produto da venda substituirá a penhora, evidentemente que mediante autorização judicial.

A experiência acumulada em décadas fez ver ao legislador que, na maioria das vezes, esta modalidade de penhora, que já é subsidiária, se faz necessária, normalmente torna-se imperiosa a constituição de uma comissão de representante dos condôminos adquirentes. Esta comissão assumirá a administração da obra, se necessário o afastamento do incorporador. Entretanto, se houver financiamento da obra, a instituição financeira financiadora indicará empresa profissional para a administração da obra, ouvida a comissão de condôminos.

O §3º do art. 863 do CPC cuida da penhora de empresa concessionária ou autorizatária fornecedora de serviços públicos. O dispositivo trata de penhora sobre a empresa, e não sobre o estabelecimento da empresa. A peculiaridade aqui consiste em que o administrador e depositário será preferencialmente um de seus diretores.

Digna de nota é a circunstância de que, no caso de alienação judicial, antes da arrematação ou adjudicação o ente público outorgante será ouvido. Atente-se que a empresa é o objeto da penhora, portanto, a empresa poderá eventualmente ser alienada ou adjudicada, mas o direito da exploração da atividade que decorre da concessão ou da autorização não pode ser nem é penhorado, nem se inclui na penhora da empresa, dado o caráter *intuito personae* do contrato administrativo. De toda sorte, o Código, certamente atendendo ao princípio do direito administrativo da continuidade do serviço público, manda que seja ouvido o poder público concedente que poderá, conforme o caso, revogar a concessão.

Finalmente neste item temos a penhora de navio e de aeronave tratada num único artigo (art. 864 do CPC), o qual apenas diz que a penhora não obsta que continuem navegando ou operando até a alienação, mas o juiz, ao conceder a autorização para tanto, não permitirá que saiam do porto, ou do aeroporto antes que o executado faça o seguro usual contra os riscos.

38.13.2 Penhora de percentual de faturamento de empresa

O art. 866 do CPC, mais uma vez, deixa claro o caráter da subsidiariedade deste tipo de penhora, quando expressamente menciona que, se o executado não tiver outros bens penhoráveis ou, tendo-os, esses forem de alienação difícil ou insuficiente para saldar o crédito exequendo, o juiz poderá ordenar penhora de percentual do faturamento da empresa.

Percebe-se claramente a intenção do legislador em preservar a empresa funcionando, admitindo a penhora de percentual de seu faturamento. No entanto, observe-se: a) a penhora aqui é sobre o faturamento bruto, não sobre o lucro; b) a penhora é sobre percentual e o Código não diz qual o percentual, mas a jurisprudência tem-se inclinado para o máximo de 30%, mesmo que sejam várias penhoras, porque percentual acima deste tornaria a empresa inviável; c) só haverá esta modalidade de penhora se o executado não tiver outros bens penhorados ou se, tendo-os, forem de difícil alienação, como: percentual ou fração de bem indivisível em condomínio, bem gravado com direito real de uso ou de garantia etc.

Nesta modalidade de penhora também será nomeado um administrador depositário, que submeterá à aprovação judicial a forma de sua atuação e prestará contas mensalmente, entregando em juízo as quantias recebidas com os respectivos balancetes mensais, a fim de serem computados no pagamento da dívida. Dependendo do tipo de empresa, se de venda a varejo e à vista, se de indústria, de prestação de serviço etc., haverá um modo específico de operacionalizar a penhora. Em todo o caso, o que aqui se pretende, na verdade, é, sem desfigurar ou diminuir a empresa, amortizar gradativamente a dívida exequenda com o próprio faturamento penhorado da empresa.

Por último, neste item, cabe aduzir que nos parece que esta modalidade de penhora se aplica apenas à penhora do faturamento da própria empresa executada. De outro modo, repare-se que há uma hierarquia dentro da subsidiariedade, porquanto, primeiro penhora-se o percentual do faturamento, não sendo possível, viável ou suficiente, só então penhora-se a empresa.

38.13.3 Penhora de frutos ou rendimento de coisa móvel ou imóvel

O art. 867 do CPC permite ao juiz ordenar a penhora de frutos e rendimentos de coisa móvel ou imóvel quando considerar mais eficiente para o recebimento do crédito e menos gravosa ao executado. Outra vez tem-se presente o princípio da menor gravosidade para o executado. Outra peculiaridade é que esta modalidade de penhora pode ser determinada *ex officio*, eis que independente do requerimento das partes. A terceira observação diz respeito a que, não obstante o Código mencionar somente frutos e rendimentos, a espécie também se aplica aos produtos. A quarta observação é que nesta hipótese não há percentual, pois que o executado perderá o direito ao gozo dos bens, até que o exequente seja pago. Portanto, não será como no caso de penhora sobre o faturamento de empresa, isto é, penhora de percentual, porém, penhora de todo o rendimento até que a dívida exequenda seja paga.

Em caso de imóveis, a medida terá eficácia em relação a terceiros e será averbada no RGI. É a modalidade sob medida para penhora de alugueres de imóveis, podendo ser nomeado administrador e liberando-se as quantias à medida que depositadas em juízo, dando o exequente ao executado quitação dos respectivos recebimentos.

38.14 Avaliação

Encerrada a fase da penhora, que também é fase preparatória para a expropriação de bens no processo de execução, tem-se uma fase intermediária, que é a da avaliação. A avaliação é uma operação técnica que nos remete necessariamente para a prova pericial da fase de cognição do processo. O art. 464 do Código de Processo Civil diz que a prova pericial consiste em exame, vistoria ou avaliação. A avaliação, no fundo, não deixa de ser uma espécie de exame ou vistoria, que pode ser direta ou indireta, mas que tem como objetivo fixar o valor de determinada coisa ou preço de determinado fruto, produto ou serviço.

Contudo, a avaliação que se exige para possibilitar os atos de expropriação patrimonial no processo de execução não tem o mesmo rigor que a avaliação prevista como modalidade de prova pericial. A diferença entre uma e outra consiste em que, na avaliação modalidade de prova pericial, estamos no campo da instrução do processo em sede de cognição, isto é, a avaliação visa ao convencimento do juízo para a formulação de uma sentença que, no caso de uma pretensão condenatória, se acolhida, tornar-se-á um título executivo judicial. Todavia, na avaliação que se tem no processo de execução, de resto também na fase de cumprimento de sentença, não se cuida mais de formar o livre convencimento do juízo para a formulação da fundamentação de uma sentença que possa ser eventualmente condenatória. Aqui, salvos os incidentes possíveis de ocorrer na execução, não há a preocupação de formar convencimento do juiz para a produção de um julgamento de uma pretensão. Trata-se, tão somente, de fixar o justo valor do bem penhorado e que futuramente será expropriado, de modo que a justeza da fixação de seu valor atenda aos legítimos interesses do exequente sem que traga prejuízos ilegítimos ao executado.

Isto fica bem claro logo no *caput* do art. 870 do CPC, quando determina que de regra a avaliação será feita pelo oficial de justiça e não estabelece qualquer rito, procedimento ou trâmite, nem mesmo formalidade especial para esta avaliação. O máximo que o Código permite é, excepcionalmente, portanto, num caso fora do normal, se forem necessários conhecimentos especializados, isto é, expertise de um perito, e o valor da execução comportá-lo, o juiz nomeará avaliador, fixando-lhe prazo não superior a 10 dias para a entrega do laudo. Veja-se que mesmo neste caso o Código não manda que se observem as regras específicas para a produção da prova pericial e, como já se demonstrou, a razão é simples: aqui não se trata de produzir prova. Demais disso, o parágrafo único do art. 870 do CPC ao prever essa hipótese excepcional deixa claro sua preocupação com a sumariedade e brevidade do procedimento, porquanto, ainda que não peremptório, estabelece o prazo de 10 dias para a entrega do laudo de avaliação.

O art. 871 do CPC traça as hipóteses em que a avaliação é desnecessária no processo de execução, quais sejam: a) quando uma das partes aceitar a estimativa feita pela outra; podendo, neste caso, o juiz determinar a avaliação, se tiver dúvida quanto ao real valor do bem; b) quando se tratar de títulos ou de mercadorias que tenham cotação em bolsa, comprovada por certidão ou publicação no órgão oficial; c) quando se tratar de títulos da dívida pública, de ações de sociedades e de títulos de crédito negociáveis em bolsa, cujo valor será o da cotação oficial do dia, comprovada por certidão ou por publicação no órgão oficial; d) quando se tratar de veículos automotores ou de outros bens cujo preço médio de mercado possa ser conhecido por meio de pesquisas realizadas por órgãos oficiais ou de anúncios de venda divulgados em meios de comunicação, caso em que caberá a quem fizer a nomeação o encargo de comprovar a cotação de mercado.

A primeira hipótese de afastamento da avaliação é absolutamente lógica, pois prescinde de acordo entre exequente e executado. Mesmo assim, o parágrafo único do art. 871 do CPC, prevendo a possibilidade de conluio entre ambos, permite que o juízo determine a avaliação se tiver dúvida quanto ao real valor do bem. Também se dispensa a avaliação, como se vê das alíneas "b" e "c" acima, todas as vezes que o bem penhorado tiver negociação em bolsa ou em mercado específico, eis que nesses casos seu valor será aquele da cotação oficial do dia da avaliação, sendo ônus da parte interessada, no mais das vezes o exequente, fazer esta comprovação por certidão ou por publicação no órgão oficial. A última modalidade de exclusão da avaliação diz respeito aos veículos automotores, como carros, caminhões, tratores, lanchas, iates etc., cujo preço médio possa ser conhecido por pesquisas realizadas por órgãos oficiais ou pelos anúncios de venda divulgados em meios de comunicação. Neste caso, caberá àquele que fez a nomeação do bem à penhora o encargo de comprovar a cotação.

Não obstante ao pré-citado grau de informalidade da avaliação preparatória da expropriação de bens no processo de execução, o art. 872 do CPC estabelece o mínimo de requisitos necessários que devam constar do respectivo laudo. Assim é que a avaliação quando realizada pelo oficial de justiça constará de vistoria e de laudo anexado ao auto de penhora, ou em caso de perícia realizada pelo avaliador, de laudo apresentado no prazo fixado pelo juiz, devendo-se, em qualquer hipótese, especificar: a) os bens, com suas características, e o estado em que se encontram; b) o valor dos bens; c) tratando-se de imóvel suscetível de cômoda divisão, a avalição, tendo em conta o crédito reclamado, será realizada em partes, sugerindo-se, com a apresentação de memorial descritivo, os possíveis desmembramentos para alienação.

Como se vê, a avaliação tanto pode ser realizada pelo oficial de justiça como por perito nomeado pelo juiz. Se por oficial de justiça, constará de vistoria e de laudo anexado ao auto da penhora. Vistoria aqui está significando que tem que haver o exame da coisa. A chamada avaliação indireta ficou restrita à hipótese prevista no inc. IV do art. 871 do CPC, isto é, aquela cujo preço médio de mercado possa ser conhecido por meio de pesquisas. Se realizada por avaliador indicado pelo juízo, tratar-se-á de perícia, devendo o laudo ser apresentado no prazo fixado pelo juiz.

Retornemos agora ao parágrafo único do art. 870 do CPC, que prevê prazo não superior a 10 dias para que o avaliador nomeado pelo juízo entregue o laudo de avaliação. Do cotejo desses dois dispositivos pode-se chegar a duas conclusões: a) o prazo de 10 dias é meramente sugestivo, porque sempre valerá o disposto no art. 872 do CPC que determina a apresentação do laudo no prazo fixado pelo juízo; ou b) temos três tipos de possibilidades de avaliação do bem penhorado: pelo oficial de justiça; por um avaliador nomeado pelo juiz, que apresentará um laudo sumário no prazo máximo de 10 dias, ou avaliação por perícia, aí sim obedecendo aos trâmites do art. 464 e seguintes do CPC, tal como se fosse uma prova pericial e, nesta hipótese, o laudo será apresentado pelo perito, que não será nem o oficial de justiça nem o avaliador, no prazo fixado pelo juiz que certamente não será aquele de 10 dias previsto no parágrafo único do art. 870 do CPC. Pessoalmente, entendemos que o Código quis estabelecer três espécies de avaliação, da mais simples para a mais complexa, conforme o caso: por oficial de justiça, para as situações mais simples; por avaliador para situações menos simples, mas não tão complexas, e por perito especializado naquelas hipóteses em que a avaliação necessitar de conhecimento técnico complexo.

Os itens que o Código determina que obrigatoriamente constem do laudo por si só se justificam. Obviamente ao se fazer a vistoria, tem-se que descrever os bens com suas características e o seu estado de conservação, até porque dessas informações decorrerá logicamente seu valor e este é o objeto da avaliação. A regra aparentemente mais complexa em relação ao imóvel suscetível de cômoda divisão atende à necessidade de se adequar a avaliação e futura expropriação ao limite e extensão do crédito exequendo. Imagine-se que o bem penhorado seja uma gleba de terras passível de desmembramento. Neste caso, da avaliação também constará memorial descritivo com os possíveis desmembramentos para alienação. Nem se precisa dizer que esta é uma modalidade específica de avaliação que necessitará de laudo pericial especializado.

O §2º do art. 872 do CPC nos parece estar topograficamente deslocado, pois deveria ser um artigo à parte. Diz ele: realizada a avaliação e, sendo o caso, apresentada a proposta de desmembramento, as partes serão ouvidas no prazo de 5 dias. *Prima facie*, pode parecer que o §2º do art. 872 do CPC está se referindo apenas à hipótese prevista no §1º, eis que fala em desmembramento. Entretanto, a melhor interpretação, até para atender ao contraditório e à ampla defesa, é a de que, apresentada a avaliação, qualquer que seja a sua modalidade, necessariamente, sobre ela as partes serão ouvidas no prazo de 5 dias. Este prazo é comum, porém, deveria ser sucessivo, primeiro falando o exequente e, em seguida, o executado. Naturalmente, havendo divergência, o juiz decidirá. Decisão esta agravável eis que tirada em incidente na execução.

Assim como o Código admite nova penhora, também admite nova avaliação, porém, as hipóteses de seu cabimento são bastante restritas, como se vê do art. 873 do CPC, a saber: a) se qualquer das partes arguir fundamentadamente a ocorrência de erro na avaliação ou dolo do avaliador; b) se, posteriormente à avaliação, houver alteração no valor do bem; c) se o juiz tiver dúvida sobre o valor atribuído ao bem. A arguição de ocorrência de erro por qualquer das partes é o mesmo que a apresentação de discordância, porquanto, ao discordar, necessariamente, a parte apontará erro na avaliação. Já quanto ao dolo do avaliador é caso de nulidade da avaliação. Se entre a avaliação e a expropriação do bem houver majoração ou diminuição do seu valor, torna-se imperiosa nova avaliação, para impedir enriquecimento sem causa, seja do exequente, seja do executado. A terceira possibilidade também é bastante lógica, pois se o próprio juiz não se convence do valor atribuído ao bem na primeira avaliação, independentemente de qualquer outro fator, deverá mandar renová-la.

Chama a atenção que a nova avaliação a que alude o inc. III do art. 873 do CPC não é a mesma a que alude o parágrafo único do art. 871 do CPC. Aqui, feita a avaliação, o juiz tem dúvidas sobre o valor atribuído ao bem. Lá, não há avaliação, pois o valor atribuído ao bem decorre de uma convergência de estimativas das partes a qual o juiz não adere. Curioso também notar que, na hipótese de o juiz duvidar do valor atribuído ao bem na primeira avaliação, o Código faz remição expressa ao art. 480, pelo o qual a segunda perícia tem por objeto os mesmos fatos sobre os quais recaiu a primeira, e destina-se a corrigir eventual omissão ou inexatidão dos resultados a que esta conduziu. A segunda perícia rege-se pelas disposições estabelecidas para a primeira e não a substitui, cabendo ao juiz apreciar o valor de uma e de outra. Oportuno esclarecer que, nos termos do art. 480 do CPC, a segunda perícia só tem lugar quando a matéria não estiver suficientemente esclarecida, o que nos leva a crer que também, na execução, a nova avaliação que tem vez na dúvida do juiz prescinde que a primeira avaliação não esteja suficientemente esclarecida; daí a exigência da fundada dúvida. Isto é, a dúvida do juiz para justificar a nova avaliação tem que estar fundada na deficiência, no não esclarecimento da primeira avaliação. Portanto, a decisão que a determina precisa expor os motivos da dúvida e dos esclarecimentos não prestados na primeira avaliação.

Tendo a avaliação por escopo trazer ao processo o valor econômico do bem penhorado, a fim de que se torne possível a fase expropriatória, é intuitivo que da avaliação poderá surgir a constatação que o bem penhorado supera o valor executado ou que o bem penhorado não atende ao valor da execução. Conforme a hipótese, a requerimento do interessado, como dispõe o art. 874 do CPC, o juiz poderá reduzir ou ampliar a penhora.

38.15 Expropriação de bens. Adjudicação e alienação

Com o término da avaliação o procedimento encontra-se maduro para a fase crucial da execução, que é a expropriação de bens. Expropriar, como o próprio nome sugere, significa retirar a propriedade. Portanto, expropriação de bens na execução é a fase procedimental, na qual, obedecidos os ditames e as garantias próprias, subtrai-se do patrimônio do devedor o já agora bem penhorado para que com o produto da sua alienação ou com a sua adjudicação ao patrimônio do credor se satisfaça o crédito exequendo. A expropriação de bens no processo de execução pode ocorrer de duas maneiras: a adjudicação e a alienação. Pela adjudicação o bem se transfere diretamente tal como penhorado para o patrimônio do credor. Pela alienação, o bem penhorado é vendido em hasta pública, normalmente leilão, e o produto da venda é destinado ao pagamento do crédito cobrado na execução. Obviamente, uma hipótese exclui a outra e, como é de fácil percepção, a opção pela adjudicação ou pela alienação dependerá de circunstâncias específicas previstas no Código, bem como o procedimento de ambas é diferente.

38.15.1 Adjudicação

No que diz respeito à adjudicação, observe-se que o art. 876 do Código de Processo Civil declara que é lícito ao exequente, oferecendo o preço não inferior ao da avaliação, requerer que lhe sejam adjudicados os bens penhorados. Cabe chamar a atenção que a dicção do dispositivo é proposital. Repare-se que o legislador se preocupou em expressar a licitude da atitude do exequente em requerer a adjudicação dos bens penhorados. À primeira vista, o artigo teria a mesma eficácia jurídica se não contivesse a palavra *licitude*, bastando dizer que o exequente pode requerer a adjudicação dos bens, desde que o seu crédito não seja inferior ao valor da avaliação. Entretanto, a preocupação do legislador em expressar a licitude deste procedimento é absolutamente necessária, porque se assim não fosse, tal não poderia acontecer. Lembremo-nos dos direitos reais em garantia no Código Civil, que, historicamente, veda o pacto comissório[477] em nosso direito. Entre nós não existe a pena de comisso. Na verdade, a possibilidade da adjudicação prevista no art. 876 do CPC é uma exceção à regra geral da vedação ao pacto comissório e à pena de comisso, daí porque a expressa licitude da adjudicação no processo de execução. A ideia presente no subtexto é a de uma espécie de dação em pagamento reversa ou forçada a que potestativamente teria direito o credor.

O procedimento para a adjudicação, obviamente, inicia-se com o requerimento neste sentido, do qual será intimado o executado. Intimação esta na pessoa de seu advogado, constituído nos autos e por publicação no diário de justiça. Caso o executado esteja representado pela Defensoria Pública ou quando não tiver procurador constituído nos autos, será intimado por carta com aviso de recebimento. Cabe, ainda, a intimação por meio eletrônico se não tiver procurador constituído nos autos e for o caso previsto no §1º do art. 246 do CPC. Também se considera realizada a intimação quando o executado tiver mudado de endereço sem prévia comunicação ao juízo, observado o disposto no art. 274, parágrafo único do CPC.

O código fez opção, a nosso ver, de constitucionalidade duvidosa, quando no §4º do art. 876 dispensou a intimação do executado citado por edital que não tiver procurador constituído nos autos e o valor do crédito for inferior ao dos bens penhorados. Neste caso, o exequente depositará em juízo a diferença, que ficará à disposição do executado. Também neste mesmo contexto será dispensada a intimação se o valor do crédito for superior ao dos bens, hipótese em que a execução seguirá pelo saldo remanescente.

Deve-se anotar que existe uma imperfeição técnica constante do §1º do art. 876 do CPC, porquanto a adjudicação há de ser requerida e não pedida. Só há pedido quando há demanda e se deduz pretensão em juízo. Aqui, estamos diante do exercício de faculdade processual, ainda que potestativa, do exequente, portanto, trata-se de mero requerimento e não de pedido processual.

Mas não só o exequente pode requerer a adjudicação dos bens penhorados. Conforme prevê o §5º do art. 876 do CPC, este direito também pode ser exercido por todos os indicados no art. 889, II a VIII, do CPC, assim como pelos credores concorrentes que hajam penhorado o mesmo bem, pelo cônjuge, pelo companheiro, pelos descendentes ou

---

[477] Pacto comissório ou pena de comisso é a sanção civil pela qual, por contrato, as partes acertam que o credor poderá ficar com a coisa dada em garantia da dívida, para satisfazer ou diminuir o seu crédito, sem a necessidade de promover processo de execução.

pelos ascendentes do executado. Aqui, o Código quis preservar duas situações jurídicas: a primeira como se vê das figuras contidas nos incs. II a VIII do art. 889 do CPC, com a preferência daqueles que detenham algum direito real sobre o bem penhorado, presente o princípio de que, sempre que possível, a propriedade e sua fruição devem estar unificadas.[478] Num segundo momento, o Código atende à política legislativa, de modo que, havendo possibilidade e disponibilidade financeira, tanto quanto possível, o bem penhorado deve permanecer no seio familiar do executado. Em qualquer hipótese, se entre os que podem adjudicar houver mais de um pretendente, proceder-se-á licitação entre eles, tendo preferência, em caso de igualdade de ofertas, o cônjuge, o companheiro, o descendente ou o ascendente, nessa ordem. Ainda no campo da preferência, no caso de penhora de quota social ou de ação de sociedade anônima fechada, realizada em favor de exequente alheio à sociedade, vale dizer, não sócio, a própria sociedade será intimada para informar aos sócios a existência da penhora e a estes será, nos mesmos moldes antes citados, assegurada a preferência na adjudicação.

Constata-se nesta listagem de preferências e concorrências que, na verdade, o Código aplica, na adjudicação, os mesmos privilégios que existem no exercício de preferência na alienação de bens penhorados. Isto porque, se assim não fora, o exercício da faculdade da adjudicação poderia frustrar as preferências da alienação. Em outras palavras: poderia o exequente requerer a adjudicação não porque lhe fosse mais conveniente, mas para evitar que, no caso da alienação, alguém que não ele tivesse preferência na aquisição do bem. Equiparando-se as duas situações, esse perigo deixa de existir.

Dispõe o art. 877 do CPC que, transcorridos 5 dias contados a partir da última intimação e decididas eventuais questões, o juiz ordenará a lavratura do auto de adjudicação. Isto significa que essas intimações possibilitam aos intimados a oposição de questões das mais diversas, as quais uma vez levantadas terão que ser decididas pelo juízo antes da lavratura do auto de adjudicação. Decididas tais questões, das quais se pode recorrer via agravo de instrumento, eis que incidentes na execução, caso o relator do agravo não lhe atribua efeito suspensivo ou após julgado este, só então o juiz ordenará a lavratura do auto de adjudicação. O auto de adjudicação assume relevância significativa, na medida em que, se formalmente aviado, com assinatura, do juiz, do adjudicatário, do escrivão ou chefe de secretaria e se estiver presente do executado, considerar-se-á a adjudicação negócio processual perfeito e acabado, pelo que dispõe o §1º do art. 877 do CPC.

O passo seguinte é a expedição da carta de adjudicação em se tratando de bem imóvel com respectivo mandado de imissão na posse. Se se tratar de bem móvel, será expedido mandado de entrega ao adjudicatário. A peculiaridade, no caso de bem imóvel, reside em que se a penhora tiver recaído sobre bem hipotecado e o exequente for o credor hipotecário, conforme §3º do art. 877 do CPC, o executado poderá remir a dívida até a assinatura do auto de adjudicação oferecendo preço igual ao da avaliação, se não houver tido licitante, ou ao do maior preço se houver tido licitante. Trata-se, mais uma vez, do exercício do direito de preferência até o derradeiro momento de subtração do bem.

---

[478] Com exceção da hipótese do inc. VIII, do art. 889, que reserva à União, ao estado-membro e ao município, nesta ordem, a preferência pela adjudicação quando se tratar de bem tombado.

Outra observação que se faz necessária, ainda no nível da adjudicação, é que se tratando de devedor hipotecário cuja falência ou insolvência tenha sido decretada, a remição a que tais devedores têm direito, como visto acima, não poderá ser por eles exercida, mas será deferida à massa falida, no caso de falência, ou aos credores em concurso em caso de insolvência, sendo vedado ao exequente, neste caso, recusar o preço da avaliação do imóvel.

Finalmente com relação à adjudicação, esta também é prevista no art. 878 do CPC, mesmo quando não requerida inicialmente nos termos do art. 876 do CPC, pois, se frustradas as tentativas de alienação do bem, será reaberta a possibilidade para todos os interessados requererem sua adjudicação nas mesmas condições aqui examinadas.

38.15.2 Alienação

A outra modalidade de expropriação é a alienação e dela tratam os arts. 879 e seguintes do CPC. A alienação pode se dar de duas maneiras: a) por iniciativa do exequente; b) por leilão judicial, eletrônico ou presencial. O leilão judicial, por sua vez, em qualquer das modalidades, pode ocorrer por corretor quando se tratar de alienação de papéis ou de bens comercializados em bolsa, conforme dispõe o §2º do art. 881 do CPC, ou por leiloeiro público. Entretanto, não se perca de vista que a alienação, no processo de execução, será sempre alienação judicial, portanto, ato ou negócio jurídico processual, que, pelo princípio da documentação, será sempre formalizada por termo nos autos.

Dispõe o art. 880 do CPC que, não havendo adjudicação, o exequente poderá requerer a alienação por sua própria iniciativa ou por intermédio de corretor (naqueles casos específicos vistos acima) ou leiloeiro público credenciado, cabendo ao juiz, nos termos do §1º, fixar prazo, forma de publicidade, preço mínimo e condições de pagamento. Com exceção da hipótese prevista no §2º do art. 881 do CPC, qual seja, os casos de alienação a cargo de corretores de bolsa de valores, todos os demais bens serão alienados em leilão público e por leiloeiro público.

O leiloeiro público será designado pelo juiz, e a ele compete: a) publicar o edital anunciando a alienação; b) realizar o leilão onde se encontrem os bens ou no lugar designado pelo juiz, que pode ser o próprio escritório do leiloeiro ou o átrio ou o saguão do fórum; c) expor aos pretendentes os bens ou as amostras das mercadorias; d) receber e depositar, dentro de 1 dia, à ordem do juiz, o produto da alienação; e) prestar contas ao juízo nos 2 dias subsequentes ao depósito. O parágrafo único do art. 884 do CPC disciplina a remuneração do leiloeiro, que será a comissão estabelecida em lei, ou quando não houver previsão legal, aquela arbitrada pelo juiz. Observe-se, todavia, que o citado dispositivo legal determina que o arrematante faça tal pagamento.

Uma das principais, senão a principal, peça do leilão é o edital, eis que se exige formalidade extrema e, no mais das vezes, é por conta de erros ou equívocos no edital que os leilões são anulados. Assim é que a estreita observância ao disposto no art. 886 do CPC é curial no conteúdo do edital, o qual, sob pena de nulidade, qualquer que seja a espécie do leilão, isto é, presencial ou eletrônico, terá necessariamente que conter: a) a descrição do bem penhorado, com suas características, e, tratando-se de imóvel, sua situação e suas divisas, com remissão à matrícula e aos registros; b) o valor pelo qual o bem foi avaliado, o preço mínimo pelo qual poderá ser alienado, as condições de pagamento e, se for o caso, a comissão do leiloeiro; c) o lugar onde estiverem os móveis, os veículos e os semoventes e, tratando-se de créditos ou direitos, a identificação dos autos do processo em que foram penhorados; d) a indicação de local, dia e hora de segundo leilão presencial, para a hipótese de não haver interessado no primeiro; e) menção da existência de ônus, recurso ou processo pendente sobre os bens a serem leiloados; f) o valor da última cotação no caso de títulos da dívida pública ou de títulos negociados em bolsa; g) no caso de imóveis ou de veículos automotores, os editais serão publicados pela imprensa ou por outros meios de divulgação, preferencialmente na seção ou no local reservados à publicidade dos respectivos negócios; e h) caso o leilão se dê pela modalidade de leilão eletrônico, além desses requisitos, o edital terá necessariamente também que conter: o *site*, na rede mundial de computadores, e o período em que se realizará o leilão.

O objetivo do edital é dar publicidade ao leilão fornecendo a maior gama possível de detalhes aos possíveis interessados na arrematação do bem leiloado. Para tanto, o edital terá que ser publicado pelo menos cinco dias antes da data marcada para o leilão. Será publicado na internet, em *site* designado pelo juízo da execução, e conterá descrição detalhada, e, sempre que possível, ilustrada (fotografias, croquis, plantas, vídeos etc.) dos bens, e a informação expressa e precisa de se o leilão se realizará de forma eletrônica ou presencial. Não sendo possível a publicação na internet ou, considerando o juiz que esse modo de divulgação é insuficiente ou inadequado, o edital será também afixado em local de costume, normalmente no fórum, em quadro de avisos do cartório ou da secretaria, e publicado, em resumo, pelo menos uma vez em jornal de ampla circulação. Esta determinação é meramente recomendativa, pois, dependendo do caso e atendendo ao valor dos bens e às condições da sede do juízo, o juiz poderá alterar a forma e a frequência da publicidade na imprensa, e mandar publicar o edital em local de ampla circulação de pessoas e divulgá-lo em outras mídias, como rádio, televisão, *blogs* ou outros *sites*. Nada impede que, por economia processual, o juiz determine a reunião de publicações em listas referentes a mais de uma execução (conforme arts. 886 e 887 do CPC).

Atente-se que o Código no art. 882 estabelece, curiosamente, que o leilão judicial deverá preferencialmente ser realizado por meio eletrônico e, a rigor, só não sendo este possível, é que o leilão será presencial. Muito embora os §§1º e 2º do art. 882 do CPC estabeleçam garantias processuais para as partes de acordo com regulamentação do Conselho Nacional de Justiça, bem como que sejam garantidas no leilão eletrônico ampla publicidade, autenticidade e segurança, com observância das regras estabelecidas na legislação sobre certificação digital, o fato é que, na prática, até agora, inclusive nas comarcas das capitais dos estados mais ricos, os leilões são quase sempre presenciais e realizados por leiloeiros.

O ato processual em si do leilão começa com o pregão, em que são anunciados o bem a ser leiloado, suas características, preço mínimo e se existe algum ônus ou gravame incidente sobre ele. Em seguida, passa-se à fase dos oferecimentos dos lances. Dispõe o art. 890 do CPC que pode oferecer lance quem estiver na livre administração de seus bens, isto é, os civilmente capazes. Todavia, e por razões éticas e morais, não podem oferecer lance e, consequentemente, arrematar o bem: a) os tutores, os curadores, os testamenteiros, os administradores ou os liquidantes em relação aos bens sobre os quais exerçam o respectivo múnus; b) os mandatários dos bens de cuja administração ou alienação estejam encarregados; c) o juiz, o membro do Ministério Público ou da Defensoria Pública, o escrivão, o chefe de secretaria, os demais servidores e auxiliares da justiça quanto aos bens e direitos objeto de alienação na localidade onde servirem ou a que se estender sua autoridade; d) os servidores públicos em geral, quanto aos bens ou aos direitos da pessoa jurídica a que servirem ou que estejam sobre sua administração direta ou indireta; e) os leiloeiros e seus prepostos, quanto aos bens de cuja venda estejam encarregados; f) os advogados de qualquer das partes.

Algumas observações são presentes: a) com relação à alínea "c" acima, a proibição não é apenas quanto àquele processo ou quanto aos processos daquele órgão jurisdicional, porém, como o dispositivo expressa, na localidade onde servirem ou a que se estender a sua autoridade, vale dizer, comarca ou seção judiciária; b) quanto aos advogados de qualquer das partes, entenda-se advogados naquele processo, ou em outro processo que seja conexo ou que tenha alguma imbricação com relação ao processo de execução no qual se realize o leilão.

Chama-se atenção para o disposto no art. 891 do CPC que expressamente diz que não será aceito lance que ofereça preço vil. O parágrafo único explicita o *caput* quando define como vil para este efeito o preço inferior ao mínimo estipulado pelo juiz e constante do edital, e, não tendo sido fixado preço mínimo, considera-se vil o preço inferior a 50% do valor da avaliação. Observe-se que a lei proíbe que se aceite lance vil, isto é, não deve nem ser considerado no ato do leilão.

Salvo determinação judicial contrária, de regra, o pagamento deve ser feito imediatamente pelo arrematante. Se o exequente arrematar os bens e for o único credor, não haverá necessidade de pagamento imediato, porém se o valor do bem exceder o seu crédito, depositará no prazo de 3 dias o valor excedente, sob pena de ineficácia da arrematação e, nesse caso, novo leilão será realizado à sua custa (art. 892, §2º do CPC).

O Código prevê também a possibilidade de a arrematação não ser à vista. O art. 895 do CPC, todavia, exige que o interessado na aquisição a prazo do bem leiloado terá que fazer proposta por escrito, em valor não inferior ao da avaliação, ou se infrutífero o primeiro leilão, por preço que não seja vil, sem que a apresentação da proposta suspenda o leilão, o que indica que a preferência do legislador é sempre pela venda à vista (§§6º e 7º do art. 895 do CPC). O §6º do art. 895 do CPC exige que a proposta contemple uma entrada à vista de pelo menos de 25% do valor do lance e o restante parcelado em até 30 meses. Deverá ser ainda apresentada caução se se tratar de bem móvel, isto é, depósito em dinheiro ou qualquer outra garantia fidejussória, e hipoteca, se se tratar de imóvel. No caso, esta hipoteca poderá ser a do próprio imóvel leiloado. Havendo mais de uma proposta de aquisição parcelada, prevalecerá a de maior valor. Se forem iguais, a primeira. Repare-se que, para esta preferência, o Código considerou irrelevante o número de prestações. Obviamente, que os primeiros pagamentos até o limite do crédito pertencerão ao exequente, os demais, ao devedor.

O Código prevê salvaguarda para imóveis de incapazes, além da proibição da arrematação por preço vil, que vale para qualquer tipo de bem. O art. 896 do CPC estabelece que, tratando-se de bem imóvel de incapaz, caso esse não atinja 80% do valor da avaliação, o juiz confiará sua guarda e administração a depositário idôneo, adiando sua alienação por 1 ano. Mas, como prevê o art. 896 do CPC, se neste interregno algum pretendente assegurar, mediante caução idônea, o preço da avaliação, o juiz ordenará a alienação em leilão e, é claro, esse pretendente poderá usar o próprio valor usado na caução para fazer seu lance. Todavia, o arrependimento do pretendente lhe custará multa de 20% do valor da avaliação, que é o valor caucionado, em favor do incapaz, valendo a decisão como título executivo, portanto, executável em outro processo.

Afora esta situação específica, os arts. 897 e 898 do CPC tratam das sanções ao arrematante que não paga o preço no prazo estabelecido pelo juiz, e aqui não estamos mais tratando apenas da situação de imóveis de incapazes. São elas: a) perda da caução em favor do exequente; b) a proibição de participar do novo leilão; c) se a caução for fiança, e o fiador pagar o valor do lance, poderá se sub-rogar na arrematação.

A arrematação, melhor seria dizer o leilão, suspende-se tão logo se atinja o valor da alienação e das custas da execução. Como em todo ato processual, está presente o inafastável princípio da documentação do processo, por isso, a arrematação constará de auto que será lavrado de imediato. Nada obstante, a ordem de entrega do bem móvel ou a carta de arrematação de bem imóvel com o respectivo mandado de imissão na posse só serão expedidas depois de efetuado o depósito do lance vencedor ou, conforme a hipótese, prestadas as garantias e, em qualquer caso, paga a comissão do leiloeiro e, ainda, se incidente (bem imóvel), pago o imposto de transmissão intervivos.

O art. 903 do CPC é suficientemente objetivo ao dizer que, em qualquer modalidade de leilão, assinado o auto pelo juiz, pelo arrematante e pelo leiloeiro, a arrematação será considerada perfeita, acabada e irretratável, ainda que venham a ser julgados procedentes os embargos do executado, ou a ação autônoma de invalidação do leilão. Em nossa opinião, não vemos como possa haver leilão com embargos à execução pendentes, exceto em raríssimas situações como a de bens perecíveis e com o juízo garantido pela respectiva caução. Entretanto, de regra, parece-nos de constitucionalidade no mínimo discutível esta possibilidade, presente o disposto no art. 5º LIV, da Constituição Federal. Neste sentido, pouco ou quase nada vale a ressalva constante da parte final do art. 903 do CPC que assegura a possibilidade de reparação pelos prejuízos sofridos. Isso porque: a) terá havido expropriação do bem sem que o devido processo legal tenha sido completamente observado, eis que os embargos à execução ainda não tinham sido julgados; b) garantir o ressarcimento pelos prejuízos causados é, por assim dizer, chover no molhado, porquanto, estes já estariam mesmo assegurados, independentemente da dicção da parte final do dispositivo.

O Código, estranhamente, omite a figura do incidente processual dos embargos à arrematação. *Prima facie*, pode parecer que a possibilidade de invalidar a arrematação não mais exista no nosso sistema processual. Contudo, os §§1º, 2º e 3º do art. 903 do CPC estabelecem e disciplinam, ça va sans dire, os embargos à arrematação, eis que a arrematação poderá ser: a) invalidada, quando realizada por preço vil ou com outro vício; b) ineficaz, se não intimado o credor garantido por direito real sobre o bem arrematado; c) resolvida, se o preço não for pago ou, conforme o caso, a caução não for prestada (arrematação a prazo ou de bem perecível). Repare-se: invalidada significa absolutamente nula. Ineficaz significa que não gerará efeitos jurídicos contra o credor garantido por direito real sobre o bem arrematado ante o direito de sequela. Resolvida significa não realizada, se o preço não for pago ou a caução não for prestada.

Observe-se, por oportuno, que o §2º do art. 903 do CPC estabelece o prazo preclusivo de 10 dias para que o interessado argua tais questões, isto é, interponha, ça va *sans dire*, os embargos à arrematação. Vencido esse prazo de 10 dias, repita-se: preclusivo e não decadencial, só então o juiz poderá expedir a carta de arrematação ou emitir a ordem de entrega de bem móvel. A partir daí, só mediante ação própria e autônoma poderá ser deduzida pretensão de invalidação da arrematação. Ação esta proposta contra o exequente e o arrematante em litisconsórcio necessário unitário.

Da parte do arrematante, entretanto, não obstante tantas exigências e sanções que lhe são impostas pelo arrependimento, o Código permite desistir da arrematação, nos termos do §5º do art. 903, nas seguintes hipóteses: a) até 10 dias da arrematação, se provar a existência de gravame real sobre o bem arrematado, gravame real até então desconhecido e não constante do edital; b) se antes da expedição da carta de arrematação ou da ordem de entrega houver embargos à arrematação e, observe-se, basta que haja os embargos, independentemente de sua procedência ou não; c) se, citado da ação autônoma de invalidação da arrematação, fizer a opção da desistência da arrematação no prazo para a resposta da ação.

Como se nota, o Código imprimiu à arrematação uma blindagem que a põe a salvo de entraves quanto à efetiva tradição do bem leiloado. Verifica-se a preocupação do legislador de que a alienação judicial siga seu curso normal pela adoção das seguintes medidas: a) restrição das hipóteses de cabimento de embargos à arrematação; b) garantia de eficácia da alienação judicial mesmo quando pendentes os embargos à execução ou a ação autônoma de invalidação; c) tipificação como ato atentatório à dignidade da justiça a alegação infundada de vício com o objetivo de ensejar a desistência da arrematação, condenando o suscitante à multa a ser fixada pelo juiz, independentemente da responsabilidade por perdas e danos.

Uma última palavra deve ser dita sobre a alienação judicial em processo de execução e que diz respeito à natureza jurídica da propriedade assim adquirida. Trata-se de aquisição originária e não de aquisição derivada, pois a expropriação não é compra e venda ou qualquer outro negócio jurídico translativo da propriedade, embora, no caso de bem imóvel, incida o imposto de transmissão intervivos. É como se o adquirente fosse o primeiro proprietário, o que significa que a propriedade é adquirida sem qualquer vício ou ônus. Por conseguinte, exceto as eventuais demais penhoras existentes naquele mesmo processo, a alienação judicial, por assim dizer, purifica o bem arrematado, deixando-o isento de outras penhoras existentes, as quais deverão ser canceladas por requerimento do arrematante perante os respectivos juízos.

38.16 Satisfação do crédito

O objetivo da execução é a satisfação do crédito, portanto, a execução acaba bem quando o crédito exequendo é totalmente satisfeito. Como vimos, a expropriação dos bens do devedor pode se dar por adjudicação ou por alienação; daí decorre que a satisfação do crédito exequendo, como prevê o art. 903 do Código de Processo Civil, se dá: a) pela entrega ao credor do dinheiro apurado com a alienação do bem; ou b) pela adjudicação do bem ao credor.

Entretanto, antes da autorização do levantamento da totalidade do crédito, é preciso verificar: a) se há pluralidade de credores que tenham requerido reserva de valores para seus créditos; b) se há obrigações *propter rem* a descoberto, como: cotas condominiais ou IPTU ou se há alguma preferência legal. Disto decorre o regramento do art. 905 do CPC, que só permite ao exequente levantar o dinheiro depositado para assegurar o juízo ou o produto do bem alienado, bem como o faturamento de empresa ou outros frutos ou rendimentos, até o limite do seu crédito quando: a) for só um o exequente, e não houver preferência a ser observada; b) inexistir sobre o bem alienado privilégios ou preferências instituídos antes da penhora. O recebimento pelo credor far-se-á mediante mandado de pagamento ou transferência eletrônica, sendo vedada a concessão de levantamento de dinheiro ou a liberação do bem apreendido, nesses casos, durante o plantão judiciário (art. 905 e parágrafo único do CPC).

Dito isso, cabe lembrar ainda: a) a sobra do pagamento, se houver, será restituída ao executado ou ao responsável patrimonial pela execução; b) no caso de adjudicação ou alienação, os créditos que recaiam sobre o bem, inclusive os de natureza *propter rem*, sub-rogam-se no respectivo preço, observada a ordem de preferência. Veja-se bem: sub-rogam-se no preço, não na sobra do pagamento, portanto, antes de o pagamento ser feito ao exequente; c) se houver concorrência de credores, não existindo preferência legal, o dinheiro será distribuído entre os concorrentes, observada a ordem de preferência. Aqui, fala-se em dinheiro, não em preço, portanto, diferentemente das obrigações *propter rem*, aqui estamos falando de sobra após o pagamento aos credores exequentes; d) o exequente que se habilitar à sobra precisa apresentar seu requerimento ao juízo, demonstrando o direito de preferência e a anterioridade da penhora, e o juiz decidirá a ordem de preferência. Obviamente questões podem surgir entre os concorrentes, cujas decisões serão recorríveis via agravo de instrumento, eis que incidente na execução.

Registre-se que em todos estes casos não se trata de concurso de credores, em que cada um recebe do patrimônio penhorado parcela correspondente à força de seu crédito, a hipótese aqui é outra, é a de concorrência de outros exequentes que em outros processos tenham penhorado o mesmo bem.

38.17 Suspensão da execução

O processo de execução poderá ser suspenso: a) pelas mesmas causas que suspendem o processo de conhecimento, previstas nos arts. 313 e 315 do Código de Processo Civil; b) total ou parcialmente se os embargos à execução forem recebidos no efeito suspensivo, conforme o art. 919 e parágrafo único do CPC; c) quando for concedido o parcelamento previsto no art. 916 do CPC; d) quando o executado não possuir bens penhoráveis. Neste caso, o processo será suspenso por 1 ano, com a suspensão do prazo prescricional e arquivado se neste prazo não forem encontrados bens penhoráveis do executado, recomeçando a correr o prazo da prescrição intercorrente se não houver manifestação do exequente quanto a outro modo de prosseguir à execução, podendo, ainda, o juízo, ouvidas as partes no prazo de 15 dias, declarar *ex officio* a prescrição intercorrente e extinguir o processo.

Observe-se que a prescrição intercorrente, na verdade, estará interrompida com a decisão de suspensão do processo. Findo o prazo, ela começa de novo e não recomeça, se após 15 dias o exequente não se manifestar indicando ao juízo meios de prosseguimento da execução. Independentemente disto, reconhecendo a ocorrência da prescrição intercorrente, o juiz poderá declará-la *ex officio*, mas em obediência ao art. 10 do CPC, não sem antes ouvir as partes no prazo de 15 dias.

Nesta questão da prescrição, o Código é confuso e contraditório, porquanto, no §1º do art. 921, diz que o prazo será suspenso por 1 ano e no §4º diz que começa a correr o prazo. Ora, o que está suspenso não começa, recomeça. Ademais, a prescrição é interrompida durante o processo a cada decisão interlocutória. Portanto, ao decidir pela suspensão do processo, pensamos, o juiz interrompe e não suspende o prazo prescricional e, terminado o prazo de suspensão do processo, a prescrição que fora interrompida recomeça a fluir. De uma maneira bem mais simples: o processo de execução será suspenso por 1 ano quando o executado não possuir bens penhoráveis, mas o prazo prescricional será interrompido e não suspenso.

Finalmente, neste tópico, cabe aduzir que, em conformidade com uma regra geral do processo, dispõe o art. 923 do CPC que suspenso o processo de execução não serão praticados atos processuais, podendo o juiz, entretanto, salvo no caso de arguição de impedimento ou de suspeição, ordenar providências urgentes. A ideia é absolutamente lógica, pois, como se sabe da teoria geral do processo, o sentido de processo é o sentido de movimento, portanto, se suspenso o processo, ele se encontra paralisado, daí porque a proibição da prática de qualquer ato processual.

38.18 Extinção da execução

O processo de execução será extinto, na forma do art. 924 do CPC quando: a) a petição inicial for indeferida; b) a obrigação for satisfeita voluntária, por acordo ou forçadamente; c) o executado obtiver por qualquer outro meio a extinção total da dívida, como exemplo: a novação, a dação em pagamento, a transação, a compensação, a confusão; d) o exequente renunciar ao crédito, o que se equipara à renúncia ao direito em que se funda a ação no processo de conhecimento; e quando ocorrer a prescrição intercorrente.

O art. 925 do CPC ao determinar que a extinção da execução só produz efeito quando declarada por sentença, em outras palavras, está dizendo que qualquer que seja o motivo, o processo de execução será extinto por uma sentença. As hipóteses previstas no art. 924 do CPC são para que fique o juízo autorizado a prolatar uma sentença de cunho declaratório de extinção do processo de execução.

Abre-se neste momento uma peculiar observação, porquanto, se repararmos, em nenhum dos artigos das diversas espécies de execução que mandam citar o executado a citação é para responder ou se defender, com exceção da execução de alimentos em que, excepcionalmente, a citação é para pagar ou para justificar o motivo que impede o devedor de fazê-lo, em todos os demais casos, a citação é para cumprir o determinado no título executivo. Daí decorre que, diferentemente do processo de conhecimento, não pode mesmo existir sentença no processo de execução, eis que, no processo de conhecimento, se a pretensão for condenatória, a sentença será o título executivo judicial. Como no processo de execução já se parte do título executivo extrajudicial, pois é ele que se executa, não há mesmo lugar para a sentença. Entretanto, paradoxalmente, a extinção da execução, mesmo quando cumprida a obrigação, dependerá de uma sentença declaratória, o que, à primeira vista, parece ser uma contradição incontornável da sistemática processual.

Observe-se, entretanto, que a natureza dessa sentença é declaratória do mesmo modo que no processo de conhecimento a sentença que julga improcedente o pedido é declaratória, porque declara a inexistência do direito pretendido pelo autor. Assim, também, é declaratória a sentença que extingue o processo de conhecimento sem resolução ou solução do mérito, naquelas hipóteses em que o juízo não adentra a questão de mérito da relação processual.

De certo modo, é isto também que acontece com o processo de execução. Esta sentença é declaratória não porque a execução tenha cumprido seu objetivo ou porque a pretensão executória não tenha se realizado, eis que em qualquer caso, isto é, com a satisfação ou não do exequente, a execução extingue-se por uma sentença declaratória.

Isto se explica porque se trata de processo de execução, portanto, processo, e todo processo precisa ter início e fim. Ora, o processo se inicia com a distribuição da ação, embora a relação jurídica processual só se aperfeiçoe com a citação válida e, necessariamente, termina, isto é, se extingue por uma sentença. Não poderia ser diferente com o processo de execução.

Por sua vez, a natureza declaratória da sentença de extinção do processo de execução não está adstrita a qualquer dos motivos pelo qual ele se extingue, porém, pelo fato objetivo da sua extinção, e é disto que trata o art. 925 do CPC.

38.19 Embargos à execução[479]

Vimos anteriormente que o termo *embargos* assume várias acepções no processo civil, e uma delas é justamente a de nominar a ação autônoma desconstitutiva do título executivo extrajudicial, chamada de embargos à execução. Já está suficientemente esclarecido que pelo prévio *acertamento* da obrigação constituída e por vezes cartularizada no título executivo extrajudicial, não existe defesa ou resposta no processo de execução. Tal assertiva pode parecer e, de fato, inicialmente parece, ser absolutamente contrária aos princípios mais comezinhos de isonomia e de defesa, chegando às raias da inconstitucionalidade. Todavia, deve ser lembrado que a instauração do processo de execução exige, mediante a apresentação do título executivo, a prévia aceitação pelo devedor da obrigação executada, o que faz presumir a não resistência à pretensão do exequente. É como se, surgida a lide, a pretensão não fosse resistida pela aceitação do devedor de que o interesse do credor se sobreponha ao seu. Só que, no caso de título executivo, essa aceitação é prévia.

Ainda assim, o sistema ficaria desequilibrado, porque mesmo diante desta realidade sempre poderá haver exageros por parte do credor exequente por ocasião da propositura da ação de execução. A forma conciliadora de equacionar essa aparente contradição do sistema é dotar o devedor da possibilidade não de defender-se na execução, porém, de atacar o credor exequente mediante a propositura de uma ação autônoma, contudo, conexa à ação de execução, na qual ele, devedor, figura como autor e o exequente figura como réu, cuja pretensão deduzida é a de desconstituir no todo ou em parte o título executivo que lhe é cobrado.

Destarte, podemos conceituar os embargos à execução como ação autônoma de conhecimento conexa à ação de execução, que tem por legitimado o devedor executado ou o responsável patrimonial pela execução, e que tem por objeto a desconstituição total ou parcial do título executivo extrajudicial. Logo se nota que é ação de natureza desconstitutiva e, ante a evidente conexão, é distribuída por dependência ao processo de execução. Os embargos do executado são, pois, ação, em que o executado é autor e o exequente réu; mais precisamente a ação incidente do executado visando anular ou reduzir a execução ou tirar do título sua eficácia executória.[480]

---

[479] Para melhor compreensão da conceituação e da terminologia de *embargos*, que com diversas acepções aparece no processo civil, remetemos o leitor ao capítulo 31 – "Dos embargos de declaração".
[480] CARNELUTTI, Francesco. *Lezioni*. Pádua: Cedam, 1930. v. 1. nº 169.

A situação processual de que o título executivo constitui por si só o direito do credor já declarado e reconhecido com eficácia autônoma, independente da relação jurídica subjacente à sua constituição, não exclui, necessariamente, a possibilidade de controvérsias, seja com relação ao próprio objeto formal do processo de execução, que pode ter a validade de seu desenvolvimento questionada pelo executado, seja porque nenhum direito é absoluto, e nem mesmo a dispensa da fase de cognição com a pré-aceitação da obrigação pelo executado, por si só, impede que existam exageros ou inverdades na pretensão executória. Assim é que a dívida pode não existir ou não ser exatamente aquela, pode ter havido prescrição ou qualquer outro fato extintivo do direito do autor.[481]

O art. 914 do Código de Processo Civil possibilita ao executado que oponha embargos à execução independentemente de penhora ou qualquer outra garantia ao juízo. Isto não significa, entretanto, que havendo penhora não se possa embargar a execução, mas apenas que o ato de constrição de afetação patrimonial contra o devedor e a oposição dos embargos à execução não guardam relação de prejudicialidade.

Ante o aspecto da evidente conexão de causas existente entre os embargos e a execução, os embargos são distribuídos por dependência e, autuados em apartado, devem ser instruídos com cópias das peças processuais relevantes, as quais poderão ser declaradas autênticas pelo próprio advogado do embargante, pelo grau de seu ofício e sob sua responsabilidade.

A distribuição por dependência que decorre da conexão de causa é também exemplo clássico de competência funcional de juízo de 1ª instância. A autuação em apartado visa a facilitar o manuseio em se tratando de autos físicos e, presume-se, uma melhor e mais rápida visualização tratando-se de processo eletrônico. Já no que diz respeito à instrução com cópias das peças processuais relevantes, parece-nos um exagero do legislador, na medida em que, uma vez distribuídos por dependência e autuados em apartado, certamente, os mesmos documentos que instruem a execução instruirão os embargos, bastando fazer-lhes mera referência, sem a necessidade de cópias.

O §2º do art. 914 do CPC, em excelente momento, determinou que na execução por carta os embargos sejam oferecidos no juízo deprecante ou no juízo deprecado, mas a competência para julgá-los é do juízo deprecante, salvo se versarem unicamente sobre vícios ou defeitos da penhora, da avaliação ou da alienação dos bens efetuadas no juízo deprecado. A sistemática processual advinda com o Código de 1973 deixava esta questão da competência na execução por carta em aberto, tendo a jurisprudência se pacificado em que a competência para julgamento dos embargos só seria do juízo deprecado com relação aos atos por ele praticados. Chama atenção no dispositivo o fato de o Código nominar expressamente o tema dos embargos à execução, restringindo-o aos vícios ou defeitos da penhora, da avaliação ou da alienação de bens. Além disso, chama também a atenção o fato de a reserva dos embargos versar unicamente sobre tais temas. Portanto, caso os embargos versem sobre estes temas, entre outros, a competência continuará sendo do juízo deprecante, ainda que tenham sido distribuídos perante o juízo deprecado.

O prazo para interposição dos embargos é de 15 dias, contados pela forma geral estabelecida pelo art. 231 do CPC. Todavia, diferentemente da regência anterior, quando

---

[481] LIEBMAN, Enrico Tullio. *Processo de execução*. 4. ed. Notas de atualização de Joaquim Munhoz Denelli. São Paulo: Saraiva, 1980. p. 215.

houver mais de um executado, o prazo para cada um deles embargar será contado a partir da juntada do respectivo comprovante da citação, exceto se se tratar de cônjuges ou companheiros, quando será contado a partir da juntada do último comprovante. Esta é uma inovação, até certo ponto surpreendente e, a nosso ver, prejudicial aos executados, não por causa do prazo menor para aqueles em que primeiro se aperfeiçoar a citação, mas porque não é de bom tom que atos processuais da mesma natureza sejam carreados para os autos com prazos diversos. Tal como está posto no §1º do art. 915 do CPC, pode ocorrer, até com certa frequência, de um executado ter seu prazo expirado para opor embargos à execução antes que o prazo de outro executado tenha sequer iniciado. Some-se a isto a circunstância de que a maioria dos títulos executivos extrajudiciais contempla a possibilidade de coobrigados em relação ao beneficiário do título, que será o exequente, porém, com relação obrigacional diversa entre si e, obviamente, a oposição eventual de embargos em momentos diversos poderá prejudicá-los, tanto em relação ao que possam opor em conjunto contra o exequente, como com relação ao que possam opor no futuro um contra o outro em eventual cobrança regressiva.

Ainda com relação à contagem do prazo para oposição dos embargos, o §2º do art. 915 do CPC estabelece regra mais específica com relação aos embargos nas execuções por carta, de modo que este prazo contar-se-á da juntada da certificação da citação quando os embargos versarem unicamente sobre vícios ou defeitos da penhora, da avaliação ou da alienação dos bens ou da juntada, nos autos de origem, isto é, no juízo deprecante, do comunicado da efetivação da citação pelo juízo deprecado ao juízo deprecante. Uma última observação com relação ao prazo para os embargos consiste na não aplicação da regra do prazo em dobro quando houver mais de um embargante com a mesma representação judicial.

Não obstante a possibilidade de embargar a execução, pode o executado não fazê-lo, seja quedando-se inerte ao prazo que a lei lhe confere para o exercício da faculdade da prática processual, seja aproveitando este prazo para exercer o favor legal que lhe concede o art. 916 do CPC, segundo o qual, no prazo para opor embargos, caso o executado reconheça o crédito e deposite 30% do valor em execução, acrescido de custas e honorários de advogado, lhe será permitido pagar o restante em até 6 parcelas mensais acrescidas de correção monetária e juros de 1% ao mês. Trata-se de favor legal contra o qual o exequente não pode se insurgir. Entretanto, ou bem o executado embarga a execução ou bem se vale da prerrogativa do art. 916 do CPC, mas o exercício de qualquer dessas faculdades faz precluir, logicamente, a outra. Trata-se, a nosso ver, de preclusão lógica, e não de renúncia ao direito de opor embargos como disposto no §6º do art. 915 do CPC.

A sanção prevista pelo não pagamento de qualquer das prestações, pelo §5º do art. 916 do CPC será cumulativamente: o vencimento das prestações subsequentes, o prosseguimento do processo e multa de 10% sobre o valor das prestações não pagas.

O CPC no art. 917, inocuamente, procura delimitar as matérias arguíveis nos embargos à execução, que seriam: a) inexequibilidade do título ou inexigibilidade da obrigação; b) incorreção da penhora ou erro na avaliação; c) excesso de execução ou cumulação indevida de execuções; d) retenção por benfeitorias necessárias ou úteis, nos casos de execução para entrega de coisa; e) incompetência absoluta ou relativa do juízo da execução. Dissemos que tal listagem é inócua, porquanto, o inc. VI deste mesmo artigo diz que o embargante poderá arguir qualquer matéria que lhe seria lícito deduzir como defesa em processo de conhecimento. Ora, com exceção do que anteriormente ficava reservado aos embargos à penhora, isto é, penhora incorreta ou avaliação errônea, que são exclusivas do processo de execução, todas as demais hipóteses poderiam ser deduzidas no processo de conhecimento. Tanto isto é fato, e o legislador meio que confessa sua impropriedade, que o §1º do art. 917 do CPC dispensa a oposição dos embargos à execução quando a matéria que neles é versada se resume à incorreção da penhora ou da avaliação, precisamente as únicas que não poderiam ser deduzidas no processo de conhecimento porque não há atos de constrição. O mesmo ocorre quando, no §2º do art. 917 do CPC, o Código exemplifica a ocorrência de excesso de execução, eis que lista: a) pretensão superior à do título; b) execução sobre coisa diversa daquela declarada no título; c) procedimento diferente do determinado no título; d) descumprimento de contraprestação que condiciona a exigência do adimplemento da prestação do executado; e e) a não prova da realização da condição quando se tratar de obrigação sob condição. Ora, com todas as vênias, estas são matérias possíveis e passíveis de serem arguidas no processo de conhecimento.

Digno de nota, o disposto no §3º do art. 917 do CPC que determina ao embargante que declare na petição inicial dos embargos à execução o valor que entende correto, juntando demonstrativo atualizado e discriminado de seu cálculo sempre que alegar excesso de execução. Tem, portanto, o embargante executado a obrigação de declarar o que entende que deve, é o que se chama de valor incontroverso da execução. Trata-se de bem-vinda medida que visa inibir a proposição de embargos à execução que sejam meramente protelatórios. Tanto isto é fato que o §4º que se segue é explícito nas sanções que impõe se o embargante não apontar o valor incontroverso: a) rejeição liminar dos embargos, se o excesso de execução for o seu único fundamento; b) se houver outros fundamentos, os embargos serão processados, mas não se examinará a alegação de excesso na execução.

Nos embargos de retenção por benfeitorias (ou acessões), o exequente poderá requerer a compensação de seu valor com o dos frutos ou dos danos considerados devidos pelo executado. Se isto ocorrer, o juiz mandará apurar os respectivos valores por perícia técnica, a qual obedecerá ao procedimento da produção da prova pericial. Independentemente disto, poderá o exequente ser imitido na posse da coisa objeto da execução de entrega de coisa certa, desde que preste caução ou deposite o valor devido pelas benfeitorias ou que em favor do executado resulte da compensação. Provavelmente esta hipótese prevista no §6º do art. 917 do CPC só acontecerá após a perícia a que se refere o §5º do mesmo artigo.[482]

A preocupação do legislador com a oposição de embargos protelatórios fez constar no art. 918 do CPC a rejeição liminar destes quando: a) forem intempestivos; b) houver indeferimento da petição inicial e de improcedência liminar do pedido; ou c) forem manifestamente protelatórios. É absolutamente desnecessário que a tempestividade, o indeferimento da petição inicial e a improcedência liminar do pedido ocupem espaço topográfico no título pertinente aos embargos à execução. Isto porque, sendo os embargos à execução uma ação de conhecimento, obviamente hão de ser liminarmente rejeitados nos casos em que as demais ações de conhecimento também o seriam,

---

[482] Sobre embargos de retenção, remetemos o leitor ao capítulo 20, "Da resposta do réu. Da contestação e da reconvenção", item 20.11, "Exceção substancial e exceção processual".

estando a intempestividade constante do inc. I do art. 918 do CPC como a prescrição ou a decadência estão para a ação de conhecimento normal. Já quanto à pecha de manifestamente protelatórios, o Código faz péssima opção, porquanto estabelece sanção por comportamento de tipificação indefinida, uma vez que definir no caso concreto o que é manifestamente protelatório dependerá, salvo em casos evidentes, do subjetivismo e do humor do magistrado. A impropriedade conceitual se agrava quando no parágrafo único do art. 918 o Código considera conduta atentatória à dignidade da justiça o oferecimento de embargos manifestamente protelatórios. Temos então o seguinte quadro: a) não existe definição legal que tipifique o que seja manifestamente protelatório; b) não obstante, se assim entender o juiz, rejeitará liminarmente os embargos; c) além disso, o embargante será considerado agente de conduta atentatória à dignidade da justiça pela prática de um ato que subjetivamente, sem tipificação legal, poderá ser considerado manifestamente protelatório.

Ao contrário do que ocorria no início da vigência do Código de 1973, no Código atual os embargos à execução não terão efeito suspensivo, conforme art. 919 do CPC. No entanto, poderão ter, a requerimento do embargante, se presentes os requisitos para concessão de tutela provisória e desde que a execução esteja garantida por penhora, depósito ou caução suficientes (§1º). No início da vigência do Código de 1973, os embargos necessariamente suspendiam a execução, porque para opô-los o juízo precisava estar seguro, isto é, garantido, o que agora não ocorre, eis que a oposição dos embargos independe da garantia do juízo. Nada obstante, não se pode perder de vista que os embargos à execução são ação de conhecimento. Por conseguinte, sempre que presentes os requisitos que justificariam a suspensão dos efeitos de alguma situação jurídica na fase de cognição do processo, por simetria, os embargos à execução poderão ter efeito suspensivo, só que, no caso, o efeito suspensivo é a suspensão do processo de execução. Assim, também, sempre que as razões que motivaram o efeito suspensivo cessarem, este também cessará. Desse modo, tal como na tutela urgente, aqui vige a regra *rebus sic stantibus*, eis que cessada a causa, cessado o efeito. Entretanto, pensamos que, se não admitidos os embargos no efeito suspensivo, ao longo de seu processamento nada impede que seja concedido o efeito suspensivo, se verificados os requisitos para concessão da tutela provisória. Alerte-se, porém, que o efeito suspensivo pode ser parcial e, neste caso, a execução prosseguirá contra a parte restante (§3º do art. 919 do CPC).

Sendo vários os executados e só um deles embargante, somente com relação a este poderá haver, se for o caso, efeito suspensivo, prosseguindo a execução contra os demais, desde que o fundamento diga respeito apenas ao embargante (§4º do art. 919 do CPC). Guardadas as devidas proporções, é mais ou menos como se dá no tratamento do litisconsórcio, em que cada litisconsorte, em princípio, será tratado como parte individualizada, exceto com relação ao litisconsórcio necessário unitário. Todavia, na hipótese do embargante único, não há lógica na regra, porque se o fundamento disser respeito apenas a um embargante, a execução deverá ser suspensa somente com relação a ele, porque, neste caso, somente ele estará sob risco do *periculum in mora*. Do jeito como posta a regra, temos o seguinte paradoxo: se apenas um executado embargar a execução e o fundamento da suspensão disser respeito só a ele, suspende-se a execução só com relação a este embargante. Porém, se todos os executados embargarem a execução, mas o fundamento da suspensão disser respeito só a um executado, suspende-se a execução com relação a todos. Pensamos que esta não pode ser a melhor interpretação e a regra deve ser interpretada teleologicamente no sentido de que, independentemente de quantos embarguem a execução, o efeito suspensivo dos embargos só deverá incidir em relação àqueles a quem se verificar os pressupostos para concessão da tutela provisória.

Outra crítica que deve ser feita ao dispositivo diz respeito à exigência da garantia do juízo. Em nosso entendimento, caso seja hipótese de tutela de urgência, em qualquer de suas modalidades e havendo irreversibilidade do dano, poder-se-á atribuir efeitos suspensivos aos embargos à execução independentemente da garantia do juízo.

Uma última observação digna de lembrança, como prevê o §5º do art. 919 do CPC, é que a concessão do efeito suspensivo, embora suspenda a execução, não impede a efetivação dos atos de substituição, de reforço ou de redução da penhora e de avaliação dos bens. Repare-se que o dispositivo não diz "não impedirá a produção", porém a efetivação, o que nos leva a crer que a interpretação deva ser a de que a regra se refere aos atos que estejam em curso, mas ainda não tenham se efetivado e não aos que sequer tenham se iniciado.

Recebidos os embargos, o exequente será ouvido no prazo de 15 dias e, a partir daí o juiz julgará o pedido, designará audiência ou, se entender necessário, abrirá fase instrutória do processo. Encerrada a instrução o juiz proferirá a sentença. Embora o Código tenha imprimido um procedimento reduzido, não podemos perder de vista que, se tratando de processo de conhecimento, todas as fases de cognição estarão presentes nos embargos à execução: fase postulatória, de saneamento, instrutória e decisória, ainda que, eventualmente, concentradas na prática de menos atos processuais.

38.20 Exceção de pré-executividade

Inicialmente utilizada como meio de defesa nas execuções fiscais ante a deficiência de *acertamento* na certidão de dívida ativa,[483] a exceção de pré-executividade gradativamente migrou para as demais modalidades de execução. Curiosamente, este incidente processual jamais contou com regramento legal. Nasceu da construção doutrinária,[484] em execução normal entre particulares, e hoje é pacificamente reconhecida pela jurisprudência consolidada.[485]

Dada a coercitividade imposta ao devedor pelo processo de execução, passou-se a permitir que em casos de matéria de ordem pública, conhecíveis de ofício pelo

---

[483] Com relação à deficiência de acertamento na certidão de dívida ativa, remeta-se o leitor para o item 38.4 deste capítulo, "Título executivo extrajudicial – Espécies", no qual o tema é focado quando da abordagem da certidão da dívida ativa pública como título executivo extrajudicial.

[484] O jurista Marco Antônio Rodrigues conta: "Pontes de Miranda elaborou, a pedido da Companhia Siderúrgica Mannesmann, o Parecer nº 95/66. Anteriormente, a Companhia recebera alguns pedidos de falência, sendo que a falsidade dos títulos executivos foi reconhecida nesses processos. Os credores, insatisfeitos, propuseram ações de execução baseadas nos mesmos documentos. Para que a Companhia pudesse se defender por meio dos embargos, entretanto, deveria garantir o juízo, nos termos do art. 995 do vigente Código de Processo Civil de 1939. Tal situação se mostrava claramente injusta, posto que o executado, ainda que tivesse meios de demonstrar a nulidade da execução sofrida, deveria indicar bens à penhora. Deste modo, Pontes de Miranda idealizou a exceção de pré-executividade, como meio de defesa do executado que dispensa garantia do juízo, tendo como objeto matérias que o juiz possa conhecer de ofício. O referido parecer se encontra em MIRANDA, Pontes de. Dez Anos de Pareceres. São Paulo: Francisco Alves, 1974" (RODRIGUES, Marco Antônio. *A Fazenda Pública no processo civil*. São Paulo: Atlas, 2015. p. 186).

[485] Súmula nº 393 do STJ: "A exceção de pré-executividade é admissível na execução fiscal relativamente às matérias conhecíveis de ofício que não demandem dilação probatória".

juiz, o executado pudesse, por petição, nos próprios autos da execução, opor-se ao seu cabimento pela via da exceção de pré-executividade. Posteriormente, passou-se também a admiti-la quando as matérias arguidas não exigissem dilação probatória.

Na execução fiscal que é regida por lei especial,[486] a exceção de pré-executividade traz dois benefícios ao devedor: a) possibilita sua defesa sem a necessidade de garantir o juízo; b) tratando-se de questões de ordem pública, o conhecimento de ofício não está sujeito a qualquer prazo, podendo ser arguida em qualquer momento.

No âmbito do Código de Processo Civil, aparentemente haverá somente o benefício do prazo, pois os embargos à execução já não mais dependem da garantia do juízo. Contudo, os embargos à execução, mesmo com a garantia do juízo, no Código de Processo Civil, só suspendem a execução nos casos de tutela provisória. Entretanto, a exceção de pré-executividade, pela própria natureza de exceção substancial do instituto, suspende o processo de execução.

Além disso, como vimos, os embargos à execução são uma ação autônoma em que o executado assume o polo ativo e o exequente o polo passivo. Abre-se outro processo instrumentalmente conexo, porém diverso do processo de execução. Isto faz com que, independentemente da questão da garantia do juízo, uma série de ônus, como taxa judiciária, custas judiciais, verba honorária de sucumbência etc., incida sobre os embargos à execução que, inclusive, serão distribuídos, ainda que por dependência. Na exceção de pré-executividade nada disto ocorre, quando muito poderá incidir algum emolumento cartorial, eis que não se trata de outra ação nem de outro processo, mas de incidente processual que ocorre na execução.

A justificativa da exceção de pré-executividade repousa em que, por ela, são arguíveis apenas as questões de ordem pública, conhecíveis de ofício pelo juízo, ainda que processuais, sem que, excepcionalmente, por isto perca sua natureza material. Ora, se não há qualquer lógica em obrigar o executado a embargar a execução, com garantia do juízo se os embargos versarem sobre tema que o juiz não precise ser provocado para suscitar e decidir, se, de ofício, não o faz, cabe a exceção de pré-executividade para provocá-lo a fazer.

A ideia central que rege o incidente é de que se trata de uma exceção, como seriam todas aquelas que impediriam o acolhimento da pretensão condenatória se se tratasse da fase de cognição no processo complessivo. Em suma, pela exceção de pré-executividade, em última análise, o devedor executado vai a juízo não para questionar o mérito da execução em si, mas para arguir que aquele não é caso de execução. Não se trata de se defender do excesso da cobrança, da inexigibilidade do título, ou que a condição exigida ainda não se tenha implementado, ou seja: não se cuida de atacar os requisitos do título para desconstituí-los. Trata-se de suscitar que não há título, ou que o executado não é o devedor ou o responsável patrimonial pela execução, ou ainda que a pretensão executória se encontra prescrita e assim por diante.

Nada obstante, com a dispensa da penhora ou da garantia do juízo para embargar a execução, mesmo sem efeito suspensivo, a tendência será a de diminuição da utilização do incidente processual da pré-executividade, ficando ele limitado às execuções fiscais ou restrito às hipóteses de ordem pública, como exemplificadas no texto.

---

[486] Lei nº 6.830/80.

CAPÍTULO 39

DOS PROCEDIMENTOS ESPECIAIS

39.1 Noções gerais

Os procedimentos especiais de jurisdição contenciosa, no Código atual, inexplicavelmente, denominados apenas de procedimentos especiais, tratam de situações jurídicas típicas e diferenciadas, as quais reclamam, pela sua natureza ímpar, procedimento diverso do comum, em que prevalece a cognição sumária, a dispersão da fase de saneamento e a restrição aguda às hipóteses de sua utilização. A fonte de inspiração dos procedimentos especiais é o direito material. É a especificidade da lide surgida no conflito de interesses que tenha origem em situações que fogem ao comum que justifica a opção do legislador por cada procedimento especial. Em suma: para situações normais de litigiosidade, procedimento comum; para situações especiais de litigiosidade, procedimentos especiais.

Existem situações especiais que reclamam procedimentos especiais que estão fora do Código de Processo Civil – encontram-se em legislação especial ou extravagante ou complementar, como se queira denominar. É o caso, por exemplo, das ações que versem sobre matéria de locação de imóvel urbano.[487]

Há quem justifique a previsão de procedimentos especiais não só pela natureza do litígio, mas também pela urgência na solução que tais ações reclamam.[488] Todavia, com o direito a um processo de duração razoável elevado à categoria de garantia fundamental na Constituição[489] e com as novas técnicas de tutela de urgência introduzidas no Código de Processo Civil atual, parece-nos que esta tese se encontra superada, restando como suporte à política legislativa de opção pelos procedimentos especiais tão somente a peculiaridade do interesse em jogo.

---

[487] Lei nº 8.245/90.
[488] FAIREN GUILLÉN, Víctor. *El juicio ordinário y los plenários rápidos*. Barcelona: Bosch, 1953; COUTURE, Eduardo Juan. *Proyecto de codigo de procedimiento civil*: con exposicion de motivos. Montevideo: Imp. Uruguaya 1945. p. 53.
[489] Art. 5º, inc. LXXVIII, da Constituição Federal de 1988: "a todos, no âmbito judicial e administrativo, são assegurados a razoável duração do processo e os meios que garantam a celeridade de sua tramitação. (Incluído pela Emenda Constitucional nº 45, de 2004)".

Aqui, cabe uma crítica: o Código de Processo Civil atual ficou no meio do caminho, pois, nesse contexto, ou bem se trazem para o Código todos os procedimentos especiais, ou pelo menos quase todos previstos na legislação extravagante; ou bem expurgam-se do Código todos os procedimentos especiais, deixando-os em leis esparsas. Porém, quer nos parecer que o legislador optou por manter no Código de Processo Civil aqueles procedimentos especiais tradicionalmente incorporados ao diploma.

Não há consenso na doutrina quanto ao critério de escolha das situações que ensejam a adoção de procedimento especial. Como vimos, é a própria natureza especial da relação jurídica de direito material controvertida que indica a necessidade da adoção de determinado procedimento especial. Boa doutrina, contudo, alerta que os legisladores não costumam se orientar apenas por essa diretriz. Pesa a tradição histórica com as complicações e incongruências decorrentes de múltiplas fontes de influência, nem sempre coesas e coerentes.[490] Diversas seriam as razões de conveniência com caráter emergencial, que vão da impaciência do legislador com a morosidade da prestação da tutela jurisdicional à pressão da necessidade social. A rigor, muito pouco deveria ser reservado aos procedimentos especiais, nada obstante, tudo influi no sentido de se retirar da vala comum um número crescente de ações em antagonismo com as recomendações doutrinárias que se inclinam para a redução numérica dos tipos procedimentais como imperativo da simplificação da racionalização e da metodologia processual.[491]

São de quatro tipos as situações jurídicas contempladas no Código de Processo Civil com procedimentos especiais: a) obrigações e negócios jurídicos; b) família; c) posse e propriedade; d) objeto formal do processo.

Na primeira categoria, obrigacional negocial, temos: a) ação de consignação em pagamento; b) ação de exigir contas; c) ação de dissolução parcial de sociedade; d) ação monitória; e) homologação do penhor legal; f) regulação de avaria grossa.

Na segunda categoria, família, temos: a) inventário, partilha e arrolamento; b) divórcio, separação, reconhecimento e extinção de união estável; c) guarda, visitação e filiação; d) no que couber, alimentos e ações que versem sobre o interesse de crianças e adolescentes.

Na terceira categoria, posse e propriedade, temos: a) ações possessórias, manutenção e reintegração de posse e interdito proibitório; b) embargos de terceiro; c) oposição; e d) divisão e demarcação de terras.

Na quarta e última categoria, objeto formal do processo, temos: a) habilitação e b) restauração de autos.

39.2 Ação de consignação em pagamento

Pagamento é a forma normal de extinção das obrigações.[492] O Código Civil prevê várias modalidades de pagamento, entre elas o pagamento em consignação.[493] As demais formas de pagamento são o pagamento com sub-rogação, a imputação do pagamento e

---

[490] MIRANDA, Francisco Cavalcanti Pontes de. *Comentários ao Código de Processo Civil*. Rio de Janeiro: Forense, 1973. t. XIII. p. 3.
[491] Cf. FABRÍCIO, Adroaldo Furtado. *Comentários CPC de 1973*. Rio de Janeiro: Forense, 1980. v. VIII. t. 3. p. 7.
[492] Art. 304 do Código Civil.
[493] Arts. 334 a 345 do Código Civil.

a dação em pagamento. Todavia, apenas o pagamento em consignação mereceu atenção literalmente especial do legislador processual civil, reservando-lhe procedimento específico. Consignação significa depósito no sentido de deixar a marca, deixar o sinal, dar publicidade ao ato de pagar com o objetivo de extinguir a obrigação, isto é, de quitar e se liberar da dívida. É nesse contexto que o legislador de direito material prevê a possibilidade da extinção da obrigação pelo pagamento em consignação e o legislador processual lhe concede procedimento especial.

Contudo, o interesse que move o autor devedor na ação de consignação em pagamento é o de obter judicialmente sua liberação do vínculo obrigacional. A extinção da obrigação é o meio pelo qual, ou a condição *sine qua non*, para que o devedor, objetivamente, se libere do vínculo obrigacional. Assim, podemos concluir que, do ponto de vista do direito material, o pagamento em consignação visa à extinção da obrigação, como de resto é a consequência de toda modalidade de pagamento. Do ponto de vista do direito processual e como consequência da extinção da obrigação, a ação de consignação em pagamento visa à liberação do devedor do vínculo obrigacional a que até então se mantinha atrelado.

É óbvio que para se propor a ação de consignação em pagamento, é necessário que haja uma lide, entre credor e devedor, que tenha por objeto justamente o pagamento. Portanto, na ação de consignação em pagamento estar-se-á sempre discutindo o pagamento, seja sua tempestividade ou extemporaneidade, seja sua suficiência ou insuficiência, seja a intenção e a resistência em efetivá-lo. Excepcionalmente, como se verá adiante, pode o devedor valer-se da ação de consignação em pagamento para se liberar da obrigação quando não souber a quem pagar ou quando houver disputa entre pretensos credores.

Assim é que, dentro da restrição típica que se impõe ao cabimento dos procedimentos especiais, o art. 539 do Código de Processo Civil estabelece que, nos casos previstos em lei, poderá o devedor ou terceiro requerer, com efeito de pagamento, a consignação da quantia ou da coisa devida. Repare-se que o legislador processual bebe na fonte do direito material, porquanto reduz o cabimento do procedimento aos casos previstos em lei. Ora, os casos previstos em lei serão todos aqueles em que houver recusa do credor em receber o pagamento, porque o art. 304 do Código Civil estabelece que qualquer interessado e o maior interessado é o devedor, na extinção da dívida, pode pagá-la, usando, *se o credor se opuser*, dos meios conducentes à exoneração do devedor. Por conseguinte e por complemento da legislação material, caberá ação de consignação em pagamento sempre que houver a recusa, qualquer que seja o motivo, pelo credor, em receber o crédito.

O §1º do art. 539 cria uma distinção entre a dívida de dinheiro e dívida de outra coisa. Tratando-se de obrigação em dinheiro, poderá seu valor ser depositado em estabelecimento bancário, oficial se houver, situado no local do pagamento, cientificando-se o credor por carta com aviso de recebimento, assinado o prazo de 10 dias para manifestação de recusa. Observe-se que o Código utiliza o termo *poderá*, o que significa que este procedimento não é obrigatório. Por situação do lugar do pagamento deve-se entender o local em que deverá ser cumprida a obrigação. A manifestação de recusa assim como a notificação ao credor também devem observar a forma da carta com aviso de recebimento, e o prazo de 10 dias conta-se tal qual qualquer outro prazo processual.

Ainda nesse tom, decorridos os 10 dias sem que haja manifestação de recusa, considerar-se-á o devedor liberado da obrigação, ficando à disposição do credor a quantia depositada (§2º do art. 539 do CPC). Caso o credor manifeste por escrito sua recusa, esta será endereçada ao estabelecimento bancário e, neste caso, o devedor terá o prazo de um mês para propor a ação de consignação, instruindo-se a inicial com a prova do depósito e da recusa. Não proposta a ação no prazo previsto, o depósito ficará sem efeito, podendo ser levantado pelo depositante.

O prazo de um mês para propositura da ação de consignação é prazo decadencial, porque a ação de consignação em pagamento, como se disse anteriormente, visa liberar o devedor da obrigação, portanto tem natureza declaratória. O objeto liberatório da ação de consignação em pagamento está absolutamente claro no art. 540 do CPC, que determina que com a consignação no lugar do pagamento cessam para o devedor, na data do depósito, os juros e os riscos, exceto se a ação for julgada improcedente. O art. 541 do CPC cuida das obrigações de trato sucessivo, prevendo que consignada uma delas o devedor está autorizado a continuar com o depósito das subsequentes, no mesmo processo, desde que o faça até 5 dias contados da data do respectivo vencimento.

O teor dos arts. 540 e 541 do CPC corrobora a assertiva de que a faculdade prevista no §1º do art. 539 do CPC é uma opção dada pelo legislador quando se trate de dívida em dinheiro, porém, inexiste a obrigatoriedade de seguir o rito ali previsto. Tanto assim o é que, caso o devedor e autor da ação não opte pelo procedimento descrito nos parágrafos do art. 539 do CPC, o art. 542 do CPC estabelece os requisitos especiais que deve conter a petição inicial da ação de consignação em pagamento.

Além dos requisitos normalmente exigidos para toda e qualquer petição inicial previstos no art. 319 do CPC, a petição inicial da ação de consignação em pagamento, nos termos do art. 542 do CPC, deverá conter os seguintes requerimentos: a) depósito da quantia ou da coisa devida, a ser efetivada no prazo de 5 dias contados do deferimento; b) citação do réu para levantar o depósito ou oferecer contestação. A atecnia do legislador neste dispositivo está em que o réu não é citado para levantar o depósito ou oferecer contestação, o réu é intimado para levantar o depósito e citado para, caso não levante o depósito, responder à ação. Obviamente, como atesta o parágrafo único, se o depósito não se realizar no prazo da lei ou eventualmente naquele que o juiz conceder, o processo será extinto sem resolução do mérito.

Caso se trate de obrigação alternativa ou se o objeto da prestação for indeterminado e a escolha couber ao credor, é evidente que o devedor não poderá liberar-se desde logo da obrigação, porquanto o objeto desta depende da indicação do credor. Nesta hipótese, prevê o art. 543 do CPC que o credor será citado para exercer o direito de escolha no prazo de 5 dias, caso não haja outro prazo previsto em lei ou no contrato ou para aceitar que o devedor faça a escolha, devendo o juiz ao despachar a petição inicial fixar lugar, dia e hora em que se fará a entrega, sob pena de depósito.

Aqui são várias as observações cabíveis: a) o autor não é citado para exercer o direito de escolha e sim intimado; b) nem é intimado para aceitar que o devedor faça esta escolha. Na verdade, o que ocorre é a intimação do autor para indicar sua preferência, sob pena de esta indicação passar a ser direito do devedor, como de resto costuma ocorrer nas obrigações alternativas e naquelas de prestar coisa indeterminada em geral.

O art. 544 do CPC restringe as alegações que o réu está autorizado a fazer na resistência à pretensão de o autor liberar-se do vínculo obrigacional. Referido dispositivo legal limita as alegações do réu na contestação aos seguintes temas: a) inexistência de recusa do credor ou inexistência de mora do credor em receber a quantia ou a coisa devida; b) justa causa na recusa do recebimento; c) defeito no depósito eis que extemporâneo, insuficiente ou feito fora do local do pagamento, sendo que, na hipótese de alegação da insuficiência do montante depositado, o réu credor terá que indicar o montante que entende devido e, ainda nesta hipótese, será lícito ao devedor completar o depósito no prazo de 10 dias, exceto se por força de lei ou do contrato este depósito corresponder à prestação cujo inadimplemento acarrete a rescisão do contrato, isto é, se trate de cláusula resolutiva tácita ou expressa.

Havendo questionamento com relação à integralidade do depósito, o réu credor, autorizado pelo juízo, poderá levantar desde logo a quantia depositada com a consequente liberação parcial do autor, prosseguindo o processo em relação à parcela controvertida. Se a sentença concluir pela insuficiência do depósito determinará, sempre que possível, o montante devido e valerá como título executivo, facultado ao credor promover-lhe o cumprimento nos mesmos autos após a liquidação, se necessário.

Nesse ponto, adentra-se a vetusta e interminável controvérsia do limite do que pode ser discutido na ação de consignação em pagamento. Pela letra do Código, fica claro que o legislador optou pela restrição desta discussão. Entretanto, historicamente sempre foi assim, isto é, sempre se restringiu as matérias alegáveis na contestação da ação de consignação em pagamento e, paulatinamente, a jurisprudência, caso a caso, sempre considerou matérias outras não condizentes apenas àquelas previstas no Código.

Tratando-se a ação de consignação em pagamento de procedimento especial que visa instrumentalizar modalidade peculiar de extinção da obrigação, prevista no Código Civil, a intensão do legislador só poderia mesmo ser a de discutir tão somente a liberação ou não da obrigação mediante a consignação do pagamento. Daí porque as restrições das matérias alegáveis contidas no art. 544 do Código.

Isso significa que em princípio o Código estaria a vedar que se discuta na ação de consignação em pagamento a própria vinculação jurídica, ou seja, o próprio negócio jurídico subjacente donde deflui a prestação que visa consignar, limitando-se a controvérsia tão somente à juridicidade ou não da recusa ao pagamento.

Por isso mesmo se diz que na ação de consignação em pagamento existe uma contraposição de moras, isto é, em última análise, o juiz decidirá se existe *mora credendi* ou *mora debendi*. Em outras palavras: se o credor está em mora porque se nega a receber, ou se a mora é do devedor que quer obrigar o credor a receber dívida vencida sem os encargos da mora ou sem que haja a rescisão do negócio jurídico quando se tratar de cláusula resolutiva.

A grande questão surge na previsão constante do inc. II do art. 544 do CPC, que permite ao réu alegar em defesa que a recusa em receber o pagamento e consequentemente dar quitação foi justa, isto é, legal. Ora, se as alegações de que o depósito não se efetuou no prazo ou no lugar do pagamento ou se o depósito não é integral já constam dos incs. III e IV do referido art. 544 do CPC, o que se poderá entender por justa recusa dentro das limitações que o legislador quer impor à cognição possível neste tipo de procedimento?

Evidentemente que por este viés da justa causa para a recusa do recebimento, finda-se adentrando na discussão da existência, da inexistência, da legalidade, da ilegalidade, da eficácia, da ineficácia, da juridicidade da exigência do cumprimento da obrigação, de todas as exceções substanciais oponíveis, tais como a do contrato não cumprido.

Na prática, não se tem o limite da profundidade da cognição neste tipo de ação, muitas vezes chega-se a discutir a validade do negócio jurídico ou da prestação cujo cumprimento quer o devedor liberar-se.

Voltando à questão processual propriamente dita, atente-se que o já descrito §2º do art. 554 faculta ao credor promover o cumprimento, isto é cobrar o saldo devedor não consignado, nos mesmos autos. Todavia, trata-se de uma faculdade e não de uma obrigatoriedade. A nosso ver, poderá esta sentença constituir-se também em título executivo judicial para aparelhar procedimento autônomo de cumprimento de sentença nos termos do inc. I do art. 515 do CPC.

Julgado procedente o pedido, o autor devedor atingiu seu intento. Portanto, o juiz, na sentença, declarará extinta a obrigação e condenará o réu ao pagamento de custas e honorários advocatícios. Esta mesma solução que está prevista no parágrafo único do art. 546 do CPC se aplica na hipótese de o credor receber e dar a quitação.

Ao iniciarmos os comentários pertinentes ao procedimento especial da ação de consignação em pagamento, dissemos que excepcionalmente tal procedimento também instrumentaliza a pretensão deduzida em juízo por aquele devedor que quer liberar-se da obrigação, porém, tem dúvidas de quem seja o credor, presente a regra milenar de que "quem paga mal, quem paga errado, paga duas vezes". Justamente para evitar que incautos sofram deste mal, o art. 547 do CPC estabelece que, ocorrendo dúvida sobre a legitimidade do credor ou de quem deva receber o pagamento, o réu devedor requererá, pela via da ação de consignação em pagamento, o depósito e a citação dos possíveis titulares do crédito. Estes, por sua vez, serão citados para não só provarem o seu direito, mas também, se for o caso, arguirem qualquer daquelas alegações previstas no art. 544 do CPC.

Nesse sentido, dispõe o art. 548 do CPC que, não comparecendo qualquer pretendente, o depósito será convertido em arrecadação de coisas vagas; comparecendo apenas um, o juiz decidirá de plano; comparecendo mais de um, o juiz declarará efetuado o depósito e extinta a obrigação, continuando o processo unicamente a correr entre os presuntivos credores, observado o procedimento comum.

Tem-se, pois, o seguinte: a) se vários credores forem apontados pelo devedor e apenas um comparecer arrogando-se ser o credor legítimo, o juiz decidirá de plano quanto à titularidade do crédito, porém, se além dessa questão este único credor que compareceu contestar a ação, a decisão referente à resistência da pretensão liberatória da obrigação não será necessariamente decidida de plano; b) comparecendo mais de um dos citados dizendo-se credor, o juiz declarará extinta a obrigação, caso nenhum deles conteste a pretensão consignatória, pois que, em havendo resistência à pretensão nos termos do art. 544 do CPC, é evidente que primeiro o juiz decidirá sobre a inteireza e a legalidade do depósito e só então declarará o devedor liberado da obrigação. A partir daí, o processo se converterá em disputa pelo valor depositado entre os pretensos credores.

Situação curiosa e peculiar é a seguinte: imagine-se que dois credores presuntivos respondam à citação, ambos se dizendo legitimados a receber o pagamento. Contudo, um deles além de se autodeclarar credor legítimo impugna o valor do depósito alegando ser este insuficiente, ao passo que o outro aceita o valor oferecido como sendo o real valor devido. Neste caso, o juiz só poderá liberar o autor devedor até a importância depositada e o processo entre o devedor autor e o credor que alega a não integralidade do depósito terá que prosseguir nos termos do art. 545, §§1º e 2º do CPC. Só após decidida esta questão poderá o devedor ser liberado.

Caso, porém, ainda nesta hipótese se decida pela insuficiência do depósito, o processo prosseguirá entre os credores presuntivos e aquele que ao final vencer a ação poderá exigir o cumprimento da parte controvertida do mesmo modo que o credor único apontado pelo devedor poderia fazê-lo.

Finalmente, o art. 549 do Código manda que se utilize, no que couber, as regras previstas para o procedimento especial da ação de consignação em pagamento para o resgate do aforamento.[494]

39.3 Ação de exigir contas

A ação de exigir contas prevista no Código de Processo Civil nos arts. 550 a 553 substitui a anteriormente denominada ação de prestação de contas. O procedimento atualmente adotado procura simplificar o processo de modo a tornar mais célere a solução dessas ações, visando desta forma atender às antigas críticas que se faziam ao Código revogado.

A ação de prestação de contas por si mesmo se explica. Diz o Código no art. 550: "aquele que afirmar ser titular do direito de exigir contas requererá a citação do réu para que as preste ou ofereça contestação no prazo de 15 dias". Obviamente que o afirmado titular do direito de exigir contas trará como suporte fático da sua pretensão a omissão de quem deva prestá-las, vale dizer, trata-se de uma pretensão em face do descumprimento de uma obrigação de fazer, porquanto a demanda objetiva compelir o obrigado ao adimplemento. É que a ação de exigir contas inicialmente se limita a estabelecer a existência ou inexistência do dever jurídico de sua prestação. Daí porque o seu caráter condenatório nesse aspecto.

Na verdade, o art. 550 do CPC deve ser entendido da seguinte maneira: aquele que se arroga o direito de exigir contas de alguém que se omitiu ou se negou a prestá-las está legitimado a deduzir em juízo pretensão condenatória da obrigação de fazer, requerendo na petição inicial a citação do réu para que preste as contas ou ofereça contestação, isto é, resista à pretensão de prestá-las, no prazo de 15 dias.

Repare-se que o dispositivo exige o requerimento específico de citação do réu para prestar as contas ou para oferecer contestação. Ora, o requerimento de citação não consta do rol dos requisitos necessários da petição inicial, como se vê do art. 319 do CPC. Porém, no caso específico da ação de exigir contas, o art. 550 do CPC o exige. Todavia, ninguém é citado para fazer ou deixar de fazer nada, o ato de comunicação processual pelo qual se insta alguém a praticar ou a deixar de praticar algo é a intimação e não a citação. Portanto, na ação de exigir contas, o que o art. 550 do CPC quer dizer é que o

---

[494] Foro é o valor anual devido pelo enfiteuta ao senhorio direto na enfiteuse. O instituto da enfiteuse não existe mais em nosso direito, porém, os atuais aforamentos continuarão existindo até se extinguirem. O resgate do foro é um direito potestativo que o titular do domínio útil tem contra o senhorio para a unificação da propriedade. Quando o Código de Processo Civil no art. 549 manda aplicar no que couber para o resgate do foro o procedimento da ação de consignação em pagamento, está se referindo à hipótese de o foreiro pretender resgatar o foro e o senhorio direto recusar-se a extinguir a enfiteuse (conforme art. 2.038 do Código Civil).

réu será intimado para prestar as contas ou, se quiser resistir à pretensão de prestá-las, terá o prazo de 15 dias para responder à ação.

O §1º do art. 550 do CPC, ainda se referindo à petição inicial, determina que o autor da ação de exigir contas especifique, detalhadamente, as razões pelas quais as exige, instruindo-a com os documentos comprobatórios dessa necessidade, se existirem. A primeira parte do dispositivo é absolutamente inócua, porquanto o inc. III do art. 319 do CPC determina como requisito da petição inicial que esta indique os fatos e os fundamentos jurídicos do pedido. Ora, as razões pelas quais o autor exige as contas como pede o §1º do art. 550 do CPC outra coisa não são que os fatos e os fundamentos jurídicos do pedido de condenação na prestação das contas.

Dúvida poderá haver com relação à parte final do dispositivo quando se refere ao requisito da instrução da inicial da ação de exigir contas com os documentos comprobatórios da necessidade dessa exigência e isto se tais documentos existirem.

O primeiro desafio é fixar se a instrução da inicial com tais documentos se insere ou não na regra mais geral insculpida no art. 320 do CPC, segundo o qual a petição inicial será instruída com os documentos indispensáveis à propositura da ação. Como já vimos no momento oportuno, esta regra diz respeito à comprovação do direito material que fundamenta a pretensão. Cabe investigar se a locução "documentos comprobatórios dessa necessidade", prevista no §1º do art. 550 do CPC, também se refere à comprovação do direito material donde surge o direito de exigir as contas ou se se trata de mera regra recomendativa que visa atender ao princípio da celeridade processual.

A isto se acrescente que o dispositivo legal determina a vinda dos documentos comprobatórios, não do direito de exigir contas, porém, da necessidade de sua exigência, o que é coisa processualmente diversa. Isto porque, se entendermos que a exigência é da comprovação do direito, estaremos em sede do art. 320 do CPC. Entretanto, se a questão se resumir à comprovação não do direito, mas da necessidade de ter as contas prestadas, estaremos em sede pré-processual ou das condições da ação, porquanto utilidade e necessidade da providência jurisdicional requerida nada mais são do que o interesse processual uma das condições genéricas do legítimo exercício do direito de agir.

Prestar contas significa exigir pormenorizadamente, parcela por parcela, a exposição dos componentes de débito e crédito resultante de determinada relação jurídica, concluindo pela apuração aritmética do saldo credor ou devedor ou de sua inexistência.[495] Assim, precisa prestar contas quem efetua e recebe pagamentos por conta de outrem, movimentando recursos próprios ou daquele em cujo interesse se realizam os pagamentos ou recebimentos.[496]

Nessa linha, dispõe o §2º do art. 550 do CPC que, prestadas as contas, o autor terá o prazo de 15 dias para se manifestar. Com isto, encerra-se a fase instrutória do procedimento, haja vista que a partir deste momento o processo seguirá conforme o disposto no Capítulo X do Título I do Livro I da parte especial do Código.

Peculiaridade existente na ação de exigir contas é que, prestadas estas, sua eventual impugnação por quem as exige precisa ser específica com referência expressa ao lançamento impugnado, pelo que dispõe o §3º do art. 550 do CPC. De outra parte,

---

[495] FABRÍCIO, Adroaldo Furtado. *Comentários CPC de 1973*. Rio de Janeiro: Forense, 1980. v. VIII. t. 3. p. 387.
[496] REIS, José Alberto dos. *Código de Processo Civil* – Processos especiais. Coimbra: Coimbra Ed., 1955. v. I. p. 303.

caso o réu não conteste o pedido, dar-se-á o julgamento conforme o estado do processo na modalidade do julgamento antecipado do mérito previsto no art. 355 do CPC.

Julgado procedente o pedido, a sentença terá carga condenatória em obrigação de fazer, qual seja a do réu prestar as contas no prazo de 15 dias e, caso não o faça, perderá ele a faculdade processual de impugnar as contas que o autor apresentar, conforme §5º do art. 550 do CPC. Ao nosso ver, este comando é de constitucionalidade discutível, porquanto retira do já agora devedor, eis que condenado a prestar as contas, a possibilidade de se defender do eventual exagero cometido pelo credor na apresentação das contas, o que, na prática, poderá acarretar enriquecimento ilícito, além de violar o disposto no inc. LV do art. 5º da Constituição Federal. Guardadas as devidas proporções, seria como alguém passar a dever mais porque no momento oportuno não disse que devia menos.

Na tradição histórica e na forma regulada no Código de 1973, a ação era denominada ação de prestação de contas e não ação de exigir contas. A diferença na nomenclatura não diz respeito somente ao batismo ou ao tema versado na demanda, mas sim que na ordem jurídica processual anterior tanto aquele que tinha o direito de exigir as contas como aquele que tinha o dever de prestá-las podia propor a ação. Além disto, o procedimento oferecia duas fases bastante distintas, ambas terminadas por sentença e não por decisão interlocutória. Na primeira fase, discutia-se apenas se havia ou não o direito ou o dever de prestar contas. Decidindo-se, com trânsito em julgado, pela condenação na prestação de contas, iniciava-se a segunda fase que consistia na prestação de contas e nas discussões sobre as contas prestadas, valendo esta segunda sentença como título executivo judicial contra aquele sobre o qual se apurasse débito a ser pago à outra parte.

O Código atual resumiu a prestação de contas em juízo a uma só fase procedimental, qualquer que seja a atitude do réu. Nada obstante, o mais comum é que o réu apresente as contas no prazo que a lei lhe assinala e, nesse caso, a partir daí, o procedimento obedecerá ao disposto no art. 355 e seguintes do CPC.

É intuitivo, para não dizer óbvio, que frequentemente quanto maior for a complexidade da relação jurídica da qual exsurge a necessidade da prestação de contas as impugnações e controvérsias exigirão perícia ou auditoria contábil para melhor instruir o convencimento do juízo. Neste caso, também é óbvio que se observarão as regras estabelecidas para a prova pericial na fase de cognição do procedimento único comum do Código de Processo Civil.

Muito se discutiu no passado a forma da apresentação das contas. O Código de 1973 exigia que as contas fossem apresentadas de forma mercantil, isto é, em partida dobrada com colunas de crédito e débito. Paulatinamente, dependendo do grau de menor complexidade do negócio jurídico subjacente, a jurisprudência foi mitigando esta exigência de modo a aceitar a prestação de contas qualquer que fosse a forma, desde que adequada e que servisse à finalidade pretendida.

Nesse passo, o Código atual evoluiu, eis que o art. 551, absorvendo a já então consolidada jurisprudência, determina que as contas do réu (do réu porque agora a ação é apenas a de exigir contas e não mais a de prestar contas) serão apresentadas de forma adequada, já instruída com os documentos justificativos, especificando-se as receitas, a aplicação das despesas e os investimentos, se houver, bem como o respectivo saldo. Portanto, embora não exista mais a obrigatoriedade da forma mercantil para apresentação das contas, tal modalidade não está proibida e, conforme a hipótese, por exemplo, prestação de contas tipicamente mercantil, nada impede e até se recomenda que seja a modalidade utilizada.

Viu-se anteriormente que o autor poderá impugnar as contas fazendo-o de maneira fundamentada e específica com referência expressa ao lançamento questionado. Se isto ocorrer, o juiz, na forma do §1º do art. 551 do CPC, estabelecerá prazo razoável para que o réu apresente os documentos justificativos dos lançamentos individualmente impugnados.

Nesse aspecto, o Código disse menos do que queria, poderia e deveria dizer. Na verdade, a faculdade contida no §1º do art. 551 do CPC, não é só a de apresentar os documentos justificativos dos lançamentos individualmente impugnados. É claro que neste prazo o réu poderá apresentar contra-argumentos que justifiquem o lançamento impugnado ou que demonstrem que a impugnação do autor é infundada, bem como poderá acatar a impugnação reformulando a apresentação das contas no aspecto impugnado pelo autor.

As mesmas regras exigidas para a apresentação das contas do réu serão exigidas para apresentação das contas do autor quando esta possiblidade for a ele devolvida pela não apresentação das contas pelo réu no prazo estabelecido no art. 550 do CPC.

O art. 552 do CPC, de acordo com a opção do legislador pela limitação da ação de prestação de contas, reservando-a apenas para aquele que em tese tem direito de exigi-la, apresenta questão aparentemente contraditória, porquanto estabelece que a sentença apurará o saldo e constituirá título executivo judicial. Na sistemática anterior estava claro que o saldo final poderia ser a favor ou contra o autor ou o réu, qualquer que fosse a posição das partes processuais na relação jurídica de direito material. Isto se justificava em razão da natureza dúplice da ação de prestação de contas prevista no Código de 1973 que, por sua vez, decorria da legitimidade que tanto aquele que se afirmava credor como aquele que se dizia devedor da prestação de contas tinha para propor a ação. Agora, temos que apenas aquele que pode exigi-las está legitimado, portanto, o art. 552 do CPC só pode estar se referindo à apuração de saldo favorável ao autor da ação. Todavia, pode acontecer de este saldo ser favorável não a quem exigiu as contas, porém, a quem as prestou. O atual código não dá solução para o problema. Pensamos que, neste caso, ou bem o réu apresenta reconvenção, o que por si só já é discutível em procedimento especial, ou, sendo defesa a propositura de reconvenção, deverá o réu propor ação conexa, distribuída por dependência, na qual apresente as contas como fundamento e prova de seu direito, ação esta de cunho condenatório visando à condenação da outra parte (autor da ação de exigir contas), no saldo apurado em favor do réu na ação de exigir contas.

As regras previstas no procedimento especial da ação de exigir contas também se aplicam às situações legais, isto é, aquelas em que o dever de prestar contas não decorre de um direito subjetivo de tê-las prestadas, porém, de exigência legal, como nas hipóteses das contas do inventariante, do tutor, do curador, do depositário ou de qualquer outro administrador que por força de lei esteja obrigado a prestar contas em juízo. O art. 553 do CPC determina que estas contas sejam apresentadas em apenso aos autos do processo em que tiver sido nomeado aquele que deva prestar contas.

O parágrafo único do art. 553 do CPC estabelece as sanções que o juiz está autorizado a aplicar na hipótese de aquele que tem o dever legal de prestar contas em juízo não o cumprir ou, ao cumpri-lo, apurar-se saldo devedor contra si. Neste caso, o juiz assinará um prazo se não houver algum previsto em lei e, não sendo atendido na sua determinação, poderá tomar, *ex officio*, medidas constritivas para garantir o crédito, tais como sequestrar os bens sob sua guarda, reduzir o prêmio ou a gratificação a que o obrigado teria direito ou determinar qualquer outra medida necessária à recomposição do prejuízo.

39.4 Ação de manutenção de posse e ação de reintegração de posse. Interdito proibitório

As ações possessórias são por excelência as que merecem procedimento diferenciado. Nenhum tema jurídico apresenta tantas polêmicas como a posse. Isto se deve a vários fatores, entre eles, os seguintes, não necessariamente em ordem de importância: a) a circunstância de que a posse antecede a propriedade, eis que está ligada ao exercício da utilização da coisa; ao passo que a propriedade fulcra-se na ideia de poder exclusivo sobre a coisa, o que obriga todos os demais a reconhecer a autoridade do proprietário;[497] b) a circunstância de que na civilização romana o pragmatismo preponderava sobre a abstração. Em razão disso, nunca se elaborou no direito romano uma teoria satisfatória da posse. E como as legislações modernas bebem na fonte do sistema romano-germânico de direito civil, as contradições sobre a regulamentação da posse são comuns a vários sistemas jurídicos contemporâneos; c) a resistência em se admitir e incorporar na formulação de uma teoria jurídica para a posse a evolução tecnológica. Ainda hoje, quando se estuda posse, parte-se da tentativa da fixação do limite entre detenção, posse e propriedade e da definição de se posse é direito ou fato.

Como é sabido, para Savigny o *corpus* é o elemento material da posse e caracteriza-se como faculdade real e imediata de dispor fisicamente da coisa, e de defendê-la. Mas o *corpus* não é a coisa em si, e sim o poder físico da pessoa sobre a coisa, o fato exterior em oposição ao fato interior.[498] Contrapondo-se a Savigny, Ihering defende que *corpus* é a relação exterior que existe entre o proprietário e a coisa. O elemento material da posse é a conduta externa do possuidor que se assemelha à conduta normal do proprietário e, portanto, não há necessidade de exercer poder físico sobre a coisa. O *animus* não se situa na intenção do dono, mas, apenas, na vontade de proceder como se dono fosse.[499]

A ideia que melhor traduz a vinculação jurídica da pessoa, sujeito e titular de direito, sobre a coisa, é a da utilização econômica. Modernamente, podemos assegurar que a posse é o fato do exercício de qualquer dos poderes da propriedade, plena ou não, em que sempre esteja presente a utilidade econômica. Assim, possuir é o fato de ter a possibilidade de utilizar economicamente alguma coisa.

Ante tais premissas, o legislador optou por não definir o instituto jurídico da posse. O Código Civil considera possuidor todo aquele que tem de fato o exercício,

---

[497] A necessidade de reconhecimento de um poder soberano sobre a coisa, que exclua todos os demais, só existe a partir do momento em que o homem se fixa na terra e com a agricultura passa a produzir excedentes à necessidade de sua sobrevivência. É sobre este excedente da produção que se vai construir o sentimento, a ideia, a percepção e finalmente o direito de propriedade, quando o excedente passa a ser comercializado.

[498] SAVIGNY, M. F. C. *Traitê de la possession*. Paris: Auguste Durand, 1866. p. 219 e ss. §XIV.

[499] IHERING, Rudolf Von. *Fundamento dos interditos possessórios*. Tradução de Adherbal de Carvalho. São Paulo: Edipro, 2007. p. 207. cap. XI-XII.

pleno ou não, de um dos poderes inerentes à propriedade.[500] O nosso direito material, ao definir o possuidor e atribuir-lhe o fato do exercício de algum dos poderes inerentes à propriedade, adotou implicitamente a teoria de Ihering. Temos, assim, que para o direito pátrio a posse é um fato. Mas não se trata de qualquer fato. É o fato mais importante para o direito, pois não existe um direito à posse ou de posse: ou bem a posse ou o seu exercício decorrem do direito ou do exercício do direito da propriedade ou de alguma de suas senhorias; ou bem, a posse decorre do simples fato da possibilidade da utilização econômica da coisa, ainda que não haja direito algum.

Para o direito processual, entretanto, o que interessa são os efeitos da posse. Por se tratar de fato e não de direito, não se tem direito à posse, porque não se tem direito a fato, a posse surgirá de uma daquelas opções acima referidas. Todavia, uma vez que se estabeleça a relação fática de utilização econômica da coisa, esta situação passa a obter do direito proteção contra qualquer vilipêndio que se lhe queira opor.

Nesse sentido, o Código Civil estabelece que o possuidor tem direito a ser mantido na posse em caso de turbação, restituído no caso de esbulho e segurado de violência iminente se tiver justo receio de ser molestado. Estas situações previstas e juridicamente asseguradas no Código Civil consistem no processo civil, precisamente nas ações possessórias. Destarte, aquele que for turbado na sua posse tem o direito de nela ser mantido, e para tanto se valerá da ação de manutenção de posse. Já aquele que for esbulhado terá direito a ser restituído e se valerá da ação de reintegração de posse e aquele que tenha justo receio de ser ameaçado na sua posse se valerá do interdito proibitório.

As ações possessórias previstas no Código de Processo Civil obedecem a alguns critérios especiais comum a todas, quais sejam: a) a fungibilidade, na medida em que a propositura de uma ação possessória não obsta que o juiz reconheça o pedido e outorgue a proteção legal àquela cujos pressupostos estejam provados; b) quando a ação for proposta contra um grande número de pessoas, o oficial de justiça diligenciará apenas uma vez e só as que ocuparem o local serão citadas pessoalmente, as demais por edital, neste caso será intimado o Ministério Público e a Defensoria Pública se envolver hipossuficientes;[501] c) o pedido possessório pode ser cumulado com pedido de condenação em perdas e danos, indenização dos frutos, imposição de medida adequada para evitar nova turbação ou esbulho ou para que se cumpra a tutela provisória ou final; d) as ações possessórias têm caráter dúplice, o que significa que na contestação o réu pode alegar ser ele o possuidor e demandar a proteção possessória, sem que haja necessidade de reconvenção ou de distribuição por dependência de ação conexa; e) enquanto pendente a ação possessória é proibido tanto ao autor quanto ao réu propor a ação de reconhecimento de domínio, salvo se esta pretensão for deduzida contra terceiros; f) a alegação de propriedade não obsta a manutenção ou a reintegração de posse; g) o procedimento especial referente às ações possessórias aplica-se apenas às ações de manutenção e reintegração de posse cuja turbação ou esbulho datar de menos de ano e dia, após este prazo será adotado o procedimento comum sem que a ação perca o caráter possessório.

---

[500] Art. 1.196 do CC/02.

[501] Embora o Código não defina o número de litisconsortes passivos, por analogia, entendemos que aqui se deva aplicar a mesma regra e os mesmos critérios do litisconsórcio multitudinário (art. 113, §1º do CPC). Trata-se de exceção, porquanto a limitação ao litisconsórcio multitudinário só ocorre na hipótese do litisconsórcio facultativo e, no caso de ação possessória, os ocupantes do local serão litisconsortes necessários unitários.

39.4.1 Ação de manutenção de posse e da ação de reintegração de posse

Do art. 560 ao art. 566, o Código de Processo Civil estabelece o procedimento para as ações de manutenção de posse e de reintegração de posse. A ação de manutenção tem vez quando houver turbação na posse, e a ação de reintegração quando houver esbulho. Num ou noutro caso, nos termos do art. 561 do CPC, caberá ao autor provar: a) a sua posse; b) a turbação ou o esbulho praticado pelo réu; c) a data da turbação ou do esbulho; d) a continuação da posse, embora turbada, na ação de manutenção, ou a perda da posse, na ação de reintegração.

A prova da posse é a prova do fato constitutivo do alegado direito do autor nos termos do art. 373, I, do Código. A turbação ou o esbulho praticado pelo réu nada mais é do que a prova da lesão ao direito do autor, donde surge a pretensão possessória. A data da turbação ou do esbulho são absolutamente necessárias pois que, nos termos do art. 558 do CPC, o procedimento especial só terá vez se a turbação ou esbulho datar de menos de ano e dia. A continuação da posse embora turbada na ação de manutenção ou sua perda na ação de reintegração é prova necessária não só para efeitos da fixação de perdas e danos, mas também para a comprovação da extensão da lesão e se a providência jurisdicional pretendida eventualmente terá que ser outra. É o exemplo de alguém que esteja sofrendo turbação e venha a perder a posse por esbulho ao curso do procedimento, hipótese em que a ação proposta de manutenção da posse se converterá automaticamente em ação de reintegração de posse.

O art. 562 do CPC prevê que o juiz deferirá, *inaudita altera pars*, mandado liminar de manutenção ou de reintegração, estando a petição inicial devidamente instruída. A instrução a que se refere a parte inicial do dispositivo se trata de prova pré-constituída prevista nos incs. I, II, e III do art. 561 do CPC. Caso o juiz entenda que não há robustez na prova pré-constituída da posse do autor, da turbação ou do esbulho praticado pelo réu e da sua data, a parte final do art. 562 do CPC determina que o autor justifique previamente o alegado, citando-se[502] o réu para comparecer à audiência que for designada. É o que se denomina audiência de justificação ou de justificativa da posse. Nesta audiência é óbvio que as partes poderão e deverão levar testemunhas. Deve se esclarecer que não só na hipótese de não ser deferida liminarmente a manutenção ou a reintegração caberá a audiência de justificação, o juiz poderá também determiná-la mesmo tendo concedido a ordem liminarmente. As pessoas jurídicas de direito público não podem sofrer medidas liminares de reintegração ou de manutenção sem prévia audiência em que estejam presentes seus respectivos representantes judiciais.

Da mesma maneira que havendo prova cabal pré-constituída, o juiz de imediato concederá a ordem de manutenção ou de reintegração, se este convencimento advier da prova colhida na audiência de justificação ou a qualquer momento, o juiz mandará expedir, desde logo, o respectivo mandado de manutenção ou de reintegração de posse.

Com ou sem liminar de manutenção ou de reintegração, o autor promoverá nos 5 dias subsequentes a citação do réu, para, querendo, contestar a ação no prazo de 15 dias. Anote-se que o teor do art. 564 do CPC não é exatamente um exemplo de clareza, pois que se houver audiência de justificação o réu já fora intimado para nela comparecer, assim o prazo de 15 dias contar-se-á a partir do primeiro dia útil subsequente ao dia

---

[502] Na verdade, intimando-se e não se citando.

da audiência. A citação do réu prevista no art. 564 do CPC só ocorrerá, nos termos dos arts. 238 e seguintes do CPC, se houver concessão de liminar sem a prévia oitiva do réu. Tanto que o parágrafo único do art. 564 do CPC determina que, quando for ordenada a justificação prévia, o prazo para contestar será contado da intimação da decisão que deferir ou não a medida liminar.

Isto significa o seguinte: a) se foi determinada a justificação prévia, certamente haverá audiência de justificação; b) nesta audiência poderá ou não haver decisão sobre a medida liminar requerida; c) se na audiência de justificação prévia o juiz decidiu sobre a liminar, concedendo ou negando, o prazo para contestar se inicia na forma acima explicitada. Mas pode ocorrer de haver a audiência de justificação e o juiz não decidir se defere ou não a liminar e alçar os autos à conclusão para a decisão. Neste caso, o prazo de 15 dias para contestar se iniciará a partir da intimação da decisão que deferiu ou não a medida liminar. A previsão do Código é absolutamente razoável, pois, certamente, a decisão da questão liminar e, principalmente, sua fundamentação influirão na formulação da contestação. Além do que, dependendo da decisão sobre o requerimento da liminar, a situação fática poderá ser alterada.

O art. 565 do CPC estabelece regras mais específicas ainda para as hipóteses de ações possessórias coletivas. Por tais ações deve-se entender aquelas cuja reintegração ou manutenção da posse é requerida contra uma coletividade. Porém, o tema do art. 555 e seus parágrafos do CPC cuida de litígio coletivo sobre a posse de imóvel e não da ação possessória em que figura no polo passivo um grande número de pessoas, prevista no §1º do art. 554 do CPC. Aqui, não se trata apenas de um litisconsórcio multitudinário, porém, de uma coletividade, ou seja, de algo muito maior. O disposto no art. 565 do CPC pretende regulamentar situações extremas, como invasões de terra ou ocupação de locais públicos ou privados.

Nesse tipo de litígio, se a petição inicial afirmar que o esbulho ou a turbação ocorreu há mais de ano e dia, necessariamente, o juiz antes de apreciar o requerimento da medida liminar designará audiência de mediação, a qual deverá realizar-se em até 30 dias, com a presença obrigatória do Ministério Público e da Defensoria Pública, esta se houver parte beneficiária de gratuidade de justiça.

Concedida a liminar, se o autor não a executar no prazo de um ano, a contar da data da distribuição da ação, o juiz designará audiência de mediação a qual também comparecerão o Ministério Público e a Defensoria Pública, esta caso haja hipossuficientes. A observação que se faz necessária é que, neste caso, a mediação, que é uma faculdade prevista nos §§2º e 3º do art. 3º do CPC como um estímulo do Estado para solução consensual dos conflitos, torna-se uma obrigatoriedade, porquanto o art. 565 do CPC determina que o juiz designe a audiência de mediação.

Os §§3º e 4º do art. 565 do CPC, a nosso ver, são absolutamente desnecessários. O §3º nada mais é que a inspeção judicial prevista no art. 481 e seguintes do CPC e o §4º é uma espécie de intervenção de terceiro *amicus curiae* prevista no art. 138 do CPC.

O §5º do art. 565 do CPC manda aplicar todas essas regras caso o litígio coletivo não tenha por objeto posse de imóvel, mas sim a sua propriedade. Cabe registrar em relação ao litígio coletivo pela posse ou propriedade de imóvel que, embora topograficamente no capítulo das ações possessórias, observadas as regras mais especiais previstas no art. 565 do CPC, no mais aplica-se o procedimento comum, como está dito no art. 566 do CPC, e não subsidiariamente as disposições gerais das ações possessórias ou as especiais das ações de manutenção ou de reintegração de posse.

39.4.2 Interdito proibitório

A última ação tipicamente possessória prevista no Código de Processo Civil é o interdito proibitório que difere das demais pelo seu caráter preventivo. A manutenção e a reintegração de posse são providências jurisdicionais que visam reestabelecer a lesão possessória já ocorrida, ao passo que o interdito proibitório visa a evitar que tais lesões ocorram. Seu objetivo não é fazer cessar os efeitos de um ataque já consumado à posse, mas antes impedir esta consumação.[503]

O art. 567 do CPC prevê que o possuidor direto ou indireto que tenha justo receio de ser molestado na posse poderá requerer ao juiz que o segure da turbação ou do esbulho iminente, mediante mandado proibitório em que se comine ao réu determinada pena pecuniária no caso de transgredir o preceito.

Dada a nítida função cautelar e preventiva do interdito proibitório, não seria inconsequente imaginar que o procedimento pudesse estar incorporado nas tutelas ou providências urgentes previstas na fase de cognição do procedimento comum. Contudo, imaginemos que, justamente, por se tratar de proteção cautelar da posse, o procedimento mereça mesmo lugar de destaque. Até porque no interdito proibitório não se visa à garantia ou à eficácia do procedimento de manutenção ou de reintegração de posse, antes disso, visa-se evitar que a lesão à posse se concretize.

Chama a atenção que o legislador concedeu o interdito proibitório ao possuidor direto e ao indireto, o que não se vê nas demais ações possessórias. Entretanto, isto não significa que o possuidor, seja direto, seja indireto, não possa igualmente valer-se dos demais procedimentos de proteção à posse.

O interdito proibitório também se caracteriza por uma ordem judicial de não fazer sob pena de incidir sanção pecuniária se transgredido o preceito.

Ao interdito proibitório não se aplica o limite temporal de ano e dia, pois que por se tratar de medida de força só vale enquanto permanecer a ameaça ou o justo receio. Por justo receio entenda-se o temor justificado por fatores externos e objetivos; ou seja: tem que existir uma ação externa e concreta da qual se extraia a iminência de um ataque à posse.

A multa pecuniária incidirá pela transgressão à ordem judicial, independentemente de esta transgressão desaguar na própria turbação ou no esbulho. Se ao transgredir o preceito, o transgressor consumar a turbação ou o esbulho, caberá a manutenção ou a reintegração da posse com todas as consequências já vistas, independentemente da incidência da pena pecuniária.

39.5 Ação de demarcação e de divisão de terras

São ações que têm como propósito a individualização de imóveis rurais e sua inspiração remonta ao princípio da especificidade da propriedade e dos direitos reais em geral. Na medida em que o direito de propriedade opõe-se a todos os demais, é necessário que a coisa própria esteja suficientemente e claramente distinguida de todas as outras. Os limites das propriedades rurais, extensas pela sua própria natureza e destinação, são estremados pelos marcos divisórios.

---

[503] FABRÍCIO, Adroaldo Furtado. *Comentários CPC de 1973*. Rio de Janeiro: Forense, 1980. v. VIII. t. 3. p. 570.

O art. 569 do Código de Processo Civil diz que cabe a ação de demarcação ao proprietário para obrigar o seu confinante a estremar os respectivos prédios, fixando-se novos limites entre eles ou avivando-se os já existentes. Exatamente este o objeto da ação demarcatória: fixar os marcos ou avivar os já existentes de modo que os limites da propriedade estejam demarcados e visíveis nos exatos extremos constantes do título de propriedade. Todavia, não só o proprietário é legitimado ativo, também o é e, por razões óbvias, o titular de direito real de uso, gozo ou fruição.

Assim como outros procedimentos especiais procedimentalizam direitos contidos nas potestades previstas no direito material, a ação demarcatória instrumentaliza o direito contido no art. 1.297 do Código Civil, que dá ao proprietário o direito de constranger o seu confinante a proceder à demarcação entre os dois prédios, aviventar rumos apagados e a reavivar marcos destruídos ou arruinados.

Ao lado da ação demarcatória, o Código prevê a ação divisória, a qual, nos termos do art. 569, II do CPC, cabe ao condômino para obrigar os demais consortes a estremar os quinhões. Serve para individualizar a parte de cada um dos proprietários no todo comum. Tem origem na previsão contida no art. 1.520 do CC, segundo o qual o proprietário de parte ideal de coisa comum passa a sê-lo de quinhão especializado em relação aos demais.

Resumindo: a ação de demarcação é externa, isto é, de dentro para fora da propriedade. Nela o autor visa fixar ou reavivar os limites da sua propriedade, isto é, até onde, qual o tamanho e a localização exata de sua propriedade, onde começa e onde termina em relação às propriedades confinantes. Já a ação divisória é interna, isto é, de fora para dentro da propriedade e visa, uma vez fixados os limites externos da propriedade comum, com ou sem a propositura da ação demarcatória, fazer o mesmo dentro dos limites da propriedade de modo que cada condômino possa estremar o seu quinhão ideal dos demais. Em última análise: é uma espécie de ação de extinção de condomínio de bem imóvel divisível. Imaginemos uma fazenda adquirida por sucessão por três herdeiros de modo que na partilha um tenha ficado com 50%, outro com 30% e o terceiro com 20% em condomínio. A ação divisória servirá precisamente para identificar e marcar no universo dos 100% da propriedade, onde exatamente se localizam, isto é, se estremam os respectivos quinhões, nos respectivos percentuais de cada condômino.

Dada a grande ocorrência de necessidade prática das duas providências jurisdicionais quase sempre concomitantemente, o art. 570 do CPC possibilita a cumulação dessas ações num mesmo processo. Do mesmo modo, sendo todos os interessados maiores e capazes, o legislador no art. 571 do CPC permite que tanto a demarcação como a divisão se façam por escritura pública.

A ação demarcatória será proposta pelo proprietário, ou todos se a propriedade for comum, contra os confinantes para estremar a propriedade. Fixados os limites e procedendo-se em seguida a ação de divisão, os confinantes que até então eram réus na ação demarcatória passam à condição de terceiros na ação divisória que correrá entre os proprietários comuns. Nesta qualidade de terceiros juridicamente interessados, o art. 572 do CPC lhes reserva o direito de vindicar os terrenos de que se julguem despojados por invasão de linhas limítrofes ou de reclamar a indenização correspondente. Isto significa que nos mesmos autos e no mesmo processo, quando tenha havido cumulação dessas ações, o confinante que era réu na ação demarcatória e passou a terceiro na ação divisória poderá se opor a que, na divisão entre os condôminos, eventualmente, não se respeitem os limites de sua propriedade. Obviamente todos os condôminos serão citados em litisconsórcio necessário e a sentença valerá como título executivo.

O art. 573 do CPC dispensa a realização de prova pericial se se tratar de imóvel georreferenciado. Imóvel georreferenciado é o imóvel rural em cuja matrícula no registro geral de imóveis consta o número do CCIR – Certificado de Cadastro de Imóvel Rural, e também na matrícula esteja averbado o memorial descritivo que contenha as coordenadas dos vértices definidores dos limites georreferenciados ao sistema geodésico brasileiro e com precisão posicional fixada pelo Incra – Instituto Nacional de Colonização e Reforma Agrária (Lei nº 6.015, art. 1.762, §1º, I, §3º).

Na ação de demarcação e conforme o disposto no art. 574 do CPC, a petição inicial será instruída com os títulos de propriedade, documento essencial à propositura da ação nos termos do art. 320 do CPC e, além dos demais requisitos previstos no art. 319 do CPC, terá necessariamente que indicar o imóvel demarcado pela sua designação, por exemplo, Fazenda Santa Marta, isto é, como é popularmente conhecido, pela sua localização, isto é, situação, e apresentar os limites que o autor pretende constituir ou aviventar ou reavivar, bem como nomear todos os confinantes da linha demarcada.

O art. 575 do CPC, desnecessariamente, aliás, legitima qualquer condômino à propositura da ação. Diz-se desnecessariamente, porquanto cabe mesmo a qualquer condômino tomar as medidas judiciais cabíveis na defesa e na proteção à propriedade comum.

A citação será feita por correio observando o disposto no art. 247 do CPC, quer dizer, observadas as exceções ali previstas. O edital será publicado conforme o inc. III do art. 259 do CPC, isto é, para o conhecimento de eventuais interessados desconhecidos.

Decorrido o prazo para a resposta do réu, apresentada ou não, o procedimento seguirá o rito comum com a única peculiaridade de que, nos termos dos arts. 579, 580 e 581 do CPC, se não se tratar de imóvel georreferenciado (art. 573 do CPC), haverá obrigatoriamente perícia cujo laudo apresentará relatório minucioso sobre o tratado da linha demarcada, considerando os títulos, os marcos, os rumos, a fama da vizinhança, as informações de antigos moradores do lugar e outros elementos que coligirem. A sentença que julgar o pedido procedente, total ou em parte, determinará o traçado da linha demarcada, podendo, se for o caso, repetir ou remeter *ipisis verbis* o laudo pericial.

O art. 581 do CPC empresta à ação demarcatória certo sabor possessório quando manda que a sentença determine a restituição da área invadida, declarando o domínio ou a posse do prejudicado ou ambos. Atente-se que para isto não há necessidade de pedido explícito na inicial. Este é um exemplo de pedido implícito permitido no Código de Processo Civil.

Parece-nos impossível o procedimento de cumprimento de sentença demarcatória na medida em que o art. 582 do CPC estabelece que, transitada em julgado a sentença, o perito efetuará a demarcação e colocará os marcos necessários, tudo consignado em memorial descritivo.

O art. 583 do CPC elenca o que deverá necessariamente conter no memorial descritivo. Procedidas as diligências previstas nos arts. 584 e 585 do CPC (verificação *in locu* pelos peritos), as partes se manifestarão no prazo de 15 dias. Feitas as devidas correções, se necessário, o juiz proferirá então a sentença homologatória da demarcação.

Chamamos a atenção para o seguinte: como se vê, há uma primeira sentença prevista no art. 581 do CPC, a nosso ver declaratória, podendo ter carga condenatória também se houver restituição de área invadida. Esta é a sentença de mérito da ação demarcatória. E há uma sentença meramente homologatória prevista no art. 587 do CPC que, na verdade, é uma sentença que reconhece que os limites declarados naquela primeira sentença foram demarcados e fixados. Isto é, que a sentença de mérito da ação demarcatória foi cumprida; pelo que é fácil perceber que na ação demarcatória não há o procedimento do cumprimento de sentença, porquanto o cumprimento se dará na forma prevista no próprio procedimento especial e o juízo homologará o cumprimento da sentença.

39.5.1 Ação de divisão

O art. 588 do Código de Processo Civil prevê que a petição inicial da ação de divisão seja instruída com os títulos de domínio do autor, documento essencial à propositura da ação nos termos do art. 320 do CPC. Além disso, a petição inicial terá que trazer a qualificação de todos os condôminos especificando aqueles que estejam estabelecidos no imóvel com benfeitorias e culturas. Por benfeitorias entendam-se também as acessões e por culturas entendam-se as plantações e as glebas de terra a tanto destinadas e para tal preparadas ou ainda aquelas glebas destinadas ao pasto, viveiros ou criatórios.

Os demais condôminos não proponentes serão citados nos mesmos moldes da ação demarcatória (art. 575 do CPC) e o processo seguirá no figurino dos arts. 577 e 578 do CPC tal qual a ação demarcatória, com a única exigência diferenciada, contida no parágrafo único do art. 581 do CPC que a perícia indicará as vias de comunicação existentes, as construções e as benfeitorias com a indicação dos seus valores e dos respectivos proprietários e ocupantes, as águas principais que banham o imóvel e quaisquer outras informações que possam possibilitar a partilha.

O art. 591 do CPC impõe aos condôminos, todos os condôminos, uma vez intimados, que formulem seus pedidos de constituição dos quinhões, caso a esta altura do procedimento ainda não o tenham feito. Em seguida, nos termos do art. 592, *caput* do CPC, o juiz ouvirá as partes, todas as partes, no prazo comum de 15 dias. Duas situações podem ocorrer: haver impugnação ou não. O §1º do art. 592 do CPC diz que não havendo impugnação o juiz determinará a divisão geodésica do imóvel. O §2º, por sua vez, dispõe que, havendo impugnação, o juiz proferirá decisão sobre os requerimentos e os títulos que devam ser atendidos na formação dos quinhões. Ocorrendo o incidente da impugnação muito provavelmente o juiz ouvirá o perito antes de decidi-lo.

O legislador demonstra preocupação significativa com relação às benfeitorias permanentes, na medida em que o art. 593 do CPC prevê a hipótese de a linha de perímetro atingir benfeitorias permanentes dos confinantes feitas há mais de um ano. Nesse caso, elas serão respeitadas, bem como os terrenos onde estiverem, os quais não se computarão na área dividenda. Cabe esclarecer que os confinantes de que trata o dispositivo não são os confinantes lindeiros da propriedade comum, porém os condôminos que após a divisão passarão a ser confinantes entre si. Isto fica claro quando o dispositivo, na sua parte final, dispõe que os terrenos onde tais benfeitorias, o que vale também para as acessões, estiverem situadas não serão computados na área dividenda.

O art. 594 do Código permite aos confinantes, agora terceiros interessados, que possam demandar a restituição dos terrenos que lhes tenham sido usurpados. Nesse caso, se a sentença homologatória da divisão prevista no art. 587 do CPC ainda não houver transitado em julgado, todos os condôminos serão citados. Caso já tenha transitado em julgado, todos os quinhoeiros dos terrenos vindicados serão citados.

Desse dispositivo se extrai que, não obstante a sentença de mérito ser a prevista no art. 581 do CPC e a sentença prevista no art. 587 do CPC ser homologatória do cumprimento da demarcação, a coisa julgada material na ação de demarcação só ocorre com o cumprimento da sentença que se dá pela sentença homologatória do art. 587 do CPC. Isto é facilmente verificável quando se nota que o §1º do art. 594 do CPC exige a citação de todos os condôminos em litisconsórcio necessário, se a sentença homologatória ainda não houver transitado em julgado. Todavia, se a ação que demandar a restituição dos terrenos usurpados proposta por algum confinante for distribuída posteriormente ao trânsito em julgado da sentença homologatória da demarcação, apenas os quinhoeiros dos terrenos vindicados serão citados. De outro modo: até a homologação a propriedade ainda estará sendo considerada comum e, nessa hipótese, todos os coproprietários terão que integrar o polo passivo da demanda. Após a sentença homologatória de cumprimento da demarcação, a propriedade terá sido desmembrada e, nesse caso, apenas o titular do quinhão cujo terreno se aponta usurpado é que terá que responder pela pretensão reivindicatória.

Surge a curiosa questão de a ação de restituição ser julgada procedente. Teremos então que o quinhoeiro que a sofreu terá seu quinhão diminuído na proporção do terreno restituído ao confinante e isto desequilibrará a divisão e consequentemente afetará a demarcação havida. Tal possibilidade não passou desapercebida pelo legislador, que no §2º art. 594 do CPC estabeleceu que no mesmo processo e pela mesma sentença o quinhoeiro afetado poderá haver dos demais ex-condôminos ou de seus sucessores a composição pecuniária proporcional ao desfalque sofrido. Observe-se que o legislador optou pela solução da liquidação do prejuízo em perdas e danos e não por uma reformulação nas linhas demarcatórias da divisão.

O art. 595 do CPC determina que o laudo pericial já proponha a forma da divisão atendendo tanto quanto possível à comodidade da parte e respeitando a preferência dos terrenos contíguos às suas residências e benfeitorias, obviamente para os que estejam estabelecidos na propriedade, daí porque a exigência do inc. II do art. 588 do CPC. Na proposição da divisão, devem os peritos se preocupar em evitar o retalhamento dos quinhões em glebas separadas, isto é, em glebas não contínuas.

Apresentado o laudo com a proposta de divisão, o juiz ouvirá as partes no prazo comum de 15 dias e em seguida deliberará sobre a partilha. A partir daí o procedimento assemelha-se ao da demarcação, eis que o parágrafo único do art. 596 do CPC determina que em cumprimento da decisão que deliberar da partilha o perito procederá à demarcação dos quinhões, observando, além do disposto nos arts. 584 e 585 do CPC, o seguinte: a) as benfeitorias comuns que não comportarem divisão cômoda serão adjudicadas a um dos condôminos mediante compensação; b) serão instituídas as servidões que forem indispensáveis, incluindo o respectivo valor no orçamento, porquanto, não se tratando de servidões naturais, seja compensado o condômino aquinhoado com o prédio serviente. É muito comum a necessidade nos casos de divisão de se estabelecer servidão de passagem; c) as benfeitorias particulares, isto é, individuais dos condôminos que excederem a área a que tenham direito, integrarão o quinhão do vizinho mediante a compensação; d) todas as compensações e reposições devem ser feitas em dinheiro, só se admitindo outra modalidade em caso de acordo.

Isso feito, o perito elaborará o memorial descritivo com planta dos quinhões e das servidões aparentes, o qual será juntado aos autos e sobre o qual as partes terão o prazo comum de 15 dias para se pronunciar. Não havendo discordância ou esclarecida e decidida eventual impugnação, o juiz assinará o auto de divisão que o perito terá de juntar aos autos junto com a folha de pagamento para cada condômino quando da apresentação do laudo pericial. Após o que será proferida a sentença homologatória da divisão.

O §3º do art. 597 do CPC determina que o auto de divisão conterá: a) a confinação e a extensão superficial do imóvel; b) a classificação das terras com o cálculo das áreas de cada condômino com a respectiva avaliação, ou, quando a homogeneidade das terras não determinar diversidade de valores, a avaliação do imóvel na sua integralidade; c) o valor e a quantidade geométrica que couber a cada condômino, declarando-se as reduções e as compensações resultantes da diversidade de valores das glebas componentes de cada quinhão.

Cada folha de pagamento, que é uma espécie de formal de partilha, conterá: a) a descrição das linhas divisórias do quinhão, mencionadas às confinantes; b) a relação das benfeitorias e das culturas do próprio quinhoeiro e das que lhe foram adjudicadas por serem comuns ou mediante compensação; c) a declaração das servidões instituídas, especificados os lugares, a extensão e o modo de exercício.

39.6 Ação de dissolução parcial de sociedade

De acordo com o Código Civil: celebram o contrato de sociedade "as pessoas que reciprocamente se obrigam a contribuir com bens ou serviços para o exercício de atividade econômica e a partilha, entre si dos resultados".[504] Portanto, o que caracteriza o contrato de sociedade é a combinação de esforços comuns e a repartição de seus resultados, isto é, seu lucro.

É comum a confusão na terminologia societária no dia a dia forense, nos meios de comunicação e até mesmo na legislação pertinente. Por isso mesmo, convém estabelecer o significado jurídico exato de associação, sociedade, companhia e empresa.

A associação por vezes é utilizada impropriamente na linguagem mercantil. Pelo Código Civil a palavra *associação* serve para designar a entidade de fim não econômico em contraposição à sociedade empresarial, esta sim destinada à finalidade econômica, civil ou comercial. O art. 53 do CC diz que as associações são constituídas pela união de pessoas que se organizam para fins não econômicos.

São os fins econômicos que caracterizam a sociedade. Esses fins econômicos, por sua vez, podem ser de ordem civil ou de ordem comercial, uma vez que tal dicotomia ainda prevalece em nosso direito.

Companhia ou, abreviadamente, "cia" é expressão que designa razão social de sociedade anônima. Sempre que vier o termo *companhia* ou *cia* antes da nomenclatura da sociedade, tratar-se-á de sociedade anônima.

No uso corrente utiliza-se empresa como sinônimo de sociedade, mas não é correto juridicamente, pois empresa e sociedade são figuras distintas na técnica do

---
[504] Art. 986 do CC.

direito e da economia. A empresa constitui um organismo econômico. É uma abstração ideal que combina os fatores da produção: matéria-prima ou insumos de modo geral, capital, recursos humanos e gerenciamento, para a produção e a circulação de bens ou de serviços, com a finalidade de gerar e distribuir riqueza.

O sujeito dessa atividade é o empresário, que pode ser individual ou coletivo. Se coletivo, será uma sociedade por qualquer das formas jurídicas admitidas. A sociedade empresarial dá a roupagem jurídica à empresa coletiva, porém empresa e sociedade são expressões que não se confundem nem significam a mesma coisa.

Dito isto, cuidemos da ação de dissolução parcial de sociedade prevista no arts. 599 e seguintes do Código de Processo Civil. Trata-se de procedimento especial aplicável apenas à dissolução parcial do contrato de sociedade e, assim, não se aplica às demais modalidades associativas previstas no direito positivo brasileiro, como as associações e as fundações, entre outras.

O art. 599 do CPC estabelece que a ação de dissolução parcial de sociedade pode ter por objeto, isto é, pode ter por pretensão: a) a resolução da sociedade empresária contratual ou simples em relação ao sócio falecido, ao sócio excluído ou ao sócio que exerceu o direito de retirada ou recesso; b) a apuração dos haveres do sócio falecido, do sócio excluído ou o que exerceu o direito de retirada ou recesso; c) a simples resolução da sociedade; d) a simples apuração de haveres.

Vejamos cada uma dessas situações: se a sociedade tem a natureza jurídica de contrato, como expressamente prevê o art. 981 do CC, como todo contrato pode ser desfeito, mediante o distrato. Entretanto, o distrato é a modalidade amigável de desconstituir o vínculo jurídico estabelecido no contrato. É óbvio que o contrato de sociedade apresenta peculiaridades, na medida em que não há sinalagma e que existe uma contraposição recíproca de convergência e de interesses concomitantemente. Daí porque, não havendo acordo no distrato da sociedade ou ocorrendo alguma das hipóteses previstas em lei ou no próprio contrato para que a sociedade se desfaça parcialmente ou mesmo se dissolva, o pretendente terá que se valer da ação de dissolução parcial de sociedade.

Os contratos se extinguem por rescisão, resilição ou resolução. A rescisão ocorre quando um contratante imputa ao outro culpa no inadimplemento contratual. A resilição ocorre quando há acordo no desfazimento do contrato e a resolução quando o contrato se extingue naturalmente pelo exaurimento dos efeitos jurídicos propostos na avença.

Todavia, o inc. I do art. 599 do CPC está se referindo à hipótese de desfazer-se a sociedade com relação ao sócio falecido, ou ao sócio que foi excluído ou aquele que exerceu o direito legal ou previsto no contrato de se retirar da sociedade, trata-se de resolução porque com a saída daquele sócio por falecimento, exclusão ou iniciativa própria, a sociedade passará a ser outra, porquanto, do contrato de sociedade, aquele contratante não fará mais parte.

A apuração de haveres do sócio falecido, do sócio excluído ou daquele que exerceu seu direito de sair da sociedade também implica a dissolução parcial da sociedade ou é uma consequência desta, porque há de se pagar aos herdeiros do falecido ou ao sócio excluído a parte que lhe cabe no acervo societário, do qual até então fizera ou fazia, conforme a hipótese, parte.

A ação de dissolução parcial de sociedade também se aplica às hipóteses em que se pretenda apenas a resolução, isto é, a extinção da sociedade ou a apuração de haveres de toda a sociedade ou de parte dela, qualquer que seja a motivação que leve o sócio ou todos os sócios a tal objetivo.

O §2º do art. 599 do CPC possibilita que também pode ser objeto desta ação a sociedade anônima de capital fechado quando demonstrado, por acionista, que represente 5% ou mais do capital social, que a sociedade não pode preencher o seu fim. Repare-se que se têm duas previsões para a ação de dissolução parcial de sociedade: a) a primeira prevista no art. 599 do CPC para as sociedade empresariais, contratuais ou simples, visando à sua resolução parcial ou total ou à apuração de haveres; b) a segunda, para a sociedade anônima de capital fechado proposta por quem detenha pelo menos 5% do capital social, tendo como causa de pedir o fato objetivo de que a sociedade não pode preencher a sua finalidade e visando naturalmente, por este motivo, à sua dissolução.

Em qualquer das modalidades, a petição inicial de dissolução parcial da sociedade será instruída com contrato social ou com o estatuto social na hipótese de sociedade por ações de capital fechado.

São legitimados para propor a ação: a) o espólio do sócio falecido quando a totalidade dos herdeiros não ingressar na sociedade em seu lugar; b) os sucessores, após concluída a partilha do sócio falecido; c) a sociedade se os sócios sobreviventes não admitirem o ingresso do espólio ou dos sucessores do falecido na sociedade, quando este direito decorrer do contrato social; d) o sócio que exerceu o direito de retirada ou de recesso, se não tiver sido providenciada, pelos demais sócios, a alteração contratual consensual, formalizando o desligamento, depois de transcorridos 10 dias do exercício do direito; e) a sociedade nos casos em que a lei não autoriza a exclusão extrajudicial; f) o sócio excluído. Afora essas hipóteses, o parágrafo único do art. 600 do CPC prevê que o cônjuge ou o companheiro do sócio cujo casamento, união estável ou convivência terminou poderá requerer a apuração de haveres na sociedade, que serão pagos à conta da quota social titulada por este sócio.

Como se nota, a legitimidade varia conforme o interesse que motivou o autor. No entanto, em todas as possibilidades de legitimação, o objetivo final é sempre o de identificar, em termos reais, isto é, liquidar e traduzir em dinheiro, a parcela do sócio que deixou de fazer parte da sociedade, qualquer que seja o motivo, inclusive a sua morte.

O espólio será parte legítima para propor a ação de dissolução parcial da sociedade, quando tiver falecido um sócio e a totalidade dos sucessores não ingressar na sociedade. O caso aqui é o seguinte: com o falecimento do sócio duas coisas podem ocorrer, ou todos os sucessores o substituem na sociedade, nela ingressando em partes iguais ou não no lugar do sócio falecido, ou há que se fazer apuração de haveres para que se determine qual era o valor da parte do falecido na sociedade na data de seu falecimento, porquanto é este valor que será pago pela sociedade aos herdeiros e servirá de base de cálculo na partilha entre os herdeiros e sucessores, conforme dispuser o contrato, haja vista que existem contratos sociais que preveem expressamente, na hipótese de falecimento do sócio, a substituição pelos seus sucessores ou a impossibilidade de seu ingresso mediante o pagamento ao espólio da parte que pertencia ao sócio falecido, conforme apuração de haveres. Todavia, nesse particular, o Código disse menos do que precisava dizer, porque se o espólio não propuser a ação qualquer sucessor terá legitimidade para tanto.

Os sucessores do sócio falecido também são legitimados para propor a ação de dissolução parcial de sociedade, porém, só após concluída a partilha dos bens na sucessão do sócio falecido. A hipótese prevista no inc. II do art. 600 do CPC é complementar e acessória à prevista no inc. I. O inc. I concede legitimidade ao espólio obviamente enquanto não houver a partilha e no caso de todos os sucessores ingressarem na sociedade em substituição ao sócio falecido. Já o inc. II está cuidando da hipótese de na partilha dos bens do inventariado algum ou alguns dos sucessores ou mesmo todos herdarem a parte do sócio falecido. A condicionante da conclusão da partilha existe porque apenas aquele ou aqueles sócios a quem na partilha couber a parte do sócio falecido terá legitimidade para propor a ação. Até porque, neste caso, quanto aos demais herdeiros sequer haverá interesse jurídico.

O inc. III do art. 600 do CPC confere legitimidade à própria sociedade caso os sócios sobreviventes não admitam o ingresso do espólio ou dos sucessores do falecido e este direito decorrer do contrato social. Aqui, também, o inc. III é complementar aos incs. I e II anteriormente vistos. Na hipótese aqui tratada existe a previsão no contrato social de que o ingresso dos sucessores do sócio falecido fique ao critério dos sócios remanescentes. Nesta situação, a própria sociedade, pessoa jurídica, terá legitimidade para propor a ação de dissolução parcial da sociedade, de modo a que se apurem os haveres pertencentes ao sócio falecido e se pague aos herdeiros e/ou sucessores.

O inc. IV do art. 600 do CPC reconhece legitimidade ao sócio que exerceu o direito de retirada ou recesso na hipótese de sua saída não ter sido formalizada com a necessária e respectiva alteração do contrato social que formalize o seu desligamento, depois de transcorridos 10 dias do exercício desse direito. A Constituição Federal prevê no art. 5º, inc. XX, que ninguém é obrigado a se manter vinculado associativamente a qualquer entidade. A hipótese deste inciso trata do sócio que tenha exercido seu direito de se retirar da sociedade e não obstante a comunicação formal de seu desligamento, ultrapassados 10 dias do fato, a sociedade, isto é, os demais sócios remanescentes, não tenham providenciado a alteração contratual formalizando o desligamento do sócio retirante. Nesse caso, ele mesmo poderá propor a ação e aqui não só para que obtenha judicialmente a formalização de seu desligamento, bem como, como é o objetivo da ação, que sejam apurados os seus haveres na sociedade para o respectivo pagamento.

O inc. V do art. 600 do CPC é o outro lado da moeda da legitimidade prevista no inc. IV. Lá, a legitimidade é conferida ao sócio que quer se retirar, porém não teve sua exclusão devidamente formalizada. Aqui, a sociedade é a legitimada nos casos em que a lei não autoriza a exclusão extrajudicial, isto é, nos casos em que a maioria dos sócios que representam o capital social querem excluir determinado sócio, mas não podem exercer esta vontade porque a lei não permite, no caso concreto, que a exclusão se faça extrajudicialmente, e, nesse caso, será a própria sociedade, e não os demais sócios, a legitimada para propor a ação visando à dissolução parcial, a exclusão do sócio, a apuração de haveres pertencente a este sócio e o seu pagamento.

Finalmente, o inc. VI complementa o inc. V, porquanto no inc. V prevê-se que a sociedade possa propor a ação nos casos em que a lei não autoriza a exclusão extrajudicial e o inc. VI prevê que nesses mesmos casos o próprio sócio excluído pode propor a ação. Imagine-se que a sociedade exclua o sócio em hipótese que a lei não admite a exclusão extrajudicial, porém, não formalize a alteração contratual, não apure os haveres e não pague ao sócio excluído, ou o que é mais corrente, que o sócio seja excluído, haja a formalização contratual, mas não se promova a apuração de haveres nem se pague a parte que lhe cabe. Em quaisquer desses casos, o próprio sócio excluído terá legitimidade para propor a ação.

O parágrafo único do art. 600 do CPC, ainda cuidando da legitimidade e atendendo à grande incidência de situações em que cônjuges ou companheiros se veem no momento da separação na ignorância em relação aos haveres do consorte, concede-lhes legitimidade. Entretanto, a hipótese não é necessariamente a de estabelecer a dissolução da sociedade, porque o sócio é o cônjuge não legitimado pela norma. A legitimidade e o interesse que a lei confere ao companheiro tem que ver com a comunhão de interesses da convivência comum e não com o vínculo societário. É que o companheiro é, por assim dizer, sócio do sócio, na parte que o sócio tem na sociedade. Daí porque seu interesse e consequentemente sua legitimidade na apuração desses haveres, na repartição do patrimônio do casal.

O procedimento especial da ação de dissolução parcial de sociedade prevê, mediante o art. 602 do CPC, que em qualquer caso desses acima vistos os sócios e a sociedade serão citados para, no prazo de 15 dias, concordar com o pedido ou apresentar contestação. Duas são as observações: a) melhor teria sido o Código dizer para responder à ação; b) os sócios e a sociedade formam um litisconsórcio necessário e unitário porque a sentença não pode ser diferente para um e para outro. Contudo, embora litisconsortes necessários unitários, poderá existir divergência entre eles, eis que nada impede que a sociedade ou que alguns sócios e a sociedade ou só que alguns sócios concordem com o pleito e os demais resolvam contestá-lo. Teremos aí uma daquelas poucas hipóteses *sui generis* no Código de Processo Civil, em que perante a parte adversa os litisconsortes apresentam-se como uma só parte, pelo menos em princípio, todavia entre si se estabelece um verdadeiro contraditório. Guardando as grandiosíssimas e devidas proporções, é mais ou menos o que acontece nas chamadas obrigações conjuntivas em que necessariamente a pretensão obrigatoriamente tem que ser cobrada de todos, mas cada um poderá alegar situação jurídica diferenciada, a qual poderá ser contestada pelos demais réus. É o exemplo típico da ação de alimentos promovida pelo neto contra os avós, eis que todos os avós, paternos e maternos, serão litisconsortes, porém cada um contribuirá na pensão alimentar conforme a sua possibilidade.

Havendo manifestação expressa e unânime pela dissolução da sociedade, o juiz decretará a sociedade dissolvida e imediatamente fará iniciar a fase de liquidação. A liquidação da sociedade, como se sabe, visa a apurar o ativo e o passivo, liquidar o ativo, isto é, alienar, vender e pagar o passivo, dividindo o saldo entre os sócios de acordo com a participação societária de cada um. Nesta hipótese não haverá a condenação de honorários advocatícios para nenhuma das partes, e as custas serão rateadas não igualitariamente, mas de acordo com a participação societária de cada sócio, de modo que aquele que detém maior capital arcará com parte maior das custas. Cabe chamar à atenção que quase sempre a liquidação de uma sociedade prescinde de um liquidante, normalmente um contador, e quando o Código se refere a custas está também se referindo aos honorários do liquidante.

Caso seja a pretensão resistida por todos, por alguns ou até por apenas um sócio, a partir da contestação será observado o procedimento comum com uma única diferença, que logo salta aos olhos. A liquidação da sentença tem todo um capítulo que a regulamenta no Código conforme previsão contida nos arts. 509 a 512 do CPC, por óbvio a liquidação aqui é da sociedade e, portanto, não obedecerá ao procedimento da liquidação normal das sentenças e sim o disposto no art. 604 e seguintes do CPC.

Assim é que, no primeiro momento, será necessária a apuração dos haveres, seja de um sócio, seja de toda a sociedade. Para a apuração dos haveres, o Código determina no art. 604 que o juiz: a) fixe a data da resolução da sociedade, isto é, determine uma data específica de conformidade com os fatos constantes nos autos, que marque de fato o fim da sociedade, porque será esta a data considerada para o inventário do ativo e a consolidação do passivo; b) definirá o critério de apuração dos haveres observando o que neste sentido contiver o contrato social; c) nomeará perito.

Com relação à fixação da data da resolução da sociedade, o art. 605 do CPC estabelece que: se a hipótese for a de falecimento de sócio esta data será a data do óbito do sócio falecido; se o motivo da resolução for a retirada imotivada do sócio, a data da resolução será o sexagésimo dia seguinte ao do recebimento, pela sociedade, da notificação do sócio retirante; se tratar de dissolução em razão do exercício do direito de recesso, a data da resolução será a data do dia do recebimento da notificação do sócio dissidente; se a hipótese for da retirada de sócio por justa causa e se tratar de sociedade por prazo determinado, ou nos casos de exclusão judicial de sócio, a data da resolução será a data do trânsito em julgado da decisão que dissolver a sociedade; finalmente na exclusão extrajudicial, a data da resolução da sociedade será a data da assembleia ou da reunião de sócios que a tiver deliberado.

O critério para a apuração de haveres, previsto no art. 604, inc. II, do CPC, normalmente é constante do contrato social, esta é a praxe. E é este critério estabelecido pelos sócios quando da constituição da sociedade que deverá ser observado pelo juiz na sua resolução. Tanto o legislador se rende a tal recorrente evidência que o art. 606 do CPC, confessando a excepcionalidade da não previsão do contrato social, determina que em caso de omissão do contrato social do critério de apuração de haveres o juiz deferirá como critério o valor patrimonial apurado em balanço de determinação, tomando por referência a data da resolução e avaliando-se bens e direitos do ativo, tangíveis e intangíveis, a preço de saída além do passivo a ser apurado de igual forma.

Observe-se aqui a má técnica legislativa do Código, eis que na verdade o juiz não tem opção alguma pois ou simplesmente determinará que o critério para apuração de haveres é o critério do contrato social, do art. 604 do CPC, ou sendo o contrato social omisso determinará que o critério é o previsto no art. 606 do CPC. Aliás, ainda no campo da crítica, o parágrafo único do art. 606 do CPC é inócuo, já que determina que em todos os casos em que seja necessária a perícia, a nomeação do perito recairá preferencialmente sobre especialista em avaliação de sociedade. Ora, ao que parece em todos os casos de apuração de haveres, haverá necessidade de nomeação de perito. Aliás, o inc. III do art. 604 do CPC determina que o juiz nomeie perito. Além disso, perito só é perito porque é um especialista naquilo que vai periciar, portanto, parece óbvio que a nomeação seja a de um especialista na avaliação de sociedade. O art. 607 do CPC mais uma vez prevê o óbvio, na medida em que possibilita que a data da resolução e o critério de apuração de haveres possam ser revistos pelo juiz, a pedido da parte, a qualquer tempo antes do início da perícia. Pior do que dizer o óbvio foi dizer o menos que o óbvio, porque não apenas por pedido da parte, a nosso ver, nada impede que o juiz o faça de ofício, desde que motive a decisão de modificação.

O art. 608 do CPC estabelece que até a data fixada da resolução a participação nos lucros ou juros sobre o capital próprio declarado pela sociedade e, se for o caso, a remuneração, o popular *pro labore*, do administrador, integram o valor devido ao ex-sócio, ao espólio ou aos sucessores. Já o parágrafo único estabelece que após a data da resolução, o ex-sócio, o espólio ou os sucessores farão jus somente à correção monetária dos valores apurados e aos juros contratuais ou legais. Por contratuais entendam-se aqueles previstos no contrato social para a apuração de haveres.

Terminada essa fase, os haveres do sócio retirante serão pagos conforme disciplinar o contrato social. Se este for omisso, aplicar-se-á a regra do §2º do art. 1.031 do CC.[505] É intuitivo que a retirada de um sócio, qualquer que seja o motivo, com o pagamento da sua parte na sociedade, enfraquece o capital social e o patrimônio desta. Portanto, a praxe societária prevê nos contratos sociais formas parceladas e moderadas de pagamento da cota parte do sócio retirante, a ele ou aos seus herdeiros e sucessores, prevendo número de parcelas, juros a serem aplicados e outras condicionantes que minimizem a ausência do sócio na sociedade.

39.7 Inventário e partilha

A transmissão hereditária no nosso direito opera-se com a morte. Por exceção, a lei reconhece a sucessão dos bens do ausente, a princípio provisória e depois definitiva. O direito pátrio adotou expressamente o *droit de saisine*,[506] pelo qual a transmissão da posse e da propriedade dos bens herdados se opera imediatamente no momento da morte do autor da herança. Na verdade, temos dois momentos: a) da sucessão que se dá pela morte; b) da transmissão do domínio e da posse da herança para os sucessores. No nosso direito, ante a adoção do *droit de saisine*, esses dois momentos se confundem, pois, aberta a sucessão, é transmitida a herança.[507] Nada obstante, o que se transfere é um acervo de bens, chamado espólio. Por outro lado, os sucessores normalmente são vários e de várias espécies, pois podem concorrer à herança herdeiros necessários, legatários e até credores. Pois bem: arrolar e arrecadar os bens deixados pelo inventariado, bem como avaliar o valor destes, pagar as dívidas do autor da herança até o limite da força dos ativos deixados, recolher os impostos incidentes e dividir a massa de bens pelos herdeiros e sucessores e eventualmente legatários, conforme as normas legais incidentes e, se for o caso, às disposições de última vontade, é exatamente do que cuida o processo e o procedimento do inventário e da partilha.

Ainda a título de noções gerais, cabe lembrar a bizantina discussão sobre se inventário é procedimento de jurisdição voluntária ou contenciosa. Por tradição, os códigos de processo civil sempre o colocaram topograficamente no livro dos procedimentos especiais de jurisdição contenciosa. Na verdade, esta polêmica não tem solução,

---

[505] A quota liquidada será paga em dinheiro, no prazo de noventa dias, a partir da liquidação, salvo acordo, ou estipulação contratual em contrário.

[506] Na idade média, instituiu-se a praxe de ser devolvida a posse dos bens, por morte do servo ao senhor feudal, que exigia dos herdeiros um aforamento para autorizar a imissão destes nos bens do finado. No propósito de afastar esta imposição, a jurisprudência do direito costumeiro francês, notadamente na comuna de Paris, consagrou a transferência imediata dos haveres do servo aos seus herdeiros, assentada na formula: "Le serf Mort Saisit Le vif, son hoir de peus proche". Daí ter a doutrina por volta do séc. XIII, diversamente do sistema romano, estabelecido o *droit de saisine*, que traduz este imediatismo da transmissão dos bens, cuja propriedade e posse passam diretamente da pessoa do morto aos seus herdeiros (BEVILÁQUA, Clovis. *Direito das sucessões*. Rio de Janeiro: Editora Rio, 1978. §9º, nota 1).

[507] Art. 1.572 do CC: "aberta a sucessão, o domínio e a posse da herança transmitem-se desde logo aos herdeiros legítimos e testamenteiros".

porquanto o inventário se situa numa zona limítrofe, todavia se retirarmos do inventário todos os incidentes possíveis, e remetê-los sem exceção para as vias ordinárias, o que de resto é a tendência da praxe forense atual, inegavelmente teremos que reconhecer a coloração voluntária do procedimento.

A esse propósito, aliás, verifica-se que o art. 610 do Código de Processo Civil prevê que, havendo testamento ou interessado incapaz, proceder-se-á ao inventário judicial, o que denota, *a contrario sensu*, que fora dessas hipóteses o inventário será necessariamente extrajudicial. Entretanto, o §1º do art. 610 do CPC estipula que: se todos os interessados forem capazes e concordes, o inventário e a partilha poderão ser feitos por escritura pública, a qual constituirá documento hábil para qualquer ato de registro, bem como para levantamento de importância depositada em instituição financeira.

Três são as situações que se apresentam: a) havendo testamento ou interesse de incapaz, o inventário obrigatoriamente será judicial; b) se todos os interessados forem capazes e estiverem de acordo, o inventário poderá ser extrajudicial ou judicial; c) se todos forem capazes, não houver testamento, mas não houver acordo entre os interessados, o inventário será obrigatoriamente judicial. Observe-se que o inventário extrajudicial é uma faculdade cujo exercício está condicionado à circunstância de todos os interessados serem capazes e inexistir discordância entre os sucessores.

O inventário extrajudicial será promovido em ofício de notas, por escritura pública lavrada pelo tabelião com as partes necessariamente assistidas por advogado ou defensor público, cujas assinaturas constarão do ato notarial (§2º do art. 610 do CPC).

Judicial ou extrajudicial, o inventário terá de ser aberto em até dois meses a contar da sucessão, isto é, do óbito do *de cujus*, prevendo o Código que deva terminar em 12 meses. Trata-se, é claro, de prazo meramente recomendativo, pois a própria parte final do art. 611 do CPC prevê sua prorrogação.

O art. 612 do CPC encerra disposição interessante, na medida em que determina que os incidentes que surjam ao curso do inventário serão resolvidos pelo juízo do próprio inventário, desde que os fatos possam ser provados por documentos que constem ou possam ser carreados para os autos, só se remetendo para as vias ordinárias as questões que desafiam a produção de outras provas. O artigo disse menos do que precisava dizer: a uma, porque já há uma tendência natural de se remeter às vias ordinárias qualquer incidente que surja no inventário e não diga respeito aos seus aspectos formais; a duas, porque existe a questão da competência, pois embora o inventário exerça foro de atração há questões de cuja competência em razão da matéria não são do juízo do inventário, mormente onde haja vara específica de órfãos e sucessões.

A representação do espólio é atribuída ao inventariante, nos termos do inc. VII do art. 673 do CPC. Até que o inventariante seja nomeado e preste compromisso, os bens permanecem na posse do administrador provisório. Duas observações são pertinentes ao tema: a) a representação do espólio a que alude a norma é tanto sua representação judicial como extrajudicial e *ad negotia*; porém o espólio não é pessoa jurídica, muito embora possa ser parte processual, é o que na doutrina se chama de pessoa formal; b) não existe formalmente a figura do administrador provisório, isto é, ninguém é nomeado no inventário administrador provisório dos bens do espólio, o que o Código está dizendo é que até que inventariante seja nomeado e preste compromisso, os bens do espólio continuam no exercício da posse de quem já a esteja exercendo.

39.7.1 Legitimidade para requerer o inventário

A legitimidade para requerer a abertura do inventário é concorrente entre aquele que estiver na administração do espólio (conjunto de bens que compõe o acervo do inventário) e aqueles indicados no art. 616 do CPC, quais sejam; a) o cônjuge ou companheiro sobrevivente; b) o herdeiro; c) o legatário; d) o testamenteiro; e) o cessionário do herdeiro ou do legatário; f) o credor do herdeiro, do legatário ou do autor da herança; g) o Ministério Público, havendo incapazes; h) a Fazenda Pública quando tiver interesse; i) o administrador judicial da falência, do herdeiro, do legatário, do autor da herança, ou do cônjuge ou companheiro sobrevivente.

Uma das principais características dos procedimentos especiais é a quase identidade entre a legitimidade e o interesse processual. É no inventário que este fenômeno se apresenta com maior evidência. Atente-se que todos os legitimados concorrentes previstos nos arts. 615 e 616 do CPC têm total e indiscutível interesse em que o inventário seja aberto. Isto é, de alguma forma, cada um desses legitimados tem um direito subjetivo oponível contra o espólio do autor da herança.

Via de regra, aquele que está na posse e administração do espólio será algum dos legitimados previstos nos itens I a IV do art. 616 do CPC que trata da legitimação concorrente para abertura do inventário.

O cônjuge ou o companheiro supérstite é o sobrevivente do casal. Portanto, nada mais lógico que seja legitimado, pois dependendo do regime de bens poderá ser meeiro e, dependendo da situação, qualquer que seja o regime, poderá também ser herdeiro.

O herdeiro é legitimado por razões óbvias. Seria, na verdade, o legitimado natural. Para efeito da legitimidade no inventário, não há diferença da classificação do herdeiro, isto significa que qualquer herdeiro de qualquer classe ou categoria é legitimado para requerer a abertura do inventário.

Do mesmo modo, o legatário também recebe esta legitimidade. Legatário é aquele que, via testamento ou codicilo, foi agraciado com determinado bem específico e individualizado.

Também é intuitiva a legitimidade do testamenteiro, posto que é seu múnus dar cumprimento ao testamento e, para tanto, terá que existir o inventário. Normalmente, costuma-se nomear o testamenteiro o próprio inventariante, mas pode ocorrer de no testamento não haver nomeação do inventariante ou recair tal encargo em pessoa diversa da do testamenteiro. Ainda assim, poderá o testamenteiro abrir o inventário.

O cessionário do herdeiro ou do legatário, para os efeitos da legitimação para o inventário, é o cessionário nos direitos hereditários ou no legado e não em qualquer outro negócio jurídico. Anote-se, porém, que não existe herança ou legado de pessoa viva. Portanto, esta legitimidade só se concretiza, uma vez aberta a sucessão pela morte do *de cujus* e, não requerido o inventário, sendo o herdeiro ou o legatário participantes de negócio jurídico em que alguém lhes sucede ou, aberta a sucessão, o legatário faleça, neste caso, o sucessor ou o herdeiro do legatário também lhe sucede na sucessão, e então poderá requerer a abertura do inventário.

O credor, seja do herdeiro, do legatário ou do autor da herança, também está legitimado a requerer a abertura do inventário, e por razões óbvias. Com a morte deu-se a sucessão, por conseguinte, os bens passaram ao patrimônio do herdeiro ou do legatário. Como é o patrimônio do devedor que responde pela dívida, o credor que tem o direito de satisfazer seu crédito com o patrimônio do devedor pode requerer a abertura do inventário de modo a sub-rogar-se no quinhão do sucessor-devedor. Nesse sentido, mais lógica ainda é a legitimidade do próprio credor do falecido que com o falecimento do autor da herança passa à condição de credor do espólio, até o limite da sua extensão patrimonial.

O Ministério Público na defesa dos interesses dos incapazes é legitimado pelo que decorre da regra contida no art. 178, II, do CPC. Finalmente, também tem legitimidade a Fazenda Pública quando tiver interesse. Aqui chamamos a atenção para uma espécie de ato falho do legislador, eis que confere competência à Fazenda Pública quando esta tiver interesse, isto é, mais uma vez e confessadamente, legitimidade e interesse se fundindo, como é típico dos procedimentos especiais. A Fazenda Pública terá interesse quando for credora ou pelo recolhimento de imposto de transmissão *causa mortis*. Poderá também ter interesse quando houver desapropriação de bens pertencentes ao espólio.

O administrador judicial da falência do herdeiro, do legatário, do autor da herança ou do cônjuge ou do companheiro sobrevivente também está dotado de legitimidade para requerer a abertura do inventário. Esta legitimidade, na verdade, é quase que substitutiva, porque se não houvesse a falência os legitimados seriam os falidos, na medida em que falidos, mas com bens a perseguir no inventário, além de sua própria legitimidade. Confere-se também legitimidade ao administrador da massa falida, entre outras razões, com o confessado intuito de evitar que, pela não abertura do inventário, o falido não tenha seu quinhão arrecadado pela massa.

39.7.2 Do inventariante e das primeiras declarações

É preciso não confundir legitimidade para requerer o inventário com capacidade para ser nomeado inventariante. São coisas diversas, muito embora, à exceção do Ministério Público e da Fazenda Pública, normalmente quem requer a abertura do inventário requer lhe seja concedida a inventariança. A razão é simples, embora haja ordem preferencial, se alguém inferior nesta ordem requereu a abertura do inventário, certamente é porque alguém em posição superior na listagem não requereu. Como há o interesse na ultimação do inventário para receber o que lhe cabe e como quem pratica os atos processuais no processo de inventário é o inventariante, nada mais coerente que, independentemente da ordem legal, quem se apressou em abrir o inventário tenha pressa em terminá-lo.

Nada obstante, o art. 617 do CPC elenca a ordem de preferência para a inventariança: a) o cônjuge ou companheiro sobrevivente, desde que ao tempo da morte estivesse convivendo com o autor da herança; b) o herdeiro que se achar na posse e administração do espólio, se não houver cônjuge ou companheiro sobrevivente ou se estes não puderem ser nomeados; c) qualquer herdeiro, quando nenhum deles estiver na posse e na administração do espólio; d) o herdeiro menor por seu representante legal; e) o testamenteiro, se lhe tiver sido confiada a administração do espólio ou se toda a herança estiver distribuída em legados; f) o cessionário do herdeiro ou do legatário; g) o inventariante judicial, se houver; h) pessoa idônea quando for inventariante judicial.

O inventariante é o sujeito mais importante no processo de inventário. Suas atribuições de modo mais detalhado estão descritas no art. 615 do CPC. O art. 617 do

CPC disciplina a ordem que deve ser seguida pelo juiz na nomeação do inventariante. Repare-se que a nomeação do inventariante não é concorrente como a legitimidade para requerer o inventário. A nomeação do inventariante obedece a uma hierarquia, de modo que um só poderá ser nomeado no caso de aquele que lhe anteceder na ordem não o for. Há uma exceção que não está muito clara no Código, mas que obedece à lógica de dar curso e execução às disposições de última vontade do autor da herança. É que pode o testador ao fazer o testamento nomear, além do testamenteiro, o inventariante, ou atribuir a uma mesma pessoa os dois múnus, o que, aliás, é muito comum na prática.

Todavia, assim não ocorrendo, o juiz obedecerá à ordem prevista no art. 617 do CPC. A listagem é autoexplicativa, valendo apenas trazer à baila algumas observações: a) cônjuge ou companheiro, desde que vivendo juntos no momento do óbito, isto é, ainda que possam estar contemplados na herança, só terão preferência para a inventariança caso estejam coabitando com o cônjuge por ocasião do óbito; b) não havendo possibilidade de nomear o cônjuge sobrevivente, a vez será dos herdeiros, entre eles, o que estiver na posse dos bens; c) se nenhum herdeiro estiver na posse dos bens, qualquer um dos herdeiros poderá ser nomeado inventariante; d) o testamenteiro será nomeado inventariante se no testamento o testador atribuir a ele a administração da herança ou se a herança estiver toda ela dividida em legados. Isto é, não haja herdeiros necessários ou, em havendo, suas legítimas se contenham dentro dos legados que lhes forem atribuídos; e) o cessionário do herdeiro ou do legatário para ser nomeado inventariante terá que ser aquele cessionário nos direitos hereditários ou no legado, e esta cessão precisa ocorrer, evidentemente, após a abertura da sucessão; f) se nenhuma das hipóteses anteriores incidir, será nomeado o inventariante judicial, onde houver, isto é, onde o Código de Organização Judiciária daquele estado prever a existência de servidor público com tal função; g) na hipótese de inexistir a possibilidade de nomeação de qualquer pessoa que se enquadre no elenco estabelecido pela lei, será nomeada qualquer outra pessoa estranha a este elenco, desde que tenha idoneidade para o encargo de inventariante.

O inventariante na qualidade de sujeito mais importante no processo de inventário tem suas atribuições previstas no art. 618 do CPC. A ele incumbe:

- a) Representar o espólio ativa e passivamente em juízo ou fora dele, mas, quando se tratar de inventariante dativo, os sucessores do falecido terão que ser citados nas ações em que o espólio for réu. Na verdade, também para o espólio propor ações, quando o inventariante for dativo, os sucessores do falecido devem ser intimados para autorizar sua propositura, valendo o silêncio como concordância, salvo as hipóteses de perecimento de direito.
- b) Administrar o espólio, velando-lhe os bens com a mesma diligência que teria se seus fossem. Esta é uma péssima redação, pois parte da premissa de que o inventariante seja diligente com os seus próprios bens, o que nem sempre é verdade. A norma está a exigir, isto sim, que o inventariante administre bem os bens do espólio.
- c) Prestar as primeiras e últimas declarações pessoalmente ou por procurador com poderes especiais. Quanto às declarações, momento e conteúdo, veremos na ocasião propícia mais adiante. Quanto aos poderes conferidos ao procurador, no caso, o advogado, precisam ser especiais, por isso, na procuração para o advogado oficiar em inventário deve constar poder específico para prestar as

declarações. Mesmo quando se tratar de inventariante dativo, se constituir advogado, este poder especial tem que constar da procuração. A exigência se justifica porque se procura com isto evitar que haja bens sonegados, o que pode implicar prejuízo aos sucessores, aos credores e à Fazenda Pública.

d) Exibir em cartório, a qualquer tempo, para exame das partes, os documentos relativos ao espólio (obviamente, aqueles documentos que já não estejam nos autos, mediante requerimento ou determinação de ofício do juízo).

e) Juntar nos autos certidão de testamento, se houver. Aqui temos uma regra absolutamente desnecessária, porque, havendo testamento, este será distribuído e homologado previamente ao inventário. Por óbvio, a norma se refere a outros tipos de testamento que não o público, de todo modo, havendo testamento público ou não, qualquer um poderá levá-lo aos autos.

f) Trazer à colação os bens recebidos pelo herdeiro ausente, renunciante ou excluído. Colação significa cotejo, comparação, confronto. Trazer à colação é pôr em confronto ou comparação com os demais bens do espólio aqueles bens recebidos em vida do falecido, que serão considerados adiantamento de legítima. Aqui, a colação é específica com relação ao herdeiros ausente, renunciante ou excluído, porquanto estes estarão, por motivos diferentes, fora da partilha e dos pagamentos. Ora, se há bens que devam ser trazidos à colação, tais sucessores não estariam excluídos, daí porque o encargo do inventariante de trazer tais bens à colação. Observe-se que o dispositivo não se refere à colação dos bens dos herdeiros não excluídos, porque destes tratam o art. 639 e seguintes do CPC e em princípio é obrigação do próprio herdeiro trazê-los à colação.

g) Prestar contas de sua gestão ao deixar o cargo ou sempre que o juiz lhe determinar. Esta regra é autoexplicável: se tem o dever de administrar bens, tem o dever de prestar contas.

h) Requerer declaração de insolvência, logicamente que o artigo se refere à insolvência do espólio no caso de a herança deixada ser menor que o passivo do *de cujus*.

O art. 619 do CPC lista outras atribuições do inventariante, porém, apenas para estas, há a necessidade de ouvir os interessados. São elas: a) alienar bens de qualquer espécie; b) transigir em juízo ou fora dele; c) pagar dívidas do espólio; d) fazer despesas necessárias para a conservação e o melhoramento dos bens do espólio. Repare-se que a norma não exige a concordância, porém que os interessados sejam ouvidos, portanto, três são as observações pertinentes: a) diferentemente do elenco das atribuições do art. 618 do CPC, todas voltadas para o interior do inventário, as atribuições do art. 619 do CPC são atos praticados fora do inventário; b) não havendo concordância dos interessados, o juiz decidirá e em caso de alienação será sempre necessária, isto é, com concordância ou não, a autorização judicial; c) por interessados, entenda-se, além dos sucessores, os credores e a Fazenda Pública.

O art. 620 do CPC disciplina as primeiras declarações a serem prestadas pelo inventariante, as quais deverão vir aos autos até 20 dias após sua abertura e delas constarão: nome, estado, idade, domicílio do autor da herança, o dia e o lugar em que faleceu e se deixou testamento. Trata-se da qualificação do *de cujus*, a qual é absolutamente necessária para que se saiba de quem se está falando. O lugar em que faleceu é necessário para fixação da competência do juízo do inventário, e a informação quanto à existência ou não de testamento, porque fará diferença no procedimento da sucessão.

O nome, o estado, a idade, o endereço eletrônico e a residência dos herdeiros, e, havendo, do cônjuge ou companheiro sobrevivente, além dos respectivos dados pessoais e o regime de bens do casamento ou da união estável também são absolutamente necessários, porquanto a qualificação indicará quem são os herdeiros, o cônjuge ou o companheiro sobrevivente. O regime de bens também é necessário porque influenciará a partilha. Desnecessário enfatizar que essas declarações precisam vir aos autos com a devida documentação comprobatória.

A qualidade dos herdeiros, isto é, o grau de parentesco do inventariado, junto com a qualificação, é também indispensável para que na partilha se possa saber qual a vocação hereditária de cada um, ou, por outra: a que título cada contemplado concorre na sucessão, pois uns podem estar herdando por vocação hereditária e outros por representação.

A relação completa e individualizada de todos os bens do espólio, inclusive daqueles que devam ser conferidos à colação, bem como dos bens alheios que nele forem encontrados, trata-se, em última análise, do que se chama de inventário. Nessa relação de bens também se incluem aqueles recebidos por doação como adiantamento de legítima e que, portanto, precisam ser trazidos à colação, assim como os bens alheios que forem encontrados no acervo do espólio, esses últimos, obviamente e no momento oportuno, serão excluídos do monte.

Neste tópico dos bens cabe estabelecer as seguintes diferenças: a) os imóveis deverão ser devidamente descritos tal como se encontram registrados, com o número das matrículas e eventuais gravames, devendo ser juntados os títulos aquisitivos e as certidões atualizadas do registro de imóveis; b) os móveis deverão ser descritos com suas características de modo a individualizá-los; c) os semoventes serão descritos pela quantidade, espécie, marca e sinais distintivos; d) dinheiro, joias, objetos de ouro e prata e pedras preciosas deverão ter declinados especificadamente a qualidade, o peso e a importância; e) os títulos da dívida pública, as ações e as cotas de sociedade deverão ter o número, o valor e a data mencionados; f) as dívidas ativas e passivas deverão ter as datas, os títulos, as origens, as datas do cumprimento da obrigação e os nomes dos credores e devedores indicados; g) os direitos e ações, como exemplo, contratos de compra e venda, deverão ser devidamente registrados no registro de imóveis com todas as suas especificações, assim como os contratos de compromisso de compra e venda.

Ao lado de cada bem deverá constar nas primeiras declarações o seu valor, ainda que estimado; quando o inventariado fizer parte de sociedade ou for empreendedor individual, o juízo de ofício determinará que se proceda, conforme o caso: a) ao balanço do estabelecimento; ou b) à apuração de haveres.

O inventariante poderá ser removido de ofício ou a requerimento nas seguintes hipóteses: a) se não prestar, no prazo legal, as primeiras e as últimas declarações; b) se não der ao inventário andamento regular, se suscitar dúvidas infundadas ou se praticar atos meramente protelatórios; c) se, por culpa sua, bens do espólio se deteriorarem, forem dilapidados ou sofrerem dano; d) se não defender o espólio nas ações em que for citado, se deixar de cobrar dívidas ativas ou se não promover as medidas necessárias para evitar o perecimento de direito; e) se não prestar contas; f) se sonegar, ocultar ou desviar bens do espólio. As hipóteses previstas nas alíneas "c" e "d" acima dizem respeito ao dever que o inventariante tem de diligenciar como se seus fossem os bens. As demais são omissões que dizem respeito ao bom andamento do processo de inventário.

A remoção do inventariante é um incidente processual e não um processo incidental. Faz-se um requerimento ao juiz e não um pedido, do qual o inventariante será intimado (e não citado) para, no prazo de 15 dias úteis, defender-se e produzir provas. Na verdade, a única prova que o inventariante poderá produzir nesse período é a prova documental que instruirá a peça de defesa, porque se for o caso de outras provas sua produção será requerida ao juízo neste prazo.

O art. 618 do CPC diz que o incidente e não o processo de remoção correrá em apenso aos autos do inventário. Decorrido o prazo para a defesa, com ou sem ela, o juiz decidirá. Aqui, o Código foi econômico, pois o juiz poderá designar audiência, deferir provas requeridas ou determinar sua produção de ofício. Da decisão caberá agravo de instrumento em princípio, sem efeito suspensivo. Se o inventariante for removido o juiz nomeará outro, seguindo a ordem do art. 617 do CPC. Normalmente, o requerimento de remoção do inventariante já traz também a solicitação da nomeação do substituto com a indicação do nome.

O art. 625 do CPC, sem trazer qualquer novidade, diz como se dá a transição do inventariante removido para o novo inventariante nomeado, isto é, com a entrega imediata ao substituto dos bens do espólio sob pena de busca e apreensão ou imissão na posse, no caso de imóveis, sem prejuízo de multa que o juiz venha a assinalar.

39.7.3 Citações e impugnações

Após o inventariante prestar as primeiras declarações o juiz mandará citar para os termos do inventário e da partilha o cônjuge, o companheiro, os herdeiros e legatários, e intimar a Fazenda Pública e o Ministério Público. Obviamente serão citados aqueles que constem das declarações e não tenham a mesma representação processual do inventariante. O Código fala que a Fazenda Pública será intimada, entretanto, pensamos que se trata de citação, porque dadas as características especialíssimas do processo de inventário, a Fazenda Pública, ainda que com interesse limitado no imposto, é também parte no processo. Já o MP será intimado caso haja testamento ou interesse de incapaz.

Nos termos do art. 627 do CPC, concluídas as citações, abre-se às partes, em cartório, prazo comum de 15 dias úteis, para que se manifestem sobre as declarações prestadas pelo inventariante. Em outras palavras: para, querendo, impugná-las, mormente como se vê nos incs. I, II e III do art. 627 do CPC com relação: a) a erros, omissões e sonegações de bens; b) à nomeação do inventariante; c) à qualidade de quem foi indicado como herdeiro. Conforme a hipótese, julgada procedente a impugnação, o juiz determinará a providência necessária: nomeando outro inventariante, incluindo ou excluindo o herdeiro cuja qualidade foi contestada e/ou mandando retificar as declarações quanto a eventuais erros materiais.

O §3º do art. 627 do CPC manda que o juiz remeta às vias ordinárias, reservando o quinhão respectivo, a impugnação da qualidade de herdeiro cuja decisão demandar dilação probatória. O art. 628 do CPC faculta que até a partilha quem se sentiu preterido possa requerer sua inclusão no inventário. Havendo impugnação ao requerimento do pretenso preterido do qual os interessados terão vistas e não sendo o caso do §3º do art. 627 do CPC, isto é, hipótese que exige dilação probatória, o juiz decidirá em 15 dias, prazo este meramente recomendativo.[508]

No pré-citado dispositivo, a exclusão significa a omissão nas declarações de alguém que nela deveria figurar como herdeiro, legatário ou mesmo como credor de direito real por força de lei; como exemplo, o cônjuge com direito real de habitação ou os titulares de direitos em geral que tenham por diversas causas jurídicas o direito, ou pelo menos interesse jurídico demonstrável de excluir do monte determinado bem; como exemplo, o cônjuge com relação à sua meação ou ainda terceiros que sejam condôminos junto com o autor da herança.

Com relação ao herdeiro preterido, a solicitação deverá ser feita até o requerimento da partilha, o mesmo vale para qualquer outra preterição. Homologada por sentença e transitada em julgado a partilha, o preterido haverá de ajuizar ação contra os demais herdeiros pleiteando a sua parte. Todavia, a ação do herdeiro preterido proposta após a homologação da partilha é ação de petição de herança, mediante a qual o autor pleiteará em juízo a rescisão, isto é, o desfazimento da partilha. Em suma: rescinde-se aquela partilha que o preteriu e homologa-se outra correta, com a inclusão do herdeiro preterido. Esta ação tem verdadeiro sabor rescisório. O pedido é a herança, a rescisão da partilha é uma questão prévia ou mesmo prejudicial. Por isso, esta ação não se confunde com a ação de anulação ou ação anulatória por vício de consentimento. A diferença é que a primeira pretensão é condenatória e a segunda desconstitutiva. O prazo para a primeira é prescricional e para a segunda é decadencial.

39.7.4 Avaliação e cálculo do imposto

O processo de inventário se divide em duas fases: a primeira se inicia com sua abertura e finda com a sentença ou decisão que julga o cálculo do imposto. A segunda inicia-se com a apresentação do pedido de quinhão pelas partes e termina com a sentença que julga a partilha.[509]

A Fazenda Pública, como vimos, é citada para o inventário, portanto é parte, ainda que seu interesse se restrinja à questão tributária envolvida. A especificidade do processo de inventário justifica esse entendimento. Assim é que, findo o prazo previsto no art. 627 do CPC ou após resolvidas as questões nele levantadas, ou ainda independente delas caso seja do interesse comum, a Fazenda apresentará o valor dos bens imóveis. No mais das vezes esses valores são trazidos aos autos pelos próprios interessados mediante expedientes administrativos postos à sua disposição.

Sobre todo o monte incidirá o imposto de transmissão *causa mortis*. Destarte, nas declarações atribui-se um valor de mercado aos bens elencados e a Fazenda Pública manifesta sua concordância ou não. Não concordando ou apresenta o valor que entende

---

[508] A ideia norteadora no andamento do inventário é a que o inventário não deva ser sobrestado por obstáculos que em tese se oponham ou dificultem seu processamento. Destarte, tudo que necessitar de atividade jurisdicional de maior complexidade que venha a retardá-lo deverá ser remetido às vias comuns, reservando-se no inventário o quinhão correspondente ao litígio.
[509] CARNEIRO, Paulo Cezar Pinheiro. *Comentários ao CPC*. Rio de Janeiro: Forense, 2005. p. 117.

correto ou requer avaliação judicial. A mesma atitude ou o mesmo procedimento poderão tomar os interessados caso não concordem com os valores apresentados pela Fazenda. Em qualquer hipótese a avaliação e seu procedimento estão disciplinados nos arts. 631 e seguintes do CPC. Cabe aqui esclarecer que qualquer que seja o grau de complexidade da discordância que possa haver em relação à avaliação dos bens e do imposto de transmissão *causa mortis*, a decisão se dará dentro do próprio inventário.

39.7.5 Colações

Naquele mesmo prazo previsto no art. 627 do CPC, isto é, no prazo para impugnação das primeiras declarações prestadas pelo inventariante em conformidade com as especificações do art. 639 do CPC, o herdeiro que a tanto esteja obrigado, em conformidade com o Código Civil, trará aos autos, por termo, os respectivos bens. Como já dissemos antes, colação é a conferência, o confronto ou o cotejo. No caso esta comparação consiste no confronto junto ao monte inventariado dos bens doados pelo autor da herança aos herdeiros necessários, eis que, nos termos do art. 544 do CC, tais bens serão subtraídos do quinhão que couber àquele herdeiro previamente agraciado.

As regras para efetivação do procedimento de colação, inclusive impugnação ou oposição, questões referentes a benfeitorias e suas características, direito à indenização ou à retenção etc., estão previstas nos arts. 639 e 640 do CPC.

Observe-se que nos termos do art. 640 do CPC mesmo o herdeiro que renunciou à herança ou que dela foi excluído não se exime de conferir para efeito de repor a parte inoficiosa as liberalidades que obteve do doador. Entretanto, veja-se que, com relação ao herdeiro renunciante ou ao excluído, o Código também tratou da matéria no inc. VI do art. 618 quando igualmente determinou caber ao inventariante trazer à colação os bens recebidos pelo herdeiro renunciante ou excluído. Outra observação é a que diz respeito à parte inoficiosa. Parte inoficiosa do adiantamento de legítima é aquela que extrapola o próprio limite da legítima.

Em sede de colação não se pode perder de vista que o escopo do instituto é evitar vantagem indevida tanto para o donatário como para os demais. Assim, dependendo do monte, o bem trazido à colação tanto poderá ser considerado já integrado ao quinhão do donatário, como poderá reverter ao monte ou haver reposição em dinheiro, caso a permanência deste bem no quinhão do donatário signifique diminuição aos demais quinhões.

A preocupação de que não haja vantagem para qualquer lado está patente nas regras contidas nos arts. 640 e 641 do CPC, porquanto, mesmo determinando à colação a título de adiantamento de legítima ou ainda nos casos de renúncia ou exclusão, o Código permite que o donatário possa escolher, entre os bens doados, tantos quanto bastem para perfazer a legítima e a metade disponível, entrando na partilha o excedente para ser dividido entre os demais herdeiros. Isto na prática é uma espécie de privilégio no pedido de quinhão. O Código prevê ainda que se a parte inoficiosa da doação recair sobre bem imóvel que não comporte divisão cômoda, o juiz determine uma licitação entre os herdeiros, da qual o donatário poderá concorrer em igualdade de condições.

Atendendo à dialética natural do processo e ao sempre possível antagonismo dos interesses em jogo, o Código prevê no art. 641 que, se o herdeiro negar o recebimento do bem ou que tem a obrigação de trazê-lo à colação, serão dadas vistas aos demais interessados, no prazo de 15 dias, após o que o juiz decidirá com base nas alegações e nas eventuais provas, obviamente documentais, produzidas. Caso a oposição feita pelo herdeiro apontado donatário seja declarada improcedente e este não trouxer à colação os bens doados no prazo improrrogável de 15 dias, o juiz ordenará seu sequestro ou imputará tais bens ao seu quinhão, caso tal solução se verifique plausível na hipótese. O §2º do art. 641 do CPC, seguindo a tendência do legislador pátrio, manda remeter às vias ordinárias a impugnação à colação, sempre que a decisão depender de dilação probatória, tão somente acrescendo que nesta hipótese o herdeiro donatário não poderá receber seu quinhão enquanto pendente a causa, exceto se prestar a caução correspondente.

39.7.6 Pagamento das dívidas

Os credores habilitados e a própria dívida oriunda das custas processuais quando for o caso deverão ser quitadas antes da partilha, de modo que a partilha tenha por objeto os bens totalmente livres e desembaraçados de qualquer comprometimento. Os arts. 642 a 645 do CPC cuidam do pagamento das dívidas no inventário. Observe-se que o art. 642 do CPC é taxativo quando alude que, antes da partilha, poderão os credores do espólio requerer ao juízo do inventário o pagamento das dívidas vencidas e exigíveis. Como se vê, a preocupação do legislador é liberar de todo e qualquer comprometimento os bens que serão partilhados, permitindo, desta forma, que os credores do espólio habilitem seus créditos e requeiram sua satisfação antes que se cumpra a partilha.

Os créditos oponíveis contra o espólio a serem habilitados pelos credores constarão de petição acompanhada de prova literal da dívida e serão distribuídos por dependência e autuados em apenso aos autos do inventário. Em respeito ao contraditório, todos os interessados serão ouvidos sobre o requerimento. Havendo concordância das partes o juiz dará decisão declarando habilitado o credor e mandará que se faça a separação do dinheiro ou em sua falta que se separem bens suficientes ao pagamento. Separados os bens, o juiz determinará a sua alienação judicial na forma prevista no Código para as alienações judiciais em geral. Existe a possibilidade da adjudicação de bens do espólio ao credor habilitado, mas para isto é necessário que assim o credor requeira e que todos os interessados concordem. A diferença da possibilidade de adjudicação do patrimônio do devedor ao patrimônio do credor para a satisfação do crédito neste caso é que esta adjudicação dispensa a fase de alienação, ao contrário do que ocorre na alienação judicial de bem penhorado em execução por quantia certa ou no cumprimento de sentença condenatória em que a adjudicação pelo credor só é possível na própria fase de alienação.

O §5º do art. 642 do CPC cuida de hipótese interessante e mais uma vez denota a preocupação do legislador com a igualdade de tratamento em sede de sucessão. Já vimos anteriormente todas as precauções postas pela lei ao determinar a colação dos bens recebidos pelos herdeiros necessários por doação do inventariado, os quais serão considerados adiantamento de legítima. O referido dispositivo faculta a esses donatários que sejam chamados a se pronunciar sobre a aprovação das dívidas, sempre que haja a possibilidade de a aprovação daquelas resultar em redução das liberalidades recebidas. Em outras palavras: existe a possibilidade de, mesmo trazendo o bem à colação, o bem recebido ser pago na própria legítima do donatário. Todavia, havendo credores habilitados, pode ser que para fazer face à dívida o monte como todo se reduza, nesta redução incluindo-se o bem doado.

O art. 643 do CPC trata da resistência à pretensão da homologação do crédito. Atendendo ao princípio da economia processual e à necessidade de encerramento breve do inventário e, acrescentamos nós, a esta altura já muito próximo de seu desfecho, referido dispositivo determina que, não havendo concordância de todas as partes, o que significa que basta que um não concorde, sobre o pedido de pagamento feito pelo credor, o pleito será remetido às vias ordinárias. O parágrafo único do mesmo dispositivo, todavia, determina que o juiz mande reservar em poder do inventariante bens suficientes para pagar o credor quando a dívida constar de documento que comprove suficientemente a obrigação e a impugnação oferecida pelo espólio ao requerimento de homologação do crédito não se fundar na quitação.

Apesar de a restrição do parágrafo único do art. 643 do CPC limitar a reserva apenas nas hipóteses de a dívida constar de documento que comprove suficientemente a obrigação e a impugnação oferecida pelo espólio ao requerimento de homologação do crédito não se fundar em quitação, nada impede e é sempre provável que haja reserva para o pagamento do crédito, ainda que a hipótese não se enquadre exatamente na baliza prevista no parágrafo único do art. 643 do CPC. Até porque o §1º do art. 642 do CPC exige para a homologação a prova literal da dívida, isto é, prova escrita da dívida, o que de certa forma já anularia a exigência de a dívida constar de documento que a comprove suficientemente. Demais disto, se a impugnação se funda na quitação, é óbvio que, se tratando a quitação de fato extintivo do direito de crédito do credor habilitante e também de prova documental, é praticamente inexistente a possibilidade de necessidade de remessa de tais casos para as vias ordinárias.

Mas não só o credor da dívida líquida, certa e exigível poderá habilitar seu crédito antes da partilha. O art. 644 do CPC permite que o credor de dívida líquida e certa, ainda não vencida, portanto ainda inexigível, também possa fazê-lo. Caso as partes concordem com o requerimento, o juiz mandará que se faça a separação de bens para o futuro pagamento. Aqui o legislador quis resolver dois problemas: a) evitar que o credor de exigibilidade futura tenha maior dificuldade em cobrar a dívida posteriormente de cada herdeiro na proporção de seu quinhão, reservando-se antes do vencimento da dívida o necessário à sua quitação do próprio monte; b) caso haja concordância expressa de todos os interessados, o legislador facultou o próprio vencimento antecipado da dívida, mediante o pagamento desta antes da partilha, ainda que não vencida.

O art. 645 do CPC confere legitimidade ao legatário para impugnar a pretensão de habilitação de crédito quando: a) toda herança for dividida em legados; b) o reconhecimento da dívida importar em redução dos legados. Trata-se de mais uma hipótese típica de confusão entre legitimidade e interesse. Aqui, o legislador está aplicando a mesma regra conferida aos donatários no §5º do art. 642 do CPC. Tanto lá como cá, o que se quer preservar é a integralidade dos bens individualmente recebidos, seja a título de doação ou a título de legado, sempre que o pagamento a credores puder reduzi-los. Quanto à hipótese da legitimidade conferida ao legatário quando toda a herança for dividida em legados, tal legitimidade se equipara à dos herdeiros, porque com toda a herança dividida em legados os legatários são equiparados a herdeiros, com a diferença de que seus quinhões estão predeterminados por disposição de última vontade do testador.

Finalmente, há de se observar o art. 646 do CPC, que trata da possiblidade da separação de bens cuja dívida seja objeto de litígio judicial ou que, impugnado o requerimento de sua habilitação no inventário, venha a sê-lo. Nessas hipóteses o Código faculta aos herdeiros a separação de bens para o pagamento da dívida, entretanto, dada sua litigiosidade, o Código permite que autorizem ao inventariante que indique tais bens à penhora no processo em que o espólio for executado.

Aqui cabe uma advertência porque esta norma precisa ser interpretada e consequentemente aplicada, levando-se em conta o que dispõe o art. 860 do CPC quando cuida da penhora de crédito na modalidade chamada penhora no rosto dos autos. A diferença está em que, no art. 646 do CPC, os herdeiros se antecipam ao credor, não recebem os bens que por vontade própria separam do monte e autorizam ao inventariante que os indique à penhora no processo em que o espólio seja cobrado. Já no art. 660 do CPC a hipótese é inversa. O credor toma a iniciativa no processo de cobrança, seja execução por título executivo extrajudicial, seja fase de cumprimento de sentença condenatória no procedimento comum, de penhorar nos autos do inventário bens do espólio. Há também outra diferença entre os dois dispositivos. É que o art. 646 do CPC só se aplica nas dívidas e nas ações contra o espólio, ao passo que o art. 860 do CPC tanto incide nas ações contra o espólio como nas ações contra herdeiro, legatário ou mesmo qualquer credor do espólio que como tal tenha se habilitado.

39.7.7 Da partilha

Ultrapassada a fase do pagamento das dívidas ou por outra da habilitação dos referidos créditos ou inexistindo essa, abre-se às partes, no prazo comum de 15 dias, a faculdade de formularem o pedido de quinhão. Pedir o seu quinhão no inventário significa dizer ao juízo e consequentemente aos interessados, de acordo com o direito que tenha na sucessão, sobre que bens ou que bem quer o interessado que incida a sua cota parte do monte. Com isso, visa o legislador, tanto quanto possível, na partilha, que cada um, de acordo com o seu direito, receba aquilo que pretende receber. Claro que nem sempre isto é possível. De toda sorte, após a formulação facultada pelo art. 647 do CPC, o juiz proferirá decisão de deliberação da partilha resolvendo o pedido das partes e designando os bens que devam constituir o quinhão de cada herdeiro e legatário.

Na prática, ou há um prévio acordo ou o inventariante apresenta um esboço de partilha. No prévio acordo esse esboço de partilha será assinado por todos os interessados. Não havendo acordo, o inventariante apresenta o esboço sobre o qual os demais opinarão. Com este expediente, facilita-se o trabalho do juízo que terá que decidir apenas as questões pontualmente divergentes.

O art. 648 do CPC dá as diretrizes fundamentais para a partilha, a qual terá que observar: a) igualdade possível quanto ao valor, à natureza e à quantidade de bens; b) prevenção de litígios futuros; c) máxima comodidade dos coerdeiros, do cônjuge ou do companheiro se for ocaso.

A igualdade possível quanto ao valor pretende que cada herdeiro receba o seu valor em bens, de modo a que se evite a reposição em dinheiro, que ocorre sempre que seja impossível atender a este objetivo em razão dos valores diferentes dos bens e, para que haja igualdade, aquele que recebeu a mais tenha que pagar a diferença ao que recebeu a menos. É o que se chama de reposição, incidindo sobre o valor reposto o imposto de transmissão intervivos.

A prevenção quanto à existência de litígios futuros indica que o ideal é que cada interessado receba bens inteiros, isto é, que não haja instituição de condomínio por força da partilha. Tal providência atende, a um só tempo, ao princípio jurídico de que a propriedade deve ter um único titular e previne futura ação de extinção de condomínio.

A comodidade perseguida indica que na medida do possível e sempre respeitando a igualdade se confira aos herdeiros, ao cônjuge ou ao companheiro aqueles bens que presumivelmente lhes sejam mais caros. Assim, por exemplo, nada mais lógico que o companheiro ou que cada herdeiro receba como seu o bem em que já tenha sua residência ou na divisão que os bens sejam destinados pelas localidades onde residam os herdeiros e assim por diante.

O art. 649 do CPC dá solução pouco utilizada na prática, eis que estabelece que os bens insuscetíveis de divisão cômoda e que não couberem na parte do cônjuge ou companheiro sobrevivente ou no quinhão de um só herdeiro serão licitados entre os interessados ou vendidos judicialmente, partilhando-se o valor apurado, salvo se houver acordo para que seja adjudicado a todos. Normalmente, não é isto que ocorre. Nessas hipóteses, costuma-se estabelecer condomínios com proporções para os herdeiros interessados em cada imóvel indivisível e de acordo como seu quinhão. Aqui, parece que o Código quis atender à regra da prevenção de litígios futuros evitando a constituição de condomínio. Entretanto, não nos parece ser esta a melhor solução, porquanto isso retardará o desfecho do inventário.

O art. 650 do CPC cuida do interesse do nascituro, isto é, aquele ser já concebido, mas que ainda não nasceu. O Código permite que, se, nesta condição, concorrer à herança, o quinhão que lhe caberá será reservado em poder do inventariante até seu nascimento.

A regra do parágrafo único do art. 647 do CPC parece totalmente deslocada topograficamente, porquanto, a toda evidência, não se trata de disposição referente à partilha. Dito dispositivo permite que o juiz antecipadamente autorize a qualquer dos herdeiros o exercício do direito de usar e fruir determinado bem, com a condição de que, ao término do inventário, este bem integre a sua cota, cabendo ao herdeiro desde o deferimento todos os ônus e bônus decorrentes daqueles direitos. A primeira observação cabível, pensamos, é que para tanto os demais herdeiros e interessados devam ser ouvidos, embora sua concordância não seja necessária. A segunda observação é que tal regra se justifica por questões humanitárias. Aqui temos aquela hipótese de que determinado herdeiro já resida ou já explore determinado bem que lhe caberá como quinhão, daí a importância do esboço da partilha, e o juiz lhe conceda o direito de usar e fruir, correndo por conta do beneficiário os ônus e bônus daí decorrentes. Por analogia simples, parece-nos que o mesmo se aplica a qualquer legatário.

Caso o inventariante ou as partes não apresentem o esboço de partilha, este será apresentado pelo partidor judicial, que é um auxiliar permanente da justiça. O esboço da partilha atenderá à seguinte ordem: a) dívidas atendidas; b) meação do cônjuge; c) meação disponível; d) quinhões hereditários a começar pelo herdeiro mais velho. Elaborado o esboço abre-se às partes o prazo de 15 dias para a manifestação. Havendo concordância ou resolvidas as eventuais impugnações, a partilha será lançada nos autos.

Não mais se tratando do esboço, mas da própria partilha, o art. 653 do CPC determina que ela terá duas partes: i) o auto de orçamento, que conterá: a) os nomes do autor da herança, do inventariante, do cônjuge ou companheiro sobrevivente, dos herdeiros, dos legatários e dos credores admitidos; b) o ativo, o passivo e o líquido partível com as necessárias especificações, isto é, o monte e o valor de cada quinhão; ii) a folha de pagamento para cada parte, na qual constará: a) cota a pagar-lhe; b) a razão do pagamento e a relação dos bens que compõe; c) o quinhão com as características que o individualizam; e d) os ônus que o gravam. O auto da partilha terá cada folha assinada pelo juiz e pelo escrivão.

Na prática isso só ocorre após a comprovação do pagamento do imposto de transmissão *causa mortis*. De todo modo, o art. 645 do CPC diz que, pago o imposto de transmissão a título de morte e juntada nos autos a certidão de seu pagamento ou a informação negativa de dívida para a Fazenda Pública, o juiz julgará por sentença a partilha.

Aqui, cabe um esclarecimento: o imposto de transmissão *causa mortis* é da competência originária do estado-membro, é imposto estadual. Entretanto, se houver reposição esta é fato gerador de imposto de transmissão sobre imóveis intervivos, porque entre herdeiros, portanto, de competência originária municipal. Não obstante tais observações, a quitação que se exige com relação à Fazenda Pública engloba os três níveis políticos. Portanto, para efeitos dos art. 645 e seu parágrafo único do CPC, quando o Código se refere à Fazenda Pública está se referindo à União, estados-membros, Distrito Federal e municípios, devendo ser carreada para os autos do inventário certidão negativa dos três entes federados.

Chega-se assim ao final do inventário. A partilha é julgada ou homologada por sentença, da qual cabe recurso. Quando se trata de partilha amigável é muito comum as partes de antemão renunciarem à faculdade de recorrer de modo a acelerar os trâmites finais do procedimento. Em qualquer caso, haja renúncia ou não, em regra a sentença só produzirá efeitos após o trânsito em julgado.

Por isso o art. 655 do CPC prevê que, transitada em julgado a sentença que homologou ou julgou a partilha, o herdeiro receberá os bens que lhe tocarem e um formal de partilha no qual constarão as seguintes peças: a) termo de inventariante e título de herdeiros; b) avaliação dos bens que constituíram o quinhão do herdeiro; c) pagamento do quinhão hereditário; d) quitação dos impostos; d) sentença. O parágrafo único do art. 655 do CPC estabelece que o formal de partilha poderá ser substituído por uma certidão de pagamento de quinhão hereditário quando este não exceder o valor de 5 salários mínimos, caso em que se transcreverá nela a sentença de partilha.

Na hipótese de se tratar de um só herdeiro ou de um único interessado na sucessão, não haverá partilha nem o respectivo formal, porquanto todos os bens serão adquiridos por um único interessado. Assim, o documento com tais características expedido será carta de adjudicação e não formal de partilha, muito embora, à exceção do que diga respeito aos herdeiros, deva conter os demais elementos previstos no art. 655 do CPC.

A natureza da sentença que julga a partilha é controvertida, eis que apresenta elementos constitutivos e elementos declaratórios. Na defesa da tese dos elementos da sua natureza constitutiva milita o argumento de que o formal de partilha que dela decorre e que lhe dá cumprimento é documento que se pode considerar como o título aquisitivo do bem adquirido pela sucessão e constitui uma nova relação jurídica até então inexistente de direito de propriedade entre o herdeiro aquinhoado e o bem que lhe foi destinado. Em favor da defesa da tese da natureza declaratória da sentença que homologa ou julga a partilha, milita o argumento, não menos importante, de que a sucessão, e portanto a transferência da propriedade, operou-se quando da morte do autor da herança, eis que nosso direito expressamente adota o *droit de saisine*, e, neste caso, a sentença da partilha tão somente declara esta relação jurídica preexistente.

Sem embargo de opiniões divergentes, fato é que a sentença que julga a partilha não se limita a declarar a situação de transmissão da herança no momento da morte de seu autor. Para além disto, constitui uma situação jurídica nova, na medida em que individualiza os bens que caberão a cada uma das partes, extinguindo, portanto, o estado de comunhão hereditária até então existente; daí sua natureza constitutiva.[510]

Ainda com relação à sentença que julga a partilha, tem ela também a função de extinguir o processo de inventário com o julgamento de seu mérito, portanto, é recorrível pelo recurso de apelação. Não obstante, a preclusão total própria da coisa julgada material é significativamente relativizada na sentença que julga a partilha. Como se vê no art. 656 do CPC, mesmo depois de transitada em julgado, a partilha pode ser emendada nos mesmos autos do inventário, se todas as partes estiverem de acordo ou se houver erro de fato na descrição de bens. Esta emenda pode se dar de ofício ou a requerimento da parte, a qualquer tempo, para corrigir as inexatidões materiais.

Aqui cabe um pequeno esclarecimento de ordem prática: o formal de partilha ou a carta de adjudicação são os títulos aquisitivos do herdeiro ou do interessado com relação ao bem individualizado ou adquirido na sucessão mediante processo de inventário. Como se sabe, os bens se dividem modernamente em bens registráveis e bens não registráveis. Entre os registráveis temos aqueles cujo registro é constitutivo e aqueles cujo registro é de publicidade e administrativo. No primeiro caso, encontram-se os imóveis. Isso significa que o título aquisitivo, o formal de partilha ou a carta de adjudicação terá de ser levada a registro no registro de imóveis, e pode ocorrer de as características constantes do documento ou da partilha não serem as mesmas da matrícula do imóvel, hipótese em que aplicar-se-á o art. 656 do CPC de modo a adequar corretamente a partilha.

O art. 657 do CPC cuida da ação de anulação da partilha amigável lavrada em instrumento público, reduzida a termo nos autos do inventário ou constante de escrito particular homologado pelo juiz, a qual pode ser anulada por dolo, coação, erro essencial ou intervenção de incapaz, no prazo de 1 ano, contado: a) no caso de coação do dia em que ela cessou; b) no caso de erro ou dolo, do dia em que se realizou o ato; c) quanto ao incapaz, do dia em que cessar a incapacidade. Esta ação é anulatória, portanto, desconstitutiva ou constitutiva negativa, e este prazo é decadencial.

Já o art. 658 do CPC cuida da ação de rescindibilidade da partilha julgada por sentença que poderá ser rescindida pelos mesmos motivos do art. 657 do CPC ou ainda se preterir formalidades legais ou ainda se preteriu herdeiro ou incluiu quem não o seja. Esta ação, como já falamos antes, é condenatória porque na verdade será ação de petição de herança proposta pelo interessado prejudicado e a rescisão da partilha e não a sua anulação será questão prejudicial.

39.7.8 Arrolamento

Arrolamento é um inventário simplificado, cabível sempre que não haja necessidade de observar o procedimento do inventário normal. De certo modo, o arrolamento

---

[510] CARNEIRO, Paulo Cezar Pinheiro. *Comentários ao CPC*. Rio de Janeiro: Forense, 2005. p. 197.

é uma espécie de procedimento especial em relação ao procedimento do inventário. Entretanto, com a previsão do inventário extrajudicial, a incidência, a necessidade e mesmo a utilidade do arrolamento previsto nos arts. 659 e seguintes do CPC, hoje, encontram-se bastante mitigadas.

O arrolamento exige que todos os interessados sejam capazes e estejam concordes na divisão dos bens ou que seja a hipótese de adjudicação por se tratar apenas de um único herdeiro.

Os interessados ao comunicarem ao juízo o falecimento do autor da herança, já pedem a homologação da partilha previamente acordada, requerendo, na petição inicial e em conformidade com o art. 660 do CPC, que o inventário seja processado na modalidade de arrolamento.

Nos termos do art. 651 do CPC, a petição inicial do arrolamento conterá: a) o requerimento de nomeação do inventariante; b) a declaração dos herdeiros e os bens do espólio; c) a atribuição de valor dada aos bens para os fins de partilha.

Não haverá avaliação dos bens, sendo estes partilhados pelos valores atribuídos pelos herdeiros. Também no processo de arrolamento não se discute qualquer questão relativa ao lançamento, ao pagamento ou à quitação de taxa judiciária e dos tributos incidentes sobre propriedade dos bens do espólio. A taxa judiciária terá como base de cálculo o valor atribuído ao monte pelos herdeiros e, se a Fazenda apurar em processo administrativo valor diverso do estimado, exigirá a eventual diferença pelos meios adequados. O imposto de transmissão será objeto de lançamento administrativo conforme dispuser a lei tributária local, não ficando a Fazenda adstrita aos valores atribuídos pelos interessados.

Isso significa que no arrolamento há dois tratamentos diversos dado aos bens do espólio. Com relação à partilha prevalecerão os valores atribuídos aos bens pelos próprios interessados. Entretanto, no que diz respeito às questões tributárias, a Fazenda Pública poderá ou não concordar com tal estimativa e, caso discorde, cobrará o imposto de transmissão bem como a taxa judiciária pelo valor que entender compatível com os bens inventariados.

Na prática, tal qual o inventário, a partir do valor venal constante no IPTU, a Fazenda Estadual aplica uma tabela previamente estabelecida de atualização e o valor encontrado passa a ser a base de cálculo para o lançamento do imposto de transmissão *causa mortis*.

O que deve ficar consignado é que, ao contrário do inventário, no arrolamento não há espaço para discussão sobre o imposto, de modo que divergência sobre este não poderá paralisar o curso do arrolamento, devendo o procedimento ir até o termo final, e a Fazenda, pelos meios administrativos ou judiciais, promover a cobrança do que eventualmente entenda lhe seja devido.

Do mesmo modo e como deixa claro o art. 663 do CPC, a existência de credores do espólio não impedirá a homologação da partilha ou a adjudicação, desde que sejam reservados bens suficientes para o pagamento da dívida. Separam-se os bens necessários e o arrolamento segue seu curso normal, enquanto *a latere* e pelas vias ordinárias discute-se ou cobra-se a dívida.

Embora o Código mencione dívida do espólio, a regra abrange também a dívida do herdeiro. Visando sempre à celeridade do processo, o parágrafo único do art. 663 do

CPC estabelece, nesse particular, que a reserva de bens será realizada pelo valor estimado pelas partes, no caso, os herdeiros, salvo se o credor, regularmente notificado, impugnar a estimativa, caso em que se promoverá a avaliação dos bens reservados.

Ao nosso sentir, o credor terá necessariamente que ser intimado e não notificado da intenção dos herdeiros de reservar bens, e, se o credor impugnar o valor atribuído pelos herdeiros, a solução será mesmo a determinação da avaliação.

39.7.9 Arrolamento sumaríssimo

É modalidade ainda mais especial de inventário, porque é modalidade especial de arrolamento, o qual, por sua vez, já é especial em relação ao inventário normal. O chamado arrolamento sumaríssimo está previsto no art. 664 do CPC para as hipóteses em que os bens do espólio tenham valor igual ou não superior a 1.000 salários mínimos. Neste tipo de procedimento, o inventariante está dispensado de prestar compromisso e, já na petição de requerimento de abertura do inventário apresenta, com as declarações, a atribuição do valor dos bens e o plano da partilha. Caso qualquer das partes ou o Ministério Público impugne os valores, o juiz determinará a avaliação judicial dos bens, mediante avaliador judicial, que entregará o laudo de avaliação no prazo recomendativo de 10 dias.

O §2º do art. 664 do CPC, inusitadamente, determina que o juiz designe uma audiência na qual deverá deliberar sobre a partilha, decidindo de plano todas as reclamações e mandando pagar as dívidas não impugnadas. Ora, esta audiência é totalmente desnecessária, podendo o juiz decidir todas as questões pendentes sem a necessidade da realização de audiência, até porque é certo que não haverá necessidade de colher prova oral.

Decididas as questões pendentes, conforme previsto no art. 664, §2º do CPC, com ou sem audiência, o juiz homologará a partilha, após o pagamento dos tributos relativos aos bens do espólio e às suas rendas.

No mais e subsidiariamente aplicam-se no arrolamento sumário as disposições do arrolamento e do inventário, inclusive quanto à possibilidade de cumulação de inventários, prevista no art. 672 do CPC.

Destaque-se com relação ao arrolamento sumaríssimo que este poderá ser adotado ainda que haja interessado incapaz, desde que haja concordância de todas as partes e do Ministério Público. A peculiaridade, contudo, nesta previsão, consiste em que no arrolamento sumário é patente a opção do legislador processual por uma cognição rápida e expressa justificada pelo valor dos bens, eis que o procedimento só caberá quando o valor do monte for igual ou inferior a 1.000 salários mínimos. A preocupação em casos que tais vai ao ponto de permitir a adoção do procedimento de arrolamento sumário mesmo quando haja interesse de incapaz ainda que com a salvaguarda da concordância do Ministério Público.

Todavia, esta regra é excepcionalíssima e como tal precisa ser interpretada. A *ratio* é o pequeno valor do monte. Portanto, só se aplica ao arrolamento sumário, isto é, se o valor do monte for inferior a 1.000 salários mínimos, porém, não se aplica nas hipóteses normais de arrolamento.

39.7.10 Sobrepartilha

Encerrado o inventário, seja na modalidade comum, na modalidade de arrolamento ou na modalidade de arrolamento sumário e mesmo depois do trânsito em julgado da sentença que julgue ou homologue a partilha, poderá haver necessidade de reabri-lo. Isto porque podem ter sido sonegados alguns bens, isto é, não terem sido devidamente arrolados no momento próprio no inventário ou pode ser que haja bens que só sejam descobertos após a partilha ou, ainda, pode haver a necessidade de partilhar bens que ficaram fora da divisão porque separados em razão de litígio, ou ainda podem ter ficado fora da divisão bens situados em lugares remotos da sede do juízo.

Em todas essas situações o inventário será reaberto para que tais bens sejam arrolados, avaliados e, uma vez pagos os impostos incidentes, finalmente partilhados.

Esta previsão contida no art. 669 e parágrafo único do CPC denomina-se sobrepartilha. Numa definição mais técnica: sobrepartilha é um procedimento destinado a atribuir a cada um dos herdeiros a porção que lhe couber dos bens e direitos do acervo que não foram objeto da partilha anteriormente realizada.[511]

39.7.11 Cumulação de inventários

Seja por economia processual, seja para evitar litígios futuros, sabiamente, o Código de Processo Civil possibilita a cumulação de inventários, isto é, permite nas hipóteses que declina que mais de um inventário se procedimentalize em um único processo.

Tal cumulação é possível quando: a) os herdeiros, sucessores, legatários ou de um modo geral as pessoas entre as quais devam ser repartidos os bens sejam os mesmos; b) se tratar de heranças deixadas pelos dois cônjuges ou companheiros; e c) houver dependência ou prejudicialidade de uma das partilhas em relação à outra.

As duas primeiras situações são autoexplicáveis, a terceira se justifica pela praticidade, eis que se trata de alguém receber como quinhão em determinada sucessão, total ou parcialmente, o quinhão ao qual o autor da herança fez jus em outra sucessão, antes do término desta.

A previsão da cumulação de inventários está disciplinada nos arts. 672 e 673 do CPC. Deve-se observar, contudo, que na hipótese da dependência de uma das partilhas em relação à outra, se esta for parcial por haver outros bens, o juiz pode ordenar a tramitação separada dos inventários se esta solução for de melhor interesse para a celeridade processual.

Com relação à cumulação de inventários na hipótese da sucessão em heranças deixadas pelos dois cônjuges ou companheiros, dispõe o art. 673 do CPC que prevalecerão as primeiras declarações, assim como o laudo de avaliação, salvo se alterado o valor dos bens.

---

[511] CARNEIRO, Paulo Cezar Pinheiro. *Comentários ao CPC*. Rio de Janeiro: Forense, 2005. p. 262-263.

39.8 Embargos de terceiro[512]

É uma ação pela qual se deduz em juízo pretensão com a finalidade de afastar de bem ou de direito os efeitos de constrição fruto de decisão judicial tomada em processo cujo embargante necessariamente não seja parte. Os embargos de terceiro não se restringem à jurisdição cível e podem ser ajuizados também na jurisdição penal, conforme previsto no art. 129 do Código de Processo Penal ou no Processo do Trabalho por aplicação subsidiária do CPC ou ainda no Processo Falimentar.

Constrição, no vernáculo, significa apertura ou cochamento. No viés jurídico processual, constrição é a ação de constranger, causar constrangimento no sentido de impedir, coagir ou acanhar, embaraçar o exercício da posse ou de direito a ela equiparável sobre determinado bem.

O art. 674 do Código de Processo Civil, como ocorre frequentemente nos procedimentos especiais, mescla legitimidade com interesse quando prevê o cabimento dos embargos de terceiro. A um só tempo, define quem é legitimado, diz quem tem interesse processual, indica a causa de pedir e qual a providência pretendida quando alude que quem, não sendo parte no processo, sofrer constrição ou ameaça de constrição sobre bens que possua ou sobre os quais tenha direito incompatível com o ato constritivo poderá requerer seu desfazimento ou sua inibição por meio de embargos de terceiro.

Como se vê, o dispositivo aponta como legitimado qualquer um que não seja parte no processo em que baixado o ato jurisdicional de constrição. O artigo define a lesão a ser reparada e consequentemente baliza a causa de pedir, qual seja: sofrer constrição ou ameaça de constrição sobre bens que possua ou sobre os quais tenha direitos incompatíveis com o ato constritivo. Além disso, o dispositivo indica o pedido quando menciona que quem pela razão acima se encontrar na situação antes descrita poderá requerer o desfazimento do ato jurisdicional constritivo. Curioso é que, embora intuitivo, o Código não diz que a constrição ou sua ameaça tenha que ser fruto de ato jurisdicional praticado naquele processo.

O §1º do art. 674 do CPC, abrindo o leque dos legitimados, esclarece que inclusive o proprietário fiduciário, mesmo não tendo a posse ou o seu exercício, também está legitimado para propor os embargos de terceiro. Trata-se do credor fiduciário que é o beneficiário da alienação fiduciária dada em garantia ou qualquer outro cuja propriedade seja resolúvel. Nessa linha de abrangência, obviamente o possuidor que, a qualquer título, exerça a posse direta ou indireta, também se encontra legitimado para os embargos de terceiro.

Vale a pena gizar que os embargos de terceiro têm uma inegável e incontestável coloração possessória. No passado, no Código de Processo Civil de 1939, além das atuais ações de reintegração, manutenção de posse e interdito proibitório, os embargos de terceiro integravam o rol das ações ou dos interditos possessórios, ao lado da ação de nunciação de obra nova e da ação de imissão na posse, que também perderam a natureza possessória com o Código de 1973.

---

[512] Com relação às diversas possibilidades de utilização do vocábulo *embargos* no processo civil e da origem histórica e remota nos antigos embargos ofensivos das Ordenações Afonsinas, remetemos o leitor para o capítulo 31 – "Dos embargos de declaração", item 31.1 – "Generalidades", em que tratamos do assunto.

Ainda em sede de legitimidade, observe-se que o §2º do art. 674 do CPC equipara a terceiro para o ajuizamento dos embargos: a) o cônjuge ou o companheiro, quando defende a posse de bens próprios ou de sua meação, salvo na hipótese de penhora sobre o bem em comunhão, cujo tratamento está previsto no art. 843 do CPC; b) o adquirente de bens cuja constrição decorreu de decisão que declara a ineficácia da alienação realizada em fraude à execução; c) quem sofre constrição judicial de seus bens por força de desconsideração da personalidade jurídica, de cujo incidente não fez parte, até porque, se fizesse parte do incidente seria parte no processo e não terceiro; d) o credor com garantia real para obstar a expropriação judicial do bem objeto do direito real de garantia, caso não tenha sido intimado, nos termos legais, dos atos expropriatórios respectivos.

O Código, na verdade, quer espancar qualquer dúvida ou controvérsia doutrinária ou jurisprudencial a respeito do cabimento dos embargos de terceiro nestas hipóteses. Todavia, uma leitura mais atenta traz à baila a preocupação demasiada do legislador em tal explicitação, porquanto, à luz do art. 674, *caput* e §1º do CPC, não haveria necessidade desta indicação pormenorizada, porque as figuras contempladas no §2º, pelas razões ali expostas, já estão enquadradas entre os legitimados previstos no *caput* e no §1º do art. 674 do CPC.

De regra, inexiste limite temporal para interposição dos embargos de terceiro. O art. 675 do CPC permite que sejam opostos a qualquer tempo na fase de conhecimento do procedimento comum até o trânsito em julgado da sentença, o que significa que sua interposição não está adstrita ao primeiro grau de jurisdição. Observe-se que a norma limita ao trânsito em julgado da sentença e não à simples prolação da sentença.

Entretanto, também no cumprimento da sentença ou no processo de execução poderão ser opostos os embargos de terceiro, mas aí incide o limite temporal, ou seja, a sua interposição em até 5 dias depois da adjudicação ou da alienação por iniciativa particular ou da arrematação, mas sempre antes da assinatura da respectiva carta. O dispositivo parece indicar que a carta de adjudicação ou de arrematação só poderá ser expedida após o quinto dia da alienação judicial. Causa espécie, contudo, a cláusula final do dispositivo quando adverte que o prazo será de até 5 dias, mas sempre antes da assinatura da respectiva carta.

Se optarmos por uma interpretação literal, o limite temporal será a expedição da respectiva carta de adjudicação ou de arrematação. Todavia, não nos parece ser esta a solução mais adequada, haja vista que se deve interpretar as restrições temporais em favor de quem a prática do ato processual aproveita. Destarte, não obstante a confusa dicção do artigo, pensamos que a melhor interpretação é a que limita o prazo para a interposição dos embargos até que a carta de arrematação ou de adjudicação seja expedida e que esta, para os efeitos de interposição dos embargos de terceiro, jamais poderá ser expedida em prazo inferior a 5 dias contados da alienação judicial ou extrajudicial.[513]

Outra observação cabível nesta questão é fixar se este prazo é preclusivo ou se é prazo decadencial. A dúvida surge porque a preclusão é um fenômeno processual que consiste na perda da faculdade do exercício de ato processual que, por óbvio, se dá e se exaure dentro do processo. Ora, os embargos de terceiro, como já dissemos, são uma ação autônoma e incidental, ainda que conexa ao processo principal. Portanto, trata-se

---

[513] Na verdade, a carta de arrematação e adjudicação deverá aguardar o prazo de 10 dias, previsto para interposição dos embargos à arrematação. Ver Capítulo XXVIII – "Da Execução" (§2º do art. 903 do CPC).

de deduzir pretensão visando ao desfazimento do ato jurisdicional de constrição. Nesse contexto, não poderá haver dúvida quanto à natureza decadencial do prazo para a sua interposição.

Curiosa a hipótese tratada no parágrafo único do art. 675 do CPC, a qual determina que caso se identifique a existência de terceiro titular de interesse em embargar o ato, o juiz mandará intimá-lo pessoalmente. Note-se, outra vez, a simbiose entre legitimidade e interesse. Na verdade, o Código está tratando de quem tenha legitimidade e não o interesse. Outra peculiaridade a ser observada neste dispositivo é que a identificação por parte do juízo da existência de terceiro titular de interesse já denota e estabelece um prejulgamento do interesse deste terceiro. A maneira de conciliar esta aparente heresia processual é interpretar o parágrafo único do art. 675 do CPC com as hipóteses previstas nos incs. I a IV do §2º do art. 674 do CPC; por exemplo: imagine-se a penhora requerida ou efetivada sobre bem hipotecado, verificando pelo registro de imóveis a existência do direito real de garantia, o juiz, de ofício, determinará que o credor hipotecário seja intimado pessoalmente do ato.

A competência para julgar os embargos de terceiro, nos termos do art. 676 do CPC, é do juízo da causa principal, por isso, a determinação ali contida impõe que os embargos sejam distribuídos por dependência ao juízo que ordenou a constrição e autuados em apartado. Trata-se, a toda evidência, de competência funcional. Não obstante, o parágrafo único do mesmo artigo estabelece que se o ato constritivo for realizado em outro juízo, isto é, por carta, será competente o juízo deprecado e não o juízo deprecante, salvo se o bem objeto da constrição tiver sido indicado pelo juízo deprecante ou se os embargos forem opostos quando já devolvida a carta. A competência aqui não deixa de ser funcional, e a previsão de que, mesmo que o ato de constrição recaia sobre o bem indicado pelo juízo deprecado, a competência se mantenha no juízo deprecante se já devolvida a carta, naturalmente, visa à economia e à celeridade processual.

A petição inicial dos embargos de terceiro, além dos exigidos requisitos normais de toda e qualquer petição inicial, por força do art. 677 do CPC, deverá ser instruída com a prova sumária da posse ou do domínio e da qualidade do terceiro, mediante documentos e, quando for o caso, apresentando o rol de testemunhas.

Aqui, o Código não optou pela melhor técnica legislativa. Na verdade, não existe processualmente prova sumária. Prova sumária é conceito juridicamente indefinido: ou existe prova pré-constituída ou existe a indicação do meio de prova que se pretende utilizar no processo. Portanto, o que o Código está dizendo ao se referir à prova sumária é que a petição inicial dos embargos de terceiro deve vir instruída com indícios suficientes da posse ou do domínio do terceiro embargante. Por outro lado, aparentemente não há o menor sentido em se fazer prova ou se trazer indício da qualidade de terceiro, porque, nos termos da locução inicial dos termos do art. 674 do CPC, terceiro será qualquer um que não faça parte do processo. Por conseguinte, a qualidade de terceiro a que alude o art. 677, *caput* do CPC, está se referindo àquelas hipóteses dos equiparados a terceiro nos incs. I a IV do §2º do art. 674 do CPC.

O §1º do art. 677 do CPC faculta que a prova da posse seja feita em audiência preliminar a ser designada pelo juízo. Aqui, temos um resquício evidente da conotação possessória da natureza dos embargos de terceiro. Esta audiência é, por assim dizer, a mesma audiência de justificativa de posse que se permite nas ações possessórias previstas no Código de Processo Civil atual. O §2º do art. 677 do CPC, ao estender a legitimidade dos embargos de terceiro ao possuidor direto, diz que este poderá alegar além de sua posse o domínio alheio.

Proposta a ação, segue-se a citação. O §3º do art. 677 do CPC diz textualmente que a citação será pessoal, se o embargado não tiver procurador constituído nos autos da ação principal. O que o Código está dizendo é que a citação só será pessoal caso o embargado não tenha procurador constituído nos autos da ação principal. Lembre-se de que o réu na ação de embargos de terceiro é aquela parte do processo principal cujo ato de constrição aproveita, normalmente, o autor, o exequente ou o credor. Portanto, é muito difícil que nessa situação processual a parte não tenha procurador constituído nos autos. Contudo, se não tiver, será citado pessoalmente. O Código não diz, mas está subentendido que havendo procurador constituído nos autos da ação principal a citação do embargado far-se-á na pessoa de seu advogado.

Dissemos acima que o legitimado passivo será aquele a quem o ato de constrição aproveita. Todavia, o §4º do art. 677 do CPC estabelece que caso o bem objeto da constrição tenha sido indicado pelo adversário de quem o ato aproveita no processo principal, este também será réu na ação de embargos de terceiro, instaurando-se nesta hipótese um litisconsórcio necessário, porquanto determinado pela lei e unitário, uma vez que a sentença dos embargos terá que ser a mesma para todas as partes.

A decisão dos embargos obviamente dar-se-á por sentença. Mas poderá decisão interlocutória reconhecer suficientemente provado o domínio ou a posse do embargante e determinar a suspensão das medidas constritivas sobre os bens litigiosos objetos dos embargos, bem como a manutenção ou a reintegração provisória da posse, se o embargante a houver requerido. A disposição contida no art. 678 do CPC acima descrita mais uma vez demonstra o caráter possessório dos embargos de terceiro.

O parágrafo único do art. 678 do CPC possibilita ao juízo que condicione a manutenção ou a reintegração de posse à prestação de caução, ressalvada a impossibilidade de a parte não poder fazê-lo por hipossuficiência. A observação aqui é que a norma faculta ao juízo quando diz que poderá, isto é, quando for o caso. Como toda e qualquer ação, os embargos de terceiro precisam obedecer aos princípios constitucionais do contraditório e da ampla defesa. Destarte, os embargos poderão ser contestados no prazo de 15 dias e a partir daí seguirá o procedimento comum.

No art. 680 do CPC, mais uma vez dando tratamento condizentemente privilegiado ao credor com garantia real que alegue constrição patrimonial no bem dado em garantia, o Código restringe as possibilidades de alegação da contestação do embargado às hipóteses de: a) o devedor comum ser insolvente; b) o título ser nulo ou não obrigar a terceiro; c) ser outra a coisa dada em garantia.

Particularmente, nunca vemos com bons olhos restrições ao exercício do direito de defesa, até porque qualquer restrição ainda que tecnicamente justificada vai de encontro ao princípio da ampla defesa, porquanto, se restrita, não será ampla.

Aqui, o Código está sinalizando que se o embargante for credor garantido por direito real, o embargado, que logicamente será também credor do seu devedor, se alegar e provar que o devedor de ambos é insolvente ou que o título do credor real é nulo ou não obriga a terceiro, que no caso é ele embargado, ou, ainda, que não é aquele bem o objeto de constrição, mas outro que foi dado em garantia do crédito do embargante, os embargos necessariamente serão julgados improcedentes, o que é totalmente diferente de limitar e restringir a possibilidade da defesa do embargado, que, como já dissemos, seria inconstitucional.

Em sede de embargos de terceiro, dispõe o art. 681 do CPC que, acolhido o pedido inicial, o ato de constrição judicial indevida será cancelado, com o reconhecimento do domínio, da manutenção da posse ou da reintegração definitiva do bem ou do direito ao embargante.

Algumas considerações merecem nota. O Código opta por má técnica legislativa quando utiliza a expressão *acolhido o pedido*. Pedido não se acolhe. Pedido defere-se ou se indefere, o que se acolhe é a pretensão. Outra observação pertinente é que o reconhecimento do domínio não é questão principal nos embargos de terceiro. Portanto, ainda que a sentença seja favorável ao embargante, fundamentada no reconhecimento do domínio, mesmo que este tenha sido discutido nos embargos, ela não é declaratória da propriedade. A referência à manutenção da posse ou da reintegração definitiva do bem, mais uma vez, traz à tona reminiscência da origem possessória dos embargos de terceiro.

39.9 Oposição[514]

A oposição é ação proposta por um terceiro contra autor e réu que litiguem sobre direito ou bem, com a pretensão de reivindicá-lo para si. Nessas condições, o art. 682 do CPC estabelece que quem pretender, no todo ou em parte, a coisa ou o direito sobre o que controvertem autor e réu poderá, até a sentença ser proferida, oferecer oposição contra ambos. O dispositivo aqui está cuidando apenas da legitimidade, porquanto diz que aquele que tiver pretensão de ter para si, total ou parcialmente, a coisa ou o direito objeto da relação jurídica de direito material controvertida trazida ao crivo do judiciário por autor e réu tem a possibilidade ou, por outra, está por lei autorizado a deduzir essa pretensão contra ambos em litisconsórcio, desde que o faça até que seja proferida a sentença.

Cabe o registro de que o limite temporal da prolação da sentença é o da sua publicidade, isto é, o momento em que a sentença é disponibilizada em cartório para intimação ao autor e ao réu na ação originária, porque a partir daí o juiz, no caso de julgamento ou resolução do mérito, terá definido a propriedade sobre o bem ou o direito em litígio, e no caso de sentença em que não resolva o mérito já não haverá litígio judicial que justifique a oposição.

Já quanto ao litisconsórcio que obrigatoriamente se instaurará com o ajuizamento da oposição, sua natureza será necessária e unitária. Necessária, porque a oposição tem que ser proposta contra autor e réu da ação originária, e unitária porque a sentença da oposição terá que ser a mesma para ambos.

Observe-se que a dicção do art. 682 do CPC traduz típica situação de intervenção voluntária de terceiro em processo já existente. Na oposição, o autor da pretensão denomina-se opoente, e contra quem a pretensão é dirigida, no caso autor e réu da ação originária, denomina-se opostos.

---

[514] No Código de Processo Civil anterior de 1973, a oposição era modalidade de intervenção de terceiro voluntária e era disciplinada no respectivo capítulo. O Código atual optou por considerá-la procedimento especial de jurisdição contenciosa. Não obstante ser defensável doutrinariamente a opção do legislador de 2015, pessoalmente, mantemos o entendimento de que a oposição, tecnicamente, melhor se enquadra na modalidade de intervenção de terceiros voluntária.

Cabe observar ainda com fulcro no art. 682 do CPC que esta possibilidade de intervenção só existe até que seja proferida a sentença, isto é, enquanto o procedimento em primeiro grau não estiver extinto. Observe-se, outrossim, que o dispositivo processual não faz qualquer distinção quando estabelece o limite temporal da prolação da sentença. Portanto, é qualquer sentença, resolva ou não o mérito da ação originária, mas é a sentença apenas na dimensão formal de ato processual decisório do juiz, não na dimensão da sua eficácia ou da sua efetividade. Assim, se a sentença for condicionada, predeterminativa ou sofrer embargos de declaração não importa para o efeito do limite temporal para a dedução da oposição.

O art. 683 do CPC, como não poderia deixar de ser, determina que a petição inicial da oposição obedeça aos requisitos para a propositura da ação. Na verdade, o dispositivo está apenas confirmando que a peça inaugural da oposição terá que obedecer aos requisitos do art. 319 do CPC, que cuida da formalidade da petição inicial.

É intuitivo que a oposição seja distribuída por dependência ao processo original. Nesse sentido, o parágrafo único do art. 683 do CPC determina que, distribuída a oposição por dependência, sejam os opostos citados na pessoa de seus respectivos advogados para contestar o pedido no prazo comum de 15 dias. Obviamente, se não houver advogado constituído, a citação terá que ser pessoal. Outra observação cabível com relação à defesa dos opostos é que pode haver revelia no processo originário e não haver no processo da oposição e vice-versa.

Da distribuição por dependência e da natureza tipicamente intervencional da oposição deflui a constatação de que a competência do juízo da ação principal para conhecer da oposição é, por excelência, competência de natureza funcional.

Citados os opostos, ambos podem contestar a pretensão do opoente, ambos podem quedar-se inertes, situação em que ocorrerá a revelia e seus efeitos, apenas um dos opostos pode contestar e o outro se omitir ou, ainda, um dos opostos pode reconhecer o pedido do opoente e o outro tomar qualquer das atitudes acima, inclusive a de manter-se revel. Nesse diapasão, o art. 684 do CPC procura simplificar as hipóteses prováveis disciplinando, apenas e tanto quanto baste, que se um dos opostos reconhecer o pedido contra o outro prosseguirá o opoente. Portanto, havendo o reconhecimento do pedido por um dos opostos, seja o autor ou o réu na ação originária, contra o outro prosseguirá a oposição, qualquer que tenha sido a atitude tomada por este outro por ocasião da resposta.

Contudo, a partir daí não se tratará mais de oposição, porém de verdadeira ação reivindicatória contra o oposto que resistiu à pretensão do opoente. Isto significa que a oposição só se justifica e como tal se caracteriza porque existe um terceiro ou uma terceira parte que reivindica um bem ou um direito que já esteja sendo em juízo objeto de reinvindicação entre outros dois. A partir do momento em que este terceiro perde a condição de terceiro porque passa a reivindicar o bem apenas contra um dos dois opostos originários, a figura da oposição deixa de existir e o processo assume os contornos normais de uma ação reivindicatória entre autor e réu.

O art. 685 do CPC manda que a oposição seja apensada aos autos da ação principal com trâmite simultâneo. Aqui, o Código mais uma vez peca pela atecnia. A ação não tramita, o que tramita é o processo ou, quando muito, o procedimento. De toda sorte, está correto quando determina que tanto a oposição como a ação originária serão julgadas pela mesma sentença.

A tramitação simultânea e o julgamento conjunto previstos no art. 685 do CPC significam na prática que haverá para a oposição e para ação originária uma só instrução e uma só sentença. Esta sentença terá dois capítulos, num julgará a oposição e, no outro, se for o caso, a ação originária, mas, tecnicamente e formalmente, será apenas uma sentença, isto é, um único ato jurisdicional decisório. Observe-se que a letra da lei é clara quando diz que ambas serão julgadas pela mesma sentença.

Como se disse acima, a instrução deve ser uma, o que significa que os atos processuais praticados na fase instrutória do procedimento devem aproveitar tanto a ação originária como a oposição. Destarte, os prazos deferidos ao autor e réu da ação originária para se pronunciar sobre a oposição devem ser comuns, e as audiências e as eventuais provas técnicas devem aproveitar ambas as ações.

Tanto isto é fato que o parágrafo único do art. 685 do CPC manda que, caso a oposição seja proposta após o início da audiência de instrução, portanto já na fase instrutória, o juiz só suspenderá o curso do processo ao fim da produção das provas, salvo se concluir que a unidade da instrução atende melhor ao princípio da duração razoável do processo. Na prática, isto significa que, não obstante a regra *mater* da instrução única, se a audiência de instrução da ação originária já tiver iniciado quando a oposição for proposta, esta audiência não será interrompida nem o processo será suspenso neste momento. Neste caso, o juiz colherá todas as provas na audiência e só então suspenderá o processo, a não ser que, pela especificidade da questão, o juízo entenda que o melhor para a instrução é que haja unidade na colheita das provas e que, suspendendo desde logo o processo, o princípio da razoável duração será melhor atendido.

A suspensão do processo originário por ocasião da distribuição da oposição, além de estar prevista expressamente, no parágrafo único do art. 685 do CPC, ainda que de forma mitigada, como visto acima, encontra previsão no art. 313, VIII, do CPC.

O art. 686 do CPC determina que cabendo ao juiz decidir simultaneamente a ação originária e a oposição, conhecerá da oposição em primeiro lugar. Isto quer dizer que, naquela sentença única que julga as duas pretensões, o primeiro capítulo deverá tratar e julgar a pretensão do oponente e, em seguida, se for o caso, a ação originária.

Algumas observações são cabíveis, a saber: a) a ressalva contida no art. 686 do CPC, "cabendo ao juiz decidir simultaneamente a ação originária e a oposição", faz referência à possibilidade de não caber ao juiz decidir a ação originária, por força da ocorrência do reconhecimento do pedido do oponente por um dos opostos, hipótese esta expressamente prevista no art. 684 do CPC; b) o conhecimento prévio da oposição é obvio, porquanto a oposição vai se tornar uma questão prejudicial em relação à questão de mérito do processo principal com a diferença de que, embora prejudicial, ela mesma é também uma questão de mérito, haja vista que se a oposição for julgada procedente fica prejudicado o julgamento da ação originária, que só ocorrerá caso a oposição não seja procedente.

39.10 Habilitação

A habilitação é um procedimento especial daqueles que dizem respeito ao objeto formal, isto é, à regularidade do processo. O art. 687 do Código de Processo Civil determina que a habilitação ocorre quando, por falecimento de qualquer das partes, os interessados houverem de suceder-lhe no processo. Trata-se de sucessão ou de substituição da parte no processo, mas, aqui, substituição de parte não se confunde com substituição processual, que é hipótese de legitimação extraordinária. Esta substituição que carece de habilitação só ocorrerá quando houver falecimento de uma das partes da relação jurídica processual.

Tem legitimidade para requerer a habilitação, nos termos do art. 688 do CPC, a parte em relação aos sucessores do falecido, ou os sucessores do falecido em relação à parte. Isto é, um contra o outro ou o outro contra um. De outra forma: falecendo uma das partes, seja autor ou réu, de duas uma: a) tanto a parte sobrevivente pode requerer a habilitação dos sucessores do falecido, deduzindo o requerimento contra eles para que os veja habilitados e o processo prossiga; b) como os sucessores da parte falecida podem requerer a sua habilitação, deduzindo o requerimento contra a parte sobrevivente, igualmente visando ao prosseguimento normal do processo.

Nos termos do art. 689 do CPC, a habilitação não enseja autuação nem autos apartados. Procede-se por petição nos autos do processo principal na instância em que este estiver, suspendendo-se, a partir de então, o processo. A habilitação, como se disse antes, visa a restaurar a regularidade da relação jurídica processual, por conseguinte, tem lugar em qualquer instância. Durante o processamento da habilitação o processo evidentemente ficará suspenso, a suspensão do processo na habilitação está expressamente prevista no art. 689 c/c art. 313, I, ambos do CPC.

O procedimento da habilitação é absolutamente simples, ainda assim, o legislador processual incidiu em erro injustificável, porquanto no art. 690 do CPC determinou que recebida a petição o juiz ordenará a citação dos requeridos para se pronunciarem no prazo de 5 dias. A habilitação, embora prevista no capítulo dos procedimentos especiais, em nosso entendimento e por visar restaurar a regularidade formal do processo, não é processo incidental, porém, incidente processual. Daí porque os requeridos não serão citados, mas intimados para se pronunciar sobre o requerimento da habilitação.

O parágrafo único do art. 690 do CPC determina que a citação, *rectius*, a intimação, será pessoal, se a parte não tiver procurador constituído nos autos. A parte aqui é a parte requerida, no caso a parte sobrevivente e a dicção do dispositivo na verdade quer dizer que a citação só será pessoal se a parte não tiver procurador constituído nos autos. Aliás, esta é a mesma dicção e interpretação previstas no §3º do art. 677 do CPC. Na hipótese de a habilitação ser requerida pela parte sobrevivente ante os sucessores da outra parte, é óbvio que a citação haverá de ser pessoal, eis que estes certamente não terão advogado constituído nos autos, salvo a hipótese excepcionalíssima de os sucessores serem também parte no processo, até então, em litisconsórcio com a parte falecida.

Nos termos do art. 691 do CPC, o juiz deverá decidir o pedido de habilitação imediatamente, salvo se este for impugnado e houver necessidade de dilação probatória diversa da documental, caso em que determinará que o pedido seja autuado em apartado e disporá sobre a instrução.

A primeira crítica a ser feita ao teor do dispositivo é a malsinada cláusula de imediato. Imediatamente é um conceito indefinido processualmente. Demais disto, sendo da máxima importância a observância dos prazos para a prática dos atos processuais, o ideal é que sejam fixados prazos exatos e não conceitos subjetivos de brevidade, tal como imediatamente. Pior que isto é a ressalva, eis que o julgamento só será imediato caso o pedido não seja impugnado ou não haja necessidade de dilação probatória diversa da documental, porque, se assim ocorrer, não só a decisão não será mais imediata, como também o requerimento de habilitação, que a esta altura já estará entranhado nos autos, será desentranhado para ser autuado em apartado, decidindo o juiz sobre a instrução.

Ora, com a simples distribuição do requerimento de habilitação o processo já está mesmo suspenso e continuará suspenso se houver impugnação e dilação probatória diversa da documental. Assim, melhor seria que em qualquer caso se autuasse o requerimento de habilitação em apartado. De outra feita, o art. 691 do CPC versa sobre a obviedade, já que se não houver impugnação, não haverá contraditório. Mas isto não significa que a habilitação será neste caso necessariamente deferida, posto que pode não ser o requerente ou o requerido a pessoa indicada a substituir a parte falecida e nesta hipótese, mesmo sem a impugnação, poderá o juiz indeferir a habilitação.

O art. 692 do CPC diz que transitada em julgado a sentença de habilitação, o processo principal retornará ao seu curso e cópia da sentença será juntada aos autos respectivos. A decisão no incidente processual, em nosso entendimento e por se tratar de um incidente processual, não fará coisa julgada sequer formal, até porque a habilitação equivocadamente julgada poderá a qualquer tempo, enquanto não transitada em julgado a ação, ser modificada, uma vez que se trata de regularizar o objeto formal do processo. Se assim não se entender, teremos o paradoxo de uma parte legítima, por falecimento, ser substituída na habilitação por parte ilegítima, e o procedimento que visa justamente à regularização processual causar sua irregularidade, sem a possibilidade de atividade sanatória restauradora em face da coisa julgada formal.

39.11 Ações de família

A matéria tratada nos arts. 693 a 699 do Código de Processo Civil traz inovação *sui generis* na processualística brasileira, eis que abre um capítulo para estabelecer regras complementares e especialmente subsidiárias que venham a incidir com tais ressalvas sobre os procedimentos especiais previstos em leis extravagantes quando se trate de direito de família. A curiosidade da inovação está em que o Código estabeleceu regras gerais a serem aplicadas em legislação especial sem revogar a legislação especial. Isto significa o seguinte: nas ações de família e como veremos a seguir, complementarmente mais que subsidiariamente, aplicar-se-ão as regras contidas nos arts. 693 a 699 do CPC preferencialmente às regras normais e gerais previstas no próprio Código.

Cabe um esclarecimento significativo porquanto a Lei de Introdução às Normas do Direito Brasileiro, Decreto-Lei nº 467, de 4.9.1942, no §2º do art. 2º dispõe que a lei nova que estabeleça disposições gerais ou especiais a par das já existentes não revoga nem modifica a lei anterior. Exatamente esta a proposta das regras contidas no capítulo das ações de família no Código de Processo Civil de 2015.

Cabe também observar que as ações em que estas regras poderão vir a incidir são ações procedimentalizadas por procedimentos especiais de jurisdição contenciosa, porém, estabelecidas em legislação extravagante e não só no Código de Processo Civil. Nesse sentido, o art. 693 do CPC já define que as normas do capítulo em questão aplicam-se aos processos contenciosos de divórcio, separação, reconhecimento e extinção de união estável, visitação, guarda e filiação. Observe-se que o Código exige que haja contencioso, portanto, essas regras não se aplicam na hipótese de essas situações jurídicas estarem sendo resolvidas amigavelmente, ainda que sobre o crivo do judiciário.

Dando continuidade à previsão do cabimento da incidência dessas regras, o parágrafo único do art. 693 do CPC separa do conjunto das ações previstas no *caput* a ação de alimentos e a ação que versar sobre interesse de criança ou de adolescente para determinar que estas ações continuem obedecendo ao procedimento previsto na legislação específica aplicando-se no que couber as disposições do capítulo.

Então veja-se: nas ações referentes ao desfazimento das relações afetivas e nas ações que visem a regulamentar guarda, visitação e as ações sobre filiação, aplica-se diretamente ou pelo menos complementarmente, isto é, no mesmo nível, as disposições previstas nos arts. 693 a 699 do CPC. Já na ação de alimentos e naquela que verse sobre interesse de criança e de adolescente, exatamente porque ações com procedimentos previstos em legislação especial, no caso, Lei de Alimentos, Lei nº 5.478/68, e, no caso de criança e adolescente, o Estatuto da Criança e do Adolescente, Lei nº 8.069/90, a aplicação das regras do Código de Processo Civil será subsidiária.

O art. 694 do CPC, dando ênfase ao dever do juiz de, a todo tempo, promover a autocomposição, conforme previsto no inc. V do art. 139, corrobora que nas ações de família todos os esforços serão empreendidos para a solução consensual da controvérsia. O *plus* em relação ao art. 139, V, do CPC está em que, neste, esta solução deverá ser buscada com auxílio de mediadores ou conciliadores, ao passo que no art. 694 do CPC o juiz deverá dispor do auxílio de profissionais de outras áreas do conhecimento para mediação e conciliação, como psicólogos, pedagogos, psiquiatras, orientadores educacionais etc.

O parágrafo único do art. 694 do CPC prevê a possibilidade de as partes requererem a suspensão do processo enquanto se submetem à mediação extrajudicial ou a atendimento multidisciplinar. Pensamos que neste item o Código disse menos que queria ou precisava dizer, porquanto o juiz sempre poderá suspender o processo nessas hipóteses, ainda que não haja requerimento expresso das partes.

O art. 695 do CPC traz regra processual referente ao recebimento da petição inicial que requeira ou denote a necessidade de providências quanto à tutela provisória. Neste caso, o juiz ordenará a citação do réu para comparecer à audiência de mediação e conciliação, observando a intenção e as ressalvas do art. 694 do CPC. Este dispositivo introduz uma norma geral que passa a ser aplicável na legislação especial. De toda sorte, pensamos que não se trata de citação ou pelo menos só de citação, porém, de intimação ou quando muito de mandado de citação e intimação, esta para comparecer à audiência.

O §1º do art. 695 do CPC, dando continuidade ao procedimento, explicita que o mandado de citação conterá apenas os dados necessários à audiência e deverá estar desacompanhado de cópia da petição inicial, assegurado ao réu o direito de examinar seu conteúdo a qualquer tempo. Pensamos que mandado de citação sem a contrafé, desacompanhado da cópia da petição inicial, qualquer que seja o motivo, é no mínimo de constitucionalidade discutível. Por outro lado, assegurar ao réu o direito de examinar o conteúdo da petição inicial a qualquer tempo parece ser o mínimo que se possa dar de garantia a alguém que seja demandado em juízo. Acresce que, pelo menos nos centros mais adiantados, praticamente todos os processos têm plataforma eletrônica e nesta condição não há muita relevância a preocupação contida no dispositivo. Deve-se ter em mente que não se pode confundir segredo de justiça com justiça secreta. O segredo de justiça visa assegurar a privacidade das partes envolvidas, mas não há segredo para a própria parte.

A audiência de mediação e conciliação será designada com antecedência mínima de 15 dias da data em que se completar a citação que, obviamente, sendo por mandado só se aperfeiçoará com a juntada deste devidamente cumprido e certificado nos autos. Pela própria natureza do interesse em jogo, nas ações de família, a citação será sempre feita na pessoa do réu. Isto significa citação *in facie*, por mandado, não se admitindo as outras modalidades de citação previstas no Código de Processo Civil ou na legislação extravagante. Doravante, nas ações de família não terão aplicação as regras dos incs. I, IV e V do art. 246 do CPC. Mas as citações especiais previstas nas leis extravagantes continuam em vigor.[515] Resta saber como solucionar a citação de réu que se encontre em local incerto e não sabido. Pensamos que, nesta hipótese, a citação terá mesmo que ser por edital, não prevalecendo o comando da citação pessoal.

Citado e intimado para comparecer à audiência de conciliação e mediação, as partes citadas e intimadas precisam estar acompanhadas de seus advogados ou de defensor público. Embora o §4º do art. 695 do CPC utilize o verbo *deverão*, a interpretação consentânea com a Constituição Federal é de que a presença do advogado ou do defensor público é imprescindível, sob pena de comprometer o princípio da ampla defesa pela ausência de aconselhamento de profissional tecnicamente habilitado na participação de ato processual.

O art. 696 do CPC trata de questão absolutamente desnecessária, na medida em que prevê a possibilidade de que a audiência de mediação e conciliação poderá dividir-se em quantas sessões sejam necessárias para viabilizar a solução consensual sem prejuízo de providências jurisdicionais para evitar o perecimento de direito. Observe-se que esta regra já consta do §2º do art. 334 do CPC, que permite haver mais de uma sessão destinada à conciliação e à mediação, desde que necessárias à composição das partes. Quanto às providências jurisdicionais para evitar o perecimento do direito, é óbvio que o sistema jurídico não pode albergar inércia que faça perecer direitos sobre pretexto de conciliação.

Encerrada a fase conciliatória, duas consequências podem ocorrer: a) se realizado o acordo, este será homologado e o processo encerrado; b) não realizado o acordo, nos termos do art. 697 do CPC, passarão a incidir, a partir de então, as normas do procedimento comum, quando não for hipótese do parágrafo único do art. 693 do CPC, eis que nas ações de alimentos e naquelas que versarem sobre o interesse de criança ou de adolescente o procedimento a se observar será aquele previsto na legislação específica. A parte final do art. 697 do CPC manda que na observância ao procedimento comum previsto no Código se atenda ao disposto no art. 335 do CPC, que cuida do prazo para contestação. Isso significa que, não havendo acordo da audiência de conciliação ou de mediação, iniciar-se-á o prazo de 15 dias para que o réu ofereça sua contestação.

Outra novidade é a postura exigida do Ministério Público no art. 698 do CPC, eis que o *parquet* somente intervirá no processo quando houver interesse de incapaz e deverá ser ouvido previamente à homologação de acordo. Observe-se que, no momento próprio, isto é, no art. 178 do CPC, está dito que o Ministério Público deve oficiar nos processos que envolvam, além do interesse de incapaz, o interesse público ou social. Ocorre que estas situações não são excludentes, ou seja, pode haver interesse de incapaz ao mesmo tempo em que haja interesse público ou social. A questão que se põe e que causa certa

---

[515] Por exemplo: art. 5º, §1º da Lei nº 5.478/68.

estranheza é o Ministério Público não mais oficiar em ações de família, denotando o legislador processual que família já não mais é do interesse público e social. Todavia, a cláusula final do art. 698 do CPC determina a oitiva do Ministério Público antes da homologação de acordo.

O art. 699 do CPC determina que, quando o processo envolver discussão sobre abuso ou alienação parental, o juiz, ao tomar depoimento do incapaz, deverá estar acompanhado de especialista. Alienação parental é a interferência dos pais, avós ou outros atores que tenham contato intenso com a criança ou adolescente sob sua autoridade, guarda ou vigilância para que repudie o genitor ou a genitora ou mesmo outro parente com quem o menor ou adolescente tenha intensa relação. Nesses casos, assim como no caso de abuso, abuso este que o Código não explicita, mas presume-se sexual, o art. 699 do CPC insta que o juiz esteja acompanhado de especialista que pode ser psicólogo ou psiquiatra infantil, pedagogo ou orientador pedagógico.

39.12 Ação monitória

No nosso direito, a ação monitória traduz-se em um procedimento especial de natureza contenciosa cuja finalidade é a constituição de um título executivo judicial, consubstanciado numa ordem de pagamento ou de entrega de coisa móvel ou imóvel, de bem fungível ou infungível.[516] A ação monitória prevista nos arts. 700 e seguintes do Código de Processo Civil é do tipo que se convencionou denominar ação monitória documental, posto que, ao contrário da chamada ação monitória simples, não basta a afirmação do credor, a lei exige que a pretensão se respalde em prova escrita, portanto, documento da existência da dívida, de quem seja o credor e o devedor e do seu vencimento.[517]

Com efeito, o art. 700 do CPC preconiza que ação monitória pode ser proposta por aquele que afirmar, com base em prova escrita, sem eficácia de título executivo, ter direito de exigir do devedor capaz:[518] a) o pagamento de quantia em dinheiro; b) a entrega de coisa fungível ou infungível ou bem móvel ou imóvel; c) o adimplemento de obrigação de fazer ou não fazer. Já o §1º do art. 700 do CPC explicita que a prova escrita a que alude o *caput* pode consistir em prova oral documentada produzida antecipadamente nos termos do art. 381 do CPC.

O objetivo da ação monitória é dotar aquele credor portador de documento comprobatório da exigência jurisdicional pretendida, porém sem eficácia de título executivo, de um meio judicial que lhe proporcione, desde logo, uma ordem ou um mandado que reconheça de plano seu direito e condene o devedor a satisfazer a obrigação. É, por assim dizer, uma situação processual menos contundente que a execução propriamente dita, porém, mais agressiva que a pretensão deduzida em ação de cobrança pela via do procedimento comum.

---

[516] Conceito adaptado de CARNEIRO, Paulo Cezar Pinheiro. *Comentários ao CPC*. Rio de Janeiro: Forense. p. 281.

[517] O procedimento monitório documental que inspirou o legislador brasileiro tem origem remota nas Ordenações Manuelinas e nas Ordenações Filipinas, na "Assinação de dez dias", também chamada de processo de "Decendiário".

[518] A exigência de que o devedor seja capaz proíbe ajuizamento de ação monitória contra incapaz, ainda que tenha a incapacidade suprida.

A pedra de toque está nas características do documento exigido para a admissibilidade da ação monitória, pois este terá que ser suficientemente esclarecedor da existência da obrigação, de quem é o credor e o devedor e da sua exigibilidade. Até este ponto o documento se equipara ao título executivo extrajudicial cujas características são a certeza, a liquidez e a exigibilidade. Contudo, o documento instrutório da ação monitória não pode ter eficácia de título executivo, isto é, não pode ser um título executivo.

Vale dizer: deve ter as características do título sem sê-lo. Compreenda-se: como se sabe, os títulos executivos judiciais ou extrajudiciais são *numerus clausus*, ou seja, são apenas aqueles que a lei como tal define e tipifica e expressamente dota de eficácia executiva. Entretanto, nada impede que outros documentos tragam a certeza ou pelo menos a quase certeza da existência da obrigação, mas não sejam reconhecidos pela lei como títulos executivos. Exatamente a tais documentos se refere o art. 700, *caput* do CPC.

Para nós, todavia, o que deve ser examinado no documento que instrui a pretensão monitória deve guardar total identidade com um aspecto essencial do título executivo, qual seja, o *acertamento*.[519] Isto é, o que realmente importa no exame do documento monitório é que, tal qual o título executivo extrajudicial, prove a prévia aceitação da obrigação pelo devedor.

A ressalva contida no *caput* do art. 700 do CPC, de que o documento não precisa ter eficácia executiva, exclui o interesse processual do credor aparelhado por título executivo. Todavia, o mesmo não se pode dizer com relação ao titular de documento capaz de instruir a ação monitória e o seu eventual interesse em optar pela ação de cobrança pelo procedimento comum. Repare-se que na ação monitória o mandado de pagamento ou de cumprimento tem seus efeitos imediatamente suspensos com a interposição dos embargos; ao passo que uma tutela de urgência ou antecipada na ação de cobrança pelo procedimento comum poderá gerar os mesmos efeitos sem que haja possibilidade de sua suspensão pela via da simples interposição de embargos ou de qualquer atitude potestativa do réu devedor.

Questão discutível é se o portador de título executivo extrajudicial que já tenha perdido a eficácia executiva, por exemplo, pelo decurso do prazo para o ajuizamento da execução, pode valer-se da ação monitória ou se terá que ajuizar ação de cobrança pelo procedimento comum, exemplo típico do beneficiário de cheque não apresentado no prazo legal ou do credor de nota promissória cuja execução não tenha sido ajuizada no prazo de 3 anos. A jurisprudência pátria restou por consolidar-se no sentido de, munido de título que perdeu sua eficácia executiva, o credor pode valer-se da ação monitória ou ao seu alvedrio, como antes dito, optar pela ação de cobrança via procedimento comum.

Ante tais premissas, podemos dizer que: a) a ação monitória não encerra qualquer medida cautelar, antecipatória ou de urgência, é atividade jurisdicional definitiva; b) é procedimento de jurisdição contenciosa e não voluntária, porquanto, mesmo que o réu cumpra espontaneamente o mandado de execução, isso não significa ausência de resistência à pretensão, significa tão somente uma espécie de reconhecimento do pedido ou, quando muito, cumprimento espontâneo equiparável ao cumprimento de antecipação de tutela; c) inexiste inversão do ônus da prova na ação monitória ante a possibilidade do cumprimento espontâneo do mandado que, como dissemos, se equipara

---

[519] Sobre o acertamento como requisito *sine qua non* do título executivo extrajudicial, tratamos do tema no momento oportuno, no capítulo 38, item 38.4 – "Título executivo extrajudicial".

ao reconhecimento do pedido do procedimento comum, com a peculiaridade de livrar o réu das custas e honorários advocatícios; d) na ação monitória cobra-se dívida provada pelo documento e não se executa o título como no processo de execução.

A regra contida no §1º do art. 700 do CPC permite que a prova literal da obrigação seja oral documentada, desde que produzida antecipadamente nos termos do art. 381 do CPC. É a hipótese de produção antecipada de prova. A prova produzida antecipadamente, como medida cautelar preparatória, poderá ser oral, no caso testemunhal ou depoimento pessoal do réu, porém, tomado o depoimento a termo com as formalidades e garantias jurisdicionais, a prova assim produzida é trazida posteriormente ao processo principal, não como prova oral, mas como prova documental. O intuito do §1º do art. 700 do CPC, certamente, foi o de deixar absolutamente assente a possibilidade deste tipo de prova na ação monitória. Nada obstante, mesmo nesta hipótese, entendemos que tal só será possível se esta prova trouxer a aceitação prévia da obrigação por declaração do devedor.

Além dos requisitos do art. 319 do CPC, a petição inicial da ação monitória terá que trazer em seu bojo, conforme o caso, a explicitação: a) da importância devida com a respectiva memória de cálculo; b) do valor atual da coisa reclamada; c) do conteúdo patrimonial em discussão ou do proveito econômico perseguido. Tais recomendações parecem-nos inócuas, na medida em que se resumem aos fundamentos de fato e de direito, ou seja, na causa de pedir da ação monitória. Seria inepta a petição inicial de uma ação monitória que não explicitasse a importância cobrada com a memória de cálculo, o valor atual da coisa reclamada e o conteúdo patrimonial da lide, bem como o proveito econômico perseguido. A explicação que cabe para justificar a necessidade da explicitação exigida no §2º do art. 700 do CPC é a correspondência de cada uma das hipóteses ali previstas com cada uma das possiblidades de cabimento da ação monitória. Destarte, a importância devida instruída com a memória de cálculo refere-se à pretensão do pagamento de quantia em dinheiro; o valor atual da coisa reclamada refere-se à entrega de coisa fungível ou infungível ou de bem móvel ou imóvel, e o conteúdo patrimonial em discussão ou proveito econômico perseguido refere-se ao adimplemento de obrigação de fazer ou não fazer. No fundo, são essas circunstâncias que irão fixar o valor da causa, como aliás determina o §3º do art. 700 do CPC. A novidade é a sanção imposta pelo desatendimento, eis que o §4º do mesmo dispositivo determina que, não atendido o disposto no §2º, a petição inicial será indeferida.

O §5º do art. 700 do CPC, também sem qualquer necessidade, determina que no caso de dúvida quanto à idoneidade de prova documental apresentada pelo autor, o juiz o intimará para, querendo, emendar a petição inicial, adaptando-a ao procedimento comum. Aqui, estamos diante da hipótese de um documento que, na ótica do juiz, não atenda à exigência de prova documental da obrigação com a certeza exigida para ação monitória, porém, poderá ser considerado indício de prova documental da obrigação exigida e, neste caso, ao invés de indeferir a inicial e extinguir o processo, o legislador processual deu ao autor a faculdade de aproveitar a iniciativa já proposta, adequando o procedimento.

O §6º do art. 700 do CPC tem o condão de resolver definitivamente dúvida que persistia na doutrina e na jurisprudência, ao afirmar taxativamente a admissibilidade ou por outra a possibilidade de ação monitória em face da Fazenda Pública. Particularmente, entendemos ser esta solução de péssima inspiração. Pela própria natureza da atividade administrativa e pelas presunções de legitimidade, legalidade e autoexecutoriedade dos atos administrativos em geral, torna-se muito difícil vislumbrar exemplos de cabimento de ação monitória contra a Fazenda Pública. Apesar disto, o Código foi coerente, já que também deixou absolutamente patente a possibilidade de execução extrajudicial contra a Fazenda Pública, como se vê do art. 910 do CPC. Portanto, sendo possível a execução, não há porque negar possibilidade à ação monitória.

O art. 701 do CPC traz regra de difícil aceitação. Diz ele: sendo evidente o direito do autor, o juiz deferirá a expedição de mandado de pagamento, de entrega de coisa ou para a execução da obrigação de fazer ou de não fazer, concedendo ao réu prazo de 15 dias para o cumprimento e o pagamento de honorários advocatícios de 5% do valor atribuído à causa.

Não existe direito evidente. Do fato surge o direito, por isso, nenhum direito afirmado pode ser, *a priori*, tido por evidente. O que o Código está sinalizando, mais uma vez em má técnica legislativa, não é a evidência do direito, porém, a evidência da prova do fato do qual surge o direito. Em outras palavras: se a obrigação perseguida pelo autor nos termos do art. 700 do CPC estiver evidentemente comprovada pela documentação apresentada, inclusive com a pré-aceitação do devedor, o juiz mandará expedir o mandado que se constituirá em título executivo judicial, antes que o réu seja citado.

Citado e intimado para cumprir o mandado, o qual se constitui em título executivo judicial independente de qualquer formalidade, se não realizado o pagamento e não apresentados os embargos, o réu poderá adotar uma dessas atitudes: a) cumprir o mandado no prazo assinalado, hipóteses em que o processo se extinguirá, o réu se liberará da obrigação e ainda nos termos do §1º do art. 701 do CPC será isento do pagamento das custas processuais; b) nos termos do art. 702 do CPC e independentemente de prévia segurança do juízo, poderá opor nos próprios autos embargos à ação monitória.

Peculiaridade digna de nota se apresenta na hipótese da ação ser proposta contra a Fazenda Pública, na medida em que mesmo não apresentados os embargos previstos no art. 702 do CPC, conforme a hipótese, haverá o duplo grau de jurisdição previsto no art. 496 do CPC.

Com relação aos embargos, a matéria vem tratada nos parágrafos do art. 702 do CPC, sendo oportuno destacar que: a) qualquer matéria que seria arguível em contestação no procedimento comum da ação de cobrança pode ser arguida pela via dos embargos; b) se os embargos alegarem excesso de cobrança, assim como os embargos à execução, deverá o réu indicar o valor que entende correto, apresentando demonstrativo atualizado da dívida. Caso o réu alegue excesso e não apresente o valor correto nem o demonstrativo, os embargos serão liminarmente rejeitados se a isto se limitarem. Se houver outro fundamento, os embargos só serão conhecidos com relação aos demais fundamentos; c) com a oposição dos embargos a eficácia da decisão que determinou expedir o mandado de pagamento fica suspensa até o julgamento dos embargos em primeiro grau; d) o autor será intimado, na pessoa do seu advogado, para responder aos embargos no prazo de 15 dias; e) os embargos poderão ser autuados em apartado a critério do juiz, se forem parciais, de modo a que se constitua desde logo o título executivo judicial em relação à parte da pretensão não embargada; f) os embargos serão julgados por sentença, sendo evidentemente possível a produção de provas, desde que cabíveis e necessárias, e da sentença que acolher ou rejeitar os embargos caberá apelação.

Ainda com relação aos embargos merecem destaque em separado duas observações: a) a primeira está contida no §6º do art. 702 do CPC, e é a possibilidade de reconvenção na ação monitória, sendo, contudo, vedado o oferecimento da reconvenção à reconvenção. Aqui cabe uma explicação: embora a reconvenção, nos termos do art. 343 do CPC, caiba para a dedução de pretensão conexa com a ação principal ou com fundamento da defesa, pela especificidade do procedimento, pensamos que esta reconvenção só poderá ser de outra ação monitória; b) a segunda é que, rejeitados os embargos, retoma-se a eficácia do mandado de pagamento, o qual, nos termos do §8º do art. 702 do CPC, passa a constituir-se de pleno direito em título executivo judicial, prosseguindo o processo com procedimento previsto para o cumprimento de sentença. Isso significa, a contrário senso, que a apelação contra a sentença dos embargos não terá efeito suspensivo.

Com relação às sanções previstas no Código pela temeridade na ação monitória, está previsto nos §§10 e 11 do art. 702 do CPC que: a) o juiz condenará o autor de ação monitória proposta indevidamente e de má-fé ao pagamento, em favor do réu, de multa de até 10% sobre o valor da causa; b) o juiz condenará o réu que de má-fé opuser embargos à ação monitória ao pagamento de multa de até 10% sobre o valor atribuído à causa em favor do autor.

Embora louvável a preocupação do legislador processual em coibir excessos, fato é que dificilmente as hipóteses previstas possibilitarão as sanções cominadas porquanto em ambas hipóteses se exige a comprovação da má-fé, mas não se define ou se declina o que na hipótese se caracteriza por má-fé.

Por outro lado, dadas as exigências do art. 700 do CPC para a admissão da ação monitória e do art. 701 do CPC para a expedição do mandado de cumprimento, torna-se muito difícil a caracterização das hipóteses sancionadas e previstas nos §§10 e 11 do art. 702 do CPC, já que não preenchidas as exigências mencionadas a ação monitória sequer deverá ser admitida.

Uma última observação com relação à ação monitória é a solução adotada no §3º do art. 701 do CPC quanto à decisão prevista no *caput* quando ocorrer a hipótese do §2º. Explica-se: o *caput* do art. 701 do CPC diz que, sendo evidente o direito do autor, o juiz deferirá a expedição de mandado de pagamento. Por sua vez, o §2º diz que, não se realizando o pagamento ou não apresentados os embargos, este mandado de pagamento desde já e independentemente de qualquer formalidade, se constitui de pleno direito em título executivo judicial. Nada obstante, o §3º do art. 701 do CPC prevê que, da decisão que mandou expedir o mandado de pagamento, caso não haja o pagamento nem sejam oferecidos os embargos, é cabível a ação rescisória. A ação rescisória, no caso, obviamente terá que obedecer às hipóteses de cabimento previstas no art. 966 do CPC.

39.13 Homologação do penhor legal

Penhor é direito real de garantia sobre coisa móvel. Constitui-se pela transferência efetiva da posse que em garantia do débito ao credor ou a quem o represente, faz o devedor ou alguém por ele, de coisa móvel suscetível de alienação.[520] Como todo direito

---

[520] Conforme art. 1.431 do CC.

real de garantia, o penhor exige prova literal, por isso, é absolutamente necessário que exista instrumento escrito do penhor, o qual será levado a registro por qualquer dos contratantes. O instrumento escrito do penhor comum deverá ser levado ao registro em cartório de títulos e documentos.[521]

Percebe-se, pois, que se trata de um direito real de garantia, portanto, prescinde da existência de uma relação subjacente de crédito e débito a qual garanta. Destarte, assim como na hipoteca e na anticrese, o penhor exige a manifestação de vontade do devedor ou do garantidor, isto é, do dono da coisa empenhada e a sua aceitação formal pelo credor. Demais disto, o penhor é contrato real que só se formaliza e constitui com a efetiva transferência da posse da coisa empenhada.

Entretanto, existe a possibilidade da constituição de penhor sem um instrumento que literalmente expresse, demonstre e comprove a manifestação da vontade do dono da coisa dada em penhor na constituição da garantia real. Excepcionalmente, a lei permite a constituição de penhor, sob certas circunstâncias muito peculiares, sem que haja a emissão de vontade do devedor ou mesmo contra a sua vontade. É o que se denomina penhor legal.

O penhor legal torna credores pignoratícios independente de convenção, isto é, contrato neste sentido: a) os hospedeiros ou fornecedores de pousada ou alimento sobre as bagagens, móveis, joias ou dinheiro que seus consumidores ou fregueses tiverem consigo nas respectivas casas ou estabelecimentos, pelas despesas de consumo que aí tiverem feito; b) o dono do prédio rústico ou urbano sobre os bens móveis que o rendeiro ou o inquilino tenha guarnecendo o mesmo prédio pelos aluguéis e rendas.[522]

Em todas essas hipóteses constitui-se o penhor sem qualquer documento e, consequentemente, sem a prévia manifestação de vontade do devedor. Ora, tratando-se o penhor de direito real de garantia,[523] o que significa uma pré-afetação de bem no patrimônio do devedor para fazer face à dívida contraída ou a contratação de posição privilegiada para o credor no processo de execução da cobrança, no caso do penhor legal, não havendo a pré-aceitação por parte do devedor, isto é, o *acertamento*, torna-se necessário seu aperfeiçoamento para aparelhar a execução por título executivo extrajudicial com garantia real. A atividade jurisdicional a ser desenvolvida na execução exige que o título executivo, até então inexistente, tenha seus requisitos devidamente preenchidos, entre eles a pré-aceitação do devedor. A correção dessa pendência está disciplinada nos arts. 703 e seguintes do CPC e se denomina homologação do penhor legal.

A primeira observação é que, embora com previsão jurisdicional disciplinada no Código de Processo Civil, a homologação do penhor legal pode ser judicial ou extrajudicial, conforme prevê o §2º do art. 703 do CPC.

O art. 703, *caput*, do CPC dispõe que, tomado o penhor legal, nos casos previstos em lei, requererá o credor ato contínuo, a homologação. Várias são as impropriedades do texto. *Tomado* aí significa apreendidos os bens móveis que constituem o penhor legal. Nos casos previstos em lei é redundância pura, porque, em se tratando de penhor legal, só poderá mesmo ocorrer nos casos previstos em lei. Ato contínuo significa sem

---

[521] Conforme art. 1.432 do CC.
[522] Conforme art. 1.467 do CC.
[523] Conforme art. 1.225, VIII, do CC.

solução de continuidade ou imediatamente após. Mais uma vez o Código se vale de conceito jurídico indefinido que nada acrescenta à presteza do procedimento. O que se deve entender por ato contínuo no caso(?). Não há previsão legal. Portanto, o que o Código está dizendo é que a providência será tomada sem maiores delongas, o mais rápido possível. Entretanto, o Código não oferece qualquer sanção para a homologação requerida tardiamente nem mesmo sua inadmissibilidade.[524]

Requerida a homologação do penhor legal pela via judicial, dispõe o §1º do art. 703 do CPC que a petição inicial deve ser instruída, conforme a hipótese, do contrato de locação ou da conta pormenorizada das despesas, da tabela de preços e a relação dos objetos retidos.

Curiosamente, o Código determina que na petição inicial o credor requererá a citação do devedor para pagar ou contestar a homologação na audiência preliminar que for designada. A curiosidade está na exigência do requerimento de citação do devedor, porquanto o art. 319 do CPC, quando cuida dos requisitos da petição inicial, não exige o requerimento para citação do réu.

Outra curiosidade é que se prevê uma audiência preliminar que necessariamente será designada, na qual, caso o devedor não pague a dívida reclamada, poderá apresentar contestação. Ora, se a audiência é preliminar, supõe-se que haverá outra, portanto, o prazo para oferecer a contestação não deveria jamais expirar nesta audiência. Para adotar tal solução, o mais coerente seria que o legislador processual não denominasse esta audiência de preliminar, que, aliás, de preliminar não tem nada.

Caso o credor opte pela homologação extrajudicial, deverá dirigir petição ao notário público, isto é, a um cartório de ofício de notas, com os mesmos requisitos exigidos para a petição inicial da homologação requerida em juízo. O notário promoverá a notificação do devedor para pagar o débito no prazo de 5 dias ou impugnar a cobrança. Se houver impugnação, o procedimento será distribuído ao juízo competente. Caso o devedor não se manifeste no prazo, o notário homologará o penhor por escritura pública (§3º do art. 703 do CPC).

A defesa em juízo ou a impugnação em cartório, nos termos do art. 704 do CPC, só poderá alegar: a) nulidade do processo; b) extinção da obrigação; c) não estar a dívida compreendida entre as previstas na lei ou não estarem os bens sujeitos a penhor legal; d) haver sido prestada caução idônea rejeitada pelo credor.

Mais uma vez o Código não foi feliz quando expressamente limita a possibilidade de defesa a determinados temas. Já nos pronunciamos anteriormente quanto à inconstitucionalidade dessas limitações, eis que, ao nosso ver, contrariam a garantia constitucional à ampla defesa, cujo único limite, em nosso entendimento, é a litigância de má-fé. O Código no art. 704 e seus incisos está, como sói acontecer em tais situações, dizendo: se o contestante ou impugnante alegar e provar alguma dessas hipóteses, necessariamente a homologação do penhor legal não poderá ser deferida.

O art. 705 do CPC determina que a partir da audiência, dita preliminar, que poderá até ser a única, o processo seguirá pelo procedimento comum.

Nos termos do art. 706 do CPC, com a homologação judicial, e acrescentamos nós, ou com a escritura de homologação notarial extrajudicial, consolida-se a posse do

---

[524] O prazo fatal será o prazo prescricional para a dedução da pretensão de cobrança de dívida em juízo.

credor, que até então tinha mera detenção. E a partir de então estará o credor aparelhado para promover execução com garantia real.

Indeferida a homologação, obviamente o objeto será entregue ao réu, ressalvado ao autor o direito de cobrar a dívida pelo procedimento comum ou mesmo, dependendo da documentação que possua, via ação monitória, salvo na hipótese da sentença que indeferir a homologação do penhor legal, declarar extinta ou inexistente a dívida (§1º do art. 706 do CPC).

O §2º do art. 706 do CPC prevê que contra a sentença que julgar a homologação do penhor legal caberá apelação e, na pendência do recurso, poderá o relator ordenar que a coisa permaneça depositada em poder do autor. Isso significa que no caso de sentença que indefira a homologação do penhor legal, a apelação poderá, a critério do relator, ter apenas efeito devolutivo. Todavia, repare-se: é a critério do relator e não do juiz.

39.14 Regulação de avaria grossa

Todas as despesas extraordinárias feitas a bem do navio ou da carga, conjunta ou separadamente, e todos os danos acontecidos àquele ou a essa, desde o embarque ou partida até a sua volta e desembarque, são reputadas avarias. As avarias são de duas espécies: avarias grossas ou comuns e avarias simples ou particulares. A avaria das primeiras é repartida proporcionalmente entre o navio, seu frete e a carga, e a das segundas é suportada ou só pelo navio ou só pela coisa que sofreu o dano ou deu causa à despesa.[525]

São avarias grossas: a) tudo que se dá ao inimigo, corsário ou pirata por composição ou a título de resgate do navio e fazendas, conjunta ou separadamente; b) as coisas alijadas para salvação comum; c) os cabos, mastros, velas ou outros quaisquer aparelhos deliberadamente cortados ou partidos por força de vela para salvação do navio e carga; d) as âncoras, amarras e quaisquer outras coisas abandonadas para salvamento ou benefício comum; e) os danos causados pelo alijamento às fazendas restantes a bordo; f) os danos feitos deliberadamente ao navio para facilitar a evacuação d'água e os danos acontecidos por esta ocasião à carga; g) o tratamento, curativo, sustento e indenizações da tripulação ferida ou mutilada defendendo o navio; h) a indenização ou o resgate da tripulação mandada ao mar ou à terra em serviço do navio e da carga e nessa ocasião aprisionada ou retida; i) retida as soldadas e sustento da tripulação durante arribada forçada; j) os direitos de pilotagem e outros de entrada e saída em um porto de arribada forçada; k) os aluguéis de armazém em que se depositem, em porto de arribada forçada, as fazendas que não puderem continuar a bordo durante o conserto do navio; l) as despesas da reclamação do navio e carga feitas conjuntamente pelo capitão numa só instância e o sustento de soldadas da tripulação durante a mesma reclamação, uma vez que o navio e a carga sejam relaxados e restituídos; m) os gastos de descarga e de salários para aliviar o navio e entrar numa barra ou porto, quando o navio é obrigado a fazê-lo por borrasca ou perseguição de inimigo, e os danos acontecidos às fazendas pela descarga e recarga do navio em perigo; n) os danos acontecidos ao corpo e à quilha do navio, que premeditadamente se faz varar para prevenir perda total ou presa do inimigo;

---

[525] Conforme arts. 761 a 763 do C.Com.

o) as despesas feitas para pôr a nado o navio encalhado, e toda recompensa por serviços extraordinários feitos para prevenir a sua perda total, ou presa; p) as perdas ou danos sobrevindos às fazendas carregadas em barcas ou lanchas, em consequência de perigo; q) as soldadas e sustento da tripulação se o navio depois de a viagem começada é obrigado a suspendê-la por ordem de potência estrangeira ou por superveniência de guerra; e isto por todo o tempo em que o navio e carga forem impedidos; r) o prêmio do empréstimo a risco tomado para fazer parte às despesas que devam entrar na regra de avaria grossa; s) o prêmio do seguro das despesas de avaria grossa, e as perdas sofridas na venda da parte da carga no porto de arribada forçada para fazer face às mesmas despesas; t) as custas judiciais para regular as avarias e fazer a repartição das avarias grossas; u) as despesas de uma quarentena extraordinária; v) os danos causados deliberadamente em caso de perigo ou desastre imprevisto e sofridos como consequência imediata desses eventos, bem como as despesas feitas em iguais circunstâncias depois de deliberações motivadas em bem e salvamento comum do navio e mercadorias, desde a sua carga e partida até o seu retorno e descarga.[526]

O art. 762 do Código Comercial dispõe expressamente que, não havendo entre as partes convenção especial exarada na carta de partida ou no conhecimento, as avarias hão de qualificar-se e regular-se pelas disposições deste Código. Por isso mesmo, o art. 707 do CPC estabelece que quando inexistir consenso, isto é, não houver acordo, acerca da nomeação de um regulador de avarias, o juiz de direito da comarca do primeiro porto onde o navio houver chegado, provocado por qualquer parte interessada, nomeará um de notório conhecimento.

O regulador de avaria a ser nomeado é uma espécie de perito em avarias navais, tanto que o art. 711 do CPC que encerra este procedimento manda aplicar ao regulador de avarias os arts. 156 a 158 do CPC no que couber. Tais dispositivos cuidam precisamente do perito.[527] Em princípio, deve ser indicado pelas partes interessadas, a pedido do capitão do navio. Não havendo concordância, as partes vão ao judiciário.

Na regulação de avaria grossa que está prevista nos procedimentos especiais de jurisdição contenciosa, é preciso que se observe o disposto no art. 766 e seguintes do CPC, os quais regulam a ratificação dos protestos marítimos e dos processos testemunháveis formados a bordo, observando-se que o referido art. 766 do CPC determina que todos os protestos e processos testemunháveis formados a bordo e lançados no livro de navegação deverão ser apresentados pelo comandante ao juiz de direito do primeiro porto nas primeiras 24 horas de chegada da embarcação para sua ratificação judicial.

Em princípio, a regulação de avaria grossa nada tem que ver com a ratificação de que trata o art. 766 do CPC, mas, dada a abrangência das tipicidades descritas no art. 764 do C.Com, é bastante provável que algumas dessas avarias grossas possam ser conexas ou ter causa em algum fato que se enquadre na regra do art. 766 do CPC, embora sejam situações jurídicas diversas.

Conforme prevê o art. 708 do CPC, nomeado o perito regulador este declarará justificadamente se os danos são passíveis de rateio na forma de avaria grossa e exigirá das partes envolvidas a apresentação de garantias idôneas para que possam ser liberadas

---

[526] Rol constante do art. 763 do C.Com.
[527] O perito nomeado tem que ter formação de contabilista, vez que esta regulação é atividade privativa desta categoria, conforme art. 25, "c" do Dec.-Lei nº 9.295/1946.

as cargas aos consignatários. Na verdade, o regulador elaborará um primeiro laudo inicial que ainda não será a regulação das avarias, no qual estabelecerá motivadamente se os danos constatados se enquadram naquelas tipicidades postas no art. 764 do C.Com., ou seja, se o caso é de avaria grossa. Em caso positivo, exigirá, quer dizer, solicitará das partes envolvidas garantias de modo que as cargas possam ser liberadas.

Observe-se que o Código não prevê prazo para que haja impugnação a este laudo inicial ou declaração inicial do regulador. No entanto, é intuitivo que retirar dos interessados a possibilidade de impugnar a decisão tomada pelo regulador compromete o princípio da ampla defesa previsto constitucionalmente. Assim, não obstante o silêncio do Código, deve-se garantir às partes interessadas que contradigam e impugnem a declaração inicial do regulador no prazo comum de 15 dias previsto no art. 335 do CPC, caso outro mais elástico não seja deferido pelo juízo.

O §1º do art. 708 do CPC prevê a situação de qualquer das partes não concordar com o regulador quanto à sua declaração. Neste caso, a parte inconformada deverá justificar suas razões ao juiz, que decidirá no prazo de 10 dias. Desnecessário dizer que este prazo é meramente recomendativo.

Caso o consignatário não apresente garantia idônea a critério do regulador, por este será fixado o valor de uma contribuição provisória com base nos fatos narrados e nos documentos que instruírem a petição inicial. Esta contribuição acontecerá sob forma de depósito judicial ou apresentada uma carta de fiança bancária. Aqui também o Código peca pela omissão, na medida em que não fixa o prazo para a prestação da caução idônea exigida, devendo-se, pelo mesmo motivo antes apresentado, considerar como justa a aplicação do prazo normal de 15 dias previsto no art. 335 do CPC se outro mais vantajoso não for concedido pelo juízo.

O §3º do art. 708 do CPC determina que se o consignatário não prestar caução o regulador requererá ao juiz alienação judicial de sua carga. Esta alienação judicial obedecerá ao procedimento previsto para alienação judicial no caso de execução ou cumprimento de sentença. Ainda no caso de alienação judicial, nos termos do §4º do art. 708 do CPC, poderá o juiz permitir o levantamento da importância necessária aos pagamentos das despesas da alienação a serem arcadas pelo consignatário, mantendo-se o saldo remanescente em depósito judicial até o encerramento da regulação.

No procedimento da regulação de avaria grossa todos devem colaborar e as partes interessadas envolvidas terão que apresentar nos autos os documentos necessários para a regulação no prazo a ser fixado pelo regulador, da mesma forma que pode o perito requisitar documentos às partes para a elaboração do seu laudo. Curioso aqui é que o art. 709 do CPC traz o comando da norma, mas não indica qualquer sanção pelo seu descumprimento.

O art. 710 do CPC concede o prazo de até 12 meses, contados da data da entrega dos documentos nos autos pelas partes para que o regulador apresente o regulamento da avaria grossa, podendo este prazo ser estendido a critério do juiz. Conforme o §1º do art. 710 do CPC, oferecido o regulamento da avaria grossa, que na verdade é um laudo pericial tipo uma regulação de sinistro, dele as partes terão vistas no prazo comum de 15 dias. Não havendo impugnação, o regulamento será homologado por sentença. Havendo impugnação, conforme dispõe o §2º do art. 710 do CPC, o juiz decidirá por sentença, no prazo recomendativo de 10 dias, após a oitiva do regulador.

Finalmente, cabe lembrar que a sentença homologatória da regulamentação transitada em julgado é título executivo judicial nos termos do art. 515, I do CPC.

39.15 Restauração de autos

O procedimento de restauração de autos, previsto nos arts. 712 a 718 do Código de Processo Civil, é procedimento especial de jurisdição contenciosa da categoria que se ocupa da regularidade formal do processo. Como é fácil notar e o próprio título indica, a restauração de autos se destina a possibilitar a continuidade da atividade jurisdicional nas hipóteses em que os autos judiciais não sejam mais encontrados.

O *caput* do art. 712 do CPC prevê que verificado o desaparecimento dos autos, eletrônicos ou não, pode o juiz, de ofício, qualquer das partes ou o Ministério Público se for o caso, promover-lhes a restauração. A verificação do desaparecimento dos autos precisa ser certificada pelo escrivão ou chefe de secretaria e, a partir dela, haja ou não requerimento das partes ou do Ministério Público, o juiz determinará instaurado o procedimento de restauração dos autos.

A novidade constante no atual código é a previsão da possibilidade do desaparecimento dos autos eletrônicos. Apesar de virtual, portanto, eletrônico, os atos processuais documentados sobre plataforma digital não estão imunes ao desaparecimento. Obviamente que o desaparecimento dos autos eletrônicos se refere à impossibilidade de acessar os dados eletrônicos referentes ao processo, qualquer que seja o motivo.

Tratando-se de procedimento que visa à regularidade do objeto formal do processo, qualquer parte ou mesmo o Ministério Público quando nele oficiar estarão legitimados para requerer a restauração de autos. Aqui, excepcionalmente, mesmo se tratando de procedimento especial de jurisdição contenciosa, não se faz presente o princípio da inércia da jurisdição, porquanto dada a natureza de efeito sanatório do procedimento, o próprio juiz de ofício poderá determinar a restauração de autos.

O parágrafo único do art. 712 do CPC dispensa a necessidade da instauração do procedimento de restauração dos autos quando existirem autos suplementares determinando que nesse caso o processo nele seguirá seu curso. Na prática, raramente os cartórios, até pelo acúmulo demasiado de serviço, se ocupam ou se preocupam com a confecção de autos suplementares. Outra observação cabível com relação a este dispositivo é que, por óbvio, inexistem autos eletrônicos suplementares. O que pode haver, tecnicamente falando, é um *back up* externo do processo eletrônico judicial, em *pen drive* ou em nuvem, muito comum nos escritórios de advocacia para registro e arquivo de processos eletrônicos. Todavia, tais expedientes não podem ser considerados autos suplementares, porquanto não efetivados pela própria serventia do cartório.

Na petição inicial a parte requerente declarará o estado do processo ao tempo do desaparecimento dos autos e deverá instruí-la com: a) certidões dos atos constantes do protocolo de audiências do cartório por onde haja corrido o processo; b) cópia das peças que tenha em seu poder; c) qualquer outro documento que facilite a restauração.

Evidentemente que estas exigências previstas no art. 713 e incisos do CPC não se aplicam na hipótese de a restauração ocorrer *ex officio*, caso em que, iniciada a restauração, as partes serão intimadas para trazer aos autos da restauração todos os documentos pertinentes e que estejam em seu poder.

Sendo a restauração requerida por qualquer das partes, a parte contrária será citada para oferecer contestação no prazo de 5 dias, cabendo-lhe exibir: a) as cópias; b) as contrafés; e c) as reproduções dos atos e dos documentos que estiverem em seu poder. Se concordar com a restauração, lavrar-se-á o auto que, assinado pelas partes e homologado pelo juiz, suprirá o processo desaparecido. Se a parte contrária não contestar ou se a concordância for parcial, observar-se-á o procedimento comum.

Na verdade, o art. 714, §§1º e 2º do CPC não disse tudo nem foi suficientemente objetivo. A parte contrária, tal qual a parte requerente, tem o ônus processual e o dever jurídico de colaborar com a justiça, exibindo todos os documentos que possua referentes ao processo desaparecido, isto é, cópia ou segunda via de tudo que eventualmente esteja em seu poder, concorde ou não com a restauração dos autos. Por outro lado, a única hipótese que vislumbramos de contrariedade ao requerimento de restauração dos autos é a de alegar e provar a sua desnecessidade, o que, por sua vez, só será crível caso os autos não tenham desaparecido.

O art. 715 e seus parágrafos do CPC estabelecem regra de difícil aceitação, eis que determinam que se a perda dos autos tiver ocorrido depois da produção das provas em audiência, o juiz, se necessário, mandará repeti-las: a) reinquirindo as mesmas testemunhas, que, em caso de impossibilidade, poderão ser substituídas de ofício ou a requerimento; b) não havendo certidão ou cópia do laudo, fazendo nova perícia sempre que possível pelo mesmo perito; c) não havendo certidão de documentos, reconstituindo-os mediante cópias ou, na falta dessas, pelos meios ordinários de provas.

Em nosso entendimento, esse dispositivo não faz o menor sentido. Um dos princípios mais caros ao processo é o princípio da documentação. Ora, o juiz pode mandar produzir provas a qualquer tempo, bem como zelar pelo bom e rápido andamento do processo. Portanto, se o depoimento de testemunhas não mais estiver documentado ou na falta de quaisquer outros documentos ou laudo da prova técnica, o juiz independentemente do disposto no art. 715 do CPC estaria mesmo autorizado a assumir tais providências.

O legislador aqui confundiu atos a serem praticados no procedimento de restauração dos autos e os atos processuais a serem praticados no processo propriamente dito, que volta a correr normalmente após a restauração dos autos. Entretanto, julgados restaurados os autos por sentença, o procedimento de sua restauração deixa de existir e transforma-se nos próprios autos então desaparecidos e doravante restaurados.

Duas curiosidades chamam atenção nas previsões dos §§4º e 5º do art. 715 do CPC. A primeira é que os serventuários e os auxiliares da justiça não podem eximir-se de depor como testemunhas a respeito de atos que tenham praticado ou assistido. A segunda é que se o juiz houver proferido sentença da qual ele próprio ou escrivão possua cópia esta será juntada nos autos e terá a mesma autoridade da original.

Nessas duas hipóteses o Código está se referindo a atos específicos a serem praticados no procedimento de restauração de autos e não no processo restaurado. Dúvida existe pela péssima redação conferida ao §5º, pois tal como posto, fica parecendo que a sentença só será válida, isto é, dispensará a necessidade da prolação de outra sentença no processo restaurado, caso venha ao procedimento de restauração pelas mãos do próprio juiz ou do escrivão se estes dela tiverem cópia. Parece que se uma parte tiver cópia da sentença e trouxer para a restauração, esta não valerá, devendo o juiz proferir outra. A toda evidência e apesar da má técnica redacional, não é isto que o §5º do art. 715 está dizendo.

O art. 716 do CPC estabelece que julgada a restauração o processo seguirá normalmente, obviamente que nos autos restaurados, até porque os originais desapareceram. Mas essa premissa não é tão óbvia, porquanto o parágrafo único do mesmo dispositivo prevê que, aparecendo os autos originais, neles se prosseguirá, sendo-lhes apensados os autos da restauração.

Aqui, ocorre uma inusitada circunstância: imagine-se que os autos originais desapareçam, por exemplo, após a decisão de saneamento. Julgada a restauração, o processo prossegue nos autos restaurados. Após a sentença, no prazo para recurso, os autos originais reapareçam. Pergunta-se: os atos praticados nos autos suplementares valerão como tais? É evidente que sim. Todavia, pensamos que devam ser transladados com as respectivas certidões para os autos originais. Ainda nessas circunstâncias, confessamos que não temos a menor ideia de como proceder no caso do reaparecimento de autos judiciais eletrônicos.

Na hipótese de o desaparecimento dos autos ocorrer no tribunal, sua restauração será distribuída, sempre que possível, ao relator do processo, pelo que dispõe o art. 717 do CPC. Caso não seja possível, por qualquer motivo, a restauração irá à livre distribuição, porém, evidentemente, dentro do órgão jurisdicional fracionário do tribunal. Mesmo nesta hipótese de os autos desaparecerem no tribunal, a restauração far-se-á no juízo de origem quanto aos atos nele realizados, após o que os autos da restauração serão remetidos ao tribunal onde serão completados.

O art. 718 do CPC estabelece que quem houver dado causa ao desaparecimento dos autos responderá pelas custas da restauração e pelos honorários de advogado, sem prejuízo da responsabilidade civil ou penal que incorrer. Esta regra, embora pedagógica, é de aplicação praticamente impossível, pois que, na prática, pensamos só se aplicará se os autos desaparecerem por carga, em poder do advogado, de parte ou de perito.

CAPÍTULO 40

DOS PROCEDIMENTOS
DE JURISDIÇÃO VOLUNTÁRIA

40.1 Noções e disposições gerais

Já dissemos anteriormente que a chamada jurisdição voluntária não é jurisdição e muito menos voluntária.[528] Nada obstante, o Código de Processo Civil, repetindo equívoco de seus antecessores, assim continua denominando tais procedimentos que na verdade disciplinam a administração pública de interesses privados.

Todavia, nem todos os procedimentos de jurisdição voluntária previstos no Código estão regulamentados no respectivo capítulo, assim como nem toda administração pública de interesse privado prescinde da intervenção do poder judiciário. Isto significa que existem procedimentos de jurisdição voluntária em leis esparsas e procedimentos de jurisdição voluntária previstos no Código, porém, não no respectivo capítulo.[529] Por isso mesmo que o art. 719 do CPC estabelece que, quando o Código não prever procedimento especial, regem os procedimentos de jurisdição voluntária as disposições constantes da "Seção 1 – Das Disposições Gerais".

Trata-se, pois, de um procedimento geral dos procedimentos específicos de jurisdição voluntária, cabendo observar que deverá ser aplicado subsidiariamente e no que couber nas hipóteses de omissão dos procedimentos especiais de jurisdição voluntária (parágrafo único do art. 719 do CPC).

O art. 720 do CPC diz, corretamente aliás eis que na jurisdição voluntária não há processo, que o procedimento terá início por provocação do interessado, do Ministério Público ou da Defensoria Pública, cabendo-lhes formular o pedido devidamente instruído

---

[528] Neste capítulo trataremos apenas dos procedimentos de jurisdição voluntária previstos no Código de Processo Civil. Quanto ao estudo da jurisdição voluntária, remetemos o leitor para o capítulo 3 – "Da função jurisdicional", item 3.7 – "Jurisdição voluntária".

[529] Como exemplo de administração pública de interesse privado sem intervenção judicial, cite-se o registro e arquivamento de contratos e estatutos sociais de empresas na Junta Comercial. Como exemplo de jurisdição voluntária prevista no Código, mas não no respectivo capítulo, faz-se referência ao art. 730 do CPC que cuida da alienação judicial mas manda observar o disposto nos arts. 879 a 903 do CPC.

com os documentos necessários e com indicação da providência judicial. Na verdade, na jurisdição voluntária não há pedido como tal entendido na técnica processual e sim mero requerimento. Por conseguinte, haverá requerimento para a providência judicial desejada e não pedido tal como na petição inicial de processo de jurisdição contenciosa.

O art. 721 do CPC cuida do aperfeiçoamento da relação jurídica que se instaurará na atividade da jurisdição voluntária, determinando que todos os interessados que deverão estar nominados e qualificados na petição inicial do requerimento serão citados, bem como intimado o Ministério Público, nos casos do art. 178 do CPC, para que se manifestem, querendo, no prazo de 15 dias.

Não há citação nos procedimentos de jurisdição voluntária, presente a circunstância de que não há jurisdição nem processo, muito menos ação. Portanto, não há que se falar em citação, porém, de intimação para dar conhecimento aos interessados da existência da instauração do procedimento. O curioso, aqui, é que o requerimento para a citação na jurisdição contenciosa não consta mais dos requisitos da petição inicial, não obstante embora sem exigi-lo para o procedimento de jurisdição voluntária e tratando-se de intimação, o Código estabelece que todos serão citados.

Também cabe observar que o Ministério Público será intimado, evidentemente quando não for ele o requerente, nos casos do art. 178 do CPC, que cuida das hipóteses em que o Ministério Público deva intervir no processo como *custos legis*.

Da mesma forma, o art. 721 do CPC determina que a Fazenda Pública será sempre ouvida nos casos em que tiver interesse. Trata-se de evidente redundância desnecessária, pois que se o art. 720 do CPC determina que todos os interessados serão citados, se a Fazenda Pública for interessada terá também que ser citada, isto é, intimada, assim como qualquer interessado. Na verdade, a contradição e a apontada redundância são apenas aparentes. O art. 721 do CPC está se referindo ao interessado contra quem a providência de jurisdição voluntária é requerida. Nesta hipótese, se for requerida contra a Fazenda, esta será intimada pela previsão contida no art. 720 do CPC. O art. 722 do CPC está mandando intimar a Fazenda naquelas hipóteses em que a providência pretendida não é dirigida contra ela, porém, a Fazenda Pública tem interesse no desfecho da situação.

O art. 723 do CPC recomenda que o juiz decida em 10 dias e o parágrafo único aduz que neste tipo de procedimento o juiz não é obrigado a observar o critério da legalidade estrita, podendo adotar em cada caso a solução que considerar mais conveniente ou oportuna.

Com relação ao prazo para decisão, evidentemente que se trata de prazo meramente recomendativo. Quanto à não obrigatoriedade da observação da legalidade estrita, é possível, justamente, porque se trata da administração pública de interesses privados, em que não há lide. Portanto, a solução da questão trazida em juízo pode não observar estritamente a legalidade, desde que por uma razão de lógica, de equidade ou de justiça outra se apresente mais adequada ao caso. Entretanto, chama-se atenção que não observar o princípio da legalidade estrita não significa decidir contra a lei.

O art. 724 do CPC prevê que da sentença caberá apelação. Em primeiro lugar, se trata de decisão, *tout court*, e não de sentença. Eis que sentença é o ato do juiz que põe fim ao processo ou ao procedimento em primeiro grau de jurisdição. Não havendo processo nem jurisdição, não há sentença, porém, uma mera decisão. Quanto à apelação cabível na hipótese, na verdade, o que o Código está dizendo é que desta decisão caberá de ordinário recurso com as características próprias da apelação e, não optando por uma nomenclatura diferente, optou por batizá-lo também de apelação. Todavia, de apelação não se trata, porém de requerimento administrativo de reforma ou de anulação do decidido.

O art. 725 do CPC diz que este procedimento aplicar-se-á aos casos de emancipação, sub-rogação, alienação, arrendamento ou oneração de bens de crianças ou de adolescentes, de órfãos e de interditos; alienação, locação e administração da coisa comum; alienação de quinhão de coisa comum; extinção de usufruto quando não decorrer da morte do usufrutuário, do termo da sua duração ou da consolidação, e de fideicomisso, quando decorrer de renúncia ou quando ocorrer antes do evento que caracterizar a condição resolutiva; expedição de alvará judicial e homologação de autocomposição extrajudicial de qualquer natureza e valor.

A emancipação é a antecipação da maioridade civil que os próprios pais, por escritura pública, ou, quando se tratar de menor sob tutela, o responsável legal, poderão fazer, e neste caso será observado o procedimento de jurisdição voluntária.

A sub-rogação é a transferência de determinado gravame que onere um bem por instituição de seu adquirente ou seu transmitente em caso de testamento ou de doação, como as cláusulas de inalienabilidade, impenhorabilidade ou incomunicabilidade que mediante o procedimento de jurisdição voluntária podem ser transferidas para outro bem de modo a liberar aquele inicialmente gravado.

Alienação, arrendamento ou oneração de bens de crianças ou adolescentes, de órfãos e de interditos trata-se da administração de bens de crianças ou adolescentes, portanto, menores e incapazes, porém, que tenham pais. Já quando o Código fala em órfãos, está se referindo a órfãos, crianças ou adolescentes. Na mesma previsão legal o Código enquadra os interditos que são os maiores de idade que tenham sua interdição decretada e declarada judicialmente. Nenhum desses pode exercer sem acompanhamento de seus responsáveis os atos da vida civil. No caso da alienação, do arrendamento, ou da oneração de bens dessas pessoas, a lei exige a autorização judicial, que há de ser requerida e promovida mediante o procedimento de jurisdição voluntária.

Alienação, locação e administração da coisa comum, bem como alienação de quinhão em coisa comum que juridicamente tem a mesma natureza, também prescindirão de autorização judicial a ser requerida pelo procedimento de jurisdição voluntária. O diferencial aqui é que se trata de coisa comum em que não exista acordo entre os comunheiros ou condôminos para alienação, locação ou administração. Entretanto, esta situação não se confunde com a ação de extinção de condomínio nem com a ação de dissolução parcial de sociedade, que são processos de jurisdição contenciosa.

A extinção do usufruto pode se dar pela morte do usufrutuário, pelo termo de sua duração ou pela consolidação. Nessas hipóteses basta o requerimento direto e o cancelamento do usufruto perante o registro geral de imóveis. Entretanto, quando a extinção do usufruto tiver qualquer outra causa, como exemplo, o perecimento da coisa, observar-se-á o procedimento de jurisdição voluntária. A mesma solução se aplica ao fideicomisso nas hipóteses em que houver renúncia do fideicomissário ou quando a consolidação ocorrer antes do evento que caracterize condição resolutória. Como se sabe, o fideicomisso é uma das espécies de propriedade resolúvel previstas no Código Civil em que alguém recebe por testamento a propriedade de um bem para, em sua morte ou mediante um evento futuro predeterminado pelo instituidor, transferir a propriedade para o beneficiário. Havendo renúncia do beneficiário ou quando ocorrer, antes do evento preconizado pelo instituidor, a extinção do fideicomisso terá que ser requerida em juízo mediante o procedimento aqui previsto.

Finalmente, temos as hipóteses de expedição de alvará judicial, as famosas súplicas, e a homologação de autocomposição extrajudicial de qualquer natureza ou valor. No primeiro caso, temos por exemplo as hipóteses de conta de poupança até determinado valor herdada pelos beneficiários constantes no órgão de previdência nos termos da Lei nº 6.545/85. No segundo caso temos o acordo ou a transação extrajudicial que se pretende homologar judicialmente para que possa surtir os efeitos jurídicos pretendidos.

40.2 Da notificação e da interpelação

Notificação e interpelação judiciais são modalidades de protesto. A diferença fundamental entre ambas é que pela notificação se dá ciência a alguém de alguma coisa, de algum fato, ou de alguma intenção. Já pela interpelação insta-se ao interpelado que faça ou que deixe de fazer alguma coisa sob pena de recair sobre ele as consequências jurídicas da atitude que tomar frente à interpelação.

Nesse contexto, verifica-se que o art. 726, *caput* do CPC, não abrangeu todo o continente em que se contêm as duas formas de protesto judicial. Com efeito, o dispositivo menciona que aquele que tiver interesse em manifestar formalmente sua vontade a outrem sobre assunto juridicamente relevante poderá notificar pessoa participante da mesma relação jurídica para dar-lhe ciência de seu propósito. Não é bem assim. A notificação não exige que o assunto seja juridicamente relevante, até porque a relevância jurídica do assunto será sempre uma valoração subjetiva do notificante. Demais disto, poderá ser notificada qualquer pessoa mesmo que não faça parte da relação jurídica em questão.

O §1º do art. 726 do CPC, desta vez com acerto, exige que se o intuito do notificante for dar conhecimento geral ao público, mediante edital, tal providência só será deferida se houver necessidade fundada para resguardar direito. Pretensão aqui não é a pretensão de notificar para dar conhecimento geral, porém a pretensão referente ao direito que mediante a notificação de conhecimento geral ao público se quer resguardar.

O art. 727 do CPC cuida da interpelação. Intrigante que o legislador diz que também poderá o interessado interpelar o requerido, no caso do art. 726 do CPC, para que faça ou deixe de fazer o que o requerente entenda ser de seu direito. Evidentemente que esta cláusula de referência ao art. 726 do CPC é absolutamente inócua porque cairá no mesmo caso da valoração subjetiva da relevância jurídica do assunto. Contudo, o Código esclarece no referido dispositivo que o objetivo da interpelação é o de instar que alguém faça ou deixe de fazer algo porque o interpelante entende que tem o direito de exigir este comportamento do interpelado.

Repare-se, entretanto, que o art. 728 do CPC exige que o requerido na notificação seja previamente ouvido, mesmo quando se trate de notificação por edital visando ao conhecimento geral público. Embora o Código omita, com muito mais razão, esta regra se aplica também aos casos de interpelação judicial.

A oitiva de que fala o art. 728 do CPC, na prática e até por comodidade e celeridade processual, ocorre sempre. Todavia, na letra estrita da lei o requerido só deveria ser ouvido, conforme incs. I e II do art. 728 do CPC, se o juiz tiver suspeita de que por meio da notificação o notificante pretende alcançar fim ilícito ou se tiver sido requerida a averbação da notificação em registro público.

Com relação ao requerimento da averbação da notificação e por extensão da interpelação em registro público, é bem-vinda a cautela de ouvir previamente o requerido. Nada obstante, o mesmo não se pode dizer do contido no inc. I, porquanto, se houver suspeita, esta só pode partir do juízo e neste caso o próprio requerimento é que deve ser negado. Do jeito como disciplinado no Código, pode parecer aos menos avisados que se o requerido se quedar inerte ou concordar com a notificação ou com a interpelação, esta deverá ser deferida e será válida ainda que vise alcançar um fim ilícito. Ora, o absurdo de tal proposição por si só se explica.

40.3 Da alienação judicial

O art. 730 do Código de Processo Civil insere a alienação judicial entre os procedimentos especiais de jurisdição voluntária. Este é um exemplo da hipótese de procedimento de jurisdição voluntária previsto no Código, porém, não no respectivo capítulo, embora dele fale o dispositivo processual.[530]

Os arts. 879 a 903 do CPC disciplinam exatamente a alienação judicial no processo de execução e por extensão no cumprimento de sentença condenatória em pagar quantia certa.[531]

40.4 Do divórcio e da separação consensuais. Da extinção consensual de união estável e da alteração de bens do matrimônio

Os arts. 731 a 734 do Código de Processo Civil cuidam dos procedimentos especiais de jurisdição voluntária referentes a questões consensuais de família. O art. 731 do CPC prevê que a homologação do divórcio ou da separação consensuais, observados os requisitos legais, poderá ser requerida em petição assinada por ambos os cônjuges, da qual constarão: a) as disposições relativas à descrição e à partilha de bens comuns; b) as disposições relativas à pensão alimentícia entre os cônjuges; c) o acordo relativo à guarda dos filhos incapazes e ao regime de visitas e o valor da contribuição para criar e educar os filhos.

Havendo consenso entre os cônjuges, não há lide no que diga respeito ao divórcio ou a separação do casal. Contudo, tratando-se o casamento de suma importância para a ordem pública, porquanto é uma das formas de constituição da família, aqui, mais que nunca, se vê presente a preocupação do Estado na administração pública dos interesses privados.

Em outras palavras: isto significa que os cônjuges são livres para manifestar sua vontade em desfazer a relação conjugal, a isto não se opondo nem a lei, nem o Estado.

---

[530] Art. 730 do CPC: "Nos casos expressos em lei, não havendo acordo entre os interessados sobre o modo como se deve realizar a alienação do bem, o juiz, de ofício ou a requerimento dos interessados ou do depositário, mandará aliená-lo em leilão, observando-se o disposto na Seção I deste Capítulo e, no que couber, o disposto nos arts. 879 a 903".

[531] Sobre alienação judicial, remetemos o leitor para o capítulo 38 – "Da execução", item 38.15 – "Expropriação de bens. Adjudicação e alienação".

Entretanto, tal só poderá ocorrer observado o acordo com relação aos itens exigidos, o que significa que estar de acordo em se separar é estar de acordo com a partilha dos bens, com a questão da pensão, com a guarda dos filhos incapazes e com o regime de visitas e o valor da contribuição para criá-los e educá-los.

No parágrafo único o Código flexibiliza apenas a questão patrimonial da divisão dos bens, de modo que se o desacordo for somente em relação a este item, o juiz homologará o divórcio e a partilha será feita posteriormente, obedecendo-se ao disposto nos arts. 647 a 658 do CPC que cuidam da partilha no inventário. Por previsão expressa contida no art. 732 do CPC, as mesmas regras aplicam-se à dissolução amigável de união estável.

O art. 733 do CPC e seus parágrafos traz mais uma flexibilização para a ruptura da vida comum de um casal, pois que não havendo nascituro ou filhos incapazes e observados os requisitos legais, tanto o divórcio quanto a extinção consensual de união estável poderão ser realizados por escritura pública da qual evidentemente constarão aqueles requisitos exigidos para a petição inicial do requerimento de procedimento de jurisdição voluntária. Conforme §1º do art. 733 do CPC, feita a separação consensual por escritura perante cartório de ofício de notas, não há necessidade de homologação judicial para que os interessados alterem o ato do registro de casamento ou da união estável nem para o levantamento de importância depositada em instituição financeira.

O §2º do mesmo dispositivo exige que os interessados estejam assistidos por advogado ou por defensor público cuja qualificação ou assinatura constarão do ato notarial.

A última espécie de procedimento de jurisdição voluntária dessa seção que cuida do rompimento e da alteração das relações conjugais é a que diz respeito à alteração do regime de bens do matrimônio. Assim é que o art. 734 do CPC disciplina que a alteração do regime de bens do casamento, observados os requisitos legais, poderá ser requerida motivadamente em petição assinada por ambos os cônjuges, na qual serão expostas as razões que justificam a alteração, ressalvados os direitos de terceiros.

Recebida a petição o juiz de imediato manda ouvir o Ministério Público e manda publicar edital para ciência de eventuais terceiros interessados divulgando a pretendida alteração do regime de bens, somente podendo decidir depois de decorrido o prazo de 30 dias da publicação do edital.

O §2º do art. 734 do CPC diminui o rigor da preocupação com a salvaguarda ao interesse de terceiros quando permite que os cônjuges na petição inicial ou em petição avulsa poderão propor ao juízo um meio alternativo de divulgação de alteração do regime de bens a fim de resguardar direito de terceiros.

A primeira observação que cabe fazer é que, embora procedimento de jurisdição voluntária, exige-se motivação que justifique a alteração. A segunda observação é a necessidade de intervenção do Ministério Público, como *custos legis*, a teor do art. 178 do CPC. A terceira observação é a preocupação com os direitos de terceiros, de modo que essa alteração de regime não seja uma simulação para frustrar credores do casal.

O §3º do art. 734 do CPC prevê que após o trânsito em julgado da sentença serão expedidos mandados de averbação aos cartórios de registro civil e de imóveis e, caso qualquer dos cônjuges seja empresário, ao registro público de empresas mercantis e atividades afins.

Cabe observar com relação a este dispositivo a locução *trânsito em julgado da sentença*. Sem entrar na polêmica se nesta hipótese específica esse trânsito em julgado implica coisa julgada formal ou material, fato é que existe a possibilidade de recurso com relação à sentença que eventualmente indefira a alteração do regime de bens. Este recurso é aquele mesmo previsto nas regras gerais no art. 724 do CPC denominado "apelação".

40.5 Dos testamentos e dos codicilos

Testamentos e codicilos por definição são instrumentos de interesse privado que merecem da Administração Pública o controle mais rigoroso possível, porquanto seu conteúdo reclama a mais importante proteção jurídica, que é assegurar o fiel cumprimento às disposições de última vontade.

Testamentos e codicilos são negócios jurídicos devidamente previstos e regulamentados no Código Civil cuja eficácia só se dará após a morte de seu instituidor. A diferença fundamental entre testamentos e codicilos está no objeto, eis que pelo testamento pode o autor da herança, respeitados os balizamentos legais, dispor da parte disponível de seu patrimônio; ao passo que o codicilo é uma espécie de testamento menor, em que não se exige instrumento público ou forma específica ou mesmo testemunhas, normalmente de próprio punho em que o autor da herança disciplina a divisão de bens de pequeno valor econômico, mas normalmente de valor afetivo significativo.[532]

Vemos assim que as disposições de última vontade, conforme o seu conteúdo, podem gerar testamentos ou codicilos. Todavia, os testamentos se dividem em testamentos de formas ordinárias e testamentos de formas especiais. Os testamentos de formas ordinárias são: a) o público; b) o cerrado; e c) o particular. Os testamentos de formas especiais são: a) o marítimo; b) o aeronáutico; e c) o militar.

A seção do Código de Processo Civil ora em comento cuida da aprovação e do cumprimento de todas as espécies de testamento e manda aplicar suas regras ao cumprimento dos codicilos.

O testamento de que trata o art. 735 do CPC é o testamento cerrado. Recebendo o juiz o testamento cerrado, se não encontrar vício externo que o torne suspeito de nulidade ou falsidade, o abrirá e mandará que o escrivão o leia em presença do apresentante.[533]

O §1º dispõe que deste ato solene lavrar-se-á termo de abertura do qual constará o nome do representante, a maneira pela qual ele obteve o testamento, a data e o lugar do falecimento do testador, com as respectivas provas e, ainda, quaisquer outras circunstâncias que o juízo ou mesmo os interessados entendam relevantes.

---

[532] Art. 1.881 do CC: "Pelo codicilo toda pessoa capaz de testar poderá mediante escrito particular seu, datado e assinado, fazer disposições especiais sobre o seu enterro, sobre esmolas de pouca monta a certas e determinadas pessoas, ou, indeterminadamente aos pobres de certo lugar, assim como legar móveis, roupas ou joias de pouco valor de seu uso pessoal".

[533] Art. 1.868 do CC: "O testamento escrito pelo testador, ou por outra pessoa, a seu rogo, e por aquele assinado, será válido se aprovado pelo tabelião ou seu substituto legal, observadas as seguintes formalidades: I - que o testador o entregue ao tabelião em presença de duas testemunhas; II - que o testador declare que aquele é o seu testamento e quer que seja aprovado; III - que o tabelião lavre, desde logo, o auto de aprovação, na presença de duas testemunhas, e o leia, em seguida, ao testador e testemunhas; IV - que o auto de aprovação seja assinado pelo tabelião, pelas testemunhas e pelo testador. Parágrafo único. O testamento cerrado pode ser escrito mecanicamente, desde que seu subscritor numere e autentique, com a sua assinatura, todas as páginas". Art. 1.865: "Se o testador não souber, ou não puder assinar, o tabelião ou seu substituto legal assim o declarará, assinando, neste caso, pelo testador, e, a seu rogo, uma das testemunhas instrumentárias".

Feito isto, determina o §2º seja ouvido o Ministério Público e, não havendo dúvidas, o que significa com a concordância do *parquet*, o juiz mandará registrar, arquivar e cumprir o testamento.

O §3º dá o passo seguinte, eis que registrado o testamento, será intimado o testamenteiro para assinar o termo da testamentária. Nos termos do §4º, se o testador não houver nomeado testamenteiro, se este estiver ausente ou não aceitar o encargo, o juiz nomeará testamenteiro dativo, observando-se a preferência legal.

O §5º remete as atribuições do testamenteiro neste caso para aquelas dispostas em lei para os testamenteiros de modo geral.

Até este momento o Código está a cuidar do testamento cerrado, portanto não do testamento público que é lavrado em cartório de ofício de notas perante o tabelião que tem fé pública. Por isso mesmo que qualquer interessado, exibindo o translado ou a certidão de testamento público, poderá requerer ao juiz que ordene o seu cumprimento, observando-se no que couber o disposto nos parágrafos do art. 735 do CPC.

Cabe advertir que o art. 736 do CPC não está se referindo à hipótese de ao curso do procedimento do registro e cumprimento do testamento cerrado surgir algum interessado que exiba certidão ou translado de testamento público da mesma autoria do testador do testamento cerrado em questão, como pode parecer à primeira vista. Na verdade, o art. 736 do CPC, está estendendo e mandando aplicar o mesmo procedimento, evidentemente que sem o termo de abertura e a verificação de vício formal externo, com relação ao testamento público.

Cabe observar que o testamento cerrado é espécie de testamento particular e não público. Daí porque o art. 737 prevê a possibilidade de aquele vir a ser publicado, após a morte do testador, desde que a publicação seja requerida por herdeiro, por legatário ou pelo testamenteiro, bem como pelo terceiro detentor do testamento, neste caso, do terceiro detentor, apenas se este estiver impossibilitado de entregá-lo a algum dos outros legitimados para requerê-la.

Os §§1º, 2º e 3º do art. 737 do CPC estabelecem o rito desta publicação, de modo que: a) dela serão intimados os herdeiros que não tiverem requerido a publicação do testamento; b) ouvido o Ministério Público e verificando a presença dos requisitos da lei, o juiz confirmará o testamento.

Duas observações: a) a intimação de herdeiros que não tenham requerido é absolutamente lógica para que se dê ciência a todos, até porque algum pode ter sido excluído e o testamento poderá ter eventualmente invadido a sua legítima. Penso, entretanto que a intimação dos herdeiros que não tiverem requerido a publicação do testamento deva ser estendida também aos legatários; b) confirmar o testamento é uma espécie de homologação que dá aprovação para que se inicie o seu cumprimento pela via do inventário.

O §3º do art. 737 do CPC manda aplicar este mesmo procedimento ao codicilo e aos testamentos marítimo, aeronáutico, militar e nuncupativo, bem como deverá ser observado nestes tipos de testamento, se necessário, o disposto no §4º do art. 735 do CPC que se ocupa da hipótese de não haver testamenteiro ou este não aceitar o encargo.[534]

---

[534] Sobre testamentos marítimo, aeronáutico, militar e nuncupativo, ver arts. 1.888 a 1.896 do CC.

40.6 Da herança jacente[535]

Havendo herança jacente, como tal definida no Código Civil, o juiz da comarca em que tenha domicílio o falecido procederá imediatamente à arrecadação dos respectivos bens. A regra contida no art. 738 do Código de Processo Civil estabelece a competência funcional do juízo e determina o primeiro passo do procedimento da herança jacente que é a arrecadação dos bens. Entretanto, não se imagine que esta determinação é endereçada à pessoa do juiz da comarca. Em outras palavras: o dispositivo está dizendo que o juiz da comarca determinará a arrecadação dos bens, evidentemente mediante a atuação de auxiliares da justiça.

Na verdade, os arts. 738 a 743 do CPC regulamentam a arrecadação, a administração e, se for o caso, a entrega ao herdeiro, quando se tratar de herança jacente, até que ela seja declarada herança vacante.

Arrecadados os bens, a herança jacente ficará sob a guarda, conservação e administração de um curador, a ser nomeado pelo juiz até a respectiva entrega ao sucessor do *de cujus* legalmente habilitado ou até a declaração de vacância. O curador cuja nomeação está prevista no art. 739 do CPC é uma espécie de fiel depositário e de gestor de negócios, com a peculiaridade de que, tratando-se de um espólio, ainda que jacente, este curador, na prática, faz as vezes do inventariante de uma sucessão normal.

Assim é que o §1º do art. 739 do CPC diz incumbir ao curador: a) representar a herança em juízo ou fora dele, com a intervenção do Ministério Público; b) ter em boa guarda e conservação os bens arrecadados e promover arrecadação de outros porventura existentes; c) executar as medidas conservatórias dos direitos da herança; d) apresentar mensalmente ao juiz balancete da receita e da despesa; e) prestar contas ao final da gestão.

A herança jacente é uma espécie de espólio sem herdeiros notoriamente conhecidos. Portanto, até que se torne coisa vaga, isto é, coisa de ninguém, a lei determina um período em que devam ser arrecadados os bens que comporão esse monte e envidar esforços para encontrar a quem se deva legalmente entregá-los.

Observe-se entre as atribuições do curador da herança jacente, de resto muitíssimo assemelhadas às do inventariante do espólio, que há algumas peculiaridades.[536] A primeira delas é que a representação da herança em juízo ou fora dele prescindirá sempre da intervenção do Ministério Público. A segunda é que pela sequência estabelecida no Código, o curador pode ser nomeado antes ou após a arrecadação dos bens. Daí porque, a última parte do inc. II do §1º do art. 739 do CPC diz incumbir ao curador, além da guarda e conservação dos bens arrecadados, a arrecadação de outros porventura existentes. Ora, que outros bens serão estes? Evidentemente aqueles que não tenham sido objeto da arrecadação feita pelo juízo nos termos do art. 738 do CPC. A terceira peculiaridade é que a função do curador também se assemelha a de depositário e administrador, a ponto de o §2º do art. 739 do CPC mandar-lhe aplicar o disposto nos arts. 159 a 161 do CPC, que justamente tratam do depositário e do administrador.

---

[535] Art. 1.819 do CC: "Falecendo alguém sem deixar testamento nem herdeiro legítimo notoriamente conhecido, os bens da herança, depois de arrecadados, ficarão sob a guarda e administração de um curador até a sua entrega ao sucessor devidamente habilitado ou à declaração de sua vacância".

[536] Existem outras figuras afins, tais como o administrador da empresa em recuperação judicial, o síndico da massa falida, o interventor etc.

O princípio da documentação do processo se faz presente no art. 740 do CPC, que determina que o juiz ordene que o oficial de justiça acompanhado do escrivão ou do chefe de secretaria e do curador arrole os bens e descreva-os em auto circunstanciado.

O §1º do art. 740 do CPC implicitamente manda que o juiz compareça ao local, entretanto, mitiga tal múnus quando, prevendo a impossibilidade do comparecimento do magistrado, indica que este requisite autoridade policial para proceder à arrecadação e ao arrolamento dos bens com duas testemunhas que assistirão às diligências. Aqui, obviamente, o Código está se preocupando com bens móveis ou semoventes localizados distantes da sede do juízo, muitas vezes em local de difícil acesso, como exemplo, uma herança jacente que se componha de fazendas com gado e plantações etc.

Se no momento da arrecadação ainda não houver sido nomeado um curador, o juiz designará depositário e lhe entregará os bens mediante simples termos nos autos, depois de compromissado.

O §3º do art. 740 do CPC possibilita a quem estiver produzindo a arrecadação que inquira os moradores da casa e vizinhos sobre a qualificação do falecido, o paradeiro de seus sucessores e a existência de outros bens, lavrando-se de tudo auto denominado auto de inquirição e de informação de herança jacente.

O §4º determina que o juiz examine, reservadamente, os papéis, as cartas missivas e os livros domésticos e, verificando que não apresentam interesse, mande empacotá-los e lacrá-los para serem assim entregues aos sucessores do falecido ou queimados quando os bens forem declarados vacantes.

Este dispositivo é absolutamente desnecessário. A cláusula de exame reservado está apenas significando que para esta tarefa não será necessário ato jurisdicional, muito menos público. O juízo de valor quanto ao interesse é absolutamente subjetivo, daí porque a melhor interpretação é que este interesse não será econômico, porém interesse no sentido da localização de eventuais sucessores ou mesmo da existência de outros bens a serem arrecadados. Contudo, o que chama mais a atenção é a parte final do dispositivo que diz o óbvio, ou seja, entregar aos sucessores do falecido ou queimados se os bens forem declarados vacantes. Penso que o Código não deveria utilizar o termo *queimado*, quando muito, *destruídos*, e, mesmo não previsto, é evidente que se tais bens tiverem alguma utilidade deverão ser encaminhados para doação.

O §5º também contém o óbvio limitando a atuação do juiz da comarca apenas à arrecadação dos bens daquela comarca, pois se outros bens existirem em comarca diversa a arrecadação será feita mediante a expedição de carta precatória com esta finalidade.

Deve-se compreender que a herança jacente é uma exceção, portanto, como tal deve ser tratada. Assim é que o §6º do art. 740 do CPC determina que não se faça arrecadação ou que se a suspenda quando iniciada se o cônjuge ou companheiro, o herdeiro ou o testamenteiro notadamente reconhecido se apresentar ao juízo para reclamar os bens e não houver oposição motivada do curador, de qualquer interessado, do Ministério Público ou do representante da Fazenda Pública.

A observação a ser feita é quanto à preocupação do Código de que a oposição seja motivada. Ora, é intuitivo que qualquer oposição sem motivação não possa mesmo ter o condão de romper a continuidade da arrecadação. Por isso mesmo que, por motivada nesse contexto deve-se entender capaz de demonstrar que os reclamantes ou não têm a qualidade que se arrogam ou não têm direito à herança.

Nos termos do art. 741 do CPC, ao final da a arrecadação, será expedido edital publicado na internet, onde permanecerá por 3 meses. Caso não haja sítio para tal publicação, o edital será publicado no órgão oficial e na imprensa da comarca por 3 vezes, com intervalos de 1 mês para que os sucessores do falecido venham a habilitar-se no prazo de 6 meses contado da primeira publicação.

Mais uma vez aqui se percebe o caráter excepcional da herança jacente e a demasiada preocupação do legislador em encontrar os sucessores do falecido. Trata-se de prazo longo e de publicação reiterada do edital, bem como sua permanência na internet.

O §1º do art. 741 do CPC trata da hipótese de aparecer sucessor ou testamenteiro em lugar certo. Neste caso, far-se-á sua citação, sem prejuízo do edital. A razão aqui é que pode aparecer um ou mais sucessores ou mesmo o testamenteiro, porém, não serem esses os únicos interessados ou os únicos sucessores que têm direito à herança.

O §2º do art. 741 do CPC manda que seja comunicado à autoridade consular a existência de arrecadação de bens de herança jacente caso o falecido seja estrangeiro, sempre que se verificar a existência de sucessor ou de testamenteiro. A citação a que se refere o §1º do art. 741 do CPC é para que o herdeiro se habilite e comprove esta qualidade. Evidentemente, que este requerimento poderá sofrer impugnação, assim é que o §3º do art. 741 do CPC define que deferida a habilitação do herdeiro, reconhecida a qualidade do testamenteiro ou provada a qualidade do cônjuge ou companheiro, a arrecadação converter-se-á em inventário e a partir daí seguirá o procedimento próprio.

Isto não acontecendo, a esta altura do procedimento, o §4º do art. 741 do CPC possibilita que os credores da herança se habilitem tal como poderiam se habilitar em inventário ou proponham contra a herança jacente a ação de cobrança. Obviamente que os credores não são credores da herança, porém, credores do autor da herança que nela podem se habilitar para receber seus créditos, tal como se dá no inventário.

O art. 742 do CPC prevê alienação de bens da herança jacente, desde que autorizada pelo juiz, nas seguintes hipóteses: a) dos bens móveis, se forem de difícil ou dispendiosa conservação; b) de semoventes, quando não empregado na exploração de alguma indústria; c) de títulos e papéis de crédito havendo fundado receio de depreciação; d) de ações (cotas) de sociedade, quando reclamada a integralização a herança não dispuser de dinheiro para o pagamento; e) de bens imóveis, se ameaçarem ruína, não convindo à reparação ou se estiverem hipotecados e vencer a dívida não havendo dinheiro para o pagamento.

O §1º do art. 742 do CPC, entretanto, veta a venda se a Fazenda Pública ou o habilitando adiantar a importância para as despesas. O §2º do mesmo artigo disciplina o destino dos bens com valor de afeição, como retratos, objetos de uso pessoal, livros e obras de arte, os quais só serão alienados depois de declarada a vacância da herança.

Digna de nota é a previsão contida na alínea "b", V do art. 742 do CPC, que prevê a possibilidade de alienação de bem imóvel hipotecado quando a dívida por ele garantida vencer e não houver dinheiro para o pagamento. Ora, se o bem está hipotecado, parece-nos que a hipótese será a de execução hipotecária contra a herança jacente e a venda do bem hipotecado poderá ocorrer, como de resto ocorre nas execuções hipotecárias, na fase de alienação judicial. Destarte, é paradoxal a permissão para venda de bem imóvel em tais casos, presente a circunstância, inclusive, que muito provavelmente a execução poderá estar correndo em outro juízo.

A única maneira que vislumbramos de conciliar o paradoxo é interpretar que, vencida a dívida hipotecária e ainda não ajuizada a respectiva execução, a fim de evitá-la, possa o juízo da arrecadação da herança jacente autorizar a venda do bem para que se satisfaça o crédito sem que haja necessidade da execução forçada.

O art. 743 do CPC estabelece que decorrido um ano da primeira publicação do edital previsto no art. 741 do CPC, não se habilitando qualquer herdeiro, a herança jacente será por sentença declarada vacante. Isso significa que até então se tratava de bens arrecadados de falecido que não deixara testamento e de quem não se tem conhecimento de sucessores, e foram envidados esforços para encontrar sucessores, arrecadar e conservar os bens. Ultrapassado este período sem que tenha havido sucesso nessa busca, os bens então arrecadados passam a ser coisas vagas, isto é, sem dono, e a herança jacente transmuda-se em herança vacante.

Dispõe o §2º do art. 743 do CPC que transitada em julgado a sentença que declarou a vacância, o cônjuge, o companheiro, os herdeiros e os credores só poderão reclamar seu direito por ação direta. Isto significa que não há possibilidade de ação rescisória contra sentença que declara vacância da herança, até porque, tratando-se de procedimento especial de jurisdição voluntária, a coisa julgada será apenas formal.

A ação direta a que se refere o §2º do art. 743 do CPC será dirigida contra os beneficiários da herança vacante, ou seja, aqueles que receberam os bens. Em tese, tais bens vão para o estado ou para o município onde localizados, entretanto, legislação local específica, quase sempre a constituição dos estados-membros, costuma determinar o destino final dos bens arrecadados nas heranças vacantes, que normalmente são concedidos às instituições oficiais de ensino superior.

40.7 Dos bens dos ausentes

Os arts. 744 e 745 do Código de Processo Civil cuidam do procedimento de arrecadação, conservação e destino dos bens dos ausentes. Na essência, é muitíssimo semelhante ao tratamento dado à herança vacante, dele diferenciando-se porque na vacância o dono dos bens já é falecido e na ausência está apenas desaparecido.

A ausência está tratada no art. 22 e seguintes do Código Civil.[537] No conceito legal, ausente é aquela pessoa desaparecida de seu domicílio da qual não se tem notícia, nem se conhece o paradeiro. Pois bem: ocorrendo este fato, prevê a legislação material que se o ausente não tiver deixado procurador, a requerimento de qualquer interessado ou do Ministério Público, o juiz declarará sua ausência.

Do mesmo modo, também será declarada ausência, se havendo procurador este não queira ou não possa exercer ou continuar exercendo o mandato, ou se os seus poderes forem insuficientes. A vontade do procurador é fundamental porque o mandato é contrato bilateral e, como tal, precisa ser aceito, bem como pode ser revogado, de regra, a qualquer tempo. Quanto à insuficiência de poderes, é intuitivo que seja necessário substituir o procurador por um curador nomeado pelo juiz se os poderes a ele conferidos não forem bastantes para a administração satisfativa dos bens do ausente.

---

[537] Art. 22 do CC: "Desaparecendo uma pessoa do seu domicílio sem dela haver notícia, se não houver deixado representante ou procurador a quem caiba administrar-lhe os bens, o juiz, a requerimento de qualquer interessado ou do Ministério Público, declarará a ausência, e nomear-lhe-á curador".

Repare-se, entretanto, que o Código de Processo Civil não está tratando do ausente ou do instituto da ausência que são matérias do direito civil; porém, do procedimento de arrecadação, conservação e destino dos bens do ausente. Daí porque o art. 744 do CPC dizer que, declarada a ausência, o juiz mandará arrecadar os bens do ausente e nomear-lhe-á curador. Observe-se que o procedimento e o cabimento da declaração de ausência estão previstos no Código Civil e não no Código de Processo Civil.

O art. 745 do CPC disciplina que uma vez arrecadados os bens, o juiz mandará expedir edital com as mesmas regras exigidas para a herança jacente. Findo o prazo, os interessados poderão requerer a sucessão provisória, sendo óbvio que os demais herdeiros que não a tiverem requerido terão que ser citados tal como no inventário normal, podendo promover sua habilitação na sucessão provisória. Para tanto, deverão obedecer ao mesmo rito previsto nos arts. 689 a 692 do CPC.

A sucessão provisória está prevista no Código Civil e a sentença que determina sua abertura só gerará efeitos 180 dias após a publicação, mas, assim que transitar em julgado, poderá ser aberto testamento, se houver. Dez anos após o trânsito em julgado da sentença que concedeu a abertura da sucessão provisória, poderão os interessados requerer a sucessão definitiva e o levantamento das cauções que tenham feito.[538] Portanto, o §3º do art. 745 do CPC precisa ser interpretado em conjunto com o art. 37 do CC –[539] o Código Civil fala somente em requerimento da sucessão definitiva; ao passo que o Código de Processo Civil fala em conversão. Isto significa que não haverá outra sucessão, é a mesma que adquire a condição jurídica de definitiva e que será requerida e processada nos mesmos autos. A rigor, esta conversão se limita à comprovação dos requisitos exigidos na lei civil.

O §4º do art. 475 do CPC prevê que, regressando o ausente ou algum de seus descendentes ou ascendentes para requerer ao juiz a entrega de bens, serão citados para contestar o pedido os sucessores provisórios ou definitivos, o Ministério Público e o representante da Fazenda Pública, adotando-se o rito comum.

Como se nota, neste tema, o Código traça apenas algumas regras tipicamente procedimentais e praticamente todas de atos de comunicação processual. Isto decorre, ao nosso ver, da matéria estar suficientemente bem tratada e regulamentada no Código Civil, cabendo ao Código de Processo Civil os contornos procedimentais necessários, como exemplo, a regra contida no §4º do art. 475 do CPC, que explicita a necessidade da citação dos interessados, não explicitada no Código Civil.

40.8 Das coisas vagas

Coisa vaga é a coisa perdida ou a que ninguém pertence e achada por outrem. Aquele que encontra coisa perdida ou que a ninguém pertence é denominado descobridor. O art. 741 do Código de Processo Civil manda que o descobridor entregue ao juiz a coisa descoberta e que este mande lavrar o respectivo edital para ciência de todos. Caso

---

[538] Art. 26 do CC: "Decorrido um ano da arrecadação dos bens do ausente, ou, se ele deixou representante ou procurador, em se passando três anos, poderão os interessados requerer que se declare a ausência e se abra provisoriamente a sucessão".

[539] Art. 37 do CC: "Dez anos depois de passada em julgado a sentença que concede a abertura da sucessão provisória, poderão os interessados requerer a sucessão definitiva e o levantamento das cauções prestadas".

o descobridor entregue a coisa à autoridade policial, esta imediatamente a encaminhará ao juízo competente, que tomará o mesmo procedimento.

Na verdade, a locução *entregue ao juízo* prevista no art. 741 do CPC deve ser interpretada como *depositada em juízo*, com todas as cautelas e formalidades da consignação. O passo seguinte é a publicação do edital nos mesmos moldes dos editais da herança jacente e dos bens dos ausentes.

Aqui também, o Código de Processo Civil tratou apenas dos atos de comunicação processual. No mais, observar-se-á, no comando do §3º do art. 746 do CPC, o disposto na lei.[540] [541]

40.9 Da interdição

Os arts. 747 a 758 do Código de Processo Civil traçam o procedimento de jurisdição voluntária referente à interdição de pessoas. A interdição é uma medida que se toma mediante a chancela jurisdicional no interesse do próprio interditando, porquanto pela interdição busca-se protegê-lo de sua própria insanidade ou prodigalidade. Entretanto, cabe chamar atenção que não raro este instrumento é utilizado com finalidade diversa daquela prevista na lei, ou seja, por vezes, requer-se a interdição, mormente de idosos ou anciãos, não para protegê-los de si próprios, porém, para prejudicá-los. Por isso mesmo, fica evidente na interdição, mais que em outros exemplos de jurisdição voluntária, a concreta possibilidade da instauração de contraditório, sem que isto transfigure a interdição de jurisdição voluntária para jurisdição contenciosa, pois não é a inexistência do contraditório que caracteriza a jurisdição voluntária e sim a inexistência de lide. Isto é evidente no procedimento de interdição porque a interdição é feita no interesse do interditando e não no interesse de quem a requer.

Como em outros procedimentos aqui já estudados, o Código de Processo Civil, no caso da interdição, também estabelece apenas o regramento do procedimento, sendo que suas causas são matérias tratadas no Código Civil.

Assim é que o art. 747 do CPC estabelece a legitimidade para a propositura da interdição do legitimando e, por conseguinte, possibilitando que a requeiram: o cônjuge ou o companheiro; os parentes ou tutores; o representante da entidade em que se encontra abrigado o interditando; ou o Ministério Público.

Quanto à legitimidade do cônjuge ou do companheiro assim como a legitimidade dos parentes não há maiores controvérsias, pois, no ambiente familiar, é absolutamente previsível que o cônjuge ou companheiro seja o mais apto funcionalmente a perceber a insanidade do interditando. Do mesmo modo acontece com os parentes, embora seja muitíssimo curioso que ao se referir aos parentes o Código não faça qualquer distinção entre eles ou os nomeie. Quanto à legitimidade atribuída aos tutores, a hipótese é a de menor tutelado que, ao atingir a maioridade por questões mentais ou de prodigalidade, seja incapaz. Como a maioridade encerra a tutela, o tutor do menor nesta condição está legitimado para requerer a interdição do seu tutelado. A legitimidade atribuída

---

[540] Art. 1.233 do CC: "Quem quer que ache coisa alheia perdida há de restituí-la ao dono ou legítimo possuidor. Parágrafo único. Não o conhecendo, o descobridor fará por encontrá-lo, e, se não o encontrar, entregará a coisa achada à autoridade competente".
[541] A matéria está disciplinada nos arts. 1.233 e seguintes do Código Civil.

ao representante da entidade em que se encontra abrigado o interditando é digna de observação por vezes desapercebida. Observe-se que o legitimado é o representante, obviamente legal, da entidade, portanto, pessoa física e não a própria entidade. Nos termos do art. 748 do CPC, a legitimidade do Ministério Público é restrita às hipóteses de doença mental grave do interditando e, ainda assim, se: a) nenhum dos outros legitimados existirem ou não promoverem a interdição; ou b) existindo, no caso de cônjuge, companheiro ou parentes, forem incapazes.

O parágrafo único do art. 747 do CPC determina que a legitimidade deverá ser comprovada por documentação que acompanhe a petição inicial, isto é, a comprovação da qualidade de cônjuge, companheiro, parente, tutor ou da representação legal da entidade em que esteja abrigado o interditando, bem como a prova da sua internação. Trata-se de hipótese análoga à do documento indispensável à propositura da ação tal como previsto no art. 320 do CPC. Todavia, precisamos lembrar que na interdição estamos em sede de jurisdição voluntária em que não há ação, porém, requerimento. Destarte, não se deve exigir o mesmo rigor, e, verificando o juiz a insuficiência da instrução documental da petição inicial, deverá conceder prazo ao requerente para que promova sua complementação.

O art. 749 do CPC traça regra semelhante à exigência do inc. III do art. 319 do CPC que determina a exposição dos fatos e dos fundamentos jurídicos do pedido como requisitos da petição inicial. *Mutatis mutandi*, é disto que trata o art. 749 do CPC quando manda que o autor, *rectius*, requerente, na petição inicial, especifique os fatos que demonstram a incapacidade do interditando para administrar seus bens e, se for o caso, para a prática dos atos da vida civil, bem como o momento em que a incapacidade se revelou, podendo e, pensamos nós, devendo, conforme prevê o art. 750 do CPC, juntar laudo médico para fazer prova de suas alegações ou, se não puder, esclarecer a razão pela qual não pode fazê-lo.

Ante o caso concreto e tendo sido requerida, desde que justificada a urgência da interdição, o juiz está autorizado pelo parágrafo único do art. 749 do CPC a nomear curador provisório ao interditando para prática de determinados atos. Compreenda-se que este dispositivo exige a um só tempo a existência de duas situações: a) a urgência decorrerá do estado mental do interditando comprovável mediante a documentação que instrui a inicial ou mesmo com audiência preliminar de justificação; b) a necessidade da nomeação imediata de curador, ainda que provisório, porquanto existam atos da vida civil, da administração do patrimônio do interditando, que precisem ser praticados com urgência.

A partir do art. 751 do CPC o procedimento abre uma variável bastante interessante. Diz o referido dispositivo que o interditando será citado para em dia designado comparecer perante o juiz, que o entrevistará minuciosamente acerca de sua vida, negócios, bens, vontades, preferências e laços familiares e afetivos e sobre o que mais lhe parecer necessário para o convencimento quanto à capacidade para praticar atos da vida civil, devendo ser reduzidas a termo as perguntas e respostas. O §1º manda o juiz ir ao local onde estiver o interditando se este não puder deslocar-se. O §2º prevê que a entrevista poderá ser acompanhada por especialista. O §3º permite o emprego de recursos tecnológicos capazes de permitir ou auxiliar o interditando a expressar suas vontades e preferências e a responder às perguntas formuladas. O §4º faculta ao juiz requisitar a oitiva de parentes e de pessoas próximas.

Este dispositivo cuida do exame do interditando pelo juízo. A obrigatoriedade de o juiz deslocar-se até o local onde se encontra o interditando pode ser substituída pela visita e consequente laudo técnico de perito nomeado pelo juízo. A permissão para o acompanhamento pelo especialista, provavelmente médico da área psiquiátrica, obviamente é uma garantia a mais para o próprio interditando. As possibilidades facultadas nos §§3º e 4º do art. 751 do CPC são desnecessárias, isso porque: a) em qualquer situação sempre poderá o juiz valer-se de recursos tecnológicos capazes de permitir ou auxiliar que o depoente, qualquer que seja sua qualidade processual, possa expressar suas vontades e responder às perguntas formuladas. O Código coloca o tema de maneira que fica parecendo que se não houvesse regra expressa, isto seria proibido; b) a oitiva de parentes ou de pessoas próximas se enquadra no poder que o juiz tem para formar o livre convencimento pelo qual decidirá pela interdição ou não. Portanto, desnecessárias tais previsões.

O art. 752 do CPC estabelece a possibilidade de o interditando impugnar o pedido de interdição. O prazo para isto é de 15 dias, certamente úteis, contados a partir da entrevista, isto é, do primeiro dia útil subsequente ao dia em que realizada a entrevista. Outra observação é que a redação foi infeliz, vez que não se trata tecnicamente e processualmente de pedido, porém de mero requerimento. Destarte é o requerimento e não o pedido de interdição que poderá ser impugnado.

Havendo a impugnação, o Ministério Público necessariamente intervirá como *custos legis*, não obstante o Código use a expressão *fiscal da ordem jurídica*, exceto se se tratar de interdição requerida pelo próprio Ministério Público. O §2º do art. 752 permite que o interditando constitua ele próprio advogado e caso não o faça deverá ser nomeado curador especial. O §3º prevê que caso o interditando não constitua advogado, o seu cônjuge, companheiro ou qualquer parente sucessível poderá intervir como assistente.

As situações processuais colocadas nos §§2º e 3º do art. 752 do CPC merecem crítica mais acurada. O §2º possibilita que o interditando constitua advogado, mas caso não o faça será nomeado um curador especial. Já o §3º traz aparentemente contradição, porquanto prevê que, se o interditando não constituir advogado, o seu cônjuge, companheiro ou qualquer parente sucessível poderá intervir como assistente. Ora, como assistente de quem? Evidentemente que do interditando, porquanto não faz o menor sentido possibilitar a assistência quando o adversário do assistente não tiver advogado. Observe-se, porém, que as figuras que podem intervir como assistente são também elas legitimadas para requerer a interdição nos termos do inc. I do art. 747 do CPC. Portanto, a hipótese só pode se aplicar à interdição promovida pelos legitimados nos incs. II, III e IV do art. 747 do CPC.

Em nosso entendimento existe verdadeira impropriedade nessa questão. Como vimos no momento próprio,[542] a assistência tem em comum com a substituição processual a circunstância de que tanto o assistente quanto o substituto processual são detentores de legitimação extraordinária. A assistência nasce sempre numa legitimação extraordinária subordinada; ao passo que a substituição processual nasce sempre numa legitimação extraordinária autônoma exclusiva. Logo se vê que o assistente só é parte secundária porque não pode ser parte principal. Sua legitimação é extraordinária logicamente porque

---

[542] Capítulo 11 – "Da assistência e da intervenção de terceiros", itens 11.3 – "Assistência e substituição processual" e 11.4 – "Assistência e litisconsórcio. Diferença de legitimação".

não pode ser ordinária. Ora, a legitimação do cônjuge ou do companheiro prevista no inc. I do art. 747 do CPC para promover a interdição é ordinária, e legitimado ordinário não pode ser assistente, salvo quando só o legitimado extraordinário puder propor a ação, o que não é o caso.

Nada obstante, o art. 753 do CPC dá prosseguimento ao procedimento de modo que com impugnação ou não, transcorrido o prazo de 15 dias da audiência com o interditando, o juiz determinará a produção de prova pericial para avaliação da capacidade para a prática dos atos civis. O §1º possibilita que o juiz determine um exame produzido por equipe multidisciplinar. O §2º impõe que o laudo pericial especifique, quando for o caso, os atos para os quais haverá necessidade de curatela.

As anotações necessárias aqui são que: a) em qualquer hipótese a perícia, multidisciplinar ou não, é necessária e imprescindível por força de lei para a decretação da interdição; b) a circunstância de um laudo pericial ter que determinar especificamente os atos para os quais haverá necessidade de curatela significa que, qualquer que tenha sido a intensidade do pedido, a interdição poderá ser total ou parcial, isto é, poderá impedir o interditando da prática de todos os atos da vida civil ou de apenas alguns deles, como é normal nos casos de prodigalidade.

A seguir, dispõe o art. 754 do CPC que, apresentado o laudo e se necessário produzidas outras provas e ouvidos os interessados, o juiz proferirá a sentença. A peculiaridade reside no conteúdo desta sentença, a qual, nos termos do art. 755 do CPC, se o juiz decretar a interdição terá que: a) nomear curador que poderá ou não ser o requerente e fixar os limites da curatela segundo o estado e o desenvolvimento mental do interdito; b) considerar as características pessoais do interdito, observando suas potencialidades, habilidades, vontades e preferências.

A nomeação do curador deverá ser atribuída a quem melhor possa atender o interesse do curatelado, ainda que não seja o requerente, cônjuge, companheiro ou parente. Caso o interdito, ao tempo da interdição, tiver pessoa incapaz sob sua guarda e responsabilidade, os interesses desse incapaz também serão levados em conta na nomeação do curador que ficará responsável pelos dois. Os limites da curatela que constarão da sentença têm relação direta com o laudo pericial que, como se viu antes, terá que indicar os atos para os quais haverá necessidade da curatela.

Vistos os aspectos materiais da curatela, quanto aos aspectos formais e externos, atente-se para o disposto no §3º do art. 755 do CPC que determina que a sentença de interdição será inscrita no registro de pessoas naturais e imediatamente publicada na internet, onde permanecerá por 6 meses, e também na imprensa local, uma vez, e no órgão oficial, por 3 vezes no intervalo de 10 dias, constando do edital os nomes do interdito, do curador, a causa da interdição, os limites da curatela e, não sendo total a interdição, os atos que o interdito poderá praticar autonomamente.

Trata-se de dar conhecimento geral da condição do interdito de modo a precaver terceiros em relação a eventuais negócios jurídicos que tenham ou que pretendam ter com o interdito. Das medidas de comunicação antes mencionadas, parece-nos que a mais eficaz é o registro da interdição no cartório das pessoas naturais, tanto que para vários negócios, notadamente transações imobiliárias, exige-se para lavratura da respectiva escritura que o vendedor apresente as certidões negativas de interdição e tutela.

O art. 756 do CPC passa a tratar do levantamento da curatela, vale dizer, da desinterdição, eis que cessada a causa, cessado o efeito. Ora, se a interdição visa à proteção do interditando, na medida em que a proteção não seja mais necessária, não há porque mantê-la. Por isso que o artigo em questão prevê as hipóteses de cabimento e as consequências do que o Código de Processo Civil chama de levantamento da curatela. Assim é que o requerimento de levantamento da curatela poderá ser feito pelo próprio interdito, pelo curador ou pelo Ministério Público e será apensado aos autos da interdição. Recebido o requerimento, o juiz nomeará perito ou equipe multidisciplinar para proceder ao exame do interdito e designará audiência de instrução e julgamento para a apresentação do laudo. Se acolhido o requerimento, o juiz decretará o levantamento da interdição e determinará a publicação da sentença, após o trânsito em julgado, com a mesma publicidade e formalidade que se exigiu quando da prolatação da sentença. Ainda neste tema, assim como a interdição, que pode ser total ou parcial, a desinterdição também poderá ser total ou parcial.

A primeira observação, como é óbvio, é que se tratando de jurisdição voluntária não há coisa julgada material; daí porque a sentença pode ser revista a qualquer tempo. A segunda observação é que a legitimidade para requerer o levantamento da curatela é bem mais restrita que a legitimidade para requerer a interdição, eis que agora só o próprio interdito, seu curador ou o Ministério Público poderão requerê-la e não mais qualquer parente ou o cônjuge ou o companheiro ou, ainda, o representante de entidade em que se encontre abrigado o interditando. A terceira observação diz respeito ao Ministério Público, que, para requerê-la, estava adstrito às situações previstas no art. 748, I e II, do CPC, entretanto, para requerer o levantamento da curatela não existem tais limites. A quarta observação é que a nomeação de perito ou de equipe multidisciplinar para examinar o interditando com vistas à sua desinterdição não guarda relação direta com a perícia efetuada para sua interdição. Isto é, não há necessidade de as perícias terem as mesmas características, o que significa que para a interdição poderá ter havido perícia multidisciplinar e para a desinterdição poderá bastar apenas a nomeação de perito e vice-versa.

40.10 Da tutela e da curatela

A tutela e a curatela são instintos de direito civil. Dá-se tutor ao órfão menor de idade por conta de sua incapacidade primeiro absoluta e depois relativa. Dá-se curador ao maior de idade que em razão de anomalia mental, senilidade ou prodigalidade não apresenta as condições satisfatórias, de, por si próprio, praticar os atos da vida civil.

O Código de Processo Civil nos arts. 759 a 763 dispõe sobre a tutela e a curatela. Isto é, sobre o procedimento a ser adotado, num e noutro caso, após a nomeação do tutor e do curador. Até então, o Código tratou do procedimento para a interdição, porém, deferida esta e nomeado o curador, há de se prover uma regulamentação do exercício desta curatela, assim como o procedimento da tutela após a nomeação do tutor.

O art. 759 do CPC determina que o tutor ou curador será intimado para prestar compromisso no prazo de 5 dias contados da: a) nomeação feita em conformidade com a lei; b) intimação do despacho que mandar cumprir o testamento público que o houver instituído (tutor). O compromisso será prestado em livro próprio rubricado pelo juiz.

O tutor ou curador precisa prestar compromisso para que possa iniciar o exercício de seu múnus. Para isso, são intimados nos termos da lei. A intimação decorrerá da nomeação quando feita pelo juiz, mormente nos casos de interdição ou do despacho que mandar cumprir o testamento ou o instrumento público que nomeou o tutor, porquanto pode o tutor ser nomeado em testamento.

No entanto, o tutor e o curador podem eximir-se do encargo apresentando suas escusas ao juiz no prazo de 5 dias contados: a) antes de aceitar o encargo, isto é, prestar compromisso, da intimação para prestá-lo; b) após o início do exercício da tutela e da curatela, do dia que sobreveio o motivo da escusa. Se a escusa não for requerida no prazo estabelecido, considerar-se-á renunciado o direito de alegá-la.

O §2º do art. 760 do CPC determina que o juiz decida de plano o requerimento (e não o pedido) da escusa e, se o indeferir, o nomeado terá que exercer a tutela ou a curatela até que o requerimento transite em julgado. Aqui, deve-se entender que os recursos não têm efeito suspensivo, mantendo-se a condição inicial até o trânsito em julgado. Mas isto não significa que transitando em julgado o tutor ou curador estará desonerado de seu encargo, porque o indeferimento do juiz poderá ser mantido na fase recursal.

A escusa é de iniciativa do próprio nomeado, já a remoção é de iniciativa de qualquer um que tenha interesse, normalmente parente ou o Ministério Público, um ou outro, sempre nos casos previstos em lei.

O parágrafo único do art. 761 do CPC possibilita a instauração do contraditório, que como já vimos não desnatura a jurisdição voluntária, ao determinar que o tutor ou curador cuja remoção foi requerida seja citado para contestar a arguição no prazo de 5 dias, findo o qual observar-se-á o procedimento comum. Algumas observações: a) não se trata de citação, porém, de intimação; b) o tutor ou curador não irá contestar a arguição, porém, impugná-la, haja vista tratar-se de jurisdição voluntária.[543]

O art. 762 do CPC permite ao juiz, em casos de extrema gravidade, os quais não declina nem exemplifica, que suspenda o tutor ou curador de seus encargos, nomeando interino. A diferença aqui é que a suspensão, em casos de extrema gravidade, poderá ser de ofício, isto é, mesmo que não haja requerimento de interessado ou do Ministério Público. Casos de extrema gravidade são os que põem em risco a saúde, a segurança, a vida, a educação do órfão ou do curatelado ou que ameacem a integridade e administração de seu patrimônio.[544]

Assim como tutor e o curador podem se escusar do encargo, cessando suas funções pelo decurso do prazo a que era obrigado a servir, nos termos do art. 763 do CPC, podem requerer sua exoneração do encargo. No caso do tutor, se não o fizer nos 10 dias seguintes da expiração do termo, entender-se-á reconduzido, salvo se o juízo o dispensar.

Cabe assinalar, por último, que tanto na tutela quanto na curatela a prestação de contas é imprescindível. O §2º do art. 763 do CPC é mandatório quando determina que cessada a tutela ou a curatela é indispensável a prestação de contas pelo tutor ou curador na forma da lei civil. A obrigatoriedade da prestação de contas funciona também como uma espécie de trava à exoneração, porquanto o juiz só decretará a exoneração após a

---

[543] Aplica-se à destituição do tutor as regras dos arts. 155 a 163 do Estatuto da Criança e do Adolescente. A competência é do Juízo da Infância e da Juventude, conforme art. 148, parágrafo único, "b", e art. 129, IX, e parágrafo único, todos do ECA. Já a destituição do curador ocorre de conformidade com as hipóteses previstas nos arts. 1.740 a 1.752 do Código Civil. Ver também art. 104 da Lei nº 6.015/73.

[544] NERY JR., Nelson; NERY, Rosa Maria de Andrade. *Comentários ao Código de Processo Civil*. São Paulo: Revistas dos Tribunais, 2015. p. 1.606.

prestação de contas. Obviamente, com a maioridade do tutelado, assim como a morte do curatelado, não haverá mais tutela nem curatela. Entretanto, o Código aqui está sinalizando que o procedimento da tutela ou da curatela só se encerra com a apreciação da prestação de contas. Contudo, a imprescindibilidade da prestação de contas não exige as formalidades previstas da ação de exigir contas. Como se vê do art. 553, parágrafo único do CPC, as contas do tutor e do curador serão prestadas em apenso aos autos do processo em que tiver sido nomeado.

40.11 Da organização e da fiscalização das fundações[545]

Fundação é a afetação de um patrimônio ou parte dele constituído pelo seu instituidor, ao qual a lei confere personalidade jurídica para que possa cumprir os objetivos da sua criação. Exatamente por isso, a fundação requer proteção significativa, de modo que, uma vez instituída, os desígnios de seu instituidor ou instituidores não sejam frustrados. Da sua organização e da sua fiscalização cuidam os arts. 764 e 765 do Código de Processo Civil.

O art. 764 do CPC prevê que os estatutos da fundação sejam submetidos, em atividade de jurisdição voluntária, à aprovação judicial, sempre que assim o requeira o interessado quando: a) o Ministério Público previamente a tiver negado; ou b) o interessado divergir do estatuto elaborado pelo Ministério Público. Explica-se: os estatutos da fundação podem e normalmente são elaborados pelo próprio instituidor ou por alguém por ele escolhido. Caso se queira constituir uma fundação e não haja quem elabore os estatutos, prevê o Código Civil no parágrafo único do art. 65 que esta tarefa competirá ao Ministério Público.

Os estatutos de uma fundação precisam estar de acordo com as regras dispostas no Código Civil e ser submetidos à aprovação do Ministério Público, que poderá modificá-los ou substituí-los por outros. Nesses casos, se o interessado, normalmente o instituidor, não concordar com a não aprovação, com as alterações ou com a substituição promovidas pelo Ministério Público, poderá ir ao judiciário requerer que o juiz aprove os estatutos originais.

O §2º do art. 764 do CPC diz que o juiz pode determinar alterações nos estatutos. A redação deste parágrafo soa estranha porque a ida ao judiciário só se justifica pela divergência com o Ministério Público. Portanto, estas modificações devem ser outras que não as requeridas pelo Ministério Público. Repare-se, todavia, que o juízo só está autorizado a determinar alterações para adequar os estatutos ao objetivo do instituidor da fundação.

O art. 765 do CPC dispõe sobre a extinção da fundação que pode ser requerida por qualquer interessado nas seguintes hipóteses: a) seu objeto tornar-se ilícito; b) for impossível sua manutenção; c) vencer o prazo de sua existência.

É fácil perceber que a postulação em juízo de extinção da fundação pode ser impugnada. Contudo, ainda que seja necessário adotar o procedimento comum, isto

---

[545] Nesta seção evidentemente o Código está tratando das fundações de direito privado e não das fundações públicas ou mesmo das fundações de direito privado instituídas pelo poder público. As fundações de que trata a seção, na forma do art. 44, III, do CC, são pessoas jurídicas de direito privado, instituídas de forma solene, sempre por escritura pública ou por testamento público, conforme prevê o art. 66 do CC.

não descaracteriza a natureza de jurisdição voluntária do procedimento, porquanto, como já se disse antes, não é a inexistência de contraditório que caracteriza a jurisdição voluntária, porém a inexistência de lide. Assim como no exemplo da impugnação da interdição, também aqui não há lide porque não há conflito de interesses, na medida em que a fundação será extinta ou não no interesse do seu próprio instituidor.

40.12 Da ratificação dos protestos marítimos e dos processos testemunhais formados a bordo

Os arts. 766 a 770 do Código de Processo Civil tratam da ratificação em terra dos protestos e processos testemunháveis marítimos feitos a bordo de navios. Pelas leis marítimas de navegação, sempre que necessário e urgente, podem ser lavrados protestos ou processos testemunháveis a bordo. Tais protestos e processos terão que ser lavrados no diário de navegação, também conhecido como diário de bordo ou *log book*. No primeiro porto seguinte à lavratura do ato a que o navio chegar, no prazo de 24 horas deverá o comandante apresentá-lo ao juiz da comarca para ratificação do ato.[546]

Protestos ou processos testemunháveis são expressões equivalentes. Visam pré-constituir, no momento da ocorrência, prova a ser oportunamente utilizada em juízo. *Mutatis mutandi*, é como se fosse uma produção antecipada de prova, com a peculiaridade que ocorre a bordo de navio. Trata-se de documentar formalmente, qualquer que seja o meio utilizado, no diário de navegação, fato importante ocorrido durante a viagem que possa ter consequências jurisdicionais futuras. Normalmente dizem respeito a avarias, perdas e desvio de cargas.

Ainda pelas leis marítimas e convenções internacionais sobre navegação, sabe-se que o comandante do navio é a autoridade máxima a bordo, ainda que o armador esteja presente. Por isso, cabe a ele lavrar ou mandar lavrar as anotações no diário de navegação.

A petição inicial de ratificação judicial conterá a transcrição dos termos lançados no livro diário de navegação e será instruída com cópias das páginas que contenham os termos que serão ratificados, dos documentos de identificação do comandante e das testemunhas arroladas, do rol de tripulantes, do documento de registro da embarcação e, se preciso for, do manifesto das cargas sinistradas e a qualificação de seus consignatários, traduzidos, quando for o caso, de forma livre para o português.

Nos termos do art. 768 do CPC o juiz ouvirá, sob compromisso, o comandante e as testemunhas, no mínimo de 2 e no máximo de 4, valendo-se de tradutor se necessário for. Se os consignatários das cargas indicados na inicial, bem como eventuais interessados, não estiverem presentes, será nomeado curador para o ato.

O art. 770 do CPC diz que, ouvidos o comandante e as testemunhas, se o juiz estiver convencido da veracidade dos termos lançados no diário de navegação, na própria audiência ratificará por sentença o protesto ou o processo testemunhável lavrados a bordo, dispensado o relatório.

---

[546] "A ação de ratificação de protesto marítimo, ainda que guarde correlação com o art. 109, III e IX da CRFB/88, que determinam a competência da Justiça Federal é da competência da Justiça Estadual, haja vista tratar-se de procedimento de jurisdição voluntária, onde não existe relação jurídica em que figure os entes federativos (STJ, 2ª Seção, CC59018/PE, Rel. Min. Castro Filho DJU 19/10/2006)".

Embora o Código prestigie o livre convencimento do juízo, há de se asseverar que o protesto e o processo testemunhável lavrado no livro de navegação a mando do comandante gozam de presunção de veracidade.

Encerrado o procedimento e independentemente do trânsito em julgado, serão os autos entregues ao autor, *rectius*, requerente, independentemente de traslado.

CAPÍTULO 41

DO PROCESSO ELETRÔNICO

41.1 Considerações gerais

Sabidamente uma das áreas mais reticentes à adoção de novas tecnologias, mormente quanto à forma e à documentação dos atos processuais, o direito finalmente se rendeu à informatização eletrônica e aos meios digitais de comunicação. Como toda inovação, a moderna tecnologia da informática introduzida no processo rompe com uma longa e monolítica tradição da escrita e do papel como instrumentos de documentação, a ponto de no processo civil a prática forense considerar a prova documental a rainha das provas.

Se por um lado as vantagens são inegáveis, sobretudo no que se refere à celeridade de tramitação do processo, velocidade da comunicação dos atos e concomitância de acesso pelos vários interessados; por outro lado, as críticas são contundentes, mormente no que diz respeito à segurança contra as fraudes processuais, à dificuldade da digitalização e da produção da prova documental e, principalmente, aos intrincados passos necessários para o acesso ao processo.

Nesse ponto específico, observe-se por exemplo o desconforto para o operador do direito ante a circunstância da existência de *softwares* diferentes nas diversas justiças especializadas e que não conversam entre si. A isto deve-se adicionar a circunstância de que os tribunais de justiça e as justiças federais especializadas gozam de grande autonomia com relação à organização e à administração internas. É bem verdade que a criação do Conselho Nacional de Justiça e, a reboque, a sua intervenção na adoção de padrões idênticos ou pelo menos similares de programas tende a minimizar este desconforto.

Como todas as tecnologias, se bem utilizada e aproveitada a informática certamente trará benefícios incalculáveis. No que aqui nos interessa, no processo civil, não obstante as críticas plausíveis sobre a sua implantação, a informática trouxe progressos evidentes, principalmente na marcha processual.

Nesse sentido, é inegável que no processo eletrônico há uma ampliação da publicidade e maior facilidade de acesso. Inegável, também, que o processo eletrônico simplifica o acesso das partes aos autos, a prática de atos nas comarcas distantes e aproxima o debate processual da realidade fática mediante a adoção de um contraditório menos formal.[547]

Interessante nessa questão é que se de um lado o processo eletrônico significa um avanço importante na garantia constitucional do direito a um processo de duração razoável para o jurisdicionado; de outro, preocupa que as demais garantias fundamentais como o contraditório, a ampla defesa e, principalmente, o devido processo legal sejam preteridas em nome da maior celeridade que os meios eletrônicos possibilitam.

Nesse contexto, há de se consignar que não se pode nem se deve inverter a ordem das coisas, vez que a informática deve servir ao processo. Portanto, os programas precisam ser aptos para atender às exigências processuais, principalmente no que diz respeito às garantias e não o contrário, isto é, adequar-se o processo às exigências da tecnologia.

Neste ponto, a evolução do direito encontra-se numa encruzilhada, embora os garantistas aceitem com certa reserva as inovações trazidas pelo processo eletrônico, temendo sua descaracterização ou a sua transformação em mero expediente formulário de preenchimento de campos, outros preconizam que a revolução tecnológica virtual mudará o mundo assim como a revolução industrial o fez há 3 séculos. Portanto, há que se produzir uma nova teoria geral do ato processual eletrônico.

Esta nova teoria do ato processual eletrônico, à luz dos novos tempos, se ocupará do lugar, dos prazos e da prática dos atos processuais. Também será necessária uma nova teoria de nulidades dos atos processuais eletrônicos, levando em conta que os autos eletrônicos estão concomitantemente à disposição de todos os sujeitos do processo. Esta nova teoria geral do ato processual eletrônico e das nulidades inevitavelmente implicará a revisão da forma dos atos, porquanto é pela forma que se controla a legalidade, mas se a forma muda, os parâmetros de avaliação da regularidade também precisarão mudar. Haverá também outras implicações, como exemplo, na fixação da competência territorial e na prática de atos orais a distância.[548]

41.2 Processo ou procedimento eletrônico

Na verdade, não existem nem processo nem procedimentos eletrônicos ainda no sistema jurídico processual brasileiro. Processo e procedimento são abstrações. Processo é método e instrumento. Procedimento é a exteriorização da atuação prática da marcha dos atos e das fases que compõem o método. Portanto, o que pode ser eletrônico, no sistema atual, não é o processo nem o procedimento, porém, a base de documentação dos atos processuais praticados no procedimento.

Relembre-se que a principal característica do processo como relação jurídica continuativa, que se desenvolve por meio da sucessão de atos ao longo do tempo, é a unidade que decorre da totalidade do conjunto de atos finalísticos à realização da jurisdição, daí sua versão instrumental, ou seja: o método dialético pelo qual se visa solucionar, pela autoridade jurisdicional, com força de coisa julgada, um conflito de

---

[547] BAIOCO, Elton. *Processo eletrônico e sistema processual*. O processo civil na sociedade da informação. 2. ed. Curitiba: Juruá, 2016. p. 30.
[548] ALMEIDA FILHO, José Carlos de Araújo. *Processo Eletrônico e teoria geral do processo eletrônico*: a informatização judicial no Brasil. 3. ed. Rio de Janeiro: Forense, 2010. p. 259.

interesses. Procedimento é a mesma sucessão de atos, porém, observada em seu sentido dinâmico, isto é, o movimento desses atos dentro da totalidade unitária do processo.[549]

Nada obstante, tanto a lei instituidora do processo judicial eletrônico como o Código de Processo Civil, em péssima técnica legislativa, rotulam essa nova forma de documentação digital da prática dos atos processuais de processo eletrônico.

Cabe observar que a Lei nº 11.419/06 que instituiu o processo judicial eletrônico não foi revogada pelo Código de Processo Civil atual, que lhe é posterior. Referida lei introduziu no ordenamento jurídico pátrio a informatização do processo judicial. Inicialmente, sua ementa reportava-se às alterações produzidas no Código de Processo Civil de 1973, então em vigor. Muitas delas, hoje, encontram-se incorporadas ao Código de Processo Civil atual.

Como se vê, falar em processo judicial eletrônico é muito mais que a tímida experiência brasileira nesse campo. De fato, o que se alterou foi a documentação e a forma procedimental da prática dos atos processuais, principalmente os que dizem respeito à comunicação processual. Entretanto, em nosso entendimento, fora isto, as alterações havidas limitam-se à digitalização de papéis e à informatização da atual burocracia. Em outras palavras: o chamado processo judicial eletrônico não traz qualquer avanço significativo na teoria geral do processo ou na visão do processo como instrumento da jurisdição e da própria democracia.[550]

41.3 Da informatização do processo judicial

Embora aqui nos interesse o processo civil, a informatização do processo judicial, nos termos da sua lei instituidora, pode se aplicar também ao processo trabalhista, ao processo penal e aos processos de competência dos juizados especiais.

A informatização processual baseia-se no seguinte tripé: a) meio eletrônico; b) transmissão eletrônica; e c) assinatura eletrônica. Por meio eletrônico, deve-se entender o armazenamento e o tráfego de documentos e de arquivos digitais. Por transmissão eletrônica, entenda-se a comunicação a distância com a utilização de redes de comunicação, preferencialmente a rede mundial de computadores (*web*). Por assinatura eletrônica, entenda-se a identificação inequívoca do signatário, que poderá ser verificada pela assinatura digital constante do certificado digital anteriormente emitida pela autoridade certificadora ou mediante cadastro de usuário no Poder Judiciário, conforme disciplinado pelos respectivos órgãos.

Os atos processuais praticados por meio eletrônico são considerados para todos os fins de direito efetivamente realizados, prontos e acabados no dia e hora do seu envio, devidamente eletronicamente assinados, ao sistema do Poder Judiciário, sendo necessário o fornecimento ao usuário do protocolo eletrônico.

Temos aqui, na forma do art. 3º da Lei nº 11.419/06, duas importantes definições para a garantia processual. Uma é que, enviada a peça processual pelo meio eletrônico para o sistema do poder judiciário, o ato considera-se praticado, independentemente de qualquer outra formalidade. A outra garantia é que o sistema terá que fornecer um

---
[549] COUTURE, Eduardo Juan. *Fundamentos del derecho procesal civil*. 2. ed. Buenos Aires: Depalma, 1951. p. 101-102.
[550] No mesmo sentido BAIOCO, Elton. *Processo eletrônico e sistema processual*. O processo civil na sociedade da informação. 2. ed. Curitiba: Juruá, 2016. p. 160.

recibo do envio. Portanto, mesmo que não haja este protocolo eletrônico, caso o sistema não acuse a recepção, se o jurisdicionado tiver comprovação de que fez o envio eletrônico corretamente, o ato estará praticado.

O parágrafo único do art. 3º da lei instituidora do processo judicial eletrônico traz outra regra de garantia processual bastante significativa, quando expressamente indica que na contagem de prazo processual, para efeito de verificação da tempestividade, consideram-se realizadas as transmissões até as 24h do último dia do prazo.

41.4 Dos atos de comunicação processual por via eletrônica

A principal inovação trazida pelo processo judicial eletrônico com relação aos atos de comunicação processual é a possiblidade de os Tribunais de Justiça criarem Diários da Justiça Eletrônicos, os quais são disponibilizados em sítio da rede mundial de computadores, isto é, *site* do Tribunal, para publicação dos atos judiciais e administrativos bem como para comunicação em geral. É o que na prática se denomina de Diário Oficial Eletrônico. A criação deste novel instrumento é autoexplicativa, porquanto não seria crível informatizar o processo e a comunicação processual continuar restrita aos meios físicos de publicação do Diário Oficial em jornal de papel.

O §2º do art. 4º da Lei nº 11.419/06 estabelece a exclusividade da comunicação eletrônica, dando-lhe o poder de substituir qualquer outro meio de publicação oficial para quaisquer efeitos legais, com exceção dos casos que por lei exijam intimação pessoal. Preocupou-se também a lei, no §3º do referido artigo, com o início dos prazos que segue a regra geral do primeiro dia útil seguinte ao de sua publicação, assim como a regra de que, não caindo o último dia em dia útil, o prazo fica prorrogado até o dia útil subsequente.

Solução inusitada foi a encontrada pelo legislador para a fixação do momento em que se pode considerar efetivada a intimação quando esta ocorrer via *e-mail*. Duas são as possibilidades: a) no momento em que o intimado acessar o *e-mail* para consulta e se isto ocorrer em dia não útil, considerar-se-á a intimação feita no primeiro dia útil seguinte; b) considerar-se-á a intimação automaticamente realizada ao término do prazo de dez dias de seu envio, presumindo-se que neste prazo o interessado acessou a consulta.

Independentemente da adoção da prática dos atos de comunicação processual pela via eletrônica, o legislador foi criterioso ao permitir e excepcionar no §5º do art. 5º da lei que nas hipóteses de urgência em que a intimação eletrônica possa causar prejuízo ou se evidenciada tentativa de burla ao sistema, o ato deverá ser realizado por outro meio que atinja sua finalidade, a ser determinado pelo juízo.

Observe-se que é necessário cumulativamente que haja urgência e que a intimação eletrônica possa causar prejuízo à parte. Outra hipótese é a constatação de tentativa de burla ao sistema.

O legislador adiantou-se aos questionamentos doutrinários quanto à natureza jurídica deste tipo de intimação, ao dispor no §6º do mesmo artigo que as intimações eletrônicas, inclusive da Fazenda Pública, serão consideradas pessoais para todos os efeitos legais. Isto significa que o destinatário da intimação eletrônica será considerado como se fora intimado *in facie*, por mandado judicial e por oficial de justiça.

Existe, entretanto, uma previsão legal que, a nosso ver, destoa da preocupação do legislador com as garantias constitucionais processuais. Conforme se verifica do art. 6º da Lei nº 11.419/06, as citações, inclusive da Fazenda Pública, exceto quando se tratar de processo penal ou infracional, poderão ser feitas por meio eletrônico, desde que a íntegra dos autos seja acessível ao citando.

Esta regra, em nosso entendimento, é inconstitucional, porquanto a citação difere da intimação na medida em que pela citação não só se dá ciência ao citando de que contra ele foi deduzida uma pretensão em juízo, como também ele é instado a responder à ação, de modo a estabelecer a dialética processual. Até então, teoricamente, este futuro réu não sabe da existência de ação proposta. Daí porque entendemos que as citações devam continuar sendo feitas, de regra, pessoalmente e por oficial de justiça. Logicamente, aqui estamos nos referindo às citações iniciais, não aquelas que ao curso do procedimento podem ser feitas na pessoa do advogado da parte. Estas, muitas vezes chamadas de intimações no Código de Processo Civil, uma vez já estabelecida a relação jurídica processual, evidentemente, podem ser feitas por meio eletrônico.

Na prática, a citação inicial eletrônica só tem sido permitida e utilizada pelos Tribunais quando é também do interesse do próprio citando. É o que normalmente ocorre com grandes empresas, prestadoras de serviços e concessionárias de serviços públicos que recebem número significativo de ações referentes ao direito do consumidor. Nesses casos, a empresa poderá obter cadastro junto ao Tribunal de modo a receber as citações por via eletrônica.

A comunicação eletrônica dos atos processuais se basta, pois não precisa ser confirmada por outros meios. O quadro é o seguinte: a) citação eletrônica quando houver cadastro previamente instaurado no tribunal e no interesse do citando. Portanto, a citação, de ordinário, continua se utilizando dos métodos tradicionais; b) as intimações admitem duas possibilidades: pelo *e-mail* do advogado, presumindo-se acessado o endereço eletrônico no prazo de 10 dias úteis, ou pelo Diário Oficial de Justiça Eletrônico.

41.5 Do processo judicial eletrônico

O §1º do art. 4º da Lei nº 11.419/06 preconiza que citações, intimações, notificações e remessas que viabilizem o acesso à íntegra do processo correspondente serão consideradas vista pessoal do interessado para todos os efeitos legais. Nada mais coerente. Se a intimação já abre a possibilidade da visualização de todo processo, é mesmo de se considerar vista dos autos, pois, diferentemente do "processo físico", não há necessidade de carga.

O §2º prevê a possibilidade de utilização das regras tradicionais para a prática de atos de comunicação processual quando a utilização dos meios digitais não for possível, isto é, não sendo possível a comunicação eletrônica dos atos processuais, o efeito pretendido poderá ser atingido com a utilização dos meios físicos da prática de tais atos, sem que o processo perca a característica de eletrônico.

Definição tecnicamente interessante é a contida no art. 11 da Lei nº 11.419/06 quando considera originais os documentos eletronicamente produzidos e juntados no processo eletrônico com a garantia da origem e do seu signatário. Os documentos digitalizados têm a mesma força probante dos originais, ressalvada a alegação motivada de adulteração fraudulenta antes ou depois da digitalização.

São duas situações diferentes: no primeiro momento, a lei está dando originalidade ao documento produzido e assinado digitalmente, isto é, diretamente no computador com a assinatura digital dos participantes, por isso a norma usa a expressão *documentos eletronicamente produzidos*. No segundo caso, a lei não está reconhecendo a originalidade do documento criado em outra plataforma, normalmente papel, ao depois digitalizado e nessa dimensão juntado ao processo eletrônico. Neste caso, a lei empresta ao documento digitalizado a mesma força probante que o original, mas não lhe está equiparando ou considerando documento original.

O que preocupa, nessas hipóteses, não é a qualidade de original nem a força probante do documento digitalizado, até porque, sem tais previsões, o processo judicial eletrônico seria praticamente inviável. A preocupação nesse tema também não está na possível adulteração do documento, mas na própria formação ou criação original de documento falso, isto é, a falsidade digital. Isto preocupa em razão da dificuldade da produção da prova da falsidade de documento digital. Já com relação ao documento digitalizado, a preocupação é menor, porquanto a lei não lhe confere a originalidade e, dessa forma, haverá sempre o original para ser comparado e periciado.

Sabiamente o legislador positivou este cuidado quando no §3º do art. 11 da referida lei determinou que os originais dos documentos digitalizados deverão ser preservados pelo seu detentor até o trânsito em julgado da sentença ou, quando a ação for daquelas que possibilite, em tese, a propositura de ação rescisória até o final do prazo para a interposição desta.

Duas previsões da lei chamam a atenção no que se refere a possíveis entraves, obstáculos ou impedimentos para a produção ou o envio de peças ou documentos no processo judicial eletrônico, são elas: a) se pelo volume dos documentos ou por motivo de ilegibilidade for tecnicamente impossível a digitalização ou seu envio, os documentos serão entregues em cartório ou na secretaria, no prazo de 10 dias contados do envio da petição eletrônica que comunicou tal fato e serão devolvidos à parte após o trânsito em julgado; b) se os autos do processo eletrônico tiverem que ser remetidos a outro juízo ou instância superior que não disponham de sistema compatível, deverão ser impressos em papel e assim enviados, ainda que se trate de processo de natureza criminal, trabalhista ou de juizado especial.

No primeiro caso, da impossibilidade da digitalização ou do envio de documentos, a lei reconhece que às vezes a natureza do documento, seja pelo volume, seja pela sua precariedade de conservação, impede a digitalização, mormente quando se trate, por exemplo, de plantas de difícil digitalização e compreensão na própria disposição da tela do computador. Assim, também, acontece com documentos muito antigos e que, uma vez digitalizados, tornam-se inelegíveis, isto sem falar que conforme o estado de conservação do documento, o processo de digitalização poderá deteriorá-lo.

No segundo caso, a lei reconhece a dificuldade que pode haver quando por qualquer motivo processual, entre estes o mais comum, o declínio de competência ou as cartas de vênia e as cartas de ordem, o órgão jurisdicional receptor não esteja aparelhado tecnicamente para receber os autos eletrônicos. Neste caso, a solução adotada é a impressão do processo em papel e nesta forma seu envio ao juízo endereçado. O legislador aqui não disse, porém, parece-nos que haverá verdadeira migração de eletrônico para físico e a partir de então o processo se tornará físico.

A recíproca é verdadeira, permite-se a migração do processo físico para o processo eletrônico, seja pelo avanço na implantação do processo judicial eletrônico no respectivo tribunal, seja pela modificação de instância provocada pela interposição de recursos.

Por último, cabe uma advertência: como se viu, excepcionalmente, é possível a prática de atos processuais em papel no processo eletrônico, todavia o mesmo não se dá no sentido inverso, isto é, não é possível a prática de ato processual por meio eletrônico em processo físico.[551]

---

[551] Sobre a utilização de documentos – e não a prática de atos processuais eletrônicos – em "processo físico" remetemos o leitor para o capítulo 23 – "Da instrução do processo. Das provas", item 23.13 – "Dos documentos eletrônicos".

REFERÊNCIAS

AGUIAR, João Carlos Pestana de. *Comentários ao Código de Processo Civil*. São Paulo: Revista dos Tribunais, 1974. v. IV.

ALMEIDA FILHO, José Carlos de Araújo. *Processo Eletrônico e teoria geral do processo eletrônico*: a informatização judicial no Brasil. 3. ed. Rio de Janeiro: Forense, 2010.

ALMEIDA JUNIOR, João Mendes de. *Direito judiciário brasileiro*. 2. ed. Rio de Janeiro: Freitas Bastos, 1918.

AMERICANO, Jorge. *Da ação rescisória*. São Paulo: Saraiva, 1936. v. 3.

AMERICANO, Jorge. *Processo civil e comercial*. São Paulo: Saraiva, 1925.

AMORIM FILHO, Ângelo. Critério científico para distinguir a prescrição da decadência e para identificar as ações imprescritíveis. *Revista de Direito Processual Civil*, n. 3.

ANDRADE, Manuel A. Domingues de. *Ensaio sobre a teoria da interpretação das leis*. 3. ed. Coimbra: Armênio Amado Editor, 1978.

ARAGÃO, Egas Dirceu Moniz de. *Comentários ao Código de Processo Civil*. 2. ed. Rio de Janeiro: Forense, 1976.

ARAGÃO, Egas Dirceu Moniz de. *Comentários ao Código de Processo Civil*. 10. ed. Rio de Janeiro: Forense, 2005. v. II.

ARAÚJO, Paulo Sergio Cavalcanti. Precatórios na Justiça Estadual de Pernambuco. *Revista de Direito*, Recife, v. 17, set. 2000.

ARISTÓTELES. *A política*. Tradução de Roberto Leal Ferreira. 3. ed. São Paulo: Martins Fontes, 2006.

ARRUDA, Alvim. *Código de Processo Civil comentado*. São Paulo: Revista dos Tribunais, 1972. v. III.

ASSIS, Arakem. *Comentários ao Código de Processo Civil*. 3. ed. Rio de Janeiro: Forense, 2009. v. VI.

ASTOLFI, Ricardo. *Reivindicácio Novíssimo Digesto Italiano*. Turim: Unione Tipográfico Editrice Torinese. v. XV.

BACCARIA, Edson. *Liquidação da sentença trabalhista*. São Paulo: Cargine, 1984.

BAIOCO, Elton. *Processo eletrônico e sistema processual*. O processo civil na sociedade da informação. 2. ed. Curitiba: Juruá, 2016.

BARBI, Celso Agrícola. *Comentários ao Código de Processo Civil*. 13. ed. Rio de Janeiro: Forense, 2008. v. 1.

BATISTA, Francisco de Paula. *Compêndio de teoria e prática de processo civil*. 8. ed. São Paulo: M Teixeira, 1909.

BATISTA, Francisco de Paula. *Compêndio de theoria e prática de processo civil*. 3. ed. São Paulo: M Teixeira, 1908.

BAUM, Lawrence. *A Suprema Corte americana*. Tradução de Élcio Cerqueira. Rio de Janeiro: Forense, 1987.

BERMUDES, Sérgio. *A reforma do Código de Processo Civil (observações às Leis nºs 8.950, 8.951 e 8.953, de 13.12.94)*. Rio de Janeiro: Freitas Bastos, 1995.

BERMUDES, Sergio. *Iniciação aos estudos do direito processual civil*. Rio de Janeiro: Líber Júris, 1973.

BETTI, Emilio. *Diritto processuale civile*. Roma: Societa Editrice Del Foro Italiano, 1936.

BETTI, Emilio. *Teoria generale del negozio giuridico*. Torino: Unione Tipografico-editrice Torinese, 1950.

BEVILÁQUA, Clovis. *Código Civil dos Estados Unidos do Brasil comentado por Clovis Beviláqua*. 1940. Rio de Janeiro: Rio, 1975. Edição histórica.

BIONDI, Biondo. *Istituzioni di diritto romano*. Milão: Giuffrè, 1939.

BONNIER, Edouard. *Traité théorique et pratique des preuves en droit civil et en droit criminel*. Paris: H. Plon, 1873. v. 2.

BUENO, José Antonio Pimenta. *Apontamentos sobre as formalidades do processo*. 3. ed. Rio de Janeiro: J. Ribeiro dos Santos, 1911.

BÜLLOW, Oskar Von. *La teoria de las exceptiones procesales y los presupuestos procesales*. Tradução de Miguel Angel Rosas Lichtschein. Buenos Aires: EJEA, 1962.

BUONAMICI, F. L'Actio Auctoritatis dell' Antiquo Diritto Romano. *Archivio Giuridico*, Piza, v. 39, 1982.

BURNS, Edward McNall. *História da civilização ocidental*: do homem das cavernas às naves espaciais. Tradução de Donaldson M. Garshagen. 36. ed. São Paulo: Globo, 1995.

BUZAID, Alfredo. *Ação declaratória no direito brasileiro*. 2. ed. São Paulo: Saraiva, 1986.

CADORE, Márcia Regina Lusa. *Súmula vinculante e uniformização de jurisprudência*. São Paulo: Atlas, 2007.

CAHALIA, Yussef Said. *Dos alimentos*. 5. ed. São Paulo: Revista dos Tribunais, 2007.

CALAMANDREI, Piero. *Eles, os juízes vistos por um advogado*. Tradução de Eduardo Brandão. São Paulo: Martins Fontes, 2000.

CALAMANDREI, Piero. *Instituciones del derecho procesal civil*. Buenos Aires: Ediciones Jurídicas Europa-America, 1943. v. III.

CALAMANDREI, Piero. *Instiuzione de diritto processuale civile*. Pádua: Vari, 1944. v. I.

CALAMANDREI, Piero. La cassazione civile – v. 2. *Opere Giuridiche*, Nápoles, v. 7, 1976.

CALAMANDREI, Piero. *La chiamata in garanzia*. Milão: Società Editrice Libraria, 1913.

CALAMANDREI, Piero. *Rivista de Diritto Processuale*, Pádua, ano V, n. 1, 1950.

CÂMARA, Alexandre Freitas. Das relações entre arbitragem e o Poder Judiciário. *Revista de Direito da Associação dos Procuradores do Novo Estado do Rio de Janeiro*, Rio de Janeiro, v. XVIII, 2006.

CÂMARA, Alexandre Freitas. *Lições de direito processual civil*. 18. ed. Rio de Janeiro: Lumen Juris, 2008. v. 1.

CÂMARA, Alexandre Freitas. *Lições de direito processual civil*. 23. ed. São Paulo: Atlas, 2014. v. I.

CÂMARA, Alexandre Freitas. *O novo processo civil brasileiro*. 2. ed. São Paulo: Atlas, 2016.

CÂMARA, Alexandre Freitas. *O novo processo civil*. São Paulo: Atlas, 2016.

CAPPELLETTI, Mauro. *La Testimonianza dela Parte nel Sistema dell' oralità, §4º, I/59*. Milão: Giuffrè, 1974.

CARNEIRO, Athos Gusmão. *Audiência de instrução e julgamento*. Rio de Janeiro: Forense, 1962.

CARNEIRO, Paulo Cezar Pinheiro. *Aspectos processuais da nova Lei de Arbitragem*. Rio de Janeiro: Forense, 1996.

CARNEIRO, Paulo Cezar Pinheiro. *Comentários ao CPC*. Rio de Janeiro: Forense, 2005.

CARNELUTTI, Francesco. *Diritto e processo*. Napoli: Morano, 1958.

CARNELUTTI, Francesco. *Instituciones del nuevo processo civil italiano*. 4. ed. Barcelona: Ediciones Jurídicas Olenik, 1942.

CARNELUTTI, Francesco. *La contumacia nel processo civile*. Studi di diritto processuali. Pádua: Cedam, 1939. v. 3.

CARNELUTTI, Francesco. *Lezioni*. Pádua: Cedam, 1930.

CARNELUTTI, Francesco. Note sull' accertamento negoziale. *Riv. Di. Dir. Pro.*, XVII/XVI, 1940.

CARNELUTTI, Francesco. *Sistema del diritto processuale civile*. Pádua: Cedam, 1938. v. II.

CARNELUTTI, Francesco. *Sistema di diritto processuale civile*. Pádua: Cedam, 1958. v. 1.

CARNELUTTI, Francesco. *Teoria generale del diritto*. 3. ed. Roma: Soc. Ed. Del Foro Italiano, 1951.

CASATI, Ettore; RUSSO, Giácomo. *Manuale del diritto civile italiano*. 2. ed. Turim: UTET, 1950.

CASTRO, Amilcar de. *Comentários ao Código de Processo Civil*. São Paulo: Revista dos Tribunais, 1973. v. VIII.

CELSO. *Institutas de Justiniano*. De Act IV, 6: "Actio autem nihil aliud est, quam jus persequendi judicio quod sibi debetur". São Paulo: Edipro, 2001.

CHIOVENDA, Giuseppe. *Instituições de direito processual civil*. São Paulo: Saraiva, 1965. v. I.

CHIOVENDA, Giuseppe. *Instituições de direito processual civil*. São Paulo: Saraiva, 1945. v. III.

CHIOVENDA, Giuseppe. *Instituições de direito processual civil*. São Paulo: Saraiva, 1965. v. III.

CHIOVENDA, Giuseppe. *Instituições de processo civil*. 1. ed. São Paulo: Saraiva, 1942. v. III.

CHIOVENDA, Giuseppe. *Istituzioni di diritto processuale civile*. Nápoles: Jovene, 1933.

CHIOVENDA, Giuseppe. *Principie di diritto processuale civile*. 2. ed. Nápoles: Jovene, 1936. v. II.

CHIOVENDA, Giuseppe. *Principii di diritto processuale civile*. Nápoles: Jovene, 1928.

CHIOVENDA, Giuseppe. *Saggi di diritto processuale civile*. 2. ed. Roma: Foro It, 1930. v. I.

CINTRA, Antônio Carlos Araújo; GRINOVER, Ada Pellegrini; DINAMARCO, Cândido Rangel. *Teoria geral do processo*. 24. ed. São Paulo: Malheiros, 2008.

COSTA, Alfredo Lopes da. *A Administração Pública e a ordem jurídica privada (jurisdição voluntária)*. Belo Horizonte: B. Alvares, 1961.

COSTA, Alfredo Lopes da. *Direito processual civil brasileiro*. Rio de Janeiro: J. Konfino, 1946. v. 3.

COSTA, Coqueijo. *Direito processual do trabalho*. 2. ed. Rio de Janeiro: Forense, 1984.

COUTURE, Eduardo Juan. *Fundamentos del derecho procesal civil*. 2. ed. Buenos Aires: Depalma, 1951. Ed. Alfar

COUTURE, Eduardo Juan. *Introdução ao estudo do processo civil*. 3. ed. Rio de Janeiro: J. Konfino, 1951.

COUTURE, Eduardo Juan. *La comarca y el mundo*. Buenos Aires: Alfar, 1953.

COUTURE, Eduardo Juan. *Proyecto de codigo de procedimiento civil*: con exposicion de motivos. Montevideo: Imp. Uruguaya 1945.

COVIELLO, Nicola. *Manuale de diritto civile*. 3. ed. Milão: Societa Editrice Libraria, 1924.

CUNHA, Leonardo José Carneiro de. *Fazenda Pública em juízo*. São Paulo: Dialética, 2005.

DANTAS, San Tiago. *Programa de direito civil*. Aulas proferidas na Faculdade Nacional de Direito, 1942-1945 – Parte geral. Rio de Janeiro: Rio, 1977.

DEL GIGLIO, Alfredo José F. *Direito processual civil*. Rio de Janeiro: Forense, 1989. v. II.

DEL VECCHIO, Alberto. Sulla Revindicazione dei Beni Mobili Neoll' Ântico Diritto Germânico. *Archivio Giuridico*, Piza, 1978.

DEL VECCHIO, Giorgio. Le probleme des sources du droit positif. *Annuaire de l'Institut International de Phiolosophie du Droit et de Sociologie Juridique*, 1934.

DESCARTES, René. *Discurso do método*. Tradução de Paulo Neves. Porto Alegre: L&PM, 2004.

DINAMARCO, Cândido Rangel. *A reforma do Código de Processo Civil*. São Paulo: Malheiros, 1985.

DINAMARCO, Cândido Rangel. *Litisconsórcio*. São Paulo: Revista dos Tribunais, 1986.

DINAMARCO, Cândido Rangel. *Novo Código de Processo Civil*. São Paulo: Malheiros, 1995.

FABRÍCIO, Adroaldo Furtado. *Comentários CPC de 1973*. Rio de Janeiro: Forense, 1980. v. VIII. t. 3.

FAIREN GUILLÉN, Víctor. *El juicio ordinário y los plenários rápidos*. Barcelona: Bosch, 1953.

FERRARA, Francesco. *Interpretação e aplicação das leis*. 3. ed. Coimbra: Armênio Amado Editor, 1978.

FERRARA, L. *L'esecuzione procesuale indiretta*. Nápoles: Jovene, 1915.

FERREIRA FILHO, Manuel Gonçalves. *Curso de direito constitucional*. 9. ed. São Paulo: Saraiva, 1980.

FLAKS, Milton. *Denunciação da lide*. 1. ed. Rio de Janeiro: Forense, 1984.

FRANCA, Leonel Padre. *Noções de história da filosofia*. 19. ed. São Paulo: Agir, 1977.

FRIEDRICH, Lent. *Diritto processuale civile tedesco*. Napoli: Morano, 1962.

FURTADO, Adroaldo Fabrício. *Comentários ao Código de Processo Civil*. Rio de Janeiro: Forense, 1980.

FUX, Luiz. *O novo processo de execução*. Rio de Janeiro: Forense, 2008.

GIDI, Antonio. *A class action como instrumento de tutela coletiva dos direitos* – As ações coletivas em uma perspectiva comparada. São Paulo: Revista dos Tribunais, 2007.

GIERKE, Otto Von. *Die Genosseneshaftatheori und Deutsche Rechtsprechpung*. Berlim: Weidmann, 1887.

GOLDSCHMIDT, James. *Direito processual civil*. Tradução de Ricardo Rodrigues Gama. Curitiba: Juruá, 2003.

GONÇALVES, Aroldo Plínio. *Da denunciação da lide*. Rio de Janeiro: Forense, 1983.

GUASP, Jaime. *Direito processual civil*. 3. ed. Madri: Instituto de Estudios Politicos, 1968.

GUIMARÃES, Luiz Machado. *Estudos de direito processual civil* – O ato processual. São Paulo: Editora Jurídica e Universitária Ltda., 1969.

IHERING, Rudolf Von. *A luta pelo direito*. 2. ed. Rio de Janeiro: Lumen Juris, 1998.

IHERING, Rudolf Von. *Fundamento dos interditos possessórios*. Tradução de Adherbal de Carvalho. São Paulo: Edipro, 2007.

IHERING, Rudolf Von. *O espírito do direito romano*. Tradução de Rafael Benaion. Rio de Janeiro: Alba, 1943.

KELSEN, Hans. *Teoria geral do direito e do Estado*. São Paulo: Martins Fontes, 1992.

LACERDA, Galeno. *Comentários ao CPC*. 10. ed. Rio de Janeiro: Forense, 2007.

LACERDA, Galeno. *Despacho saneador*. 2. ed. Porto Alegre: Sérgio Antônio Fabris Editor, 1985.

LAURENT, F. *Príncipes de droit civil francais*. 3. ed. Bruxelles/Paris: Bruylant, 1978. t. I.

LIEBMAN, Enrico Tullio. *Eficácia e autoridade da sentença e outros escritos sobre a coisa julgada*. Rio de Janeiro: Forense, 2007.

LIEBMAN, Enrico Tullio. *Eficácia e autoridade da sentença*. Tradução de Buzaid e Benvindo. São Paulo: Agra, 1945.

LIEBMAN, Enrico Tullio. *Estudos sobre o processo civil brasileiro*. Com notas de Ada Pellegrini Grinover. São Paulo: José Bushuatsky Editor, 1976.

LIEBMAN, Enrico Tullio. *Estudos sobre o processo civil brasileiro*. São Paulo: Saraiva, 1947.

LIEBMAN, Enrico Tullio. *Manual de direito civil*. Rio de Janeiro: Forense, 1984. v. II.

LIEBMAN, Enrico Tullio. *Manual de direito processual civil*. 2. ed. Tradução e notas de Cândido Rangel Dinamarco. Rio de Janeiro: Forense, 1985. v. I.

LIEBMAN, Enrico Tullio. *Manuale di diritto processuale civile*. 2. ed. Milão: Giuffré, 1957.

LIEBMAN, Enrico Tullio. *Manuale di diritto processuale civile*. Milão: Giuffré, 1955. v. I.

LIEBMAN, Enrico Tullio. *Probleme del processo civile*. Nápoles: Morano, [s.d.].

LIEBMAN, Enrico Tullio. *Processo de execução*. 4. ed. Notas de atualização de Joaquim Munhoz Denelli. São Paulo: Saraiva, 1980.

LYRA, Roberto. *Theoria e prática da Promotoria Pública*. Rio de Janeiro: Jacintho Editora, 1937.

MACHADO JUNIOR, César Pereira da Silva. *O ônus da prova no processo do trabalho*. 2. ed. São Paulo: LTR, 1995.

MADISON, James; HAMILTON, Alexander; JAY, John. *Os artigos federalistas*. Tradução de Maria Luiza X. de A. Borges. Rio de Janeiro: Nova Fronteira, 1993.

MARINONI, Luiz Guilherme *et al*. *Novo Código de Processo Civil comentado*. São Paulo: Revista dos Tribunais, 2015.

MARQUES, José Frederico. *Instituições de direito processual civil*. Rio de Janeiro: Forense, 1959. v. III.

MARQUES, José Frederico. *Instituições de processo civil*. Rio de Janeiro: Forense, 1958. v. II.

MARQUES, José Frederico. *Manual do direito processual civil* – Teoria geral do processo civil. 4. ed. São Paulo: Saraiva, 1976. v. 1.

MARTINI, Remo. Evizione, diritto greco. In: *Novíssimo Digesto Italiano*. Turim: Unione Tipográfico Editrice Torinese, 1962. v. VI.

MARTINS, Fran. *Títulos de crédito*. Rio de Janeiro: Forense, 1977.

MAZZILLI, Hugo Nigro. *Regime jurídico do Ministério Público*. 5. ed. São Paulo: Saraiva, 2001.

MEDINA, José Miguel Garcia. *Novo Código de Processo Civil comentado*. São Paulo: Revista dos Tribunais, 2015.

MEDINA, José Miguel Garcia; ARAÚJO, Fábio Caldas de. *Código Civil comentado*. São Paulo: RT, 2014.

MILHOMENS, Jonatas. *A prova no processo*. Rio de Janeiro: Forense, 1986.

MIRANDA, Francisco Cavalcanti Pontes de. *Comentários ao Código de Processo Civil*. Rio de Janeiro: Forense, 1974. t. V.

MIRANDA, Francisco Cavalcanti Pontes de. *Comentários ao Código de Processo Civil*. Rio de Janeiro: Forense, 1973. t. XIII.

MIRANDA, Francisco Cavalcanti Pontes de. *Comentários ao Código de Processo Civil*. Rio de Janeiro: Forense, 1975. t. VII.

MIRANDA, Francisco Cavalcanti Pontes de. *Comentários ao Código de Processo Civil*. 2. ed. Rio de Janeiro: Forense, 1979. t. I.

MIRANDA, Francisco Cavalcanti Pontes de. *Comentários ao Código de Processo Civil* Rio de Janeiro: Forense, 1977. t. VI.

MIRANDA, Francisco Cavalcanti Pontes de. *Tratado das ações*. Rio de Janeiro: Forense, 1970. t. I.

MITTERMAIER, C. J. A. *Tratado da prova em matéria criminal*. Rio de Janeiro: Eduardo & Henrique Laemmert, 1879.

MODESTINO. *Digesto*, livros 42 e 44, e livro VII do Codex apud NEVES, Celso. *Coisa julgada civil*. 1. ed. São Paulo: Revista dos Tribunais, 1971.

MONTEIRO, João. *Programma do curso de processo civil*. 5. ed. São Paulo: Typographia Acadêmica, 1937.

MONTEIRO, João. *Teoria do processo civil e comercial*. 4. ed. Rio de Janeiro: Editora Jornal do Brasil, 1925.

MONTESQUIEU, Charles Louis De Socondat, Baron De La Brède. *O Espírito das leis*. Tradução de Fernando Henrique Cardoso e Leôncio Martins Rodrigues. Brasília: Ed. Universidade de Brasília, 1982.

MORAES, Marcus de. *Roma Antiga e seu direito*. Rio de Janeiro: Parceria Editorial, 2002.

MORATO, Francisco. A oralidade. *Revista Forense*, v. 74, 1938.

MOREIRA NETO, Diogo de Figueiredo. A Defensoria Pública na construção do estado de justiça. *Revista da Procuradoria Geral do Estado do Rio de Janeiro*, Rio de Janeiro, n. 46, 1993.

MOREIRA, José Carlos Barbosa. *A conexão de causas como pressuposto para a reconvenção*. Tese (Concurso para Professor Titular de Direito Processual Civil) – Faculdade de Direito, Universidade do Estado do Rio de Janeiro, Rio de Janeiro, 1979.

MOREIRA, José Carlos Barbosa. A eficácia preclusiva da coisa julgada material. *Revista Forense Comemorativa 100 anos*, Rio de Janeiro, 2005.

MOREIRA, José Carlos Barbosa. *Comentários ao Código de Processo Civil*. Rio de Janeiro: Forense, 2011.

MOREIRA, José Carlos Barbosa. *Comentários ao Código de Processo Civil*. Rio de Janeiro: Forense, 2008.

MOREIRA, José Carlos Barbosa. *Comentários ao Código de Processo Civil*. Rio de Janeiro: Forense, 1973. v. 5.

MOREIRA, José Carlos Barbosa. *Comentários ao Código de Processo Civil*. 10. ed. Rio de Janeiro: Forense, 2002.

MOREIRA, José Carlos Barbosa. *O novo processo civil brasileiro*. 26. ed. Rio de Janeiro: Forense, 2008.

MOREIRA, José Carlos Barbosa. *O novo processo civil brasileiro*. 8. ed. Rio de Janeiro: Forense, 1988.

MORTARA, Ludovico. *Comentários del Codice e Dele Leggi de Procedura Civile*. 3. ed. Milão: F. Vallardi, 1910.

MÜTHER, Teodor; WINDSCHEID, Bernhard. La actio del derecho civil romano, desde el punto de vista del derecho actual. In: MÜTHER, Teodor; WINDSCHEID, Bernhard. *Polemica sobre la actio*. Tradução de Tomás A. Banzhaf. Buenos Aires: EJEA, 1974.

NERY JR., Nelson; NERY, Rosa Maria de Andrade. *Comentários ao Código de Processo Civil*. São Paulo: Revistas dos Tribunais, 2015.

NEVES, Celso. *Coisa julgada civil*. 1. ed. São Paulo: Revista dos Tribunais, 1971.

NEVES, Celso. *Comentários ao Código de Processo Civil*. 2. ed. Rio de Janeiro: Forense, 1977. v. VII.

NORONHA, Carlos Silveira. *Do recurso adesivo*. Rio de Janeiro: Forense, 1974.

OERTMANN, Paul. *Introduccione al derecho civil*. Barcelona: Labor, 1933.

PACHECO, José da Silva. *Comentários a lei de Execução Fiscal*. p. 124. Editora Saraiva, 1995, São Paulo

PAIVA, Lucio Flavio Siqueira. A Lei 11418/06 e a repercussão geral no recurso extraordinário. *Jus Navigandi*, Teresina, ano 12, n. 1315, 6 fev. 2007.

PASSOS, José Joaquim Calmon de. *Comentários ao Código de Processo Civil*. 9. ed. Rio de Janeiro: Forense, 2005.

PEREIRA, Caio Mário da Silva. *Instituições de direito civil*. 12. ed. Rio de Janeiro: Forense, 2007.

PIMENTEL, Wellington Moreira. *Comentários ao Código de Processo Civil*. 2. ed. São Paulo: Revista dos Tribunais, 1979.

PIMENTEL, Wellington Moreira. *Comentários ao Código de Processo Civil*. Rio de Janeiro: Forense, 1975. v. III.

PODETTI, Ramiro J. *Teoría y técnica del proceso civil y trilogía estructural de la ciencia del proceso civil*. Buenos Aires: Ediar, 1963.

POTHIER, Robert Joseph. *Traité des obrigation*. Paris: Dalloz, 2011.

RAMALHO, Joaquim de Ignácio. *Processo brasileiro*. São Paulo: Duprat, 1908.

RÁO, Vicente. *O direito e a vida dos direitos*. São Paulo: Max Limonad, 1952. v. I.

RECASÉNS SICHES, Luis. *Filosofía de la interpretación jurídica*. México: Fondo de Cultura Económica, 1956.

REDENT, Enrico. *Il giudizio civile com pluralità di parti*. Milão; Giuffré, 1960.

REIS, José Alberto dos. *Breve estudo sobre a reforma do processo civil e comercial*. 2. ed. Coimbra: Coimbra Ed., 1933.

REIS, José Alberto dos. *Código de Processo Civil* – Processos especiais. Coimbra: Coimbra Ed., 1955. v. I.

REIS, José Alberto dos. *Processo ordinário*. 2. ed. Coimbra: Coimbra Ed., 1928.

REQUIÃO, Rubens. *Curso de direito comercial*. São Paulo: Saraiva, 2008. v. 1.

REZEK, J. Francisco. Prefácio. In: BAUM, Lawrence. *A Suprema Corte americana*. Tradução de Élcio Cerqueira. Rio de Janeiro: Forense, 1987.

REZENDE FILHO, Gabriel José Rodrigues de. *Curso de direito processual civil*. 4. ed. São Paulo: Saraiva, 1954. v. III.

ROCCO, Hugo. *L'autorità della cosa giudicata e suoi limiti soggettive*. Roma: Athaeneum, 1977. v. I.

RODRIGUES, Marco Antônio. *A Fazenda Pública no processo civil*. São Paulo: Atlas, 2015.

ROSEMBERG, Leo. *Tratado de derecho procesal civil*. Buenos Aires: Ediciones Jurídicas Europa-América, 1955. v. III. t. II.

ROUSSEAU, Jean-Jacques. *O contrato social*. Tradução de Paulo Neves. Porto Alegre: L&PM, 2007.

RUIZ, Vicenzo Arangio. *Instituzione di diritto romano*. 2. ed. Pádua: Cedam, 1947. v. I.

RUSSOMANO, Mozart Victor. *Comentários à Consolidação das Leis do Trabalho*. 11. ed. Rio de Janeiro: Forense, 1985.

SANTO TOMÁS DE AQUINO. *Suma teológica*. São Paulo: Loyola, 2016.

SANTOS, J. M. de Carvalho. *Código Civil brasileiro (1916) interpretado*. Rio de Janeiro: Freitas Bastos, 1950. v. 2.

SANTOS, Moacyr Amaral dos. *Comentário ao Código de Processo Civil*. Rio de Janeiro: Forense, 1977.

SANTOS, Moacyr Amaral dos. *Primeiras linhas de direito processual civil*. 22. ed. São Paulo: Saraiva, 2008. v. III.

SANTOS, Moacyr Amaral dos. *Primeiras linhas de direito processual civil*. 24. ed. São Paulo: Saraiva, 2008. v. I.

SANTOS, Moacyr Amaral dos. *Primeiras linhas de direito processual civil*. 24. ed. São Paulo: Saraiva, 2008. v. II.

SANTOS, Moacyr Amaral dos. *Primeiras linhas de direito processual civil* – Processo de conhecimento. 25. ed. São Paulo: Saraiva, 2007.

SANTOS, Moacyr Amaral dos. *Primeiras linhas de direito processual civil*. Rev. e atual. por Maria Beatriz Amaral Santos Köhanen. São Paulo: Saraiva, 2009. v. 1.

SAVIGNY, M. F. C. *Sistema del derecho romano actual*. Tradução de Jacinto Messía y Manuel Poley. 2. ed. Madri: Centro Editorial de Góngora, 1839. t. 4.

SAVIGNY, M. F. C. *Sistema del derecho romano actual*. Tradução de Jacinto Messía y Manuel Poley. 2. ed. Madri: Centro Editorial de Góngora, 1839. t. 5.

SAVIGNY, M. F. C. *Traitê de la possession em droit romain*. Paris: Auguste Durand, 1866.

SCACIA, Sigismundo. *Tratactus de Setentia et Re Iudicata*. Roma: Editora Dupoirie, 1670.

SCIALOJA, Vittorio. *Procedimento civil romano*. Buenos Aires: Ediciones Jurídicas Europa-América, 1954.

SERPA, Maria Nazareth. *Teoria e prática de mediação de conflitos*. Rio de Janeiro: Lumen Juris, 1999.

SILVA, De Plácido e. *Vocabulário jurídico*. 27. ed. atual. por Nagib Slaib Filho e Gláucia Carvalho. Rio de Janeiro: Forense, 2008.

SILVA, José Afonso. *Curso de direito constitucional positivo*. São Paulo: Malheiros, 2007.

SILVA, Ovídio Araújo Batista da. *Do processo cautelar*. Rio de Janeiro: Forense, 2001.

SOARES, Leonardo Oliveira. Novas considerações sobre a proposta extra sistêmica de flexibilização da coisa julgado no Estado democrático de direito brasileiro. In: SOARES, Leonardo Oliveira. *Novos escritos de direito processual entre presente e futuro*. Belo Horizonte: Del Rey, 2015.

SOUSA, Messias de. *Digesto do processo*. Rio de Janeiro: Forense, 1980. v. II.

TEIXEIRA FILHO, Manoel Antônio. *Liquidação da sentença no processo do trabalho*. 3. ed. São Paulo: LTr, 2004.

TEIXEIRA FILHO, Manoel Antônio. *Sistema dos recursos trabalhistas*. 4. ed. São Paulo: LTr, 1991.

THEODORO JUNIOR, Humberto. *Curso de direito processual civil* – Teoria geral do direito processual civil e processo de conhecimento. 4. ed. Rio de Janeiro: Forense, 1988. v. I.

TORNAGHI, Hélio. *Comentários ao Código de Processo Civil*. 2. ed. São Paulo: Revista dos Tribunais, 1978. v. II.

TORNAGHI, Hélio. *Comentários ao Código de Processo Civil*. São Paulo: Revista dos Tribunais, 1976. v. I.

TORNAGHI, Hélio. *Comentários ao Código de Processo Civil*. São Paulo: Revista dos Tribunais, 1975. v. II.

VERRUCOLI, Piero. *Il superamento della personalità giuríodica dele società di capitali*. Milão: Giuffrè, 1964.

VIDIGAL, Luis Eulálio Bueno. *Direito processual civil*. São Paulo: Saraiva, 1965.

WACH, Adolf. *Conferencias sobre la ordenanza procesal civil alemana*. Tradução de Ernesto Krotoschin. Buenos Aires: EJEA, 1958.

ZAGAGLIA, Waldir. Alterações no Código de Processo Civil – Processo de conhecimento. *Revista de Direito da Procuradoria Geral*, v. 48, 1995.

ZAGAGLIA, Waldir. Das alterações introduzidas pela Lei 9.756/98 aos artigos 896 e 897 da CLT. *Revista de Direito da Associação dos Procuradores do Novo Estado do Rio de Janeiro*, Rio de Janeiro, v. 3, 1999.

ZANZUCCHI, Marco Tulio. *Diritto processuale civile*. 5. ed. Milão: Giuffré, 1962. v. 2.

Esta obra foi composta em fonte Palatino Linotype, corpo 10
e impressa em papel Pólen Bold 70g (miolo) e Supremo 250g (capa)
pela Laser Plus Gráfica, em Belo Horizonte/MG.